붉은 황제의 민주주의

시진핑의 꿈과 중국식 사회주의의 본질

이 도서의 국립중앙도서관 출판예정도서목록(CIP)은 서지정보유통지원시스템 홈페이지(http://seoji.nl.go.kr)와
국가자료공동목록시스템(http://www.nl.go.kr/kolisnet)에서 이용하실 수 있습니다.
CIP제어번호: CIP2018017489

붉은 황제의

민주주의

시진핑의 꿈과 중국식 사회주의의 본질

中国民主化研究

紅い皇帝・習近平が2021年に描く夢

가토 요시카즈(加藤嘉一) 지음 | 정승욱 옮김

CHUGOKU MINSHUKA KENKYU
by Yoshikazu Kato

Copyright © 2015 Yoshikazu Kato
Korean translation copyright © 2018 by HanulMPlus Inc.

All rights reserved.
Original Japanese language edition published by Diamond, Inc.
Korean translation rights arranged with Diamond, Inc.
through Japan UNI Agency, Inc., Tokyo and CUON Inc.

차례

　14억 인구 중국의 현재와 미래는 일개 거대 국가의 범위를 넘어 범세계적인 변화를 가져오는 요소 중 하나임이 틀림없다. 저자는 '이러한 중국이 공산주의 체제 속에서 시장경제의 실천이 가능했는가'라는 질문을 스스로 던지면서 덩샤오핑 이후 중국의 국민경제적 변화와 시장의 성취를 진단했다. 더 나아가 중국의 세계 경제적 공헌이 정치적 근대화·현대화와 양립할 수 있는지에 대한 입장을 도출하기 위해 다수의 중국 연구자들을 대상으로 심층 면담을 진행했다.

　그러한 심층 면담을 통해 8800만 당원에 이르는 중국공산당의 실체를 파악했고, 공산당 집권의 정통성을 확인하는 데 심혈을 기울였다. 덩샤오핑에서 시작된 개혁·개방이 시진핑을 거치면서 어떻게 전개되었는지를 분석하고, 이 과정에서 중국의 경제적 성취가 공산당의 정통성 확대에 어떻게 기여했는지 예리하게 분석했다.

　이런 과정에서 지속적으로 공산당의 정치 개혁 노력이 내면적으로 어떻게 전개되고 있는지를 집중적으로 탐색했다. 저자는 공산당의 정당성을 훼손하는 요소로서 경제 개혁 과정에서 노정된 부패를 지적하면서 이를 극복함으로써 당 정통성을 확립하려는 시도에 의미를 부여했다. 이와 같은 중국공산당 내부의 노력이 민주주의의 핵심 가치라고 할 수 있는 공정한 선거, 사법 독립, 언론 자유의 진전을 촉진하는지에 대해 상당 수준 '회의적 여백'을 주장하고 있다. 비록 저자는 서구 지식인들의 합리주의적 전망이나 서구 제도의 우위에 대한 선입견에서 벗어나 중국의 미래를 진단하고 있지만, 현재의 중국 공산당이 보편적 민주화의 길로 향하는 '로드맵'의 부재를 지적하면서 앞으로 '공산당이 어디로 갈 것인가'에 대한 전망은 바로 그와 같은 보편적 가치에 대한 중국인의 선택에 달려 있다고 진단했다.

아울러 대한민국의 입장에서 중국은 더불어 살아갈 수밖에 없는 이웃이며, 지정학·지리경제학적으로 밀접하게 연결될 수밖에 없는 국가다. 중국을 제대로 이해하는 것은 곧 우리 대한민국의 미래와 한반도 정세, 세계정세를 예측하는 데 유용한 필수적 과정이다.

이런 점에서 이 책은 중국을 연구하는 학자와, 중국과 경제적 이익을 공유하는 기업인들에게 중국의 현재를 이해하고 미래를 진단하는 데 유익한 필독서로서 활용할 가치가 있다. 현직 언론인으로 바쁘게 활동하는 가운데 책을 번역해 국내에 소개한 정승욱 기자의 노력에도 박수를 보낸다.

2018년 6월 18일
오연천(전 서울대학교 총장)

공산당이 지배하는 거대 국가 중국이 평화적으로 정권 교체를 이루어냈다. 사회주의 체제의 국가들 가운데 역사적으로나 경험적으로나 이 같은 사례는 거의 찾아볼 수 없을 것이다. 구소련을 비롯해 과거 공산 체제를 수용했던 나라들은 거의 예외 없이 피의 숙청 과정을 통해 정권 교체를 이루어냈다. 그러나 중국은 예외였다. 중국 지도부에 보시라이(薄熙來) 사건 같은 잡음이 다소 일었지만, 제18차 중국공산당 전국대표대회(18차 대회)와 2017년 10월 하순 19차 대회를 차분한 분위기 속에 진행했다.

후진타오(胡錦濤) 체제에서 시진핑 체제로의 권력 이양과 더불어 시진핑 체제는 더욱 공고해졌다. 서구식 정치학이 대세인 현대 정치학계에서 중국공산당은 연구 대상으로 떠오른 지 오래다. 역사적으로나 상식적으로 볼 때 일당 독재국가에서 정치파동이나 피의 숙청 과정 없이 권력 이양이 이루어진 예는 거의 없기 때문이다.

구소련처럼 일당 독재국가인 중국도 그럴 것이라고 예측했던 보수적인 서구 정치학계는 무색할 수밖에 없다. 한국 정치학계에서도 서구식 잣대로 중국을 재단해서는 안 된다는 자각이 어느 때보다 거세게 일고 있다.

평화적인 정권 교체 과정에 가장 깊숙이 개입해 영향력을 유지한 인물이 바로 장쩌민(江澤民) 전 주석이었다. 과거 '노인 정치'가 부활했다는 세간의 비판적인 시각에도 장쩌민 전 주석은 건재했고, 정치 안정을 이뤄냈다.

중국 정치는 표면적으로 볼 때 정치 엘리트끼리 파벌을 지어 권력 다툼을 벌이며 권좌를 서로 주고받는다는 서구 정치학계의 파벌론 분석이 주류를 이뤘다. 특히 서구 학계에서는 17차 당대회와 18차 당대회를 놓고 파벌론이 크게 대두되었다. 이를테면 18차 당대회 결과 시진핑(習近平) 총서기(당 서열 1위)를 비롯해 서열 3위 장더장(張德江), 4위 위정성(兪正聲), 6위 왕치산(王岐山), 7위 장가오리(張高麗) 등이 장쩌민파였고, 경쟁자였던 후진타오파는 2위 리커창(李克强)과 5위 류윈산(劉雲山) 정도로 줄었다는 식으로 풀이하곤 했다.

그러나 시진핑 시대로 넘어오면서 장파(江派)와 후파(胡派) 대결이라는 중국 정치에 대한 파벌론적 설명이 한계를 보이는 것도 사실이다. 일당 독재를 하면서 세계 2위의 경제 대국이라는 경제성장과 상대적으로 정치 안정을 이뤄낸 중국 지도부를 파벌론만으로 설명하기에는 무리가 있다.

장쩌민 → 후진타오 → 시진핑 시대로 넘어오면서 현대기에 볼 수 없는 정치적 안정이 굳건히 유지되고 있다. 이는 2012년 18차 대회에서 실력자인 장쩌민이 시진핑이라는 인물에게 권력을 넘겨주기로 결심했기 때문이다.

과연 시진핑은 어떤 인물이기에 장쩌민 전 주석의 지원을 받았을까. 실제로 장쩌민 전 주석이 시진핑을 주목한 시기는 2007년 17차 당대회를 6개월 앞둔 때였다. 시진핑 총서기가 중앙 무대에 데뷔한 것은 1997년 15차 대회였다. 당시 중앙위원 후보위원에 발탁되어 가까스로 중앙 무대의 한자리를 얻은 것이다. 시진핑은 중앙 정치 무대에 데뷔한 지 딱 10년 만인 2007년 권력의 정점인 중앙정치국 상무위원에 서열 5위로 당당히 입성했다. 관운도 보통 관운이 있는 인물이 아니다.

시진핑의 스타일은 장쩌민과 판이하다. 시진핑과 장쩌민이 공산당 내에서 몇 안 되는 독서광이라는 평이 있기는 하지만, 시진핑은 달변가도 아니고 팔방미인도 아니어서 학식이 깊다는 인상도 주지 않는다. 장쩌민은 왜 시진핑에게 대권을 건네주면서 큰 기대를 걸었는가.

장쩌민이 후계자로 점 찍어둔 인물은 과거에 여러 명이 있었다. 1980년대 중반 장쩌민이 상하이 서기로 재직할 무렵 형성된 상하이방(上海幇)에는 자칭린(賈慶林), 천량위(陳良宇) 등 내로라하는 스타들이 즐비했다. 그러나 이들은 장쩌민이 기대한 만큼 성장하지 못했다. 스캔들 내지 정책적 실수로 눈밖에 났거나 천량위처럼 반대파(후진타오파)의 반발로 몰락했다.

시진핑 뒤에는 쩡칭훙이 있었다. 쩡칭훙의 부친과 시진핑의 부친 시중쉰 (習仲勳)은 막역한 사이였다.

장쩌민과 쩡칭훙에게 시진핑은 믿음을 심어주었다. 중국이라는 거대한 배를 신중히 운항하면서, 구소련에서 미하일 고르바초프(Mikhail Gorbachev) 가 시작한 페레스트로이카(개혁)와 같은 위험한 일을 벌여 배를 좌초시키고 모두를 끝장내지는 않을 것으로 믿은 것이다. 장쩌민의 '안목'과 역사적인 평가, 그리고 그 후손의 기득권 등을 모두 고려한 선택이었다.

후진타오가 총서기 후보로 밀었던 리커창은 장쩌민과 쩡칭훙 모두에게 생각보다 점수를 얻지 못했다. 그러나 시진핑은 다르다. 후진타오가 그의 부친 시중쉰을 잘 알고 있었으므로 딴지를 걸지 못했다. 여기에는 부친 시 중쉰의 음덕이 상당히 작용했으며, 전통을 중시하는 공산당 원로들에게 좋은 인상을 심어주는 요인이 되었다. 장쩌민 전 주석이 시진핑을 밀면서 혁명 원로들에게 특별히 명분으로 내세운 것은, '혁명의 바통'을 대대로 물려주는 '정통성'이었다.

장쩌민은 이 '정통성'만 유지된다면 중국공산당 '3세대 지도부의 핵심'이라는 자신의 명성도 흔들릴 위험이 없다고 판단했을 것이다. 일찍이 시진핑의 부친 시중쉰과 당의 원로들은 후야오방(胡耀邦) 축출이나, 톈안먼 사건의 강경 진압을 반대했다. 덩샤오핑이 장쩌민을 갈아치우려는 생각에도 반대했다. 당 원로들에게 시진핑은 진보 성향의 공산주의청년단 세력을 약화하고 혁명가 집안의 혈연을 연장하는 수단이었다. 그뿐 아니라 태자당으로 대변되는 그들의 자녀에게 현실적으로 정치적인 완충지대와 미래의 정치 세력으로 성장할 여지를 제공할 것이다.

여기까지 보면 장파와 후파의 대결 내지 파벌론이 그런대로 설득력이 있어 보인다. 그러나 장쩌민은 파벌론적 측면에서 시진핑을 지지하지 않았다. 인민을 통치할 정통성, 즉 혁명의 정당성을 이어가면서, 정치 안정을 이뤄내고 경제성장에 집중할 수 있는 통치 능력을 겸비한 인물이 필요했고, 시진핑은 여기에 맞는 인물이었다.

특히 권력 이양기의 중국 지도자들은 전통과 명분을 중시했고, 전통 관행, 즉 불문율로 작동하는 권력 이양 관행을 만들어냈다. 물론 당 규약이 있고, 인민대표대회를 통과한 헌법도 있다. 그러나 보이지 않는 관행을 제대로 이해하면 중국 정치를 이해할 수 있다. 이런 관행은 중국 정치의 본모습을 투여하는 거울이라고 필자는 보고 있다.

이 책에서는 현실 정치에서 움직이는 권력 투쟁, 즉 선거민주 국가에서도 얼마든지 볼 수 권력투쟁 측면도 있지만, 중국 정치를 움직이는 명분과 관행적인 측면도 고루 투영하고 있다.

중국 연구자들은 누구나 향후 중국의 미래에 관심을 갖는다. 미국, 일본처럼 선진형 사회로 갈 것인가, 아니면 사회 전반이 중진국 수준으로 오른 다음 성장이 정체될 것인가. 또는 분출하는 민중의 정치사회적 욕구를 조정하지 못하고 주저 않아 그저 그런 국가로 대충 살아갈 것인가.

공산당의 통치 기반을 뿌리째 흔들어놓을 수 있는 관료들의 부패, 대충대충 해먹기 등, 이런 사정을 말단에서 단계적으로 올라온 시진핑은 후진타오 주석보다 더 분명히 인식할 것이다.

중국 내 유명 작가 량징(梁京)은 보시라이처럼 시진핑의 범죄도 단속할 기회가 있었을 텐데 움직이지 않았다고 풀이했다. 시진핑은 단 한 번도 관료층 이익집단의 공격에 시달린 적이 없다는 사실로 미루어 그의 처세술이 어떠한지 짐작할 수 있다.

하지만 시진핑은 권력의 정점에 오르자 세간의 시선과는 반대로 움직였다. 그는 평소에 생각했던 대로 착착 개혁을 진행했고, 반부패 투쟁을 통해 민심을 얻는 데 성공했다. 문제를 덮는 것이나 문제를 해결하는 능력에서 시진핑 총서기를 따라갈 인물이 없다고 한다면 과장인가.

2002년에 집권한 후진타오 주석을 가장 골치 아프게 만든 것은 당 내부

갈등의 표면화였다. 톈안먼 사건에서 후진타오가 얻은 교훈은, 중요한 문제는 반드시 공산당의 혁명원로와 의견을 같이해야 한다는 것이다. 민중의 아픔을 살피고 여론의 동향에 귀 기울이는 것보다 먼저 이들과 조율하는 것이 첫 번째로 할 일이었다.

덩샤오핑은 민주화를 요구하는 청년층과 대학생들의 요구를 듣지 않았다. 그는 우선 사회주의 체제를 수호하고 경제성장을 일사분란하게 추진하는 것이 우선이라고 보았다. 이를 위해 지도 체제가 분열해서는 안 되었다. 공산 혁명 원로와 당 고위층 사이에 분열이 생기면 중국 정치, 즉 공산당의 붕괴는 시간문제라고 본 것이다. 그래서 후진타오는 2002년 주석 취임 후 줄곧 공산당 내부의 의견 일치에 주력했다.

최근 몇 년간 원자바오(溫家寶) 총리가 보편적 가치와 정치 개혁에 대해 여러 차례 도를 넘는 발언을 하자, 후진타오 주석의 고민이 깊어졌다. 다행히 나머지 일곱 명의 정치국 상무위원이 각기 다른 방식으로 원자바오와 확실히 선을 그었다. 만약 상무위원들이 서로 견해를 달리했다면 지도부 내에서 어떤 사태가 촉발되었을지 아무도 모르는 일이다.

정치 안정을 위해 시진핑은 누구도 따라올 수 없는 전략을 펼쳐내 자신의 뜻을 관철시켰다. 시진핑은 마침내 19차 당대회를 계기로 자신의 세력을 중앙과 지방에 골고루 포진시킬 수 있었다.

향후 지방 정부의 통제·이완 현상과 관료의 부패, 민중의 불만을 안고 있는 중국은 중대한 사회 혼란에 직면할 것이냐는 물음에 이 책의 저자는 그렇지 않다고 대답한다. 시진핑호의 중국은 난제를 안고 있음에도 차분히 문제를 해결하는 길을 모색할 것이라는 점이다.

하나 특기할 점은 6세대 지도부가 출범하는 2022년 중국은 지금과는 다른 국내 정치 환경에 놓일 것이다. 현재 부상 중인 6세대 리더 그룹 내지 젊은 세대는 시진핑 등 5세대 지도부와는 전혀 다른 성장 배경을 갖고 있다.

6세대 지도자 그룹은 1960년대에 태어나 개혁개방이 본격화된 1980년대에 대학 시절을 보낸 사람들이다. 문화대혁명 시기를 거친 시진핑 세대의 트라우마를 안고 있지 않다. 그 대신 톈안먼 사태를 거치면서 체제에 대한 비판적인 인식을 갖고 있다. 아울러 과거 어느 세대보다 개방적이고 국제적인 감각을 갖추고 있다.

국가 경영 과정에서 최대한 많은 중국 인민의 목소리를 수용할 조치와 제도를 갖추려 할 것이다. 이는 중국 정치 개혁과 체제 변화에 대한 열망으로 이어질 개연성이 있다. 그렇다고 공산당 통치 체제에 근본적인 변화가 일어나지는 않을 것이다.

공산당 통치 체제 아래 점진적이고 부분적으로 인민 대중의 목소리를 직접적으로 듣고 국가 운영에 반영하는 공산당식 여론 수렴 방식을 새롭게 고안할 것이다.

과거 1976년 신중국의 건국자 마오쩌둥 사망을 전후해 공산당 우두머리들 간의 권력투쟁으로 혼란에 빠질 것이라는 전망이 대세였다. 1989년 6월 초순에도 베이징 톈안먼 광장에서 벌어졌던 대학생, 지식인들의 정치민주화 요구 투쟁과 이를 무력 진압한 계엄군을 보며 많은 전문가들은 중국의 분열 가능성을 예측했다. 1997년 개혁개방의 설계자 덩샤오핑 사망 때도 그랬다. 이런 전망은 대부분 미국을 비롯한 서방 측 전문가들에게서 나왔다. 모두 희망 섞인 전망으로 기울었으며 아직 중국은 멀었다는 경멸조의 비판이 주류였던 때를 기억할 수 있다.

이런 시각은 2000년대 중후반까지도 서구 학계 다수의 목소리였다. 그러나 중국은 개혁개방에 성공해 오늘에 이르렀다. 이른바 G2라는 개념은 미국에서 만들어졌으며, 중국은 미국과 어깨를 나란히 하는 유일한 상대자로 대접받고 있다. 세계 정치 학계에서는 일당 독재라는 한계를 넘어 통치의 정당성을 확보해나가는 중국 공산당의 리더십 내지 통치력, 특히 집정 능력의 본질을 파악하려는 연구자가 점점 늘고 있다.

아직까지도 미국과 서유럽 학자들 사이에서 중국공산당 특유의 집단지도

(영도)제와 공산당 내 민주 시스템을 바라보는 시각은 비판적이며, 공산당 일당 체제가 언제까지 지속될 것이냐에 관심이 쏠려 있는 것이 사실이다. 중국은 여전히 공산당 일당 체제 국가이며, 정치범을 억압하는 '인권 탄압국' 내지, 언론·집회·결사의 자유를 허용하지 않는 정치 후진국으로 분류되곤 한다.

그러나 신중국 건국 이후 60여 년 만에 거둔 세계 두 번째 경제 부국, 상대적인 사회 안정, 체계적인 정권 교체와 국가 제도의 안정적 운용, G2라는 국제 위상 등을 감안할 때 중국의 정치체제를 재평가하고 분석해야 한다는 국제 정치학계의 여론이 확산하고 있다.

일본에서 나고 자라 미국 굴지의 존스홉킨스 대학원에서 중국 정치를 공부한 이 책의 저자 역시, 중국 체제에 비판적이지만 결코 감정적이지 않다. 냉정한 시각으로 시진핑을, 중국 지도부의 능력을 평가하면서, 공산당이 집권을 지속하려면 어찌해야 하는지 제시하고 있다.

원제목이 '중국민주화연구'인처럼 중국식 민주화의 본질이 무엇인지 추적해가는 것이 이 책의 매력이다. 비록 19차 당대회가 열리기 2년여 전에 쓰인 책이지만, 19차 당대회에서 중국지도부가 어떤 행동을 취할 것인지, 비교적 합리적으로 예측했다. 저자의 예측대로 19차 당대회는 차분히 끝났고, 시진핑을 위시한 중국 지도부는 그대로 실천에 옮기고 있다. 저자의 예측이 적확하다는 얘기다. 서방 언론과 한국 언론에서 떠드는 시황제 내지 독재 공고화 같은 아마추어식 분석을 지양하고, 냉정히 중국의 미래를 분석하는 것이 이 책의 장점이다.

이 책의 출판을 적극 지원해주신 한울엠플러스(주)의 김종수 사장님과 박행웅 선생님, 탄탄한 실력을 발휘한 최진희 팀장에게 옮긴이의 글을 빌려 거듭 감사를 드린다.

2018년 6월
정승욱

시작하며

"가토 씨가 현재 가장 관심을 두고 계신 것은 무엇입니까?"

이런 질문을 받는 일이 종종 있는데, 그때마다 필자는 "중국이 민주화를 할지 여부입니다"라고 대답한다. 그럼 왜 중국 민주화라는 문제에 흥미를 갖게 되었는가?

필자는 1984년에 시즈오카현(静岡縣)에서 태어났다. 그 5년 후에 발발한 톈안먼 사건의 상황을 보고 가치관이 흔들릴 만큼 충격을 받은 경험이 없다. 애당초 필자의 생활은 중국과 연관이 없었다. 학교 수업을 통해 중국을 접할 기회는 다소 있었지만, 중국사는 너무 복잡해 마음이 내키지 않았고, 중국 한자를 읽고 쓰는 것이 서툴렀으며, 싫어하기도 했다. 하지만 고등학교를 졸업하고 중국으로 유학을 간 것이 전기였다고 생각한다.

필자는 베이징 대학에서 배울 기회를 얻었다. 5·4 운동이나 톈안먼 사건 등의 역사적 사건에 많은 교원과 학생이 참여한 학교였다. 또한 학업과 동시에 중국의 언론 시장에서 글도 쓰고 활동할 기회도 얻었다. 여기에 이르기까지의 과정은 실로 드라마였다. 중국의 리버럴파(자유주의파) 지식인과 토론회를 하고, 관영 매체인 CCTV(중국중앙전시대 또는 중국중앙TV)에서 해설자로 근무했으며, 보수와 리버럴(자유주의)을 각각 대표하는 ≪환구시보(环球时报)≫와 ≪남방주말(南方周末)≫에서 평론을 집필했고, 공산 체제하의 조직이나 공산당원들과 토론했으며, …… 그곳에는 항상 '중국공산당'의 모습이 가로놓여 있었다. 중국공산당을 스스로 이해하려는, 혹은 그럴 수밖에 없는 상황에 흥분을 느낀 적도 있는 반면, 공포를 느껴 도망치고 싶다는 생각도 들었다.

이런 과정을 반복하면서, 필자 안에 점진적으로 철저히 형성된 문제의식이야말로 '중국은 민주화할 것인가'였다. 언제, 어떻게, 어떤 계기로 실현될 것인가? 서방의 자유민주주의가 되풀이될 것인가, 아니면 전혀 다른 방향으로 나아갈 것인가? 애당초 서방의 자유민주주의와 다른 민주주의가 있을 것인가라는 호기심도 생겼다.

중국에서 지낸 9년 반 동안, 필자에게 '중국은 민주화할 것인가'라는 문제는 언제나 동적이었다. 바꿔 말하면 필자는 이 문제에서 방관자가 아니었다. 다만 이도 저도 아닌 상태였다. 중국공산당이 통치하는 정치 환경의 소용돌이 속에 있다는 느낌을 항상 지울 수 없었다. 그곳에 잠겨 있는 진실을 자각하기 위해 노력하기로 마음먹었다.

중국 민주화 문제의 당사자로 있는 한, 이 주제를 세상에 내놓는 작업은 어려움을 겪을 것이며, 무엇보다 적절하지 않다고 생각했다. 필자가 중국인인지 외국인인지와는 상관없이, 또 중국어로 쓸지 외국어로 쓸지와 상관없이, 공산당이 지배하는 중국 정치에 몸담고 있는 사람이 이 주제를 세상에 내놓기는 어렵다. 또한 그 소용돌이에 있으면서 객관시하거나 상대화해 글을 쓰는 것은 적절하지 않다고 생각했다.

필자가 중국 민주화 문제에 대해 집필하려고 결심한 것은 미국으로 와서부터였다.

2012년 8월 도미 이후 약 3년이 지나는 동안 필자는 중국의 민주화에 대해 계속 생각 중이었다. 보스턴에 거주하는 중국 문제 전문가에게 중국 정치에 관한 이야기를 들었고, 워싱턴의 중국 정책 담당관에게 미국의 대중국 정책이 어떤 인식 위에서 세워지고 결정되는지 물었으며, '미국은 중국을 어떻게 바라보고 있는가'라는 문제를 추구해왔다. 납득할 수 있는 조사나 취재가 언제나 가능했던 것은 아니지만, 적어도 '미국에 온 의미는 있었다'고 생각했다.

미국인 전문가와 담당관뿐 아니라, 필자가 소속된 하버드 대학이나 존스홉킨스 대학을 방문하는 중국인 전문가, 당·정부 관계자, 기업가, 유학생들과 소통할 수 있었던 점도 미국에서 중국 정치를 바라보는 데 있어 의외의 수확이었다.

중국 민주화 문제를 논하는 데는 중국에 있었으니까 쓸 수 있었다는 의식과 미국에 왔으니까 쓸 수 있었다는 의식 두 가지가 있었다. 처음 베이징국제공항 제2터미널에 내린 그 순간부터, 미국의 공기에 둘러싸여 자판을 치고 있는 현재까지의 모든 것을 이 책에 담았다.

그리고 또 한 가지, 절대로 잊어선 안 되는 것은 필자가 일본인이기에 쓸 수 있었다는 의식이다.

미국에서는 늘 중국 문제를 둘러싸고 의견을 교환했는데, "중국에 있었던 일본인이 미국에서 중국 문제를 다루고 있다"는 상황이 내 예상을 훨씬 뛰어넘는 효과를 발휘했다. 미국의 대학에서 중국 문제를 다루는 미국인이나 중국인은 많다. 그러나 대학 시절부터 중국에서 지내며 중국공산당 정치의 소용돌이에 몸담았던 일본인이, 미국의 대학에서 중국 문제에 관한 토론에 참가하는 경우는 드물었던 모양이다. 그렇기에 많은 미국인 전문가가 내 존재에 관심을 보이고, 또 많은 중국인들이 "여기는 미국이니까"라며 일대일로 만나 비교적 자유롭게 이야기해주었다. 실로 일본인이어서 다행이라고 생각한 3년이었으며, (중국에서부터 미국까지 합치면) 12년이기도 했다.

중국의 이웃 나라이며 미국의 동맹국인 일본. 그런 미·중의 틈새에서 중국 문제에 관한 논의를 촉구하는 과정을 통해 일본인의 존재감을 높이며 일본의 역할을 가시화해왔다. 이와 같은 생각은 현실과 동떨어져 있을까? 적어도 필자에게 미국에서 중국을 응시하고 미국에서 중국을 생각하며 미국인에게 중국을 전하는 과정은, (사실은) 일본인으로서 삶을 모색하는 것 외에 그 무엇도 아니었다.

그런 독선적인 생각에 기초해 아직 보이지 않는 하나의 결정(結晶)에 이어지는 중간 역할이 바로 중국 민주화 연구를 발굴하는 것이라고 생각한다.

중국 민주화 연구란
중국공산당 연구다

중국 민주화 연구란 중국공산당 연구다. 중국 민주화의 향방을 쥐고 있는 주체가 중국공산당이기 때문이다.

아래로부터의 민주화가 발발한다 해도, 위로부터의 민주화가 실현된다 해도 근본적인 요인은 중국공산당의 존재와 그 행로에서 발견할 수 있기 때문이다. 전자의 민주화는 대체로 공산당 정권의 정책과 체제에 불만이나 반발심을 품은 민중이 하극상 형태로 상층부를 전복시키는 것을 의미한다. 후자는 공산당 정권이 현상과 미래에 대한 주관적 인식을 바탕으로, 스스로 결단을 내려 (정치)제도의 개혁을 진행하는 것을 가리킨다. 또한 정책의 관점에서 보면 중국공산당이 무엇을 하고 무엇을 하지 않는지, 무엇에 성공하고 무엇에 실패하는지, 무엇에 철두철미하고 무엇에 어정쩡한 태도를 취하는지의 움직임은 중국 민주화의 문제가 어떻게 귀결될지를 좌우한다.

그런 의미에서 중국 민주화와 중국공산당은 변증적인 관계에 있다. 양자의 사이에는 중국의 미래와 중국인의 명운을 가르는, 복잡하고 기괴한 인과 관계가 가로놓여 있는 것이다.

민주화란 무엇인가

지금부터 전 15장을 통해 중국 민주화를 생각하기 위해 전제 조건으로 직시해야만 하는 사실이 있다. 이를 밝히기에 앞서 민주주의 연구를 독자적·적극적으로 개척한 두 학자의 학설을 되돌아보려 한다.

오스트리아·헝가리 제국 태생 경제학자 조지프 슘페터(Joseph Schumpeter)는 일찍이 민주주의를 "개개인이 국민에 의한 투표를 경쟁적으로 쟁취함으로써 의사결정을 할 수 있는 권한을 지닌 정치적 결정을 보증하는 제도의 설계"라고 정의했다.[1] 또 미국의 정치학자 로버트 달(Robert Dahl)은 민주주의의 필수적인 요소 일곱 가지를 들었다.[2]

① 정부의 정책 결정 권한이 헌법을 통해 선거로 선택된 공인에게 귀속되어 있을 것
② 공인이 빈번하고 공정하게 실시되는 선거에 의해 선택되고 있고, 또한 선거 과정에서 위압과 강제가 억제되어 있을 것
③ 모든 성인이 공인을 결정하는 선거에서 투표할 권리를 가질 것
④ 모든 성인이 선거에 입후보할 권리를 가질 것
⑤ 시민이 광범위하게 정의된 정치 어젠다와 관련해 엄한 처벌을 받을지도 모른다는 공포를 품지 않고 표현할 수 있는 권리를 가질 것
⑥ 시민이 확실히 존재하는 다른 정보원(또는 소스)에 대해 알 권리를 갖는 동시에, 그 소스가 법률의 보호를 받고 있을 것
⑦ 시민이 독립적인 정당이나 이익집단을 포함해 상대적으로 독립적인 조직을 결성할 수 있는 권리를 가지고 있을 것

여기서 한 가지 사실을 제시하려 한다. 중국이 역사상 한 번도 민주화를 실현한 적이 없다는 점이다. 여기서 거론한 민주화란 슘페터의 정의나 달이 제기한 조건을 포함한, 서방국가를 중심으로 많은 지역과 국가가 우여곡절을 겪으며 실현·발전시켜온, 자유민주주의의 가치관에 입각한 정치체제를 가리킨다는 점은 말할 것도 없다.

이런 종류의 이야기를 중국의 정부 관계자와 전문가에게 하면, 때때로 "서방의 민주주의만이 전부가 아니다. 세계에는 가지각색의 민주주의가 있다. 일본과 북유럽의 민주주의도 미국의 민주주의와는 다르지 않은가"라는 반론이 돌아온다. "중국의 민주정치 건설은 당의 영도, 의법치국(依法治國), 인민민주의 삼자를 통일한 형태여야 한다. 중국이 만들어야만 하는 민주주의는 서방의 민주주의가 아니다. 당, 국가, 사회의 삼자가 유기적으로 통일해 상호 협조하는 것이다"[마르크스주의 이론 연구·정립 전문가 린상리(林尙立) 푸단 대학 부학장].[3]

확실히, 세상에는 여러 민주주의의 형태가 있어도 될 것이다. 각각의 지역에는 각각의 역사가 있고, 각각의 국가에는 각각의 국정이 있다. 10인 10색의 상태야말로 건전하다고 필자도 생각한다. 하지만 인류 사회와 보편적 가치관이라는 관점에서 보면 하한선[중국어로 '디셴(底線)']인 요소는 공유되어야 하지 않을까. 그렇지 않으면 논의될 수 없고, 목표를 공유할 수도 없다.

스탠퍼드 대학의 필리프 슈미터(Philippe C. Schmitter) 교수와 테리 린 칼(Terry Lynn Karl) 교수는 논문 「무엇이 민주주의이고, …… 무엇이 그렇지 않은가(What Democracy Is… and Is Not)」에서 "민주주의에 유일무이의 형태는 존재하지 않는다. 따라서 미국은 민주주의의 개념을 정의할 때 스스로의 제도에 너무 집착하는 것에 신중해야만 한다. …… 그러나 민주주의가 존재할 수 있는 최소한의 기준은 충족되어야 한다"라고 주장한다. 더불어 두 사람은 민주주의의 개념에 대해 "통치자가 공적 분야에서 행동하는 책임을 유권자로부터 부여받아 선거로 선택된 대표와 경쟁·협조를 통해 간접적으로 행

동하는 거버넌스 시스템"이라고 정의한다.[4]

민주주의를 둘러싼 면밀하고 복잡한 정의나 요소는 많지만, 중국 민주화 연구를 활성화하려고 시도한 이 책에서는 그 하한선을 ① 공정한 선거, ② 사법의 독립, ③ 언론·보도의 자유 이 세 가지로 집약하고 싶다. 이 책은 이 세 가지가 제도적으로 보장되는지 아닌지를 기준으로, 중국이 민주화하는 것이 어떠한지 혹은 하려고 하는 것인지 등의 문제를 15개 장에 걸쳐 살펴봄으로써 하한선을 설정하는 데 주안점을 둔다.

민주주의라 해서 만능은 아니다. 발전 과정에서 좌절도 후퇴도 있을 수 있다. 그렇기에 서방을 포함한 지역·국가는 세 가지 요소를 실천하는 과정에서 민주주의를 충실히 따르는 노력을 게을리하면 안 된다. 그중에서도 민주주의의 보급과 확립에 비교적 뒤처져 있는 동아시아는, 민주주의 논의를 촉진해 문제점을 부단히 개선해나가는 자세가 요구된다.

2014년 탄생 100주년을 맞이한 일본의 저명 정치학자 마루야마 마사오(丸山眞男)는, 생전에 민주주의의 발전 과정에 대해 명언을 남겼다.

민주주의란 인민이 본래 제도의 자기목적화(물신화)를 부단히 경계해, 제도의 현실의 방식을 끊임없이 감시하고 비판하는 태도에 의해 비로소 살아 숨 쉬는 것입니다. 이는 민주주의라는 이름의 제도 자체와 관련해 그 무엇보다 적절합니다. 즉, 자유와 마찬가지로 민주주의도 부단한 민주화에 의해 비로소 민주주의라 할 수 있는, 그런 성격을 본질적으로 지니고 있습니다. 민주주의적 사고란 정의와 결론보다도 과정을 중시한다는 말의 가장 내면적인 의미가 여기에 있는 셈입니다.[5]

다시 말하지만, 수천 년에 이르는 역사 속에서 중국이 세 개의 요소를 제도적으로 충족시켜 민주주의를 실현한 적은 없다.

예컨대 개혁개방이 궤도에 오르기 시작한 1980년대에는 정치 개혁에 도전할 기회가 왔다고 느꼈다. '개혁개방의 총설계사'라고 불린 덩샤오핑(鄧小平)

이 1980년에 발표한 '8·18 담화'는 '정치체제 개혁의 강령적 문헌'이라 불렸고, 그의 정치사상은 최고점에 다다른 듯 보였다. 그러나 자신의 시야와 역사적 제약 때문에 등소평은 진정한 의미의 정치 개혁을 추진하지는 않았다.[6]

사상이 문명 개화적이고 언론도 비교적 자유로웠다는 1980년대 후반을 포함해, 공정한 선거나 사법의 독립을 동반한 민주주의가 제도적으로 확립된 역사는 중국에 없다.

민주주의에 입각하지 않은 통치의 역사는 중국공산당(1921년 창립)이나 신중국, 즉 중화인민공화국(1949년 건국)의 역사보다도 훨씬 길다. 즉, 덩샤오핑에 의한 '민주주의 거절'이란, 중화문명이나 중화민족에 면면히 이어져 온 일종의 정치 문화라고 할 수 있다.

민주주의라는 정치 문화를 거절해온 중국공산당의 지도자가, 비록 시대가 변했다 하더라도 민주화로의 길을 자신의 정치에 도입할 것인가. 통일이나 분열, 내전이나 동란을 되풀이하며 살아남아 이어온 중화문명에서, 역대 황제들이 광대한 땅을 통치하며 관심을 두지 않은 혹은 도입하려 하지 않은 제도나 가치관을, 황제들과 동일한 DNA를 지닌 중국공산당의 지도자가 도입하는 국면을 상상하기는 쉽지 않다.

이제는 민주화의 조류를 무시할 수 없다

중국의 국내 사정과 달리, 국제사회에서 '중국이 민주화할지도 모른다'는 기대와 관심이 지금처럼 높았던 적은 없다. 이는 21세기 인류 사회의 생활 양식과 진화 과정에서 영향을 받지 않을까 하고 의식적 혹은 무의식적으로 느끼고 있기 때문일 것이다.

'신중국'(중화인민공화국이 건국된 1949년 이후의 중국)이 인류 사회의 발전에 공헌할 수 있는 분야가 경제와 정치 차원에서 각각 하나씩 있다고 가정하자.

하나는 경제의 근대화·현대화이다. 13억 명이 넘는 인구가 있고, '동양의 프런티어(동양의 변경)'라고 불린 미지의 땅 신중국은 문화대혁명(1966~1976년) 이후 실각한 덩샤오핑이 중앙정치 무대에 복귀하는 과정에서 공산당의 통치 방침을 계급투쟁에서 경제건설로 전환했다. "실천이야말로 진리를 검증하는 유일한 기준이다"라는 국민적 토론을 지지한 덩샤오핑은 "사회주의에서도 시장경제의 실천이 가능하다"라는 대담한 방향 전환을 실천했다. 사회주의 정치체제를 견지하고 마르크스-레닌주의나 마오쩌둥 사상에 '경의'를 표하면서도, 인민들이 먹고살기 위한 시장경제를 도입해 개혁개방을 진행한 것이다.

중국만큼 거대한 시장이 세계를 향해 문을 열었다는 충격은 헤아릴 수 없을 정도로 컸다. 개혁개방 이래 중국은 해외로부터 외자를 유치하고, 외국 기업의 자금력과 기술력을 빌리면서 시장경제를 진행해갔다. 중국은 이를 통해 막대한 이익을 얻었고, 외국 기업도 노동 비용이 낮은(지금은 상당히 올랐지만) '세계의 공장'에서 그에 걸맞은 이익을 얻었다. 그리고 중국 경제와 세계 경제는 끊으려야 끊을 수 없는 관계로 심화되고 있다.

2014년 9월 9일 중국 톈진에서 개최된 하계 다보스 포럼에 참석한 리커창(李克强) 총리는 외국 기업가와의 좌담회에서 중국 경제와 세계 경제의 관계에 대해 다음과 같이 말했다.

중국은 세계 경제 성장에 중요한 공헌자다. 중국은 여전히 발전도상국이지만, 주요한 경제 주체임이 틀림없다. 작년 통계에 따르면 세계 경제성장에서 우리의 공헌율은 약 30%에 달한다. 상품 수입은 약 2조 달러에 달했으며, 세계의 10%를 차지하고 있다. 우리가 이런 기세를 유지한다는 것은 세계에 거대한 시장을 제공한다는 의미다. 중국이 스스로의 문제에 제대로 대처하는 것은 세계에 대한 최대의 공헌을 뜻하는 것이다.[7]

또 한 가지 들 수 있는 것이 정치의 근대화·현대화이다. 이 분야는 중국사에서 미지의 영역이다. '민주화 = 정치의 근대화·현대화'라는 등식이 성립하느냐에 관해서는 신중한 논의가 필요하다. 하지만 '인치에 의존한 독재정치'로부터 '법치에 입각한 민주정치'라는 흐름이 인류 사회의 진화에서 하나의 방향성을 제시한다는 점에 의문의 여지가 전혀 없다.

그렇다면 신중국을 통치하는 중국공산당도 민주화라는 역사의 조류를 의식하지 않고 국가 운영을 이어가는 일은 곤란할 것이다. 그리고 이는 주관적인 표현이지만, 여러 외국 정부와 그 시민들을 고려할 때 인치에 의존한 독재정치하의 중국보다 법치에 입각한 민주정치하의 중국과 '어울리기 편하다'는 점은 부정할 수 없다. "민주주의 국가 쪽이 다른 정치체제가 들어선 국가보다도 평화를 사랑하고 민주주의 국가끼리 전쟁으로 치닫는 경우는 거의 없다"는 학설의 보편성은 역사에 의해 어느 정도 증명되어왔다고 생각한다.[8]

필자는 중국공산당 관계자들 및 그 주위의 지식인들과 논의하는 과정에서 그들이 정치의 근대화·현대화에 깊은 관심을 두는 가운데 '어떤 정치체제가 중국을 통치할 수 있는가'라는 내정적(內政的) 사고뿐 아니라 '어떤 정치체제가 국제사회와 어울리기 편한가'라는 외교적 사고도 하는 현상을 깨닫게 되었다. 그러기에 ① 공정한 선거, ② 사법의 독립, ③ 언론·보도의 자유의 세 가지를 추구하는 것은 중국공산당에게도 남의 일이 아니며, 또 그래서는 안 된다고 생각한다.

(중국의) 위정자가 능동적으로 어디까지 추구하는지, 어디까지 실천할 수 있는지와는 별개로, 국제사회에서는 정부, 기업, 개인이 경제의 근대화·현대화에 이어 정치의 근대화·현대화, 곧 민주화를 중국에 '기대'하는 목소리가 꾸준히 높아지고 있다. 그리고 필자가 아는 한, 중국공산당 지도부는 이런 흐름이나 현상을 명확히 인식하면서 통치하고 있다.

'내정', '개혁', '외압'이라는 세 가지 시각

서두에 "중국 민주화 연구란 중국공산당 연구다"라고 썼듯이, 이 책의 구성은 이 전제에 상당 부분 할애하고 있다. 이 책은 제1부 '내정', 제2부 '개혁', 제3부 '외압' 등 세 부분으로 구성되어 있다. 어째서 3부로 구성했는지 잠시 설명하겠다.

필자가 '중국 민주화 연구'에 대한 논의를 진행하는 과정에서 미리 말해두고 싶은 것이 있다. 필자를 포함해 중국 민주화 연구자들이 빠져들기 쉬운, 희망적 관측과 제도적 우월감에는 거리를 둘 것이다 . '중국은 민주화되어야 한다', '민주화되기 위해서는 이렇게 하면 된다' 같은 주장을 전제로 중국이 민주화하기 위한 길을 제시하고 거기서부터 역산해나가는 일은 하지 않을 것이다. 민주화를 향한 로드맵을 만들어 그로부터 연역하는 작업도 행하지 않을 것이다.

어디까지나 '대체 중국 민주화란 무엇을 의미하는가'라는 물음에 마주하기 위해 필수적인 것, 적어도 유익하다고 생각되는 퍼즐의 조각을 부분적으로 제시하겠다. 요컨대 중국 민주화 연구에서 기본적인 것만 제시한다.

이 책에서는 중국의 민주화를 재촉 또는 저지할 수도 있는 현실적인 요소나 배경을 다룬다. 공산당 지도부의 문서나 지도부의 담화, 서방의 선행연구나 공산당 지배하의 중국 사회에서 살아가는 사람들과의 인터뷰 등을 토대로 중국공산당이 국가, 민족, 문명을 어디로 인도하려 하는지 그 일단을 부각시키는 것이다. 이를 위해 '내정', '개혁', '외압'이라는 세 가지 시각이 유익하다고 판단했다. 이런 시각으로 접근한다면 중국 민주화의 열쇠를 쥐고 있는 중국공산당의 동향을 쫓는 데 도움이 되지 않을까 생각했다. 바꾸어 말하자면, 중국공산당이 중국 민주화를 촉진하려 한다는 단서가 보이지 않을까 생각한다.

이 책은 '시진핑(習近平) 시대'를 조명한다. 시진핑이 공산당 총서기로서 중화인민공화국을 통치하는 기간은 2012~2022년으로 내정되어 있다. 여기에는 중국공산당 창립 100주년인 2021년이 포함된다. 이 때문에 '시진핑 시대'라는 맥락에 공산당 창립 100주년이라는 요소를 포함시키면서, 공산당정치의 현황과 중국 민주화의 전망을 쫓으려 한다.

다음으로 각 부에 관해 간단하게 미리보기를 한다.

제1부 '내정'에서는 우선 '중국공산당이란 무엇인가'를 설명한다. 2014년말 시점에 약 8700만 명을 거느린 중국공산당의 정치가 어떤 체제 아래 운영되고 있는지 밝혀낸다.

여기서 키워드가 되는 것이 '정통성'이라는 문제다. 중국공산당의 존재 의의이자 통치 근거라 할 수 있는 이것은 어떻게 구성되며 운영하고 있는가. 또 정통성을 어떻게 담보하고 있는지도 살펴볼 것이다. 중국공산당의 정통성은 미국이나 일본을 포함한 자유민주주의 국가와는 다른 형성 과정을 걷고 있지만, 서방 정치학자의 선행연구를 일별하면서 그 일단을 볼 것이다. 또한 중국공산당의 정통성을 담보하는 네 가지 축을 제시하면서 중국공산당의 운명을 쥔 정통성이라는 요소에 다가갈 것이다.

중국공산당의 정통성을 논의한 후, 시진핑이 이끄는 공산당 지도부가 '중국의 꿈(中國夢)'을 지도사상으로 내걸면서 아편전쟁(1840) 이래로 중화민족이 헤어나지 못하는 '세기의 굴욕'을 어떻게 극복할 것인가라는 트라우마 부분을 살펴볼 것이다. 중국이 진정한 의미의 대국으로서 국제사회에서 책임있는 역할을 짊어지려면 '우리 민족은 근현대 이래 서방 열강의 침략을 받고 반식민지화되어왔다. 민족으로서 복수할 때가 왔다'는 감정에 이별을 고해야만 한다는 것이 필자가 정한 가정이다. 시진핑의 사상적 배경이기도 한중국인민해방군의 브레인에도 접근하면서, '중화민족은 어디로 향하려 하는가'라는 관점에서 중국 정치에 관한 해석을 시도할 것이다.

제1부의 마지막에서는 시진핑의 정치관을 조명할 것이다. 시진핑은 지금세계가 가장 주목하는 정치가 중 한 명임이 틀림없다. 중국공산당의 지도부

가 어떤 성장 과정을 거치고 어떠한 사상과 신조로 중국공산당과 마주하는지, 또 중국의 꿈이라는 '중화민족의 위대한 부흥'을 어떻게 실현시키려 하는지를 아는 것은 중국공산당과 중국 민주화의 상관성을 해독하는 데 필연적인 작업이라고 생각한다.

제2부의 '개혁'에서는 글자 그대로 중국공산당이 어떻게 개혁 작업을 진행하고 있는지, 앞으로 진행할 것인지를 검증할 것이다. 개혁 없이는 존속도 없다. 지도부는 현 체제를 유지하면서 언제까지 광대한 땅과 방대한 인구를 계속 통치할 것인가? 중국공산당이 존속을 위해 개혁에 전력투구할 것임은 의심할 바 없지만, 개혁하면서 공산당 체제도 존속할 것인가? "CCP(중국공산당_인용자)는 내외의 환경변화로부터 위기의 양상이 거세져, 존속 그 자체가 위태로워질 것인가? 아니면 오히려 변화를 기회 삼아 세계 최대의 정당이자 최대 규모의 이해 집단이 그 존재 기반을 재주조해 새로운 존재 근거를 더욱 견고히 할 것인가?"[히시다 마사하루(菱田雅晴), 호세이 대학 법학부 교수][9]

이 문제는 시진핑이 덩샤오핑의 정치 유산을 어떻게 계승하는지에 따라 적잖이 좌우된다. 양자는 어디서 계승되고, 어디서 단절되는가? 등소평 시대까지 거슬러 올라가기 전에 시진핑 시대의 개혁이라는 문제를 살펴보려고 한다. 여기서 의미하는 개혁이란 적어도 경제, 사회, 정치의 세 가지를 전제로 한다.

또한 시진핑 정권 초기의 핵심 정책인 '반부패 투쟁'을 논의하지 않고 시진핑 시대의 개혁을 이해하는 것은 비현실적이다. 시진핑은 이를 통해 권력 기반을 강화하여 공산당의 위상을 확실히 굳히려 한다. 문제는 권력 기반을 견고히 하는 목적이 무엇인가 하는 점이다. 이는 개혁을 촉진하기 위한 것인가 아닌가. 이를 고찰하기 위해 국무원 총리로 경제정책에서 시진핑을 보좌하는 리커창 총리가 이 과정에서 어떤 역할을 담당하는지에도 초점을 맞출 것이다.

개혁을 논의하는 과정에서 피할 수 없는 것은 1989년 6월 '톈안먼 사건'(중국에서는 '6·4 사건'이라 불린다)이다. 중국공산당이 금기시해온 이 사건에 어떻게 대처하고 청산할 것인지에 따라 공산당의 개혁과 신중국의 미래상은 크게 변화할 것이다. 톈안먼 사건의 청산과 중국공산당의 정치 개혁 그리고 민주화의 사이에는 밀접한 상관성이 존재한다고 필자는 생각한다. 아울러 "톈안먼 사건 이래 최대의 정치 사건"이라는 '보시라이 사건'이 공산당 체제의 미래에 대해 시사하는 의미도 제시하려 한다.

제2부의 마지막에서는 중국공산당의 내정과 외교의 정책 결정 과정에 깊숙이 뿌리를 내린 내셔널리즘 문제를 싱가포르 모델과 비교하며 검증한 뒤 제3부로 넘어갈 것이다.

제3부에서는 '외압'이라는 시각에서 중국 민주화 문제를 생각해본다.

"중국 민주화 연구란 중국공산당 연구다"라는 전제에 근거하면서도, 현재의 중국과 중국인을 둘러싼 국내외 정세에 눈을 돌려보면 이는 중국공산당만의 문제가 아니고 중국인만의 문제만도 아니다. 국제사회는 정치 사정, 경제 동향, 사회 추세는 불가피하게 영향을 받을 수밖에 없기 때문이다. 약간 과장해 말하면, 인류 사회의 진보를 위한 최적의 정치체제는 무엇인가라는 대국적인 문제를 생각할 때 중국은 틀림없이 주요 행위자 중 하나다.

중국 민주화 문제를 검토하는 과정에서 중국공산당만이 당사자는 아니다. 중국 밖에 있는 우리도 국제사회에서 중국과 공존·공영의 길을 탐색해나가야 한다. 이제는 중국 밖에 있는 플레이어가 중국의 정치발전에 어떻게 관여할 것인가라는 관점은 필수적이다.

중국공산당이 능동적으로 민주화를 향해 발걸음을 내딛도록 하고자 건전한 압력을 가한다는 관점에서 필자가 선택한 것이 홍콩, 타이완, 중국인 유학생, 미국, 일본이다.

홍콩은 오랜 세월에 걸쳐 영국의 식민지였지만, 1997년 중국에 반환된 후부터 중국과의 관계가 급속히 돈독해지고 있다. 이와 동시에 홍콩에서 '반중 감정'이 높아진 것도 사실이다. 특히 2017년 '보통선거'의 개혁 법안을 둘러싸고 2014~2015년 2년여에 걸쳐 중국공산당과 홍콩 민주파 사이에 대립 국면이 지속되고 있다.

타이완도 최근 민간 차원에서 중국과의 관계를 긴밀히 다지고 있다. 타이완은 중국과 같은 중화권이며, 이 책에서 논하는 민주주의를 실천·발전시켜 온 역사가 있다. 타이완이 민주주의화되면서 "중국인과 민주화는 물과 기름의 관계"라는 문화인류학적인 언설은 설득력을 잃었다. 제3부 전반에서 홍콩과 타이완이 중국의 민주화 과정에 어떤 영향을 끼칠지도 살펴볼 것이다.

요즘 미국 대학에는 중국인 유학생 수가 급증하고 있다. 미국과 중국 사이에서 역동적으로 활동하는 그들은 장래 '조국'의 민주화 도정에서 어떤 역할을 할까? 이는 필자가 미국에 와서 중국인 유학생을 접하는 과정에서 분명해진 시각이다. 보스턴이나 워싱턴에서 인터뷰한 중국인 유학생들의 이야기를 곁들여, 그들이 어떤 생각으로 미국 생활을 하며 조국을 어떻게 바라보고 있는지 등 '현장의 분위기'도 논의의 근거로 삼았다.

중국 밖에서 중국 민주화를 검토하는 과정에서 피해갈 수 없는 것은, 중국공산당이 유일한 라이벌로 인정하는 초대국 미국의 존재다. 이는 국력의 둘러싼 경쟁일 뿐 아니라 미국의 자유민주주의와 중국의 사회주의 시장경제, 또는 '워싱턴 컨센서스냐, 차이나 모델(中國模式)이냐' 등 체제와 가치관을 둘러싼 경쟁이기도 하다. 양자의 관계가 중국의 정치체제에 어떤 영향을 미칠까? 미국은 중국에 민주화를 요구할까? 필자는 미국에서 쌓아온 지식과 견해를 활용해 논의를 진행할 것이다.

마지막으로, 역사적으로 중국의 성쇠에 독특하고 뿌리 깊게 영향을 미쳐온 일본의 존재와 역할에 대해 서술할 것이다. 필자가 선정한 연구의 시작점은 '반일'이다. 이 시각은 중국공산당의 존재와 성쇠에 어떤 영향을 미칠 것인가? 반일에 기반을 둔 이론과 현실은 일본인의 상상 이상으로 중국 정치사회에 깊숙이 침투하고 있다. 필자는 중국 각지에서 목격한 현상을 소개하고 반일과 중국 민주화의 상관성을 드러내어 그 내막과 구조를 근본적으로 살펴볼 것이다. 그와 동시에, 중국이 민주화의 길로 들어서는 과정에서 일본이 달성해야 할 역할이 무엇인가 등의 문제로도 사고의 범위를 넓히려 한다. 일본 입장에서 중국은 역사적으로 긴밀히 교류한 이웃 나라이다. 일본인은 중국의 역사나 문화, 사상에서 많은 것을 배워왔다. 현재까지도 중국은 일본 사회의 전진에 영향력을 유지하고 있다. 경제뿐만 아니라 정치적 차원에서도 중국을 무시할 수는 없다. 다만 중국이 전례 없이 중요한 존재가 된 반면, 전례 없이 먼 존재가 되었다고 생각한다.

확실히 말할 수 있는 것은, 불투명하게 팽창하는 이웃의 거인이 어디로 향하는가에 대한 문제는 일본인이 살아가는 방식에 영향을 줄 수밖에 없다는 점이다. 따라서 우리는 중국 민주화의 문제를 관찰할 뿐만 아니라, 거기에 참여할 수밖에 없을 것이다.

방관자로서가 아닌 당사자로서 중국 민주화 문제를 생각해야 할 것이다. 다시 말해, 중국공산당을 정면에서 이해하고 어울려나갈 수밖에 없는 것이다.

제1부
내정

제1장

중국
공산당

"미래로 나아가기 위해서는 중국공산당을 확실히 건설할 것을 견지해야
만 한다. 중국의 문제를 해결하기 위한 열쇠는 중국공산당이 쥐고 있기 때
문이다."[1]

2014년 9월 30일 베이징의 인민대회당에서 열린 '중화인민공화국 창건
65주년 초대회'(招待會는 리셉션을 뜻한다)의 담화에서 시진핑 공산당 총서기
는 이렇게 강조했다.

이 리셉션에는 시진핑의 '선배' 장쩌민(江澤民)이나 후진타오(胡錦濤) 등 전
공산당 총서기를 비롯해 당의 원로들이 대부분 출석했다. 또한 장쩌민 시대
에 경제정책을 담당한 국무원 총리로서 전권을 쥐고(1998~2003년) 국유기업
개혁을 감행하는 등 기득권에 반대했던 주룽지(朱鎔基)도 동석했다. 원로 공
산당 지도자들 대부분은 머리카락을 검게 염색했지만, 주룽지의 새하얀 머
리카락은 그의 역사적인 존재감을 두드러지게 하는 듯했다.

시진핑이 전체를 향해 건배를 선창했다. 그 후 빨간 와인이 담긴 잔을 한 손에 들고 먼저 원탁의 오른편에 앉은 장쩌민에게, 이어 왼편에 자리 잡은 후진타오에게 건배를 청하는 등 예의를 표시했다.

전인대와 인민대표

중국공산당은 1921년에 창당되었다.

'중화인민공화국 창건 65주년 기념식'은 2014년에 거행되었는데, 이를 통해 중국공산당의 역사가 중화인민공화국의 역사(1949년 창립)보다 길다는 것을 알 수 있다. 이는 실로 의미하는 바가 크다. 국가의 성립 후 집정당을 만든 것이 아니라 이미 존재해온 정당이 '혁명'이라는 수단을 통해 국가를 성립했기 때문이다.

흔히 원로 중국공산당원[2]들은 '다톈샤(打天下)'라는 말을 쓴다. 스스로 천하를 쟁취해 새로운 국가를 만들어낸 과정을 일컫는다. 여기에는 '항일전쟁'과 국민당과의 내전을 거쳐 중국공산당이 수많은 유혈과 희생을 대가로 '신중국'을 성립시켰다는 의미가 담겨 있다. 이 때문에 중국공산당은 건국 당시부터 일정 기간 동안 스스로 '혁명당'이라고 불렀다.

이 사실만을 보아도 중국 민주화 연구란 중국공산당 연구라는 이 책의 전제에 그다지 위화감이 들지는 않을 것이다. 이를 상세히 논의하기 위해 우선 중국공산당이라는 조직의 개요와 그 특징을 열거해본다.

중국공산당의 핵심 기구는 '중앙위원회'라고 불리며, 이는 중국공산당 전국대표대회를 통해 구성된다. 제18기(2012년 10월~2017년 가을)인 현재 중앙위원은 205명이며, 중앙위원 결원 등으로 자동 승격이 될 수 있는 중앙위원 후보는 약 170명이다.[3] 중앙위원회의 정상에는 시진핑 총서기가 있으며, 그 외에 당, 정부, 해방군, 국유기업 등의 고위 간부 등이 중앙위원 및 후보에 이름을 올려놓고 있다.

중앙위원회에서 선출된 25명으로 구성되는 것이 중국공산당의 최고 의사결정 기관인 정치국이다. 그중에서도 중국공산당 시스템의 정점이자 일종의 성역을 의미하는, 현재는 일곱 명인 상무위원은 정치, 경제, 군사, 외교, 사회 등전 분야에서 국가의 전략과 방향성을 좌우하는 정책을 결정할 수 있는 권한을지닌다. 『중국공산당(The Party: The Secret World of China's Communist Rulers)』의저자이자 미국의 우드로윌슨센터 연구원 리처드 맥그리거(Richard McGregor)는 정치국의 역할에 대해 다음과 같이 지적한다.[4]

국가, 경제, 공익사업, 군, 경찰, 교육, 사회조직, 언론매체에 대한 당의 지배력을
더욱 견고히 하는 것이며, 중국이라는 국가의 이미지를 관리하여 외국에 의해 분
할되어 굴욕을 당해 완전히 약체화된 나라를 강력한 국가로 변모시켜 중국 문명
을 되살렸다는 부활의 이야기를 만들어내는 것이다.

국가 운영에 관계되는 각 분야의 통상 업무나 정책 입안·집행은 일본 내각에 상당하는 국무원 산하의 각 부서가 담당한다. 외교는 외교부, 재무는재무부, 통상은 상무부, 농업은 농업부, 공안은 공안부, 교통은 교통부, 환경은 환경보호부와 같은 식이다. 또 이 정부 기관들과는 별개로 당 직속의 기관에도 정책 입안·집행을 담당하는 부서가 있으며, 이들의 권한은 정부 기관을 능가한다. 주로 국가의 대외 업무를 총괄하는 중공중앙대외연락부, 당의 선전이나 프로파간다를 담당하는 중공중앙선전부, 당의 인사를 총괄하는 중공중앙조직부 등이 있다. 당의 이 세 부서는 중앙위원회에 직속되어당 중앙의 지시를 직접적으로 받는 구조이다. 따라서 당 총서기와의 연계가정부 기관에 비해 밀접하다고 할 수 있다.

당의 군대인 중국인민해방군도 중국공산당 조직의 중요한 구성 요소다.공산당이 해방군을 지도하는 위치에 있는 현상을 반영하듯이, 제18기 정치국 위원에 판창룽(范長龍) 중앙군사위원회 부주석(육군상장)과 쉬치량(許其亮)

중앙군사위원회 부주석(공군상장)이 포진해 있다. 필자의 개인적인 견해로는 당 지도부가 당이 군을 관리한다는 의미에서 군부 책임자를 정치국 위원에 포함시켰지만, 군에 과도한 정치권력을 주지 않기 위해 정치국 상무위원에 는 포함시키지 않았다. 그리고 군인이 아닌 문관인 당의 총서기와 국가주석 이 중앙군사위원회 주석을 겸함으로써, 군에 대한 당의 통제를 제도적으로 확고히 하고 있다.

매년 3월 베이징에서 개최되는 전국인민대표대회와 중국인민정치협상회 의로 구성되는 '양회'는 중국공산당 정치를 이해하는 데 중요한 사례 연구의 대상이다. 국민이 바라보는 정치의 관점에서는 양회가 중국 인민에게는 가 장 가까운 존재다. 시진핑·리커창 정권 탄생 이후 2014년에 처음으로 열린 양회를 예로 들어 자세히 알아보자.

전국인민대표대회(통칭 '전인대')는 형식적으로 일본의 국회에 해당한다. 중국에서는 '최고국가권력기관'이라고 불린다. 중화인민공화국 '헌법' 제1장 제3조에는 다음과 같이 적혀 있다.

중화인민공화국의 국가기구는 민주집중제의 원칙을 실행한다. 전국인민대표대회 와 지방 각 차원의 인민대표대회는 동시 민주 선거에 의해 탄생되며, 인민에게 책 임을 지고, 인민의 감독을 받는다. 또한 국가의 행정기관, 사법기관, 검찰기관은 일 률적으로 인민대표대회에 의해 조직되고, 전인대에 대해 책임지며, 전인대의 감독 을 받는다.

전인대의 '기구 직책'란에는 다음과 같은 권한을 행사한다고 규정되어 있다.

① 헌법의 수정
② 헌법 이행의 감독
③ 형사, 민사, 국가기구 또는 그 외에 대한 기본 법률의 제정과 개정

④ 중화인민공화국 주석, 부주석 선출

⑨ 국민경제와 사회발전계획 및 그 집행 상황의 보고에 대한 심사와 비준

⑩ 국가 예산 및 집행 상황 보고에 대한 심사와 비준

⑭ 전쟁과 평화에 관련된 문제의 결정

또 전인대에는 ① 중화인민공화국 주석, 부주석, ② 국무원 총리, 부총리, 국무위원, 각 행정기관의 부장, 각 위원회의 주임, 회계검사원장, 사무국장, ③ 중앙군사위원회 주석, 이 위원회의 구성원, ④ 최고인민법원장, ⑤ 최고인민검찰원 검찰장을 파면하는 권한이 있다고 규정되어 있다.[5]

그러나 실제로 전개되는 중국 정치의 현상과 '헌법'에 정해진 바나 문헌을 비교해보면 양자는 서로 다르다. 후자는 문서로만 존재한다고밖에 할 수 없다. 예를 들어 "전인대의 위원이 민주 선거에서 선출된다", "중화인민공화국 주석, 부주석은 전인대 선거로 선출된다", "무력을 사용해 국제분쟁의 해결 여부는 전인대가 결정한다" 등의 항목은 현실 정치에서 반영되지 않는다. 정치, 군사, 경제, 외교 등 모든 분야의 의사결정은 최종적으로 최고 의사결정기구인 정치국 상무위원회에 의해 내밀하게 이루어진다. 의사결정 과정에서 정부 기관, 정부계 연구기관, 군사기관, 민간인 등과 함께 면밀한 논의를 진행하고 공청회를 거치지만, 그 과정은 원칙적으로 공개되지 않는다.

2014년에 있었던 제12차 전국인민대표대회 2차 회의가 개최된 시점에는 총 2981명의 위원(통칭 '인대 대표')으로 구성되었다. 전인대를 국회에 비유하면 2981명의 국회의원이 이름을 올린다는 의미이지만, 그 구성을 보면 매우 흥미롭다.

- 공산당, 정부 관료 1193명(40.02%)
- 기업 경영자 717명(24.05%)
- 기층 대표(일반 국민) 203명(6.81%)

- 군대 대표 268명(8.99%)
- 기타 대표 600명(20.13%)

덧붙여 전체에서 여성이 차지하는 비율은 23%이고, 소수민족(한족 이외)은 23%, 비공산당원이 28%, 대학 학사 이하는 48%이다. 농민은 39명, 최고 연장자 위원이 85세, 최연소 위원은 22세이다.[6]

여기서 말할 수 있는 것은, 중국공산당 지도부가 전국 각 지역·민족·계급의 다종다양한 인재를 위원으로 임명해 국민에게 "우리 국회는 다양화 사회의 다양한 권익을 반영한다"고 호소하고 싶어 한다는 점이다. 중화인민공화국 '헌법' 제1장 제1조에는 다음과 같이 규정되어 있다.

중화인민공화국은 공인(工人)계급(노동자계급)이 영도하고 공농연맹(노동자와 농민에 의한 연맹)을 기초로 하는 인민민주주의전정(人民民主專政) 사회주의 국가다. 사회주의 제도는 중화인민공화국의 기본적 제도이며, 어떤 조직이나 개인도 사회주의 제도를 손상해서는 안 된다.

위원의 구성을 보면, 공산당 지도부가 일반 노동자나 농민 같은 이른바 '무산계급'을 의식하고 그들에게 영합한다는 점을 비교적 명확히 파악할 수 있다.

한편 덩샤오핑 등이 추진했던 개혁개방 정책으로 사회주의 시장경제를 실시하고 있어 기업가들도 인대 대표에 편입시키고 있다. 군인에 대한 배려도 소홀하지 않다. 중국공산당은 군부의 의향을 받아들이면서 군부를 당의 지배하에 두는 것이 지상 과제이기 때문이다.

문제는 이들 인대 대표가 중국공산당에 의해 뽑혔다는 점이다. 당의 보증이나 추천이 없으면 인대 대표가 될 수 없다. 여기서 다양성이란 어디까지나 공산당 지도부가 갈망하는, 혹은 허용 가능한 범위의 산물이며, 통치에 불이익을 가져올 가능성이 있는 인물은 선택하지 않는다. 국민에게 선택되는 것이 아니라 일당지배 체제에서 정치적으로 선발된다. 이것이 전인대를 통해 볼 수 있는 중국공산당 정치다.

당, 정부 기관의 수장이 1년에 한 번 전인대에 보고를 제출하는데, 그 내용을 전인대에서 심의하는 절차를 거친다. 보고의 내용은 언론매체를 통해 국민에게 공개된다. 절차상 전인대의 대표들이 투표하고 그 결과를 국민에게 공표한다.

2014년에 총 2910명의 인대 대표가 투표에 참가했다. 각 안건의 투표 결과를 보자.[7]

정부 활동보고: 찬성 2887표/반대 15표/기권 5표/무응답 3표(찬성률 99.21%)

전인대 상무위원회 활동보고: 찬성 2784표/반대 74표/기권 44표/무응답 8표(찬성률 95.57%)

최고법원 활동보고: 찬성 2425표/반대 378표/기권 95표/무응답 12표(찬성률 83.33%)

최고검찰원 활동보고: 찬성 2402표/반대 390표/기권 108표/무응답 10표(찬성률 82.54%)

중앙·지방 예산 보고: 찬성 2504표/반대 293표/기권 102표/무응답 11표(찬성률 86.05%)

국민경제·사회발전계획: 찬성 2760표/반대 97표/기권 47표/무응답 6표(찬성률 94.84%)

이처럼 찬성률이 비정상적으로 높다. 즉, 전인대에서 선거는 이른바 신임투표이며, 결과는 처음부터 예견된다는 현상을 엿볼 수 있다. '량가오(兩高)'라 일컫는 최고법원과 최고검찰원 활동보고에 대한 투표 결과를 보면 반대표가 각각 400표에 가까웠다. 이를 두고 일부 중국 매체에서 "중국 정치가 점점 민주적으로 되고 있다"며 칭찬하는 평론도 있었다.

그러나 이를 민주적이라고 평하는 것은 무리다. 공산당 일당지배가 지속되고 인대 대표가 공산당에 의해 선택된 상황에서는 정책, 법안, 예산을 포함한 안건이 부결되는 사태는 일어날 리 없기 때문이다.

정협이 완수할 역할

다음으로 중국인민정치협상회의(이하 정협)를 보자.

인민정협이란 중국 인민에 의한 애국통일전선 조직이며, 중국공산당 영도에 의해 다당합작제와 정치협상을 전개하기 위한 중요 기구이자, 중국 정치 생활에서 사회주의민주를 실현하기 위한 중요한 형식이다.[8]

제1차 중국인민정치협상회의는 중화인민공화국 성립 전야인 1949년 9월 21일에 개최되었다. 초대 주석은 마오쩌둥, 2대 주석은 저우언라이(周恩來), 3대 주석이 덩샤오핑이다. 중국 정치에서 정협의 지위는 경시할 수 없다. 여기에는 공산당원뿐 아니라 민주당파나 각계의 대표, 홍콩·마카오·타이완 관련 대표도 이름을 올리고 있다. 2014년도 정협 위원의 내역은 〈표 1-1〉과 같다. 적어도 표면적으로는, 다방면에 걸친 사람들이 정부의 자문회의에 참가하고 있는 현상을 볼 수 있다.[9]

2014년도 정협회의에서는 반부패, 토지개혁, 환경문제, 교육개혁, 한 자녀 정책, 민족문제, 격차 등 모든 문제가 위원들로부터 제기되었다. 이 가운데는 "민주정치를 실시하면 부패는 비로소 근절될 것이다"[장훙(蔣洪) 상하이 재경대학 교수]와 같은, 공산당 지도부가 꺼리는 내용도 포함되어 있다.

전인대와 동시에 베이징의 인민대회당에서 진행되는 경우도 있다. 시진

중국공산당원	98명	중화전국귀국화교연합회	28명
중국국민당 혁명위원회	64명	문화예술계	145명
중국민주동맹	65명	과학기술계	111명
중국민주건국회	65명	사회과학계	69명
중국민주촉진회	45명	경제계	153명
중국공농민주당	45명	농업계	67명
중국치공당	30명	교육계	111명
93학사	45명	스포츠계	21명
타이완민주자치동맹	20명	언론매체·출판계	44명
무당파 인사	65명	의약·위생계	89명
중국공산주의청년단	9명	대외 우호계	41명
중화전국총합노동조합	62명	사회복리, 사회보장계	36명
중화전국부녀연합회	67명	소수민족 대표	103명
중화전국청년연합회	30명	종교계	66명
중화전국공상업연합회	64명	홍콩 대표	124명
중국과학기술협회	43명	마카오 대표	29명
중화전국타이완동포연의회	15명	특별 초빙 인사	161명

자료: 중국인민정치협상회의 사이트.

핑이나 리커창 등 국가지도자들이 회의에 참석해 논의에 참여하기도 한다. 각계 대표가 각각의 입장에서 의견을 말하며, 기자증이 있는 매체 관계자들도 들어갈 수 있다.

　회의 내용은 실시간으로, 특히 인터넷 매체를 통해 국민에게 전달된다. 전인대 대표와 비교해볼 때 약간 다른 것은, 국민적 유명인인 정협 위원의 경우 의식적으로 국민의 관심이 높은 문제(교육, 의료, 연금, 환경 등)를 제기하고 지도부에 거듭 제언한다는 점이다. 아울러 정협 간부[주석인 위정성(俞正聲)은 정치국 상무위원이며, 시진핑에게 직접 귀엣말을 할 수 있는 위치에 있다]가 중요하다고 간주한 문제제기는 정치국에서 심의하며, 경우에 따라 시진핑의 의사결정에도 영향을 미친다.

최근 공산당 지도부가 전례 없이 국민 여론 동향에 신경 쓰는 상황에서 정협이라는 시스템은 당 지도부와 중국 인민을 잇는 역할을 담당한다고도 생각한다. 그리고 중국 민주화의 관점에서는 (형식적으로) 일본의 국회에 해당하는 전인대보다 (실질적으로) 영국의 귀족원에 해당하는 정협 쪽이 중국의 정치를 좀 더 '민주적'으로 운영하는 것 아닌가라고 현 단계에서 해석할수 있다. 다만 정협 위원도 인대 대표와 마찬가지로 공산당에 의해 선출되며, 공산당 체제가 허용할 수 없는 인사는 위원이 될 수 없고, 인민의 의사는 투표라는 형식으로 정치에 반영되지 않는다.

위정성이 행한 '정협 상무위원회 활동보고'의 투표 결과(인대 대표가 아니라 정협 위원에 의한 투표)를 보자. 찬성 2115표/반대 3표/기권 6표/무응답 12표이며, 찬성률은 99.02%로 리커창의 '정부 활동보고'에 이어 높았다.[10] 이 투표 결과를 통해 보면, 정협 대표가 아무리 다양성을 갖고 각계에서 선출되어 국민적 관심이 높은 문제를 대담하게 제기하더라도, 그 본질이 공산당 일당지배라는 틀 속의 '밀실 정치'라는 사실은 변하지 않는다. 그런 의미에서 중국이 제도로서의 민주주의를 실현하기까지의 길은 멀다고 할 수 있다.

서두에서도 분명히 언급했지만, 중국공산당은 현역 세 타이완으로는 의사결정이 정해지지 않는다는 특징이 있다.

중국 정치에 "퇴이불휴(退而不休)"라는 말이 있다. 글자 그대로 해석하면 '물러나도 쉬지 않는다'는 의미다. 공산당 정치 세계에는 이 말이 더욱 엄격히 적용된다. 내정, 외교, 정치, 경제는 물론 국가의 발전이나 정치의 안정에 관련된 중요한 정책을 결정할 때 현역 상무위원들이 책임을 분담하면서 '퇴이불휴'의 원로들에게 의견을 구한다. 특히 차기 정치국 상무위원(18차 대회에서는 7명, 제17차 대회에서는 9명)이나 정치국 위원처럼 공산당의 핵을 이루는 중요 인사 문제에 관해서는 원로들의 의견을 구하는 일이 관례로 되어 있다. 이 경향은 앞으로도 변하지 않을 것이다.

차기 정치국 상무위원을 결정하는 인사 문제에 대해서는 현재의 정치국 상무위원들, 특히 국가주석은 자진해서 원로들의 의견을 청취하러 간다. 가령 한 명의 후보자에 대해 전직 정치국 위원들로부터 복수의 반대가 나올 경우, 그 후보자는 선택되지 않을 가능성이 지극히 높아진다.

시진핑과 가까운 '태자당'(중국공산당의 고급 간부의 자제들) 관계자가 필자에게 전한 말이다.

「장정」에서 읽어낸 세 가지 포인트

중국공산당의 규칙은 「장정(章程)」(당헌)에 규정되어 있다. 제1차 당대회부터 현재에 이르기까지 거의 5년마다 열리는 당대회에서 적당한 수정이나 개정이 이루어져왔다.

「장정」에서는 중국공산당을 어떻게 규정·정의하고 있을까? 중국공산당의 방식과 목표를 설정·정의한 '총강(總綱)'에 근거해 세 가지 중요한 부분을 번역해본다. 세 개의 단락을 인용하는 것은, 그것을 찬찬히 읽어내면 중국공산당이라는 거대 정당이 어떤 이데올로기를 지니고, 어떤 사회 계급을 지지 기반으로 하며, 어떠한 정치체제하에서 어떤 국가 목표와 발전의 방향성을 내걸고 있는지 대략 파악할 수 있다고 생각하기 때문이다.

① 중국공산당은 중국 공인계급의 선봉대인 동시에, 중국 인민과 중화민족의 선봉대이기도 하다. 중국의 특색 있는 사회주의 사업을 영도하는 핵심이며, 중국의 선진적인 생산력에 대한 발전 요구, 선진적인 중국 문화의 발전 방향성, 가장 광범위한 중국 인민의 근본 이익을 대표한다. 당의 최고 이상과 최종적인 목표는 공산주의를 실현하는 것이다. 중국공산당은 마르크스-레닌주의, 마

오쩌둥 사상, 덩샤오핑 이론, '세 개의 대표적' 중요 사상, 과학적 발전관을 스스로의 행동 지침으로 삼는다.

② 21세기 경제·사회 발전의 전략적 목표는 이미 초보적으로 도달한 소강(小康: 어느 정도 여유가 있는 생활 상태)을 한층 강화·발전시켜 건당(창립) 100주년 때는 수십억의 인구가 보다 높은 수준의 소강사회를 실현하는 것, …… 건국 100주년에는 1인당 국민총생산이 중급 선진국 수준에 도달해 현대화를 기본적으로 실현하는 것이다.

③ 사회주의 길을 견지하는 것, 인민민주주의 전정을 견지하는 것, 중국공산당 영도를 견지하는 것, 마르크스-레닌주의 및 마오쩌둥 사상을 견지하는 것, 즉 이 4항기본원칙(四項基本原則)은 우리 입국(立國)의 기초다. 사회주의 현대화 건설을 진행해나가는 과정에서 이 네 가지 기본원칙을 반드시 견지해야만 한다. 자산계급의 자유화에는 반대한다.[11]

①의 포인트는 "중국공산당은 공인계급의 선봉대"라는 표현이다. 공인계급이란 바꾸어 말하면 무산계급을 뜻한다. ②의 포인트는 건당·건국100주년을 각각 역사의 구획으로 삼아 국가 목표를 내걸고 있다. 역사의 좌표를 장기적으로 가져가면서 국가 건설이라는 거시적인 문제를 대국적으로 그리는 중화민족의 성격이 반영되어 있다.[12] ③의 포인트는 중국공산당이 이제부터 상당히 긴 기간에 걸쳐 '4항기본원칙' 견지를 정치의 우선순위로 계속 붙들고 있을 것이라는 점이다. "중국이 독자적인 정치제도·이데올로기를 견지해 독자적인 길을 계속 걷는다"라는 공산당 지도부의 집단적 의사(여기에는 원로들의 의사도 포함된다)가 반영되어 있다.[13]

'건당·건국100주년', '4항기본원칙', '중국공산당은 공인계급의 선봉대'라는 세 가지 포인트는 시진핑 통치하의 중국공산당 정치를 이해하는 데 중요한 의미가 있다.

시진핑은 제20차 당대회가 열리는 2022년 가을에 총서기직에서 은퇴할 예정이다. 즉, 중국공산당은 시진핑 시대에 건당 100주년을 맞이한다. 이 책에서는 이러한 시간 축을 염두에 두고 시진핑 시대의 중국공산당 정치를 추적할 것이다. 또한 '4항기본원칙'의 핵심은 '중국공산당에 의한 일당지배'이다. 바꿔 말하면, 이 원칙을 내거는 한 중국공산당은 일당지배에서 벗어나지 못한다는 것이다. 중국의 민주화가 실현될지 여부를 예측해볼 때 중국공산당이 '4항기본원칙'을 어떻게 조정해나갈지는 중요한 변수가 된다. 그리고 이데올로기의 역사적 일관성을 지키기 위해서라도, 이 원칙을 내건 중국공산당은 공인계급의 선봉대를 지속적으로 내세울 것이 틀림없다.

이 책에서는 우선 한 일화로 "중국공산당은 공인계급의 선봉대"라는 말의 진의를 설명함으로써 '중국공산당이란 무엇인가'라는 물음에 더욱 다가서려 한다.

버려진 중산계급

필자가 베이징 대학에 유학한 직후인 2003년, 많은 일본 기업이 사무실을 지어올리던 CBD(Central Beijing District)에서부터 베이징에서 가장 발전하고 있는 장소 중 하나인 궈마오(國貿)까지 지하철을 갈아타고 가는 데 약 한 시간 반이 걸렸다. 요금은 5위안(당시의 환율로 80엔 정도)이었다. 그러나 베이징 대학 동문역(4호선)이 새로 건설되면서 궈마오까지 가는 길이 편리해졌다. 시가지까지 나가는 데 도보나 버스를 이용할 필요가 없어졌기 때문이다. 신설된 지하철 10호선을 갈아타면 환승은 한 번으로 족하다. 소요 시간은 약 70분이고, 요금은 2013년 8월 당시 2위안(약 40엔)이었다.[14]

약 20분의 이동시간이 단축된 것은 인프라가 정비된 덕이 크다. 2008년에는 베이징 올림픽이 열렸다. 격차의 심화나 복지의 결여, 관료의 부패 등 다양한 문제를 안고서도 고도 경제성장이 계속된 사회주의 국가의 수도는 해마다 연회를 계획했다.

2003년부터 현재까지의 베이징 지하철 상황의 변천을 보며 의문점은 있었다. 인프라의 정비로 이동시간이 단축되면서 도시 생활이 더 효율적으로 바뀌었는데도 요금이 절반 이하로 떨어졌다는 사실이다.

과거 10년간 베이징을 포함한 중국 각지에서 대부분의 물가가 급등했다.[15] 대표적으로는 고도 경제성장을 견인한 부동산이 있지만, 이 외에도 식비, 인건비, 의료비, 교육비, 생활용품 비용을 포함해 베이징 시민의 생활 물가가 오르는 것은 일상적인 일이었다.

물가의 급등에 비해 소득은 좀체 오르지 않는 상황에서 시민의 생활은 곤궁한 것처럼 보였다. 2008년 리먼 쇼크 전후부터 나타난 이런 상황은 "국진민퇴(國進民退)"라고 불렸다. 국가는 강해져 가는데 국민은 부유해지지 않는 비정상적인 구조 때문에 당시 후진타오·원자바오 정권은 비난을 받았다. 베이징의 한 경제학자는 "후진타오·원자바오 시대에 중국의 국가 건설을 장기적으로 보장하기 위한 개혁은 거의 진행되지 않았다"고 말한다.[16]

그런데도 지하철 요금이 절반 이하로 떨어진 이유는 무엇일까? 이는 시장원리에 기반을 둔 변화가 아니다. 베이징시 당국이 의도적으로 가격을 조작하고 있었던 것이다. 혁명 2세대 최고지도자로 개혁개방의 총설계사라는 덩샤오핑이 '발명'한 '사회주의 시장경제'라는 '장기'가 여기서도 발휘된 것이다.

지하철뿐만 아니라 공공 버스의 요금도 싸졌다. 베이징 대학에서 귀마오까지는 차종에 따라 다르지만(냉방 여부, 고속 여부에 따라 요금도 천차만별이다) 보통 1위안이며, 20킬로미터 이상의 거리를 20위안 미만으로 이동할 수 있다.

이러한 파격적인 운임으로 지하철과 병행해 공공 버스를 선택하는 시민도 많다. 최근 베이징에서 가장 넓은 창안(長安) 거리를 중심으로 공공 버스 전용차선이 마련되어 대중교통 수단을 이용하는 시민들에게 편의를 제공하고 있다. 자가용을 운전하는 고소득자에게는 이러한 우대가 주어지지 않는다. 2008년 베이징 올림픽 이래로 베이징 등 대도시를 중심으로 교통 정체나 오염을 억제하기 위해 요일과 번호로 통행을 규제하는 정책이 실시되었다. 예를 들어 "번호의 끝이 '5'인 차는 수요일에 도로를 달려서는 안 된다. 위반하면 벌금"이라는 식이다.

'돈만 있으면 무엇이든 할 수 있다'는 배금주의가 만연한 한편, 도시를 중심으로 급등하는 물가와 맞서는 중산계급은 고소득층만큼 경제적인 여유가 없고, 저소득층만큼 정부의 우대 혜택도 누릴 수 없다. 실로 경제적 '아령형' 사회구조의 한가운데에서 발버둥치는 사람들이다. 소노다 시게토(園田茂人) 도쿄대학 동양문화연구소 교수는 다음과 같이 지적한다.

개인 생활은 만족스러워도 공적 생활에서는 엄격한 잣대를 적용받는 것이 중간층의 하나의 특징이다. 특히 흥미로운 것은, 스스로 개혁개방의 혜택을 받고 있음에도 그 결과 발생한 소득 격차에 대해서는 지극히 강한 우려를 보인다는 점이다.[17]

중국이 장기적으로 건전하게 발전하기 위해서는 빈부 격차가 심각한 '아령형'이 아닌, 가운데가 볼록 부풀어 오른 '럭비공형'의 사회로 진화해야만 한다. 이를 위한 주력 계층은 중산층[18]이라는 것이 중국 지식인들의 공통적 견해라고 생각한다. 그리고 중간층이 부풀어 오르면 경제와 사회가 장기적으로 번영·안정되어 정치의 민주화로 이어지는 데 유리하다.

중국 사회학 분야의 권위자인 사회과학원 명예학부위원 루쉐이(陸學藝) 교수는 다음과 같이 말한다.

이른바 '중산'이란 수입, 성취, 문화라는 세 요소의 총합이다. 한 명의 인간이 지니는 문화자원, 경제자원, 권력자원에 의해서 '중산'에 속하는지 여부가 판단된다. 정치적 의미의 중산계급은 사회의 안정적 존재이며, 집권당과 일치된 상태를 유지한다. 중산계급은 안정을 바라기 때문이다. 변동은 바라지 않는다. 정권의 붕괴는 더더욱 바라지 않는다. 경제적인 의미의 중산층은 시장경제의 조직자이며, 안정된 소비자이기도 하다. 현재 자동차나 부동산을 구입하려 하는 쪽은 중산계급이다. 문화적인 중산계급은 문화의 창조자이자 소비자이기도 하다. 하나의 사회가 안정되기 위해서는 중산계급이 안정되어야 한다. 그렇지 않으면 현대화 사회는 실현되지 않는다. 현재 우리 나라의 중산층은 22~23% 정도이지만, 이 층이 45% 이상까지 부풀어질 때 중국 사회는 처음으로 현대화를 이루었다고 말할 수 있다.[19]

빈부의 격차가 벌어지는 한편으로, 중산계급이 다른 층에 비해 괴로운 상황에 몰려 '사회의 약자'가 되어버리는 현상은 통치 과정에서 불안 요소가 된다.[20] 중국 사회의 통치계급인 공산당 정권은 민주화를 포함한 장기적 발전에 공헌할 가능성이 높은 중산계급이 아닌 저소득층에게만 손을 내미는 것은 아닌가.

저소득층이 중국 사회에 공헌하지 않는다고 지적하는 것이 아니다. 도시에서 지내는 약 2억 6000만 명의 '농민공'은 1970년대 후반부터 1980년대 전반에 걸쳐 시작되어 1990년대 전반에 본격화한 개혁개방의 공로자이며, 중국을 '세계의 공장'으로 끌어올린 중심 계층이다.[21] 또 일본 기업을 비롯한 외자 기업도 농민공의 대량 고용을 통해 중국에서 제조업을 전개해왔다. 농민공들이 농촌에서 도시부로 향하고, 값싼 노동력으로서 외자 유입이나 합병을 포함한 수출 기업을 지탱했기에 중국 경제는 고도성장을 이루었다고 할 수 있다. 아울러 사회주의를 계속 견지하는 중국뿐만 아니라 일본을 포함한 자본주의와 민주주의 사회에서도 사회 안정과 치안 대책의 차원에서 종종 저소득층에 대한 행정적 복리후생 정책을 펼친다. 그 모두를 중국 특유의 현상으로만 볼 수는 없다.

중국공산당이 지금껏 중산층을 곤경에 빠뜨리고, 고소득층을 무시하며, 저소득층에게 우대 정책을 제공한 데는 역사적·이데올로기적인 이유가 있다.[22] 저소득층에게만 손을 내미는 이유는, 중국공산당이 현재에 이르기까지 마르크스-레닌주의와 마오쩌둥 사상이 외친 '공인계급의 선봉대'이기 때문이다. 중국어로 의역하면 "중국공산당은 '공농계급'을 대표하는 통치자"이기 때문이다.

'공농'이란 '공인[23]+농민'을 지칭한다. 중화문명·중화민족은 통일과 분열, 내전과 동란을 되풀이하면서 현재까지 살아남아 왔다. 그 역사를 도처에서 움직여온 것은 때때로 공농계급이었다. 지식인과 실업가가 시대의 고비마다 달성해온 역할을 경시하는 것은 아니지만, 공농계급은 폭동, 동란, 봉기 등을 통해 때로는 정부에 저항하고, 때로는 결탁해 싸워 조정이나 반대 세력을 전복시켜 시대를 새롭게 다시 세워왔다. 이런 측면에 주목하는 작업은 중국과 중국인에 대한 이해를 더욱 깊게 만들 것이다.

중국공산당 창설과 관련해, 중화인민공화국 건국을 선언하고 신중국 1세대 최고지도자가 된 마오쩌둥[24]은 항일전쟁부터 국공내전에 이르는 과정에서 "농촌포위성시(農村包圍城市: 농촌이 도시를 둘러쌈)"라는 슬로건을 내걸었다. 여기에는 제국주의자를 퇴치하고 혁명에 성공하기 위해 공산당 정권을 대표하는 무산계급(제국주의 국가에서는 자산계급과 이어진 적도 있다)이 '유산계급'을 쓰러뜨린다는 논리가 담겨 있었다.

필자의 견해로는 마오쩌둥은 농민을 살리지도 죽이지도 않고 잘 이용함으로써 국민당을 타이완으로 쫓아내고 1949년 10월 1일 중화인민공화국을 창건했다. 이때 한몫을 거든 것이 공농계급이다. 중국의 역사를 되새김해보면, 공농계급을 어떻게 아군으로 만들 것인가의 문제는 통치계급에게 항상 던져진 과업으로 판단된다. 그 정권이 살아남든 죽어가든 간에 말이다.

이런 중화를 '중화'로 끌어올린 '내적 구조'는 지금도 기본적으로는 바뀌지 않았다. 특히 사회가 극적으로 변화·전환해가는 상황에서 무산계급을 '대표'하는 공산당 정권이 가장 주의해야 하는 점은 사회의 밑바닥에 있는 공인과 농민, 즉 공농계급이 현상을 어떻게 느끼는가 하는 것이다. 가령 공농계급이 현상을 받아들일 수 없어 불만이 폭발할 경우, 가장 극단적인 형태로서 폭동과 동란을 일으켜 '정권'을 전복시키려는 집단적 행위가 나타날 수 있다.[25] 그리고 중국인은 이러한 현상을 때때로 '혁명'이라고 불렀다.

공산당 정권은 이러한 이론을 전통적으로 잘 이해해왔다. 이런 과거 사례가 여실히 재현되는 최근의 사례가 있다. 시진핑 총서기에 의한 '반부패 투쟁'이 그것이다(이 책 제8장에서 상세히 다룬다). 시진핑은 역대 왕조가 지나온 성쇠의 역사를 되돌아본 후 관리의 부패가 정권의 유지·운영에서 아킬레스건으로 변하기 쉽다는 점, 관리의 부패에 가장 민감하고 대규모로 반응하는 쪽이 공농계급이라는 점을 인식하고 있다. 그리고 국가는 전환기에 처해 있으며, 정치·경제·사회 정세를 포함해 통치가 어려운 시기에 있다. 이 때문에 당 지도부는 혁명의 재발을 최대의 통치 리스크로 두려워한다. 따라서 중산계급의 권익을 뒤로해서라도 공농계급의 욕구부터 채우는 것이라고 추측해본다.

필자는 중국의 통치계급이 개개의 정치가 차원이 아니라 조직의 총의로서 역사상 한 번도 민주주의에 흥미를 보이지 않았던 원인 중 하나를 이 구조에서 찾아낸다. 감정으로 움직이는 공농계급이 두려워 이성으로 움직이는 중산계급에 응석을 부리는 구조가 중국 통치계급의 내부적 조처에 가로놓여 있는 것이다. 공산당 정권이 중산계급을 육성하지 않고 공농계급을 지키려 할수록 건전한 민주화[26]로의 길로부터 멀어지는 구조가 대두할 것이다.

최근 중국공산당 정치의 맥락에서 보면, '4항기본원칙'에 나오듯이 공산당에 의한 영도, 즉 일당지배를 견지한다는 통치 방침을 관통하고자 공산당 지도부는 계속해서 공농계급의 권익을 최우선으로 생각하는 정치를 이어갈 것이다. 실제로 시진핑이 총서기와 국가주석에 취임한 이래로 공농계급에 다가가는 자세를 정치 캠페인으로 명확히 세우는 '군중노선'을 내걸었다. 공산당의 지도자들이 사회의 하류층과 직접 친분을 쌓아 그들의 권익을 지킴으로써 공산당의 위상을 강화하며, 사회의 안정을 유지하는 정책이 펼쳐지고 있다.

'공산당 정권은 누구를 향해 정치를 전개하는가', 바꿔 말해 '공산당 지도부는 누구를 위해 권력 구조를 만들어내는가'라는 문제는 중국 정치의 미래 방향성과 민주화의 가능성을 생각하는 데 중요한 척도가 된다. 공산당 지도부가 이데올로기에서 탈피하려는 노력을 게을리하며 정치의 안정, 즉 일당지배를 견지한다는 통치 방침에 따라 공농계급의 욕구에만 영합하고, 중산층의 정당한 권익(최소한의 사회복지, 공정한 취업 기회, 정치적 권리, 교육·의료·호적의 자유 등)을 계속 경시하는 현상은 중국 민주화 연구라는 관점에서 보면 적잖이 부정적이라고 할 수밖에 없다.

공산당에게 민주화는 수단에 지나지 않는다

지금부터 "중국 민주화 연구란 중국공산당 연구다"라는 기본 전제에 조응해 공산당과 민주화의 상관성을 검증하고 싶다.

앞에서 언급한 '4항기본원칙'에 이어 제기하려는 것은 중국공산당 정치의 최대 목적이 '공산당 일당지배를 견지하는 것'이라는 점이다. 극단적으로 말해, 공산당 일당지배에 득이 된다면 수단을 가리지 않는다는 의미다. 민주화라는 수단조차 애초부터 배제되지 않을 것이다. 공산당 지도부가 '일당지배를 지속하기 위해서 정치 민주화가 필요하다'고 주관적으로 느낀다면 필연적으로 독자적인 스타일의 민주화를 진행할 것이다.

이는 중국공산당이 민주주의라는 통치 방식이나 가치체계를 신봉하기 때문은 결코 아니다. 어디까지나 편의상 민주화라는 수단을 차용하는 데 지나지 않을 것이다. 반면 '일당지배를 지속하는 데 정치의 민주화는 방해가 된다'고 주관적으로 느낄 경우에는 필시 독자적인 스타일로 민주화를 거부할 것이다.

중국의 민주화 과정을 검토하는 데 중요한 것은 이미 민주화된 자유로운 사회에서 지내는 '외국인'이 객관적으로 평가한 "중국은 민주화할 필요가 있고, 그것은 필수불가결"이라는 명제의 옳고 그름이 아니다. 그보다는, 중국이라는 흔들리는 거인을 지배하는 당 지도부와 그 주변 사람들이 '중국에게 민주화는 필요하다'고 주관적으로 인식하는지 아닌지에 달려 있다.

중국공산당 연구라는 시각에서 중국 민주화의 향방을 분석할 때, 그 전제조건으로 다음의 세 가지를 염두에 둘 필요가 있다.

첫 번째로, 중국의 위정자가 결코 "중국은 드디어 민주화했습니다"라고 드높여 선언하는 일은 없다는 것이다. 공산당 정권은 과거에도, 현재에도, 미래에도 온갖 이유로 '중국이 민주적이지 않음'을 부정할 것이다. 중국공산당은 중화인민공화국 '헌법'에 '인민민주전정'(제1조)과 '민주집중제'(제3조)를 기술해놓고, 이를 근거로 "중국에는 중국의 민주주의가 있다"고 주장한다.

중국의 정치에서는 '중국의 민주'를 다음과 같이 설명한다.

중국의 민주는 중국공산당이 영도하는 인민민주이다.
중국의 민주는 가장 광범위한 인민이 주인공이 되는 민주이다.
중국의 민주는 인민민주전정을 배경으로 하는 민주이다.
중국의 민주는 민주집중제를 조직 원칙과 활동 형식으로 삼는 민주이다.[27]

최근의 국가지도자들도 "중국에는 중국의 민주주의가 있다"는 입장을 계승하고 있다. 2014년 9월 공산당 지도부가 '중국인민정치협상회의 창립 65주년'을 축하하는 기념대회나 학술회의를 중앙과 지방에서 대대적으로 주최한 가운데, 국영 '신화통신(新華通訊)'은 중국공산당이 영도하는 다당합작제와 정치협상제도가 민주주의의 뉴패러다임을 형성한다고 선전했다.[28]

중국사회주의 제도에서는 무슨 일이 있으면 상담·협상할 수가 있다. 중인(衆人)에 관한 일은 중인에 의한 상담·협상을 통해 전 사회의 열망과 요구의 최대공약수를 찾는 것, 그것이 인민민주의 진리다(시진핑).[29]

사회주의협상민주는 중국 특색의 사회주의에서 특유의 형식과 독특한 우세를 체현하고 있다는 중대한 판단을, 우리가 전면적으로 의식하지 않으면 안 된다. 그리고 사회주의협상민주는 중국공산당의 군중노선을 정치 분야에서 체현한다는 기본적 정성(定性)을 깊게 파악하지 않으면 안 된다. 협상민주를 광범위하게 다층적으로 제도화하면서 발전시킨다는 전략적 임무를 착실하게 추진하지 않으면 안 된다(위정성).[30]

어떻게 서방의 민주주의가 중국의 민주주의보다 더 민주적이라 말할 수 있는가? 서방의 자유민주주의 통치에도 문제는 산적해 있지 않은가?(공산당 간부)[31]

이러한 이론 무장은 공산당의 특기다. 중국의 국가지도자들에게는 '지금은 민주화되어 있지 않다. 이제부터 민주화한다'라는 사고방식 자체가 결여되어 있다. 바꿔 말하면, 서방의 자유민주주의를 국가 전략의 시야에 넣지 않고 있다는 것이다.

이로 미루어볼 때 중국의 민주화가 공정한 선거, 사법의 독립, 언론 보도의 자유 등으로 이루어지는 자유민주주의를 표방할 가능성은 낮다. 이것이 두 번째 포인트이다.

이는 중국의 지식인이나 통치계급이 서방의 자유민주주의에 대해 무지하거나 서방의 제도 그 자체를 중시하지 않는다는 뜻이 아니다. 공산당 체제 안에서 서방의 민주주의에 관한 연구는 면밀히 이루어지고 있다. 서방 사회에서 출판된 정치제도 관련 논문이나 중국의 정치제도에 관한 서적 등은 공산당 내의 정예 멤버들에 의해 신속히 번역되어 정책 결정자의 손에 도달되며, 정책 결정을 해나가는 데 내부 참고 자료가 된다.

예를 들어 2011년 5월에 미 국무장관을 지낸 헨리 키신저(Henry Kissinger) 의 저서 『헨리 키신저의 중국이야기(On China)』(Penguin Press HC)가 영어로 출간된 이후, 중국어판인 『논중국(论中国)』(中信出版社)이 2012년 10월에 출간되었다. 한편 영어판을 독자적으로 입수·번역한 중국인민해방군은 2011년 8월 무렵에 번역·편집·교정 작업을 거쳐 『논중국』(내부판)을 군과 당의 간부가 읽도록 했다.[32]

미국식 자유민주주의, 일본에서 장기간 이어진 자민당 체제, 유럽의 사회민주주의, 한국과 타이완의 민주화 과정, 홍콩과 싱가포르의 법치주의 등 외부 세계에서 실천되어온 통치 스타일을 중국 당국이 모든 자원을 활용해 철저히 연구해온 경위를 알아야 한다. '그들은 아무것도 모르고 있다'는 전제하에 중국공산당을 인식하는 것은 잘못된 판단이다. 중국공산당이 안고 있는 정치 문제란 '이해하고 있는지 어떤지'가 아닌, 바로 '어떻게 실천하는지'가 관건이기 때문이다.

시진핑 주석과 직접 대화할 수 있는 지식인이나 군인 중에서도 "중국은 장래 모색할 정치 개혁 방안에서 서방의 정수(精髓)를 제대로 반영해야 한다. 국제정치 부문은 차치하고라도, 국내 정치 분야는 미국 쪽이 중국보다 앞서고 있기 때문이다" 등을 주장하는 당원이 적지 않다. 단지 종국에는 "우리는 타국의 역사상 모든 사례를 참고하면서 마지막은 스스로의 판단으로 스스로의 진로를 정한다"[33]라는 결론에 이르곤 한다.

세 번째로, 중국공산당 정치의 최대 목적은 '4항기본원칙'에도 나타나듯이 "공산당에 의한 일당지배를 계속하는 것"에 있다는 점으로 미루어보아, 공산당에 의한 민주화는 어디까지나 공산당 일당지배라는 전제와 틀 안에서 실천된다는 것이다.

중국 정치 전문가인 보스턴 대학의 교수 조지프 퓨스미스(Joseph Fewsmith) 는 공산당의 하향식 정치 개혁의 실험은 때때로 비효과적이었으며, "이제까지 정치 개혁으로서 광범위하게 실천되어온 것은 어디까지나 '당내 민주'를 전제로 한다"고 지적한다.[34] 중화인민공화국 '헌법'에는 "중국공산당이 영도하는 다당합작제와 정치협상제도는 장기적으로 존재하여 발전해간다"라는 문구가 있다.[35] "중국에서 기본적인 정치제도"라고 불리는 이 제도에 더해 "중국은 다당파의 국가이며, 집정당인 중국공산당 이외에 8개의 민주당파가 있다. …… 각 민주당파는 야당도 반대당도 아니고 참정당이다"라고 덧붙여 있다.[36]

다음 장에서 검증하겠지만, 중국에는 법치주의를 제도적으로 보장하는 전통이 결여되어 있다. 헌법이나 법률도 문자로만 남아 있는 실정을 보면, 이런 문구의 설득력도 의심하지 않을 수 없다. 필자 경험으로 보아도, 외국인은 말할 것도 없고 대다수 중국인들조차 중국의 헌법과 법률을 신뢰하지 않는다. "중국 사회는 법률로는 움직이지 않는다", "중국인은 법률에 개의치 않는다"는 불평을 과거에 여러 번이고 들었으며, 그러한 상황도 접해왔다.

한편 중국 정치에서 '민주당파'가 존재하는 것은 사실이다. 이는 "중국에서 법률이 얼마나 기능하고 있는가"라는 명제 이상으로 중요하다.

1949년 중화인민공화국이 마오쩌둥에 의해 건국되기 전부터 민주당파는 존재했다(중국민주동맹, 중국민주건국회, 중국민주촉진회, 중국농공민주당, 타이완민주자치동맹 등). 이 당파들은 현재와는 비교할 수 없을 정도로 큰 정치력을 발휘했다. 공산당을 이끄는 마오쩌둥은 민주당파의 영향력과 주장을 활용해 국민당을 타도했고, 종국에는 '건국의 아버지'라는 지위를 성취했다고 할 수도 있다.[37]

최근에는 헌법에 규정되어 있는 다당합작제가 실질적인 의미를 달성할 수 없고, 건국 전과 비교해도 민주당파의 영향력은 한정되어 있다. 중국 정치에서 공산당의 비중과 권력은 더욱 강화되고 있다. 그렇다 하더라도 민주당파가 참정당으로 기능한 역사를 찾아낼 수 있는 한, 우리는 민주당파가 공산당 지배 정치에 영향을 미치고 정치 개혁을 촉진할 가능성을 모색하는 노

력을 게을리해서는 안 된다.[38]

문제는 공산당 시스템이 너무 강대해, 본래는 다른 의견이나 가치관으로 공산당 정권과 일정한 거리감과 균형감을 유지하던 사람이 그 시스템에 흡수되어버리는 것이다. 공산당 정권은 기업가든 지식인이든 간에, 사회에서 일정한 영향력이나 발언권을 지닌 인사에게 조용히 다가가 온갖 특권을 제공하며 구슬리곤 한다.[39]

중국 정치 전문가인 스즈키 다카시(鈴木隆) 아이치현립대학 외국어학부 중국학과 전임강사는 저서 『중국공산당의 지배와 권력(中国共産党の支配と権力)』에서 "신흥 엘리트층의 대두와 중국공산당의 생존 전략"에 관해 다음과 같이 논한다.

중국공산당이 새로운 사회계층의 신입 당원 모집을 허용한 가장 큰 이유로 개혁 개방 이래로 자본주의적 발전에 따라 근래에는 정치·경제·사회 각 방면에서 이 신흥 엘리트층의 영향력이 확대되고 있다는 점을 들 수 있다.

또한 2000년대 들어 공산당이 신흥 엘리트층에 대한 접근을 본격적으로 개시한 목적에 대해 ① 공산당 지배의 정통성의 중핵을 이루는 지속적인 경제성장에 이바지할 수 있도록 하기 위해 사영 기업가 등 비공유제 경제 부문과 협조적 관계를 유지·강화하는 것, ② 신흥의 사회경제 엘리트가 주도하는 조직적인 반체제운동과 그 정치적 기반의 확대를 억제하는 것이라고 지적했다.[40]

중국 사회에서는 일정 정도의 정치적 지위가 주어지면 활동 반경이 비교적 넓어지고, 기업이 행정적으로 규제받을 위험성도 대폭 경감될 수 있다. 이런 편의를 향유하는 대가로 마주할 수밖에 없는 것은 "공산당의 전략, 방침, 정책에 '노(No)'라고 외치는 행동을 원칙적으로 할 수 없게 된다"는 점이다.

공산당과의 절묘한 교제를 통해 부를 쌓아온 전형적인 예가 다롄완다 그룹(大連萬達集團)의 CEO 왕젠린(王健林)일 것이다. 미국의 ≪포브스(Forbes)≫가 발표한 2015년 부호 순위에서 242억 달러를 기록해 중국 본토에서 1위, 전 세계에서는 29위에 올랐다.

"친근정부 원리정치(親近政府 遠離政治: 정부는 가까이하고 정치는 멀리한다)"라는 왕젠린의 말은 공산당과의 교제 방법이나 중국에서 사업을 성공시키는 방법이라는 측면에서 너무도 유명하지만, 그는 중국공산당 제17차 당대회 대표나 제11기 중국인민정치협상회의 상무위원 같은 당의 요직을 맡고 있다.[41]

중국 경제의 책임자인 국무원 총리는 정기적으로 비중 있는 기업가를 정치의 중추인 중난하이(中南海)에 초대해 의견 교환 등의 방식으로 기업가 포섭 정책을 펼친다. 2013년 1월 총리직에서 물러나기 직전 원자바오(溫家寶)는 알리바바그룹의 CEO 마윈(馬雲)과 텐센트의 CEO의 마화텅(馬化騰)을, 2014년 1월에는 리커창 총리가 마화텅과 세계에서 가장 빨리 1조 원 기업에 오른 샤오미의 CEO이자 '중국의 잡스'라 불리는 레이쥔(雷軍)과 의견을 교환했다. 당 지도부는 사회적·국제적 명성을 지닌 중국인 기업가들과의 연계를 강화해 그들이 공산당의 권익이나 위상을 짓밟지 않도록 정치적 압력을 가한다.

> 신사회계층의 사람들은 신입 당원 모집이나 통일전선 등 다양한 경로를 통해 '당 = 국가' 체제에 적극적으로 통합되어간다. 또한 지역경제의 발전을 통해 자기 영달을 추구하는 당정 간부와 경제적 이익 획득에 열심인 신사회계층 사이에 권력 엘리트의 동맹관계가 착실히 형성되어 있다(스즈키 다카시).[42]

어떠한 경우이든 중국에서 일하고 생활하면서 공산당과 완전히 적대관계를 취하는 것은 '죽음'을 의미한다. 중국에서 활동하는 기업가, 지식인, 외국인은 공산당 정권이 내건 정치적인 하한선을 존중하는 가운데 그 안에서 긴

장감 있는 '세력균형(balance of power)'을 유지할 수밖에 없다.[43]

이렇게 볼 때 중국 민주화를 건전하게 촉진하는 방안의 하나로, 중국공산당 시스템 안에서 영향력 또는 발언권을 갖거나 이미 그것을 갖춘 인맥에 접근해 지도부와 적대하거나 너무 근접하지 않고, 적당한 긴장관계를 구축해 유지할 필요가 있다는 것을 알 수 있다. 그리고 나서 복잡한 현상과 불확실한 미래에 직면한 국가지도자나 차세대 지도자들이 '중국에 필수불가결한 민주화의 요소'를 발견하도록 유도하고, '21세기에 살아가는 인류의 발전과 평화를 위한 공통 과제'를 함께 논의하며 추진해나갈 수밖에 없다. 공산당과 민주화의 유기적 결합 과정을 통해 양자가 긴장관계를 유지하면서, 또 타협과 주장을 거듭하는 가운데 세계화라는 불안정한 추세 속에 나날이 빠르게 전개되는 정치의 현장에서 중국 민주화는 틀림없이 구현될 것이다.

필자는 공산당이 영도적 지위를 계속 견지하되, 민주당파에 일정한 권한을 이양하면서 일당독재가 아닌 헌법에 명기된 바와 같은 다당합작제를 실천할 수 있는 제도를 구축하는 것이 정치적 연착륙의 출발점이라고 생각한다. 이후 지방분권, 금융개혁, 시장개혁, 국유기업 개혁, 사법의 독립, 권력의 감시 기능 충실, 언론과 보도의 자유 등 자유민주주의 국가가 시대의 변천과 함께 육성해온 제도적 기반을 점진적으로 진척시키는 가운데, 최대 난관인 '어떠한 민주 선거'를 어디까지 실천할 수 있는지 가늠할 있다고 생각한다.[44]

조만간 공산당 지도부는 정치적 수준에서 제도 개혁 압력에 직면할 수밖에 없을 것으로 보인다. 중화 역사 어디에도 출현한 적이 없는 이 문제는 '중국 황제(Chinese emperor)'에게 완전히 새로운 도전이다.

제2장

공산당의
정통성

"중국만 예외가 될 수는 없다고 생각한다. 최종적으로, 중국은 자유민주
주의 측에 서게 될 것이다."

2014년 4월 현재 스탠퍼드 대학의 선임연구원인 정치학자 프랜시스 후쿠
야마(Francis Fukuyama)는 필자의 "중국은 예외적인 존재가 될 것인가?(Will
China be exceptional?)"라는 질문에 이렇게 답했다.[1]

일본계 미국인인 후쿠야마는 1989년에 「역사의 종말(The End of History)」
이라는 논문을 ≪내셔널 인터레스트(The National Interest)≫에 기고했으며,
1992년에는 저서 『역사의 종말: 역사의 종점에 선 최후의 인간(The End of
History and the Last Man)』[2]을 출간했다.

필자는 공산중국의 정당성이라는 문제를 냉전 전후의 시대 선상에서 파
악할 때 프랜시스 후쿠야마 이상으로 영향력 있게 문제 제기를 한 지식인은
없다고 생각한다. 1989년 6월 당시 톈안먼 사건의 무력 진압과 관련해 국제
사회에서 비난을 받고 있던 중국공산당은 분명 후쿠야마의 논고에 초조했

음이 틀림없다. 후쿠야마가 중국공산당에 대해 "소련에 이어 당신은 붕괴해 나의 이론은 완결됩니다"라고 선언한 것이나 마찬가지였기 때문이다.

그렇다면 실제로는 어땠는가. 『역사의 종말』 이후 약 25년이 흘렀지만 공산중국은 소련의 뒤를 좇지 않았다. 따라서 후쿠야마가 말한 '역사의 종말'은 현실화되지 않았다. 그런 가운데, 후술하겠지만 후쿠야마는 연구의 관심을 역사의 종말에서 '정치의 시작'으로 전환하여 중국 정치의 기원에 파고들기 위해 펜을 들었다. 그 과정에서 공산중국 당국과의 관계, 말하자면 미묘한 상호 이해까지도 생겨나고 있다.

25년 전에 이미 인연을 끊은 것처럼 보였던 후쿠야마와 공산중국이, 일종의 연을 맺는 듯한 양상을 보이는 현상은 역사의 기적이라 말할 수 있다고 본다.[3] 중국공산당의 정통성을 검증하는 이번 장은 프랜시스 후쿠야마의 논리를 참조하며 전개해나갈 것이다.

공산당의 역사는 끝을 맞이할 것인가

시곗바늘을 냉전 붕괴 당시로 되돌려보자. 1989~1992년은 국제정치 시스템에 역사적 변화가 덮친 시기이다. 소비에트연방이 해체되고 냉전이 해소되었다. 제2차 세계대전과 한국전쟁 등이 발발했다. 이와 같은 전쟁에 이어 미국과 소련은 각각 '서방'이라 불린 자본주의 진영과 '동구권'이라 불린 공산주의 진영을 대표하는 주요 대국으로서 이데올로기 투쟁을 전개했다. 1962년에는 쿠바 위기가 촉발되었다. 미소의 대립은 제3차 세계대전을 예감하게 만들었고, 핵전쟁 직전까지 확대되었다. 서방은 민주주의, 동구권은 사회주의를 내걸고 정치체제뿐 아니라 경제발전 모델에서도 시장경제 대 (對) 계획경제라는 이데올로기 투쟁의 소용돌이 속으로 휘말려들었다.

냉전이 끝나고 포스트 냉전시대로의 이행기에 등장한 것이 후쿠야마의

『역사의 종말』이다. 이 논문과 책을 통해 후쿠야마는 소련의 해체와 냉전의 붕괴가 공산사회주의에 대한 자유주의의 완전 승리를 의미하며, 자유민주주의야말로 인류의 평화와 번영을 영구히 보장하는 최고의 정치체제라고 주장했다. 그와 동시에 인류가 추구하는 최종의 사회 시스템이라고도 말한다. 당시 필자는 어렸고 소련 해체도 냉전의 붕괴도 전혀 기억에 없지만, 그의 논고가 전 세계 지식인을 이데올로기 또는 가치관을 둘러싼 새로운 투쟁에 몰아넣었다는 것을 상상하기란 어렵지 않다.

후쿠야마가 이 논문을 세상에 내놓은 1989년, 중국에서는 톈안먼 사건이 발발(6월 4일)했다. 공산당 지도부는 후야오방(胡耀邦) 전 공산당 총서기의 죽음을 계기로 촉발된, 민주화를 촉구하는 학생들의 운동을 무력으로 진압했다. 같은 시기에 발생한 소련 해체로의 초읽기와, 톈안먼 사건에 직면해 정치적 위기에 빠진 중국을 비교하면서 빼놓을 수 없는 인물이 미하일 고르바초프(Mikhail Gorbachev)와 덩샤오핑이었다.

사실상 중국 최고 실력자이던 덩샤오핑은 같은 공산권 맹주인 소비에트연방 공산당의 서기장인 미하일 고르바초프가 급진적으로 자유화와 민주화를 진행(페레스트로이카)하고 정보공개(글라스노스트)를 단행하는 일련의 과정을 위기감 속에 주시하고 있었다. 민주화운동을 무력으로 진압한 결단과 소련 사회가 붕괴해가는 시간표는 덩샤오핑의 뇌리에 한 가닥 일련의 끈으로 이어져 있었을지도 모른다. 이후 '6·4 사건'이라고도 불리게 된 톈안먼 사건은 단순한 국내 사건에 그치지 않았다. 학생들의 '정당한' 민주화운동을 군대가 무력으로 진압하는 모양새가 자유민주주의를 구가해온 서방 사회를 중심으로 전 세계에 퍼져나가면서 공산중국에 대한 국제사회의 불신감은 최고조에 이르렀다. 그리고 서방국가들은 기본적 인권을 중요시하지 않는 중국 정부에 경제적 제재를 단행했다.

1991년 12월 25일 고르바초프가 사임하고, 소비에트연방을 구성하는 공화국이 주권국가로 독립해가는 과정을 거치면서 동구권의 상징이던 소련은 해체된다. 톈안먼 사건 이후 이렇듯 약 2년 반 동안 아래(인민)로부터 민주화 요구를 위(국가)로부터의 폭력으로 진압한 공산중국의 사회주의 체제를 두고, 지속 가능이 아니라 "가까운 미래에 붕괴한다. 아니, 애초에 붕괴되었어야 한다"라고 예측한 지식인이 적지 않았다. 소련이 해체되면서 중국을 향한 이 같은 세계시민들의 기대와 상상력은 최고점에 달했다.

그리고 이들의 논리를 선도한 것이 바로 후쿠야마의 논고였다. 그는 1992년 1월에 앞서 언급한 『역사의 종말: 역사의 종점에 선 최후의 인간』을 출판했다. 이는 필자의 추측에 불과하지만, 논문 발표부터 책 출판까지 약 3년 사이에 일어난 일련의 사태는 후쿠야마가 품은 역사의 종말에 대한 확신을 한층 심화했을 것이 분명하다. '소련의 해체와 냉전의 붕괴로 서방 대 동구권이라는 이데올로기 투쟁의 역사는 끝났다. 중국의 붕괴만 남아 있으며 나의 이야기는 완결된다.' 이러한 상상을 하면서 『역사의 종말』이 세상에 던지고, 정세를 관조하고 있었을까.

후쿠야마가 저서를 출판한 때와 거의 같은 시기인 1992년 1~2월에 덩샤오핑은 우창(武昌), 선전(深圳), 주하이(珠海), 상하이(上海) 등을 시찰하면서 일련의 중요 강화를 발표했다. 바로 '남순강화(南巡講話)'이다. 이는 덩샤오핑이 후세에 남긴 유산 중에서 가장 중량감 있는 정치 활동 중 하나라 해도 과언이 아니다.

남순강화에서 덩샤오핑은 사회주의를 견지하며 개혁개방으로 속도를 높여 나가는 것의 중요성과 절박성을 호소했다. 그 과정에서 "성이 '쯔(資)'냐 '서(社)'냐 하는 문제에 구속되어서는 안 된다"고 강조했다. 즉, '자본주의 대 사회주의'라는 논쟁 자체가 진부하며, 중국이 장기적으로 발전해나가기 위해서는 냉전 시기 국제사회를 휩쓴 이데올로기 투쟁에 종지부를 찍을 필요가 있다고 주장했다. 후쿠야마가 "자유민주주의의 공산사회주의에 대한 완전 승리"의 논조로 이데올로기 투쟁의 역사에 종말을 고하려 한 반면, 개혁개방의 총설계사로 불린 덩샤오핑은 "자유민주주의냐 공산사회주의냐는 문제가 안 된다"는 견해로 이데올로기 투쟁의 역사에 종언을 고한 것이다(둘 다 1992년 1월에 일어났다).

톈안먼 사건 이후 약 2년이 흘렀지만 톈안먼 사건의 트라우마에서 빠져나가지 못한 채 서방으로부터 불신과 경계의 대상이던 중국공산당, 그리고 '붕괴로의 초읽기'가 계속 예측되어온 중국 사회가 서방 사회의 주술을 불식하고 미래의 활로를 찾기 위해 덩샤오핑이 고안한 것이 남순강화에서 나타난 '세기의 프래그머티즘'이다. "성이 '쯔'냐 '서'냐 하는 문제에 속박되어서는 안 된다"고 강조한 사상은, 덩샤오핑이 생산력 증대를 목표로 내건 '백묘흑묘론'(흰색 고양이든 검은색 고양이든, 쥐를 잡는 고양이가 좋은 고양이다)에도 반영되어 있다.

남순강화 이후 5년이 지난 1997년 2월 19일, 덩샤오핑은 92세로 인생의 막을 내렸다. 그러나 '전후 가장 영향력이 있는, 위대한 지도자는 누구인가'라는 질문에 '덩샤오핑'이라고 대답하는 범세계주의자들은 적지 않을 것이다. 2012년 8월부터 2014년 8월까지 필자는 하버드 대학을 거점으로 중국 민주화 연구를 진행할 기회가 많았다. 가능할 때마다 학자나 학생들에게 이 질문을 던져왔지만 덩샤오핑이라고 대답한 이가 많았다.

2011년 『현대 중국의 건설자 덩샤오핑 평전(Deng Xiaoping and the Trans-formation of China)』[4]을 쓴 하버드 대학 명예교수 에즈라 보걸(Ezra Vogel)은 '덩샤오핑 후계자들이 직면한 도전'에 관해 문제를 제기하고 있다.

> 마오쩌둥은 내전에 승리해 외국 제국주의자를 몰아내고, 국가를 통일함으로써 정통성을 확보했다. 덩샤오핑은 문화대혁명의 혼란으로부터 질서를 되찾고, 국가가 직면하는 심각한 문제를 프래그머티즘으로 대처하며, 급속한 경제성장을 통해 정통성을 확보했다. 덩샤오핑의 후계자들은 새로운 시대에서 어떻게 스스로의 정통성을 확립할 것인가.[5]

보걸은 고도 경제성장의 실현뿐 아니라 부패와 불공정이라는 양대 문제를 해결하며, 국민들에게 합리적인 의료보장과 사회복지를 보급하고, 각 정부 기관의 정책에서 국민 여론을 존중할 경로를 모색함으로써 당의 정통성을 확립할 필요가 있다고 설파한다.[6] 가령 그가 주장하는 과제를 공산당 지도부가 경시하거나 중시하더라도 적절한 해결 방안을 찾지 못한다면 후진타오 정권에서 시진핑 정권으로 이행하는 과정에서도 덩샤오핑 시대와 마찬가지로 사회주의의 수호를 내건 공산중국은 어떠한 형태로든 '붕괴'해 후쿠야마가 말한 역사의 종말이 유종의 미를 맞이할지도 모른다고 했다.

덩샤오핑이 죽은 지 20년 가까이 지났다. 그러나 지금도 공산중국은 붕괴되지 않았다. 붕괴되기는커녕 초대국 미국이 협력하지 않을 수 없는 전략적 파트너가 되고 있다. 덩샤오핑이 실현한 시공조차 초월하는 세기의 프래그머티즘이 미국의 정책 결정자나 지식인 그리고 군인까지 세뇌하고 있다는 것이다. 이런 의미에서 냉전시대에 세계를 뒤덮은 이데올로기 투쟁의 역사는 종언을 맞이하고 있는지도 모른다.

후쿠야마는 어떤 마음으로 지난 25년(1989~2014년)을 보냈을까?[7] "자유민주주의야말로 최고의 정치체제이며 사회의 최종 형태다"라는 그의 주장을 신봉하는 사람은 많다. 중국에서도 학자와 기업가, 정부 관리와 젊은 층을 막론하고 후쿠야마 팬이 많다고 생각한다. "중국이 장래에 후쿠야마가 그린 궤도에 오르는 것은 필연적이다. 우리가 무엇을 바라든 이런 역사의 추세는 불가피하다." 2010년 3월 중국인민해방군 제복조의 한 간부는 후쿠야마에 대한 개인적인 견해를 이렇게 밝혔다.

한편 후쿠야마의 이야기가 여전히 미완이라는 점은 의심의 여지가 없다. 그 이유는 단순하다. 공산중국이 붕괴하지 않았기 때문이며, 소련의 뒤를 좇지 않았기 때문이다. 거기에 그치지 않고 미국발 금융위기, 유럽발 채무위기는 세계 경제에 골칫덩어리로 간주되며, 기후변동이나 테러리즘 등의 국제적 과제가 대두하는 가운데 차이나 임팩트가 점점 더 중시되고 있다.

예를 들어 중국이 주도하는 아시아인프라투자은행(AIIB)의 설립과 실천은 그 영향력이 현재 진행형으로 확장되고 있다는 것을 생생히 보여준다. 중국의 협력이나 관여 없이는 세계 정치·경제 시스템이 기능을 하지 못하며, 세계화도 진전될 수 없다는 논조가 국제 여론의 주류가 되고 있다.

도상국이나 신흥국을 중심으로 '차이나 모델'로도 일컫는 중국의 개발독재적·국가자본주의적인 발전 형태의 현실적 의미를 찾아내고, 거기에 매력을 느껴 추종하는 듯한 현상도 나타난다. 이 실태를 베이징 컨센서스의 워싱턴 컨센서스에 대한 도전으로 가장 절실하게 받아들인 쪽은 다름 아닌 서방국가의 선두인 미국이다.

서방 지식인의 '유입'으로 정통성 강화

지금부터는 프랜시스 후쿠야마와 에즈라 보걸의 저서가 각각 중국 대륙[8]에 어떻게 '유입'되었는지 돌이켜보고, 중국공산당이 정통성을 확보하기 위해 영향력 있는 서방 지식인을 전략적으로 이용하는 정치적 의도를 부각해 보고자 한다.

> 후쿠야마는 당초의 논조에 수정을 가하고 있다. 소련처럼 붕괴한다는 시나리오만 가정해 그 후의 중국을 살펴보지 않았다. 역으로, 미국의 자유민주주의와는 다른 중국의 체제가 왜 지금껏 이어지고 기능하는지, 그 원천은 어디에 있는지에 호기심이 있는 듯했다.

후쿠야마와 교류하는 중국의 지식인은 정치체제에 관해 그와 논의했을 때의 모습을 이렇게 회상한다.[9]

2011년 후쿠야마는 『정치 질서의 기원(The Original of Political Order)』[10]을

출판했다. 이 책은 제목 그대로 '정치 질서의 기원'을 역사적으로 추적해 그 발전 과정에서 규율을 모색하는 연구를 진행했다. 서방의 자유민주주의와의 비교를 통해 "중국의 정치체제를 둘러싸고 고래로부터 면면히 흐르는 정수는 무엇인가"라는 명제를 검증하는 데 많은 쪽을 할애했다.

예컨대 '역사종언론'에서 전개한 대로 공산중국의 붕괴를 전제 삼아 냉전 후 세계를 관찰해왔다면, '정치 질서의 기원'은 그 제목처럼 중국 정치 질서의 기원을 모색하는 등 학술적 노력의 일환이었다. 중국의 서평가 톈팡멍(田方萌)은 "'역사의 종언'을 선언한 이 학자가 왜 '역사의 본원'을 탐구하려 하는가라는 문제에 호기심을 품고 있다"고 말한다.[11]

2012년 10월 공산당 제18차 당대회 직전, 즉 제5세대 지도자 시진핑이 총서기 자리를 후진타오에게서 이어받아 공산당 정권의 최고 의사결정기관인 정치국 상무위원의 새로운 멤버가 등장하기 전날, 후쿠야마가 쓴 『정치 질서의 기원』의 중국어판이 중국 대륙에서 출판되었다.

중국 대륙에서 출판을 경험한 필자가 볼 때, 베이징에서 당대회가 개최되는 정치의 계절이나, 경제가 정체하고 사회가 불안정해지는 민감한 시기에 공산당 당국은 때때로 출판 분야에 대한 규제를 강화한다. 특히 당국이 반체제적·반공적이라고 판단하는 저서의 경우 출판하기가 더욱 어렵다. 반면 중국공산당의 정통성을 긍정적으로 그린 작품은 출판이 가능할 뿐 아니라, 당국은 언론매체에서 대대적으로 선전하는 것을 환영한다. 영향력 있는 외국인의 작품이라면 중공중앙에서 열렬히 환영한다. 그중에서도 '세계는 다양성으로 가득 차 있다. 다양한 역사관, 정치체제, 발전 형태가 있다. 서방의 자유민주주의만이 유일하고 절대적인 것은 아니다'라는 식의 논조라면 당 지도부가 국영 TV나 당 기관지 등에 "극히 중시할 것"이라고 지령을 내리는 경우도 있다.

후쿠야마의 『정치 질서의 기원』이 제18차 당대회가 베이징에서 열리기 직전이라는, 정치적으로 극도로 민감한 시기에 출판되고 대대적으로 선전된 배경에는 이 같은 당국의 의도가 반영되어 있다. 만약 냉전 붕괴 당시의 '소련의 해체와 냉전의 붕괴로 서방 대 동방이라는 이데올로기 투쟁의 역사는 끝났다. 이후 중국의 붕괴만 남아 있으며 나의 이야기는 완결된다'는 논조를 고집했다면 그의 저서가 중국 대륙에서 출판될 가능성은 영에 가까웠을 것이라고 필자는 생각한다.

후쿠야마가 공산중국의 정치체제를 긍정적으로 검증해 거기서 어떠한 역사적 의거와 정통성을 찾아내려는 학술적 노력을 기울였기 때문에, 공산당 당국이 그의 논고가 국내에 유입되도록 정치적 허가를 내준 것이다.

『문명의 충돌』[12]을 쓴 고(故) 새뮤얼 헌팅턴(Samuel Huntington) 교수의 제자이자 세계적으로 영향력 있는 후쿠야마 같은 저명 학자가 우리나라 정치체제의 특수성과 정통성에 관심을 보이며 전향적 태도로 검증하고 있는 상황을 국내외에 알리는 것은, 우리가 당이 공산당 일당지배 체제로 이 나라를 통치해나가는 데 순풍으로 작용한다.

2012년 11월 중공중앙에서 이데올로기 이론 공작을 담당하는 한 간부는 필자에게 이렇게 증언했다.

덩샤오핑이 사회주의 시장경제라는 세기의 프래그머티즘을 외친 남순강화 이후 20년 이상이 흘렀지만, 그사이에 공산중국은 붕괴하지 않았다. 그렇기는커녕 국제적인 존재감을 날로 증대시켜 세계에서 제2의 경제 대국이 되었고, 'G2'라 칭해질 만큼 변모했다. 게다가 중국에 20년의 시간은 공산당 일당지배로 이루어지는 중국 특색의 정치체제가 지닌 정통성을 증명하는 실천 과정이기도 했다. 이를 정면으로 응시하며 이론적 고찰을 시도하는 작업이 서방의 학술계에서도 활발히 전개되었다. 앞서 말한 당 중앙간부는 이렇게 말했다.[13]

서방 학술계에서 중국 정치제제의 존재 의의와 발전 가능성을 발견하려는 연구 성과를 국내에 제대로 받아들임으로써 자유민주주의 사회도 공산당 일당지배를 존중하는 현실을 우리나라의 인민에게 전파하는 것은 공산당 일당지배에 확실한 정통성을 주는 것과 같다.

후쿠야마의 저서가 중국에서 출판될 무렵, 1971년 미·중 접촉을 연출한 주역이자 미 국무장관을 지낸 헨리 키신저가 2011년에 출간한 『헨리 키신 저의 중국이야기』[14]의 중국판 『논중국』(中信出版社, 2012)이 중국 대륙에서 출판된 것은 그 대표적 사례다. 중국 당국은 1979년 미·중 국교정상화에 주 력하고, 그 후에도 양국 간 교류에 한몫을 거들고 있는 키신저에 대해 '중국 인민의 옛 친구'로서 대접하고 있으며, 위대한 외교가이자 학자가 중국 문제 를 긍정적으로 주시하는 상황을 국내외에 어필해왔다.[15] 서방 사회에 영향 력이 있으며 중국의 부상을 받아들이고 그 체제와 발전에 이해를 표시하려 는 키신저와 같은 서방 측 저명인사를 발굴해 개별적 관계를 강화하려는 '공 작'이 최근 들어 가속화되고 있다.

또 하나의 사례를 분석하며 좀 더 구체적으로 고찰해보자. 앞에서 언급한 에즈라 보걸이 약 10년에 걸쳐 썼다는 역저 『현대 중국의 건설자 덩샤오핑 평전』의 중국판 『덩샤오핑 시대(邓小平时代)』(三連書店)는 2013년 1월 중국 대륙에 출판되었다. 공산중국을 현재의 지위까지 끌어올린 개혁개방의 총 설계사 덩샤오핑의 일생을 되돌아본 이 책은, 필자가 아는 한 중국공산당이 지금껏 정치적 금기로 인식해 공개적 논의를 불허했던 톈안먼 사건에 관한 기술도 포함되어 있다. 1989년 당시 베이징 대학 학생 등의 민주화운동 무 력 진압을 사실상 지휘한 사람은 덩샤오핑이었기 때문이다.

톈안먼 사건이라는 어두운 역사를 어떻게 마주하고 청산할 것인지의 문 제는 중국 민주화에서 피할 수 없는 난관이다. 보걸이 중국 대륙에서 출판 한 『덩샤오핑 시대』의 중국판에는 톈안먼 사건에 관한 기술이 부분적이지만 담겨 있다. 본래대로라면 저자가 중국인이든 외국인이든 언론 또는 저술에서 톈안먼 사건에 접근하는 것은 금기이다. "1989년에 톈안먼 사건이 발생했다"는 사실 그 자체를 기술하는 것은 경우에 따라 가능하기는 하지만, 거기에 정책적 논의나 역사적 검증을 가하는 듯한 작업은 불가능했다. 그렇다면 왜 보걸의 『덩샤오핑 시대』는 그것이 가능했을까?

복수의 당 관계자에 따르면, 이 책이 출판되는 과정에서 시진핑 주석이 직접 원고를 훑어본 뒤 출판을 보증했다고 한다. 즉, 톈안먼 사건 언급 부분이 남겨진 과정을 보면 출판사가 당국의 눈을 피해서 한 것이 아니라 국가지도자가 분명히 묵인했다는 것이다.

시진핑은 왜 『덩샤오핑 시대』를 보증까지 했을까? 이 문제를 고찰하는데 도움이 되는 중요한 정치적 움직임이 하나 있다. 2012년 12월 7~8일에 공산당 제18차 당대회에서 정식으로 총서기에 취임한 시진핑은 첫 여행지로 광둥성 선전시를 골랐다. 홍콩의 북쪽에 위치한 선전시는 중국 개혁개방의 최선봉에 있으며, 경제발전을 견인해온 남방 도시이다.

1992년 1월 덩샤오핑이 선전시를 두루 돌아보며, 남순강화를 발표한 것은 이미 서술한 바 있다. 2012년은 '덩샤오핑 남순강화 20주년'에 해당한다. 이 역사적인 시기에 혁명 5세대 지도자로 갓 취임한 시진핑은 선전시를 방문해 시내의 롄화산(蓮花山)공원 안에 있는 덩샤오핑 동상을 참배하고 헌화했다. 이 모습은 CCTV를 비롯한 중국 언론매체뿐 아니라 해외 매체에서도 대대적으로 보도되었다. 2013년부터 2022년까지 10년간 국가지도자로서 통치하게 될 시진핑이, 남순강화 20주년을 기념할 시기에 덩샤오핑 동상을 참배한 정치적 행위는 '중국공산당은 계속해 사회주의를 견지하면서도 개혁개방을 추진해간다'는 것을 의미한다. 바꿔 말하면, 덩샤오핑 노선을 계승한다는 신호를 안팎에 전한 것이다.

그로부터 약 한 달 뒤 보걸의 『덩샤오핑 시대』가 중국에서 나왔다. 시진핑을 비롯한 당 중앙 지도부 입장에서 보면, 덩샤오핑 노선의 계승을 대대적으로 어필한 직후의 전략적 시기에 에즈라 보걸이라는 세계적으로 유명한 중국 문제 전문가의 책 『덩샤오핑 시대』가 출판된 것은 실로 큰 의미가 있었다. 당 중앙에서 출판을 관할하는 한 관계자는 이렇게 전했다.[16]

> 6·4 사건 부분을 삭제해버리면, 저자인 보걸 씨는 납득하지 않을 것이다. 당연히 중국 대륙에서는 출판하지 않을 것이다. 진핑은 6·4 사건을 삭제하지 않는 정치적 리스크를 감수해서라도 세계적으로 저명한 역사학자의 역저를 출판·이용함으로써, 몸소 과시한 덩샤오핑 노선의 계승을 국내외에 어필하고 싶어 했다.

후쿠야마와 보걸, 이 두 사람의 중국판 저서가 정치적으로 민감한 시기에 중국 대륙에서 출판된 사실로부터 필자가 주장하고 싶은 것이 있다. 최근 당 지도부는 "국제적으로 영향력과 지명도가 있는 서방 학자의 언설을 유입해 공산당 일당지배라는 정치체제하에서 전개되는 모든 정책에 정통성을 부여한다"는 수법을 중시한다. 그 과정에서 직면할 수밖에 없는 정치적 리스크는 과감히 감수한다는 것이다.

후쿠야마가 과거에 공산중국의 붕괴를 시사했다는 사실과, 보걸이 저서에서 톈안먼 사건과 덩샤오핑의 관계를 언급했다는 사실을 포함하면서까지 세계적으로 저명한 학자의 언설을 국내에 유입하는 과정은 공산당 지도부에게 정치적 리스크로 작용할 수 있다. 실제로 공산당 내 매파 중에는 두 사람의 저서가 중국 대륙에서 출판되는 것을 반대한 사람도 있었다. 예를 들어 보걸의 『덩샤오핑 시대』 출판 당시 중앙선전부가 "이 책을 대대적으로 선전하거나 서평을 게재해 북돋는 일은 하지 말도록"이라는 내부 지령을 각 매체에 통고한 적이 있었다.[17]

"시진핑 총서기가 이끄는 당 중앙이 이 문제로 당내 반대 세력에게 약점 잡히는 것을 방지한다는 관점에서 중국 매체가 보걸 씨와 『덩샤오핑 시대』를 너무 치켜세우지 않게끔 자제시키는 데 목적이 있었다"고 중앙선전부의 한 간부는 그 이유를 회고했다.

보걸은 2013년 3월 23일 상하이에서 개최된 제5기 세계중국학술 포럼에서 '세계 중국학 연구 공헌장'을 받았다. 그는 중국인 사이에서 '중국 선생'(미스터 차이나)이라 불리며 일반 독자에게도 사랑받고 있다.

공산중국의 붕괴를 전제하지 않으면서 정치체제나 가치관의 차이를 잘 조율해나간다는 세기의 프래그머티즘이, 서방 자유민주주의 세계에 사는 전문가들 사이에서도 점점 확산되는 중이다.[18]

중국공산당은 일당지배하에서 사회주의 시장경제를 상징하는 덩샤오핑 노선을 견지하며 자국의 붕괴에서 벗어나, 역으로 후쿠야마의 역사종언론을 붕괴로 몰아넣을 것인가? 앞서 설명했듯이 이익을 고려하는 차원에서 서방국가발 언설을 선택과 집중의 방식으로 유입해 덩샤오핑 노선에 정통성을 부여한다는 전략은 중국 민주화를 고찰해가는 데 중요한 논점이 된다. 당 지도부가 언제, 어떤 타이밍으로, 어느 저명학자와 경제인 등의 언설을 유입하는지를 주의 깊게 추적하면, 중국의 국가지도자가 안팎에 호소하고 싶어 하는 내용이 부각되기 때문이다.

후쿠야마와 보걸은 각각 "중국의 정치체제에 이해를 표시하고, 정통성을 도출하려는 학술적 노력을 기울이고 있다", "당 지도부가 미래로 향하는 도정에서 내건 덩샤오핑 노선을 학술적으로 지지하고 있다"는 이유로 그들의 견해가 당 중앙에 받아들여지고 있다. 두 사람처럼 세계적으로 영향력 있는 학자가 중국의 언론 시장에 다양성을 가져오고, 그 과정에서 당 지도부가 정치 리스크를 감수하는 이런 상호작용은 중국 민주화라는 관점에서 보면 건설적이며, 중국공산당을 좀 더 개방적인 '집정당'으로 변모시키는 능동적 외압이라고 필자는 생각한다. 중국공산당과 바깥 세계 전문가들 사이에서, 긴장감 있는 주장과 타협이 전개되는 과정에서 일어나는 활력은 장기적으로 보았을 때 중국 민주화로의 길을 촉진할 것이 분명하다.

한편으로 우려도 있다. 중국공산당 지도부가 선택과 집중이라는 방침 아래, 받아들일 수 없는 이질적인 언설은 배제하겠다는 태도가 변하기는커녕 점점 더 뚜렷해지고 있기 때문이다. 후쿠야마와 보걸 두 사람에게도 자신의 언설이 거대한 중국 언론 시장에 진출해 정치체제의 향방에 영향력을 행사하는 것은 획기적일 수 있다. 그러나 진출은 곧 타협을 의미한다. 공산당 지도부에 의해 공산당의 이익을 고려하는 차원에서 이용되고 있는 측면은 부정할 수 없기 때문이다.[19]

세 개 관점에서 중국 정치를 생각하다

서방 지식인과 중국공산당의 접근은 결코 돌연변이가 아니다. 약 25년이라는 세월에 걸쳐 점진적으로 이루어진 것이다. 포스트 냉전시대에 국제사회에서는 무엇이 일어나며, 서방이 견인해온 국제 여론은 부상하는 중국을 어떻게 인식해왔는가? 이 점을 논의하지 않으면 양자의 접근을 제대로 규명할 수 없다.

1991년 덩샤오핑은 세계를 뒤흔든 톈안먼 사건이라는 역사의 트라우마를 어떻게 극복할 수 있는지, 그리고 중국이 국제사회의 일원으로서, 특히 서방 국가로부터 어떻게 신임을 획득해나갈 수 있는지 난제에 직면했다.

당시 서방 사회에서 화제가 된 것은 '중국붕괴론'이었다. 하지만 중국은 붕괴하지 않았다. 오히려 급속한 경제발전을 무기로 국제적인 존재감을 확대해나간 시기였다. 2001년 12월, 어려운 협상을 거쳐 실현된 세계무역기구(WTO) 가입을 중국에서는 '입세(入世)'라고 부른다. 이는 중국이 서방이 선도하는 세계에 가입했다는 역사적 사실을 표현하는 것이다. 당시 '중국붕괴론' 대신 국제 여론에서 대두된 것은 '중국위협론'이었다.

2005년 9월, 훗날 세계은행(IBRD) 총재가 되었고 당시 미 국무부 부장관이었던 로버트 졸릭(Robert Zoellick)은 중국을 '책임 있는 이해공유자'라 판단하고 중국에 대해 융화적인 자세를 표시하는 동시에 자제하는, 책임 있는 대국으로 행동할 것을 촉구했다. 대국에는 대외적 영향력뿐 아니라 책임이나 규범의 준수가 동반된다는, 워싱턴으로부터의 전략적 압박이었다. 이때부터 국제사회의 대중 여론은 중국위협론에서 '중국책임론'으로 바뀌었다.

이 시기 베이징에서는 베이징 올림픽(2008년), 건국 60주년(2009년), 상하이 엑스포(2010년), 세계무역기구 가입 10주년, 중국공산당 설립 90주년, 신해혁명 100주년(2011년), 제18차 당대회(2012년) 등 예정된 일련의 국가적 대사를 위한 준비가 순조롭게 진행되고 있었다. 중국의 대외 정책은 이 시기부터 좀 더 강경하게 변해간다.

영토를 둘러싼 문제를 포함해 일본과의 관계에서도 강경 노선을 엿볼 수 있다. 2010년 9월 센카쿠 제도 인근에서 중국 어선 충돌 사건이 발생했을 때 중국이 일본에 대한 희토류 수출 제한이 포함된 제재 조치를 발동한 것이 기억에 새롭다. 이때부터 갑자기 퍼지기 시작한 것이 '중국이질론'이다. 이는 '중국강경론'이라고 할 수 있다. 중국이 스스로의 권익을 놓치지 않기 위해 대외적으로 강경하게 나온다는 인상이다. 그 배경에는 확장하는 중국의 이익 요구, 강경해지는 중국의 대외 정책을 경계하는 국제 여론이 가로놓여 있었다.

톈안먼 사건 이후 약 25년간 중국의 부상을 둘러싼 국제 여론은 붕괴론 → 위협론 → 책임론 → 이질론(강경론)으로 네 단계의 변화를 보였다. 지금 현상은 여전히 중국 이질론(강경론)의 단계에 있다고 필자는 본다.[20]

최근 일본의 정책 결정자나 전문가 사이에서 논의되는 '미·중 재접근'(첫 미·중 접근은 1971년 헨리 키신저 미 국무장관의 극비 방중으로 시작하는 리처드 닉슨의 대중 외교 전략이다)이라는 맥락에는 미국과 중국이 일본을 뺀 채 직접 교섭함으로써 경제정책이나 안전보장 등의 중대한 의제에 대해 직접 얘기하며 규칙을 만들고 있지 않은지, 즉 '저팬 패싱(Japan Passing)'에 대한 우려가 번지고 있다. 하지만 필자가 봤을 때 후쿠야마와 중국공산당을 잇는 세기의 프래그머티즘이라는 보이지 않는 끈은, 미·중 간 지적 대화나 국제 교류를 포함해 끊임없는 상호 관계성이 있고 나서 비로소 맺어졌다. 그 결과가 2012년 10월 공산당 제18차 당대회 직전 중국 대륙에서 출판된『정치 질서의 기원(政治秩序的起源)』(廣西師範大學出版社)이나 다름없다.

이제 후쿠야마의 논고를 뼈대로 삼아 정통성을 둘러싼 지금의 중국 정치 시스템을 검증해나가려 한다.

후쿠야마의『정치 질서의 기원』(이하『기원』)은 그 부제 '전(前) 인류시대부터 프랑스 대혁명까지'에서 보이듯 전 인류시대부터 프랑스 대혁명까지의 정치제도를 역사적으로 검증함으로써 정치 질서의 기원을 모색한다.[21]

이 책은 고대부터 부흥해온 많은 문명의 성쇠에 초점을 맞추고 있지만, 그중에서도 중국이 주요 고찰 대상의 하나라는 점은 할애된 쪽수나 논리 전개에 비추어볼 때 쉽게 이해할 수 있다. 중국 문명 특유의 종족 조직(tribalism), 전쟁과 중화국가 부상과의 관계, 진나라와 한나라 시대 황제의 국가통치 시스템 등의 검증을 통해 진나라 시대(기원전 778~기원전 206)에 세계 최초의 현대 국가를 만드는 데 성공했다고 그는 설명한다. 일본에서도 잘 알려진 진시황이 국가를 통일하고 이를 위해 중앙집권 시스템을 구축한 진나라의 관료 조직은 로마 왕조의 행정조직보다 성숙했다고 설명하며, 중화 황제의 통치 시스템의 특징으로서 '강한 정부(a strong state)'를 들고 있다. 중국의 정치 시스템 혹은 통치 형태에서 법치주의(a rule of law)의 결여를 찾아낸 그의 논고는 중국의 정치체제가 어떻게 변해가는지를 모색하는 데 풍부한 시사점을 준다.

후쿠야마는『기원』에서 현대적인 의미의 정치 시스템은 ① 강한 정부, ② 법의 지배, ③ 정통성(accountability) 등 세 가지로 구성된다고 서술했다. 서방 사회의 현대 정치 시스템(a modern political system)에는 이 세 요소가 모두 포함되어 있다고 주장하는 그는, 현재에 이르기까지 중국의 정치 시스템이 강한 정부의 능력에만 의거해온 경위를 지적했다. 아울러 중국 정치 시스템의 향후 전망에 대해 다음과 같이 몇 가지의 중요한 문제를 제기하고 있다.

강한 정부의 능력만을 가지고 발전하는 지금의 상황은 장기적으로 지속 가능한가? 중국은 법의 지배와 정통성을 빼놓고 경제발전을 통해 정치적으로 안정되어갈 것인가? 성장으로 촉진되는 사회적 유동성은 권위주의적인 국가에 의해 봉쇄될 것인가? 아니면 그것이 민주적으로 책임 있는 정부를 염원하는 민중의 부단한 요구를 촉진할 것인가? '국가'와 '사회'의 관계성이라는 측면에서 오랫동안 전자에 중심을 둔 중국 사회에 민주주의는 도래할 것인가? 서방 사회에서 보급되는 지적재산권이나 개인의 자유를 빼놓고 중국이 과학기술의 최첨단 분야를 개척할 수 있겠는가? 중국인은 계속해서 민주주의나 법의 지배에 기반을 둔 사회에 적합하지 않은 방법으로 정치적 권력을 휘두르며 발전할 것인가?[22]

그럼, 후쿠야마가 현대 정치 시스템의 구축에서 필요충분조건으로 내건 세 가지 요소가 지금 중국 사회에서 어떻게 기능·작동하는지 순서대로 살펴본다.

우선, '강한 정부'다. 이 표현은 약간 모호하기 때문에 여기서는 후쿠야마가 『기원』에서 중국이 역사상 최초로 강한 정부를 확립했다고 주장하는 부분을 참조하면서 해석을 시도하려 한다. 후쿠야마는 고대 중국의 정치기구를 동시대의 지중해 문명이나 로마제국과 비교하면서 다음과 같이 설명한다.

그 개척자적인 경험은 서방의 정치발전의 해석에서는 좀처럼 언급되지 않지만, 중국이야말로 국가제도(state institution)를 최초로 발전시켰다. …… 유럽, 지중해와 비교해보아도 중국이 얼마나 중앙집권적이고, 거대한 인구와 영토를 통치할 수 있을 만큼의 관료 기구를 동반한 시스템을 발전시켰는지 알 수 있다. 중국은 조직적이며 이익에 기반을 둔 관료 시스템을 이미 발명해왔다. 그리고 그것은 로마의 공공 행정 기구와 비교해도 제도적이었다.[23]

강한 정부란, 중국과 같은 거대한 인구와 광대한 영토를 소유한 국가를 통치할 수 있을 만큼의 조직력과 비교적 유능한 관료 집단으로 이뤄진 중앙 집권적인 기구다. 후쿠야마가, 중국 황제들이 역사적으로 이런 강한 정부에 의거해 정치를 행해왔다고 주장한 것으로 필자는 이해했다. 실제로 현재의 중국공산당 정치를 살펴보면 내정과 외교를 불문하고 중앙정부에 의한 구심력과 통치력이 중국이라는 거대한 국가를 지탱하고 있다. 덩샤오핑과 그의 후계자들은 공산당의 생명력과 사상, 이데올로기 그 자체보다는 국가통치를 통해 얻은 정치적 업적에 근거한 정통성에 의거해야만 한다는 점을 헤아려왔다.[24]

다음으로 '법의 지배'에 대해 살펴보자. 법의 지배가 어디까지 미치는지는 향후 중국의 정치체제, 정치 시스템, 정치 질서의 행방을 좌우하는 요소라고 필자는 판단한다.

20세기 후반 이후 성립된 중화민국이라는 단기간의 예외를 제외하면, 중국의 역대 왕조와 정부는 진정한 의미의 법의 지배를 받아들인 적이 없다. 중화인민공화국에는 헌법이 존재하지만, 중국공산당이 장악한 권력이 헌법 위에 덧씌워져 있다. 권력의 원천을 법에 둔 황제는 일찍이 한 명도 없었다. 법률은 황제의 상황에 맞춰 만들어졌다. 바꿔 말하면, 황제의 권력에 대한 사법적 견제가 존재하지 않았다. 이는 황제들에게 거대한 압제 정치의 여지를 주었다.[25] 즉, 중국이라는 문명은 법치주의로 국가를 통치(거버넌스)하는 전통[26]을 겸비하지 않았다. 그래서 강한 정부가 법치를 대신할 국가통치 장치로서 유일하게 힘을 발휘해왔다는 것이다.[27]

마지막으로, '정통성'에 대해 검토해본다. '중국공산당은 무엇으로써 책임 있는 정부라 말할 수 있는가'라는 물음이다.

서방 자유민주주의를 공유하는 일본의 정치 시스템을 비교 대상으로 삼아 살펴보자. 일본 정부의 정통성은 어디에서 오는가? 정부의 수장인 내각 총리대신과 각 정부 기관의 수장인 각료는 의원내각제 아래에서 국민에게 선택받아 정통성을 확보한다. 일본국 헌법의 세 기둥 중 하나인 주권재민이 이를 반영한다. 정부의 수장으로서 업적이 부진할 경우 총리대신은 해산권을 발동하거나 사직함으로써 책임을 진다. 이러한 절차를 밟음으로써 정통성이 제도적으로 담보된다.[28]

한편 중국은 어떤가. 중국공산당의 수장인 총서기, 행정기관인 국무원의 총리나 부총리, 전국인민대표대회의 대표들 또는 지방정부의 수장들은 인민에게 뽑히지 않는다. 관료 기구의 논리나 당내 권력투쟁 등 제도가 아닌 인치(人治)에 의해 권력 구조가 형성된다.

'이러한 집정당의 어디에 정통성이 있는가? 국민에 대해 어떻게 책임을 질 것인가?'라는 의문이 생기기 쉽다. 지금의 중국공산당에서 정통성을 찾아낸다면 이는 집정당의 업적에 있다. 경제를 성장시키고, 고용을 보장하며, 사회를 안정시키고, 소득을 향상시키고, 사회 인프라를 충실히 갖추는 등 업적을 통해 그런대로 담보할 수 있게 되었다. 이를 통해 중국 인민은 스스로 뽑지 않은 공산당이 국가를 통치하는 현상에 만족하는 것이다. 서방 사회와 같은 절차 = 과정이 아닌, 업적 = 결과로써 정통성을 담보하고 있는 것이다.

만약 통치자가 그러한 업적을 담보할 수 없을 경우, 선거를 통해 다른 지도자를 뽑는 절차적 권리를 갖지 못한 인민이 동란·폭동·봉기라는 행위를 통해 현실을 바꿈으로써 권리 요구를 만족시킬 수밖에 없다는 것은 역사가 제시하는 바와 같다. 중국 인민이 일상적으로 사용하는 말로 표현하자면, '혁명'이 된다. 장래에 혁명이 일어날지 아닐지는 실로 장대한 문제다. 중국인뿐만 아니라 우리 외국인에게도 현실감을 계속 부여할 것이 틀림없다.

비제도적 요인으로 담보되는 정통성은 그 지속 가능성에 항상 의문부호가 따라붙는다. 즉, 공산당이 경제성장, 사회 안정, 고용 보장 등의 업적 = 결과를 담보할 수 없을 경우 정통성이라는 전제 자체가 와해될 수 있다.

중국은 독자적인 스타일로 정통성을 담보하기 위해 노력한다지만, 비제도적이기 때문에 지속 가능성이 결여되어 있는 것이다. '업적·결과형'이 아니라 '절차·과정형'의 정통성을 정치 시스템에 주입하려면 통치자가 유권자에 의해 선택되는 보편적 의미의 선거가 필수불가결하다. '선거 없는 민주화'는 제도의 측면을 무시하고 있기 때문에 정통성을 둘러싼 논란이 중국 민주화 문제의 중심에 위치하는 것이다.

미야모토 유지(宮本雄二) 전 주중 대사는 "중국공산당은 1949년의 신중국 건설 이래로 계속 '통치의 정당성'이라는 과제에 시달리고 있다. 과거의 치욕을 씻어내고 신중국을 건설했을 때가 중국공산당이 가장 빛나 보인 순간이었을지도 모른다"고 말한다.[29] 정통성의 지속적 담보는 중국공산당 정치의 최대 난관이라고 할 수 있다.

지금 중국의 정치 시스템에는 강한 정부, 법의 지배, 정통성 중에서 법의 지배가 가장 결여되어 있으며, 앞으로도 가장 뿌리내리기 어려울 것으로 필자는 생각한다.[30] 한편 중국의 정치 시스템에서 정통성과 법의 지배는 표리일체의 관계이다. 법치주의가 정비되지 않는 상황에서 절차·과정형의 정통성을 담보하는 국정 선거를 단행할 경우 사회는 혼란해지고, 강한 정부의 존재까지 위협할 수 있기 때문이다.[31]

중국 민주화로의 길을 생각했을 때 법의 지배는 정치 개혁 과정의 최우선 사항으로서 제도적으로 구축되어야 하며, 법의 지배를 동반하지 않는 언론·보도의 자유, 규제 완화, 시장 개방, 반부패 정책, 국유기업 개혁 등은 역효과·부작용을 유발할 위험에서 벗어날 수 없다. 신분이나 지위에 관계없이 만인 앞에 평등한 법률, 또는 공산당의 권력을 견제하는 헌법이 실질적으로 기능한다면 개혁개방 정책은 처음으로 긍정적 효과를 낳을 수 있다.

후쿠야마가 지적하는 법의 지배의 치명적인 결여는, 중국 정치 시스템의 현재와 미래를 판단하는 데 최대의 불안 요소다. 이를 제거하지 않는 한, 책임 있는 정부에 의한 지속 가능한 민주화로의 길을 열어갈 수 없다.

'나쁜 황제' 문제를 해결할 수 있을까

중국의 정치 시스템이 과거에 한 번도 해결하지 못한 문제로 '나쁜 황제 문제(The bad emperor problem)'가 거론된다. 권위주의적인 시스템은 자유민주주의 국가에서처럼 법적 구속, 여론 또는 야당의 감시·감독을 받지 않아도 되는 경우가 많다. 이 때문에 신속한 의사결정이 가능하며, 일시적으로 잘 돌아가는 경우도 있다. 하지만 후쿠야마가 지적하듯이, 이러한 시스템은 지속적인 '좋은 지도자'의 공급을 전제로 할 때 성립하는 것이다. 가령 '나쁜 황제'가 출현해 정부 내에서 권력이 견제되지 않는 경우, 국가는 혼란이나 동란에 빠진다. 이 문제는 정통성이 하향식으로밖에 흐르지 않는 현재 중국에 계속 불안 요소로 군림할 것이다.[32]

필자가 아는 한, 좋은 지도자와 나쁜 지도자에 관해 후쿠야마 자신도 분명한 정의를 내리지 않고 있다. 필자 나름대로 양자의 경계선을 그어보면 ① 통치 능력과 문제를 발견·분석·해결하는 능력에 능한가, ② 국가·사회의 지속가능한 발전이라는 의미에서 단기적 요구뿐 아니라 장기적 수요를 고려해 넓은 시야에서 정책을 운영할 수 있는가, ③ 사리사욕을 좇지 않고 인망이 두터운가 등이다.[33]

민주적 선거를 거치지 않고 관료주의, 업적주의(meritocracy), 권력투쟁, 이해관계, 정치 문화, 과거의 전통 등 온갖 요소가 복잡하게 얽혀 인치적으로 선발되는 것이 중국의 지도자다.[34] 그러한 조직에서는 좋은 지도자를 공급하지 못한다고 단정 지을 수는 없다. 오히려 민주적이지 않기 때문에 대담무쌍한 수완가형 지도자를 배출할 수도 있다. 민주적 선거가 반드시 좋은 지도자를 계속 생산한다고 말할 수는 없기 때문이다.

후쿠야마는 어떠한 정치 시스템하에서도 좋은 지도자와 나쁜 지도자는 출현할 수 있다고 전제한다. 다만 정통성이 민주제도로 담보되지 않는 중국 정치는 "극단적으로 나쁜 지도자"를 낳아버리는 경우다. 후쿠야마가 문제

삼는 것은 법의 견제를 받지 않고 제멋대로 하게 방치된 황제가 국가를 분열이나 붕괴로 몰고 가는 듯한 국면이 (역사적으로 그러했듯이) 앞으로의 중국 정치에도 출현하자 않을까 하는 점이다.

정치의 지속 가능성이라는 관점에서 본다면 일본이나 미국을 포함한 자유민주주의 국가가 항상 좋은 지도자를 공급한다고 할 수는 없지만, 극단적으로 나쁜 지도자를 낳을 가능성은 제도적 요인에 의해 억제된다. 한편 민주적 선거를 치르지 않는 중국은 제도적 결함이 존재하기 때문에 극단적으로 나쁜 지도자를 낳아버리는 경우에 언제든 직면할 수 있다는 것이다.

사회주의 시장경제를 구가하는 중국의 정치 시스템은 어떻게 좋은 지도자를 계속 생산하며, 어떻게 극단적으로 나쁜 지도자의 출현을 저지할 것인가? 후쿠시마의 논고를 참조하면서 생각나는 것이 있다. 지금의 중국 정치 사정을 감안할 때 필자가 우려할 수밖에 없는 것이 하나 있는데, 바로 중국 정치와 정책 결정 과정이 불안정한 시기에 돌입하고 있다는 점이다.

신중국은 개인숭배를 기본으로 한 마오쩌둥 시대의 극단적인 권위주의 정치로 시작해, 카리스마를 기본으로 하는 덩샤오핑 시대의 권위주의 정치를 거쳤다. 혁명 3세대의 장쩌민 정권, 4세대의 후진타오 정권, 5세대의 시진핑 정권이라는, 1990년대 후반 이후의 3대 정권은 리더십 정치와 집단지도 체제가 공존하는 과도기에 위치한 듯이 보인다. 정책 결정 과정에서 마오쩌둥 시대와 덩샤오핑 시대처럼 카리스마나 지도력에 의거한 역동성은 볼 수 없다. 한편 사법의 독립을 기초로 한 견제와 균형, 투명성 있는 정치 문화, 권력의 집중을 피하기 위한 언론·보도의 자유 등 올바른 집단지도 체제가 바르게 기능하기 위한 요소가 결여되어 있다. 어떤 면에서는 지금의 중국 정치가 어중간한 발전 과정에 위치했다고 볼 수 있다.

"중국은 국가 유력 지도자의 일성[일본어로 '학의 일성(鶴の一声)']으로 모든 것이 정해져버린다"는 의견도, "중국은 이미 집단지도 체제로 이행하고 있어, 무엇을 정하는 데도 집단적 합의를 만들며 진행해간다"는 의견도 최근

중국 정치의 현실을 정확하게 표현하고 못한다(중국 연구자들 사이에는 "시진핑이 마오쩌둥에 버금가는 권력을 지니고 있다"는 유의 견해가 있다. 시진핑의 권력 기반에 대해서는 나중에 서술하겠지만, 시시비비는 다루지 않는다). 어느 쪽이 잘못된 것은 아니다. 오히려 어느 쪽의 요소도 그런대로 내포한 과도기에 놓여 있기 때문이다.

따라서 중국 정치와 정책 결정 과정은 불안정한 시기에 돌입하고 있다. 국내 여론이나 국제사회의 생각보다 오래 그 시기가 지속될 가능성이 있다는 것이 필자의 견해다.

이렇듯 불안정한 공산당 정치를 상징하는 것이 2012년 '붉은 정권 교체'의 해에 전 세계 이목을 집중시킨 '보시라이 사건'이다. 제18차 당대회에서 최고 의사결정기관인 중앙정치국 상무위원 진입까지 유력시된 보시라이(薄熙來) 전 충칭시(重慶市) 서기이자 정치국 위원이 아내가 일으킨 살인 사건에 연루되었다는 혐의와, 또는 다롄(大連)시장 재직 시절부터 저지른 권력 남용과 부패 등 "중대한 당 규율 위반"을 범했다는 이유로 '낙마'(정치가나 관리, 군인, 국유기업 간부가 권력 남용이나 뇌물 관련 스캔들로 해임되어 중앙기율검사위원회 조사를 받는 것)한 사건이다.

살인 사건은 차치하더라도, 후자의 규율 위반이나 위법행위는 어디까지나 표면적인 것에 지나지 않는다. 중국공산당 지도부까지 올라 고위 관료가 되면 본인이 관련되든 아니든 상관없이, 대부분은 친족이나 지인 등 광범한 네트워크로 인해 간접적인 부정부패의 관여를 피할 수 없는 사람이 대부분이다. 게다가 보시라이는 보이보(薄一波) 전 국무원 부총리의 아들이기도 하다. 보이보는 1982년에 현역에서 물러나고도 정치국 상무위원을 능가하는 권한을 지녔다. 당 중앙고문위원회의 부주임으로서 주임인 덩샤오핑 다음의 원로로 영향력을 과시했다.[35] 그만큼 권한을 자랑했던 당 원로의 아들을, 아무리 부친의 사망(2007년 1월 사망) 후라 해도 권력 남용과 부패를 명목으로 정치적 실각으로 몰아넣는 것은 불가능하다.

보시라이 사건의 본질은 공산당 정권 수뇌부가 정치의 극단적인 '좌향화'를 두려워했다는 점에서 찾을 수 있다. 보시라이가 다음 정치국 상무위원에 진입하면 경제의 시장화 또는 자유화를 포함한 개혁 사업과 정치체제 개혁을 해내기 어려워지거나, 여론이 좌로 기울거나, 강경한 정치 수법으로 기득권익을 파괴함으로써 정치 시스템이 불안정화할 우려가 있었다.

아울러 권력투쟁 이상으로 노선투쟁이 두드러졌다. 보시라이는 충칭에서 대대적으로 전개되었던 마오이즘(마오쩌둥주의) 숭배나 평등주의를 강조했다. 또 부자나 자신의 권력 기반 및 이해관계에 반하는 자를 힘으로 억압한 횡포가 드러났다. 이는 베이징 지도부뿐 아니라 공산당 정권 내부와 마침내는 지식인, 기업가에게까지 "보시라이가 중앙정치에서 저런 스타일을 관철하면 이 나라는 잘못된 방향으로 나아가버릴지도 모른다"는 심각한 우려를 안겨주었다.

결과적으로 공산당 지도부는 극단적인 나쁜 지도자로서 어긋날 우려가 있던 보시라이를 중앙정치 무대에서 배제했다. 이후 중앙과 지방을 불문하고 보시라이처럼 인민의 내셔널리즘을 선동해 지도부가 내거는 방침이나 전략에 정면으로 대립하고, 당의 개혁 노선에 노골적으로 도전하는 듯한 사상이나 정책을 추진하려는 정치가는 배제될 가능성이 높아졌다.

좋은 지도자와 나쁜 지도자라는 후쿠야마의 틀에서 보시라이 사건을 검증하면, 과도기에 놓인 중국 정치가 직면한 현상(現狀)에 관해 두 가지 교훈을 얻을 수 있다.

첫째, 비민주적인 정치체제 즉 정부의 정통성이 제도적으로 담보되어 있지 않음에도, 극단적으로 나쁜 지도자가 지도부의 합의로 배제된 것은 긍정적인 경향이다. 둘째, 정권 운영 측면에서 중국 정치가 지도력이나 행동력을 찾아보기 어려운 시대로 돌입하고 있는 것이 현실이라는 점이다. 카리스마 부재라는 비기능적인 집단지도 체제하에서 극단적으로 나쁜 지도자는 배제될 수 있지만, 좋은 지도자도 출현하기 어려워지기 때문이다. 즉, 좋은 지도자와 나쁜 지도자를 구별조차 지을 수 없는, 혹은 좋지도 나쁘지도 않은 무던하고 평범한 지도자가 만연하는 시대로 들어갈 가능성도 부정할 수 없다는 점이다.

"후진타오는 평범하고 아무런 특징도 없으며 행동력이 빈약한 지도자였다." 시진핑과 가까운 태자당 관계자는 필자에게 이렇게 말했다. 공산당 일당지배가 이어지는 한 역대 지도자는 마르크스-레닌주의, 마오쩌둥 사상, 덩샤오핑 이론을 계승할 수밖에 없다. 이를 기초로 한 이데올로기에 정권 운영이 발목 잡히면, 정치의 민주화나 시장의 규제 완화를 포함한 의제가 연기된다. 그런데도 끝없는 권력투쟁이 계속되고 정치적 지도력이 부재하는 가운데 개혁개방이라는 국책 자체가 제자리걸음을 하는 위험이 표면화되는 것은 아닐까?

중국공산당의 열쇠는 시진핑이 쥐고 있다는 것은 말할 것도 없다.

'나쁜 황제' 문제는 시진핑 정권하의 중국에서 어떻게 전개될 것인가? 예를 들어 덩샤오핑이나 리콴유(李光耀)는 좋은 지도자였다. 중국은 어떤 제도적 기반에 의거해 좋은 지도자의 공급을 보장할 것인가라는 문제에 직면해 있다. 시진핑은 좋은 지도자인가 나쁜 지도자인가? 우리는 현 단계에서는 그 회답을 기다리지 않는다.

'당 지도하에서의 법치'를 강조한 중국공산당 4중전회의 폐막 직후인 2014년 10월 하순 후쿠야마는 워싱턴에서 이렇게 말했다.[36]

시진핑은 정치적 지도력을 발휘하면서 좋은 지도자를 연기할 수 있을까? 다음 장 이후 그의 정치관과 사상·이데올로기적 경향, 개혁에 향한 자세·접근법 등을 검증할 것이다.

중국에 '역사의 종말'이 다가올 것인가

가토 최신 저서 『정치 질서와 정치 부패(Political Order and Political Decay)』에서 "정치제도의 출현·진화·쇠퇴는 필연적으로 그 프로세스에 집약된다"고 지적했다(7쪽). 또 존스홉킨스 대학 고등국제문제연구대학원(SAIS) 강연에서 "미국 문명도 민간 분야도 쇠퇴하고 있다고 생각하지 않는다. 미합중국 정부의 기능이야말로 큰 문제가 있다"고 했다. 현재의 미국의 정치 시스템은 쇠퇴의 위기에 직면하고 있다는 것인가?

그럼 이 단계에서 미국의 정치 시스템은 어떻게 하면 쇠퇴를 피할 수 있으며, 부활과 진화가 가능할까? 또한 그 과정에서 미국 정부는 어떠한 노력을 해야 할까? 나아가, 후쿠야마 선생이 강조하는 '아이디어의 힘'은 어떤 역할을 맡는가?

후쿠야마 예를 들어 남북전쟁 이후 생산경제 부흥기나 세계공황 초기 등, 미국은 역사에서 위기와 쇠퇴에 직면해왔다. 어느 쪽도 최종적으로는 적절한 대응이 이루어졌다. 하나는 풀뿌리 운동이라 불리는, 1883년 '펜들턴법'을 성립시킨 대중운동이다. 또 하나는 뉴딜 정책이다. 그러나 시스템의 혁신은 자동적으로 일어나지 않는다. 대중운동, 뛰어난 최고의 지도력, 정치적 움직임을 촉진하는 적확한 아이디어가 필요하다.

지금의 미국의 정치에는 이들 요소가 하나도 보이지 않는다. 여기저기 좌파·우파에 대한 일부의 유권자의 안타까운 분노가 보일 뿐이다. 가장 영향력 있는 대중운동은 티파티이지만, 그 정치사상은 현재 상태를 악화시킬 뿐인 것으로 생각된다.

가토 최근 '평등'이나 '불평등' 같은 논쟁이 다시 가열되고 있다. 이는 자유민주주의 체제에 하나의 도전이 된다고 생각하지만, 선생이 이 문제를 어떻게 관찰하는지에 나는 관심이 있다. 확대되는 격차 문제는 자유민주제로 해결할 수 있는 것인가? 이 문제에 대해 자유민주제는 어디까지 책임을 져야 하며, 또 정치 시스템 내에서 운동이나 개혁은 과연 필요한가?

후쿠야마 확대되는 격차 문제와 중간층의 감소는 민주제가 오늘날 직면한 가장 심각한 문제의 하나라고 생각한다. 민주주의의 안정을 위해서는 폭넓은 중간층이 필요하다. 빈곤에 허덕이는 인구가 많고, 거기에 소수의 과두제까지 등장한다면, 곧 보수 정치와 무책임한 평민주의(populism) 사이에서 왔다 갔다 하는 라틴아메리카적 사회와 다름없다.

현대의 문제는, 기술의 발전에 의해 불평등이 심화된다는 점이다. 처음에는 천천히 진행되었지만, 기술직은 점점 더 스마트한 기계로 바뀌었다. 미국에서 미래의 직업(일, 업무)은 재택 건강관리와 같은 저임금 단순노동, 또는 프로그래머나 은행원과 같은 고도의 기술직으로 양극화될 것이다.

이는 민주주의 특유의 문제가 아니다. 그러나 민주주의적 안정이 폭넓은 중간층을 기반으로 지탱된다는 점을 생각하면, 특히나 위협에 노출되어 있다. 현재 상태에서는 누구도 희망을 가져올 해결책을 제시하지 못하고 있다.

가토 정부 또는 국가의 역할을 둘러싸고 전 세계 국가와 지역에서 논의가 활발하다. 유럽이나 일본의 경제위기, 중동의 지정학적 위기 등 문제가 끊이지 않지만, 우리는 정부나 국가가 무엇을 이루어야 하고 무엇을 하면 안 되는지 재검토할 필요가 있다. 선생의 연구 관점에서 생각할 때 정부의 본질적인 역할이란 무엇인가? 물론 국가나 제도에 따라 각각 다르다고 생각하지만, 이 문제에 대한 선생의 생각을 들려달라.

후쿠야마 세계의 많은 정부가 유권자의 감각과 괴리되어 있다고 생각한다. 그 결과, 유럽에는 포퓰리스트 정당이 급속한 위세로 지지를 확대하고 있다. 많은 미국인도 똑같이 생각하는 듯하지만, 문제는 정부의 크기가 아니라 질에 있다. 정부는 시민의 수요 변화에 민감해야 하며, 새로운 대응 방법을 발견할 수 있도록 충분히 유연해야 한다. 많은 국가에서 정치가는 영향력·조직력 있는 이익집단에 매달려 있지만, 전 인구의 의향을 대표하는 것은 아니다.

가토 정부의 질과 시시각각으로 변하는 시민들의 요구에 반응하는 능력이라는 관점에서 볼 때 중국공산당의 질과 능력은 어떤가? 미국 정치는 중국의 경험에서 얻을 것이 있는가?

후쿠야마 지금의 결과에서 본다면, 중국공산당은 많은 점에서 유능해 보인다. 예컨대 통상적인 발전도상국으로서는 불가능한 수준이지만 향진기업[중국의 향(鄕)나 진(鎭)이 농공업 사업에 투자, 지원하는 중소기업이다. 향 운영, 진 운영, 개인 운영 등 조직 형태는 다양하며, 계획경제부터 시장경제로 이행하는 과정에서 발전했다 _ 저자]을 개발했고, 인민해방군을 수익 사업과의 밀접한 관계로부터 분리하는 등 큰 통제력을 행사해왔다. 그렇지만 중국 정부와 정당에는 큰 부패 문제가 있다. 이는 내가 다뤄보려 시도하고 있는 연구 테마이기도 하지만, 우리도 부패의 정확한 규모는 알 수 없다. 타국과 비교할 방법도 보이지 않는다.

가토 역사적으로 중국 사람들은 '우수한 국가, 정부, 지도자'를 높게 평가하는 경향이 있다고 생각한다. 지도자로서 시진핑은 인민에게 놀라울 정도로 고평가되고 있는 느낌이다. 선생이 제창하는 정치기구의 필수 3요소인 국가, 법치, 민주주의적 설명 책임이라는 관점에서 이 역사적 현상을 어떻게 생각하는가?

중국의 정치는 강한 국가에만 의지해 법치나 책임을 앞으로도 무시한 채 계속 발전해나갈 수 있을까? 이는 과연 지속 가능하다고 보는가?

후쿠야마　중국 정치가 아직 해결할 수 없는 고전적인 문제로 나쁜 황제 문제가 있다. 강한 국가가 존재하며, 그곳에 법치나 민주주의 시스템이 없다 하더라도 좋은 황제라면 신속하게 정책을 도입할 수 있다. 자유민주제 사회보다도 더 빨리 행동할 수 있다. 그러나 좋은 황제를 계속 얻는 것은 보장 가능한 사안이 아니다. 나쁜 황제일수록 대규모로 피해를 입힐 수 있다. 그와 비교하면 견제 체제가 작동하는 균형 시스템 쪽이 안전하다.

현재 시진핑 자신의 권력은 점점 더 증대하고 있다. 이는 1978년 이후 형성된 집단적 리더십의 합의에서 파생되는 것처럼 보이지만, 사실 장기적인 의미에서 그의 의도를 알 방법은 없다. 훌륭한 개혁자가 될 수도 있고, 매우 나쁜 어떤 존재가 될지도 모른다.

가토　전적으로 동감한다. 공산당 내에서 중국식 능력주의에 기반을 둔 견제 체제의 균형 시스템이나, 공산당 내 민주주의를 가리키는 '당내 민주'는 중국 정치의 고전적인 문제를 해결할 수 있는가? 요컨대 그것들은 '기구(機構)'로서 나쁜 황제의 출현을 저지할 수 있는가? 나의 판단으로, 중국공산당은 집단적 거버넌스 도입의 경향을 강화하고 있다. 소행이 극단적으로 나쁘고, 집단적 이익이나 민중의 요구를 무시하는 나쁜 황제의 부상을 허용하는 일은 차츰 생기지 않을 것으로 본다.

후쿠야마　그 메커니즘이 나쁜 황제를 견제하는 데 충분한지 어떨지 나로서는 확신할 수 없다. (공산당) 정당 자체를 도대체 누가 견제하는가라는 명제가 남기 때문이다. 중국에는 복수의 견제 체제가 필요하다. 그 시작으로 정당의 행동을 규정하는 법률이 필요하다. 당내 민주주의는, 진정한 의미에서 민주주의로의 시금석이 된다. 하지만 그것만으로 설명의 책임을 다하는 정부를 이끌기에는 불충분하다.

가토 '역사의 종말'이라는 관점에서 소련 붕괴를 본 후, 중국에서 살아남은 정치 시스템 등을 어떻게 평가하는가? 2014년 6월 미국 ≪월스트리트 저널(The Wall Street Journal)≫에 게재된 선생의 논문 「민주주의는 지금도 『역사의 종말』」을 읽었다. 선생이 보기에 중국의 정치적 장래에 관한 논의는 왜 특별하다고 말할 수 있는가?

후쿠야마 중국의 존재는 역사의 종말이라는 개념에서 가장 중요한 과제를 던진다. 권위주의적인 반자본주의 시스템이면서 경제적 근대화를 이룩했고, 나아가 세계에서 가장 유복하며 강대한 국가가 될 수도 있는 가능성이 있기 때문이다. 물론 그 시스템이 장기적으로 지속 가능한지는 논의해야 하지만, 부정적으로 생각할 이유도 적지 않다. 예를 들어, 근대화에 따라 팽배한 사회적 부작용이다. 하지만 중국이 이 문제에 대처해 차세대까지 계속 힘차게 안정된 사회를 달성한다면, 그것은 자유민주제에 대한 현실적인 대안 모델이 되는 것이 아닐까.

가토 이른바 차이나 모델은 유독 발전도상 국가 또는 지역에서 확산하는 경향이 있다고 생각한다. 자국의 경제발전에서뿐 아니라 국가 건설의 본보기로서 차이나 모델을 매력적으로 받아들이는 듯하다. 그리고 중국공산당은 이를 충분히 이해하고 있다. 대상 국가나 지역에 대해 일부러 이 모델을 국제적으로 선전해 중국은 영향의 고리를 넓히려 한다. 이 일련의 흐름이 불러올 결과는 서구적 민주주의의 유연성·탄력성에 상당한 영향을 미칠 것으로 생각된다. 어떤가?

후쿠야마   확실히 중국의 권위주의적 접근을 흉내 내는 시도는 많을지도 모른다. 그러나 다른 결정적인 요소까지 모방할 수는 없을 것이다. 예를 들면 능력주의, 통제적인 정당의 엘리트 시스템, 교육 중시 풍조, 그리고 특히 공공의 이익을 위해 행동한다는, 위정자층에서 나타나는 무거운 책임감으로 미루어보았을 때 아시아의 권위주의 국가의 위정자에게는 사회 전체의 발전을 배려한다는 공통된 특징이 있다. 중동이나 아프리카 같은 다른 지역에서는 볼 수 없는 것이다.

가토   선생은 최근 출판한 저서에서 법에 지배에 의한 중국의 장래 발전에 주목했다. "중국의 정치적 권력을 제한하는 법의 지배의 창조 과정은 이렇듯 아직 발전 단계에 있다고 해야 할 것이다"(369쪽)라고 했다. 출판 이후, 중국공산당 4중전회가 10월에 개최되었다. 공식 문서에는 '당내 지도력'이 강조되어 있지만, 그 내용은 법의 지배에 초점을 맞추고 있다. 중국적 특성의 법의 지배란 '당이야말로 전부'를 의미하는 것으로 이해하고 있다. 선생은 어떻게 생각하는가?

후쿠야마   중국은 지난 몇 년간 '규칙에 기반을 둔 의사결정'을 추진하고 있다. 즉, 정부 하급 클래스가 규칙을 따르는 경향이 증가하고 있다는 말이다. 4중전회에서도 이 방침은 승계되어 있다. 다만 진정한 의미에서 법의 지배라면, 정치기구의 가장 강력한 존재에 대해서도 법적 구속력이 인정되어야만 한다. 중국의 경우 공산당이 해당한다. 중국에는 그것이 필요하다. 당은 법 아래에 위치한다는 인식이 퍼져야만 한다. 그것이 일어날 징조는 아직 없지만 말이다.

가토   급속히 확대되는 중산층의 행동 양식에서부터 중국의 정치적 변화를 모색하는 선생의 학술적 노력은 중국의 장래 방향성을 생각할 때 시사하는 바가 많다고 본다. 최신 저서에 나타나는 선생의 견해를 보면 "중국에서 법의 지배,

민주주의의 미래는 새로운 사회계층 그룹이 과거부터 면면히 이어진 고전적 명제(국가와 사회의 권력균형)에 전환을 일으킬 수 있을지에 달려 있을 것이다"(385쪽)라고 되어 있다.

개인적으로, 인구의 약 3할을 차지한다는 중산층에게 정치적 변화의 원동력을 기대하기 어려울 것이라는 생각이 든다. 그들은 정치적 발전에 그다지 관심도 없다. 더욱이 정치적 자유의 획득을 이미 포기한 듯 보이기도 한다. 그들이 인생에서 추구하는 사회적 수준의 요구는 교육, 주거, 의료 등으로, 현재의 정치기구에서도 얻을 수 있는 내용에 머무르고 있다. 더구나 중산층은 민주주의적 설명의 책임을 강조하는 시스템이 중국공산당의 '세련된 관료 시스템'보다 더 잘 기능한다고는 생각하지 않는 듯하다. 나라 전체로서도 공산당 독재정치는 '나쁘지 않은 시스템'이며, '효과적인 대체 시스템이 보이지 않는다'고 느끼는 것 같다. 오늘날 중국 내셔널리즘에도 이러한 자세가 반영되어 있다.

후쿠야마　국가가 경제성장을 계속하는 한, 중류계급은 공산당 지배에 만족할 것이다. 그러나 이것이 영원히 이어지지는 않을 것이다. 중류에서 상류의 고소득층이 되는 것은 상당히 힘들고, 오히려 성장이 정체되거나 불경기로 인해 수입 또는 고용이 하락할 경우 중류계급이 어떻게 반응할지에 대한 물음이 필요하다.

가토　시진핑의 지도력하에서 중국 정부는 의기양양하게 새로운 유형의 국제조직을 설립했다. 예를 들어 신개발은행(NDB)이나 아시아인프라투자은행 같은 국제기관이다. 제2차 세계대전 이후 미국이 확립한 세계 질서에 대해 중국이 만족하지 않았다는 점이 일련의 움직임에 나타나는 듯하다. 중국은 도전하는 동시에 새로운 세계 질서의 창조도 목표로 하는 것 같다. 선생은 중국이 언젠가 신세계 질서의 구축에서 '게임의 변혁자'가 될 수도 있다고 생각하는가? 특히 2009년의 금융위기 이래로 (중국의 _옮긴이) 국가자본주의에 일정한 평가가 내려진 것 같다. 국가자본주의 그 자체가 좋기 때문이 아니라 문제 해결 방법에서 자유민주주의의 결점이 보였기 때문이라고 생각한다. 민주주의 체제의 장래는 자기 개선 능력에 달려 있을지도 모른다. 특히 문제 해결 능력에 대한 쇄신이 시도되지 않는다면, 민주주의 체제가 쇠퇴해 결과적으로 국가자본주의가 번영하는 사태를 불러오지 않을까? 선생은 어떻게 보는가?

후쿠야마 글쎄, 다른 시스템에서 성공이나 실패에 대한 인식은 타국이 선택하는 아이디어나 시스템의 종류에 따른 것으로 생각한다. 현재 위험이라 할 만한 상황은, 권위주의 시스템은 순조롭게 기능하는 반면 미국, EU, 일본 등 민주주의 국가는 저성장이나 실업 문제를 안고 있다는 사실이다. 각국의 엘리트층은 정치 개혁이라는 명제를 의식하는 것이 매우 중요하다. 그렇게 함으로써 국경을 넘어 효과가 나올 것이다.

가토 만약 선생이 시진핑 총서기에게 조언할 수 있는 입장에 있다면 어떠한 정책 제언을 할 것인가?

후쿠야마 국내 정치에 관해서는 진정한 의미에서 법의 지배, 개인의 자유를 국민에게 가져다주는 데 주력하기를 권한다. 국제 수준에서는 유력한 지역 세력과 협력해 서로를 가로막는, 여러 문제에 틀어박힌 헛된 레토릭의 폐기를 제안하고 싶다.

※ 본 담화는 2014년 11월에 영어로 채록했고, 중국어판은 ≪에스콰이어 차이나(Esquire China)≫ 2014년 12월 호에 게재되었다.

제3장

네 개의 축으로 본 공산당 정치

이 장에서는 중국공산당의 명운을 쥔 책무가 후진타오에서 시진핑으로 이전되는 과정에서 당 지도부가 어떠한 통치를 통해 정통성을 확보해가는지 검증한다.

필자는 후진타오 시대와 시진핑 시대인 2003~2022년의 20년에 초점을 맞출 경우, 중국공산당 지도부의 정책이나 통치를 이해하는 데 네 개의 축이 유효하다고 본다.

① 안정
② 성장
③ 공정
④ 인권

네 가지가 구체적으로 무엇을 의미하는지 살펴보자.

'안정'이란, 치안의 안정뿐 아니라 경제·사회·정치의 안정을 가리킨다. 중국공산당은 경제나 사회의 안정을 통해 정치의 안정을 유지하는 것을 지상 명제로 삼고 있다. 또 '성장'이란 경제의 성장을 가리킨다. "경제성장이 정치 구조를 좌우한다(經濟建設決定 上層建築)"라는 말이 있다. 최근 중국공산당 정통성의 대부분은 경제성장에 의해 담보된다. '공정'이란 교육, 의료, 호적, 사회보장, 취업 기회 등 사회가 공정하게 기능함으로써 인민이 의무와 권리의 관계에 공평하게 참여하는지를 가리킨다. 시장 메커니즘이 공정하게 기능하는지, 모든 기업이 법 앞에 평등해 필요한 자금을 시장에서 공평하게 조달할 수 있는지 등 경제의 공평성도 포함되어 있다. 그리고 '인권'이란 언론, 결사, 출판, 집회 등을 포함한 정치의 자유가 직접적인 대상이다. 민주화를 실현하는 데 불가결한 사법의 독립, 보도의 자유, 민주 선거 같은 요소와 더불어, 중국 사회의 투명도나 개방성을 촉구하는 국제 NGO 등도 광의로 포함한다.

중국공산당 정통성의 근거인 '통치에서의 업적·결과'는 어떻게 담보되는가? 바꿔 말하면, 중국 정부와 중국 인민은 무엇을 통해 서로 신임장을 주고받는가. 네 개의 축을 토대로 이를 풀어볼 것이다.

'안정'과 '성장'을 우선한 후진타오 정권

후진타오에서 시진핑으로의 붉은 정권 교체가 2012년 가을부터 2013년 봄에 걸쳐 중국 권력의 중추인 중난하이라는 폐쇄된 공간에서 행해졌다.

후진타오 정권을 되돌아보면 '안정' → '성장' → '공정' → '인권' 순서로 정책의 우선순위를 두고 있었음을 알 수 있다. 국가 대사를 평화적으로 성공시켜 국위 선양을 하며 공산당 일당지배(그리고 거기에 잠재된 일종의 정통성)를 담보하기 위해 '안정'을 가장 중요시하여 이단 분자(당의 지배에 반대하는 언론인이나 인권활동가)나 시위·집회를 철저하게 억압했다.

후진타오가 통치한 10년간(2003~2012년) 필자는 베이징을 거점으로 활동하고 있었다. 엄중한 경비 속에 입구에서 보안 검사를 받고 톈안먼 광장을 걸을 때마다 '이 나라는 점점 경찰국가가 되고 있다'는 느낌에 휩싸였다. 후진타오 정권 제2기에는 공산당 제17차 당대회(2007년), 베이징 올림픽(2008년), 건국 60주년(2009년), 상하이 엑스포(2010년), 광저우 아시안게임(2011년), 공산당 제18차 당대회(2012년) 등의 국가 대사가 집중된 까닭에 후진타오는 '안정'을 우선으로 정권을 운영할 수밖에 없었다. 여기에는 "국가 대사를 성공시키기 위해 인민의 자유나 권리를 다소 속박해도 문제없을 것이다. 인민도 중국의 존재감이 국제적으로 향상되어 자존심 회복을 바라고 있기 때문이다"라는 일종의 응석이 만연한 듯하다. 또 인민도 그러한 국가의 욕망을 수용하는 듯 보였다.

'안정' 최우선을 상징하는 말은 중국어로 안정 유지 정책을 의미하는 '웨이웬(維穩)'이다. 중국 당국은 토지 (강제) 수용, 환경오염, 임금 체불 등으로 촉발되는 민중의 폭동·파업과, 반체제적 여론을 퍼뜨리는 이견 분자들을 힘으로 억눌러왔다. '웨이웬'의 위력은 베이징에서도 느낄 수 있었다. 베이징 대학이나 올림픽 경기장 주변, 톈안먼 광장, 창안 거리, 후통(胡同), 지하철 …… 국가권력이 인민의 권리를 압도하는, 전자가 후자를 구속하는 사례가 다발적으로 벌어졌다.

베이징에 거주하던 자유주의 성향의 한 지식인은 현 정권을 이렇게 비아냥거렸다.

언론의 자유를 보장하고 건전한 여론이 형성된다는 것은 타국의 경험에 비추어 명백한데도, 공산당은 기득권을 잃는 것이 두려워 하향식으로 불안 요소를 없애려 한다. 이런 방식이 지속될 리가 없다. 사회가 붕괴하기 전에 재정이 먼저 디폴트에 빠질 것이다.

중국 재정부가 공표한 중앙정부와 지방정부의 예산 보고에 따르면 2010년의 공공안전(치안, 무장경찰 등) 지출은 5486억 위안(전년 대비 15.6% 증가), 2011년은 6244억 위안(13.8% 증가)이었다. 같은 시기 국방비는 2010년 5321억 위안(7.5% 증가), 2011년 6011억 위안(12.7% 증가)이다. 즉, 중국공산당은 전 세계에서 '지나치게 높다'고 비판받아온 국방비 이상의 국가 예산을 웨이웬에 투입한다. 즉, 인민의 자유를 속박하는 정책에 상당한 정도를 사용한다는 말이다. 그 재원이 인민에게서 징수한 세금이라는 점은 말할 것도 없다.

그 기간에 5·4 운동과 톈안먼 사건의 기점이었던 베이징 대학 캠퍼스에서 반공산당 또는 반정권적 데모나 집회를 기도한 학생을 필자는 본 적이 없다.[1] 캠퍼스에서 사상 통제나 엄중 경비를 포함해 공산당 조직의 학생 감시가 철저했기 때문이다. 만약 베이징 대학에서부터 톈안먼 광장을 향해 정치 민주화를 촉구하는 시위나 행진을 시작했다면, 해당자들은 구속되어 인생을 그르쳤을지도 모를 일이다.

후진타오 정권이 '안정'을 담보하기 위해서는 '성장'을 계속할 필요가 있었다. 이른바 'GDP주의'이다.

두 자릿수 경제성장을 목표로 내세웠다. 당시 원자바오 국무원 총리는 리먼 쇼크 후에도 '바오바(保八)', 즉 '8% 성장 고수'를 공언했다. 매년 대학에서 사회로 내던져지는 약 600만 명을 노동시장이 흡수하지 못해, "애써 대학까지 갔는데, 취직조차 할 수 없는 것인가!"라고 외치며 미친 듯이 날뛰는 젊은이가 사회의 안정을 위협하는 것에 대해 공산당 지도부는 우려하고 있다.[2] 이 때문에 원자바오는 도처에서 '바오바'의 필요성을 강조하며 시장에 긍정적인 신호를 계속 보낸 것이다.[3] 2009년 3월 5일 양회에서 정부 활동보고를 행한 원자바오는 "자신 있다(信心)"라는 말을 여덟 번이나 거론했다. 인민이 생활에서 자신을 잃고 있으며, 이대로 가면 사회 전체가 '자신감 상실' 위기에 빠질지 모른다는 공산당 정부의 우려와 초조함을 엿볼 수 있다.

전술한 것처럼 중국공산당은 실질적 업적과 퍼포먼스를 통해 정권의 정통성을 확보해왔다. 이 때문에 제도적 선거로 선출되어 업적이 미흡하면 해산하거나 여당 자리에서 어쩔 수 없이 내려오는 외국의 정당들과 비교해볼 때, 중국공산당에게는 "인민이 자신감을 유지할 것"이라는 명제는 더욱 중요해지고 있다. 그렇기 때문에 현 상황을 계속 유지하기 위한 정치적 비용도 필요 이상으로 부담하고 있다.[4]

'공정'은 뒤로 미루고 '인권'은 후퇴하고 ……

'안정'과 '성장' 위주의 후진타오 정권에서 '공정'은 뒤로 미뤄졌다. 2012~2013년에 정권 교체가 진행되는 가운데 중국 전역에서 후진타오의 10년을 평가하는 움직임이 물밑에서 지속적으로 있었으나, 후진타오의 정치력에 대한 평가는 낮았다. 중국 지식인 사회에서 수차례 토론된 것이지만, 그 이유는 국가 대사를 중시한 나머지 시장 메커니즘의 강화나 법치주의 건설, 공평한 부의 재분배나 교육·의료·호적을 비롯한 사회개혁이 진행되지 않았기 때문이다. 예를 들어, 리먼 쇼크 이후 광둥성 등 연안 도시 지역에서 공장 노동자가 부족해지는 '민공황(民工荒)'이 표면화되면서 농촌에는 노동자들이 안심하고 돈벌이에 나설 수 있도록 호적개혁을 촉구하는 목소리가 높아졌으나, 후진타오 시대에는 본격적으로 착수하지 못했다.

'안정'과 '성장'은 후진타오·원자바오의 10년을 상징하는 두 수레바퀴다. 그러나 '안정'이라는 목적을 위해 '성장'이라는 수단을 추구하는 과정에서 '공정'에 좀체 손대지 못하는 가운데, 위정자에 대한 인민의 불만이 퍼져나갔다. 그 결과, "올림픽을 평화적으로 성공시켰다"는 위정자의 자기만족과 관계없이 당의 위신이나 신뢰는 역으로 상처받은 것이다.

그리고 '인권' 분야는 뒤로 미루어지기는커녕 후진타오 정권 10년 동안 후퇴했으며, 이를 입증하는 사례는 헤아릴 수 없이 많다.

베이징 올림픽 전후에 유튜브, 페이스북, 트위터가 당국에 의해 돌연 차단되어 접속이 금지된 일, 보안 당국의 감사나 정치적 주문에 시달리다 지친 구글이 중국에서 철수해 홍콩으로 옮긴 사례, 노벨 평화상을 받은 류샤오보(劉曉波, 2017년 사망)가 당국의 석방 불허로 시상식에 참석하지 못한 일 등이 대표적 사례다.

그러나 글로벌화, 정보화, 인터넷 시대[5] 등과 같은 역사의 도도한 흐름을 공산중국도 피할 수 없다. 또 중국 사회에서 이해관계나 가치체계가 다양화되었으므로 마르크스-레닌주의, 마오쩌둥 사상, 덩샤오핑 이론 등의 이데올로기에만 의거해 인민을 통치할 수 없을 것이다. 점진적인 규제 완화를 통해 인민의 정서나 지식에 대한 본능적 욕망을 충족하는 일은 장기적·대국적 사회 안정과 질서 형성에 이바지할 것이다.

그러나 후진타오는 그렇게 하지 않았다. 후진타오 스스로는 어떻게 생각했는지 확실하지 않지만, 적어도 정권 차원의 조치는 취하지 않았다. 국가 대사를 평화적으로 성공시키기 위해 국가의 안정을 위협하는 어떠한 이단 분자도 힘으로 배제한다는 정책을 일관되게 유지해왔다.[6]

외국인으로서 중국 언론 시장에서 활동해온 필자도 이단 분자에 속한다. 그것도 공산당 통치하의 중국에서 때로는 불안 요소가 되는 일본인이다. 따라서 필자의 활동에도 항상 감시가 따라붙었다.[7] 필자나 중국 지식인들은 베이징 올림픽이라는 최대의 국가 대사가 끝난 2008년 하반기 무렵, 언론이나 보도의 규제 완화가 서서히 이루어질 것으로 예측하고 있었다. "드디어 언론 공간이 확대된다. 좀 더 많은 자유를 누릴 수 있다"며 낙관하는 사람이 많았다.

그런데 막상 닥쳐보니 완화되기는커녕 올림픽 종료 이후에도 규제와 탄압의 움직임은 강화 일로를 걸었다.

어느 중국공산당 지방 간부는 이렇게 주장했다.[8]

정치체제 개혁을 하려면 후진타오 시대가 최적의 시기였다고 본다. 고도 경제성장을 지속한 2003년부터 2012년 사이에 실행했어야 했다. 고도 경제성장이 끝나고 사회적 모순이 더욱 표면화되는 시기에 통치해야 하는 시진핑 시대보다 적은 비용과 리스크로 정치 개혁을 진행할 수 있었을 것이다.

시진핑이 '공정'을 우선해야 할 세 가지 이유

2011년 가을, 필자는 베이징에서 공산당 내 이데올로기와 정책 결정을 연결하기 위해 이론 무장과 공작을 담당하는 당국이 주최한 내부 토론회에 참여하고 있었다.[9]

붉은 정권이 교체되는 시기인 제18차 당대회를 1년 앞둔 무렵이었다. 당시 그 무대가 된 베이징에서 "후진타오 정권의 '과학전 발전관'을 대신해 중국공산당의 중요 사상과 지도 원리를 어떻게 설정할 것인가"를 둘러싸고 토론이 진행되었다.

가토 씨가 내 입장이라면, 무엇을 정책의 키워드로 설정하겠습니까?
가토 씨가 중국인이라면, 지도자에게 무엇을 가장 먼저 요청하겠습니까?
카토 씨가 국가주석이라면 국민경제를 위해 무엇을 어떻게 호소하겠습니까?

회의에서 이러한 질문이 주최자 측으로부터 던져졌다. 필자와 같은 세대로 보이는 젊은 관리들이 회의장 한쪽에서 토론 내용을 무표정하고 담담하게 적고 있었다.

필자는 다음과 같이 언급했다.

개혁개방을 추진하는 귀국에서 문화대혁명의 시대에는 존재하지 않았던 잣대가 태동한다고 느낍니다. 그것은 '사회'라는 척도입니다. 문혁 시대에는 '국가'와 '인민'이라는 두 축 이외에는 존재할 수 없었습니다. 당시 국가지도자는 양자의 이익을 무리하게 일치시키고자 인민의 사상을 구속하며 세뇌도 했습니다.

이 시대에는 사정이 다릅니다. 국민국가 중국에서는 참가자, 이해관계, 가치관 등이 다양화되고 인터넷이 급속하게 확산·발전하는 중입니다. 정부와 대립하는 의견, 또는 외국의 문화나 정보도 전례가 없을 정도로 밀려들고 있습니다. 중국 경제가 세계 경제의 일부라는 인식은 보편적입니다. 이런 국제화 시대에 다양화라는 경향을 힘으로 억압하는 정책은 실행하기 쉽지 않을 것입니다. 무엇보다도 그것은 현명하지 않습니다.

이제부터가 필자가 주로 전하고 싶었던 것이다.

귀국이 이른바 시민사회에 도달하려면 규제 완화나 자유화를 대담하게 진행해나갈 필요가 있다고 봅니다만, 귀 당이 최근 자주 강조하는 '민생'이라는 관점에서 보면 국가의 문제도 인민의 문제도 사회라는 필터를 통하지 않고서는 해결할 수 없는 국면이 되었습니다. 교육, 의료, 고용, 격차 등 민생과 관련한 어떤 분야에서든 제도의 설정, 법의 지배, 지식재산권, 불만 토로, 언론의 자유 등 사회적인 완충 작용이 불가결한 상황이 전개되고 있습니다. 저는 이 '사회'라는 말을 포함한 중요 사상과 지도 원리를 차기 국가주석께서 제창하실 것을 권합니다. 국내뿐만 아니라 국제사회도 귀국이 진심으로 개혁개방을 추진해갈 의사가 있음을 느낄 것입니다.

당시 동석한, 저장성(浙江省)에 거주하는 민간 경제학자는 "'사회체제 개혁'이라는 말이 좋다"라고 코멘트를 남겼다. 실제로 2011년 가을에서 2012년 봄에 걸쳐 차기 정권의 중요 사상과 지도원리에 관한 몇 번의 토론에서 '사회체제 개혁'이라는 말을 들었다. 많은 전문가가 포스트 후진타오·원자바오 시대의 전략과 정책이 '국가'보다 '사회' 분야에서 실행되어야 할 필요성을 호소하며 기대하고 있었다.

앞서 서술한 대로 후진타오는 '안정', '성장', '공정', '인권' 순서로 우선순위를 매겨 정책을 실행하고 국가를 통치했다. 전임자로부터 '비민주적'으로 권력을 계승했다고 평가받았지만 "후진타오보다 권력 기반이 튼튼하다. 사상적으로는 보수적이지만, 후진타오보다 대담한 개혁을 실행해갈 것이다"(당 중앙 사상이론 담당관[10])라는 등 평판을 들은 시진핑 정치의 첫 번째 과제는 '안정', '성장', '공정', '인권'이라는 네 개 축을 시대에 적합한 형태로 재조정하는 것이다.

앞의 회의에서 발언했듯이 시진핑은 '공정'을 제1 과업으로 내걸어야 한다고 생각한다. 그 이유는 크게 세 가지가 있다.

첫 번째로, 중국 사회가 앞으로 "포스트 '안정·성장' 시대"에 돌입한다는 시대적 배경이다.

우선 '성장' 측면에서 보면, 당연한 생각이지만 이미 두 자릿수 성장률은 바랄 수 없다. 중국은 소련을 모방해 1953년부터 5개년 계획을 도입했다. 12번째인 '제12차 5개년 계획'이 종료된 2015년까지 목표는 7.5%로 설정되었다. 사회 '안정'을 전제로, 고용 창출하기 위해 원자바오가 내건 8%라는 마지노선에도 미치지 못하는 새로운 국면이 전개된 것이다.[11]

후진타오·원자바오 시대에 구가한 고도 경제성장의 종언을 상징하는 경제지표는, 두 자릿수 성장을 견인해온 부동산 시장에 일정 부분 기대고 있을 것이다. 최근 부동산 시장의 하락세는 현저하며, 2014년 중국 경제 분야에서 시장에 가장 많은 불안을 던진 지표 중 하나임이 분명하다. 예를 들어 같은 해 9월 신축 주택 가격을 보면, 주요 70개 도시 중 69개 도시에서 전월보다 하락했다. 1월부터 9월까지 11%의 하락세를 보였다.

중국 최대 부동산 정보 사이트 '써우팡(搜房)'에 따르면, 부동산값은 2014년에 최대 10% 하락해, 2015년 들어서도 하락 기조가 이어질 것으로 예측되었다. 미국 블룸버그 TV 인터뷰에 응한 '써우광'의 창업자 모톈취안(莫天全) 회장은 "중국의 부동산 가격은 과거 2년간 급속히 상승한 후 조정 국면이다. 가격은 내년 중반 무렵 안정될 것이다. 중국 경제가 확대되는 한 조정은 일시적이다. 아마 부동산 시장은 1~2년 후에 새로운 선순환에 들어간다"라고 말했다.[12]

'안정'이라는 관점에서 현재 상태를 볼 때, 지금은 후진타오 시대처럼 사회적 '안정'이 힘으로 보장되는 상황이 아니다. 반정부·반권력 시위와 파업의 수는 하루 평균으로 500건을 상회한다는 통계도 있다.[13] 베이징 올림픽이나 상하이 엑스포 같은 국가 대사가 밀집한 시기는 지났으며, 인민의 권리욕구를 위에서 힘으로 억제한다는 대의명분은 희박해지고 있기 때문이다. 인터넷 등을 통해 정보가 확산되고 이해나 가치체계의 다양화가 진행되는 가운데, '정치 안정'이라는 하나의 이데올로기로 강하게 옭죄는 것은, 도리어 사회 불안정을 초래하는 구조를 더욱 뚜렷이 하고 있다.

이처럼 '안정'과 '성장'이 과거처럼 담보되지 않기에 '공정'의 강화를 통해, 당의 정통성을 유지해야 한다.

두 번째로, '공정'을 실천하지 않으면 성장과 개혁이라는 시진핑 정권의 임무를 달성할 수 없는 실정을 들 수 있다.

두 자릿수 성장이나 '바오바'를 기대할 상황은 아니지만, 리커창 총리가 2015년 양회에서 목표로 내세웠듯이 '7%' 전후의 성장은 계속될 필요가 있다. 그와 동시에, 지속 가능한 발전을 담보하기 위해서 구조개혁을 추진하지 않으면 안 되는 현실에 놓여 있다.

예를 들어, 2013년 6월 하순 전 세계 매체를 떠들썩하게 한 경우를 보자. 중국에서의 금융 불안을 둘러싼 일련의 동향에는 그 기저에 '공정'의 문제가 존재함을 확인할 수 있다. 통화공급량(M2)이 타국에 비해 높은(당시 수개월간 전년 동기 대비 약 15% 급증) 상황 아래 돌연 중국 은행들이 첸황(錢荒), 즉 유동성 부족에 빠져 주가가 폭락했다. 중국인민은행(중앙은행)은 애초 "유동성은 충분하다"며 끝까지 버텼지만, 그 후 여론의 압력에 굴복하는 형태로 "일부 은행에 유동자금을 공급했다"고 발표했다.

이 같은 사태의 배경에는 '공정'과 관련된 심각한 구조적 문제가 있다. 금융 당국의 은행 규제가 엄격하기 때문에 은행을 통하지 않는 금융거래, 즉 '섀도 뱅킹(shadow banking, 그림자은행)'이 만연해 있다. 이에 대해 당 지도부는 중국인민은행의 금융정책과 성장 모델의 전환을 전제로 한 실물경제의 내실화를 방해한다는 점에서 인민은행을 통해 은행들의 자주적 노력을 독촉했다.

"구조개혁을 위한 고통을 피하려 해서는 안 된다. 정부가 항상 도움을 준다고 착각하면 곤란하다"(중앙은행 간부)라는 것이 당 지도부의 논리다. 그렇지만 애초 섀도 뱅킹이 만연하거나, 여기서 만들어진 거액이 부동산 시장에 흘러들어 거품이 형성되는 등의 사태가 일어난 원천은 틀림없이 당 지도부의 체제나 체질에 그 원인(遠因)이 있다.

금리의 자유화를 포함한 금융 시스템의 건전화·투명화에는 하향식의 개혁이 필요불가결하다. 그런데도 스스로 그것을 연기하면서 하부 조직에 자구 노력을 촉구하는 당 지도부의 방식은 설득력이 부족하고, 시장이나 여론의 지지도 얻을 수 없다. 세수나 고용 분야에서 중국 경제에 실질적으로 공헌하는 민간 기업이 어떻게 공평한 경쟁 환경에서 융자를 얻을 수 있을지, 또 기업 경영에 몰두할 수 있는지는 기본적으로 '공정'의 문제다. 바꿔 말하면, 당 지도부의 각오가 요구되는 과제이다.

세 번째로, 향후 10년간 펼쳐질 정책을 예측해볼 때 '인권'이 뒷전으로 밀려날 가능성이 높다. 따라서 '공정'의 충실과 이행이 더욱더 중요해진다.

앞서 서술한 대로, 후진타오가 통치한 10년간 중국의 인권 상황은 악화되었다. 특히 2008년 개최한 베이징 올림픽 전후부터 언론·보도 통제가 눈에 띄게 강화되어, 국가의 통합(위구르, 티베트 문제 등)이나 사회의 안정을 위협하는 분열주의자나 이단 분자가 국가권력에 의해 억압되어왔다.

활동가뿐 아니라 중국에 있는 외국 NGO도 궁지에 몰려 있다.[14] 2014년 상반기 시진핑이 위원장을 맡는 방식으로 창설된 국가안전위원회는 "5~7월은 집중적으로, 각지에서 활동하는 NGO 등의 조직이나 인원, 활동 상황을 자세히 파악할 것"이라는 내용이 담긴 감시 강화에 관한 내부 통지를 각 성 정부에 보냈다. 공산당 지도부는 미국 등 서방국가들이 NGO나 자선단체를 포함한 모든 수단과 경로를 통해 자유·민주주의라는 보편적 가치를 침투시켜 중국에서 '화평연변(和平演變: 평화적 수단에 의해 사회주의 체제를 붕괴시키는 것)'을 획책하는 것은 아닌지 경계하고 있다. "외국인 기자는 전원이 스파이, 외국 기업은 모든 회사가 정보기관, 외국인 교사·연구자는 전원이 선교사라고 생각해 감시·감독하고 있다." 지금까지도 필자는 공산당 관계자들에게서 이 말을 듣고 있다.

2015년 3월 4일 베이징에서 매년 열리는 전국인민대표대회(전인대) 기자 회견에서 푸잉(傅瑩) 대변인은 중국 내 외국 NGO 관리를 목적으로 한 법률 입안 방침을 밝혔다.

> 현재 중국에는 약 6000개의 해외 NGO가 있다. 중국에 기술, 자본, 관리 경험 등을 가져다주지만, 관리에 결함이 있다. 입법을 통한 법률을 토대로 해외 NGO가 중국 내 활동에서 합법적 권익을 보장받을 수 있도록 한다. 또 유효한 관리는 국가의 안전보장과 사회의 안정을 지키는 데도 연결된다.

중국 당국에는 정치적으로 해외 NGO의 움직임을 견제하는 경향이 두드러지며, 법률과 관리의 이름 아래 관련 조직의 정당한 활동이 제한되는 것 아닌가 하는 우려가 남는다.

국제 인권 NGO 앰네스티는 2015년에 「톈안먼의 하늘」이라는 보고서를 냈다. 보고서는 ① 종교에 대한 탄압, ② 토지수용 문제, ③ 심각한 환경문제, ④ 농촌 호적 문제, ⑤ 검은 감옥 문제, ⑥ 활동가에 대한 탄압, ⑦ 소수민족의 인권, ⑧ 인터넷 검열과 접속 제한이라는 여덟 개의 테마를 검증하고, "톈안면 사건에서 상당한 시일이 지난 지금도 중국의 인권 상황은 개선되지 않았다"고 결론지었다.[15]

이런 경향은 시진핑 체제에서도 현 단계에는 완화될 징후가 보이지 않는다. 인터넷의 부상과 정보화·국제화 같은 흐름이 대세를 이루는 가운데 공산당 지도부는 "국내 일부 지식인들이 외국의 적대 세력과 결탁해 국가를 전복시키려 꾀한다"는 걱정을 전례 없이 안고 있기 때문이다.

예를 들어 2013년 6월 10일 정부 측 싱크탱크인 중국사회과학원은 내부 회의를 열어 중앙기율검사위원회 소속 사회과학원 조(팀)의 장잉웨이(張英偉) 조장이 "사회과학원에는 외부 세력으로부터의 이데올로기 침투 문제가 존재한다"며 연구원들에게 주의를 촉구했다. "우리는 고도의 정치적 민감성을 지니지 않으면 안 된다. 또 이데올로기 측면에서 공산당과 고도의 일치를 유지하지 않으면 안 된다"라고 주장하며 과학원 내부의 이데올로기, 사상 통일, 언론 통제 등을 강화했다.[16]

2013년 4월 22일 중공중앙판공청은 「최근 이데올로기 분야의 상황에 관한 통지(关于当前意识形态领域状况的通报)」라는 내부 문서를 중앙·지방 공산당 조직에 하달했다. '9호 문건(Document 9)'[17]이라고 불리는 이 문서는 다음의 7개 이데올로기와 사상 공작이 중국에 침투할 것을 대비해 철저히 배제해야 한다고 촉구한다.[18]

① 서방의 헌정 민주를 선전해 당대 공산당 영도나 중국의 특색 있는 사회주의 정치제도를 부정하려는 것
② '보편적 가치관'을 선전해 공산당 집정의 이론·사상의 기초를 위협하는 것
③ 시민사회를 선전해 공산당 집정의 사회적 기초를 와해하려는 것
④ 신자유주의를 선전해 중국의 기본 경제제도를 바꾸려는 것
⑤ 서방의 언론관을 선전해 당이 언론매체나 출판을 관리하는 원칙과 제도에 도

전하려는 것

⑥ 역사허무주의를 선전해 중국공산당의 역사와 신중국의 역사를 부정하려는 것

⑦ 개혁개방을 의심해 중국의 특색 있는 사회주의의 사회주의적 개념을 의심하는 것

　시진핑은 경제 차원에서 시장의 잠재력을 촉구하는 등 갖가지 개혁을 이행하기 위해 준비하고 있다. 이와 동시에 군중노선을 내걸며 당의 권위를 강화하고 있다. 그 강도는 중국공산당의 과거 기율이나 활동 범위를 넘는다. 공산당의 간부에게 하달된 이 내부 경고는 대중 앞에서 자신감을 드러내는 시진핑의 속마음을 드러낸 것이다. 경제의 하락세, 관료 등 부패에 대한 인민의 분개, 정치 개혁을 간절히 바라는 리버럴파들이 일으킨 도전 등이 시진핑에게 위협으로 다가오고 있다.[19]

　또 일본이나 미국 등과의 대외 관계 악화가 내정의 불안정화로 이어지는 사례도 많아지고 있다(센카쿠 문제, 구글 차단 사건 등). 부상하는 내셔널리즘에 포퓰리즘이 겹치면서 사회 전체에 대한 당의 감시와 통제는 강화될 뿐이다. 2015년 4월 제12기 전국인민대표대회 제14회 상무위원회가 심의한 '국가안전법' 제2회 심의기초안에는 다음과 같은 내용이 들어 있다. 제4조에는 "중국공산당의 국가안전 공작에 대한 영도를 견지해 집중적이고 통일적이며 높은 효율로 권위 있는 국가안전 영도체제를 수립할 것", 제73조에는 "국가안전보장에 관해 뉴스의 선전이나 여론의 유도를 강화할 것"이라고 쓰여 있다. 법은 7월 1일 전인대 상무위원회에서 채택·가결되어 그날부터 시행되었다. 공산당의 사회 전체에 대한 지배력이 강화되는 방향으로 정해졌다.[20]

　지금까지 시진핑 정권이 '공정'을 중시해야 하는 세 가지 이유를 설명했다.

　'안정', '성장', '공정', '인권'이라는, 중국의 지도자가 통치의 정통성을 담보하기 위해 유지하는 네 개의 축은 본래 균형을 맞춰 상호 보완적으로 시행되어야 한다. 이 네 가지가 실현될 때 중국공산당의 정통성은 최대화할 것

이다. 다만 실제로는 과거처럼 원활하게 이행되지 않으므로, 위정자들은 우선순위를 매겨 취사선택하는 가운데 정책 결정을 하고 있다.

시진핑 정권은 '안정'과 '성장' 쪽에 역점을 기울인 후진타오 시대의 방법을 더는 취할 수 없다. 그렇다고 정치체제 개혁을 추진하는 과정에서 양자를 피해갈 수 없다. 그렇다고 서방발 민주화를 연상시키는 '인권' 분야를 우선할 것 같지는 않다. 평소 중국의 젊은이나 기업인과의 담소에 국한된 것이지만. "지금 민주화하면 사회는 역으로 혼란해진다", "국가주석을 선거로 선택하면, 당찮은 인간이 이 나라를 지배하게 된다", "정치의 자유보다 경제의 번영이나 사회의 안정 쪽이 중요하다"는 등의 여론이 사회 도처에 뿌리내리고 있다고 느꼈다. 또 지금까지 교류해온 많은 공산당원이나 지식인들이 "현재 단계에서 민주화는 시기상조이며 역효과"라는 사고방식을 품고 있기도 하다. 요컨대 민주화를 후원하는 국내 여론 기반이 엘리트층은 물론, 일반 계층에서도 결여되어 있는 것이다.

한편 민생 중시라는 명제에 대해서는 통치자와 피통치자의 간에 기본적으로 공감대가 형성되고 있다고 생각한다. 최근에 나눈 의견 중에서 "지금 중국에 민생은 필요 없다", "사회에서의 공정함은 뒤로 미뤄도 좋다"는 주장은 들리지 않는다. 민생이나 공정을 강화한다는 주제는 현대 중국에서 몇 안 되는 사회적 합의가 아닐까. 그렇기에 국가주석인 시진핑과 국무원 총리인 리커창은 '공정'을 둘러싼 정책을 정권 운영상 중요한 지점으로 받아들여 정부의 정통성을 담보해야 한다고 필자는 생각한다.

국가주석과 국무원 총리는 당연히 모든 사안에서 양자가 협조·상담하는 가운데 때로는 긴장관계 속에서 공동으로 대처하고 있다. 두 사람뿐만 아니라 상무위원 다섯 명의 사고방식은 정책 결정에 반영되고, 25명의 정치국 위원(상무위원 7명 포함)은 기본적으로 최후의 결정자인 시진핑에게 직접 얘기할 수 있는 위치에 있다. 정세나 테마, 타이밍에 따라 다르지만 국무원 산하 각 행정기관(외교부, 재정부, 상무부, 공안부 등)의 부장도 때때로 '레드라인

(紅線)'(국내외의 도청 등을 막기 위해 삼엄하게 유지되는, 중난하이와 관련 당 조직을 잇는 전화 회선)을 통해 시진핑, 리커창과 직접 의사소통을 할 수 있다.

시진핑과 리커창의 분업을 네 개의 축으로 생각해보면, 국가주석과 총서기는 정치의 안정, 당의 건설, 국가 전략의 방향성 등을 주관한다. 그래서 시진핑이 직접 담당하는 분야는 '안정'과 '인권'이다. 국무원 총리는 외교에도 적극적으로 관여하지만, 기본적으로 경제·사회정책에 전문화된 지도력이 요구된다. 리커창이 직접 담당하는 분야는 '성장'과 '공정'이라고 분류할 수 있다.

시진핑 취임 이래로 '중화민족의 위대한 부흥'을 의미하는 정치 슬로건 '중국의 꿈'(상세한 내용은 다음 장 참조)을 내거는 것도 민족국가의 '안정'을 강화하기 위해서다. 최근 중국에서는 국가주석이 이데올로기나 사상 분야에서 어떠한 발언을 하는가에 따라 '얼마나 국가와 사회의 안정을 중시하고 있는가', '현재 상태를 얼마나 관리하고 있는가', '앞으로의 방향을 어떻게 전망하는가' 등을 막연하게나마 이해할 수 있다. 시진핑이 '중국의 꿈'을 내거는 배경에는 그의 정치 신념과 야망의 실현 이외에도 포스트 '안정', '성장' 시대에 돌입한 현재 당 지도부가 "모든 수단을 다해 국민 불안을 해소하며 자신감을 주입하지 않을 경우, 사회의 안정 나아가 정치의 안정까지도 위협받게 된다"는 절실함을 안고 있다는 점을 들 수 있다.

또 민주화 과정에 직접 영향을 미치는 '인권'을 어디까지 완화할지는 시진핑의 판단에 달려 있다. 예를 들어 톈안먼 사건으로 투옥된 이후 문필과 평론 활동을 계속하면서 2008년에 민주화와 입헌 정치를 촉구하는 「08 헌장(零八宪章)」을 기초했다 해서 구속되었지만, 2010년 노벨 평화상을 수상한 류샤오보를 석방할지 말지는 고도로 정치적인 '인권' 관련 논점이었다.

언론 통제, 이데올로기 정책은 10년간 중앙선전부를 맡은 류윈산(劉雲山) 정치국 상무위원(당 서열 5위, 작년 10월 하순 19차 당대회에서 왕후닝(王滬寧)에게 물려주고 물러났다 _옮긴이)이 담당하고 있다. 류윈산은 이번 기수의 상무위원

7인 중 사상·이데올로기 측면에서 보수적 성향이지만 "시진핑과의 관계는 양호하지 않다. 류윈산을 완전히 신용하지 못하는 시진핑은 푸젠성(福建省), 저장성(浙江省) 당위 서기를 지낼 당시에 산하 간부로 신뢰해온 황쿤민(黃坤民)을 중앙선전부 상무부 부장에 배치하고 류윈산을 감시한다"(중앙선전부 간부)고 전한다.[21]

'인권'과 '안정'은 밀접하게 이어져 있다. 후자를 견고히 하기 위해 전자를 압박하는 경향이 있다. 반면 후자가 반석에 있다면, 전자를 완화하기 쉽다고 할 수 있다. 즉, 사회가 불안정할수록 인권 문제의 개선은 경시된다. 역으로, 사회가 안정될수록 인권 문제의 개선은 중시·촉진될 가능성이 높다. 여기에서, 당 통치에서의 정부 상호 간의 선순환을 발견할 수 있다.

국무원 총리 리커창의 인물상에 다가서다

'공정'을 대담하게 진행하려면 시진핑 국가주석의 정치적 지도력뿐 아니라 경제 수장인 리커창 국무원 총리의 움직임이 중요해진다. 지금부터 리커창의 인물상에 초점을 맞추면서 시진핑과의 역할 분담과 공동 작업에 관해 언급하는 가운데, 공정의 관점에서 개혁의 전망을 찾아보도록 하겠다.

2013년 3월 17일, 국무원 총리로서 처음 기자회견에 나선 리커창은 ① 경제 성장(성장 모델을 전환해 내수를 살린다), ② 민생 개선(중산계급을 확대한다), ③ 사회의 공정(법치주의를 철저히 한다)이라는 세 가지를 내걸어 '공정' 중시를 전면에 내세웠다. "커창은 정치 개혁의 중요성을 명확히 이해하고 있다. 다만 그는 주석이 아니라 총리다. 담당은 경제이기 때문에 경제의 구조개혁이나, 자신이 학부생 시절에 전문적으로 배운 법학을 살릴 수 있도록 법치주의를 중시해 추진할 것으로 생각한다." 2011년의 가을, 즉 제18차 당대회가 열리기 1년 전에 리커창의 동료로서 베이징 대학에서 근무한 경험이 있는 한 실업가가 베이징에서 필자에게 말한 내용이다.

리커창은 공산주의청년단(공청단) 출신이며, 후진타오 전 국가주석이 후계자로 내세우기 위해 후원해준 인물이다. 그러나 2007년 가을에 개최된 제17차 당대회에서 시진핑이 서열 6위, 리커창이 서열 7위로 상무위원 진입이 알려진 순간, '리커창 국가주석'의 실현 가능성은 0에 한없이 가까워졌다. 그뿐만 아니라 베이징에서는 "리커창은 총리조차도 될 수 없는 것 아닌가"라는 억측까지도 나돌기 시작했다.

당시 상무부총리로서 행정개혁[중국어로 '대부제 개혁(大部制改革)'] 등을 담당했지만, 눈에 보이는 성과나 업적을 거두지 못한 리커창에 대한 평가는 대체로 높지 않았다. "일국의 경제를 책임진 국무원 총리로서 앞으로 10년을 완수할 수 있는가"라는 의문 섞인 목소리도 높아졌다. 리커창 자신도 정치국 상무위원으로서 어떻게 행동해야 하는지를 놓고 발버둥치는 듯했다. 보수 성향의 당 관계자에 따르면, 리커창은 2007~2012년의 국무원 상무부총리 시절에 형님뻘 되는 후진타오를 찾아 '사표'를 제출하려 한 적이 있었다고 한다.

2012년 11월 27일 제18차 당대회가 폐막한 직후 영국의 ≪파이낸셜 타임스(Financial Times)≫ 중국어판에 "동급생이 본 리커창(同学眼里的李克强)"이라는 기사를 게재되었다.[22] 화자는 1978~1982년 베이징 대학 법학부 동급생인 변호사 타오징저우(陶景洲)이다.

"엄숙하고, 성실하며, 공부벌레였다. 그리고 상당히 내성적이었다."

타오징저우는 1978년 베이징 대학 캠퍼스에서 처음 만난 리커창의 첫인상을 이렇게 회고한다. 참고로 타오징저우와 리커창은 둘 다 상하이 남서부의 안후이성(安徽省) 출신이다.

1981년 베이징 대학 남문 앞에서 리커창과 찍은 사진을 소개하며, "단체 사진을 찍을 때 리커창은 항상 뒤쪽이나 구석에 서는 것을 좋아했다. 평소에는 과묵하고, 결코 사치하지 않으며 들떠 있지 않았다. 학습 면에서 그에게 질문하면 반드시 회답했다"고 했다. 대학 2학년 시절 '국제상법'이라는 수업을 들었을 때 타오는 "동급생 중에서 리커창은 가장 빨리 경제문제에 관심을 기울이고 있었다. 국제상법과 같은 경제 관련 주제를 배우려면 경제 이론을 체계적으로 배울 필요가 있다고 느꼈을 것이다. 도서관에서 경제학 이나 경제법에 관한 영어 원서를 많이 빌렸다."

문화대혁명이 끝난 직후였던 까닭에 대부분은 영어를 할 줄 몰랐다. 타오 징저우 자신도 "알파벳은 한 글자도 읽을 수 없었다"라고 회고했지만, 리커 창은 가장 성실히 영어 학습에 몰두하기 위해 항상 도서관에서 공부했다고 전한다.

베이징 대학 학생 대표를 맡게 된 리커창은 졸업 후에도 대학에 남아 공 청단 간부가 되기 위해 정치의 길을 선택했다. 그러나 학생 시절부터 경제 학에 흥미를 보이고, 경제에 관한 논문을 집필하며, 양서 번역 등에 힘쓰던 그는 정치에 입문하고서도 "시간이 있으면 공부하고, 연구하며, 집필했다" 고 한다. 1988~1994년에는 정치를 하면서도 베이징 대학 경제학부에서 연 구를 이어나가 경제학 석사·박사 학위를 취득했다. 중국의 농촌 경제에 관 심을 둔 그의 석사 논문 제목은 「농촌공업화: 구조전환하에서의 선택(走向繁 荣的战略选择)」[23]이었다.

기사 말미에 타오징저우는 리커창에 대한 기대를 이렇게 말한다.

그의 옛날을 아는 동급생으로서, 리커창이 새로운 국가지도자가 되는 것에 나는 놀라지 않고 있다. 그는 지금까지 한 발 한 발 스스로 걸어왔다. 부디 국가를 위 해 열심히 일하길 바란다. 국민의 주거 문제, 의료 문제, 양로 문제, 아이들의 교 육 문제를 해결하기 위해, 국민의 생활수준을 진정으로 향상시키기 위해 잘해줬 으면 좋겠다.

앞서 서술한 대로, 2013년 3월 17일 베이징 인민대회당에서 리커창은 국무원 총리로 처음 국내외 보도진 앞에 모습을 드러내며 기자회견에 응했다. 양옆에는 앞으로 5년간 함께 경제정책을 수행할 상무부총리 장가오리(張高麗)와 세 명의 부총리인 왕양(王洋), 류옌둥(劉延東), 마카이(馬凱)를 거느리고 있었다.

기자회견에서 리커창의 퍼포먼스는 주위의 예상을 넘어서는 대담한 행동이었다. 발언은 이론으로 무장되어 날카로웠다. 한때 중난하이에서 나돌았던 "리커창은 총리를 맡을 자신감이 없는 것 같다"는 소문을 날려버리려는 듯 각오에 넘친 표정을 취하는 것으로 보였다. 앞에서 언급한, 베이징 대학에서 리커창의 동료였던 실업가에게 회견을 어떻게 보았는지 물었다. "드디어 도달했다라는 분위기였다. 임무를 완수해줄 것이라고 생각한다"는 대답이 돌아왔다.[24]

시진핑과 리커창, 각각의 역할

2013년 7월 21일 시진핑은 후베이성 우한시(湖北省 武漢市)를 시찰했다. 그때 "공업화는 국가가 강대해지기 위해 지극히 중요하다. 국가가 강대해지기 위해서는 실물경제에 의거하지 않으면 안 된다. 거품이 껴서는 안 된다"고 강조했다.

실물경제의 충실이나 거품 회피 등은 본래 국무원 총리인 리커창의 역할이다. 그러나 중국 경제가 감속하는 과정에서 섀도 뱅킹의 만연이나 금융 시스템 부실 등의 문제점이 개선되지 않는다면 중앙은행의 금융정책, 즉 아무리 금융 규제를 완화해도 실물경제가 번영하기는커녕 거품(부동산이나 주식)이 형성된다. 따라서 붕괴될 경우 시진핑의 관할 영역인 '안정'에까지 직접 영향이 미칠 것을 우려해 내놓은 발언이다.

2015년 들어서부터라는 정권 발족 당시 떠들썩했던 '리(李)코노믹스'(리커창 경제학)를 '시·리 경제학'으로 명칭을 변경해 논의하는 사례가 증가하고 있다. 이는 시진핑이 경제정책에 영향력을 높이고 있는 현상을 드러내는 것이라 할 수 있다.

영국의 최고 금융기관 바클레이스(Barclays)는 '리코노믹스'의 3대 축으로 금융의 탈(脫)레버리지, 부양책 중단, 구조개혁을 들었다.[25] 이런 내용이 담긴 바클레이스 보고는 중국 정책 관계자 사이에서도 광범위하게 논의되었다. 국무원 발전연구센터나 중앙은행 리서치 부문의 지인에게 이 보고서에 대한 의견을 물으면 "바로 리커창 총리나 저우샤오촨(周小川) 중국인민은행 총재가 하려는 것이다"라고 했다. 다만 눈에 띄는 것을 꺼리는 리커창에 대해 국무원 간부는 이렇게 말했다. "리커창 경제학 등으로 극구 칭찬을 받는 것은 오히려 부담이 되고, 여론이 너무 떠들면 진정 필요한 구조개혁을 진행하기 어려워진다며, 기분 좋게 생각하지 않는 듯하다."

리커창이 내거는 구조개혁이란 실물경제에 이바지하는 경제자원과 제도적 기반을 육성하는 것, 또 이를 저해하는 요소를 배제하는 것이다. 섀도 뱅킹의 억제, 국유기업 개혁, 산업구조 전환, 사회보장의 내실화, 금리의 자유화, 호적 개혁을 포함한 도시화 정책 등은 리커창 자신이 개혁 어젠다로 설정해 적절히 실행하지 않으면 안 된다고 생각하는 과제이다.

2014년도 실질 국내총생산(GDP) 성장률은 전년 대비 7.4%, 2015년 상반기 성장률은 전년 동기 대비로 7.0%였다. 각각 리커창이 합리적 수치로 내건 '7.5% 전후', '7.0% 전후'와 비슷했지만, 성장 둔화에 따른 우려와 사회적 압력은 높아지고 있다.

한편 정부 수뇌부는 확실한 개혁 이행의 차원에서 대규모 경기 부양책에 나서지 않는다는 입장을 취했다. 중국의 경제학자 사이에서는 "개혁을 위해서는 좀 더 성장률을 낮춰야 한다"는 견해도 적지 않다. 영국 《파이낸셜 타임스》 중국어판의 칼럼니스트 선젠광(瀋建光) 미즈호증권 아시아 수석 경제 전문가는 다음과 같이 분석했다.

2014년은 7.3%에 달하면 훌륭하다. 내년 목표는 6.7% 정도로 설정할 것을 나는 권하고 있다. 시기에 따라서는 6.5%여도 문제는 없다. 개혁을 위한 공간을 창조해주는 것이 중요하다. 6.7%여도 노동시장 문제는 불거지지 않을 것이다. 현재 많은 지역이 안고 있는 문제는 노동력 부족이기 때문이다.[26]

중국 경제의 현재 상황은 성장과 개혁, 안정과 전환의 양립이 얼마나 어려운지를 입증한다. 앞서 말한 대로 리커창은 ① 경제의 성장, ② 민생의 개선, ③ 사회의 공정이라는 3개의 축을 내세웠다. '실물경제', '온중유위(穩中有爲)', '구조개혁' 같은 정책 우선 사항은 '공정' 중시와 모순되지 않을 뿐 아니라 크게는 상호 보완, 촉진적 관계에 있는 정책 목표이다. 문제는 이 목표들을 실행해가는 총리로서의 수완을 리커창이 얼마나 갖췄는지에 있다고 할 것이다.

2014년 9월 10일 톈진(天津)에서 열린 하계 다보스 포럼에 출석한 리커창은 기조 강연에서 이렇게 발언했다.

중국 경제가 합리적 구역에서 운영되는 과정에서 단기적 파동의 발생은 불가피하다. 현재 세계 경제의 회복은 여전히 곤란한 상황에 있으며, 주요 경제 주체의 성장에도 침체가 이어지고, 중국 내 경제의 발전 과정에서 나온 깊은 수준의 모순을 해결하는 데도 시간이 필요하기 때문이다.

중국 경제의 성장과 전환의 잠재력을 자신만만하게 말하며 "경착륙은 있을 수 없다"고 단언한 리커창이 중국 경제와 세계 경제가 단절하려야 단절할 수 없는 관계임을 강조한 것은 인상적이다.

국무원 총리 취임 이래로 기득권이나 대중 여론의 압력에도 굴하지 않고 구조개혁 이행에 분주한 리커창을, 1998년 3월부터 2003년 3월까지 총리로서 대담한 개혁을 추진한 주룽지에 빗대는 비교론이 나돌았던 때가 있었다.

이는 일국의 총리로서 눈앞의 이익이나 개인의 명성을 위하지 않고 얼마나 장기적인 국가 발전을 내다보며 단기적인 아픔을 견뎌내는지, 또 기득권익의 옹호가 아니라 국민경제의 번영을 촉진할 수 있는지에 대한 기대의 반증이라고도 할 수 있다.

리커창이 눈앞의 이익이 아닌 10년 후, 20년 후를 내다본 지속 가능한 발전을 실현하기 위해 구조개혁을 실행해나갈 수 있을지는 네 개 축 중 하나인 '공정'을 얼마나 기할 수 있는지에 직결되어 있다. '온중유위'처럼 '안정된 경제성장'이 유지되지 않으면 고용은 확보되지 않고 국민 여론도 불안해진다. 그러나 대부분의 국민이 중소기업이나 민간 기업에 취직해 급여를 받고 소비 활동을 하는 미래의 추세를 생각해볼 때, 그들의 기업이 공평하게 자금을 조달할 수 있고, 노동자의 권리가 공정하게 지켜지며, 사회보장의 내실화를 통해 국민의 소비 활동을 광범위하게 촉진해가는 것이 중국 경제의 지속 가능한 발전을 가져올 것이라는 점은 말할 것도 없다.

리커창은 포스트 '안정', '성장' 시대에 '공정' 정책을 추진해 공산당의 정통성 확보를 담보할 수 있을까? 리커창의 임무는 바로 '공정'에 직접 나서는 것이며, 그 과정은 필연적으로 중국의 정치 개혁과 관련이 있다. 경제나 사회 환경이 안정된 상태에서 궤도에 오르는 시기에 당 지도부가 정치 개혁을 향한 결단을 내릴 가능성이 높아지기 때문이다. 그런 의미에서 리커창과 시진핑은 운명의 실로 엮여 있다고 할 수 있다.

이 장에서 마지막으로 시진핑과 리커창의 '관계'에 대해 간단히 기술하려 한다.

시진핑의 정치적 공세가 나날이 두드러지는 와중에 "리커창은 권력 기반이 얇고, 아무것도 할 수 없는 것 아닌가"라고 분석하는 분석가가 적지 않다. 실제로 양자 간 불협화음을 상황 증거를 찾아볼 수 없는 것은 아니다.

한 예를 들어보자. 2014년 6월 6일 시진핑이 주최하는 전면심화개혁영도소조 제3차 회의와, 리커창이 주최하는 경제 정세 좌담회가 같은 날 행해졌다. 전날 6월 5일에는 국영 신화통신이 리커창이 소극적으로 표명해온 '부양책' 언급과 관련해 이를 지지하는 평론 기사를 3회 연속으로 보도했다.

기사 제목은 각각 "적당한 정도의 부양책을 취하는 것은 개혁이 늦어지는 것을 의미하지 않는다(微刺激不等于緩改革)", "적당한 정도의 부양책은 절묘한 거시적 컨트롤 효과를 증가시킨다(微刺激凸显妙调控)", "적당한 정도의 부양책은 안정적인 성장을 돕는다(微刺激助益穩增长)"이다. 기사는 부양책과 개혁이 대립 관계가 아니라는 점, 부분적으로 부양책을 취하는 것은 개혁의 범주에 포함된다는 점, 적당한 정도의 부양책은 중국이 정책 효과를 유지하기 위한 수단이며 국가가 시장의 활력을 촉진하고 발전 과정상의 장애 요소를 제거하는 작용을 한다는 점 등을 강조한다.

리먼 쇼크 이후 원자바오가 주도했다는 4조 위안의 재정 부양책을 두고 수많은 비판이나 의문의 목소리가 비등했던 것은 모두가 아는 사실이다. 원자바오로부터 국무원 총리직을 이어받은 리커창이 스스로 오랫동안 연구해온 경제 이념까지 중첩시켜, 부양책에 소극적일 뿐만 아니라 '부양책을 내세우면 개혁이 정체된다'는 뉘앙스를 도처에서 넌지시 비친 것은 확실하다.

앞서 서술한 바와 같이, 영국 바클레이스는 '리코노믹스'의 3대 특징을 부양책을 취하지 않는 것, 탈레버러지화, 구조개혁이라고 발표했으나, 이후 "'리코노믹스' 최대의 특징은 부양책을 취하지 않는 것"이라는 견해가 중국 내에 퍼졌다. 당 지도부의 의사를 반영하는 신화통신이 리코노믹스의 핵심(부양책을 취하지 않는 것)을 비판한 사실은, 당 지도부의 차후 경제 운용을 시사한 것일 수 있다.

신화통신이 세 편의 기사를 게재한 배경으로는 시진핑의 발언을 들 수 있다. 2014년 5월 26일, 시진핑이 정치국 집단학습회의 석상에서 "'자원 배치 과정에서 시장이 결정적 작용을 발휘한다'는 점이 정부의 기능을 부정하는 것으로 이어지면 안 된다"고 주장한 것이다.

필자 나름대로 해석하면, 시진핑은 '정부에 의한 거시적 컨트롤은 여전히 중요하다. 특히 경제성장이 하락세인 현실에서 정부가 이니셔티브를 쥐고 경제를 부양할 필요가 있다'고 주장한 것이다. 이는 '리코노믹스'를 넌지시 비판한 '신화통신 3론'의 논점과도 부합한다.

경제정책을 둘러싸고 시진핑과 리커창의 사이에는 이처럼 약간의 인식적 상이함 또는 견해차가 존재하는 듯하다. 그러나 이를 두고 "두 사람 관계에 균열이 있다", "정책이 일치하지 않는다" 등으로 결론짓는 것은 너무 성급하다. 필자가 공산당 관계자로부터 들은 바에 따르면, 시진핑 주석과 리커창 총리의 관계는 기본적으로 '정상'이다.

애초 국가주석, 총서기, 군사위원회 주석이라는 세 개 직위를 지닌 시진핑과, 국무원 총리로서 경제의 수장밖에 되지 않는 리커창을 동렬로 보는 것은 중국 정치의 현실과 동떨어져 있다. "리커창은 시진핑의 반부패 투쟁을 지지하며, 시진핑은 리커창의 구조개혁을 지지한다. 서로가 서로의 존재와 역할을 필요로 하는 것이다"(중공중앙 간부).[27]

시진핑이 반부패 투쟁을 통해 공산당에 대한 인민의 신뢰를 높이고 있는 프로세스는 리커창의 경제정책이나 구조개혁을 선도한다고 보아야 할 것이다. 그리고 말할 것도 없이, 경제성장과 개혁은 여전히 중국공산당의 정통성을 담보하는 중요한 요소다. 리커창이 자신의 담당인 경제 분야에서 긍정적인 퍼포먼스를 한다고 해서 시진핑이 잃을 것은 아무것도 없다.

반대로 경제성장과 개혁을 하지 못한다면 그에 따른 통치 리스크는 헤아릴 수 없지만.

제4장

'중국의 꿈'과
'백 년 치욕'

2012년 11월 29일 제18차 당대회 폐막 직후, 새로 취임한 정치국 상무위원 일곱 명은 톈안먼 광장 동쪽에 있는 국가박물관에 집결했다. '부흥으로의 길'이라는 전람회를 견학하기 위해서였다.

총서기에 취임한 지 얼마 되지 않은 시진핑은 여기서 중요 담화를 발표한다. 당 총서기로 처음 공공의 장소에 나선 그는 '중국의 꿈'을 언급하며 그 의미를 말했다.

> 모두 중국의 꿈을 거론하지만, 나는 중화민족의 위대한 부흥, 즉 근대 이래로 중화민족의 가장 위대한 꿈이라고 생각한다.[1]

시진핑은 중국의 꿈을 "중화민족의 위대한 부흥"이라 정의했다. 뒤이어 다음과 같이 덧붙였다.

중국공산당 성립 100주년을 기해 전면적으로 소강사회를 건설한다는 목표를 실현하며, 신중국 성립 100주년을 맞이할 때 부강, 민주, 문명, 화해적인 사회주의 현대 국가 건설의 목표를 실현하는 것이 중화민족의 위대한 부흥이라는 꿈으로 이어지는 것이다.

이 발언으로 미루어 '중국의 꿈'이란 2021년(중국공산당 성립 100주년)과 2049년(신중국 성립 100주년)을 의식한 정치 슬로건임을 짐작할 수 있다. 이에 발맞추어 중공중앙의 사상과 이론 형성에 영향력이 있는 중앙당교의 리쥔루(李君如) 부교장(당시)은 "전면적으로 소강사회를 실현하는 것이 21세기 첫 20년간 중국의 꿈이며, 이는 21세기 반환 지점, 즉 중화인민공화국 성립 100주년에 중국의 꿈을 실현하기 위한 중요한 발전 단계라 말할 수 있다"고 언급하며 시진핑의 '중국의 꿈' 담화를 보충했다. 또 "중국의 개혁개방 사업에서 중국의 꿈을 실현하는 것은 개혁개방을 심화하기 위한 위대한 목표이며, 또 개혁개방을 심화하는 것은 중국의 꿈을 실현하기 위한 든든한 원동력이다"라고 말하며 개혁개방과 '중국의 꿈'의 관계를 변증적으로 묘사했다.[2]

2013년 3월 17일 시진핑은 제12기 전국인민대표대회 제1차 회의 폐회식에서 담화를 발표했다. 국가주석 취임 직후 처음으로 이루어진 중요 담화인 만큼 전 세계의 주목을 받았다. 25분간의 연설에서 '중국의 꿈'을 아홉 차례나 언급했다.[3] 이어 중국의 청융화(程永華) 주일 대사는 일본 기자클럽에서 강연할 당시 이 '9회'라는 숫자를 핀포인트로 언급했다. 이로 미루어볼 때 중국공산당의 정권 운영에서 시진핑과 '중국의 꿈'이라는 두 가지 키워드가 밀접하게 연결되어 하나의 정치적 영향력을 지니고 있음을 짐작할 수 있다.[4]

시진핑은 "중국의 꿈이란 민족의 꿈이며, 중국인 한 명 한 명의 꿈이다"라는 말로 연설을 마무리했다. 국가·민족·인민이 삼위일체가 되어 실현하는 것, 그것이 차이나드림이라는 것이다.

연설 중에 "차이나드림을 실현하기 위해서는 중국이 독자적인 길을 걸어야 한다(實現中國必須走中國道路)"고 언급하면서 "그것은 중국의 독자적인 사회주의의 길이다"라고 단언했다. 또 "차이나드림을 실현시키기 위해서는 중국의 정신을 내걸지 않으면 안 된다(實現中國夢必須弘揚中國精神)"며 "그것은 애국주의를 핵심으로 한 민족의 정신이고, 개혁정신을 핵심으로 한 시대의 정신이기도 하다"라고 장담했다.

말하자면 '내 갈 길을 간다'는 것이다. 중국은 중국이고, 서방국가와 다르며, 지시받지 않는다고 말하고 싶은 것이다. 국내적으로는 국가의 단결심이나 내셔널리즘을 촉구하는 한편, 국제적으로는 외국의 내정간섭을 견제하는 의미가 담겨 있다고 할 수 있다.

시진핑이 '중국의 꿈'을 중요 사상으로 강조한 것과 관련해 "중국의 새로운 지도자는 사상과 이데올로기 측면에서 보수적이며, 국내에선 긴축을, 외교적으로는 패권주의를 추구하는 것이 아닌가"라는 의구심이 제기됐다. 이어 2013년 6월 미국 캘리포니아주 서니랜드에서 비공식으로 개최된 미·중 정상회담에도 언급되면서 이런 의구심을 증폭시켰다. 시진핑은 '중국의 꿈'을 언급하며 "아메리칸 드림과 차이나 드림은 상통한다"고까지 말했기 때문이다.

필자는 이 발언을 텔레비전 화면을 통해 보고 있었다. 여기에는 미국에 중국을 대등한 존재로 인식할 것을 요구하며, "태평양을 건너 중국과 미국이라는 두 대국이 공동으로 세계를 통치해간다"라는 의미와 "미국에 아메리칸드림을 주장할 권리가 있듯이, 중국에도 차이나드림을 주장할 권리가 있다", "미국은 중국의 내정에 간섭해서는 안 되며 서로의 정치체제, 가치관, 핵심적 이익을 존중해갈 필요가 있다"는 의도가 공존한다고 생각한다. 시진핑의 주장이 공상이 아니라 공산당 지도부가 진심으로 실현하려는 현실적 목표라면 적어도 건국 100주년을 맞을 때까지, 즉 2049년까지 중국은 주관적으로 사회주의라는 국가 형태를 견지할 것이다.

옥스퍼드 대학 로이터 저널리즘 연구소 선임연구원 존 로이드(John Lloyd)는 '중국의 꿈'과 중국공산당 간의 연결고리를 지적한다.

시진핑 주석은 새로운 단계에서 인민이 믿어야 한다고 생각하는 '중국의 꿈'을 추진하고 있다. 이는 중화민족의 위대한 부흥을 실현하는 것이며, 중국의 독자적인 사회주의, 현재의 정치 시스템 세 가지에 대한 신뢰를 기반으로 한다. 이들은 모두 표현은 다르지만, 중국공산당을 의미한다고 생각한다.[5]

이번 장에서는 시진핑의 사상과 여론 형성에 일정한 역할을 했다는 군인 등의 인터뷰를 통해 '중국의 꿈'을 해독한다. '중국의 꿈'이 시진핑·리커창 정권의 개혁 사업에 어떤 영향을 미치는지 조명할 것이다. 아울러 필자가 '중국과 중국인이 어떻게든 극복해야만 하는 벽'이라고 생각해온 '백 년 치욕'의 관점에서 중국의 꿈이 목표하는 바를 먼저 추적해본다.

'중국의 꿈'이란 무엇인가

애초 중국의 꿈이란 어디에서 태어난 사상인가?

2010년 1월 1일 『중국의 꿈』(中國友誼出版公司)이라는, 훗날 베스트셀러가 되는 책이 중국에서 출판되었다. 부제목은 '포스트 아메리카 시대의 대국적 사고와 전략적 위치 설정'이다. 저자는 중국인민해방군 장교이며, 당시 국방대학 교수였던 류밍푸(劉明福)이다.

류밍푸는 1969년에 입대한 이후 1979~1998년 20여 년간 산둥성(山東省) 지난(濟南) 군구 정치부에서 이론 연구와 정치공작 연구를 담당했으며, 국방대학으로 옮겼다. 이 대학에서 '군대건설학' 이론을 만들고, 대학군대건설연구소장도 역임한 인물이다.

그는 이 책을 출간한 2010년을 "중화민족이 중국의 꿈을 추구하는 기점"이라고 주장하며, 그 이유에 대해 2010년 중국이 GDP에서 일본을 앞질렀고 "미국을 쫓아 뛰어넘을 준비가 되었으니까"라고 인터뷰 등에서 설명했다.

'중국의 꿈'을 둘러싼 류밍푸의 주요 주장은 다음과 같다.

- 부단히 국력을 증강시켜 세계 넘버원 강국이 되는 것이 21세기 중국의 최대 목표이다.
- 21세기의 중국은 세계 넘버원 강국이 되지 못하면 필연적으로 뒤처져 도태되는 국가가 될 것이다.
- 세계 넘버원을 두고 다투는 경쟁은 제로섬이며, 누가 세계의 충돌을 주도할지가 문제다. 중국은 스스로를 구할 뿐 아니라 세계를 구하지 않으면 안 된다. 우리는 세계를 견인할 준비를 해야 한다.
- 중국이 대두해 세계 넘버원이 될 경우, 중국의 자본주의 수준이 미국보다 성숙하다 해도 미국은 중국을 봉쇄하려 할 것이다.

필자의 손에는 2013년 1월에 출판된 이 책의 개정판이 있다. 추천사로 서문을 쓴 사람은 류야저우(劉亞洲) 중국인민해방군 공군대장 겸 중국공산당 18기 중앙위원회 중앙위원이다.[6] 류 대장은 책에서 다음과 같이 주장했다.

내 견해로는 21세기는 중·미 간 투쟁의 시대이다. 어느 쪽의 발전이 좀 더 양질이며, 어느 쪽의 국력 향상이 좀 더 신속한지 경쟁하는 시합이어야 한다. 어느 쪽이 세계의 진보를 좀 더 잘 이끌어갈 수 있는지를 다투는, 금메달리스트 국가를 결정하는 결승전이다. 중·미가 경쟁하는 21세기는 확실히 세계 역사에서 새로운 시대를 열 것이다.[7]

류야저우는 "부단히 국력을 증강시켜 세계 넘버원의 강국이 되는 것이 중국의 세기적 목표이다. 그러기 위해 미국과 경쟁해야만 하며, 이는 기존의 첫 번째 국가와 잠재적인 첫 번째 국가의 경쟁이다"라고 설명했다. "전자는 패도(霸道), 후자는 왕도(王道)이므로, 중국의 부상이야말로 세계평화로 이어진다"고 주장하고 있다.[8] 또 "과거사를 볼 때 미국은 성장하는 국가를 봉쇄해온 역사가 있으며(이 책에서는 주로 일본과 소련을 사례로 들었다), 이번에도 틀림없이 대중 봉쇄 전략을 실천할 것"이므로 "미국에 대해 환상을 품는 것은 자살행위다"라며 국민적 내셔널리즘을 촉구했다.[9]

한편 "미·중이 대전(大戰)을 포함한 군사 충돌로 돌진할 가능성은 낮다"고 말한다. "양국 간에 공통의 이익이 광범위하게 가로놓여 있다. 미국은 중국을 봉쇄하려 하지만 거기에는 한계가 있으며, 봉쇄가 지나치면 스스로도 봉쇄된다는 점을 미국은 알고 있다"며, "양자가 군사충돌을 회피하기 위해 필요한 것은 중국이 '대군(大軍)'을 갖는 것이다. 이는 미국을 공격하기 위한 것이 아니라 미국에 공격당하지 않기 위함이며, 양자 간에 절묘한 균형을 유지하려는 것이다"라고 주장한다.[10]

중국 최대의 위기는 '엘리트의 위기'라고 류야저우는 생각한다. "정치 엘리트가 '신념 면에서 이단 계급'화하는 것", "정치 엘리트가 '능력 면에서 평범한 계급'으로 전락하는 것", "정치 엘리트가 '이익 면에서 특권 계급화'하는 것" 등 세 가지 우려를 표명한다. "정치 엘리트가 제대로 기능하지 않을 때, 중국의 꿈이 달성되기는커녕 국가는 붕괴의 위기에 처한다"며 공산당 지도부나 엘리트 등에 대해 위험신호를 보냈다.[11]

이를 볼 때, 류야저우는 중국의 실력에 상당한 자신감을 지닌 호전적 인물로 비칠 수 있다. 실제로 그는 중국의 내적 시각에서 사상적으로 보수파이다. 대외적으로는 매파로 분류되는 인민해방군 출신이며 지도자들의 연설·담화의 작성을 20년 이상 맡아왔다. 인민해방군 내에서 류야저우와 같은 세계관은 보편적이다.

류야저우는 제2대 중화인민공화국 주석 류샤오치(劉少奇)의 아들인 류위안(劉源) 상장을 포함해 인민해방군 내에 많은 친구가 있다. 후진타오 전 주석에 뒤지지 않는 군부 내 권한과 영향력이 있다는 시진핑 주석이 스스로의 시정 스타일을 고려하면서 주장하는 것을 미루어볼 때, 군부로부터 영향을 받는다거나 군부의 가치관 또는 이익을 배려할 것이라는 점은 상상하기 어렵지 않다. 복수의 공산당 관계자와 해방군 관계자가 필자에게 말해주었듯이 시진핑이 중요 사상으로 내건 '중국의 꿈'은, "특히 해방군이 어떠한 국가전략을 펼쳐나갈지 제시한"(당 관계자) 류밍푸의 『중국의 꿈』과 그에 따라 형성된 여론의 영향을 일정 정도 받는다고 해야 할 것이다.

미국의 대중(對中) 여론을 살펴보면 시진핑의 중국의 꿈과 류밍푸의 『중국의 꿈』을 관련지은 보도를 찾아볼 수 있다.

2013년 6월 17일 자 ≪타임≫은 새빨갛게 물든 표지에 "세계는 중국에 따른다(The World According to China)"라는 표제를 붙이고, "중국은 세계를 어떻게 보는가(How China See the World)"라는 제목 밑에 류밍푸의 경력·주장·저서를 소개했다.[12]

2011년 5월 『헨리 키신저의 중국이야기』를 출판한 헨리 키신저 박사는 이 책에서 류밍푸의 '중국의 꿈'을 언급하며, 류밍푸를 '필승주의자(triumphalist)'라고 칭하며 그 사상을 설명한다.[13] 키신저는 같은 시기 ≪월스트리트 저널≫에 기고한 논고를 통해 "류의 견해에 따르면, 중국이 아무리 평화적 발전에 기여하더라도 미·중 간 충돌은 피할 수 없다. 본질적으로 제로섬 관계에 있는 미·중의 경쟁은 '마라톤 경기'이며 '세기의 대결'이 될 것이라고 한다"라는 류밍푸의 관점을 소개한다.[14]

키신저의 코멘트를 들은 류밍푸는 『중국의 꿈』 개정판 후기에서 다음과 같이 답변한다.

키신저가 '중국의 꿈'에 대한 코멘트를 통해 내가 '평화적 대두'에 찬동하지 않는다고 말했다. 실제로 내가 말하고 싶었던 점은 미국이 중국의 평화적 대두를 허용한다고 믿을 수 없다는 것이다. 중국은 스스로 평화적 대두를 담보하기 위해 미국의 '군사적 봉쇄'와 '전쟁 봉쇄'에 대비해야만 한다. 키신저는 내게 '필승주의자'라는 모자를 씌웠지만, 내가 말하고 싶은 점은 상대를 뛰어넘는 것이 아니라 서로가 자신을 넘는다는 것, 즉 자기에게 이긴다는 것이다. 그것은 윈윈의 국면 아닌가. 나는 미·중 간의 경쟁에서 필승한다는 신념이 확고하다. 다만 중국 필승으로 미국이 '필패'한다고 생각하지 않는다. 미국이 세계 제2의 대국이 되는 것은 미국의 실패를 의미하지 않는다. 미국이 스스로에게 승리하면서 두 번째가 되는 것은, 자신을 넘지 못하고 첫 번째가 되는 것보다 의미 있으며, 가치가 있을 것이다.[15]

시진핑이 중국의 꿈에 대해 지금껏 국내외 여론에서 거론된 "중국의 대두(The Rise of China)"가 아닌 "중화민족의 위대한 부흥(The Great Rejuvenation of the Chinese Nation)"이라 정의하고 있기 때문에 '도대체 어느 시대에 부흥하는가'라는 의문이 자연스럽게 생겨난다. 그러나 시진핑은 여기에 명확히 답하지 않았으며, 애매한 태도를 취해왔다.

그렇다 해도 중국은 2010년 GDP 총량에서 세계 두 번째가 되었다. 그러한 정치력이나 국제적 영향력으로 보아도, '남은 것은 미국뿐'이라는 점은 현실이다. '위대한 부흥'을 액면 그대로 본다면, 류밍푸가 주장하는 "세계 넘버원의 강국이 되는 것이 금세기 중국의 목표이다"라는 주장과 그리 괴리된 것은 아닐 것이다.

류밍푸가 말하는 미·중 관계와 민주화

2013년 6월 베이징을 방문했을 때 필자는 운 좋게 류밍푸를 만날 수 있었다. 미·중 관계나 중국의 장래 목표에 대한 그의 주장은 대담했다. 그런데 실제로 그를 만나 이야기하면서 존재감과 함께 서글서글한 느낌을 받았다. 해방군을 대표하는 이론가[16]이자 간부들의 연설 작성을 맡아온 인물답게 토론에서 발군의 실력가였으며, 말 한마디 한마디에서 전략적인 의사가 느껴졌다.

'중국의 꿈'이라는 필터를 통해 시진핑 사상에 영향을 미쳤다는 류밍푸가 중국이 국제사회에서 담당해야 할 역할, 특히 미·중 관계와 국제 질서의 형태를 어떻게 인식하는지 아는 것은 시진핑의 정치를 예측하는 데 지금 단계에서는 유효한 접근법이다. '미·중 관계라는 맥락에서 중국의 장래를 어떻게 규정하고 있는지'를 중심으로 당시의 대화를 소개하려 한다.

가토   미·중 관계의 현재 상태를 어떻게 보고 있는가? 문제점은 어디에 있을까?

류   중국에는 미국통이 없다. 또 미국에도 중국통이 없다. 상호 이해와 신임을 위해서는 인재 육성이 급선무이다.

가토   『중국의 꿈』에서 미·중 관계는 제로섬이며, 충돌은 피할 수 없다는 결론을 내렸다. 그렇게 되면 국제사회와 질서는 더없이 혼란스럽게 될 것이다. 평화적인 공존의 길을 어떻게든 모색할 수 없을까?

류   중·미는 함께 세계를 이끌어갈 수 있다. 미국은 라이벌이지만, 적이 아니다. 공동 통치라는 사고방식은 중·미 관계에 응용할 수 있다. 중·미는 경쟁 관계에 있지만, 경쟁의 결과가 반드시 제로섬이 되는 것은 아니다. 미국은 중국을 진지하게 봐줬으면 한다. 미국이 진심으로 중국을 대하게 하려면 '우리 중국은 세계 넘버원이 된다'는 기개로 국가 건설을 진행하지 않으면 안 된다.

가토   앞으로 10년 내에 중국 경제는 GDP 총량에서 미국을 제친다고 한다. 향후 10년의 미·중 관계를 어떻게 예측하는가?

류   다가올 10년간 중·미 관계는 가장 긴장되고 위험한 수역에 돌입할 것이다. 미국은 반드시 이 10년 동안 중국을 봉쇄하려 할 것이다. 10년이 지나면 중국이 강대한 존재가 되어버려 봉쇄할 수 없을 것이기 때문이다. 따라서 중국은 향후 10년간 국력을 증강시켜 단번에 미국을 따라잡을 필요가 있다.

가토   냉전시대 미국은 소련을 봉쇄하려 했다. 당시는 자본주의 진영과 사회주의 진영이라는 구조 아래 이데올로기적으로 대결했다. 냉전이 끝난 지금 시대는 이데올로기와 대립의 시대가 아니라, 덩샤오핑이 말한 것처럼 "평화와 발전의 시대"에 진입했다는 사고방식도 있다. 요즘 중국과 미국의 관계는 당시의 소련과 미국의 관계와 비교했을 때 어떻게 다른가? 바꿔 말하면, 미·중 관계는 미소 관계를 초월할 수 있을까?

류 미국은 냉전시대에 활용했던 소련에 대한 전략을 냉전 이후의 중국에 대해서도 세우려 한다. 미국은 당시의 소련을 보는 눈으로 오늘날의 중국을 바라보지만, 오늘날의 중국은 당시의 소련과 다르다. 결국 중국을 이해하고 있지 않다. 상대의 본질을 보고 있지 않다. 시대에 뒤처진 방식으로 보는 것이다. 중국은 평화를 사랑하는 국가다.

가토 만약 류 교수가 미국의 대통령이라면 중국에 대해 어떠한 전략을 세울 것인가?

류 미국은 전략적 위기에 빠져 있다. 현시대 중·미 관계를 구축하기 위해 어떤 새로운 이론을 제기하고 있지 않다. 창조적인 이론을 내세울 수 없는 상황에서 나는 미국의 국력 저하와 쇠퇴를 발견할 수 있다. 중국은 적어도 '신형 대국 관계'라는 새로운 이론을 제기했다. 국가 건설 분야에서는 국내에서 무한하고 다종다양한 논의를 거친 결과, '평화적 부상'이라는 이론을 명확히 내세웠다. 만약 내가 미국의 대통령이라면 대중 전략 분야에서 적어도 '평화적 봉쇄론' 정도는 제창해 냉전시대의 대소련 정책과 냉전 후의 대중국 대책이 다르다는 점을 명확히 주장할 것이다.

가토 미국이 쇠퇴하고 있다는 점은 중국에게 기회일까?

류 우리는 강한 미국의 존재와 그러한 미국과의 경쟁이라는 도발에 응할 것이다. 지금이야말로 미국이 '국가 정상화'를 도모할 필요가 있는 것 아닌가? 제2차 세계대전 이후 냉전 시기 미국의 '전략적 도의력(道義力)'이라는 이점은 이미 없어졌다. 그리고 미국이 국내에서는 민주주의를 실천하지만, 국외에서는 패권주의를 일삼는다. '반(半)민주, 반(半)패권'의 상태는 오래 지속되지 않는다. 국제사회는 미국이 내정과 외교의 틈새에서 안고 있는 근본적 모순을 눈치채기 시작했다. 그러기에 후진타오 국가주석은 '국제

관계의 민주화'를 호소했다. 무패세계(無覇世界)야말로 민주 세계이며, 중국이야말로 그 역할을 맡을 수 있다고 나는 생각한다.

미·중 관계 토론으로 열을 올린 후, 헤어지기 직전에 가장 묻고 싶었던 질문을 던져보았다.

"중국은 장래에 민주화한다고 생각하는가?"

'민주화'의 세 글자는 역시 민감한 부분이다. 류밍푸는 잠시 동안 침묵했다. 민주주의를 전 세계에 퍼뜨리는 것이 국익이라 생각하는 미국의 정치체제를 중국이 뒤쫓아 배운다는 '굴욕'을, 류밍푸와 같은 애국자·애당자가 쉽게 주장할 것이라고는 생각할 수 없었다.

그는 조용히 입을 열며, 이렇게 말했다.

미국식 민주주의는 중국이 장래에 국가 건설을 진행하는 데 하나의 선택지이다. 다만 일본이나 유럽 국가가 그러하듯이, 중국도 미국의 시스템과 가치관을 무조건 받아들이는 것은 아니다. 중국의 역사나 국내 사정을 고려하면서 미국의 좋은 부분과 중국의 국정에 적합한 부분을 흡수하는 모양이 될 것이다. 장래 중국의 정치체제는 '합성적'인 것이 된다는 의미다. 미국의 패권주의적 외교에는 결단코 반대하지만, 미국이 내정에서 실천해온 민주적인 통치 방법은 뛰어나다고 생각한다. 미국 민주주의의 좋은 부분은 중국도 배울 필요가 있다.

의외였다. 저 류밍푸가, 미국의 민주주의에 이해를 표시할 뿐 아니라 중국도 배울 필요가 있다고 단언한 것이다. 흥분을 가라앉히지 못하고 다시 한번 질문을 던져보았다.

"중국이 붕괴할 가능성은 있습니까?"

류밍푸는 질문을 회피하는 모습은 전혀 보이지 않았다. 조금 생각한 뒤에 그가 입을 열었다.

물론 있다. 중국공산당이라는, 세계에서 가장 통치 능력이 뛰어난 집정당이 기능하지 못하는 그때 붕괴할 것이다. 공산당이 붕괴하지 않는다는 전제하에 중국은 필시 미국에 도전한다. 그리고 미국도 붕괴 가능성이 있다.

'네 개의 전면'과 중국의 꿈

여기서는 3장에서 다룬 '공정'이나 '사회체제 개혁'을 '대신'해 내놓은 중국의 꿈과, 시진핑·리커창 정권이 목표로 삼은 개혁과의 상관관계를 설명할 것이다.

내정 면에서 볼 때, 공정, 사회체제 개혁에 이어 시진핑이 정권 출범과 동시에 내놓은 정치 슬로건은 현 정권이 '공정'을 추진하는 데 어떠한 영향을 미치는가로 좁혀진다. 팽창적·확장적 정치 슬로건을 내건 시진핑이 이끄는 내정에서의 개혁, 특히 경제정책 또는 구조개혁 분야에서 보수적으로 기우는 것 아니냐는 우려가 정권 출범 당시부터 곳곳에서 나왔다.

현 단계에서 필자 나름의 결론은, '그다지 관계없다'이다. 확실히 사상적·이데올로기적으로 보수적(좌익적)으로 비치는 시진핑은 공산당 내 보수파와 군부를 배려한다. 원자바오 전 총리가 제창하던 '정치체제 개혁'은 언급하지 않고 있으며, 실제로 단행할 가능성도 낮다고 할 수밖에 없다.

한편 정치 개혁으로 방향을 전환하지 않는다고 해서, '공정'을 추진하지 않는다고 딱 잘라 말할 수는 없다. 당대 중국에서 국가주석과 총서기의 역할은 정치 안정이나 이데올로기 관철, 국가 방침의 선전 등 거시적 부분에 집약된다. 지금까지의 중요 담화를 보건대, 후진타오로부터 어깨띠를 넘겨받은 시진핑은 정치나 이데올로기 측면에서는 전임자에 이어 '사회주의, 공산당'을 전면적으로 유지해나갈 것이다. 이 책 곳곳에서도 나왔듯이, 공산당 일당지배라는 대원칙 아래 서구식 자유민주주의의 장점을 도입할 뿐 아니라 중국식 가치관에 따라 독자적인 길을 계속 걷는다는 국가적 방향성을 명확히 내세우고 있다.

다만 당과 정부 내 역할 분담으로 볼 때, '공정'을 직접 담당하는 사람은 시진핑이 아니라 국무원 총리인 리커창이다. 한때 '리코노믹스'로 불린 리커창식 경제정책·구조개혁은 국내외에서 광범위하게 주목을 받고 있다. 중국 경제의 성장률이 하락 추세에 있고 경착륙도 우려되는 상황에서는 더욱 그렇다.

경제와 법률적 이론에 조예가 깊은 리커창은 중국 경제를 어떻게 꾸려나가는가? 리커창의 베이징 대학 동급생은 다음과 같이 전했다.[17]

시진핑이 아무리 '중국의 꿈'에 집착하더라도, 커창은 표면적으로 시진핑에 동조하면서도 본인의 업무에 투철할 것이다. 커창에게 '중국의 꿈'에 대한 관심 따위는 없다. 관심이 있다면 어떻게 중국 경제를 지속 가능한 상태로 만들지에 관한 것이다.

'중국의 꿈'은, 시진핑·리커창 정권이 앞으로 10년간 가장 중요시해야 할 '공정'을 촉진할 것인가, 아니면 저해할 것인가?

현 단계에서 시진핑의 '중국의 꿈'은, 전임자인 후진타오가 제창한 '과학적 발전관'과 체급 면에서 동등하지 않을뿐더러 병렬로 다룰 수 없다.

후진타오의 '과학적 발전관'은, '마오쩌둥 사상', '덩샤오핑 이론', 장쩌민의 '3개 대표 중요 사상'이 과거에 그랬듯이, 2007년 10월 베이징에서 개최된 제17차 당대회에서 당장(당헌)에 오른 중국공산당의 지도사상이다. 한편 '중국의 꿈'은 그 추상성이나 애매함으로 미루어 후진타오 당대에 외친 사회의 조화적 발전을 주창한 '화계사회(和階社會, harmonious society)'에 가깝다. 국가 전략이나 당 방침과 비교해도 엄격하지 않고, 사회나 민족 전체에 호소하며, 제도나 정책에 대한 구속력이 없는 애매한 정치 슬로건에 지나지 않는다고 말할 수 있다. 따라서 공정을 포함해 모든 정책이나 개혁을 구체화하기 위한 원칙이나 방침은 될 수 없다고 생각한다.

시진핑의 정치는 무엇을 하든 속도나 영향력을 중시하는 것 같다. 총서기 취임 이후 약 2년이 지난 2014년 10월, 공산당 제18기 중앙위원회 제4차 전체회의(4중전회)에서 채택된 공식 문서 「결정(決定)」을 보면 '중국의 꿈'은 당장에 규정된 '과학적 발전관'에 보다 가깝게 표기되어 있다.

이제까지의 '마르크스-레닌주의', '마오쩌둥 사상', '덩샤오핑 이론', '3개 대표 중요 사상', '과학적 발전관'에 더해, "시진핑 총서기에 의한 일련의 중요 담화의 정신을 깊이 관철하는 것"이라는 문장이 기재되어 있다. 이는 마오쩌둥·덩샤오핑·장쩌민·후진타오라는 혁명 1세대부터 4세대까지의 국가 지도자들이 만들어온 이데올로기 지도사상의 대열에, 시진핑이라는 제5세대 지도자가 낄 것이라는 점을 의미했다.

여기서 '대열에 끼였다'고 과거형으로 표현하지 않은 것은, 시진핑 시대를 표상할 지도사상이 2014년 10월 4중전회 당시에는 '시진핑 총서기에 의한 일련의 중요 담화의 정신'이라는 애매함이 담긴, 확정적이지 않은 표현에 머무르고 있기 때문이다. 다만 이런 내용이 기술된 것은 공산당 내 시진핑의 권력 기반이 이데올로기로서의 지위를 확립하기 시작했다는 점을 드러낸다.

4중전회 이후 얼마 지나지 않은 2014년 12월 13~14일에 시진핑은 장쑤성(江蘇省)을 시찰했다. 그때 "전면적으로 소강사회를 건설하는 것, 전면적으로 개혁을 심화할 것, 전면적으로 법에 의한 치국을 추진하는 것, 전면적으로 엄격히 당을 다스리는 것을 협조적으로 추진하지 않으면 안 된다"고 지적했다. 이러한 문구와 말투로 주장하는 것은 처음이었다. 그 후 2014~2015년 연말연시에 걸쳐 공산당 내 이론 분야에서 활동하는 관계자들 사이에는 "이는 시진핑 집정에서 지도사상·방침이 될지도 모른다"는 '소문'이 퍼졌고 내부 토론이 벌어졌다.[18]

그리고 놀랍게도, 시찰 이후 3개월도 채 지나지 않아 2015년 3월 초순에 열린 양회에서 전국인민대표대회, 국무원, 중국인민정치협상회의, 최고인민법원, 최고인민검찰원 수장에 의한 다섯 가지 보고 모두에서 시진핑의 '네 개 전면(四個全面)'이 명기된 것이다. 다섯 개의 보고서 모두에 같은 양식의 문구·표현이 담긴 사실로 미루어볼 때, 어떤 정치적인 뜻이 작용했다고 해석할 수밖에 없다. 이후 시진핑 담화나 당·정부에서 나온 성명 등 모든 분야에서 네 개 전면이 제기되고 그 중요성과 절박성이 내세워질 것이다.

공산당 내 이론을 담당하는 연구자는 다음과 같이 '네 개 전면'을 해설해 주었다.

네 개는 서로 관계되어 있다. 중국공산당이 가장 중요시하는 분야는 역시 경제이며, 국민의 삶이 풍부해지는 것이다. 그렇지 않으면 당의 정통성이 의심받게 된다. 따라서 첫 번째는 소강사회의 건설이다. 이를 위해 개혁을 심화하고 법에 의해 국가를 다스릴 필요가 있다. 개혁과 법치는 각각 3중전회와 4중전회에서 의제로 올려졌다. 마지막 한 가지는 실질적으로 반부패 투쟁을 의미한다. 당내 부패 분자를 엄하게 숙청하는 것이 모든 정책을 추진하는 데 전제조건이기 때문이다. 2015년은 '네 개의 전면' 원년이라 할 수 있을 것이다.[19]

필자의 견해로 이 네 개 전면은 "시진핑 총서기에 의한 일련의 중요 담화 정신을 깊게 관철하는 것"에 비해 윤곽이나 방침이 상당히 명확하며, 좀 더 이론적인 틀을 갖추고 있다. 어쩌면 장쩌민의 '3개의 대표 중요 사상', 후진타오의 '과학적 발전관'에 필적하는 지도사상이 될지도 모른다. 이제부터 '네 개의 전면'이 어떻게 시진핑의 정치, 그리고 시진핑이 정치생명을 걸고 지키려는 공산당 정치에 색을 입혀갈 것인지 동향을 주시할 필요가 있다. '네 개 전면'은 중국의 꿈에 비해 명백히 '개혁 성향'의 문제 제기이기 때문이다.

즉, 공정을 포함한 개혁이 앞으로 어떻게 실천될지는 '네 개 전면'이 시진핑 정치 분야에서 어떻게 중시·추진되어갈 것인지의 문제와 표리일체다.

시진핑은 '백 년 치욕'을 극복할 것인가

'세기의 굴욕(Century of Humiliation)'이다. 중국인은 이것을 극복하지 않는 한 국제사회로부터 신뢰받는 대국이 될 수 없다. 일·중 관계도 잘 풀리지 않을 것이다.

일본의 젊은 외교관과 '중국 최대의 문제는 무엇인가'를 놓고 토론할 때 그의 입에서 이런 표현이 나왔다.

'Century of Humiliation'이란 말 그대로 '세기의 굴욕', 중국어로는 '백 년 치욕(百年恥辱)'이라 한다. 이하 일본을 포함한 대외 관계의 관점에서 중국·중국인의 백 년 치욕이라는 문제를 풀이하려 한다. 여기서 '중국의 꿈'을 해독할 하나의 단서를 발견할 수 있다고 생각되기 때문이다.

2014년 12월 13일, 시진핑은 난징에 있는 '침화일군남경대학살우난동포기념관(侵華日軍南京大虐殺遇難同胞記念館)'에 모습을 드러냈다. 중국공산당이 이날을 '남경대학살사난자국가공제일(南京大虐殺死難者國家公祭日)'로 설정한 이후 처음 실시되는 추념식전에 참석해 담화를 발표하기 위해서였다. 담화에서 시진핑은 다음과 같이 주장했다.

중국인민항일전쟁의 승리로 중화민족은 외래의 침략에 저항하는 불굴의 서사시를 썼다. 근대 이래 중국은 외래의 침략을 받아온 민족적 굴욕을 철저히 씻어내고 중화민족의 자신감과 긍지를 크게 증강시켰다. 중국 인민이 중국공산당의 영도 아래 민족의 부흥을 실현한다는, 올바른 길을 열기 위한 중요한 조건을 창조한 것이다.[20]

이 발언을 필자 나름대로 의역해본다.

아편전쟁 이래로 서방 열강에 반식민지화 상태의 굴욕을 당해왔다. 그 절정이 일본의 침략 전쟁이다. 그러한 일본과의 싸움에서 승리한 중국공산당은 중화인민공화국 건국에 성공하고, 중화민족을 다시 한번 부흥시킬 무대에 올랐다.

중국 내에서도 다양한 논의가 이어지고 있으나,[21] '백 년'이란 1840년 아편전쟁부터 1945년 항일전쟁의 승리, 그리고 1949년 중화인민공화국 건국까지의 100여 년을 가리키며, '치욕'이란 그사이에 일어난 서방 열강에 의한 반식민지화와 외세 침략을 가리킨다. "소학년 때부터 역사 수업에서 백 년 치욕의 기점은 1840년이라고 배워왔다." 10년 전 베이징 대학에서 국제 관계를 함께 공부한 동급생이 캠퍼스에서 필자에게 말한 것이다. 역사에 밝고, 중국공산당의 공과를 냉정하게 분석하는 남학생이었다.

"굴욕의 기점은 아편전쟁인데, 왜 가장 비판받고 미움받는 대상이 일본인가?"

내가 소박한 의문을 던지자, 그는 바로 답했다.

이유는 세 가지라고 생각한다. 처음 두 가지는 단순하다. 일본과의 전쟁이 가장 최근의 일이라는 점, 일본과의 전쟁이 가장 격렬하고 대규모였다는 점 때문이다. 가장 중요한 이유는, 일본과의 전쟁을 거쳐 국공내전이 발발했으며 그 후 중국공산당이 주도하는 형태로 중화인민공화국이 세워진 과정 때문이다. 중국공산당은 스스로 집정당으로 군림하면서 광대한 중국을 통치하기 위해 "일본 군국주의자라는 나쁜 자를 타도했다"라고 선전할 필요를 강요받았다.

중국 인민의 마음속에서 재생산되어온 '백 년 치욕'의 가해자는 결코 일본만이 아니다. 하지만 그가 말한 배경도 하나의 원인이기는 하다. 일본이 최대 표적이 된 채로 벌써 70년을 넘어서고 있다. 고대 이래로 청일전쟁(1894~1985년) 즈음까지는 일본을 내리깔아 보고 있었는데, 일본과의 전쟁에서 패배해 결국 '침략'당한 것도 중화민족의 신경을 거스른 것이다.

중국공산당과 인민이 백 년 치욕에서 얻은 교훈은 '약하면 당한다(落后就要挨打)'는 것이다. 즉, '우리는 약했기 때문에 침략당했다'는 의미다. 이 교훈 자체는 건전한 산물이며, 상식적인 사고방식의 범주라고 할 수 있다. 굴욕을 계기로 재기·분투해 좀 더 강하고 풍부한 사회를 만들어가는 원동력으로 바꿀 수 있다면 백 년 치욕에도 가치가 있을 것이다.

문제는 그 굴욕이 중국공산당이 스스로의 정통성을 계속 증명하기 위한 도구로 변해 정치적으로 이용되는 것이다. 그 와중에 증폭된 것은 긍정적인 자세라기보다는 오히려 부정적인 감정만을 앞세우는 피해자 의식이다. 이들이 가정이나 학교, 여론에 의해 반복·재생산되어온 것이다.

덩샤오핑이 이미 '평화와 발전의 시대'라는 배경에 근거해 "이번에는 우리가 건전한 국가를 만들어 국제사회를 깜짝 놀라게 할 것이다"라고 분기한 것과, '그때의 굴욕'이라는 피해자 의식을 가슴에 품고 "절대 용서하지 않는다"며 폭주하는 것은 국제사회나 국내 질서에 미치는 영향력에서 그 질이 180도 다르다는 점은 말할 것도 없다.

앞에서 나온 일본 외교관은 현시대의 중국인, 그리고 이러한 중국인을 지배하는 중국공산당의 백 년 치욕이 전자가 아닌 후자를 향한다고 말하고 싶은 것이다. 실제로, 내가 아는 한 서방 지식인들 사이에서도 중국인은 지금이야말로 세기의 굴욕을 초월하지 않으면 안 된다고 촉구하는 목소리가 높아지고 있다.

『돈과 힘(Wealth and Power)』[22]의 저자인 오빌 셸(Orville Schell)과 존 델러리(John Delury)는 ≪월스트리트 저널≫에 기고한 글에서 다음과 같이 주장했다.[23]

중국과 베이징의 프로파간다 담당자들은 지금이야말로 '백 년의 국욕(國辱)' 극복을 선언하지 않으면 안 된다. (치욕을 곱씹는 _옮긴이) 그런 시대는 끝났다. 세계는 변하고 중국도 서방국가도 변했다. 중국 스스로 주장하는, 미국과의 대등한

'신형 대국 관계'를 이루려면 새로운 화두가 필요하다.

홍미롭게도 이 기사가 게재된 이후, 국영 신화통신이 "미국 미디어: 중국 이 일어서기 위해서는 '백 년 치욕'을 희석시킬 필요가 있다"라는 제목으로 추적 보도하고 있다.[24] 중국이 진정한 의미의 대국으로서 국제사회에서 책 임 있는 역할을 수행하려면 언제까지나 '백 년 치욕'에 머물러서는 안 된다 고 생각하는 세력은 공산당 내부나 사회에 일정 정도 존재한다고 필자는 이 해하고 있다.

게이오기주쿠(慶應義塾)대학 동아시아연구소와 현대중국연구센터의 에토 나오코(江藤名保子) 연구원은 저서 『중국 내셔널리즘 속의 일본(中国ナショナ リズムのなかの日本)』에서 1972년 일·중 국교정상화부터 2006년의 전략적 호 혜관계 합의까지를 연구 대상으로 삼았는데, 현재 중국의 '공정 내셔널리즘 (official nationalism)'(국민 통합을 목표로 정치적으로 도입된 내셔널리즘)으로서 애국 주의가 대일 정책에 어떤 영향을 미쳐왔는지 검증한다. 그중 애국주의의 구 성 요소를 '중화 내셔널리즘', '당국 내셔널리즘', '경제 동원 내셔널리즘', '대 국 지향 내셔널리즘'이라는 네 가지로 분류한 다음, 다음과 같이 설명했다.

'당국 내셔널리즘'과 '경제 동원 내셔널리즘'이 국제적으로 인식되는 데 저어되는 점을 완화하는 형태로 제기된 것이 1990년대 말에 등장한 '대국 지향 내셔널리 즘'이었다. '대국 지향 내셔널리즘'이란 중국이 자신을 세계의 한 축인 '대국'으로 규정하고, 국제사회에 대한 책임을 거론하면서도 국가이익을 중시한다는 것이 다. 이는 현실주의적인 국가발전론의 연장선인 동시에 '대국 의식'을 전면에 내 세우는 것이다. 이를 통해 전쟁 피해자라는 피해 의식을 불식시키고 민족적 자존 심을 충족시키는 새로운 '애국주의'의 등장이다. 그리고 이러한 '대국 지향 내셔 널리즘'에서 공산당의 역할을 '중화민족'을 이끌어 세계에 우뚝 세우는 것으로 개 정한 것이다.[25]

그런 가운데 중국공산당이 새로운 최고지도자로 지명한 시진핑은 총서기에 취임하자마자 '중국의 꿈'이라는 슬로건을 대대적으로 내걸고 있다. 앞에서 설명한 담화 내용을 보면 '중국의 꿈'과 '백 년 치욕'의 관계, 나아가 그 맥락에서 일본의 지위가 의미하는 부분을 쉽게 상상할 수 있다. 중국공산당과 백 년 치욕, 중국의 꿈은 등호로 묶인다. 중국공산당이 스스로의 정통성을 증명하기 위해 끄집어낸 '백 년 치욕'이 '중국의 꿈'을 가져다준 것이다.

'중국의 꿈'이 정식으로 정치 전면에 내세워진 시기는 시진핑 총서기 취임 직후이지만, 그것이 의미하는 "중화민족의 위대한 부흥"이라는 말은 2002년 11월에 개최된 공산당 제16차 당대회 정치보고에서 이미 사용되었다. 이 표현을 중국공산당 지도자가 종종 사용하는 것에 대해서 중국 문제 전문가 아마코 사토시(天兒慧) 와세다 대학 교수는 저서 『중화인민공화국사(中華人民共和国史)』에 다음과 같이 느낀 점을 적었다.

> 지극히 민족주의적이면서 과거 역사나 전통으로 강력하게 회귀하도록 만드는 울림이 있는 이 표현을, 적어도 건전한 공산주의를 주창하는 정당이 거리낌 없이 사용하는 것은 무언가 기이한 인상을 자아낸다. 그 이유를 든다면, 세계 근현대사 속에서 중국이 강요받고 발버둥 치며 우여곡절 끝에 암중모색해온 '과거의 속박'으로부터 해방되어 자신을 되찾는 일이 드디어 가능하게 된 국면에서 강한 '자기주장'을 드러내는 말일지도 모른다.[26]

개혁개방 정책으로 경제력과 군사력을 증강시켜 대국 의식을 키우는 과정에서 중국공산당은 중화민족의 위대한 부흥, 즉 '중국의 꿈'을 제창하게 되었다. 한편 과거 십수 년에 걸쳐 대두한 것은 중국이라는 국가보다 오히려 부흥이라는 굴욕이었을지도 모른다.

이런 의미에서 중국공산당이 일당지배를 견지하는 한, 백 년 치욕을 초월하기란 어렵다. 피해자 의식은 재생산되고 그 중심에 일본이 있는 것이다.

제5장

노홍위병과
시진핑의 정치관

2012년 가을, 중국공산당 제18차 당대회가 베이징에서 개최되었을 무렵 필자는 매사추세츠주 케임브리지에 있는 하버드 대학에 있었다. 캠퍼스에서 중국 근현대사와 공산당사를 연구하는 중국의 역사학자 K 교수[1]가 이런 이야기를 해주었다.

중국공산당 최대의 문제는, 이 마당에 이르러 스스로가 '공농계급'을 대표하는 당이라는 이데올로기에서 탈피할 수 없다는 점이다. 폭력적으로 천하를 쟁취한 '혁명당' 시대와 근본적으로는 아무것도 변하지 않았다. 공산당에게 가장 중요한 것은 혁명당과 이별을 고하고, 공농계급이 아니라 진정한 의미에서 중국인 한 명한 명의 이익을 대표하는 '집정당'이 되는 것이다.

중국의 장래에 대해 생각을 한다면, 역시 중국공산당이 어떻게 자기 개혁을 실현해나갈지가 키포인트라는 것이다. K 교수는 말을 잇는다.

개혁개방이 진행되면서, 중국의 사회구조, 이해관계, 가치체계는 전례가 없을 정도로 다양화되고 있다. 공산당이 변화하는 사회를 통치할 수 없다고 말하는 것이 아니다. 공산당이 공농계급의 이익을 우선적으로 고려하고 만족시키는 당이 되면 안 된다는 것이다. 공산당은 자산가, 기업가, 중산계급, 고소득층, 외국인 등 사회 각계 직종, 수입, 계급 행위자의 권익을 가능한 한 폭넓게 망라할 수 있는 집정당으로 진화하지 않으면 안 된다.

마르크스-레닌주의에 의하면, 정당이란 항상 특정 계급·계층·집단의 권익을 대표하는 것이다. 마르크스-레닌주의를 통치 이념으로 내걸어온 중국공산당은 그 계층·계급을 공농계급으로 설정한 채 오늘에 이르고 있다.

최근 중국 정치에서 '공농'이라는 개념은 확대 기로에 있다. 농민이나 노동자계급 같은 전통적인 무산계급뿐 아니라 전문학교나 대학을 졸업하고 식견이나 기술을 갖춘 예비 중산계급도 도시에서 겨우 살아가는 상황이므로, 자타가 '사회의 약자'라고 인식하며 중국공산당이 통치 대상으로 정한 공농에 흡수되려는 현상이 일어나고 있다.

이 공농계급들은 서구나 일본 등의 선진국이 중국공산당 정책과 상충되는 정책을 취했을 때 "자유나 민주주의를 내걸고 중국을 얕보는 제국주의자와 싸우는 중국공산당"을 응원하는 경향이 있다. 또 중국 내 자본가나 부유층이 스스로 성공담이나 빛나는 업적을 자랑하면 "자본주의에 세뇌된 유산계급에 대항하는 중국공산당"을 응원하는 경향도 있다. 시장경제의 발전이나 세계화의 진행은 당대 중국 사회에 격차를 초래하고 있다. 이러한 격차가 심화될수록 유복한 생활을 누리는 외국인이나 부유층에 불만을 품고, 자신의 불만을 그들에게 토해내려는 공농계급이 늘어나는 경향도 보인다.

무산계급을 대표하는 중국공산당은 이들 사회적 약자를 거둬들여 그들의 권익을 우선적으로 보호한다는 것을 대의명분으로 내세움으로써 정권의 정통성 확보를 꾀한다. 시진핑은 내셔널리즘에 의존해 '군중'을 격려·통일시키려 시도하고 있다.[2] 급속한 경제성장으로 격차가 심화된 후진타오 시대에 집정당으로 노선을 잡는 듯 보였던 중국공산당이 또다시 혁명당으로 되돌아가버렸다는 해석은 이치에 맞는 듯하다.

혁명당에서 집정당으로의 전환

이 이야기를 1992년생 베이징 대학 국제관계학원의 후배(현 스탠퍼드 대학원생, 동아시아 국제관계 전공)에게 했더니, 다음과 같은 피드백이 돌아왔다.

중국공산당은 공농의 권익을 우선적으로 지키려 해왔다. 그들이 날뛰는 것을 두려워하기 때문이다. 민생 측면에서 우대할 뿐만 아니라, 국가권력을 통해 폭력적으로 억누른다. 모든 것은 집정권을 유지하기 위해서이다. 가령 중산계급이 똑같이 일어서서 날뛰면 같은 방식으로 억압할 것이다. 물론 그 가능성은 낮다. 중국의 중산계급은 역사적으로 독립성이 없기 때문이다.
교사나 의사를 포함해 그들은 경제적으로도 사회적 지위로도 당의 체제에 의존하고 있다. 결국 공산당은 지극히 소수의 정치 엘리트와, 이에 의존하는 이익집단, '홍색자본'(금융, 통신, 석유 등의 분야를 중심으로 국영기업이나 중국공산당 체제 주변에서 움직이는 돈 전반)을 대표하는 데 지나지 않는 것이다.

다음은 앞에서 말한 K 교수의 말이다.

그런 의미에서 '3개의 대표 중요 사상'을 시정 이념으로 삼았던 장쩌민 시대가 혁명당에서 집정당으로의 역사적 전환을 실현할 가능성이 가장 높았다.[3]

중국공산당의 자기 개혁이라는 관점에서 보면 '세 개의 대표 중요 사상'

중 진정 필요한 것은, 다음과 같은 부분이다.

> 사회변혁 속에 나타나는 민영 과학기술기업의 창업 인원, 기술 인원, 외자 기업
> 에 고용된 관리기술 인원, 자영업자, 사영 기업주, 중개 기업의 종업원, 프리랜서
> 등의 사회 계급은 모두 중국적 특색을 띤 사회주의 사업의 건설자다.[4]

세 개 대표의 특징은 중국공산당 통치의 대상을 공농계급뿐 아니라 기업가나 자산가를 포함한 유산계급까지 넓힌 데 있다. 중점은 전자에 두지만, 후자에도 문호를 확대했다는 의미에서 상징적이었다.

그러나 K 교수는 장쩌민 시대의 역사적 기회가 실현되지 못한 채, 적어도 착수 시도는 있었지만 제대로 실천하지 못한 채 시간이 지나버렸고, 국가지도자의 자리는 후진타오로 계승되었다고 말했다. "후진타오 시대에 들어, 중국공산당이 집정당으로 진화할 가능성의 싹을 완전히 잃어버리고 말았다. 경제는 발전했을지 모르지만 정치적으로는 후퇴했다"(K 교수).

K 교수와의 대화에서 납득이 가지 않았던 점은 "공농계급을 대표하는 혁명당에서 중국인 한 명 한 명의 권익을 촉진하는 진정한 의미의 집정당으로 바뀌면 공산당 일당지배하에서도 민주화가 가능하다"라는 점이다. "집정당으로의 격상이야말로 정치 개혁"이라는 의미인 것 같았다.

필자가 "그 정치 개혁은 민주화를 의미하는 것인가"라고 묻자 "뭐, 그런 셈이다"라는 애매한 회답밖에 얻을 수 없었다. '민주화하면 사회는 혼란해지고, 수습할 수 없게 된다. 공산당의 일당지배 아래 통치하는 쪽이 중국에는 적합하다'고 암묵적으로 말하는 듯 느껴졌다.

정치학자, 역사학자, 사회학자, 경제학자를 포함해 리버럴한 전문가들도 "중국에는 정치 개혁이 필요하다. 여기가 개선되지 않으면 경제문제도 사회문제도 해결되지 않는다"라는 결론을 내놓지만, "그렇다면 구체적으로 어떻게 개혁하면 좋은가?" 하고 한걸음 내디디면 침묵하거나 애매하게 구는 경

우가 대부분이다.[5] 가령 그들은 "삼권분립을 확립하고, 다당제를 실시하며, 언론의 자유를 보장하고, 지방에서 중앙에 이르기까지 민주적으로 상무위원이나 인민대표를 뽑는 것이다"라고 인식한다. 그런데도 영향력 있는 전문가일수록 중국공산당의 이론과 실천을 정면에서 반대하는 것을 거부하는 경향이 있다. 스스로의 정치적 입장이 취약해지기 때문이다.

중국공산당의 사상·이데올로기 공작을 담당(인재 육성, 이론 무장, 선전 작업 등)하는 중앙당교건교연부 주임 왕창장(王長江)은 다음과 같은 견해를 밝혔다.

> 중국공산당이 혁명당에서 집정당으로 전환한다는 것은 점진적인 과정이며, 많은 실질적 진보를 이루었다. 그러나 여전히 과정 중에 있으며, 당 스스로의 개혁은 이미 돌이킬 수 없을 만큼 심각한 국면에 접어들었지만, 아직도 많은 근본적인 과제가 해결되지 않았다.[6]

왕창장 교수는 '당의 집정합법성'과 관련해 다음과 같이 말했다.

> 중국공산당은 혁명을 통해 집정합법성을 획득했다. 즉, 그 합법성이란 인민의 통치 집단에 대한 반항에서 유래한다. 중국공산당은 인민을 조직하고 반항하는 과정에서 결정적인 역할을 하고 인민의 지지를 얻었다. 그런 의미에서 공산당 집정은 인민의 동의를 얻은 것이며 역사의 선택이었다.

그러면서도 이는 과거의 산물이고, 현재에는 응용할 수 없는 논리임을 시사한다.[7] "인민의 선택은 한 번으로 끝나는 것이 아니라 정기적으로 행해지는 것이다. 합법성의 기초도 시대의 변화에 따라 바뀐다"라는 논리로 그 근거를 제시한다. 이어 "계획경제가 합법성을 확보하기에는 적합하지 않아 시장경제를 선택하게 되었다"고 말했다. 경제 분야에서 과거 공산당의 합법성 확보 과정은 시행착오였다고 평가한다.

한편 정치 분야의 집정합법성은 지금까지의 방식으로는 인민의 지지를 계속 얻을 수가 없다. 이 때문에 그는 "민주제도야말로 정당의 집정합법성을 획득하기 위한 기초"라고 명시한 다음, "기존의 모델로는 현실에 적응할 수 없다"고 결론지었다.[8] 그는 '민주제도'라는 말과 관련해 "과학적이고 합리적인 제도·체제·메커니즘을 통해 인민과 집정당의 사이의 권리관계를 반영·구체화할 수 있는 것"이라는 설명을 덧붙였지만, 그것이 무엇인지에 관해서 구체적인 제언은 내놓지 않았다.[9]

이번 장에서는 현시대 중국 정치사상에 영향력 있는 전문가나 군인의 주장을 인용하는 가운데, 시진핑이 이끄는 공산당에 대한 '절대 충성'의 역사적 배경을 파헤치고 싶다. K 교수가 제기한 혁명당에서 집정당으로의 전환이라는 명제와 관련해, 시진핑이 이끄는 중국공산당 현 정권은 어떠한 정당 건설과 정권 운영을 목표로 하는지, 또 그 과정에서 어떻게 정통성을 확보해갈지 등의 문제를 고찰하는 데 중요한 작업이 될 것이다.

시진핑이 추구하는 '군중노선'

"영원히 당에 따른다(永遠跟黨走)."

2013년 10월 14월 베이징 시내 오피스 빌딩이 즐비한 궈마오를 지나던 필자의 눈에 이런 슬로건이 확 박혔다.

시내 곳곳에 '중국의 꿈'을 내건 간판들이 걸린 가운데 '당'이라는 문자가 강조되고 있었다. 2003~2012년 후진타오 시대와 비교해볼 때 분위기가 사뭇 달랐다. 공산당 정권이 당이라는 개념을 전면에 내세워 당의 지배야말로 중국의 안정과 번영의 길이라는 이념을 인민에게 강조하는 것이다.

또 당의 선전이나 언론 통제를 담당하는 중앙선전부를 10년간 맡아오며

2012년 11월 제18차 당대회에서 정치국 상무위원으로 진입한 류윈산이 이끄는 '군중노선교육실천활동'도 당의 위신을 높이는 움직임의 하나로 파악할 수 있다. 거리 곳곳에 "군중노선"이라 쓰인 붉은 슬로건이 걸려 있었다.

이 활동은 2013년 6월 18일부터 정식으로 시작한 것으로, 간·군 관계(간부와 군중의 관계)를 강화하기 위해 전개되었다고 한다. "활동은 당의 선진성과 순결성을 내걸고 인민을 위한 청렴하며 실정에 입각한 과정이 아니면 안된다"라는 지침이 세워졌다.[10] "낭비를 없애고, 간부들이 공비로 사치하지 않는다"라는 항목도 포함된다. 시진핑의 '반부패 투쟁'(상세한 내용은 제8장 참조)과 동시에 내걸려 대담하게 실행된 '사치금지령'이다. 베이징에서 필자가 목격한바 공산당 관계자들이 일상적으로 접대에 사용하는 듯한 고급 레스토랑은 규모를 축소하거나 도산에 내몰려 있었다. "우리 공산당원은 인민이 필사적으로 번 돈을 낭비하지 않고 있습니다"라고 선전하기 위해서일까? 이 또한 군중노선 활동의 일환인 것 같다.

상무위원 일곱 명은 전국 각지를 분담해 스스로 현지에 향한다.[11] 특히 농촌을 비롯해 발전이 뒤처진 지역이나, 취업을 못해 사회에 불만을 폭발시키는 젊은이들이 집결한 대학 등을 중심으로 인민들과 교류한다. 아울러 공적 권리의 사적 유용을 포함해, 부패가 횡행하기 쉬운 말단 간부에 대한 압박을 강화한다. 그리고 이런 모습이 저녁 7시에 방송되는 CCTV의 〈신문연파(新聞連播)〉에 대대적으로 나오도록 하는 것이다.

이러한 활동으로 중국 사회의 단결력은 강화되고 당의 권위적 지위가 유지된다는 점이 당 지도부의 논리일 것이다. 실제로 상무위원 7인이 방문한 지역이나 장소에서는 현지 간부가 압력을 느끼고 군중이 그럭저럭 기뻐하는 듯했다. 농민이나 학생 입장에서는 TV에서밖에 본 적이 없는 지도자가 실제로 방문했다면 흥분할 것이다.

한편 엘리트 대학생이나 지식인·기업가를 포함한 유산계급의 경우 이런 군중노선(군중은 때때로 무산계급을 가리킨다)은 상황이 그리 좋지만은 않다. 그 이유는 세 가지다.

① 활동 군중을 대상으로 한 것이고, 유산계급인 그들에게는 이점이 없다.
② 당이 군중에 우선적으로 자본이나 자원을 투입한다는 것은 유산계급에 대한
   투입 자본 혹은 우대 정책의 지체를 의미한다.
③ 군중 중시란 공산당이 무산계급의 편이라는 점에 대한 강조이며, 유산계급이
   관심을 두는 시장화·자유화·국제화 등의 개혁 프로세스는 오히려 지체될 것
   을 암시한다.

정치나 이데올로기의 최근 흐름을 보면, 중국의 꿈, 군중노선, 반부패 투
쟁 등 시진핑이 취임 이래 전개하는 일련의 정치 활동은 무산계급 = 군중노
선 = 공농계급에 영합하는 경향이 두드러진다.

"혈세를 쓰는 우리는 악한을 혼내줍니다", "인민을 위해 존재하는 우리는
청결한 당 운영을 실현합니다"와 같은 메시지를 통해서 당에 대한 인상을
개선시키려는 대상은 때때로 무산계급이며, 지식인이나 기업가를 비롯한
유산계급의 입장에서는 "그러한 짓을 할 여유가 있다면 제도 개혁을 해주었
으면 한다. 정치에서 독립한 사법체계나 보도·언론의 자유를 제도적으로
확립하는 쪽이 더욱더 소중하다"라고 호소할 것이 틀림없다.

2013년 10월, 필자는 베이징에서 제도 개혁을 갈망하는 리버럴파의 지식
인들과 교류할 기회가 있었는데, 시진핑의 정치에는 모두 비관적이었다. 한
출판사의 편집장은 "시진핑 정권 들어 출판 통제가 더욱 엄해졌다. 민감한
영역을 건드리는 프로젝트는 모조리 심사에서 중지되고, 재개의 조짐도 보
이지 않는다"고 상황을 한탄했다. 한 신문사의 정치 담당 데스크는 "시진핑
은 무엇을 생각하는지 모르겠다. 마오이즘을 포함해 극좌의 정치를 하려 한
보시라이를 실각시킨 것은 좋지만, 시진핑도 상당이 좌향화된 방식으로 사
회 전체를 단단히 죄려 하고 있다"고 지적한다. 또 여론 형성에 상당한 영향

력을 미치는 한 실업가는 "공산당 정권의 통치 방식에 이의를 외치는 지식 분자는 모조리 억압받고 있다. 우리를 탄압하는 움직임을 시진핑 쪽이 지지한다. 절망적이다"[12]라고 내뱉었다.

정치는 긴장 속에 흘러가는 경향을 보인다. 언론, 출판 등 당 이데올로기 건설에 관련된 분야는 하향식의 엄혹한 정치적 통제하에 있다. 시진핑의 지시 아래 류윈산과 왕치산(王岐山)이 각각 담당하는 군중노선과 반부패 투쟁은 관철되고, 시민사회나 제도 개혁은 지체될 것으로 예상된다.

그러나 정치적 긴장이라는 최근 상황을 놓고 '시진핑은 좌편향이다'라고 결론짓는 것은 아직 시기상조이며 경솔한 듯하다. 오늘날 당을 향한 당 간부들의 협조와 충성을 막연히 문혁 시대 개인숭배나 독재체제에 기반을 둔 '마오쩌둥 노선'과 동일시해서는 안 된다.[13] 시진핑을 비롯한 지도부가 당을 강조하는 배경에는 당정 관계나 정국에 대한 깊은 위기감이 깔려 있기 때문이다. "개혁하지 않으면 망당, 망국이 되어버린다"라는 위기의식이 후진타오 시대의 지도부와 비교해볼 때 훨씬 농후하다.[14] 지금부터 그 배경에 천착하려 한다.

노홍위병들과 시진핑은 아버지 세대를 뛰어넘을 수 있는가

시진핑 정치를 이해해가는 데 참고할 만한 논고가 있다. 인문학자이자 베이징 대학 교수인 첸리췬(錢理群)[15]이 2011년 12월 1일 자신의 블로그에 발표한 「노홍위병이 정치를 조종하는 것에 대한 우려(对老红卫兵当政的担有忧)」[16] 이다. 이하 첸리췬 교수, 앞서 나온 K 교수, 시진핑 브레인들의 사상이나 논점을 소개하며 나의 견해를 덧붙임으로써 시진핑의 정치관과 그 이면에 접근하려 한다.

후진타오·원자바오 시대에는 문화대혁명 시기의 대학생들이 국가의 최고 권력을 장악하고 있었다. 시진핑 시대에는 문혁 기간의 홍위병과 지식 청년층이 국가의 최고 권력을 장악했다. 게다가 이 세대의 지도자는 고급 간부의 자녀가 주체다. 문혁 시대에 함께 자란 이 세대의 홍위병, 특히 훗날 지식 청년이 된 고급 간부의 자녀가 주체를 이룬 '노홍위병'의 포부·이상·기질은 시진핑 정치에 영향을 주지 않을 수 없게 되었다.

이와 같은 문제 제기로 시작한 첸리췬은 그의 논고에서 다음과 같이 말한다.

1966년 문화대혁명이 발발한 시절, 노홍위병들은 중국 정치의 무대에 올라섰다. 그리고 이와 같이 선언했다. "노자(老子: 자신들의 부친 세대를 가리킴)가 정권을 쟁취했다. 우리 자손도 그것을 이어받아, 다음 세대로 이어가지 않으면 안 된다", "간부의 자제가 권력을 장악하지 않으면 안 된다. 천하는 우리의 것이다", "20년 후의 세계는 우리 간부 자제들의 것이다. 따라서 이 같은 슬로건이 탄생했다", "좌파가 반항하는 것은 인정한다. 그러나 우파가 천하를 지배하는 것은 결코 허락할 수 없다", "너희들이 배반하려 하면, 우리는 그것을 즉시 진압할 뿐이다. 이것이 우리의 논리다. 기구는 우리의 수중에 있으니까".

첸리췬은 이러한 슬로건을 단순히 '젊은이의 광언'으로 파악해서는 안 된다고 주장한다. 이해관계나 권력투쟁을 초월한 이상주의자들은 40~50년이 지난 지금도 권력만 수중에 넣으면 그들의 이상이 실현된다고 생각한다는 것이다.

따라서 당시의 노홍위병들은 중국의 장래 개혁 방향이 어떠하든, 접근법을 놓고 의견 차이가 생겨도 공산당의 리더십이라는 한 지점에서 입장이 완전히 일치한다. 당의 집정 지위를 강화하는 것이 중국 개혁의 출발점이자 귀결점이다. 이들

가운데 민주주의를 외치며 중국공산당의 리더십에 도전하는 듯한 세력이 생겼다
해도, 노홍위병들은 수중에 넣은 국가 기구를 운용해 진압한다. 수단을 이완하는
일은 절대 없다. 정치에 환상이 없다는 것을 그들은 알고 있다.

확실히 시진핑(1953년생), 왕치산(1948년생), 실각한 보시라이(1949년생), 류
샤오치의 아들인 류위안(1951년생) 같은 군인을 포함해 이 세대의 지도자급
인물에는 노홍위병이 많다. 천하를 쟁취한 부친 세대가 남긴 공산당의 지위
나 존엄·재산을 끝까지 지킨다는 의사를 포함해 "공산당의 지도력을 강화해
야 중국은 안정되고 번영할 수 있다", 더 말하자면 "보수적·우파적·좌파적·
리버럴적 …… 접근법은 다양하지만, 모든 것은 공산당의 강인한 지도력이
라는 틀 안에서 모색·실현되지 않으면 안 된다"라는 관념이 농후하다.
   첸리췬은 시진핑의 정신 구조와 집정 스타일의 관계성에 주목하며 개혁
의 가능성을 언급한다.

노홍위병은 밑바닥에서 사회가 변혁되는 것을 본 특수한 경험이 있다. 세계의 과
학기술이나 사상·문화·사회의 발전, 시대의 조류에도 깊은 이해를 지니고 있다.
따라서 후진타오 세대보다도 열렬히 '당의 위기'를 느끼는 토양을 갖추고 있다.
역사가 자신들에게 준 시간도 '앞으로 10년'이라고 인식한다. 그들 대부분은 60세
를 넘기고 있어 지금이야말로 최후의 도박을 하자며 기개가 넘친다. 시진핑 세대
가 개혁을 추진할 가능성은 있다. 이 세대는 문혁 시대 대학생이었던 후진타오
세대와 비교해도 돌파력과 행동력이 있다.

한편 첸리췬은 문혁 시대에 지어진, 부정적인 정신적 요소를 지적하며 다
음과 같이 경종을 울린다.

이 세대에는 '리틀 마오(小毛澤東)'가 많았다. 문혁 시대 잔혹한 투쟁으로부터 형

성되어, 목적을 위해 수단을 가리지 않는다는 관념이 만연했다는 것이다. 그중에서도 마오쩌둥이나 덩샤오핑 등 강력한 지도력을 갖춘 통치자가 등장하기 어려운 지금, 노홍위병들이 어떻게 공존하고 합력을 형성해가는지가 시진핑 시대의 통치 과제이다.

공산당 내부의 권력투쟁이 격화해 소모전이 전개될 위험성이 있다는 의미다.

이러한 상황 아래, 최고통치자인 시진핑의 개인적 사상·성격·능력이 극히 중요한 역할을 할 것이다. 베일에 싸인 인간이야말로 당내 투쟁에서 살아남아 집정의 중·후기에 두각을 나타내는 것이다. 이런 의미에서 시진핑 시대는 예측이 어려운 많은 불확실 요소를 포함하고 있어, 모호의 시대라 말할 수 있다.

선한지 나쁜지의 가치판단은 차치하고, 공산당의 집정 지위를 강화하는 것으로부터 모든 것이 시작된다고 생각하는 시진핑 등 노홍위병들이 사회 밑바닥에 사는 군중＝무산계급＝공농계급을 지지 기반으로 내거는 것은 자연스러운 흐름이라고 할 수 있다. 한편 '개혁하지 않으면 망당·망국의 위기에 직면한다'는 위기감이 있다는 관점에서 본다면, 우선 군중을 지지 기반으로 삼아 정권을 강화하고, 이어 경제뿐 아니라 정치 분야에서도 어떤 개혁을 추진할 가능성이 있다는 첸리췬의 견해에 필자는 동의한다.

시진핑 정권 전반기(2012~2017년)에 해당하는 현 단계에서 공산당 지도부는 중국 인민 한 명 한 명의 권익을 소중히 하는 집정당이라기보다 공농계급의 권익을 우선하려는 혁명당에 가까운 스타일로 집정하는 듯 보인다. 그러나 첸리췬의 논고를 인용하며 검증해왔듯, 이런 상황이 앞으로 5~10년간 이어진다고는 할 수 없다. 시진핑을 비롯한 노홍위병들이 진정한 의미에서 망당·망국의 위기로부터의 탈피를 결심하고, 부친 세대를 뛰어넘기 위한 결의를 굳힌다면, 첸리췬도 시사한 것처럼 중국공산당이 혁명당에서 집정당으로 진화할 가능성은 남아 있다고 생각한다.

시진핑의 정치관과 이면

2010~2011년 필자는 베이징에서 복수의 태자당 관계자로부터 "시, 보, 왕철의 삼각(習, 薄, 王 鐵三角)"이라는 말을 들었다. 태자당의 대표격인 세 사람이 제18차 당대회 이후 중국 정치를 이끌어간다는 의미였다. "애초 보시라이와 왕치산은, 리커창이 내정된 국무원 총리의 자리를 노리고 있었다"(태자당 관계자)고 한다.[17]

첸리췬 교수는 보시라이가 마오쩌둥의 정치 유산을 '자각적으로' 활용하면서, 당시 자신이 통치하던 충칭을 홍색으로 꾸미려 했다고 본다.

> 창홍가(唱紅歌: '마오쩌둥 만세'를 내거는 합창)와 타흑(打黑: 마피아 박멸운동).
> 전자는 이데올로기와 사회적 분위기를 마오쩌둥 시대로 되돌리려는 것이고, 후자는 마오쩌둥 시대의 계급투쟁 방식으로 부패 문제를 해결하려는 것이다. 더욱 중요한 것은 경제 분야에서 유명한 '충칭 모델'이다. 보시라이가 농촌과 도시에 걸쳐 실시한 토지제도 개혁과, 도시부에서 대대적으로 확산시킨 사회주의 공유제는 기업이나 경제 분야에 대한 관의 통제를 강화하는 방식이다. 이러한 정책은 1949~1956년의 '신민주주의 혁명'과 상통한다는 견해도 있다.
> 보는 마오쩌둥 시대의 '군중노선'이나, 대학생 '상산하향(上山下鄕: 대학생 등 지식인을 농촌부에 보내 육체적 노동을 시키는 운동)'도 강조했다. 이들은 신좌파나 마오주의파 지식인들의 지지를 받아 '중국식 사회주의'라는 평가까지 얻었다. 반면 리버럴파 지식인이나 당내 민주파들은 '중국을 마오쩌둥 시대로 되돌리는 것'으로 경계했다.

마오이즘이 문화대혁명 등 여타 공포정치를 초래했다는 점을 상기하면, 중국의 지도자들은 개인숭배에 신중한 태도를 취할 것이다. 최근 십수 년간 당 지도부는 지도자 한 명에 의한 폭주를 예방하기 위해 합의의 구축을 장려해왔다. 그러나 특색 없는 후진타오 정권 10년이 지난 지금, 혁명당이 점지한 아이 시진핑은 전제적인 포퓰리즘의 색채를 빈틈없이 갖추려는 듯 비친다. 대중의 지지를 모으고자 시진핑은 온갖 말을 동원해 자신의 연설을 장식한다. 연설 가운데는 애국적인 레토릭, 마르크스-레닌주의자의 슬로건, 그리고 마오쩌둥 시대에는 마오쩌둥의 고대 사상에 대한 알레르기 때문에 공개적으로 말하면 감옥행이었던 공자의 어록도 포함되어 있다.[18]

이 대목에서 상기시킬 것이 있다. 마오쩌둥의 정치 유산을 극도로 그리고 자각적으로 이용한 보시라이를 실각시켜 내쫓은 당 지도부가, 마오쩌둥의 정치 유산을 자각적으로 이용하지 않는다고 할 수 없다는 점이다. 노홍위병과 시진핑을 포함한 현재의 당 지도부도 예외는 아니다. 시진핑 시대에도 중국 정치는 항상 '마오쩌둥의 역습'이라는 파도에 휩싸일 위험성을 내포한다는 것이다.[19] 다음은 K 교수의 말이다.

> 홍2대(노홍위병)에는 세 유형이 있다. 신좌파, 실무파, 민주파이다. 시진핑은 소년 시절과 청춘 시대를 함께 지낸 홍2대의 조언에 귀 기울이는 버릇이 있다. 문제는, 이 세 유형 중 어떤 유형이 시진핑에게 가장 발언권을 지니는가이다. 친샤오(秦曉: 1947년생, 홍콩 초상국 집단이사회장)가 대표격인 민주파가 최대 브레인이 될 가능성은 지극히 낮다. 시진핑이 공산당의 자기 개혁을 추진할 수 있는지는 실무파가 신좌파를 능가해 어떤 식으로 시진핑의 두뇌에 접근할지 여부에 달려 있다.[20]

K 교수에 따르면, 실무파의 대표격 인사는 시진핑 정권에서 반부패 투쟁의 지휘관으로 분주하게 활동 중인 왕치산 중앙기율검사위원회 서기이고,

신좌파의 대표격은 류샤오치의 아들이자 인민해방군 총후근부 정치위원인 류위안 상장이라고 한다.

2011년 4월 24일, 베이징의 중국사회과학원과 중앙서기처라는 당 기관에서 농업 문제를 연구해온 장무성(張木生, 1948년생)은 저서 『우리의 문화역사관을 개조한다(改造我们的文化历史观)』(軍事科學出版社)의 출판 기념 심포지엄에 참석했다. 장무성은 이 책 머리말을 써준 류위안의 맹우(盟友)이며, 그런 이유로 시진핑의 사상 형성에도 영향을 미치는 한 명으로 거론된다.

이 책의 주된 내용은 '신민주주의로의 회귀'다. 신민주주의란 무산계급이 지도하고 인민대중에 의해 제국주의·봉건주의·관료자본주의에 반대하는 혁명 사업을 가리킨다. 건국 이전에 중국은 무산계급을 대표하는 중국공산당이 혁명지도권을 쥐고, 혁명의 임무를 완수하며, 신민주주의에서 사회주의로의 이행을 실현하는 것을 목표로 했다.

장무성에 따르면 공산당 일당 전정(專政)에는 세 가지 모델이 있다.

① 중화인민공화국 건국부터 문화대혁명 이전까지 17년간 공인과 농민을 사회 기초와 군중 기초로 삼은 모델

② 마오쩌둥이 문혁 시대에 구축한 리더십 전정과 군중 전정을 결합시킨 모델

③ 문혁 후의 덩샤오핑 시대 특히 장쩌민 시기로, 이른바 '선진적인 생산력의 대표'인 정치·경제·기술 엘리트들을 사회 기초와 군중 기초로 만들어놓고, 공인과 농민을 약체 그룹으로 변화시킨 모델[21]

장무성은 "공인과 농민의 지지를 잃은, 세 번째의 일당 전정에는 위기가 생긴다"고 단언한다. 그러면서 "자본주의를 발전시키는 것은 받아들인다. 그러나 자본주의 발전은 (무산계급의 아군인) 공산당이 자산계급을 통제하는 것이 전제되지 않으면 안 된다"고 주장한다.

첸리췬 교수는 장무성을 포함한 신좌파들의 의도를 이렇게 이해한다.

견제와 균형은 있어도 좋다. 헌법이 있어도 좋다. 다른 파벌이 있어도 좋다. 여론의 해방과 사상의 자유도 최종적으로는 해결 가능한 문제다. 다만 전제조건이 있다. 당은 하나뿐이고, 모든 것을 통제하는 것이다. 즉, 누군가가 당의 절대적 지배에 도전하거나 당이 제어할 수 없게 되면, 통제를 강화해 전정을 행한다. 그것이 군사 전정일 가능성도 높다고 말한다.

챈리췬은 장무성의 사고방식이 마오쩌둥, 류샤오치, 덩샤오핑 등이 1957년에 행한 방식, 즉 "말을 들으면 모든 자유를 주고, 말을 듣지 않으면 진압한다"는 방식을 닮아간다고 풀이한다. "그러나 이러한 '신민주주의'로 회귀해 새로운 공농연맹을 만들고 자산계급을 통제할 수 있다 하더라도, 공산당의 합법성이 재구축될 수 있는가?"라고 의문을 제기한다.

필자도 무릇 '신민주주의'는 노홍위병들의 부친 세대가 '혁명'을 내걸고 권력을 쟁취해 공산당 지배의 중화인민공화국을 수립하려 한 시절, 즉 혁명 시대의 이데올로기를 가리킨다고 본다. '신민주주의 시대로 회귀해야 한다'는 주장을 핵심 내용으로 하는 장무성의 저서에서 머리말을 쓴 류위안은 장무성과 마찬가지로 신민주주의를 신봉한다고 전해진다. 베이징에서 공산당 제18차 당대회가 열렸던 2012년 11월 K 교수는 "시진핑의 사상과 이데올로기는 왕치산보다 류위안의 사고방식을 경청한다"고 주장했다.[22]

시진핑이 자신의 통치 기간에 신민주주의 그 자체를 내걸 가능성은 낮다. 그러나 신민주주의 사상의 기저에 있는 무산계급 = 공농계급 = 군중노선을 최대 지지 기반으로 한다는 전제 아래, 공산당의 절대 지배를 강화한다는 특징이 오늘날 정치에서 실현되고 있는 현상은 부정할 수 없다.

챈리췬은 류위안으로 응축되는 '태자당 군인'의 특징을 우려한다. 류위안은 "논쟁하지 않는 시대와는 이별을 고해야 한다"면서 "중국이 어떠한 길을 걷는지에 관해 공개적으로 자유로운 토론을 하면 좋다"고 촉구한다. 그렇지만 당시의 마오쩌둥이 그랬듯이, 태자당 군인들은 민주당파들의 의견을 속으로는 모욕하고 있었다. 근본적으로 자신의 의견에 반하는 주장은 받아들이지 않는다. 노홍위병이 남긴 '유풍(遺風)'에 더해, 최근 중국 경제의 '저력'도 그들의 기세를 올리고 있다.

앞서 말한 심포지엄에서 장무성은 기자의 질문에 답하는 와중에도 반복적으로 '미래의 위정자'라는 말을 거론했다. "우리의 국가는 연약하고 무능하며 지성이 없는 지도자들에 의해 심각한 정치적·사회적 위기에 직면하고 있다",[23] "다음의 최고지도자는 이러한 국면이 계속되도록 용인하지 않을 것이다",[24] "높은 정치적 지혜를 통해 최근 문제를 해결할 것이다"라는 견해를 토해냈다.

첸리췬의 논고에서 시사하는 바에 따르면, 장무성은 목표 실현을 위한 이상적인 공산당원이 류위안이라고 말하고 싶은 것이다. 그러나 동시에 신민주주의로의 회귀를 꾀하는 듯한 류위안과 장무성의 조합이, 어떤 의미에서 역사적·상징적으로 중국의 장래를 생각할 때 "좋지 않은 예감이 든다"고 첸리췬은 우려한다.[25]

K 교수가 홍2대에서 민주파의 대표격으로 거론한 친샤오는 2010년 7월 19일 칭화 대학 경제관리학원 졸업식에 참석해 연설하면서 다음과 같이 주장했다.

내가 주장하는 사회적 전환이란, 중국어로 말하는 '현대화 건설(現代化建設)', '국강민부(國强民富)', '대국굴기(大國掘起)'가 아닌 현대적 사회의 구축을 가리킨다. 현대적 사회란 전통사회에서 유래되었으며 '가치관의 계몽', 즉 자유, 이성, 개인의 권리를 갖추고 시장경제, 민주정치, 법치사회를 제도적 틀로 삼는 민족국가를 지향하는 것이다.

첸리췬은 친샤오의 발언이 두 가지 사상적 경향에 대한 도전이라고 본다. 하나는 정부 주도와 중국식 민주주의에 의해 경제발전 수단, 정치권력 구조,

사회통치 방식을 지탱하는 '중국 모델론'에 대한 도전이다. 친샤오는 "현대화, 안정, 국가와 민족 이익, 민생 등으로 자유, 개인의 권리, 민주, 이성 등 보편적 가치의 핵심과 기초를 무마하려는 듯한 방식은 현실적이지 않다"고 말하며, '중국적 가치관'이 '가치관의 계몽'으로 대체되는 듯한 상황은 위험한 경향이고, 경계할 필요가 있다고 주장한다.

또 하나는 '과격주의'에 대한 도전이다. 친샤오는 "과격주의와 이데올로기화는 현대화 건설이 뒤떨어져가는 과정에서 쉽게 빠지기 쉬운 함정이다"라는 지론을 펼친다. 중국이 직면하고 있는 심각한 체제 문제를 근본적인 부분부터 수술하지 않으면 사회적 위기를 촉발할 가능성도 배제할 수 없다. 친샤오는 "이 문제들이 체제 내의 개혁과 정책 전환을 통해 개선될 수 있다"고 주장한다. 이어 "과격주의자들은 사회적 위기에 대해서 대중 자원을 동원해 혁명적인 목적을 달성하기 위한 표적으로 간주하며, 이는 최악의 결과를 초래할 수 있다"고 경고한다.

친샤오는 전형적인 고관 자제 출신으로, 노홍위병이라는 배경과 함께 태자당에서도 넓은 인맥을 갖고 있다. 첸리췬은 "친샤오의 주장이 태자당에서 어느 정도 대표성이 있는지, 시진핑 시대에 어떠한 영향을 미치는지 앞으로 주의 깊게 볼 필요가 있다"고 지적했다.

필자도 K 교수와 마찬가지로, 친샤오의 주장은 리버럴파 지식인이나 일부 태자당[후야오방 전 총서기의 아들 후더핑(胡德平) 등] 사이에서 영향력이 있지만, 시진핑을 비롯한 당 지도부의 기본 노선 속 어디까지 침투할지에 관해서는 회의적이다.

실무파의 대표격인 왕치산은 확실히 시진핑이 가장 중시하는 반부패 투쟁을 지휘하고 있다. 이 투쟁은 애초 '공산당에 의한 지도력, 위신, 지위를 강화하는 것'이 목적인 캠페인이다. 따라서 왕치산은 보수적인 정치적 경향에 가담하지 않을 수 없다. 같은 상무위원이며, 그런대로 신뢰할 수 있는 관계인 시진핑에 대한 발언권도 일정 정도 지니고 있다. 하지만 자신의 관할

범위 이외에 깊이 관여하는 것은 공산당 내에서 금기시된다. 처세술이 뛰어나며, 냉철하고 신중하게 업무에 임하는 실용주의자 왕치산이 사상 측면으로 시진핑을 '계몽'한다는 것은 생각하기 어렵다.

여기까지 류위안과 장무성을 통해 신좌파의 대표적인 주장을 분석해왔다. 앞서 서술한 대로 시진핑이 신민주주의 혁명을 사상적으로 전면에 내건다고는 생각하지 않는다. 류위안이 아무리 시진핑과 가깝다 해도 정치국 위원에도 진입하지 못한 일개 군인이 중국 정치의 방향성을 결정짓는 듯한 사상으로 국가지도자를 '세뇌'할 수 있다고 보기는 어렵다.

정권 초기(2012~2014년)에 시진핑은 신좌파와 실무파 간 노선을 대변해온 것처럼 보인다. 당내 권력 기반이 다져진 정권 중기(2015~2019년)에는 신좌파를 납득시킬 대책을 강구하겠지만, 그보다는 실무파 성향, 즉 프래그머티즘적 노선을 따라가는 것일 수도 있다. 그리고 정권 후기(2020~2022년)에 친샤오를 비롯한 민주파의 주의나 주장을 얼마나 정책에 반영할 수 있을지는, 첸 교수가 주장한 대로 시진핑의 배짱과 수완에 달린 것으로 보인다.

제2부

개혁

제6장

덩샤오핑에서
시진핑으로

2013년 10월 15일 베이징 대학 교내 서점을 방문했을 때였다. 특정 위치에 정중하게 진열된 네 권의 책이 눈에 들어왔다. 『마오쩌둥전』, 『저우언라이전』, 『덩샤오핑전』, 『시중쉰전(习仲勋传)』이다.

1976년 사망한 마오쩌둥과 저우언라이의 전기는 이전부터 있었으므로 이 시기에 특별히 선전된 것은 아니었다. 2013년에 나온 『덩샤오핑 시대』(三連書店出版社)는 하버드 대학의 에즈라 보걸 명예교수가 외국인 학자로서 덩샤오핑의 생애와 개혁개방 과정에서의 역할을 그린 책이다.

『시중쉰전』은 약 20년의 방대한 집필과 편집 기간을 거쳐 2013년 8월 중앙문헌출판사라는 공산당 직속의 출판사에서 상·하권이 간행되었다. 시중쉰(習仲勳, 1913~2002)은 시진핑 공산당 총서기의 부친이며, 문화대혁명 이전인 1959년에 국무원 부총리, 문혁 이후 1978년에는 광둥성 공산당위원회 제1서기에 올랐다. 1981년에는 중앙서기처 서기에 임명되었고(이듬해 정치국위원 선출), 당 중앙의 일상 업무를 총괄하는 임무를 수행했다.

진열된 책들 가운데 주역은 당연히 『시중쉰전』인 것은 의심할 여지가 없다. 다른 세 권은 들러리나 다름없었다. 필자는 오히려 그가 마오쩌둥, 저우언라이, 덩샤오핑과 동등·동렬로 대우받는 상황에 관심이 갔다. 2013년 10월 15일은 시중쉰 탄생 100주년 기념일이다. 전국 각지에서 성대한 축하행사가 펼쳐지고 있었다. 특히 시중쉰의 출생지이자 중화인민공화국 건국 이전에 그가 '혁명근거지'를 건설한 산시성(陝西省)과, 문화대혁명 이후 개혁개방을 선도한 광둥성에서는 세미나 등의 형식을 통해 갖가지 행사가 열렸다.

이 밖에도 CCTV가 시중쉰의 생애를 다룬 총 6회의 다큐멘터리를 황금시간대에 방영했으며, 같은 시기 방송 매체에서도 시중쉰 탄생 100주년을 보도했다. 베이징의 중관춘(中關村), 시단(西單), 왕푸징(王府井) 등에 위치한 국영 신화서점으로 발걸음을 옮기면, 입구 부근의 눈에 띄는 장소에 『시중쉰전』이 산더미처럼 쌓여 있었다. 중국 전역이 시중쉰 일색으로 물든 분위기를 느낄 수 있었다.

오늘 오전 TV를 켰더니 시중쉰 탄생 100주년 기념행사 상황이 반복적으로 방송되고 있었다. 시중쉰이 시진핑의 부친인 것은 누구나 알고 있다. 자신의 부친을 떠받들어 이렇게까지 대대적으로 선전하는 방식은 대단히 의문스럽고, 위험하기도 하다. 마오쩌둥과 같은 권위주의적인 냄새가 난다.

탄생일 다음 날인 10월 16일에 중국 지식인 그룹의 리버럴파를 대표하는 여성 문화인이 회식 자리에서 필자에게 슬쩍 말을 건넸다. 그녀의 견해는 다음과 같았다.

모든 것을 하향식으로 진행하는 권위주의가 횡행하면 시민사회나 법의 지배와 같은 보편적 가치관에 근거한 제도나 문화가 뿌리내리지 못한다. 민주화를 기대하는 정치 개혁 따위는 또 다른 꿈일 뿐.[1]

이런 유형의 현상 인식은 시진핑 시대를 살아가는 많은 중국 러버럴파 지식인들의 우려와 초조함을 대변하는 것일 수 있다.[2]

2013년 11월에 열린 중국공산당 제18기 중앙위원회 제3차 전체회의(3중전회)에서는 "자원배치 과정에서 시장이 결정적인 역할을 맡아라" 또는 "정부 기능이 전환되어야 하고, 시장이 할 수 있는 일은 시장에게 맡길 것" 등과 같은 시장주의 정신(사회주의라는 큰 틀을 확고히 견지하는 당 지도부는 결코 '자본주의의 정신'을 외치지 않는다)이 대대적으로 강조되기도 했다.[3]

경제에서는 시장화가 선언되었고, 사법체제 개혁을 포함한 법치주의까지 예찬되는 현상을 감안하면,[4] 중국 지도부가 현대 국가라는 제도적 틀을 가지고 근대화 과정을 추진하는 의도는 명백해 보인다. 세계화가 진행되고 중국이 저항 없이 세계 경제 시스템 속으로 편입되는 현상 등을 감안할 때, 시장화나 개방경제, 공정성이나 법치주의 같은 요소가 소홀해질 여지는 이제 없는 듯하다. 중국은 이미 '후퇴'할 수 없는 지경에 도달했다는 것이다.

그러나 민주화도 포함한다는 당 중앙의 정치 개혁이 언론·보도·출판의 자유를 좌지우지하며 자신들의 생존·발전 공간에 직접적 영향을 미친다고 생각하는 지식인들은 시진핑의 정치가 '퇴보'한다고 생각하는 듯했다.

"영원히 당에 따른다"라는 슬로건, 군중노선, 중국의 꿈, 그리고 시진핑에 의한 시중쉰 탄생 100주년 기념행사의 대대적인 전개 등은 적어도 현 단계에서는 리버럴파 지식인들이 '정치의 역류'를 주장하는 근거가 되고 있다. "정좌경우(政左經右)"라는 말이 유행하듯이, 보수화·좌향화하는 정치와, 시장화나 법치주의를 장려하는 경제의 괴리 현상은 우려의 대상으로 거론된다.

정좌경우의 상황에서는 3중전회에서 개혁 어젠다로 설정된 시장화를 포함한 경제 개혁도 좌절된다는 것이 리버럴파와 경제학자들의 대체적 시각인 것 같다. 베이징 대학 시절 리커창의 동료였던 한 기업가는 시진핑·리커창 정권의 현상과 정치·경제의 관계를 다음과 같이 보고 있다.

커창은 시장경제나 법치주의 이론에 정통하고, 이를 토대로 실제 정책에 반영하려고 노력한다. 정치 개혁을 동반하지 않으면 경제건설도 오래가지 않을 것이라는 점도 잘 알고 있다. 다만 국가주석이 되지 못한 커창은 어디까지나 경제의 수장이며, 정치 분야에서 시진핑을 움직이는 역할은 할 수 없다. 이것이 앞으로 9년간 중국 정치·경제에서 최대 불안 요소다. 우리는 커창이 자신의 문제의식과 경험을 정상적으로 정책에 실행할 수 있기를 기원할 뿐이다.[5]

이번 장에서는 시진핑이 부친 시중쉰 탄생 100주년을 대대적으로 기념한 사실이 의미하는 바를 해독할 것이다. 이를 통해 정치·경제·사회 분야에서 중국의 지속 가능한 발전을 실현하기 위해 넘어야만 하는 벽을, 사실상 덩샤오핑이라는 개혁개방의 설계사로부터 찾아낼 수 있다는 점을 검증하려 한다.

아버지 시중쉰의 탄생 100주년

10월 20일 저녁, 필자는 시중쉰과 함께 베이징과 광둥에서 통치가로서 공산당에 몸 바쳤던 전 정치국 위원인 친족(이하 M 씨)을 베이징의 한구석에서 마주했다. 나이는 시진핑보다 조금 젊지만, 시진핑과 마찬가지로 태자당 중의 태자당이라 말할 수 있는 사람이었다.[6]

필자는 단도직입적으로 베이징에서 리버럴파 지식인들과 나눈 대화 내용과 그 감상을 전했다. 그러자 M 씨는 코웃음을 치듯이 "그런 것은 당의 실정을 모르는 외부인의 허언에 지나지 않는다"며 말을 잘랐다. 시진핑이 부친의 탄생 100주년을 대대적으로 축하하는 프로파간다를 지휘하는 현상에 근거해 "그 권위주의적인 방식이 정치의 좌향화를 초래하고, 정치 개혁은 진행되지 않는다"고 연역해나가는 시각은 옳지 않다고 단언한 것이다.

"10월 15일의 좌담회를 보셨습니까?"

M 씨가 질문해왔다. 10월 15일의 좌담회란 그날 오전 베이징 인민대회당에서 개최된 '시중쉰 탄생 100주년 기념 좌담회'를 말한다. 방송 매체도 대대적으로 방송했다.

그 좌담회는 진핑이 공들여 계획을 세우고 실시한 것이다. 마오쩌둥의 딸 리민(李敏), 덩샤오핑의 아들 덩푸팡(鄧朴方), 류샤오치의 아들인 류위안, 후야오방의 아들 후더핑이 참여하고 있었다. 이것이 무엇을 의미하는지 알겠는가?

생각해보면 분명 진기한 광경이다. 중국에서도 평가가 엇갈리는 건국자 마오쩌둥의 후손과 개혁개방의 총설계사 덩샤오핑의 후손이 동석하는 것도 드문 경우지만, 그 이상으로 이해할 수 없는 것이 류위안과 후더핑이 동석했다는 점이다.

앞 장에서도 언급했지만, 류위안은 홍2대 신좌파 쪽이라는 견해가 일반적이다. 공산당의 지도력 강화를 외칠 뿐만 아니라, 공산당이 폭력으로 천하를 쟁취할 당시의 이념 '신민주주의 혁명'의 부활을 주장한 사람이다. 한편 후더핑은 공산당 일당지배를 부정하지는 않지만, 당 내외를 막론하고 지식인층이나 일반 여론에서도 정치 개혁이나 법치주의의 필요성을 주장해온 인물로 알려져 있다.[7]

2014년 11월 7일 중국인민정치협상회의 상무위원, 경제위원회 부주임을 맡고 있는 후더핑은 제1회 다메이사(大梅沙) 이노베이션 포럼 연설에서 다음과 같이 말했다.

개혁개방 이래로 우리나라에는 시민 대중 이외에 많은 이익집단이나 새로운 사회계급이 출현했다. 이는 인민에게 변화와 발전이며, 모두 우리나라 헌법에 명확히 언급된 지위를 갖고 법률에 의해 보호를 받고 있다. 그들 사이, 혹은 내부의 모순은 일률적으로 법에 의해 처리·해결되지 않으면 안 된다. 계급의 관점에서 우리나라 현실 사회에 존재하는 사회관계 분석 방법을 배제하지 않더라도, 이제 정치적인 군중운동의 방법으로 문제를 해결할 필요는 없어졌다. 이는 우리 당 치국 이념의 큰 도약이며, 국정 거버넌스 체계와 능력을 현대화하는 데 큰 진보를 보인 것이다. 그와 동시에 계급투쟁과 전정 이론의 토대 위에서 '의법치국'(법에 의거해 나라를 다스리는 것)이라는 출구와 경로를 찾아낸 것이며, 그 의미는 매우 중요하다.[8]

그는 후야오방 전 총서기의 장남으로 공산당 내부에서도 중역을 맡고 있는 만큼, 노골적으로 정치 개혁이나 삼권분립 같은 서구식 제도·가치관을 주장하지는 않았다. 하지만 의법치국이라는 현대적 제도에 의한 문제 해결을 중요시함으로써 개혁개방이 전진한다는 주장은, 태자당 그룹에서도 문명 개화적이라 할 수 있다.

흥미롭게도 후더핑은 같은 담화에서 다음과 같이 내밀한 이야기를 스스로 밝혔다.

2010년 10월 나는 저우융캉(周永康)에게 편지를 썼다. 원로의 의견을 반영하기 위해서였다. 정치 정세, 사회질서, 치안문제에 대해 걱정한다고 썼다. 저우융캉은 충칭에서 추진하는 '타흑창홍(打黑唱紅)'을 가장 지지하고 있었다는 답변을 보내왔는데, 무서웠다.[9]

충칭에서 '타흑창홍'을 전개한 보시라이는 극좌적인 수단을 통해 군중의 지지를 끌어모으며 2012년 11월 정치국 상무위원 진입을 꾀하고 있었다.[10] 이를 배후에서 지지한 사람이 당시 정치국 상무위원으로 공안 분야를 총괄 담당한 저우융캉이다. 결과적으로 보시라이와 저우융캉은 둘 다 중앙기율검사위원회 조사에서 입안·심의되어 낙마하기에 이르렀다.

두 사람에게는 각각 개인적 문제도 있었지만, 시장경제나 법치주의에 의거한 개혁개방의 길을 벗어났다. 심지어 마오쩌둥이 문화대혁명 시대에 동원한 것과 같은 군중노선을 통해서 개인숭배를 방불케 하는 대중 총동원 형태로 번질 가능성을 보여준 보시라이와, 그를 뒤에서 지지한 저우융캉이 "길을 벗어난 공산당원"이라는 실질적인 명분에 걸려 실각으로 내몰린 점은 부정할 수 없다. 두 사람은 권력투쟁뿐만 아니라 노선투쟁에서 패배했다고 볼 수도 있다.

마오쩌둥, 덩샤오핑, 류샤오치, 후야오방의 직계 후손들이 같은 자리에 동석했다는 것은, 시중쉰이라는 정치적으로 중요한 인물을 둘러싼 평가에서 당내 상층부의 합의가 형성되었음을 의미한다(M 씨).

시중쉰은 격동의 세월에 한 생애를 보냈다.

산시성의 농촌에서 태어나 12세 때 공산주의청년단에 참여하고, 14세에 중국공산당에 입당하여 농민운동에 참가했다. 중화인민공화국이 건국되기 전 산시성과 간쑤성 등 북서부에서 혁명을 지휘했고, 항일전쟁 직후에는 중공중앙조직부 부부장, 중공중앙서북국 서기 등의 요직을 맡았다. 건국 후에는 국무원 부총리를 맡았으며, 지방의 혁명 공로자로서 중앙정치의 권력자로 출세했다.

그러나 1962년 시중쉰이 제작에 관여한 소설 『류즈단(刘志丹)』에 '반당' 낙인이 찍히는 바람에 마오쩌둥은 시중쉰에 대해 사상 검사를 하기로 결정했다. 이후 정치적으로 부활한 1978년까지 16년간 시중쉰은 실질적으로 연금 생활을 하게 된다.

시중쉰을 구한 이는 저우언라이였다. 저우언라이는 시중쉰을 정적으로 간주하면 안 된다고 당 중앙에 진언해 복권시켰고, 그의 생활환경까지 마련해주는 등 힘을 썼다. 그리고 1977년 말 인사를 담당하는 중앙조직부 부장 후야오방이 시중쉰의 '무죄'를 입증하고, 시중쉰을 광둥성으로 파견했다. 이후 개혁파인 후야오방의 오른팔로서 베이징과 협조하며 광둥성의 지휘관을 맡아 개혁개방 정책을 대담하게 실행해나갔다.

1980년 2월 후야오방이 당 총서기에 취임하고, 이어 1981년 6월 중화인 민공화국 국가주석에 취임하는 가운데(군사위원회 주석은 덩샤오핑이 맡았다) 시중쉰도 상경해 중공중앙서기처 서기라는 중요 직책을 맡아 당 전체 업무를 총괄하며 후야오방의 개혁을 보좌했다.

"후야오방의 사상을 정책으로 실행한 사람은 시중쉰이다. 후야오방은 시중쉰을 신뢰하고 있었다."

M 씨는 계속 말을 이었다.

1980년대 들어 시장경제가 중국에 도입되면서부터 중국 사회는 거칠어졌다. 비즈니스를 선호하는 분위기가 확산되면서, 관리(공무원)는 시장경제체제하에서 국가를 통치하는 어려움을 알게 되었다. 결과적으로, 덩샤오핑의 개혁을 실천한 후야오방과 자오쯔양(趙紫陽)은 덩샤오핑에 의한 안정제일·대국우선책하에서 정치의 희생자가 되었다. 특히 후야오방은 국가의 안정을 위해, 또 당의 단결을 위해 덩샤오핑을 전면에 내세우고 스스로 물러났다. 자기희생의 길을 선택한 것이다. 중국 정치에서 후야오방의 지위는 지금도 회복되지 않았다. 덩샤오핑 그늘에 가려져 그의 공적이 과소평가되고 있다. 후야오방의 오른팔로서 개혁에 몸을 던진 시중쉰을 아버지로 둔 진핑도 이것을 문제시해왔다. 어떤 방안을 취하지 않으면 중국은 앞으로 나아갈 수 없다고 생각하고 있다.

여기까지 듣고서야 M 씨가 말하고 싶은 것을 이해할 수 있었다. M 씨는 흥분 상태로 말을 이었다.

진핑이 부친의 탄생 100주년을 이처럼 대대적으로 전개해 10월 15일 좌담회에서 마오쩌둥, 덩샤오핑, 류샤오치, 후야오방 집안의 직계친족을 출석시킨 진짜 목적은 시중쉰의 역사적 공적을 칭송하는 것이며, 시중쉰을 개혁개방의 최전선으로 발탁한 당사자인 후야오방의 역사적 지위를 부활시키는 데 있다. 결코 권위주의를 보여주기 위함이 아니다.

문제는 당 지도부가 무엇을 위해 후야오방의 역사적 지위를 부활시킬 필요가 있는가, 시진핑은 이후 무엇을 눈여겨보고 있는가일 것이다.

진정한 목적은 덩샤오핑을 물려받는 것이다

M 씨와의 대화는 "시중쉰을 대대적으로 축하하는 것의 진정한 목적은 후야오방의 역사적 지위를 부활시키기 위함이다"로 끝나지 않았다.

"이를 진핑에게 직접 들은 것은 아니다. 그 또는 나의 소꿉친구들과 평소 토론을 거듭해온 범위 안에서, 나 개인이 생각하는 것이지만……"이라고 언급하며 M 씨는 운을 뗐다.

진핑의 진정한 목적은 친부는커녕 후야오방도 아니다. 덩샤오핑이다. 스스로의 지위를 확보하고 당내 단결과 정치적 안정을 유지하기 위해 후야오방을 희생하면서, 후야오방의 실각을 발판 삼아, 한층 더 권력자로서 정점에 오른 덩샤오핑의 역사적 지위를 '총괄'하는 것이 진정한 목적이라고 생각한다.

필자의 신경은 자극받아 고조되고 있었다. M 씨는 말을 계속 이었다.

진핑이 실제로 어디까지 구체적으로 구상하는지 모르지만, 나는 진핑의 뇌리에 이러한 그림이 희미하게나마 그려져 있다고 느낀다. 다만 이는 어디까지나 '총괄'이지, '평가'가 아니다. 덩샤오핑의 '공'과 '과'를 공산당의 총의로서 평가를 내리고, 거기에 역사적 지위를 고정시킬 만큼 진핑의 배짱이 갖춰져 있지는 않다. 거기까지의 권력도 없다.

M 씨의 후반 이야기를 들으며 필자는 냉정해졌다. 중국 정치의 과거·현재·미래를 냉철하게 내다보고 가지 않으면 안 된다는 현실을 호소하는 듯했기 때문이다. 변하는 것과 변하지 않는 것이 애매하게 교착하면서 격렬하게 맞부딪치는 중국공산당 정치를 놓고 감정적으로 희로애락에 빠지는 여유 따위를 지니면 안 되는 것이다.

신중국의 건국자로 중국 정치의 제1선에 군림한 마오쩌둥이 사망(1976년 9월)하고 문화대혁명을 주도한 '4인방'이 실각한 뒤, 개혁개방 정책을 이끈 인물이 덩샤오핑이었다. 중국의 대내 개혁과 대외 개방을 촉진한 덩샤오핑에 대한 평가는 '건국의 아버지'이며, 만년에 문화대혁명을 촉발한 마오쩌둥보다 높이 평가되는 경우도 적지 않다.[11]

중국 사회에서 마오쩌둥에 대한 역사적 평가는 '공이 7할, 과가 3할'이라는 방식이 정치적으로 고정되어 있다. 전자는 중화인민공화국을 건국한 공적을, 후자는 대약진이나 문화대혁명 같은 극좌 운동을 발동한 원죄를 가리킨다고, 필자가 베이징 대학 학부 시절에 수강한 '마오쩌둥 개론'의 담당 교수 손얀(孫嚴) 선생은 지적했다.

물론 마오쩌둥을 둘러싼 다른 견해도 있다. 필자가 이제껏 '마오쩌둥을 어떻게 평가할 것인가'의 주제로 진지하게 논의를 펼친 중국인들 사이에서는 '7 대 3'에 그치지 않고, '8 대 2'부터 '2 대 8'까지 큰 폭으로 평가가 이루어지고 있었다. 말할 것도 없이 이런 평가 작업은 어디까지나 개인적이며, 공공장소에서는 거의 논의되지 않는다. 예를 들어 평론가가 CCTV에서 "마오쩌둥에 대한 현행의 역사적 평가의 '7 대 3'은 너무 관대하다. 적어도 '6 대 4'로 해야 한다" 등을 주장하는 것은 완전히 금기 사항이다.[12]

중국공산당이 마오쩌둥의 정치 수준을 '7 대 3'으로 평가해 공산당뿐만 아니라 대학 강의실이나 비즈니스계, 일반 대중에까지 침투시키는 현상은, 중국 정치의 겉과 속을 이해하는 데 핵심이라고 필자는 생각한다. 마오쩌둥 사망 이후 40년 가까이 지났다는 시간적 배경 외에 마오이즘의 공과 과는 누구의 관점으로 평가하든 비교적 명백하다는 점, 마오쩌둥의 사망이 실질적으로 중화인민공화국 역사의 오점인 문화대혁명을 종식시키고 결과적으로 덩샤오핑에 의한 개혁개방 정책을 촉진한 점[13] 등은 '7 대 3'이 침투·정착하게 된 배경으로 꼽힐 것이다. M 씨와의 대화에 의하면 그의 7 대 3은 '총괄'을 뛰어넘어 '평가'에 해당한다고 해석할 수 있다.

"덩샤오핑을 총괄하는 것이 진정한 목적"이라는 M 씨의 말을 들으며 등골에 힘이 들어가는 느낌이 든 데는 이유가 있다.

최근 중국 개혁개방의 길은 어떤 의미에서 벽에 부딪히고 있다. 중국공산당이 정통성의 하나로 견지해온 경제성장에 어두운 면이 보이기 시작했고, 인민들이 '최소한의 부탁'이라고 공산당에 위탁해온 사회 안정도 흔들리기 시작했다.

미국의 중국 문제 전문가이자 존스홉킨스 대학 고등국제문제연구대학원(SAIS)의 데이비드 램프턴(David Lampton) 교수는 신간 『중국 지도자를 찾아서(Following the Leader)』에서 다음과 같이 서술하고 있다.

> 중국의 정치는 덩샤오핑이 복권한 1977년 이래로 근본적인 변화를 보이고 있다. 지도자는 약해지고 사회는 강해지며, 지도력도 사회도 과거 이상으로 다양화되고 있다. 정치 문화의 진화를 동반한 정치 구조와 통치 과정의 생동적인 변화가 생기지 않는 한, 중국은 사회적·정치적 안정을 유지하기 어려울 것이다.[14]

'성장'과 '안정'이라는, 중국공산당이 인민에 환원할 수 있는 공공서비스의 2대 축에 그늘과 동요가 보이기 시작했다. 이는 공산당의 정통성, 쉽게 풀어 말하면 존재 의의 그 자체가 곤란에 직면한 것을 의미한다. '성장'과 '안정'에만 의존할 수 없다면 그 외의 정통성의 근거를 탐구할 수밖에 없다.

제3장에서 서술한 대로 마르크스-레닌주의나 마오쩌둥 사상 등의 이데올로기, 항일전쟁에서 승리했다는 프로파간다는 더는 먹혀들지 않게 되었다. 즉, 공산당의 존재 의의를 지탱하는 정통성으로서 경제·사회나 국민 여론 차원에서 기능하지 않으며 설득력이 없어진 지 오래되었다. 이 같은 정세에서 볼 때 향후 중국공산당의 거버넌스는 '안정', '성장', '공정', '인권'이라는 네 개의 축을 어떻게 임기응변하면서 대처해나갈지에 달려 있다.

후진타오 시대에 뒷전이 된 것, 즉 개선하지 않았던 '공정'과 '인권'이라는 두 요소를 어떻게 부각시켜갈 것인지의 문제는 시진핑 정권의 절실한 과제이다. 그러나 '공정'은 2013년 11월 3중전회에서 논의된 대로 구조개혁을 필요로 하기 때문에 시간이 걸린다. 또한 '인권'에 관해서도 단기적으로 진전될 낌새는 감지되지 않는다.

앞에서 등장한 아마코 사토시 와세다 대학 교수는 정치 개혁에 대해 다음과 같이 진술한다.

정치체제의 변화상을 전체적으로 조망한다면, 경제적 근대화는 비교적 빠른 속도로 계속 진행되고 있다. 이에 따라 특히 도시에서는 시민사회화 현상과 비슷한 양태로 사람들의 가치관·요구·행동의 다양화가 진행되는 중이다. 농촌에서도 시장경제에 의한 소비생활의 대폭적인 전환 등 사회의 근대화가 확산되었다. 정치의 다양화 요구도 필연적으로 나왔지만, 중공 당국은 이를 완전히 봉쇄했다. 그뿐만 아니라 공산당은 '중화민족'의 번영까지 호소하는 중화 내셔널리즘과 '정치 안정'의 보증인임을 앞세워 지도력의 정통성을 보강했다. 경제발전이 금과옥조인 시대로 한정할 경우, 이 같은 이데올로기적 논리는 일정한 설득력을 지닐 것이다. 그러나 경제발전은 조만간 정치의 다양화를 촉진할 것이며, 일방적이고 협애한 내셔널리즘과 이데올로기는 그 설득력을 약화할 것이다. 통치력의 다양화를 담보할 수 있는 새로운 정치 시스템이 요구되는 것은 역사의 필연이다.[15]

중국공산당 통치의 정통성이라는 문제는 붕괴 전야의 위기적 상황이라고 까지는 아직 말할 수 없지만, 신속한 개선이 요구되는 세기적 딜레마에 직면하고 있다. 그리고 이 딜레마를 극복해야 하는 난제를 떠맡은 시진핑이 현상 타파를 시도해보려는 하나의 돌파구가 덩샤오핑이라는 것이다.

덩샤오핑을 어떻게 평가할 것인가

현 단계에서 마르크스-레닌주의나 마오쩌둥 사상, 중국의 특색 있는 사회주의와 같은 이데올로기, 장쩌민에 의한 '3개 대표 중요 사상'이나 후진타오에 의한 '과학적 발전관' 같은 사상이론에 과감히 메스를 들이댈 가능성은 단·중기적으로 상상할 수 없다. 정치 개혁이 실시되어 삼권분립, 정당정치, 사법 독립이나 언론의 자유가 제도적으로 구축되지 않는 한, 공산당 정치의 통치 형태와 조직 방식을 뒤에서 지탱하는 이데올로기나 사상이론은 '후퇴'하지 않을 것이다. 이 이론들이 중국공산당에 의한 일당지배라는 정치적 대의명분을 지탱하기 때문이다.[16]

후진타오 정권(2007~2012년) 후반기부터 필자는 "어떤 특정의 역사적 사건이나 중요 인물에 대해 다시 '평가'하는 방법을 통해 벽에 막힌 개혁을 독려해가는 것이, 현 단계에서는 가장 현실적인 접근법이다"라고 판단해 중국내의 폐쇄적인 좌담회나 심포지엄, 미디어 토론회 등에서 주장해왔다.[17]

평가의 표적은 덩샤오핑이다. M 씨는 "평가가 아니다. 총괄이다"라는 말로 시진핑에게 과도한 기대를 거는 것은 신중해야 한다고 넌지시 말했다. 그러나 이 책에서 필자는 굳이 덩샤오핑에 대한 평가를 어떻게든 시도해보려 한다.

덩샤오핑은 개혁개방의 총설계로 평가된다. 하지만 필자가 중국 내의 지식인과 공산당 관계자와 논의해온 바에 따르면, 덩샤오핑에 대한 그들의 평가는 의외로 낮다. 보수파나 리버럴파도 그리 좋게 평가하지 않는다. 이유는 단순하다. 보수파는 덩샤오핑을 "개혁개방의 과정에서 시장화나 자유화를 과도하게 진행했다"고 비판하며, 리버럴파는 "톈안먼 사건을 무력으로 진압했다"고 비판하는 것이다.

문화대혁명을 겨우 탈피한 중국에 개혁개방을 도입하며, 소련 해체와 냉전 붕괴를 포함해 이데올로기나 국제 환경이 극적으로 변해가는 긴박함 가운데 덩샤오핑은 과거 역사의 속박과 현실적 굴레의 틈새에서 항상 타협주의와 공리적 실용주의에 의거한 국면을 유지할 필요가 있었다. 이를 고려하면 덩샤오핑이 우(리버럴파)에서도 좌(보수파)에서도 평가받지 못하는 복잡한 사정을, 역설적이지만 수긍할 수 있다.

그러나 이와 동시에 "안정이 모든 것을 능가한다(穩定壓倒一切)", "발전이야말로 확고한 도리다(發展才是硬道理)", "백묘든 흑묘든 쥐를 잡을 수 있는 고양이가 좋은 고양이다(不管白猫黑猫, 能捉到老鼠就是好猫)", "돌다리도 두드려보고 건너라(摸着石頭過河)", "우선은 일부의 사람, 일부의 지역을 부유하게 한다(讓一部分人, 一部分地區先富起來)"[선부론(先富論)] 등 덩샤오핑이 개혁개방 초기의 국면을 유지하기 위해 주장한 세기의 프래그머티즘은 이후 국가 발전에 구조적이고 심각한 화근을 초래하고 있음을 부정할 수 없다.

개혁개방 당시에는 계급투쟁에서 경제건설로 방침을 이동하기 위해 그것으로도 충분했을지 모르지만, 시대는 변했다. 빈부 격차, 환경문제, 사회복지 결여나 제도 개혁의 정체, 그리고 보이지 않는 민주화로의 추구 등 작금의 국가지도자가 직면한 문제들의 거의 대부분은, 그 근원을 덩샤오핑의 의사와 결단에서 찾아볼 수 있다.

필자는 중국 사회에서 앞으로 채워가지 않으면 안 되는 '공백'으로 ① 국체·정체를 둘러싼 합의, ② 핵심 가치관, ③ 개혁의 로드맵 이 세 가지를 든다. 이세 개야말로 덩샤오핑이 너무나도 실리적이었기 때문에 현재까지 본격적인 논의나 현실 사회 정착이 보류되어왔다고 본다. 아울러 중국이 시민들[중국어로는 궁민(公民)]의 건전한 권리·의무 의식 구축과 능동적인 정치 참여를 촉구해, 지속 가능한 발전을 보장하는 안정제라고 생각한다. 덩샤오핑이 제기한 세기의 프래그머티즘에 언제까지나 머물러 있으면 중국 사회는 앞으로 나아갈 수 없다. 관민일체에 의한 세기의 국민 토론을 통해 어떤 해결책을 이끌어내려면, 그 전제조건으로 우선 덩샤오핑을 넘지 않으면 안 된다.

시진핑의 양어깨에는 이러한 세기의 임무가 지어져 있다. 당시의 정치 상황이나 시대적·환경적 제약은 있겠지만, 구체적으로는 덩샤오핑의 경제·사회정책 가운데 무엇이 옳고, 무엇이 잘못되어 있으며, 어디를 계승해야 하고, 어디를 포기해야 하는가라는 문제를 구체적·기능적으로 논의하는 일이다.

공산당 지도부 혹은 시진핑 본인이 "덩샤오핑 동지를 어떻게 생각하는가? 덩샤오핑 동지의 개혁 방법이나 정책의 시비·우열을 가려보라"고 인민들에게 먼저 제기하는 하향식 논의나 대국민 토론을 제의하는 방식은 어떤가? 이를 토대 삼아 21세기 벽두라는 시대에 들어맞는 '덩샤오핑관'을 공평하게 내놓고, 거기에서 정치적 의의와 가치를 찾아야 한다고 생각한다. 반부패 투쟁 등을 통해 공산당 안팎에서 권력과 위신을 굳혀온 시진핑이라면 이를 결단할 수 있을 것이라 생각한다.

덩샤오핑에 대한 평가는 경제·사회 방면에만 머무르지 않는다. 정치 분야에 생각이 미친다면, 아무래도 피해갈 수 없는 것이 중국 민주화라는 의미에서 세기의 전환점이 된, 여전히 최대의 정치적 금기인 1989년 톈안먼 사건을 다뤄야 할 것이다.[18]

실제로 중국 이외의 유럽이나 일본 전문가, 정책 관계자 등과 토론할 때, 그 국면에서 덩샤오핑이 힘의 진압을 선택한 것에 대해 '어쩔 수 없었다'고 평가하는 사람이 적지 않다. 이를 전해 들은 중국의 리버럴파 지식인들은 이의를 제기하며 "절대로 있어서는 안 되었다"고 주장한다. 반면 보수파 지식인들은 납득하면서 "외국인들도 중국의 복잡함을 이해할 수 있게 되었다"고 자랑한다.

필자는 그것이 '어쩔 수 없었다'인지 "있어서는 안 되었다"인지, 그리고 '그것은 왜인가'라는 문제를 포함해 지금 중국 사회에서 관민 일체의 토론이 점차 촉진되어야 한다고 생각한다. 그렇지 않으면 경제적·사회적 수준뿐 아니라 정치적 수준에서도 중국은 앞으로 나아갈 수 없다. 따라서 이제까지의 상황을 직시하고 현재를 마주 보면서 앞으로 도전해야 할 과제는 덩샤오핑을 뛰어넘는 것이다.

"덩샤오핑을 넘어(Beyond Deng Xiaoping)."

이것이야말로 중국 개혁의 미래를 좌우하는 한 요소이며, 시진핑이 자신의 정치 과제로 삼아 도전하지 않으면 안 되는 세기의 임무라고 생각한다. 그리고 앞서 서술한 바와 같이, 덩샤오핑 평가를 거쳐야 한다는 역사적 당위성을 확보하려면 국가지도자의 결단만으로는 불충분하다. 격동의 전환기를 살아가는 인민들의 긍지와 참여가 요구된다.

필자는 시중쉰이라는 개혁파 부친의 후광을 업고 있고, 인민의 인기를 얻고 있으며,[19] 부패를 박멸하는 대담한 개혁을 추진해가는 도량을 지닌 것으로 보이는 시진핑은 총서기로 건재하는 동안 공산당의 총의를 획득해 덩샤오핑에 대한 역사적 평가를 해야 한다고 생각한다. 공과 과의 비율 자체는 그다지 중요하지 않다. 중요한 것은 공과 과를 확실히 구분하는 것이다. 공산당이 정치·경제·사회·군사 분야에서 이 정책은 계승해야 한다, 이 정책은 기각해야 한다, 이 정책은 조정해야 한다, 이 정책은 견지해야 한다 등의 의사결정을 더 솔직하고 대담하게 수행해나가기 위한 전제와 토대가 구축되어야 한다는 것이다.

2014년 11월 13일 당 기관지 ≪인민일보(人民日報)≫는 개혁개방의 총설계사라는 덩샤오핑의 칭호와 대비되듯 「신설계사' 시진핑(新设计师习近平)」이라는 글을 게재했다.

좋은 길을 걷기, 새로운 길을 걷기, 새로운 사업에 착수하기, 중국 개혁개방의 새로운 방향과 길을 설정하기, 수렁과 딜레마에 빠진 개혁을 구출하기 등, 이를 위해서는 새로운 설계사가 필요하다. 시진핑은 이미 이 위치에 서 있다. 그의 용기, 책임감, 고통스러워하면서도 꾸준히 몰두하는 정신은 개혁을 전면적으로 심화해가는 '정층(頂層) 설계사'로서의 품격을 나날이 확실하게 드러내고 있다.[20]

공산당의 의사를 일정 정도 대변하는 이 글은 '시진핑은 덩샤오핑을 대신해 새로운 개혁개방의 설계사가 되어야 한다', 좀 더 심도 있게 말하면 '시진핑은 덩샤오핑을 넘지 않으면 안 된다'는 것을 암시한다고 필자는 판단하고 있다. 즉, ≪인민일보≫ 보도로 미루어볼 때 당 지도부도 덩샤오핑이 남긴 정치적 유산을 능숙하게 처리하지 않는 한, 중국의 개혁개방 사업은 앞으로 나아갈 수 없다는 점을 자각하고 있는 듯하다. 인민의 의사나 감정까지 헤아린 다음, 당내 이해관계나 권력투쟁을 조정해 덩샤오핑의 정치 유산에 평가를 내릴 힘이 있는 사람은 시진핑밖에 없다.

덩샤오핑의 공과 과에 역사적 평가를 내리는 것, 즉 시진핑에 의해 세기적 임무가 이뤄졌을 때 덩샤오핑의 세기의 프래그머티즘은 진정한 의미의 역사로 기록될 것이다.

마오쩌둥 정치에 평가를 내린 덩샤오핑

2014년 8월, 필자는 베이징에 있었다.

8월 22일은 덩샤오핑 탄생 110주년이다. 중국공산당은 이를 계기로 중국 개혁개방의 총설계사인 덩샤오핑의 공적을 치켜세우는 데 정치적 자원을 총동원하는 듯이 보였다.

CCTV에서는 TV 드라마 〈역사적 전환기의 덩샤오핑(历史转折中的邓小平)〉이 밤낮으로 연일 방영되고 있었다. 이 드라마에는 1976년 '4인방' 분쇄 작업부터 1984년 개혁개방 사업이 본궤도에 오르기까지 현대 중국의 전환기에 해당하는 역사가 덩샤오핑의 인물상이나 정책 결정 등을 통해 묘사되어 있다. 드라마에는 1979년 10월 22~29일 당시 국무원 부총리였던 덩샤오핑이 전후 중국의 국가지도자로서는 공식적으로 일본을 처음 방문하는 모습도 포함되어 있다. 중국이 근대화를 목표하는 와중에 덩샤오핑이 "일본에게 배우지 않으면 안 된다"라는 견해를 표명하는 장면, 도쿄 기자클럽에서의 질의응답 장면(센카쿠 제도 영유권을 둘러싼 답변 등), 신일본제철(新日本製鐵)의 기미쓰 제철소를 견학해 일본의 기술을 절찬하며 이를 중국에 도입할 필요성을 언급하는 장면 등이 극명하게 비춰졌다.

8월 20일에는 시진핑이 베이징의 인민대회당에서 개최된 '덩샤오핑 동지 탄생 110주년 좌담회'에서 담화를 발표하는 장면이 중국 방송 매체를 통해 대대적으로 보도되었다. 또 덩샤오핑이 영국과 '조국 반환' 교섭을 이끌어낸 결과, '1국 2체제'로 남게 된 홍콩에서도 덩샤오핑의 생일을 축하하는 행사로 분위기가 고조되었다.

"홍콩 정부는 과거 이상으로 점점 '프로 차이나(친베이징)'가 되고 있다." 홍콩 대학의 학생이 필자에게 건넨 말이다. 중앙정부가 위치한 베이징의 국영 TV가 약 2500킬로미터 떨어진 홍콩에서 벌어진 덩샤오핑 탄생 기념행사를 지나칠 만큼 적극적으로 보도하는 상황에는, 최근 동요하는 홍콩을 바라보는 베이징의 위기감과 집착이 배어 있다. "덩샤오핑 탄생 110주년을 계기로 베이징과 홍콩이 밀접하게 이어져 있는 것을 강조할 목적"이라고 베이징의 한 공산당 관계자는 풀이했다.[21]

덩샤오핑 동지는 전당, 전군, 전 인민, 각 민족이 인정하는 숭고한 위상을 지닌 탁월한 지도자이며, 위대한 무산계급 혁명가, 정치가, 군사가, 외교가이기도 하다. 오랜 경험을 쌓아온 공산주의 전사이며, 중국사회주의, 개혁개방, 현대화 건설의 총설계사이기도 하다. 중국의 특색 있는 사회주의의 길을 개척한 당사자이

자 덩샤오핑 이론의 중요한 창시자이기도 하다.[22]

시진핑은 이 좌담회 자리에서 덩샤오핑을 더없이 치켜세웠다. 약 1만 자에 이르는 담화 원고를 다시 읽어 보았지만, 일관되게 덩샤오핑을 상찬하는 내용이었다. 인물상이나 정책 결정 등을 포함해 덩샤오핑의 업적을 비판적으로 쓴 문장은 하나도 찾을 수가 없었다.

약 8개월 전인 2013년 12월 26일, 마찬가지로 베이징 인민대회당에서 개최된 '마오쩌둥 탄생 120주년 좌담회' 속 시진핑의 담화를 필자는 상기해보았다. 시진핑은 마오쩌둥이라는 인물을 다음과 같이 소개한다.

마오쩌둥 동지는 위대한 마르크스주의자, 위대한 무산계급 혁명가이며 전략가, 이론가, 마르크스주의 중국화의 위대한 개척자다. 근대 중국의 위대한 애국자이자 민족의 영웅이기도 하다. 중국공산당 지도부 제1세대의 핵심이며, 중국 인민들의 운명과 국가의 명운을 철저히 바꾼 프로세스를 지휘한 위인이다.[23]

덩샤오핑과 마찬가지로 치켜세우고 있지만, 다른 점은 마오쩌둥 만년의 실책과 과오에 대해서 덩샤오핑의 공언을 인용해 명확히 언급한다는 점이다.

마오쩌둥 동지가 사회주의 건설을 탐색하는 과정에서 길을 돌아서 간 것, 특히 만년에 '문화대혁명'을 행하며 심각한 잘못을 저지른 것은 부정할 수 없다. …… 덩샤오핑 동지는 말했다. "마오쩌둥 동지는 공적이 제일이며, 과오는 둘째 문제다. 그의 잘못은 자신이 지닌 옳은 것을 등진 것이다. 한 명의 위대한 혁명가 마르크스주의자가 저지른 잘못이다"라고.[24]

이와 같이 비교해보면, 중국공산당 지도부가 마오쩌둥과 덩샤오핑에 대해 내리는 역사적 평가가 180도 다르다는 점을 알 수 있다. 전자에 대해서는 공적과 과실을 7 대 3으로 평가한 반면, 후자에 대해서는 과실을 거론하지 않고 오로지 공적만 전면적으로 평가했다(과실이 있었는가 하는 문제도 공개적으로는 거론되지 않고 있다). 그리고 덩샤오핑 탄생 110년을 축하하는 좌담회에서 나온 시진핑의 담화는, 지금 중국을 통치하는 제5세대 지도자가 현 단계에서는 덩샤오핑의 공적만을 전면으로 내세우며, 과실은 그 존재조차 인정하지 않는다는 입장을 명백히 했다고 말할 수 있다.

이 사실이 의미하는 바는 크다.

마오쩌둥 사망(1976년 9월 9일) 이후 문화대혁명에서 개혁개방으로, 계급투쟁에서 경제건설로 정반대의 국책 전환을 실행하려 한 덩샤오핑은 마오쩌둥의 과실을 언급하지 않을 수 없었다. 그렇지 않으면 앞으로 나아갈 수 없었기 때문이다. 계급투쟁의 극단적 폭주를 의미하는 문화대혁명이 '올발랐다'고 하는 정치적 유산을 둔 채 개혁개방이나 경제건설을 진행할 수 없다. 부정적 역사를 청산하지 않고서 정치는 나아갈 수 없으며, 정치가는 이에 정면으로 마주해야 한다는 각오와 지혜를 쥐어짜야만 한다. 건국의 아버지이자 중화인민공화국 역사상 절대적 지위를 구축해온 마오쩌둥이 죽은 직후, 덩샤오핑은 마오쩌둥이 선두에 서서 지휘한 문화대혁명을 '부(負)의 역사'로 청산했다.

덩샤오핑 사망(1997년 2월 19일) 이후부터 제1 지도자는 장쩌민, 후진타오, 시진핑으로 3대가 이어졌다. 덩샤오핑에게 직접 지명된 장쩌민과 후진타오는 덩샤오핑의 마오쩌둥 평가(7 대 3)를 계승하면서 덩샤오핑에 대한 평가는 '10 대 0'을 견지해왔다. 그뿐만 아니라 덩샤오핑에 대한 역사적 평가를 외면하는 듯한 태도를 보였다. 자신을 국가 제1 지도자에 임명해준 은인을 비판하는 행위 따위는 할 수 없다고 말하는 것 같다.

덩샤오핑에게 선택된 것이 아닌 국가지도자 시진핑은 덩샤오핑을 어떻게 총괄·평가해갈 것인가? 덩샤오핑에 대한 역사적 평가라는 세기의 임무를 두고 두 전임자와 어떤 차이를 보여줄 것인가? 시진핑은 지금이야말로 마오쩌둥에 대한 역사적 평가를 단행해 새 국가 건설을 추진했던 덩샤오핑에게 배우지 않으면 안 된다.

시진핑은 덩샤오핑을 넘어설 수 있을까

덩샤오핑 탄생 110주년 좌담회는 탄생을 기념하는 자리인 만큼 덩의 '과실'은 전혀 언급하지 못했을 수도 있다. 이후의 통치 과정에서 시진핑은 어떻게 경제·사회·정치 분야에 덩샤오핑이 남긴 마이너스의 유산을 직시하고 극복해갈 것인가?

> 덩샤오핑 동지의 사상·실천의 가장 선명한 특징은 실제 국정 및 세계의 국면과 흐름에서 기점을 찾아내는 것이며, 시종 우리 당이 제창하는 '실사구시'(사실에 의거해 사물의 진리를 추구하는 것), '군중노선', '독립자주'를 견지한 것이다.[25]

시진핑은 이 좌담회에서 다음과 같이 말했다. 덩샤오핑이 개혁 사업에 착수한 이후 30여 년이 지난 현재, 시진핑은 국정 및 세계의 국면과 흐름을 어떻게 파악하고 있을까?

시진핑이 이 좌담회 대화에서 언급한 다음의 세 개 문장을 보자.

> 덩샤오핑 동지는 "우리 같은 제3세계 발전도상국에는 민족의 자존심이 필요하다. 민족의 독립을 소중히 하지 않으면 국가는 일어설 수 없는 것이다"라고 말했다. 우리의 국권(국가의 권리), 국격(국가의 품격), 민족 자존심, 민족 독립의 열쇠를 쥐고 있는 것은 발전의 길·이론·제도가 독립하는 것이다.

우리에게 부족한 것, 좋지 않은 것을 힘껏 개혁하지 않으면 안 된다. 외국에 유익하고 좋은 것이 있으면 허심탄회하게 배우지 않으면 안 된다. 그러나 외국의 것을 흉내 내는 것은 안 된다. 외국의 좋지 않은 것을 받아들여서도 안 된다.

중국의 근대 이래로 역사는 우리를 가르치고 있다. 중국의 사정은 중국의 특징과 실정에 따른 형태로 이루어지지 않으면 안 된다. 이것이 중국의 모든 문제를 해결하는 올바른 길이다.[26]

이 세 개 문장과 제5장에서 제기한 시진핑의 정치관을 참고해 고찰해보면, 시진핑이 정치 개혁에 착수하더라도 거기에는 명확한 전제조건 또는 하한선을 제시할 것임을 다시금 깨닫게 된다. 첫째로 공산당이 마땅히 권력과 권위를 갖는 정치라는 것, 둘째로 서방의 정치제도나 가치관을 모방하지 않을 것, 셋째로 중국은 독자적인 길을 탐색할 것 등이다.

이 담화에서 시진핑은 '개혁'이라는 말을 27번 언급했다. 실제로 개혁을 어디까지 실행할지는 시진핑이 마오쩌둥, 덩샤오핑 시대부터 계승되어온 중국공산당의 '실사구시' 정신을 어디까지 실천할 수 있는지에 달려 있다. 과거의 굴레나 속박을 지도자의 행동력과 돌파력으로 극복하고, 향후 국정이 추구하는 정책을 역동적으로 실천한다는 차원의 실사구시이다. 만약 시진핑의 뇌리에 떠오르는 개혁이 30여 년 전 덩샤오핑이 내건 개혁에서 조금도 변하지 않는다면, 중국은 앞으로 나아갈 수 없을 것이다.

차세대 지도자가 덩샤오핑으로부터 얻어야 할 교훈은 위험과 변혁에 대한 개방적인 태도, 배타적 사상에 대한 항거, 프래그머티즘, 특권 계급이 아닌 엘리트 체제에 대한 지지일 것이다.[27]

『현대 중국의 건설자 덩샤오핑 평전』의 저자 에즈라 보걸 하버드 대학 명예교수의 말이다. 그는 제5세대 지도자 시진핑에게 이렇게 진언한다. "덩샤오핑의 개혁이란 지속적인 과정을 의미한다. 덩샤오핑이 살아 있다면 그는 개혁을 대담하게 추진할 것이다"라고 …….

과연 덩샤오핑이 살아 있다면 보걸의 진언을 어떻게 이해할까? 중국 정치의 현상을 파악한 다음, 스스로가 지도자로 지명한 대상이 아닌 시진핑에게 어떠한 충고를 보낼까?

제7장

톈안먼 사건과
시진핑 시대

  2014년 6월 4일 베이징의 거리는 톈안먼 사건 발발 25년째를 맞이했다. '25주년'이라는 표현은 적절하지 않다. 그것은 암흑의 역사이기 때문이다.

  1989년 후야오방 전 총서기가 갑자기 사망(1989년 4월 15일)하자 학생들과 지식인들이 그를 추모하며 업적을 기리는 집회를 주최한 것이지만, 그 후 민주화운동으로 번져나갔다. 5월 20일 베이징에서 건국 사상 처음으로 계엄령이 선포되었다. 학생운동을 '반혁명폭란'으로 간주한 원로 덩샤오핑은 무력 진압을 결단했다. 6월 3일 새벽부터 나흘간에 걸쳐 톈안먼 광장과 그 부근에서 군인이 학생들과 시민들을 향해 발포하면서 많은 생명이 사라졌다.[1]

  당시 필자는 만 5세였다. 톈안먼 사건과 관련된 기억이 전혀 없으며, 사건을 둘러싼 공기를 피부로 느끼고 있었던 것도 아니다. 책, 기사, 영상, 혹은 톈안먼 사건 관련 당사자를 취재·보도하는 저널리스트, 중국사를 연구하는 학자 등의 가르침을 통해서밖에 모른다. 간접적인 정보에 의거할 수밖에 없는 필자에게 톈안먼 사건 그 자체를 말할 자격은 없다고 생각한다. 그러기에 여기서는 어디까지나 중국 민주화 연구라는 시각에서 중국공산당과 톈안먼 사건의 관계, 좀 더 구체적으로 말하면 중국공산당이 민주화를 추구하는 과정에서 톈안먼 사건이라는 암흑의 역사와 어떻게 마주해갈 것인지로 좁혀 연구하려 한다.

'어떻게 마주해야 하는가'라고 하지 않는 데는 이유가 있다. '해야 한다론 (べき論)'에 대해 말하자면 다음과 같다고 할 것이다.

중국공산당은 이제까지 금기시하며 정면으로 마주하지 않았던 마이너스의 유산을 청산하기 위해 공적인 자리에서 당시의 정세나 의사결정을 되돌아보는 것, 과실을 인정해 그 원인을 규명하고, 사건에 얽힌 언동을 원인으로 부당한 취급을 받은 조직이나 개인의 명예를 회복하며, 그에 적합한 처우를 제공하는 것에서부터 정치 개혁의 방향을 잡아야 한다.

청산의 방법이나 정도, 민주화를 향한 로드맵이나 일정표에 관해 구체적으로 검토되어야 하지만, '청산하고, 민주화로 이어져야 한다'는 이 한 가지에 대해서는 그 정도의 논의조차 없는 듯하다.

이 장에서는 우선 톈안먼 사건 그 자체를 검증하려 한다. '해야 한다론'이 아닌 현실적 관점에서 중국공산당 암흑의 역사를 둘러싼 국내 환경을 분석한 다음, 시진핑 총서기 이끄는 오늘날 당 지도부가 '평반육사(平反六四: 톈안먼 사건을 청산하는 것)'에 도전할 가능성을 검증한다. 이어 '시진핑은 톈안먼 사건을 청산할 것인가'를 결정짓는 데 관건이라 생각하는 '시진핑은 어떤 지도자인가'에 조명을 맞춘다. 이 작업은 제3장에서 다룬 '나쁜 황제' 문제와 관련해서도 유효할 것이다. 이 명제들을 검토한 다음, 시진핑을 둘러싼 작금의 정치 환경을 감안하면서 시진핑이 스스로 정치 개혁에 나설 가능성을 검증하려 한다.

중국공산당에게 '정치 개혁에 발을 내디딜 것인가'라는 문제와, '톈안먼 사건을 청산하는가'라는 문제는 표리일체다. 이 장을 다 읽었을 때 그 의미를 이해해주시길 바란다.

중국이 직시할 수 없는 암흑의 역사

최근 중국 내에서 톈안먼 사건은 어떻게 회자되고 있는가? 이를 상징하는 필자의 체험 두 가지(베이징 대학, 중국 언론매체)를 소개하고 싶다.

많은 학생이 집회나 시위에 관련되었던 베이징 대학에서 필자는 학생 시절을 보냈다. 대학원 2학년 때 '덩샤오핑론'이라는 수업을 들었다. 필자가 소속된 국제관계학원의 필수 과목이었는데, 담당 교수는 러시아 문제를 전문으로 하는 관구이하이(關貴海) 동학원부원장이었다.

당시 수업 교재는 『덩샤오핑 이론과 3개 대표 중요 사상개론(邓小平理论与三个代表重要思想概论)』(中國人民大學出版社, 2004)이었다. 일본 문부과학성에 해당하는 중국 교육부의 '사회과학연구 및 사상정치공작국'이라는 부서가 검정한 교재이다.

제10장 「사회주의의 외교 전략과 정책」의 제3절 「국제정세에 대응하기 위한 지도방침」에 다음과 같은 문장이 있다.[2]

20세기의 1980년대 후반부터 1990년대 전반에 걸쳐 소련이 해체되고, 냉전 구조는 와해되었다. 중국은 사회주의 진영에 속했던 유일의 대국으로서 크나큰 외교적 압력에 직면했다. 특히 1989년 봄과 여름이 교차하는 시기에 정치 풍파가 일어난 후, 미국을 비롯한 소수의 서방국가는 중국에 제재와 압력을 가하며 고립시킴으로써 붕괴시키려 했다.

이는 서구 세계 적대시라는 이데올로기적 양태를 방불케 하는 문장이다.

"1989년의 봄과 여름이 교차하는 시기에 정치 풍파가 일어났다"는 톈안먼 사건을 가리키는 것이 명백하다. 포인트는, 명백해도 명기하지 않았다는 점이다. 교재에는 간접적이나마 기재되어 있기 때문에 수업에서도 일단 접한다. 그러나 관구이하이 선생이 사건 발생의 경위와 덩샤오핑과의 관계, 그후 중국 정치에 어떠한 영향을 미쳤으며, 현재를 사는 우리가 사건과 어떻게 마주해야 하는가 등의 역사적 인식 문제를 상세히 다루는 경우는 없었다. 난처해하는 선생의 표정과 몸짓을 보면서 쓴웃음을 짓는 동급생이 적지 않았던 것이 필자에게는 인상적이었다. 다만 학생 측도 공공연한 비밀인 톈안먼 사건에 대해 담당 교원이 강의실 안에서 적나라하게 말할 수 없음을 알아차렸기 때문인지, 정면으로 질문하거나 캐묻거나 하는 모습은 없었다. 이 사건을 취급하는 방법에는 선생과 학생 사이에 암묵적 양해가 있다. 강의실 내에는 이상하며 약간의 긴장을 동반하는 공기가 흐르고 있었다.

톈안먼 사건으로부터 20년이 지난 2009년 6월 4일, 베이징 대학 대학원생이던 필자는 캠퍼스 안의 '산자오디(三角地)'에서 기다리고 있었다(무슨 일이 일어날지를 기다리듯이).

대학의 한가운데 있기도 했지만, 산자오디는 사람의 왕래가 잦고 역사상 언론 게시판의 역할을 맡아왔다. 최근에는 대학 내외 지식인의 강연회, 학생 행사의 고지나 어학 학습의 공고 등이 중심을 이루지만, 한때는 리버럴 성향의 베이징 대학 학생이 사상이나 지식을 서로 주고받는 논단 그 자체였다. 5·4 운동이나 6·4 사건이 일어났을 때 베이징 대학 학생들이 '현장'으로 출발하는 장소가 산자오디였다고 한다.

산자오디는 베이징 올림픽 개최를 계기로 게시판이 철거되고 전자화된 뒤였다. 그래도 20년 전 그날인 만큼, 학생들이 모이거나 헌화를 하거나 어떠한 움직임이 일어날 것이라고 예상했다.[3] 그러나 필자는 아침부터 저녁까지 산자오디 부근을 어정버정하고 있었지만 아무도 방문하지 않았고, 결국은 아무 일도 생기지 않았다. 일상적이지 않았던 것은 하루 동안 몇 명의 경찰이 주변을 순회하고 있었던 점 정도였다.

내가 이곳 학생이던 1980년대 후반, 정말로 자유롭고 활발한 분위기가 넘쳤다. 문제의식이 있으면 바로 목소리를 드높여 토의했고, 교원도 학생도 민주화 실현을 위해 참가하자는 문제의식을 품고 있었다. 현재와는 완전히 다르다. 씁쓸하다.[4]

베이징 대학의 한 교수가 캠퍼스를 걸으며 필자에게 이렇게 말한 바 있다.

실제로 필자가 베이징 대학에서 수학한 2003~2010년에 톈안먼 사건으로 사망한 동포들을 추도하자는, 민주화의 파도를 다시 한번 일으키기 위해 집회를 열자는, 정치혁명을 위한 연구회를 하자는 등의 결의나 행동을 드러내는 중국 학생과 만난 적이 전혀 없다. 2005년 4월 '반일 시위'에 헌신적으로 참가한 학생은 주변에 많았지만 말이다.[5]

필자가 아는 한, 1989년 이후에 태어난 학생을 포함해 톈안먼 사건 그 자체를 모르는 베이징 대학 학생은 거의 없다. 정보화 시대이자, 국제 교류가 활발히 진행되고 있다. 사건에 관한 정보를 모으거나 지식을 넓히거나 하는 경로나 플랫폼은 나름대로 존재한다. 그러나 학생들은 의식적으로 톈안먼 사건에서 거리를 두며, 나서서 말하려 하지 않는다. 베이징 대학 학생은 톈안먼 사건 당시 공산당이라는 공권력에 맞선 모교 선배들이 보안 당국에 체포 또는 투옥되거나, 어쩔 수 없이 망명하거나, 그 후의 인생 이력이나 생활을 날려버린 역사를 알고 있기 때문이다.

톈안먼 사건을 말하거나 민주화를 내걸고 행동을 일으키는 일이 베이징 대학 학생에게는 세기의 트라우마가 되어버린 것이다. 필자 또한 동급생들의 무력감, 허무감을 가까이서 느껴왔다. 정치에 관심이 없을 리가 없다. 관심이 없는 척하고 있을 뿐이다.

다음으로 중국 언론매체에 대해 알아보자.

필자는 반일 시위가 중국 전역으로 번진 2005년부터 중국 논단에서 언론 활동을 시작했다. 단도직입적으로 말하면, 지금껏 중국 정치를 평론하는 경우를 포함해 편집자와 톈안먼 사건을 제대로 다룬 적이 없다. 글에서 언급하거나 어떠한 코멘트를 덧붙이는 것도 할 수 없다. 텔레비전이나 라디오에서도 마찬가지이다. 톈안먼 사건이 주제가 된 적도, 방송에서 어떠한 언급을 한 적도 없다.

당 기관 신문, 잡지, 텔레비전, 라디오, ≪인민일보≫ 자매지로 보수적인 대중지(≪환구시보≫ 등), 리버럴한 베이징 내 신문(≪신경보(新京報)≫, ≪남방도시보(南方都市报)≫ 등) 등 중국을 대표하는 언론매체와 얼추 교류해왔고, 거기서 일하는 편집자나 기자, 외부에서 기고하는 코멘테이터와도 의사소통을 꾀해왔다. 그러나 개인적인 자리에서는 비교적 솔직하게 토론할 수 있어도, 공적인 장소에서 톈안먼 사건을 주제로 다루는 것은 적어도 필자가 글을 써온 과거 10년(후진타오 시대 초기부터 시진핑 시대 초기) 동안 이루어질 수 없었다.

필자의 경험으로 말하자면, 언론 보도 통제가 엄한 중국의 언론 시장에서도 리스크를 감수하고 톈안먼 사건을 다루는 일이 '물리적으로는' 가능하다. 예를 들어, 일간지 편집장이 당국 감시의 눈을 피해 다음 날 1면에 '중국공산당이여, 6·4를 청산하고 민주화로의 방향을 잡아라'라는 제목의 기사를 인쇄해서 세상에 뿌리는 일은 가능할 것이다. 또는 생방송을 활용해 CCTV의 코멘테이터가 '결국은 6·4입니다. 그 암흑의 역사를 청산하지 않으면 중국은 앞으로 나아갈 수 없습니다'라고 발언하는 일은 가능할 것이다.

그러나 그 후 일어날 일은 불 보듯 뻔하다.

신문은 당국에 의해 회수·폐기된다. 이 신문을 감시하는 책임이 있는 당·정부 기관의 간부, 신문 편집장, 기사 작성에 연관된 스태프들은 모두 경질되어 두 번 다시 당당하게 일하지 못하게 될 것이다. 텔레비전의 경우 화면이 곧바로 블랙아웃이 될지 어떨지는 상황에 따라 다르겠지만, 발언한 코멘테이터와 그의 출연을 허락한 프로듀서 또는 책임자는 경질되어 두 번 다시 방송 제작에 관여할 수 없을 것이다. 어느 경우에는 당사자들이 평생 공산당 당국의 감시 아래 연금 생활에 처해질지도 모른다.

그만큼 각오를 가지고, 그래도 한판 승부로 문제 제기를 하려는 것이라면 가능하다고 말할 수 있다. 하지만 현재 상황에서는, 당대 중국 정치사회의 최대 금기인 톈안먼 사건에 대해 공적인 자리에서 그러한 행동을 취할 언론 매체 책임자, 편집자, 지식인은 나오지 않는다. 중국공산당이라는 거대 조직과 절대 권력에 맞서 그러한 승부를 했다 한들, 맞서지 못하기는커녕 그만큼의 효과를 낳을지도 불명료하기 때문이다.

톈안먼 사건을 둘러싼 현재 상황과 전망

지금까지 베이징 대학과 중국 매체의 현장을 통해 '중국 사회에서 톈안먼 사건은 어떻게 이야기되며 다루어지고 있는가'라는 문제의 일부분을 생각해보았다. 다음 주제는 이 현상이 앞으로도 변하지 않을 것인가, 새로운 국가 지도자 시진핑은 톈안먼 사건에 대해 어떤 자세를 취할 것인가이다.

만약 시진핑이 '평반욕사'를 하고자 행동을 취해 어떠한 형태로 그것을 실현했다면, 베이징 대학 학생의 트라우마도 중국 매체의 금기 현상도 자연스럽게 해소될 것이다. 이를 뒤집어보면, 시진핑 측에서 이 같은 움직임이 나오지 않는 한 트라우마도 금기도 해소되지 않는다는 말이 된다.

이 주제에 대해 필자가 생각하는 현상과 전망을 논의해보려 한다. 먼저 현상에 관한 것이다.

2012년 가을부터 2013년 봄에 걸쳐 시진핑이 총서기, 국가주석, 군사위원회 주석이라는 세 개의 최고직을 장악한 이래, 반부패 투쟁은 정권의 구심력과 정통성을 높이기 위한 핵심 정책으로 설정되었다. 나중에 서술하겠지만, 시진핑은 그 위에 전면심화개혁영도소조나 국가안전위원회 등을 설치해 스스로 책임자가 되는 하향식의 권위주의 정치를 전개하고 있다. 이 같은 현실을 감안해볼 때 시진핑이 "평반육사를 통해 사상 통제를 완화하고, 언론 공간을 열어젖히며, 정치를 자유화한다"라는 조치를 작동시키는 것은 적어도 단기적으로는 어렵다고 볼 수 있다.

제5장에서 검증했듯이, 아버지 세대가 중국공산당을 창건·발전시켜 혁명을 통해 천하를 쟁취한 역사적 경위를 물려받은 시진핑 세대에는 "중국공산당이 강고한 권력과 위상을 확립함으로써 처음으로 국가가 안정되고, 경제는 성장하며, 온갖 정책을 실행할 수 있다"라는 관념이 뿌리 깊게 파고들어 있다. 만일 톈안먼 사건이라는 중국공산당 암흑의 역사를 청산하려 시도할 경우, 중국공산당의 존재나 공산당 정치의 양태에 대해 새로운 의문이 더해지면서 당의 정통성이 흔들릴 가능성도 있다. 시진핑을 비롯한 당 지도부가 역사 청산의 경우 본말이 전도될 것이라고 생각하는 것은 자연스러운 흐름이다. 말할 것도 없이, 지금은 정치 일선에서 물러난 원로들이나 당내 보수파의 반발도 예상된다. 기득권 세력과의 싸움은 중국 정치에서 영원한 과제일 것이다.

정치적 인센티브도 부족하고, 공산당의 정통성이 흔들릴 우려가 있으며, 기득권층이나 보수파의 반발이 불가피하다는 정세하에서 시진핑이 이 같은 장애를 걷어치우고 평반육사를 할 가능성은, 적어도 현 단계와 향후 가까운 시일 내에는 낮다고 말할 수밖에 없다.

다음은 전망이다.

시진핑 정권 시기를 2022년까지로 예상한다면,[6] 시간적으로 아직 7년이 남아 있다. 앞 장에서 서술했듯이, 최고지도자로서 통치하는 기간 중 시진핑 본인이 정치 분야를 포함해 대담한 개혁을 실행할 가능성은 있다. 다만 야심을 숨기지 않는 듯 보이는 그가 무엇을 생각하고 어떠한 타이밍으로 어떠한 행동을 할지는 아무도 읽을 수 없다. 시진핑의 예측 불능성이 긍정적인 방향으로 움직일 가능성도 완전히 부정할 수는 없다. 현 단계에서 "우선은 공산당의 권력과 위신을 강화해, 거기서부터 개혁을 실행해나가는 것 이외에 정권의 정통성을 굳히는 행동은 할 수 없다”는 ‘망당망국(亡黨亡國)’의 위기의식 속에서 권위주의적인 정치가 계속되고 있어, 대사회 압박의 강도는 이전보다 더 강화되고 있다. 공산당 내 권력투쟁이라는 관점에서도 미묘한 힘겨루기가 이어지고 있는 것이 현재 상황이다.

그러나 정권 중반에 이르는 과정에서(2016~2018년 즈음), 가령 당내 정치가 안정되어 권력 기반이 한층 강고해지며, 시진핑 스스로 ‘이만하면 개혁을 진행해도 체제도 사회도 불안정해지지 않는다’고 주관적으로 판단할 경우 정치 개혁을 추진할 가능성은 있다. 그러한 정치 개혁을 추진하는 과정에서 ‘평반육사’를 전술적으로 이용하지 않는다고도 할 수 없다.

시진핑은 정치가이며, 공산당은 정당이다. 정치를 직업으로 삼은 기회주의자들이 정치적 목적(인센티브) 없이도, 톈안먼 사건을 청산하려 할 것인가? 정의감이나 도덕심에 의해, 청산을 위한 청산을 한다고 생각하기는 어렵다. 그보다는 정치 개혁을 진행하기 위해 평반육사를 발판으로 삼거나, 당내 보수파나 원로들을 압박해 위정자 자신의 정책을 실행하려고 평반육사를 하향식으로 진행하는 전술론 쪽이 현실 가능성이 있다.

가령 시진핑이 정치 개혁을 추진하기 위해 어떠한 형태로 평반육사의 실행을 결의했다고 하자. 그때 시진핑의 파트너인 국무원 총리 리커창은 어떻게 행동할까? 제3장에서는 리커창의 배경이나 사고방식, 시진핑과의 관계 또는 역할 분담에 대해 검증했다. 리커창은 결코 반대하지 않을 것이라고 필자는 생각한다. 반대하기는커녕, 중대한 결단을 한 시진핑을 뒤에서 전면 지지할 것이다.

제18차 당대회가 개최된 2012년 가을 베이징 대학 시절, 리커창과 함께 청춘 시절을 보낸 전 동급생은 말했다.

“커창은 정치 개혁의 중요성을 명확하게 인식하고 있다. 어떻게 행동할지는 국면에 달려 있다.”

여기서 공산당 지도자들의 연속성이라는 문제를 생각하기 위해, 중화인민공화국 건국 이래로 톈안먼 사건의 청산과 정치 개혁의 추진을 가장 절실히 바라고 있었던 국가지도자라는 자오쯔양 전 총서기·전 총리의 '유서' 일부를 인용하고 싶다.[7]

1997년 9월 12일 베이징에서 제15차 당대회가 개막한 날, 실각 후 연금 생활 중이던 자오쯔양은 이 대회와 아홉 명의 개인 앞으로 「제15차 당대회 의장단 및 전국대표의 동지 제군에게」를 보냈다. 아홉 명이란 당시 정치국 상무위원[장쩌민, 리펑(李鵬), 주룽지, 리루이환(李瑞環), 후진타오, 웨이젠싱(慰健行), 리란칭(李嵐清)]과 양상쿤(楊尙昆) 전 국가주석, 완리(萬里) 전 제1부총리다.

제15차 당대회는 우리 당의 20세기 최후의 대표대회이다. 앞으로 2년여가 지나면 시대는 21세기에 돌입한다. 바로 과거를 돌이켜보고 미래로 전진하는 중요한 때이며, 당대회가 위대한 성공을 거두기를 진심으로 바라고 있다. 여기서 6·4 사건[톈안먼 사건]의 재평가 문제 제기를 허락하고, 토의할 것을 바라는 바이다. ……

무력 진압으로 순식간에 사태는 종식되었지만, 동시에 국민, 군, 당, 정부, 그리고 국가 그 자체가 이러한 결단과 행동에 큰 대가를 치른 것을, 우리는 인정할 수밖에 없다. 그 악영향은 당과 민중의 관계, 우리나라와 타이완의 관계, 그 외의 대외 관계에 지금도 그림자를 드리우고 있다.

이 사건의 영향으로 제13차 당대회에서부터 시작된 정치 개혁은 일찌감치 좌절되어 정치제도 개혁이 대폭 늦어졌다. 이러한 심각한 상황에서 경제 개혁은 구체적 진전이 보이지만, 한편으로 모든 사회문제가 표면화하고 악화되어 급속히 확대되고 있다. 사회적 모순이 격화되면서 당 내외에 만연하는 부패는 이미 손을 댈 수 없는 상태다. ……

6·4 사건의 재평가는, 언젠가는 해결해야만 하는 문제다. 아무리 미루고 있어도, 사람들은 잊지 않을 것이다. 해결은 늦는 것보다는 빠른 쪽이 좋다. 소극적이기

보다 적극적인 것이 좋고, 혼돈한 시기보다 안정된 시기에 임하는 것이 좋다.

민주화운동을 무력으로 진압하는 결정을 내린 장본인 덩샤오핑은, 이 서한이 발송되었을 당시 이미 사망한 상태였다. 서한을 받았을 것으로 보이는 장쩌민과 후진타오는 눈으로 훑어보았을까? 총서기, 국가주석, 군사위원회 주석이라는 세 가지 역할을 완수하는 과정에서 이 내용이 한순간이라도 뇌리를 스친 적은 있었을까?

이 서한이 발송된 1997년 9월, 44세였던 시진핑은 푸젠성 부서기를 맡고 있었다. 그로부터 약 10년 후, 상경과 동시에 정치국 상무위원 진입, 그것도 하마평이 높았던 리커창을 제치고 총서기, 국가주석, 군사위원회 주석이라는 세 가지 역을 맡는 제1후보로 올라갈 것을, 그는 상상한 적이나 있을까?

이단아 시진핑의 여덟 가지 특징

"시진핑 연구다. 그 남자가 어떤 인물이고, 무엇을 생각하는지 아는 것이 작금의 중국 정치를 이해하는 데 가장 중요한 점이다."

필자가 "중국 민주화 연구를 진행하는 데 중요한 것은 무엇인가?"라고 물으면 광둥성의 한 정부 관료는 이렇게 조언했다.[8]

후진타오 정권에서 시진핑 정권으로 이행하는 과정의 한 가지 특징은, 국가지도자인 시진핑이라는 지도자의 성격이나 개성이 정치에 짙게 깔려 있다는 점 아닐까?

공산주의청년단 출신의 지도자들은 대학생 시절부터 관료주의적인 공산당 시스템에서 격렬한 경쟁을 이겨내도록 의무화되어 있다. 그들은 때때로 능변이라고 일컬어진다. 후진타오(전 국가주석), 리커창(현 총리), 왕양(현 국무원 부총리), 후춘화[胡春華, 현 광둥성 서기(현 국무원 부총리 _옮긴이)] 등 네 명의 공청단 출신 거물을 포함해, 이들은 공산당 내부 회의에서 자신의 견해를 논리적으로 논증하는 능력을 보였다.

한편 후진타오 정권을 되돌아보면 공개적인 정치 석상에서 후진타오가 자신의 색깔을 드러내거나, 전임자들과 다른 풍모 또는 스타일로 정치하려는 양상을 보인 적은 없었다. 한 명의 고위 관료로서, 집단 결정을 중요시하며 실수 없이 처리한다는 인상이 강했다.

> 후진타오도 리커창도 말은 잘하는 데 비해 행동력이 부족하다. 이론만 설파했지, 실제로 국면을 개척할 배짱이 있지 않다. 시진핑은 다르다. 정치국 회의에서도 조용히 동료들의 의견에 귀를 기울이고, 쉽게 타이르지 않는다. 마지막까지 기다리다가 책상을 때려 결정한다. 그리고 신속하게 행동으로 옮긴다. 생각나면 바로 실행하는 것이 시진핑의 방식이다.[9]

"중국을 통치하는 데 가장 적합한 지도자는 공부벌레가 아니라 마피아다"라는 지론을 일관되게 주장하는 태자당 관계자는, 공청단 출신의 대표격인 후진타오와 리커창, 태자당의 대표격인 시진핑의 인물상 차이를 이와 같이 비교한다.

예컨대 시진핑은 총서기 취임 후에 미국과의 관계를 둘러싸고 다음과 같이 말했다. "태평양은 미·중 2대국이 출납하기에 충분한 크기이다. 아메리칸 드림과 차이나 드림은 상통한다."[10] "아시아의 문제는 아시아에서 처리하지 않으면 안 된다."[11]

후진타오는 중국이 미국과 어깨를 나란히 하는 초대국으로 세계에 군림할 것을 강조하거나, 라이벌인 미국을 아시아로부터 배제하는 듯한 발언은 하지 않는 경향이 있었다. 중국은 아직 발전도상국이며 국내에서 다양한 문제를 안고 있다. 책임 있는 대국의 역할이 떠맡겨져도 곤란하다는 의식이 강했다. "후진타오는 시종 G2(미국과 중국이 국제사회에서 책임이나 역할을 대등하게 분담하는 형태로 공동 통치한다는 사고방식)라는 개념을 받아들이려 하지 않았다"(중공중앙 관계자[12]).

시진핑 시대 들어 국제사회에서 중국의 국력이나 역할, 중요성이 한층 '확장적'인 상황에서 국가지도자가 자신만만하게 유일의 초대국인 미국에 도전하는 발언을 내놓는 것은 자연스러운 흐름일 수 있다. 그러나 후진타오 시대와 비교해볼 때, '정세의 변화'라는 객관적 요소뿐 아니라 '지도자의 성격'이라는 주관적 요소가 공산당 지도부의 정책 결정에 깊은 영향을 미치는 상황이다. 수천 년에 이르는 중국 역사에서 황제의 성격이나 특성은 정책 결정 과정에서 결정적이고 중요한 요소였다. 오랜 역사 속에서 시진핑도 결코 예외가 아니라고 필자는 생각한다.

시진핑이 공산당 총서기에 취임한 제18차 당대회가 개최된 2012년 11월 무렵부터 '시진핑 연구'의 차원에서 '시진핑이란 어떤 지도자이며, 그 정치관이나 정책 스타일은 어떤가'라는 주제를 생각해왔다. 중국, 타이완, 홍콩, 미국, 유럽, 동남아시아, 일본 등의 지식인이나 정책 입안자들과 논의를 거듭하면서 공통적으로 곤혹스러워한 부분이 있었다. 시진핑이라는 국가지도자를 상징할 하나의 특징이 될 수 있는 요소를 점차 알게 되었는데, 그것은 '예측 불가능성'이다.

중국공산당 권력의 중추인 중난하이에 깊게 관련된 듯한 어느 중국인은 특히 이 부분을 솔직하게 지적한다. 이른바 전문가나 지식인뿐 아니라 국무원 산하의 정부 기관이나 인민해방군 관계자조차 비슷한 말을 흘린 적이 있다.

외유 시에 매는 넥타이 색, 또는 상대국과 회담할 당시 우리가 원고를 준비할 필요가 있는지 없는지, 준비했다 하더라도 읽을지 읽지 않을지 등 사전에 예측할 수 없는 일이 많다. 정부 내에서 회의 중에도 앞에 놓인 준비된 자료에 전혀 시선을 두지 않거나, 다른 출석자가 전혀 신경 쓰지 않는 듯한 부분을 진지하게 읽기 시작하거나, 안절부절 못하거나, 독특하다고 할까 아무튼 독자적인 세계관을 지니고 있다는 느낌이다.

시진핑이나 리커창을 포함한 국가지도자의 외유에 이따금 동행하는 외무 관료가 시진핑에 대한 인상을 이 같이 전했다.[13]

시진핑의 '유별난 스타일'은 도처에서 목격된다. 우선 눈에 보이는 상황중 거란 시진핑이 수장의 지위를 여덟 개나 맡고 있다는 점이다. 중국공산당 총서기, 중화인민공화국 국가주석, 중앙군사위원회 주석, 전면심화개혁영 도소조 조장, 국가안전위원회 위원장, 네트워크안전·정보화소조 조장, 국 방·군대개혁소조 조장, 중앙재경영도소조 조장 등이다. 이만큼의 지배자 지 위를 확보하고 권력을 집중시켜 하향식으로 공산당의 위신을 강화하며, 이 어 개혁을 실행하려는 기색이 보인다. 권력이 너무 분산되거나 집중되는 것 은 당내 안정을 위협하는 리스크가 될 수도 있다. 하지만 최근 국면에서 시 진핑은 권력을 집중시키는 쪽이 안정이나 발전에 유리하다고 생각하는 것 이다.

예측 불가능성을 설명할 수 있는 사례를 하나 더 들어본다. 신장위구르 문제의 대책이다.

2014년 4월 27~30일 시진핑은 정치국 상무위원의 위정성 중국인민정치 협상회의 주석을 동반해, 신장위구르자치구를 시찰했다. 국가주석이 다른 정치국 상무위원을 동행시키는 것은 이례적이다. 시진핑의 전임자인 장쩌 민, 후진타오도 신장위구르 문제를 중시해 시찰했지만, 다른 상무위원은 동 행시키지 않았다. 특필할 점은 신장위구르 문제를 담당하는 위정성 이외에 중앙서기처 서기 리잔수(栗戰書), 중앙정책연구실 주임 왕후닝(王滬寧), 군사 위원회 부주석 판창룽(范長龍), 신장위구르자치구 서기 장춘셴(張春賢)이 동 행한 것이다. 당 지도부가 베이징 이외의 지역을 시찰하는 활동에서 5분의 1 이상의 정치국 위원(25명 중 6명)이 집결하는 것은 드문 일이다.[14]

시진핑 정치에서 이례적 사례가 종종 눈에 띈 경우다.

내가 봤을 때 시진핑의 특징은 세 가지이다. 첫째, 그는 할 수 있는 사람이다. 개혁을 추진해갈 능력이 있다. 리펑이나 원자바오 등과 비교해도 그 점은 명백하다. 둘째, 그는 열린 사고를 하며 사람이 말하는 것에 귀를 기울인다. 외국인의 조언도 포함해서 말이다. 셋째, 그는 정치적인 결단을 내릴 수 있는 사람이다. 기술적·관료적이 아니라 정치적인 결단이다. 예를 들어 당시 중국이 세계무역기구 가입을 결단한 것은 정치적인 성질의 것이었다. 장래 환태평양경제동반자협정(TPP) 등에 가입한다면, 거기에는 정치적인 결단이 필요할 것이다. 그리고 또 하나, 그는 리스크를 감수할 수 있는 사람이기도 하다.[15]

2015년 1월 9일, 미국 워싱턴에서 싱크탱크가 집중되어 있는 매사추세츠 애비뉴의 브루킹스 연구소에서 중국 경제에 관한 심포지엄이 개최되었다. 그 자리에서 미 전문가의 질문에 답하는 형식으로 이러한 시진핑에 대한 인상을 설명한 사람이 앞서 설명한 홍2대 친샤오이다.

그의 친부 친리성(秦力生)은 항일전쟁을 이끌었고, 중화인민공화국 건국 전후 시기 혁명에 참가한 '노혁명가'이며, 따라서 친샤오는 고급 간부 자제에 해당한다. 석탄부나 석유부와 같은 에너지계 정부 기관을 경험했으며, 개혁개방 이후 중국국제투자신탁공사 총경리, 초상국집단유한공사 CEO, 초상은행 CEO, 제10~11기 중국인민정치협상회의 위원 등의 요직을 역임했다. 같은 노혁명의 가계라는 점에서 시진핑과도 가깝고, 직접적으로 정책 제언을 할 수 있는 위치에 있다. 그와 동시에 경제학자(케임브리지 대학교 경제학 박사)로서 중국 문제를 국제적으로 전해왔다.

친샤오의 발언에서도 볼 수 있듯이, 시진핑이라는 남자는 더욱더 주목을 받고 있다.

2014년 말부터 2015년 초에 걸쳐 카네기 국제평화기금은 이 기금의 전문가들의 견해를 총괄하는 형태로 당해 총괄과 다음 해 전망을 내는데, "2015년에 가장 영향력 있는 지도자는 누가 될 것인가?"라는 질문 항목에서 40%가 중국의 시진핑이라고 답했다. 투표 결과, 2위는 러시아의 블라디미르 푸틴(Vladimir Putin)으로 26%, 3위는 미국의 버락 오바마(Barack Obama)로 16%, 4위는 이란의 하산 로하니(Hassan Rouhani)였다.[16]

불투명하게 부상하는 중국이라는 존재는 21세기 최대의 수수께끼다. 미국 입장에서 보면 중국은 가장 중요하며 진지하게 교류하지 않을 수 없는 존재일 것이다. 워싱턴에서도 그 수수께끼를 푸는 열쇠가 시진핑이라는 남자의 머릿속과 양어깨에 걸려 있다는 생각이 일반화되고 있다.

확실히 최근 중국 문제 대부분은 시진핑을 시점으로 한다. 시진핑의 생생한 인물상에 초점을 맞추지 않고서는 중국 문제를 해석하는 단서를 찾아낼 수 없다. 필자는 평소 미·중의 정책 입안자들이나 전문과들과 이 문제에 관해 의견을 나눠왔는데, 시진핑이 국가주석에 취임하고 조만간 2년을 넘길 이 시점에서 '시진핑이라는 남자'의 특징을 정리해두고 싶다.

다음 여덟 가지의 관점에서 시진핑의 특징을 정리해보려 한다.

① 사람의 말을 잘 듣는다

친샤오의 시진핑에 대한 관점도 그렇고, 앞선 태자당 관계자도 말하지만, 지도자 시진핑은 사람의 말을 잘 듣는다고 한다. 이는 시진핑이 사람의 말을 쉽게 받아들인다거나, 타자의 의견에 영향을 받기 쉽다는 등의 의미가 아니다. 시진핑 자신이 신뢰하고, 흥미를 보이며, 경청할 만하다고 판단하는 대상을 마주하면, 자신의 의견을 논술하는 쾌감보다 타자의 의견을 경청하는 인내에서 가치를 찾아낸다는 것이다.

2012년 2월 국가부주석으로서 미국을 공식 방문한 시진핑은 당시 상대자였던 조 바이든(Joe Biden) 부통령과 한담을 나눌 때 이런 질문을 던졌다고 한다.

"당신이 정치가로서 소중하게 여기는 것은 무엇인가? 어떤 조언이 있다면 받고 싶다."

이 담소를 아주 가까이서 목격한 중국 정부 관계자는 "아이처럼 즐겨 듣는 그의 태도는 시 주석에 대한 나의 인상을 싹 바꿨다"라고 당시 상황을 떠올렸다.[17]

② 규칙이나 전례를 허문다

지도자 시진핑에게서는 선인이나 타자가 정해온, 또는 믿어온 규칙이나 전례에 사로잡히지 않는 정치를 하는 경향을 여실히 엿볼 수 있다. 여기에 좋은지 나쁜지라는 전제가 붙겠지만 말이다.

시진핑이 총서기 취임 이래로 전개하는 반부패 투쟁의 강도와 규모는 전대미문의 영역에 걸쳐 있다. 정치국 상무위원을 지낸 고위 인사인 저우융캉을 '낙마'시켜 성역을 걷어치웠다. 장쩌민이나 쩡칭훙(曾慶紅)과 같은 원로들에게도 무거운 압박을 계속 가하고 있다.

또 외교 면에서는 '신형 대국 관계'[18]나 '신형 국제 관계'[19]를 도처에 내걸어 유일의 초대국 미국이 자국의 핵심적 이익을 인정하도록 만들거나, 국제사회를 공동 통치 또는 아시아·태평양 지역을 분할 통치하기 위한 작업을 꾀하고 있다. 앞에서 언급한 "태평양은 미·중 2대국이 출납하기에 충분한 크기이다. 아메리칸 드림과 차이나 드림은 상통한다", "아시아의 문제는 아시아에서 처리하지 않으면 안 된다"와 같은 발언은 시진핑의 세계관을 여실히 드러낸다고 생각한다.

일본과의 관계에서도 2009년 12월 국가부주석으로 방일해, 이른바 '천황 회견'을 거의 강철같이 실현시켰다. 궁내청은 외국 요인이 천황과 회견하려면 최소 한 달 전에 신청해야 한다는 규칙을 제정해놓았다. 당시 중국 내 사정 때문에 시진핑의 방일이 좀체 정해지지 않았고, 천황 회견 신청도 한 달이 채 남지 않은 단계에서 간신히 이루어졌다. '한 달 규칙'에 저촉되어 회견은 실현되지 않을 전망이었지만, 시진핑이 아랫사람을 통해 당시 민주당 간사장이던 오자와 이치로(小澤一浪)가 맹렬히 밀어붙이도록 함으로써 실현시켰다.[20]

이런 사례를 통해서 볼 때 정치가 시진핑은 규칙이나 전례에 대해 무관심할 정도로 파괴적인 동시에, 목적 달성을 위해서는 수단과 방법을 가리지 않는 특징도 있다는 것이다.

③ 분위기를 파악하지 않는다

2013년 3월, 국가주석에 취임한 지 얼마 되지 않아 시진핑이 러시아를 공식 방문했다.

모스크바 크렘린에서 푸틴 대통령과 회담한 시진핑은 어느 순간 푸틴에게 "우리는 어쩐지 닮았네요"라고 발언했다.[21] 두 지도자와 통역만 있는 자리가 아니었다. 누군가가 듣고 있을지도 모르는 장소였다. 별별 억측을 부를 수도 있는 발언이었다. 그 자리에 있었던 중국 매체의 기자에 따르면 "주변이 기절초풍하고 있었지만 시 주석은 아주 자연스러웠다"고 전한다.

그렇지 않아도 국제 여론에서 지정학적 이익을 둘러싸고 중·러가 전략적으로 접근한다는 지적이 확산하는 터였다. 게다가 그 중심인물이 자유민주주의의 제도나 가치관에 '노(No)'를 내려치는 듯한 두 사람, 국내에서는 국가자본주의적이고 외교에서는 고립·팽창주의적인 자세를 숨기지 않는 것으로 광범위하게 인식되고 있는 시진핑과 푸틴 두 정상이라 더욱 그랬다.

2014년 11월, 시진핑은 베이징에서 열린 아시아태평양경제협력회의(APEC 회의)에서 중국 경제외교의 특징으로 화제에 오른 아시아인프라투자은행이나 아시아태평양자유무역지대(FTAAP) 구상, 육지·바다·동서남북을 망라하는 실크로드 경제권 구상인 '일대일로'를 대담하고 화려하게 내걸었다.

그는 회의에 참석한 각국 정상이 '아시아·태평양 지역에서 경제 패권을 노리는 것인가?'라고 받아들여질 수 있는 구상을 제기한 것이다. 하물며, 아시아 회귀를 내걸고 환태평양경제동반자협정(TPP) 체결을 추진해온 미국 오바마 대통령 목전에 그들의 구상을 내건 것이다. 그 직후 오바마 대통령을 자신의 집무 장소인 중난하이로 초대해 추운 날씨에도 회담과 담소를 나누는 데 5시간이나 쏟았다는 점은 정말 깜짝 놀랄 일이다.

④ 지배 욕구가 강하다

워싱턴에서 정책 논의 과정 중 시진핑 정권의 동향이 거론될 때 종종 사용되는 표현이 "시진핑이 권력 기반을 굳히고 있다(Xi has consolidated power)"라는 것이다. "시진핑은 중화인민공화국 건국 이래 최강의 황제이다. 그가 행사할 수 있는 권력은 마오쩌둥보다도 덩샤오핑보다도 크고 강하다"(모 싱크탱크의 중국 전문가)라는 말까지 나돌고 있다.

취임 이래 개혁 정책의 동향, 반부패 투쟁을 통한 정적 타도, 권력을 장악해가는 상황으로 볼 때, 시진핑이 일정 정도 '권력 기반을 굳히고 있다'는 상황을 부정할 근거는 찾아낼 수 없다. 권력을 장악하기 위해서는 정보력이나 행동력, 인맥 또는 판단력 등 모든 힘이 요구된다. 전면심화개혁영도소조 등에서 드러나듯이 시진핑은 개혁이나 정책을 하향식으로 대담하게 추진해가기 위한 기능을 구축하는 데 적극적이다.

중앙부터 지방, 정치부터 경제, 정치국부터 국무원, 당부터 군부 …… 누가 지도적인 위치에 있고, 최종적으로 누구의 통솔로 모든 일이 결정되는지를 가시화하는 작업에 시진핑은 능하다. 그리고 그 배경에 잠재한 것은 시진핑의 속내에 강하게 자리한 통제 욕구, 즉 자신이 모든 것을 통제하기 위해 온갖 수단을 행사하려는 욕망이라고 생각한다.

⑤ 마지막은 스스로 결정한다

「사람의 말을 잘 듣는다」에서도 언급했지만, 시진핑은 안이하게 자신의 의견을 말하지 않고, 다른 사람의 의견을 경청한다. 이에 따라 그 자리(예를 들면 정치국 회의)의 공기를 조금씩 지배해 각자가 충분히 의견을 말하도록 하고, 모두가 의견을 냈다고 느꼈을 때, "문득 생각이 떠올라 책상을 힘껏 내리치듯이 결단해 앞으로 무엇을 해야 하는지 지시한다. 이렇게 결정한 이상 결코 동료들이 말참견을 하거나 딴지를 걸지 않도록 한다"(시진핑을 잘 아는 태자당 관계자). 그러한 완고함이 있는 것 같다.

반부패 투쟁에서도 그의 완고함은 두드러진다. 저우융캉, 쉬차이허우(徐才厚), 링지화(令計劃)처럼[22] 거대 권력 배경을 둔 거물 정치가를 낙마시키기 위해서는, 사전 준비와 사전 교섭을 하면서도 마지막 순간에는 자신의 의사로 결단·행동할 수 있을 만큼의 그릇과 실행력, 승부욕이 절대적으로 필요할 것이다. 실제로, 고위 관료들을 차례로 낙마시키는 과정에서 그에게 각 방면의 중압이 덮쳐왔다. 온갖 세력이 자신의 권익을 부수려는 시진핑에 대해 반격할 기회를 엿보고, 발목을 잡으려 하는 것이다. 그러나 시진핑은 그러한 외부 움직임에 현혹되지 않고 자신의 생각과 스타일을 관철하는 듯이 보인다.

반부패 투쟁의 '매니징 디렉터'를 맡는 왕치산 중앙기율검사위원회 서기에게도 반대 세력의 역습을 두려워하지 않고 마음껏 임무를 수행하라는 태도를 시종 견지하는 듯하다. "시진핑에게는 중압받지 않는 무신경한 부분이 있다"고 앞서 나온 태자당 관계자는 말한다.

⑥ 리스크를 감수한다

시진핑을 잘 아는 친샤오는 "시진핑은 리스크를 감수하는 남자다"라고 말한다.[23]

장쩌민 측근이던 저우융캉, 후진타오의 측근이던 링지화, 인민해방군 내에서 거대한 권력·권위·권한을 자랑했던 쉬차이허우를 낙마시킨 시진핑에 대해, "저 남자는 리스크를 감수하지 않는다"라고 말하는 사람은 세상에 없을 것이다.

외교로 눈을 돌려보면, 예를 들어 2014년 11월 APEC 회의에서 일본의 아베 신조(安倍晋三) 총리와 만났을 때의 장면이 떠오른다.

일본 측은 베이징에서 열린 APEC 회의에서 아베 신조와 시진핑의 회담을 실현시키는 것이 일·중 관계 개선의 돌파구가 된다고 판단해 필사적이었다. 중국 측도 중국 경제에 꼭 필요한 일본과의 경제 관계나 미국을 포함한 국제 여론, 그리고 약 1년 전 야스쿠니 신사를 참배한 아베 신조와의 만남을 받아들일 수밖에 없는 국내외 여론과 내셔널리즘의 압박 사이에 끼여 있었다.[24]

결과적으로 비공식이고, 국기도 웃는 얼굴도 없으며, 형식적·내용적으로도 불충분한 25분에 불과한 회담이었지만, 시진핑은 아베 신조와의 만남을 스스로 결단했다.[25] 일·중 쌍방이 각각의 입장 때문에 서로 다가간 결과라고 볼 수도 있지만, 이러한 대일 외교 사례에서 보듯 시진핑은 적어도 '리스크를 감수하는 남자'라고 판단할 수 있다.

⑦ 행동을 읽을 수 없다

다시 반부패 투쟁과 관련된 예시이지만, 저우융캉, 쉬차이허우, 링지화 같은 거물 정치가, 그리고 차례차례 낙마해가는 중앙 차관급과 지방 부성장급 이상 고위 관료들의 명운을 둘러싸고 공산당 관계자나 국내외 연구자들 사이에서도 "어쩌면 ……" 같은 예상은 있었지만, 막상 뚜껑을 열어보니 "거기까지 하는 것인가 ……"라는 반향이 충만했던 것으로 보인다.

국가기관·국유기업·군대를 비롯해 언제, 어디서, 어디까지 메스를 가할지 예측할 수 없고, 모든 관계자를 겁먹게 하는 일종의 공포정치가 시진핑에 대해 '예측할 수 없다', '읽을 수 없다'는 느낌을 한층 깊게 만든다.

물론 읽을 수 없다는 점이 리스크에만 있는 아니다. 실제로 반부패 투쟁을 통해 당·정부·군 내부에서 기득권에 기대 개혁을 저해하는 세력을 부수어가는 과정에는 긍정적인 면도 많다. 개혁 작업 때문에 각 분야 프로젝트에서 성과를 내는 경우가 있기 때문이다. 상하이 자유무역시험구 구상, 국유기업 개혁, 금융개혁, 토지개혁, 호적개혁 등 반부패 투쟁을 통해 실질적으로 혜택받는 분야는 확실하다.

⑧ 당에 대한 집착과 서구에 대한 저항

앞 장에서 검증했듯이, 건국에 공헌했으며 국무원 부총리, 광둥성 제1서기, 중앙서기처 서기, 정치국 위원 등을 역임한 시중쉰이라는 노혁명가를 친부로 둔 시진핑과 그 주변인들은 "중화인민공화국을 만든 것은 중국공산당이고, 당이 국가이며, 국가가 안정되고 번영하기 위해서는 당의 권력과 위신이 착실하게 강화되지 않으면 안 된다"는 잠재의식이 강한 것으로 보인다.

그들이 공산주의라는 이데올로기나 사회주의라는 정치체제 등 요 몇 해에 이름뿐인 옛 산물에 집착하는 것은 아니다. 집착은 어디까지나 '공산당 지배'에 한정된다. 이를 조직적으로 견지하기 위해 과거 이데올로기나 정치체제가 필요한 것이다. 필자의 견해로 공산주의 또는 사회주의 체제는 사상 신조라기보다 조직 체계에 중점을 둔다.

최근 서방의 자유민주주의를 신봉하는 리버럴파 지식인이 구속되거나, 페이스북과 구글, 미국의 ≪뉴욕 타임스(The New York Times)≫ 같은 서방의 가치관을 대표하는 매체가 중국 내에서 봉쇄되는 등의 경향이 점점 더 강해지고 있다. 시진핑이 사상 또는 가치관이라는 각도에서 이들을 반대한다기보다는, 공산당 일당지배라는 조직체계를 유지해야 하는 관점에서 이 기업들을 장애물로 인식하기 때문이다.

시진핑은 적어도 자신이 집권하는 동안 공산당이라는 조직을 강화하는데 계속 집착할 것이다. 공산당 지배에 방해가 될 가능성이 있는 사상·인물·세력은 주저 없이 부수려 할 것이다.

시진핑의 여덟 가지 특징이 정치 개혁, 그리고 그 앞에 있을지도 모르는 중국 민주화를 촉진시킬지 후퇴시킬지 현 단계에서는 알 수 없다. 톈안먼 사건의 청산이라는, 공산당이 앞으로 나아가는 데 피할 수 없는 세기의 과제를 어떻게 정치에 이용할지도 포함해서다. 시진핑이 무엇을 생각하는지, 어디에 어떻게 도달하려 하는지 아직도 규명해야 할 부분이 많다. 그 일거수일투족을 주의 깊게 좇아갈 수밖에 없는 것이 현실이다. 하지만 이 장의 마지막 부분에서는 시진핑의 '추종자'에 초점을 맞추며, 중국공산당과 정치 개혁이라는 명제에 대해 시진핑이 짊어진 역사의 무거운 짐을 검토해가고 싶다.

근본적인 정치 개혁에 나설 수 있는가

시종일관 중국공산당의 지배를 견지하고, 중국공산당 지배하의 다당합작제와 정치협상제도를 충실히 함으로써 특색 있는 사회주의 정치발전의 길을 걷지 않으면 안 된다. 서방의 정치제도 모델을 모방하는 일은 절대로 없다. 처음부터 끝까지 올바른 정치의 방향성을 견지해 인민정협의 단결과 분투, 그리고 공동 정치사상의 기초를 강화해야 한다.

2013년 3월 12일, 연례적인 양회의 석상에서 위정성 중국인민정치협상회의 주석이 발언한 내용이다. 중국공산당 용어인 만큼 해석이 어렵지만, 요점은 두 가지로 좁혀진다. ① 시종 중국공산당의 일당지배를 견지할 것, ② 서방의 정치제도 모델을 모방하는 일은 절대로 없을 것이다.

제18차 당대회에서 퇴임을 앞둔 후진타오 전 국가주석은 다음과 같이 주장한다.

"폐쇄적이고 굳어진 '옛길(老路)'도, 본래의 모습에 덧칠한 '사로(邪路)'도 걷지 않는다."

2013년 11월에 열린 당 3중전회 공식 발표에도 완전히 같은 문언이 기록되어 있었다. '옛길'이란 신중국의 발전을 쇠퇴시킬 뿐 아니라, 이미 폐쇄된 문화대혁명 등 '극좌'적인 길을 가리킨다. '사로'란 중국에서는 서방의 삼권분립이나 민주주의에 입각한 길을 가리키며, 중국에서 '극우'로 간주된다.

2011년 3월 10일 베이징에서 개최된 전국인민대표대회 보고를 행한 우방궈(吳邦國) 전국인민대표대회 위원장은 좀 더 깊은 발언을 했다.

중국의 국정과 관련해 우리는 다당제에 의한 집정은 하지 않는다. 지도사상의 다
원화는 하지 않는다. 삼권분립과 양원제는 하지 않는다. 연방제는 하지 않는다.
사유화는 하지 않는다.

우방궈가 제시한 이 다섯 개의 '하지 않는다'는, 중국어로 '우부가오(五不
搞)'라 불린다. 중국공산당이 서방의 자유민주주의를 거부하는 입장을 취함
을 표시하는 하나의 지표라고 해석된다. '우부가오'가 발표된 뒤로 국내외
중국 관측통 사이에 놀라움과 의문의 목소리가 퍼졌다. 다만 서방의 정치제
도나 가치관을 정면으로 부정하는 이런 부류의 사상은 결코 최근에 생긴 것
이 아니다. 원로를 포함한 중국공산당 지도부의 본심이며, 시진핑과 미래
지도자들도 모두 사상·관념으로 이어받을 것이다.

자오쯔양은 자신의 회상록에서 1980년대 덩샤오핑이 말한 정치 개혁에
대해 다음과 같이 적었다.

덩샤오핑은 서양 국가와 같은 복수의 정당제, 삼권분립, 의회제도에 특히 반대하
며 결코 인정하지 않았다. 정치 개혁에 대해 말할 때는 반드시라 할 만큼, 서양의
정치제도를 채용할 수 없다고 말했다. 이는 그가 반대하는 '부르주아 자유화'의
제1 요소였기 때문이다. 1980년 9월, 당과 국가의 분리야말로 정치 개혁의 제1
과제라고 설명할 당시 덩샤오핑은 자유화를 추구해 서양을 모방하는 일은 결단
코 용서되지 않는다고 강조했다. 1987년 6월 유고슬라비아 요인과 회담했을 때
는 이렇게 말했다. "부르주아 민주주의라는 것은, 실은 독점자본가를 위한 민주
주의이며, 복수정당제, 의회선거, 삼권분립도 같은 것이다. 어떻게 그런 제도를
도입할 수 있겠는가?"[26]

앞선 5장에서 언급했듯이, 시진핑이라는 지도자는 '중국공산당의 권력과 위신이 확고한 지위를 획득한 터 위에 비로소 개혁이 힘차게 실행된다'는 생각을 강하게 품고 있다. 아버지 세대가 공산당을 창설해 혁명으로 천하를 쟁취한 만큼, 당에 대한 충성심이나 집착 또한 남달리 강하다. 다음 장에서 논하겠지만, 시진핑이 가차 없이 추진하는 반부패 투쟁은 틀림없이 공산당의 권력과 위상을 강화하는 대책이라 할 수 있다. "시진핑은 '반부'를 관철함으로써 공산당에 대한 인민의 신뢰를 다시 한번 획득하려 한다." 베이징시위원회 당 간부가 전한 말이다.

말할 것도 없이, 반부패 투쟁의 대상인 관리들로부터 나오는 평판은 좋지 않다. 또 보도·언론·출판을 포함해 시민사회에 대한 통제를 강화하고 있기 때문에 지식인들의 평판도 좋지 않다.

한편 대학생이나 일반 기업 종사자, 농민을 만나 얘기해보면 모두 입을 모아 "시 주석은 훌륭하다. 좋은 지도자다"라는 코멘트가 돌아온다. 권력을 지닌 관리들이 반부패 투쟁을 통해 차례로 낙마하는 광경을 바라보는 것은, 인민들 입장에서는 기분 좋은 일인 듯하다. 과도할 정도로 인민의 평판이 좋아서 '마오쩌둥 시대의 개인숭배에 가까운 것 아닌가'라는 느낌마저 든다. 베이징 대학 교수와의 식사 자리에서 젊은 교수로부터 "나도 시 주석 개인을 숭배하고 있을지도 모른다. ……"라는 목소리가 새어 나왔다.[27]

6장에서도 언급했듯이 지도자로서 시진핑은 10년이라는 시간과 정치 개혁을 시야에 넣고 국정 운영에 임한다고 필자는 분석한다. 총서기 취임 이래 대대적으로 착수하는 반부패 투쟁이나 언론 공간에 대한 압박 정책은 공산당의 권력과 위상을 강화하기 위한 과도기적 전술이며, 그 끝에는 경제뿐 아니라 정치 분야 개혁을 시야에 두고 있을 것이다. 가능성으로 치면 정권 2기가 되는 2017년 가을 이후일 것이다. 후진타오 시대와 비교했을 때 개혁의 실행 가능성은 높아 보인다.

1986~1989년 중공중앙서기처와 중앙판공청에서 근무하며 당 중앙의 정

치체제 개혁의 기초에 직접 관여한 우자샹(吳稼祥)은, 시진핑 정권 초기의 정계 상황을 다음과 같이 분석한다.

> 시진핑이 취임하고부터 나오는 좌향화 현상은 시진핑이 당내의 정치적 균형을 유지하는 수단이다. '속임수'이며, 본래의 모습이 아니다. '공산주의 후계자'를 자처하는 기득권익자들은 시진핑의 개혁 이미지를 깨부수려 한다. 국내외에서 시진핑의 개혁이 분명하거나 뚜렷하지 않다는 의문이 나오고 있지만, 이는 개혁을 진행하기 위한 정치적 조건이 갖추어지지 않았기 때문이다. 정치 개혁을 실현하기 위해 우선 앞서 정치 팀을 만들지 않으면 안 되는 것이다.[28]

시진핑 시대가 마지막 기회다

서론에서 기술했듯이, 서구식 민주주의 제도의 하한선을 ① 공정한 선거, ② 사법의 독립, ③ 언론·보도의 자유라는 세 가지가 제도적으로 보장되는 상태라고 가정하자. 이 조건들이 시진핑의 시야에 있는 정치 개혁과 얼마나 중첩될 것인가? 필자는 부정적으로 보고 있다. 우방궈가 우부가오에서 주장한 것처럼, 다당제·삼권분립·양원제는 취하지 않을 것이 틀림없다. 어디까지나 공산당 일당지배를 전제로 한 당내 선거 과정이며, 삼권분립을 채용하지 않는다는 것은 사법의 독립도 한정적일 가능성이 높다는 뜻이다.

언론의 자유에 관해서는 의견이 갈릴 것이다. 공산당 일당지배의 전제가 존재하는 한, 보도기관은 당국의 지배하에 있으며 언론 통제는 계속될 것이다. 그때마다 정치 상황에 따라 통제의 폭이나 정도는 변화될 것이다. 예를 들어 2008년 베이징 올림픽 직전에는 유튜브, 트위터, 페이스북 등이 차단되었다. 또 2014년 '톈안먼 사건 25년' 직전부터는 구글, 7월 초순부터는 라인, 2015년 들어서는 아이폰의 지메일(Gmail) 접속, 그리고 지금껏 당국의 규제를 피하기 위해 사용된 VPN 일부 등이 차단되었다.[29] 당 지도부는 인터넷이나 정보과학의 보급이 초래할 수 있는 사상과 가치관의 다양화에 대해 과거 어느 때보다 민감하게 대응하고 있다. 언론 통제의 경우 그 폭이나 정도의 부침이 뚜렷하며, 그 자체가 현실에 대한 당 지도부의 위기감을 반영한다.

필자는 시진핑이 정치 개혁을 실천할 경우 ① 공산당 당내나 지방 촌민위원회의 제한적 선거, ② 사법의 제한적 독립, ③ 언론의 제한적 개방 등과 같은 수준으로 한정될 것으로 예측한다. 서구적인 민주주의가 중국에 뿌리내릴 가능성은 제한되어 있다고 말할 수밖에 없다.

중국 문제 전문가인 정융녠(鄭永年) 싱가포르 국립대학 동아시아연구소 소장은 2015년 5월 『민주주의: 중국은 어떤 선택을 할 것인가(民主, 中國如何選擇)』(浙江人民出版社)를 출간하며 "중국은 자신의 민주주의 길을 가야 한다"고 기술했다.

'중국식 민주'는 중국의 전통과 민주제도 요소의 결합이 될 것이다. 민주주의의 본질은 다당제가 아닌 경쟁이다. 경쟁의 목적은 최고의 인재를 끌어들이는 데 있다. 다당제는 하나의 형식에 지나지 않는다. 중국은 개방적인 일당제의 길을 갈 수 있다. 당내 민주에 의해 협조하거나, 당내에서 표결하면 된다. 이런 개방적인 일당제를 발전시키는 것이다. 중국의 수천 년에 달하는 현능(賢能)과 서방의 민주주의를 결합한다. 중국 전통에 녹아 있는 관리 선발과 선거를 결합하는 것이다. 그리고 중국이 순조롭게 민주주의로 이행하고 싶다면 일당 주도하에 헌정이나 법치, 사법의 독립을 어떻게 확보해갈 것인지 탐색하는 데 많은 시간과 에너지를 쏟을 필요가 있을 것이다.[30]

중국 역사상 존재할 수 없었던 법치주의와 자유민주주의를 내포하는 정치 체제를, 중국공산당이 창설(1921년)되고부터 100년 이내에, 중화인민공화국이 건국(1949년)되고부터 70년 이내에 실현할 수 있다고 생각하는 것은 너무

순진하다. 미국에서 중국 정치 전문가로 유명한 보스턴 대학의 조지프 퓨스미스 교수는 "시진핑은 정치 개혁을 완전히 포기했다"고 필자에게 말했다.[31]

필자의 또 다른 생각은, 하향식 정치 개혁을 한다면 시진핑 시대밖에 없을 것이라는 점이다. 시진핑 시대가 최대이자 최후의 기회라는 의미다.

> 후춘화(현 광둥성 서기, 정치국 위원), 쑨정차이[충칭시 서기, 정치국 위원(2017년 실각 _옮긴이)]는 관료에 지나지 않는다. 시진핑과 비교하면 너무 약해서 행동력이 부족하다. 대담한 개혁을 할 수 있는 그릇이 아니다. 애초에 표면적으로 차기 총서기나 총리에 내정된 두 사람이, 2017년에 순조롭게 상무위원에 들어갈지 어떨지도 모른다(태자당 관계자).[32]

중국판 정치 개혁이 공정한 선거, 사법의 독립, 언론의 자유라는 3요소를 제도적으로 확립해 서구식에 근접한 민주화를 실현할 가능성은 낮다. 그래도 시진핑에 '기대'할 수밖에 없는 국내 사정을 감안할 때, 중국공산당의 정치 개혁은 쉽지 않다.

역사책 애독가로 알려진 시진핑은 당대 타국의 사례와 타국이 어떠했는지를 참조하기보다는 중국의 역사를 중시하고 참고하면서 정책을 강구하는 경향이 뚜렷하다고 알려져 있다.

2014년 3월, 당과 정부의 경제정책에 발언권이 있다고 알려진 야오양(姚洋) 베이징 대학 국가발전연구원 원장은 하버드 대학 캠퍼스에서 필자에게 다음과 같이 말했다.[33]

"시진핑은 '문경의 치(文景之治)'의 역사를 숙독하고 있으며, 자신을 류슈(劉秀, 광무제 _옮긴이)와 비교하고 있다."[34]

제8장

반부패
투쟁

2010년 8월, 더운 여름날 충칭시에 머물던 당시 일어난 사건은 지금도 눈앞에 생생하다. 눈앞에 있는 남자의 이름은 보시라이. 국무원 부총리까지 지냈던 보이보가 부친이다. 다롄시장, 랴오닝성 서기,[1] 상무부 부장을 역임하는 등 엘리트 정치인의 코스를 따라 잔뼈가 굵어진 인물이다. 2007년부터 충칭시 서기, 그리고 중국공산당 서열 상위 25명으로 구성되는 정치국 위원까지 올라갔다.

많은 부하를 이끌고 방에 들어온 보시라이의 표정은 자신감이 넘쳐흘렀다. 190센티미터 정도의 장신에 카리스마를 풍기는 당당한 풍채다. 그 눈빛은 필자가 이제껏 만난 어느 정치가보다 강했고, 살기조차 느껴졌다.

랴오닝성 다롄시에서 보시라이의 지휘 아래 일한 적 있는 지인의 말을 상기해보았다.

보 서기는 결정 사항을 고압적으로 전할 뿐이었다. 우리가 의견을 말하면, 그 눈으로 매섭게 노려본다. 이해관계가 상반되면 확실히 좌천시킨다. 좌우간 위압감이 있는 사람이고, '노(No)'라고 말할 수 없었다. 본인이 회의 소집이나 면회의 필요성을 느끼면 한밤중인 2시에도 휴대폰으로 전화를 건다. 이쪽의 사정을 들을 귀는 갖추고 있지 않았다.

확실히 압도적인 박력이 느껴지는 얼굴은 웃음을 짓고 있었지만, 그 눈은 웃고 있지 않았다. "가토 씨, 충칭을 나쁘게 말하고 내 발목을 잡는다면 용서는 없어." 이렇게 말하는 듯해 움찔했다. 오른손으로 악수는 했지만, 보의 손바닥은 말라 있어 차가움을 느꼈다. '피가 통하지 않는 것 아닌가'라고 생각될 정도였다.

현장에 있었던 충칭시 정부의 관리가 내 귓가에 대고 나직이 말했다.

"보 서기는 몸 상태가 시원찮다."

보시라이의 손에서 느낀 차가움은 내가 과거에 악수한 적 있는 한 정치가의 손에서도 느꼈었다.

2008년 5월 3일 필자는 일본 공식 방문을 사흘 앞둔 후진타오 국가주석과 베이징 대학 캠퍼스에서 만났다. 후진타오의 오른손은 식은땀으로 미끈미끈해서 '엄청난 부담감 속에 만나고 있구나'[2]라고 느꼈다.

베이징 올림픽을 수개월 앞둔 3월에는 공산당이 티베트에서 발생한 폭동을 힘으로 억압했다며, 인권보호나 신앙·종교의 자유를 외치는 서방국가가 공산당의 방식에 반대를 외쳤다. 올림픽 성화 봉송 릴레이의 현장인 런던, 파리, 샌프란시스코, 일본의 나가노에서도 '반중 시위'가 연쇄적으로 일어난 시기이다. 그런 와중에 일본을 방문한다는 것에 부담을 느끼지 않을 수 없다. 당시 중국 내의 대일 강경파들이 "이러한 상황에서 일본 따위를 방문할 때가 아니다"라며 후진타오에게 압력을 가하던 것을 필자는 기억한다.

보시라이의 카리스마적 특징은 두드러졌다.

'내가 서기에 취임한 후부터 충칭이 얼마나 발전하고, 위대한 업적을 거두어왔는가'라는 주제에 대해 경제성장률이나 민생(호적, 주택, 의료 등) 수준에서 개혁 사항을 소개하고, 암기한 데이터나 자료를 효과적으로 인용하며 프레젠테이션을 하고 있었다. 옆에 앉아 있던 충칭시 서열 2위인 황치판(黄奇帆) 시장의 어깨를 툭툭 치며, "충칭의 경제가 여기까지 발전해온 공로는 이황 시장에게 있다"고 노고를 치하했다.

그때 황 시장의 거북해하는 표정을 잊을 수 없다. 제3자가 있는 공간에서 보시라이에게 칭찬받는 것을 꺼리며, 보시라이와 거리를 두고 싶어 하는 듯했다. 지금 돌이켜보면, 황 시장의 표정에서 묻어나온 위화감도 이해할 수 있다. 보시라이의 오른팔로서 충칭을 부흥시켜온 황치판은 그 시점에 이미 보 주변에서 일어날 사태, 그리고 머지않은 미래에 '낙마'할 가능성을 감지했을지도 모를 일이기 때문이다.

보시라이 사건

"아직껏 문화대혁명의 잘못과 봉건적인 문제가 완전히 걷히지 않고 있다. 개혁이 좌절하면, 문혁의 비극이 반복된다."

2012년 3월 14일 베이징 인민대회당에서 전인대의 기자회견에 임한 원자바오 총리가 결의를 토해내듯이 말했다. 이는 보시라이 통치하의 충칭의 사례를 비판하는 것임을 누구나 알고 있었다.

다음 날 15일 보시라이는 충칭시 공산당위원회 서기직에서 해임되었다. 표면상으로는 보시라이를 두려워한 왕리쥔(王立軍) 충칭시 공안국장이 청두 주재 미국 총영사관에 '망명'을 꾀하고, 정치의 안정을 위협한 데 대해 책임을 지우는 것이 목적이었다.

같은 해 4월 10일, 정치국원과 중앙위원의 직무도 정지되어 보시라이의 정치 이력은 종말을 고했다. 그로부터 약 반 년이 지난 11월, 보시라이는 당적을 포함한 모든 정치적 지위를 잃었다. 3~11월에 그의 아내 보구카이라이(薄谷開來)가 영국인 사업가를 살해한 사건에 관여한 것이나, 다롄시장 재직 당시에 저지른 인사 부정이나 부패를 포함한 '중대한 규율 위반' 등 보시라이의 범죄가 공개되었다.

그리고 2013년 7월 25일, 결국 기소되어 형사책임을 지게 되었다. 당 지도부는 보시라이를 정치적으로 실각시켰을 뿐 아니라 사법에 의해 재판을 받도록 정치적 결단을 내린 것이다.

보시라이가 모든 정치적 지위를 빼앗긴 2012년 11월은, 베이징에서 개최된 공산당 제18차 당대회와 시기가 겹친다. 당시 보시라이를 어떻게 처분할 것인지를 놓고, 필자도 베이징을 비롯한 중국 각지에서 당·정부 관계자나 전문가들과 토론했다. 통일된 견해는 없었으며, 관점은 항상 분열되어 있었다.

"제18차 당대회 이후 곧바로 기소해 법정에 세운다"는 견해를 보이는 사람도 있는가 하면, "이 이상 책임을 추궁하는 것은, 당의 위신과 안정을 훼손하는 일이기 때문에 법적으로는 재판하지 않는다"고 말하는 사람도 있었다. 또 "시진핑과 보시라이는 같은 태자당이다. 시진핑이 수장이 되었으니 보시라이를 지키려고 할 것이다. 아무 일도 없었던 듯이, 여기서부터 없던 일로 할 것이다"라고 지적하는 사람도 있는가 하면, "시진핑은 애초부터 개성적이고 당내나 여론에 대해서도 영향력이 있는 보시라이를 정계에서 쫓아내고 싶어 했다. 무엇이 어찌 됐든 법정에 세워 철저히 규탄할 것이다"라고 예측하는 사람도 있었다.

결과는 알려진 대로다. 2013년 8월 22~26일 산둥성 지난시 중급인민법원에서 '공개재판'이 열렸다. 베이징 중앙정부의 결정이며 지시였다. 국영 신화통신이나 CCTV 등의 당 언론매체 이외의 매체도 보시라이가 법정에 선 모습을 실시간으로 보도하고 있었다. 당시 정부 관리나 당 기관지를 중심으로 많은 사람이 "이는 중국 정치의 투명성과 법치 정신을 구현하는 첫걸음이다"라고 말하며, 보시라이에 대한 재판을 높이 평가했다. 그렇지만 이는 중국공산당의 이익에 의거한 정치적 조치이며, 결코 제도와 법치에 기반을 둔 것이 아니라는 점은 명백했다.[3]

보시라이 본인의 육성은 들을 수 없었지만, 몸짓이나 표정에서 심정을 짐작할 수 있었다. 왕리쥔과 대치하거나, 판결에 굴하지 않거나, 진술서를 부정하거나, 90분간 자기변호를 하거나 …… 이러한 상황은 동 법원이 중국판 트위터 공식 계정을 통해 활자로 공개하고, ≪신화통신≫이 공표된 재판 진술서를 보도했기에 어느 정도는 알 수 있었다. 트위터로 실시간 발신하는 것은 지난시 당국의 정책이 아닌 당 지도부의 전략이었다. ≪신화통신≫이 공표한 의사록 중에 당국이 공표하고 싶지 않은 내용은 삭제되었다. ≪뉴욕타임스≫는 "보시라이는 당 지도자의 선택을 뒤집어엎거나, 새로운 권력 자리를 차지하려 기도한 것을 부정했지만, 2013년 이래 보시라이가 실각한 원인이 되는 권력투쟁에 관련된 부분이 진술서에는 드러나지 않았다"라고 보도했다.[4]

이를 공개하지 않은, 혹은 의도적으로 삭제한 이유는 보시라이의 실각이 공산당 내 분열이나 정치 안정을 위협하는 당내 권력투쟁의 결과임을 외부에 알리고 싶지 않았다는 것이다. 보시라이 사건의 핵심은 권력투쟁이며, 그 앞에 혹은 뒤에 있었던 노선투쟁의 내막은 심지어 중국 내에서도 공공연한 비밀로 되어 있다. 그러나 이례적인 공개재판에서 '보시라이는 충칭에서 독립 왕국을 구축해, 대중 여론의 압도적 지지를 얻은 동시에 중앙에서 새로운 권력을 수립하려는 것이 아닌가'라는 두려움을 당 지도부에 던져준 '충칭 모델'에 대한 심판은 회피했다. 공산당 지도부 내에서 '중국이 어디로 나아갈 것인가'라는 문제를 둘러싸고 세력이나 파벌이 대항해 싸운다는 사실을 인민들에게 알리고 싶지 않았기 때문이다.

'타흑창홍'은 장쩌민을 포함한 원로나, 후진타오와 원자바오를 포함한 모두에게 거부되었다. "개혁개방을 진행하고 있는 지금의 중국을 문화대혁명 시대로 밀어내는 위험한 움직임"으로 인식되어, "보시라이를 중앙정치, 특

히 최고 의사결정기관인 상무위원에 들이는 것은 위험하다"라는 판단으로
이어졌다.

2013년 10월, 시진핑 정권이 발족하고 1년이 지날 즈음 일본 내각관방에
해당하는 중국의 중앙판공청의 간부가 베이징에서 다음과 같이 전했다.

> 현재의 시진핑처럼 '공산당'의 위상이나 권력을 강조하는 것은 올바르고 필요하
> 다. 그러나 '마오쩌둥'을 꺼내 권력 기반을 굳게 다지려는 보시라이 같은 방식은
> 원로나 지도부를 포함한 현 체제에서는 받아들일 수 없었다.

영국 ≪파이낸셜 타임스≫의 기자로 앞서 언급된 리처드 맥그리거는 저
서 『중국공산당』에서 중국공산당 시스템과 마오쩌둥의 관계에 대해 다음과
같이 쓰고 있다.

> 당의 유일한 최대의 무거운 짐은, 위대한 지도자 마오쩌둥 그 사람이다. 중국에
> 서 최대의 역사 논쟁은 당과 국가의 절대 유일의 상징으로 계속 군림하고 있는
> 마오쩌둥을 지키기 위한 싸움이었다.[5]

> 1976년 마오쩌둥이 사망한 직후의 중국은 배타적이고 무기력한, 악의에 찬 국가
> 로서 붕괴와 내전의 위기에 빠져 있었다. 그 후 중국은 당시와 완전히 다른 국가
> 라고 해도 될 만큼 변모 중이다. 그러나 마오쩌둥은 지금도 여전히 중국을 하나로
> 묶는 한 가닥의 실로 계속 살고 있다. 현대 중국을 방문하는 외국인의 눈에 비치
> 는 근대국가와, 과거의 공포 시대를 잇는 유일한 실이다. 21세기에 들어서도 중국
> 에서 마오쩌둥의 존재는 너무나 크고, 마오쩌둥에 대해 논의되는 일조차 없다.[6]

보시라이 사건의 본질은 권력투쟁을 넘어선 노선투쟁이며, "중대한 규율
위반" 또는 "부정부패, 횡령, 공권 남용, 범죄" 사건이라는 것 등은 원로 그룹

이나 당 지도부가 보시라이를 당의 핵심으로부터 멀어지게 해, 정치의 중심에 다가갈 수 없게 만들기 위한 구실에 지나지 않았다. 그런 의미에서 보시라이 사건 처리에서 드러난 당 중앙의 대처법은 중국적이라기보다는 자못 '중공적'이었다.

이 장에서는 후진타오 정권에서 시진핑 정권으로 교체되는 시기에 지극히 '중공적'으로 처리된 보시라이 사건에 대해 반부패 투쟁을 중심으로 풀어나갈 것이다. 이를 통해서 법치주의 선전을 목적으로 정치적 이용을 꾀하는 중국공산당 지도부의 의도를 풀이할 것이다. 반부패 투쟁은 시진핑이 정권 초기의 핵심으로 내건 정책이다. 자세하게 살피려 한다. 이어 반부패 투쟁이 9장에서 집중적으로 검증하려는 '개혁'과 어떻게 이어지는지, 현 단계에서 반부패 투쟁과 중국 민주화가 어떠한 관계에 있는지에 대해서도 검증한다.

보시라이의 실각은 무엇을 가져왔는가

보시라이가 충칭시 서기에서 끌어내려진 후, 필자는 영국 ≪파이낸셜 타임스≫ 중국어판 칼럼에 보시라이 사건을 거론하며, 당 중앙에 위기감을 느끼게 한 충칭 모델의 문제점 세 가지를 지적했다. ① 이데올로기와 경제성장을 악질적으로 결합시켜, 강압적인 정치 수단으로 GDP 성장주의를 추구한 점, ② '타흑창홍'과 '민생 중시' 프로세스의 투명도가 지극히 낮고, 정책 결정이 극도로 하향식이었던 점, ③ 일개 지방에 불과한 충칭시에 적용된 충칭 모델을 제기하는 것 자체가 중국 정치판 게임의 규칙에서 볼 때 문제가 있다는 점 등 세 가지다.[7]

태자당의 대표격인 보시라이를 실각시키는 것이 쉽지는 않았을 것이다. 필자가 아는 한 공개재판이 시작되기 전에도, 그리고 지금까지 보시라이의 인기는 여전하다. 보시라이 제거로 불거진 새로운 마찰이나 리스크를 지워

내는 것은 어렵다.

보시라이 지지자는 세 가지로 구분될 수 있다. ① 당내의 일부, ② 개혁의 과실을 분배받지 못하는 일반 대중의 일부, ③ 충칭시민의 일부다. 개혁 실행 과정에서 직면한 격차나 물가 급등, 사회복지 결여 등의 문제에 많은 국민이 시달리고 있었다. 이에 대해 보시라이는 좌향화 정치를 방불케 하는 '공동 부유'를 내세워, 마오쩌둥 노래를 충칭시민에게 합창시키며 김 빼기를 시도했다. 그 방식은 반대 세력이나 당내 관계자에게는 경원시되었지만, 축제 분위기에 빠져 조금이라도 현실에서 도피하고 싶은 '사회 약자들'에게는 매력적으로 비쳤을 것이다. 2010~2012년 충칭을 방문했을 때 전해 들은 바로는 일반 시민 상당수는 그를 지지하며 그리워하고 있었다.

그러나 보시라이의 공개재판을 진행하는 과정에서 보시라이 지지파의 목소리는 당국에 묵살되었다. 당 지도부의 의사 또는 전략에 따라 보시라이를 재판할 때 그의 영향력과 지지세가 확산하는 것을 두려워한 조치다. 그렇지만 정치의 좌향화(노선투쟁)가 신권력의 탈환(권력투쟁)으로 이어지는 것을 우려하는 당 지도부가 보시라이와 그 지지자를 제압하는 일이, 최근의 중국 정치에 기쁜 소식을 가져오고 건전한 방향으로 이끌 것인지에 대해서는 회의적인 견해가 많다.

중국의 노선 문제와 관련해 일반적으로 좌향화는 보수적이고, 마오쩌둥 사상 등의 이데올로기를 강조하며, 시장이나 언론에 압박을 강화하는 경향이 있다. 한편 우향화는 진보적이고, 서방의 삼권분립이나 보편적 가치, 자유민주주의를 신봉하며, 언론의 자유나 시장의 자유화를 촉구하기 쉬운 환경이다. 중국 민주화 연구의 관점에서 보면, 어떠한 민주화가 중국의 장래를 건전한 방향으로 이끌어 세계 정치·경제에 바람직한지에 대해 정설은 존재하지 않는다. 하지만 적어도 좌향화보다는 우향화의 방향성이 더 낫다는 것은 분명하다.

필자가 보시라이 사건을 바라보면서 가장 관심을 둔 것은, 개혁개방을 내세우고 추진하는 의사와 입장을 견지하는 공산당 지도부가 좌향화에 제압을 가하는 데 대한 반동으로, 중국 내에서 우향화가 재촉될 것인가 하는 문제였다.

상황은 그다지 단순하게 진행되지 않는다. 2012년 11월 시진핑이 총서기에 취임한 이래 언행이나 정책을 보건대, 정권 발족 시에는 개혁파, 보수파, 시장파, 군대, 대중 등 다양한 행위자에게 '좋은 얼굴'을 해서 행보가 의심스러웠지만, 전체적으로는 좌향화로 비친다.

시진핑은 도처에서 '사회주의'를 강조하며, 정치체제 개혁도 언급하지 않았다. 당의 방침과 상반되는 언설을 전개하는 듯한 진보적, 즉 우향화적 언론인이나 변호사, 지식인, 인권활동가를 차례로 억압·구속하고 있다. 한편 공산당의 이데올로기나 통치 이념을 대중에게 대규모로, 직접적으로 전달하는 군중노선 캠페인을 대대적으로 전개해왔다. 이러한 움직임은 좌향적으로 비친다. 좌향화를 두려워하는 당 지도부는 그것을 행동으로 옮기려 한 보시라이를 실각시켰다. 그러나 같은 태자당 출신의 시진핑은 중국 사회의 모순이 표면화하고 외국 여러 나라와의 관계가 긴밀해지는 가운데서도 민족주의 성향을 보이고 있다. 민족주의가 하나의 조류로서 사회에 침투하는 좌향화의 흐름을 끊어내기는커녕 영합하려는 기색을 보이는 것이다. 내용이나 문언은 달라도 이는 보시라이가 충칭에서 펼친 캠페인과 다를 것이 없어 보인다.

좌향화의 조류는 필연적으로, 보수적이고 대외적으로 강경한 당원이나 군부의 기세를 높여, 좁고 배타적인 내셔널리즘을 증식시킨다. 좌향화 리스크가 시진핑 정치의 불안 요소가 되고 있는 것이다.

국무원 부총리를 지낸 뒤 1983년 10월부터 중앙고문위원회 상무 부주임이라는 당내 실질 서열 2위의 직위에 '취임'한 보이보는, 당의 위신과 단결이라는 사명을 덩샤오핑으로부터 받았다. 보이보가 받은 사명은 '정당(整黨)'(당내에 존재하는 불순한 사상·작풍·조직을 정돈하는 중국공산당의 전통적 정책)이다.

이를 이행할 당시, 보이보는 정치적 권위와 사회적 영향력이 있는 당내 인사만 기고할 수 있었던 공산당 기관지 ≪홍기(紅旗)≫에 "자산계급의 자유화에 반대하며, 사상정치공작을 강화한다"는 논고를 실었다. 그는 글머리에서 다음과 같이 말한다.

당내에 존재하는 잘못된 사상과 경향에 대한 당의 방침은 앞으로도 모든 것은 실제 상황에서 출발해, 사실의 실증에 의거해 사물의 진리를 추구하는 것이다. '좌'가 있다면 그것에 반대하고, '우'가 있다면 그것에 반대한다. 어떤 문제가 있으면 그것을 해결할 뿐이다.[8]

여기에는 당시 문화대혁명 후의 나쁜 풍습을 억누르면서(반좌), 일부 지식인이나 당내 관계자가 신봉하는 좌향화의 움직임도 저지한다는 의미가 담겨 있었다.

좌도 안 되고, 우도 안 된다. 중국공산당 정치는 진자처럼 흔들리고 있다. 어느 쪽으로 너무 기울어도 중국공산당 최대 목적인 "공산당 일당지배의 단호한 견지"에 반한다는 것이 당 지도부의 역사적 교훈인 듯하다.

1979년 3월 30일, 덩샤오핑은 문화대혁명 후의 복잡한 사상 혼란을 '정돈'하기 위해 '4항기본원칙'을 발표했다. ① 사회주의의 길을 견지한다, ② 무산계급 독재를 견지한다, ③ 공산당 지배를 견지한다, ④ 마르크스-레닌주의와 마오쩌둥 사상을 견지하는 것 등 네 개 항이며, 보이보의 논문에서도 "4항기본원칙을 견지하는 것"의 중요성이 강조되어 있다.

2012년 11월 17일 시진핑은 "중국 독자적인 사회주의를 견지·발전시켜 제18차 당대회의 정신을 배우고 선전한다"라는 담화를 발표하며, 그중에서 '4항기본원칙의 견지'를 언급한다. 중국공산당 지배라는 사고방식이나 가치체계의 핵심은 약 30년이라는 시간이 경과했지만 변함없이 면면히 흐르고 있다.

보시라이 사건의 클라이맥스는 중국 민주화를 촉구하는 단계로 이어지지 않을 뿐만 아니라, 중국 사회에 좌향화 침투와 동반해 불안 요소를 증식시켰다고 할 수 있다.

반부패 투쟁이 핵심 정책이 된 이유

산둥성 지난시 중급인민법원에서 열린 재판의 판결 공판에서 보시라이는 '무기징역'과 '정치적 권리박탈'을 선고받았다. 모든 개인 자산을 몰수당하고, 반부패 투쟁과 법치주의를 내거는 현 정권의 정치·선전 재료로 이용되었다. 한때 국무원 총리까지 노렸던 보시라이는 굴욕적이라고밖에 할 수 없는 결말을 맞이하게 되었다.

지금부터는 보시라이 사건의 결말에 이어, 왜 당 지도부가 이 시기에 반부패 투쟁을 전개하는지 연구해보려 한다.

후진타오 정권에서 시진핑 정권 이행기인 이 시기에 반부패 투쟁이 당 중앙의 핵심 정책으로서 다뤄지는 데는 명확한 배경과 국가정책이 있다고 필자는 생각한다. 제3장에서 "2003~2022년이라는 후진타오·시진핑의 20년간 ① 안정, ② 성장, ③ 공정, ④ 인권이라는 네 가지 척도가 공산당 통치력을 재는 열쇠가 된다"고 기술했다. 지도자가 민주적으로 선출되지 않는 중국에서는 통치의 결과와 업적이야말로 정부의 정통성을 담보한다. 그것이 담보되어야만 인민은 정부라는 통치자의 존재를 승인하며, 피통치자라는 입장을 감수하고 납득한다.

이 네 가지 중에 시진핑 정권은 세 번째의 '공정'을 고도로 중시해 대담하게 추진해가야 한다고 앞서 지적했다. 후진타오 정권을 지탱한 '안정'이나 '성장'도 공산당 정통성을 담보하는 데는 충분하지 않다. 언론·보도의 자유를 포함한 '인권'의 개선도 앞으로 10년간 그다지 기대될 것 같지 않다. 포스트 후진타오 시대에 수뇌부는 교육, 의료, 토지, 호적, 물가, 격차, 복지 등의 문제를 해결하기 위해 분주할 것이다. 이데올로기 투쟁이 사회 개선 프로세스를 저지하는 구조가 되면 목적은 달성되지 않는다. 단순한 경제문제도 아니거니와 민감한 정치 문제라고도 말할 수 없는 사회 분야의 개혁, 즉 '공정'의 문제를 어디까지 추구할 수 있을 것인지가 관건이다. 이것이 시진핑 시대 중국공산당의 정통성이 얼마만큼 담보될지를 좌우한다고 생각한다.

이 개혁은 향후 10년과 20년, 나아가 30년을 내다보고 지금부터 착수하지 않으면 안 될 과제다. 개혁은 비대화한 국유기업이나 당내 기득권층, 중앙과 지방의 유착관계 등 많은 '반개혁파'들의 멱살에 칼을 들이대는 것을 의미하기 때문에 보통의 수단으로는 안 된다. 포스트 '안정', '성장'의 시대에 '공정'으로 공산당의 정통성을 담보할 수 있다는 확실한 보증 따위는 어디에도 없다.

여기서 등장한 것이 반부패 투쟁이다. 당 지도부는 일반 대중이 정부에 품은 불만의 원인이자 개혁을 진행하는 데 큰 장애물인 부패 문제를 해결하는 자세를 보임으로써 당의 정통성을 일시적으로 담보하는 전략을 실천하기로 결정한 것이다.

이를 상징하는 것이 인사다.

시진핑은 당대 정치가 중에서 특히 유능하며 청렴하다고 알려져 있다. 또한 실적이나 경험이 풍부한 태자당의 왕치산 전 경제·금융 담당 부총리를 중앙기율검사위원회 서기로 맞이하며, 정치국 상무위원 서열 상위 7인으로서 반부패 투쟁 담당으로 지명했다. 태자당 네트워크의 사정에 정통한 앞서 나온 M 씨에 따르면, 왕치산 지명은 후진타오나 장쩌민 등 역대 국가주석의 의향에 따르기보다는 시진핑과 왕치산 두 명의 태자당 인물 간 상의를 통해 결정된 색채가 강하다.

2012년 11월부터 2017년 11월까지 최상급의 정치 이력을 완수한 이 시기에 왕치산이 국무원 총리로서 국가 경제의 주도자가 되는 것을 바란다는 점

은 의심할 여지가 없다.[9]

그러나 이는 이루어지지 않았다.

리커창 밑에서 국무원 상무부총리로서 경제정책의 보조 역할을 하며 직접적으로 영향력을 행사할 수 있는 직위에서 임무를 완수하고 싶다는 것이 왕치산의 생각이었다. 이에 시진핑과 상의한 이후, 중앙기율검사위원회 서기로서 반부패 정책을 담당하게 되었다. 시진핑은 "내가 뒷배가 될 터이니, 개의치 말고 마음껏 해달라"고 왕치산에게 일러두었다.[10]

제18차 당대회 고위급 인사에 정통한 중난하이 관계자의 말이다.

실제로, 시진핑 권력을 뒷배로 둔 왕치산의 반부패 투쟁은 대개 예상을 뛰어넘는 위력을 보여왔다. 반부패 투쟁을 정당화하기 위한 수단으로서 보시라이 사건이 정치적으로 이용된 경위는 앞서 서술한 대로지만, 이는 투쟁의 서막에 불과했다.

2013년 8월 27일, 중앙정치국 회의가 베이징에서 개최되었다. 주제는 반부패 투쟁이다. '건전하게 부패를 처벌·예방하기 위한 2013~2017년 로드맵'을 각의에서 결정해 "범도 파리도 함께 친다"(범은 고위 관료를, 파리는 일반 관리를 가리킨다)는 슬로건을 내세웠다. 기한을 2017년까지로 한 것은, 그해 가을 공산당 제19차 당대회가 열릴 무렵이 투쟁의 중심인물인 왕치산의 퇴임 예정 시기와 겹치기 때문일 것이다.

9월 2일 중앙기율검사위원회는 공식 사이트를 만들었다.[11] 국가안전부나 공안부 등과 거의 유사하게 투명성이 낮고, 앞으로는 외부 접촉을 거부한 기율위원회가 솔선해 정보공개에 나선 것이 중국 내에 널리 보도되며 화제가 되었다. 베이징 체류 시절에 몇 번인가 베이징시 시청구(西城區)에 있는 중앙기율검사위원회 청사 앞을 지난 적이 있지만, 간판이 걸려 있지 않고 언뜻 보면 무슨 건물인지 상상하기 어렵다. 그렇지만 경비는 엄하며, 그 안에서 무엇이 행해지는지 알 수 없었다.

이 사이트에는 '고발방식'이라는 칸이 마련되어 있고, 전화번호나 이메일 주소, 진정을 접수하는 주소까지 공개되어 있다. 동 위원회의 반부패나 잘못된 정책의 개요, 진행 중인 안건을 포함해, 단순한 프로파간다가 아닌 선제적인 내용도 언급한다. 공식 사이트 설립이나 정책 내용을 공개하는 배경에는 왕치산이 시진핑을 뒷배 삼아 취임 기간인 2017년까지 가능한 한 반부패 투쟁을 전개해 일반 대중 속에서 당의 정통성을 향상시킨다는 노림수가 있다고 생각된다.

리커창의 구조개혁과 마찬가지로, 반부패 투쟁도 보통의 수단으로는 안될 것이다. 반부패 투쟁을 강화하는 것이 당의 정통성을 강화하는 쪽으로 반드시 이어진다고 할 수는 없다. 거기에는 리스크도 동반되기 때문이다. 에즈라 보걸 교수는 시진핑 정권의 관건은 부패 문제라며, "부패 문제의 해결은 매우 어렵다. 정말로 철저히 해버리면, 이해 대립 때문에 공산당의 간부가 몇 개의 그룹으로 분열된다. 그 역시 피하지 않으면 안 되는 것"이라고 했다. 반부패 투쟁의 중요성과 불확실성을 동시에 지적한 말이다.[12]

2012년 말(12월 31일)에 이어, 2013년 말(12월 30일)에 개최된 정치국 상무회의에서도 반부패 투쟁이 집중적으로 토의되었다. 반부패 투쟁에 관해 시진핑은 정권 발족 때부터 "부패 문제가 나날이 심각해진다는 것은 많은 사실로 드러나고 있다. 최종적으로 망당·망국의 위기에 빠질지도 모른다. 우리는 경계하고 각성하지 않으면 안 된다. 범도 파리도 단연코 함께 친다"고 선언했다. 회의에서는 이 투쟁이 얼마나 중요하며 공산당이 얼마나 힘을 쏟고 있는지, 그리고 계속 고도로 중시해간다는 방침이 강조되었다.

2013년에 당이 스스로를 엄격히 관리해 당의 이미지를 청결히 하는 것과 반부패 투쟁을 전체적으로 구상하는 것, 체계적으로 계획하고 감독하면서 스스로 행동으로 보여왔다. 그리고 일정한 성과를 거두었다.

2013년의 투쟁을 이렇듯 되돌아본 후 현상에 대한 인식을 다음과 같이 설파했다.

부패 현상은 다발하고 있다. 부패의 온상도 존재하고 있다. 반부패 투쟁을 둘러싼 정세는 여전히 엄하고 복잡하다. 전 당이 반부패 투쟁을 통해 당의 이미지를 청결히 유지하며 통치하고, 반부패 투쟁의 장기성·복잡성·곤란성을 확실히 인식하며 사상과 행동을 통일해 당 중앙의 정세 판단과 임무 수행을 이어갈 필요가 있다.[13]

확실히 반부패 투쟁은 눈으로 확인되는 공적을 올리고 있다. 중앙과 지방을 불문하고 거물 관료가 낙마하는 사태가 잇따르며, 그것이 뉴스를 통해 알려지는 횟수도 늘어나고 있다. 유력 포털 사이트도 '고관낙마(高官落馬)'라 일컫는 특집을 대담하게 편성해왔다. 필자가 베이징에서 지낼 당시의 후진타오 시대에는 볼 수 없었던 현상이다. 시진핑 시대 들어서 언론매체는 당 지도부의 보증을 받아 선전·선동을 담당하는 중공 중앙선전부의 지시를 받아 반부패 투쟁을 대대적으로 선전 중이다.

평소 중앙선전부와 소통 라인을 갖고 있는 당 기관지의 데스크는 다음과 같이 말한다.

후진타오 정권 당시에는 고위 관료의 부패 스캔들이나 실각을 보도할 때 상당히 신중했지만, 오히려 시진핑 정권에서는 당이나 정부가 언론매체의 적극적인 보도를 환영하고 있다고 느껴진다.

중앙기율검사위원회의 통계에 따르면, 투쟁 개시 이후 첫 1년, 즉 2012년 11월 제18차 당대회부터 2013년 말 사이에 19명의 중앙 차관급·부성장급 이상의 고관이 낙마했다. 2012~2013년의 연말연시에는 공안부 부부장 리둥성(李東生)이나 쓰촨성 정치협상위원회 주석 리충시(李崇禧) 등이 낙마했다.[14]

반부패 투쟁이 인민의 대공산당 인식에 미치는 영향은 양날의 검이라고 할 수 있다. 적발 건수가 계속적으로 불거진다면 "정부가 자기 개혁을 하고 있다"고 평가받을 것이며, 반대로 안건이 너무 많아지면 "그렇게까지 부패하고 있었던 건가" 하고 역으로 불만을 증폭시킬 것이다.

정부 측 싱크탱크인 중국사회과학원이 일반 대중을 상대로 실시한 여론조사에 의하면, 78.7%(전년 대비 14.61%p 증가)가 "반부패 투쟁의 효과가 현저하다고 느낀다"고 답했다. 당 지도부가 불안정한 민심과 여론을 달래기 위한 수단으로 반부패 투쟁을 인식하고 있음을 알 수 있다.[15]

공산당 정치국 회의는 2014년 1월 '제18기 중앙기율검사위원회 제3차 전체회의' 개최를 결정하고, 2014년도에 이어 반부패 투쟁을 대대적으로 전개할 방침을 천명했다. 실제로 2014년에 실시된 총 열 차례의 정치국 상무회의 중 여섯 차례가 반부패 투쟁을 주요 주제로 삼아 토의했으며, 그중 두 차례는 저우융캉 안건을 심의했다.

저우융캉 '낙마'가 의미하는 것

2014년 6월 말 베이징 중난하이 관측통들 사이에서 한 소문이 퍼졌다.
"왕치산은 어디서 무엇을 하고 있는가?"

반부패 투쟁을 대담히 추진하기 위해 시진핑 총서기가 만반의 준비를 거쳐 발탁한 왕치산 중앙기율검사위원회 서기가, 약 한 달간 공식 자리에서 거의 모습을 보이지 않고 있었다. 정말 저우융캉을 낙마시키기 위한 최종 준비로 바쁜 것일까? 반부패 투쟁을 관장하는 상사이자 파트너인 시진핑이 '너무 눈에 띄는 활동을 하지 마라, 가만히 있어라'라고 지시를 내린 것일까?

왕치산은 야오이린(姚依林) 국무원 전 부총리의 사위이자 태자당의 대표 격 인사다. 시진핑도 자신과 처지가 비슷한 왕치산을 신뢰하며, 양자는 "마음이 맞는다"(공산당 관계자)고 한다.

"범도 파리도 함께 친다"가 반부패 투쟁의 일관된 방침이지만, '어디까지 큰 범을 칠 것인가'에 관해서는 전개 양상이 늘 불투명하다. 관료급까지라는 견해도 있고, 정치국 위원까지 대상으로 한다는 견해도 있다.

2014년 3월 연례적인 양회(전인대와 전국정협)가 끝난 이후, 베이징의 중난하이 관측통들은 '시진핑과 왕치산은 언제 저우융캉을 치는가'에 촉각을 곤두세웠다. 저우융캉은 정치국 상무위원으로 전임 정권의 실력자다. 지금까지 어떤 잘못을 저질렀어도 낙마할 일이 없다고 알려진, 실로 성역에 있던 인물이다.

중앙기율검사위원회가 석유벌(閥)·쓰촨벌·공안벌이라는 저우융캉의 입김이 닿은 영역의 '범'들을 차례로 추궁해왔다. 이런 경위로 미루어볼 때, 당지도부가 저우융캉의 권력이나 세력을 뿌리째 뽑기 위해 움직인다는 점은 의심의 여지가 없었다. 저우융캉 본인도 모처에서 조사받고 있다. 그 정치력은 땅에 떨어졌다고 언급하지 않더라도, 상당히 약체화되고 있었다.

문제는 저우융캉 낙마라는 전대미문의 국면을 당 중앙이 공개할 것인지, 과격한 표현으로 말하자면 저우융캉을 공개 처형할 것인지라는 한 점으로 좁혀졌다. 반부패 투쟁으로 당내 안정과 단결이 흔들리는 듯한 국면에서 저우융캉이라는 거대한 범을 공개 처형함으로써 초래할 수 있는 정치적 리스크에도 이목이 집중된다. 일방적으로 주변의 추종자들을 적나라하게 문초해 '남은 것은 본인뿐'이라는 여론을 만들어냈으므로, 결과적으로 저우융캉을 공개 처형하지 않는 선택을 할 경우 기업가나 지식인, 일반 대중을 포함한 국민이 납득할 것인지도 문제다.

2014년 7월 29일 저녁 무렵, 필자는 베이징 대학 부근 찻집 '만성서원(萬聖書園)'에 있었다. 소파에 걸터앉아 약속한 지인이 오기를 기다리고 있었는데, 휴대전화에 돌연 충격적인 뉴스가 떠올랐다.

"중공중앙은 저우융캉의 중대한 기율 위반을 중앙기율검사위원회가 입건·심사할 것을 결정했다."

저우융캉은 낙마했다. 드디어 올 것이 왔다.

이 역사적 순간을 정든 베이징의 땅에서 맞이할 수 있었던 것은 행운이었다. 그 순간을 말로 표현하기는 어렵지만, 국영 신화통신이 저우융캉 낙마의 뉴스를 내보낸 순간, 수도 베이징의 풍향이 변한 듯한 느낌에 사로잡혔다. 사람들의 숨결이 격해지고, 언론매체의 보도나 민중의 반응을 포함한 여론이 흥분하는 듯 보였다.[16]

CCTV의 저녁 7시 뉴스 〈신문연파(新聞連播)〉에서 저우융캉 낙마의 제1보가 흘러나왔다. 그로부터 약 두 시간이 지났을 무렵 베이징에서는 드문, 천둥을 동반한 큰비가 내리기 시작했다.

"본 적이 없을 정도의 비네."

베이징에서 50년 이상 지낸 골수의 베이징 토박이가 내 귓전에서 중얼거렸다.

이렇듯 역사적 순간을 맞이한 베이징에서 며칠 지나지 않아, 사람들의 관심은 저우융캉에게 좀 더 강도 높은 처분(형사책임의 추궁 등)이 내려질지에 집중되고 있었다.

10월의 베이징은 또다시 정치의 계절을 맞이하고 있었다. 4중전회다.

중앙기율검사위원회에 의해 부패 혐의로 입건·조사받은 명분으로 정치적으로 실각한 것이 전부는 아니었다. 보시라이처럼 대중 앞에서 형사책임을 묻는 것은 아닌지, 4중전회가 그 첫걸음이 되는 것은 아닌지 등의 관측이 베이징의 정치 분석가들 사이에서 나돌고 있었다. 일부 중국 언론매체가 "4중전회는 저우융캉의 처분을 다룰지도 모른다"라는 보도를 흘려 지식인들도 공개적으로 저우융캉 안건과 4중전회의 관련성을 토론하곤 했다.

필자는 저우융캉 사건, 즉 중국공산당 정치에서 더없이 중대하고 섬세하며 권력투쟁의 행방에도 결정적 영향을 미칠 주제와 관련된 공개 보도와 토론을 중앙선전부가 묵인하고 있었다는 사실을 통해 '시진핑은 4중전회라는 기회를 이용해 저우융캉과 그 세력을 완전히 제압하려는 것이 아닌가'라고 생각하며 정국의 추이를 주시하고 있었다.

결과적으로, 4중전회를 통해 저우융캉의 이름 석 자가 '공보'나 '결정'(이에 관해서는 나중에 서술할 것이다)에 실리는 일은 일어나지 않았다. 4중전회의 일정과 의제가 공표된 것은 이상하게도 저우융캉 낙마가 공표된 것과 같은 날짜인 2014년 7월 29일이었다. 이 사실로 미루어볼 때 시진핑은 "저우융캉 낙마라는 반부패 운동 과정에서, 이 하나의 절정기를 계기로 법치를 추진해 법체계, 법정비의 틀 속에서 당 간부나 관리의 인사 부정과 부패를 적발해나간다"는 결의를 내보인 것은 아닌가, 그 적당한 장으로 4중전회를 선택한 것은 아닌가라는 견해를 보이는 공산당 관계자가 적지 않았다.

정치운동이나 캠페인 목적의 반부패 투쟁은 온갖 노력이 필요한 작업이며, 권력투쟁의 의미에서도 상당한 리스크를 동반한다. 더구나 저우융캉 정도의 거물 정치인을 실각시키는 일이라면 시진핑은 반대파의 역습을 우려했을 것이다. 따라서 법치주의라는 제도적 기반에 의존하는 식으로 반부패 운동을 추진하는 쪽으로 방향을 잡은 것인지 모른다.

시진핑이 실제로 무엇을 생각하고 있는지는 언제나 예측 불가능하다. 본인조차 명확한 전략과 로드맵이 없는 것은 아닌가라는 생각이 들 때가 있다.

다만 시진핑은 권력투쟁으로서의 면모도 지닌 반부패 투쟁이 과열되어 자신의 정치생명을 위협하는 사태로까지 번질 위험성을 꺼렸을 것이다. 그런 시진핑에게 저우융캉 낙마가 법치주의라는 일정한 제도적 기반 위에서 반부패 대책을 실행하기 위한 '명분 수립'의 일종의 얼개라면, 그것은 중국 공산당 정치에서 매우 흥미로운 현상이다. 즉, 사회 안정이나 경제성장을 포함해 결과와 실적을 계속 내놓지 못할 경우, 집정당으로서의 정통성을 확보할 수 없는 노릇이다. 이 같은 실정에서 '벼랑 끝 정치'를 꺼리는 공산당 지도부가 민주주의라는 절차로서의 정통성에 입각한 정치 방식으로 '명분 수립' 가능성의 일단을 드러내기 때문이다.

저우융캉 낙마와 반부패 운동 법제화의 연결고리가 이처럼 주목되는 가운데, 4중전회 ≪공보≫에서 '반부패'는 한 번밖에 사용되지 않았다. 다음 장에서 검토하겠지만, 공산당 지도부는 4중전회를 어디까지나 경제활동이나 민생 문제 등을 포함한 넓은 의미의 법치주의를 강조할 기회로 내세우는 데 그쳤다.

시진핑은 왜 4중전회라는 정치적으로 큰 무대에서 저우융캉을 사지로 몰아넣지 않고, 이슈로 삼지 않았을까? 그 이유로 세 가지를 들 수 있다.

① 반대파의 역습을 우려했기 때문에
② 공산당 내 권력균형 유지를 우선했기 때문에
③ 장쩌민이나 쩡칭훙 등 저우융캉과 가까운 원로들을 배려했기 때문에

공산당의 권위와 정치의 안정성을 중시하는 시진핑은 신중에 신중을 거듭하며 권력 관계를 관리하는 듯 보인다.

인사에 관해 말하자면, 4중전회에서 사전 안건으로 상정된 중앙위원 장제민(蔣潔敏)과 리둥성(李東生)(둘 다 저우융캉의 측근이다) 및 중앙위원 후보 리춘청(李春城), 왕융춘(王永春), 완칭량(萬慶良)의 당적 박탈 이외에, 같은 중앙위원인 양진산(楊金山) 중국인민해방군 청두군구 부사령원의 당 기율 위반에 대한 보고를 심의·채택해 당적을 박탈한 사실은 특기할 만하다. 당의 지도 아래 실행되는 법치인 '결정', 즉 반부패 투쟁은 군부에도 예외가 없다는 것을 강조한다. 시진핑이 공산당 인민해방군에 대한 지도적 지위, 바꿔 말하면 군사에 대한 정치의 통제를 지금 이상으로 강화하겠다는 의사를 내보인 조치라고 봐야 할 것이다.

시진핑이 이끄는 당 지도부의 권력과 위신 강화를 위해 전개되어온 반부패 투쟁은 법치라는 대의명분 아래 계속될 것이다. 그러나 저우융캉이나 쉬차이허우 수준의 거물 정치가를 낙마시키는 것과 관련해 "도가 지나치면 오

히려 당내는 혼란해진다. 물러날 때가 중요하다"(당 관계자)는 이유로, 반부패 투쟁은 지금까지 실천해온 것 이상으로 신중에 신중을 기할 것으로 관측된다.

이런 의미에서 4중전회는 반부패 투쟁의 세부 내용과 향방을 내다보는 데 하나의 지표가 될 것이다. 이는 4중전회라는 정치 행사에서 저우융캉에 대해 좀 더 가혹한 처분이 가능한데도 회피한 사례에서 나타나듯이, "몰아가는 곳까지 몰아가지만, 최후의 일격은 가하지 않는 것으로 당내 권력균형을 꾀한다"(당 관계자)는 시진핑의 균형 감각과 정치 스타일의 특징을 두드러지게 드러낸다.

공산당의 기율은 국법을 초월한다

2015년 3월에 열린 양회에서 반부패캠페인과 관련해 전대미문의 집중 토의가 이루어졌다.

국가지도자들의 발언을 직접 들어보자.

반부패에 대해서는 엄격한 태도로 일관하고, 부패 분자는 결코 용인함 없이 혐의를 철저히 조사해 처분한다. 지도 기관이냐 군중이냐에 한하지 않고 모두 엄격히 단속한다(국무원 총리 리커창).

금기의 성역인 정협은 링지화나 쑤룽(蘇榮) 등 14인의 전국정협 위원의 자격을 박탈했다. 위원에 대한 관리를 강화해 깨끗한 당 건설과 반부패 투쟁을 원만히 추진해야 한다(중국인민정치협상회의 주석 위정성).

사법기관에서 일어나는 부패를 절대 용인하지 않고 철저히 단속한다. 깨끗한 당을 건설하기 위한 주체적 책임과 감독 책임을 다하지 않으면 안 된다. 이미 문제가 있는 재판소 간부 73명에 대한 문책을 단행했다[최고인민법원원장 저우창(周强)].

주목해야 할 대상은 중국인민해방군 내 부패의 단속이다. 이는 '군 내 반부'라 불린다. 시진핑 중앙군사위원회 주석은 '해방군대표회의'에서 처음으로 반부패 문제를 제기했다. 2013년과 2014년 양회에서는 볼 수 없던 현상이다.

앞서 나온 전국인민대표 류위안 대장은 다음과 같이 공언했다.

쉬차이허우나 구쥔산(谷俊山, 해방군총후근부 전 부부장) 등에 대한 결정은, 시진핑 주석의 지시로 계획·실행되었다. 시 주석의 돌파력과 배짱이 없었다면, 그들을 때려잡는 일 따위는 할 수 없었다.[17]

관계자들 사이에서는 군 내 반부패와 관련해 류위안이 시진핑과 내밀하게 의사소통하며 상당 정도 움직인 것으로 알려져 있다. 이 때문에 류위안은 군 내 반대 세력으로부터 상당한 압력을 받아 암살 위기에 노출된 적도 있다고 한다. 하지만 그는 "나도 작은 역할을 했을지는 모른다. 다만 이는 직무 범위 내이며, 본래 이행해야 하는 임무에 지나지 않는다"라고 조용히 말했다.

2015년 6월 류위안은 중국공산당 중앙위원회가 발간하는 기관지 ≪추스(求是)≫에 글을 기고했다. 제18차 당대회 이래로 당 중앙이 엄격한 자세를 유지하며 철저히 반부패 조치를 이행한 결과, 숙청한 '노범(老虎)' 수준의 부패 분자는 100명 이상에 이른다고 언급했다. 시진핑에 의한 반부패 투쟁이나 '네 가지의 전면' 전략에 대해 지지를 표명한 다음, 다음과 같이 지적했다.

저우융캉, 쉬차이허우, 링지화, 쑤룽 등에 의한, 뚜렷한 당 기율과 법률 위반 사건은 충격이었다. 부패의 바이러스는 당의 중심부, 심지어 중앙의 상층부까지 침투하고 있다. 사치와 부패가 두드러진다. 이것이 가장 심각하다. 군대에 관해 말하자면, 쉬차이허우가 정치공작을 장악했던 지난 10년간 시행한 인재 선발 과정에서 초래된 오염과 위해는 전 국면에서 이루어졌고 치명적이었다. 명백히 직무에 상응하지 않는 사람이 고위 직급을 차지해 갖가지 공작을 하는 바람에 군중이 공인하는 정통파 간부나 능력 있는 좋은 간부를 기용할 수 없었다. 이에 따라 당과 군의 사업이 입은 손해와 파괴는 터무니없이 큰 것이다![18]

산둥성 지난 군구에 속한 푸양(濮陽)군 분구에서 대위 계급에 지나지 않던 구쥔산은 쉬차이허우와의 개인적 관계를 뒷배로 2011년에는 중장까지 승진했다. 둘은 군의 계급을 파는 매관과 뒷거래에 손을 댔다. 군 수사기관 조사에 따르면 쉬차이허우 등의 매관은 500건에 이르며, 총액은 100억 위안(약 1조 6928억 원 _옮긴이)이 넘었다고 한다. 그러한 군 고위직들의 폭거를 적발·입건하기 위해 해방군 내에서 행동한 사람이 홍2대의 류위안이며, 그를 뒤에서 지탱해준 이가 시진핑이었다.[19]

군 내 반부패는 시진핑·류위안 계열에 의해 계속 전개되어, 단속적으로 낙마 리스트가 공개될 예정이다. 2015년 6월 16일, 군 수사기관은 새로 두 명의 낙마자를 공표했다. 헤이룽장성(黑龍江省) 군구 전 사령원 더우톄(竇鐵)와 무장경찰교통식부(의장대) 전 사령원 류잔치(劉占琪)다. 제18차 당대회 이후 인민해방군에서 '노범(老虎)'(반부패 투쟁의 대상이라는 맥락에서는 고급 간부를 가리킨다)의 낙마자 수는 37명에 달한다.[20]

양회 개최 기간 중에도 거물 정치인의 적발은 계속되어, 2주의 짧은 기간에도 세 명의 지방 부성장급 간부가 낙마했다. 허베이성 공산당위원회 상무위원 겸 사무국장 징춘화(景春華), 신장위구르자치구 인민대표회의 상무위원회 전 부주임이자 전 우루무치시 공산당위원회 서기 리즈(栗智), 윈난(雲南)성 공산당위원회 부서기 처우허(仇和) 등 세 명이다. "시진핑 총서기의 지도 아래, 2015년 반부패 투쟁이 계속 전개될 것이라는 미래상을 보여주고 있다"(공산당 간부). 이 코멘트를 뒷받침하듯이, 5월 22일 난닝시 공산당위원회 서기·광시좡족자치구 상무위원 겸 중앙위원 후보위원인 위위안야오(余遠耀)가 낙마했다. 위위안야오는 제18차 당대회 이래로 낙마한 성도(省都)급 고위 간부 중 여덟 번째 서기가 되었다.[21]

물론 반부패 투쟁으로 부패가 근절될 리 없다는 점을 시진핑 본인도 잘 알고 있다. 중국의 역사, 그리고 역대 황제들의 통치는 정말 부패와의 싸움이었다. 부패 현상을 어느 정도로 어떻게 관리하는지가 당대 정권·정세의 안정성을 좌우해온 것이다. 베이징 대학 대학원 재학 시절, 부친이 지방 인민정부의 간부였다는 동급생이 중국 부패의 본질에 대해 열변한 적이 있다.

"중국 사회에서 부패란 문화와 같다. 거기에 사는 사람들에게는 의사소통 수단이라고도 할 수 있다. 없어서는 안 되는 것이다."

나는 지금도 이 말만큼 중국 부패의 배경을 확실히 표현하는 말은 없다고 생각한다. 앞에서 나온 리처드 맥그리거도 중국의 부패 문제에 대해 독자적인 견해를 피력했다.

부패라는 문제와 관련해 확실히 중국에서 정치 부패의 뿌리는 깊다. 그러나 부패한 체제가 장기간 지속하는 것이 불가능하지는 않다. 중국에서 인사 부정으로 체포되는 관리는 두 종류이며, 두 종류의 성질을 모두 지닌 유형도 있다. 하나는 정치 투쟁에 패배한 자, 또 하나는 인사 부정의 규모가 너무 커서 체제 전체에 미치는 영향이 심대한 탓에 방치하면 전원에게 손해가 미치는 경우다. 중국에서 오직은, 지배계급에 부정 수입을 가져다주는 거래세와 같은 기능을 하는 듯하다. 이런 의미에서 오직 행위는 시스템을 하나로 모으는 접착제와 같은 것이다.[22]

좀처럼 공식적 자리에 모습을 보이지 않던 왕치산이 2015년 5월 8일부터 10일까지 저장성을 시찰했다. 전국 당원들이 당의 기율, 즉 '당기(黨紀)' 엄수의 중요성을 설파하고 다닌 것이다. "국법과 당기는 같은 개념이 아니다. 혼동하면 안 된다. 당기는 국법보다도 엄한 것이다. 당기는 중국공산당 당원의 기본 선이며, 국법은 중화인민공화국 국민의 기본 선이다"고 강조했다.

청렴한 당 건설과 반부패의 중요성, 제도 설계에 기반을 둔 법치를 강조했는데, 중국공산당 정치에서 당기가 국법보다 더 엄격한 존재라는 것, 바꿔 말하면 공산당에게는 정치가 법률 위에 존재한다는 사실을 왕치산이 입증한 것이다.[23]

반부패 투쟁의 장래

2014년 9월 30일 저녁 6시, 베이징 인민대회당 연회청

국무원 주최(사회는 리커창 국무원 총리)로 건국 65주년을 축하하는 국경절 리셉션에 국가지도자들이 배경음악과 함께 모습을 드러냈다.

선두로 걸어 나온 이는 시진핑 국가주석이었고, 스스로 걷는 것이 불편한 듯 남자 직원에게 허리 부축을 받으며 장쩌민 전 국가주석이 다음으로 등장했고, 그리고 후진타오 전 국가주석이 뒤를 이었다. 연단에는 2007년 10월부터 2012년 11월까지가 임기였던 17기 중앙정치국 상무위원들의 모습도 보였다. 그러나 약 2개월 전인 7월 29일에 낙마한 저우융캉 전 중앙정치국 상무위원의 모습은 찾아볼 수 없었다. 관료 배출 지역으로 유명한 장쑤성 출신의 동향인 저우융캉(장쑤성 우시 출신)을 그 지위까지 밀어 올린 장본인 장쩌민(장쑤성 양저우 출신)은, 그 현장을 어떠한 심경으로 바라보고 있었을까.

장쩌민은 측근인 저우융캉을 지키기 위해 계책을 짜내고 실제로 시진핑이나 왕치산에게 압력을 가하려 했으나 효과가 없었던 것 같다. 시진핑의 의지는 확고하고, 왕치산도 당내 각 방면의 압력을 받으면서도 단호한 태도로 반부패 투쟁에 도전하고 있다. 어느 세력에 메스를 가하고 누구를 실각시킬지에 관해 시진핑은

스스로 의사결정을 하고 권력을 행사할 수 있는 입장이다. 원칙은, 누구도 그 이견을 제대로 말할 수 없다는 것이다.

2013년 12월 중순, 시진핑과 가까운 공산당 관계자가 베이징에서 전한 말이다. '원칙'이라고 말한 배경에는, 중국 정치에는 항상 예측할 수 없는 사태가 따라다녀 언제 어디서, 무엇이 일어날지 모른다는 의식이 있는 배어 있는 것이다.

이 말을 뒷받침하듯이, 중국공산당 정치사에 남을 사건이 2014년 12월 상순과 하순에 각각 발생했다.

첫 번째는 날짜가 12월 5일에서 6일로 넘어갈 무렵 발생했다. 국영 신화통신이 저우융캉의 당적을 박탈하고 형사책임을 추궁한다는 기사를 전송했다. 5일 중앙정치국이 중앙기율검사위원회로부터 올라온 「저우융캉이 범한 중대한 기율 위반에 관한 심사보고」를 심의한 후 결정을 내렸다.

이 결정을 받아 최고인민검찰원은 저우융캉 체포를 단행했다. 동 위원회 수사에 따르면 저우융캉은 "당의 정치 기율, 조직 기율, 비밀유지 기율에 중대한 위반을 범했다"는 것이다. 중대한 기율 위반이란 권력 남용, 수뢰, 금전, 여성 문제, 당과 국가의 비밀 누설 등이었다. "저우융캉의 행동은 당의 이미지를 막대하게 훼손함으로써 당과 인민의 사업에 중대한 손실을 불러왔다. 그 영향은 지극히 악질적이다"(동 위원회). 그리고 2015년 4월 3일, 저우융캉은 거액의 수뢰와 직권남용, 고의에 의한 국가기밀 누설 등의 죄목으로 톈진 검찰 당국에 의해 기소되었다.

그 후 6월 11일, 톈진 제1중급인민법원은 저우융캉에 대해 무기징역, 종신의 정치 권리박탈, 개인 재산 몰수라는 판결을 내렸다. 이 모습을 CCTV가 공산당 지도부의 동향을 선전하는 주요 채널 〈신문연파〉에서 방영했다. 보시라이 사건 당시처럼 연출된 공개재판은 아니었지만, 이 재판은 무언가 의문이 남는다. 머리가 새하얘진 저우융캉이 남방 억양의 보통어로 다음과 같

은 육성을 들려주었다.[24]

　나는 재판소의 판결 결과를 명확히 알아들었다. 나는 재판소의 판결에 복종한다. 상소는 하지 않는다. 나의 위법과 범죄행위로 인해 당의 사업에 미친 손해를 인식하고 있다. 나는 지금 한 번으로 죄를 인정하며, 그 죄를 후회한다.

　필자는 저우융캉이 이따금 눈앞에 놓인 '무언가'에 시선을 떨어뜨리며 그것을 낭독하는 행위를 주시했다. 아마도 사전에 관련 당국이 메모를 건네며 '이 부분을 낭독할 것'이라고 지시했으리라 추정한다.
　그와 동시에 마음이 걸리는 것은 판결문의 다음과 같은 부분이다.

　저우융캉이 받은 뇌물의 액수는 특별히 거대한 것이지만, 입건 이후 본인이 자신의 죄를 사실에 기반을 두어 진술하고 그 죄를 인정하며 후회한다는 점, 대부분의 뇌물은 친족이 받은 것이고 저우융캉 본인은 나중에 알게 된 점, 입건 후 저우융캉이 친족에게 모든 수뢰물을 내놓도록 명한 점, 저우융캉이 직권을 남용해 범죄를 행한 사실과 의도적으로 국가기밀을 누설한 사실은 특별히 심각한 것이지만, 특별히 심각한 결과와 후유증을 남기는 데는 이르지 않았다는 점에 근거해 재판소는 상술과 같은 판결을 내리는 바이다.

　시진핑은 저우융캉 사건을 어디까지나 반부패 투쟁의 일환, 법치주의 건설의 일환으로 처리하고 싶었다. 그 한편으로 숨기고 싶었던 것은 공산당 내에서 격화하는 권력투쟁이었다. 당내가 통일된 반석으로 이루어지지 않고 다양한 당 파벌이 저항함으로써 정정이 불안정해질 위험이 있는 현실과, 그 장래 가능성에 대해서는 건드리고 싶지 않았던 것이다.
　가령 저우융캉을 사형 판결로 처리해버리면, 당내에서 저우융캉을 옹호하는 세력이 반격을 꾀해 그 과정에서 저우융캉 사건의 본질이 권력투쟁이었다는 것이 드러날 위험이 있었다. "특히 상당히 약체화한 장쩌민과 그 세력이, 저우융캉 사형 판결이 계기가 되어 역으로 도드라질 위험성을 시진핑은 명확하게 파악하고 있었다"(공산당 관계자).[25] 그러기에 판결문은 저우융캉의 '미련 없는 승복'을 일부 참작하는 형식으로 무기징역을 선고했다. 시진핑이 생각한, 저우융캉 사건을 둘러싼 '연착륙'이었을 것이다.

두 번째는, 12월 22일에 후진타오 주석의 오른팔(중앙판공청 주임)로서 한때 2012년 혹은 2017년 중앙정치국 상무위원 진입까지 예상되었던 링지화가 드디어 낙마한 사건이다.

후진타오 정권에서 시진핑 정권으로 이행하는 2012~2014년에 낙마한 보시라이, 저우융캉, 링지화, 쉬차이허우 네 명은 문화대혁명 시절에 문혁을 기획·지휘하며 맹위를 떨치다 실각한 '4인방'에 빗대어 '신4인방'이라 불린다. 링지화는 후진타오 시대에 일본의 관방장관만큼이나 중요한 중앙판공청 주임이라는 직무를 맡았다. 그럼에도 시진핑 시대에 들어 중국인민정치협상회의 부주석 겸 통일전선부장을 맡게 된 것은 명백한 강등이며, 일종의 좌천을 의미했다.

보시라이, 저우융캉, 쉬차이허우가 기도한 쿠데타에 가담한 것이 주요 원인으로 알려져 있지만,[26] 아내 등 친족의 수뢰와 같은 부패나, 아들 링구(令谷)가 여성들을 페라리에 태워 심야에 도로를 폭주하다 사고사한 사건 등을 들어 "링지화의 낙마는 시간문제"라는 추측이 이전부터 있었다. 2014년 6월에는 친형 링정처(令政策) 산시성 정치협상회의 부주석이 낙마했지만, 링지화는 친형을 지킬 수 없었다. 중국 언론매체가 "링지화의 정치생명은 끝났다"고 평한 직후에는 링지화 아내의 친동생 구위안쉬(谷源旭) 헤이룽장성 공안청 부청장이 검찰에 연행되었다. "링 일족의 정치 운명은 끝났다"(공산당 관계자)는 말이 나왔다.

여기서 하나의 의문이 생긴다. 앞서 서술한 대로 장쩌민은 측근인 저우융캉을 지킬 수 없었다. 시진핑은 저우융캉에 대한 낙마와 체포를 단행했다.

그렇다면 후진타오는 자신의 측근이었던 링지화를 지킬 수 없었을까?

　필자가 복수의 공산당 관계자에게서 듣고, 또 일본과 미국, 중국의 전문가와 토론한 결과에 따르면 후진타오는 링지화를 지킬 수 없었던 것이 아니라, 애초부터 지키려 하지 않았다. 후진타오가 국가주석에서 퇴임한 2013년 3월까지 공산당 내에서 요직을 맡았던 한 간부는, 후진타오의 처신에 대해 다음과 같이 표현한다.

　　자신이 총서기 혹은 국가주석을 맡은 시기였으면, 링지화를 지키기 위해 지혜를
　　활용하고 움직였을 것이다. 2012년 11월 총서기뿐만 아니라 중앙군사위원회 주석
　　자리에서도 물러난 이후, 후진타오는 시진핑의 결단이나 정책에 참견하지 않았
　　다. 시진핑으로부터 조언을 요청받으면 견해를 밝히는 듯했지만, 시진핑의 발목
　　을 잡거나 그 정책을 고의로 밀어붙이거나 중단시키는 등의 행동은 하지 않는다.

　2014년이라는 건국 65주년을 맞이하는 기로에서 저우융캉을 지키지 못한 장쩌민과 링지화를 지키지 않은 후진타오. 개혁개방의 총설계사라 불려온 덩샤오핑이 지명한 두 명의 전 국가주석은, 덩샤오핑에게 선택되지 않은 '개혁의 신설계사'인 시진핑 현 국가주석의 국경절 리셉션 건배에 미소로 응답했다. 그 장면은 장쩌민과 후진타오가 '시진핑의 방식'을 인정했다는 것을 입증하는 듯 보였다.

　저우융캉, 쉬차이허우, 링지화와 같은 3대 거두를 낙마시킨 과정에 대해 당 중앙은 반부패 투쟁의 일환으로, 그리고 4중전회에서 중앙위원회 전체회의 사상 처음 집중 토의 의제로 상정된 '법치'에 대한 철저한 실행의 일환으로 선전한다. 그러나 앞에서 상술한 바와 같이 실제로는 '법치가 어떻게 논의되는가'보다도 '저우융캉에 대한 추가 처분이 발표되는가'에 이목이 집중된 4중전회에서 시진핑은 저우융캉에 대해 언급하지 않았다. 그리고 4중전회로부터 한 달 남짓 경과할 무렵, 2014년 12월 5일에서 6일로 날짜가 변경

될 때, 그것도 금요일에서 토요일로 접어드는 미묘한 타이밍에 저우융캉의 체포 사실이 국영 신화통신에 의해 공표된 것이다.

공산당 싱크탱크 중국사회과학원 법학연구소의 리린(李林) 소장은 2015년 반부패 투쟁이 강화될 것이라고 전망했다.

정치와 법치의 측면에서 관찰해보면 2014년 반부패는 최대의 성과를 올린 한 해였다. 2015년 역시 반부패로 긴장된 국면을 주시할 필요가 있다. 당 지도부는 반부패를 더욱 추진할 것이고, 그 효과는 좀 더 현저해질 것이다.[27]

실제로 2014~2015년 연말연시도 반부패 정국으로 바빴다. 중앙 차관급, 지방 부성장급 이상 고위 관료들의 낙마를 돌이켜보면, 링지화 전 중국인민정치협상회의 부주석 겸 통일전선부장(12월 22일)에 더해 왕민(王敏) 산둥성 공산당위원회 상무위원 겸 선전부장 겸 지난시 서기(12월 18일), 양웨이쩌(楊衛澤) 장쑤성 공산당위원회 상무위원 겸 난징시 서기(2015년 1월 4일), 장쿤성(張昆生) 외교부 부장대리(2015년 1월 2일)가 낙마했다. 더구나 시진핑이 총서기에 취임한 제18차 당대회 때부터 이 책을 집필 중인 2015년 5월까지 약 2년 반 사이에 약 70명의 중앙 차관급, 지방 부성장급 이상 간부가 적발됐다. 또 2014년에만 23만 2000명의 관리가 처벌되었다(전년도 대비 30% 증가[28]).

반부패 투쟁은 국유기업이나 해외 도주범에 대한 단속도 강화하고 있다. 2014년 한 해만에도 약 40명의 중앙 차관급, 지방 부성장급 간부가 적발되었다. 그 분야는 에너지, 통신, 언론매체, 자동차, 금융, 교통, 운수 등 여러 방면에 걸쳐 있다. 게다가 2015년 4월 22일 중앙기율검사위원회는 부패 혐의에 쫓겨 해외로 도피한 당·정부 관계자 100명의 리스트를 공개하고, 각국 정부와 협력하며 끝까지 추적해 중국 내로 소환하는 '톈왕(天網) 행동계획'을 공표했다.[29]

지역별로는 석탄의 성이라 불리는 산시성이 반부패의 주된 타깃이다.

2015년 4월 7~13일에 산시성 기율검사위원회는 성내 3개 시[진중시(晉中)

市), 진청시(晉城市), 윈청시(運城市)]와 44개 현의 당·정부 기관에 대해 집중적으로 단속을 실행했다. 그 직후 4월 13~14일에 산시성 공산당위원회 왕루린 (王儒林) 서기가 성내 각지를 시찰해 철저히 인사 부정이나 부패를 단속하는 한편, 청렴한 당·정부를 건설하자는 취지로 동료들에게 호소했다. 특히 지방의 일반 간부[중국어로 '기층 간부(基層幹部)']들 사이에서 횡행하는 부패 현실에 경종을 울렸다. 그리고 4월 16일, 왕루린 서기의 시찰에 맞춰 산시성 기율검사위원회는 일거에 네 명의 기층 간부가 부정부패 혐의로 조사받는다고 발표했다.[30] 산시성은 일대 거점으로서 당 중앙의 반부패 투쟁을 견인해갈 것이다. 시진핑과 왕치산에게는 부패가 가장 심각한 산시성을 강도 높게 단속해 전국 각지의 본보기로 삼는다는 생각이 있을 것이다. 이렇듯 특정 지역이나 기관을 골라 집중적으로 조사하는 접근법은 이후에도 도처에서 행해질 것으로 예상된다.

2015년 이후 반부패 정국을 주시하는 과정에서 유의할 점이 있다.

저우융캉 사건이 중국공산당 정치사에 가져온 최대의 교훈으로 중앙정치국 상무위원 경력자가 처음 낙마했다는 점을 꼽을 수 있다. 이 역사적 사실에 대해 "성역은 없어지고, 앞으로는 모든 인간이 적발 대상이다"라고 주장하는 관측통도 있다. 한편 "저우융캉은 가장 큰 범이 아니다"라는 견해를 보이는 당 관계자도 적지 않다. 공산당 체제 내부에서도 '이것은 끝이 아니다'라는 정치적 긴장감이 팽배한 듯이 느껴진다.

저우융캉은 거물이며, 상무위원 출신자인 그를 낙마시킨 의미는 크다. 다만 저우융캉을 낙마시키는 과정의 어려움과 복잡함은 장쩌민, 쩡칭훙, 원자바오와 비교하면 별 게 아니다. 저우융캉은 진정한 의미에서 부패의 온상이 아니기 때문이다.

2014년 12월 중순에 시진핑과 가까운 공산당 관계자가 전해준 이야기다. 시진핑은 저우융캉을 체포한 것으로 '최대의 범'을 처리했다고 생각하는가, 아니면 그 배후 또는 더 큰 범을 눈여겨보고 있는가? 그렇다면 그 목적이나 동기는 무엇인가?

신4인방이 낙마한 현재 투쟁의 초점이 '반부패의 물결이 장쩌민, 리펑, 원자바오와 같은 총서기, 총리 경력자에까지 미치는가'라는 단계로 이행 중이다. 이 셋은 특히 인사 부정과 부패가 적지 않다고 언급되어온 인물이다. 시진핑과 왕치산은 총서기와 총리 경력자까지 낙마시킬 준비를 하는가?

할지 안 할지를 양자택일로 판단하기는 현 단계에서 어렵다. 당사자의 가족이나 친족을 포함해 어디까지가 본인의 범행인지를 정의하는 문제도 있다. 그러나 특히 그들 관계망 주변의 무리들에게 거리낌 없이 메스를 들이댐으로써 당사자에게 간접적인 정치적 압박을 가하는 방식을 통해 이 이상의 부패를 막을 것인가. 그리고 공산당의 위상과 안정을 지킨다는 대국적 견지에서 해당자를 너그러이 봐주는 것은 아닌가 하고 필자는 예측한다.[31] 총서기와 총리 경력자까지 손을 대면 정치적 파장이 너무나도 크다. 그 대단한 시진핑도 제어 불능 상태라는 리스크에 직면할 수밖에 없을 것이다. 공산당 지배체제 자체가 뒤흔들리고, 당내 분열로 카오스 상태에 빠질 가능성도 있기 때문이다.

더욱 파고들어 추측하자면 시진핑·왕치산과 장쩌민·리펑·원자바오의 사이에는 이미 일종의 '밀약'이 오갔을 것이다. 즉, "당신에게는 하지 않는다. 그러니 이 이상 탐내지 마라"라는 경고가 시진핑 측에서 나왔고, 이들도 그것을 동의한다는 뜻일지 모른다.[32]

개혁을 좌우하는 세 개의 관점

이 장에서 마지막으로, 시진핑·왕치산 2인3각에 의한 반부패 투쟁이 다음 장의 주제이기도 한 '개혁'에 어떠한 영향을 주는지, 세 가지 관점에서 생각해보려 한다.

첫째, 개혁의 실무를 맡는 지방 관료에게 미치는 영향이다.

공산당 관계자나 중난하이 관측통들과 이야기를 나누다 보면 시진핑의 반부패 투쟁을 둘러싸고 다양한 의견이 쏟아진다. "시진핑은 진심으로 당내의 인사 부정과 부패를 철저히 단속함으로써 인민 앞에서 당의 정통성을 확보하려 한다"(중앙기율검사위원회 간부). "실제로는 시진핑의 의도를 능가하는 양상으로 반부패 투쟁이 진행되고 있다. 권력 또는 이해(利害)를 둘러싼 쟁투가 얽혀 시진핑의 통제가 먹혀들지 않는다"(베이징 대학 교수, 당의 경제정책 브레인). "지방의 중앙기율검사위원회가 시진핑의 의도를 정확히 헤아리지 않고 업적 쌓기를 목적으로 관리들을 마구 다잡고 있다"(국가발전개혁위원회 간부).

복수의 공산당 관계자가 지적하는 것은 다음과 같다.

시진핑이 인사 부정과 부패 운동을 너무 강요함으로써 정책의 입안자와 실행자, 특히 지방 관료가 '다음은 내가 아닐까'라는 공포에 사로잡힌다는 것이다. 이는 결과적으로 무사안일주의에 빠진 나머지 리커창이 내건 경제정책이나 구조개혁이 진행되지 않는 것이 아닌가?

정권과 권력의 기반을 굳히기 위해서라지만, 반부패 투쟁이 너무 나감으로써 중국의 정치·경제·사회의 지속 가능성을 보장하기 위한 필수적인 구조개혁이 지연되어버리는 것이라면 사태는 심각하다.

둘째, 정치 개혁의 진전에 미치는 영향이다.

인사 부정이나 부패를 박멸하는 행위 자체는 환영할 일이다. 그러나 한편으로 중국의 정치발전이라는 거시적 차원에서 반부패 투쟁이 대대적·지속적으로 행해지는 상황을 감안할 때, 격동의 전환기에 불안정한 중국 사회를 다스리는 방법이 이 정도밖에 없구나라고 받아들이게 된다. 더 구체적으로 지적하자면, 정치 개혁은 계속 뒷전으로 밀린다는 신호이기도 하다. 건전한 통치를 위한 제도적 기초로서 반드시 필요한 '사법 독립'이 구축되면 반부패 투쟁의 이름으로 정치운동과 캠페인을 전개할 필요가 없기 때문이다. 법치주의에 따라 '백은 백, 흑은 흑'으로 엄격하고 담담하게 재판하면 되는 것이다. 공평하고 독립적인 법치는 본질적으로 권력투쟁, 당대의 정권, 더러운 정치투쟁과도 상관없이 집행되는 것이다. 또 건전한 시민사회를 추진하는 데 빠질 수 없는 '언론·보도의 자유'가 제도적으로 확립된다면, 반부패 투쟁의 이름 아래 당국 관리가 공산당 체제 내부에서 은밀한 정치적 협상을 벌일 필요도 없다. 권력이 밝은 대낮에 감시받는다면 인민의 혈세로 성립된 권력의 횡행이 용납될 수 없기 때문이다.

중국 사회는 공산당에 의한 하향식 정책과 인민에 의한 상향식 동력, 이 쌍방의 활력을 통해 정치 개혁을 실현해가지 않으면 안 된다. 필자는 선거라는 민주주의의 핵심 요소를 어떻게 반영할지를 실천하기에 앞서 사법의 독립과 언론·보도의 자유를 어디까지 확립·추진할 수 있을지가 관건이라고 보지만, 중국의 제도 구축이 어려움을 겪을 것임은 두말할 나위가 없다.

제2장에서 프랜시스 후쿠야마의 논고를 참조하며 검증했듯이, 중국 정치에는 유사 이래 전통적으로 '법의 지배' 관념이 결여되어 있다. 법치주의라는 제도적 수단을 정치체제에 도입한다는 발상 자체가 없다. 통치자뿐 아니라 피통치자에게도 '법률에 따라 사안을 해결한다'는 발상이 현저히 부족하다. 언론·보도의 자유와 관련해 중국 지식인들은 수차례 정치권력과 싸워왔다. 항상 권력의 감시를 받고, 때로는 폭력에 내몰리며, 공법의 보호를 받지 못하는 상황에서도 자유롭고 공정한 사회의 실현을 꿈꾸며 현장에 나서는 저널리스트들이 있다는 것을 필자는 안다. 그러나 언론 현장의 분투가 중국공산당에 확실한 압력을 가하는 데까지는 아직 미치지 않았다는 것이 중국의 현실이다.

필자는 현 중국 체제에서는 사법의 독립보다 언론·보도 자유의 실현 쪽이 가능성이 더 높다고 본다. 그러나 법치주의가 동반되지 않는 현 정세 아래 언론이 자유화할 경우, 민의에 휩쓸리지 않는 사법이라는 숭고한 절차가 개입되지 않으면 정치권력과 언론이 정면 대치하는 국면을 선동할 수 있다. 그 결과, 톈안먼 사건처럼 유혈을 동반한 사태가 전국적으로 만연할지도 모른다. 그렇기에 우선 사법, 그 후에 언론·보도의 자유라는 순서(적어도 동시 진행)를 택하는 쪽이 정치발전 과정에 가장 적합하다고 필자는 생각한다.

셋째, 단도직입적으로 반부패 투쟁이 중국 민주화를 촉진하느냐이다.

현 단계에서 필자의 결론은 '촉진하지 않는다'이다. 둘째와도 중복되는 점이지만 민주화를 시야에 넣은 정치 개혁을 제도적으로 촉구하려는 의사가 당 지도부에 있다면, 애초에 반부패 투쟁 같은 이데올로기적 요소가 내포된 정치운동과 캠페인에 의거할 필요 자체가 없다. 공산당 자신의 권력을 견제와 균형이라는 제도로 구축하는 개혁이야말로 진정한 의미의 반부패 정책이기 때문이다.

미야모토 유지 전 주중 대사는 다음과 같이 지적한다.

부패와 인사 부정 문제는 좀처럼 해결되지 않을 것이다. 오히려 악화되고 있을 정도다. 그 근본에는 중국공산당이 헌법을 초월한 존재, 즉 헌법의 적용을 받지 않도록 위치 설정이 되어 있다는 문제가 있다. 중국공산당과 공산당원의 문제는, 당에 헌법이 적용된다고 결정하지 않는 한 헌법의 지배하에 들어가지 않을 것이다. 이것이 중국이 안고 있는 문제를 해결하는 데 최대의 장애 요소다. 나는 곧잘 "아무리 명의여도, 자신의 병 수술은 할 수 없다"라는 비유를 들어 이 문제를 중국의 친구들에게 전해왔다. 지금의 체제로는 원인을 밝혀낼 수 있어도 그것을 제거할 수는 없다. 어려운 병이면 병일수록 그렇게 된다.[33]

시진핑과 왕치산에 의한 반부패 투쟁의 근본적 특징은, 제도적이 아니라 정치적이고, 법치적이 아니라 인치적이며, 지속적이 아닌 돌발적이라는 세 가지 점에서 찾아낼 수 있다. 권력 기반을 빠른 시일 내에 굳건히 하고 싶었

던 시진핑이 자신이 신임하는 왕치산을 기용해 반부패 투쟁이라는 정치운
동을 시작한 사실이야말로, 역설적이기는 하지만 공산당 지도부가 법치를
포함한 정치 개혁을 진행할 생각이 없음을 드러내는 더없이 좋은 증거다.

반부패 투쟁은 중국 민주화의 지연을 입증하고 있는 것이다.

제**9**장

후진타오 시대의
마이너스적인 유산을 청산하다

2013년 11월 9~12일 중국공산당 제18기 중앙위원회 제3차 전체회의(3중전회)가 베이징에서 열렸다. 역사적으로 국가원수가 바뀌는 당대회 직후의 3중전회는 새로 지도부에 진입한 각 분야 지도자들이 특히 경제 개혁을 둘러싼 의제에 관해 무엇을 생각하고 어떠한 정책을 수립할지 예측하는 중요한 회의로 알려져 있다.

제18차 당대회 3중전회를 지휘한 시진핑 총서기는 회의 폐막 직후인 11월 15일 국영 신화통신을 통해 「중공중앙이 전면적으로 개혁을 심화하는 데 있어 몇 가지 중대 문제에 관한 결정」[1]에 관한 설명」(이하 「설명」)을 자신의 이름으로 발표했다. 설명에서 3중전회 의미를 다음과 같이 말하고 있다.

개혁개방 이래, 매 기의 3중전회가 어떠한 의제를 논의하고 어떠한 결정을 내려, 어떠한 조치를 취하고 어떠한 신호를 발신하는지는 인민들이 새로운 중앙 지도자들이 어떠한 시정 방침을 내세우는지를 판단하는 데 중요한 근거가 되어왔다.

우리에게도 앞으로 5년, 혹은 10년에 걸쳐 임무를 완수하는 데 중대한 의미를 지닌다.

중국공산당 역사상 특별히 중요한 의미가 있었던 3중전회 가운데 두 사례를 들어보겠다.

마오쩌둥이 사망하고(1976년 9월 9일) 문화대혁명이 종언을 고한 뒤, 1978년 12월 18~22일 행해진 제11기 3중전회에서는 덩샤오핑의 리더십 아래 개혁개방 노선, 그리고 정책의 중점을 계급투쟁에서 경제 부흥으로 이행함을 결정했다.[2] 이어 덩샤오핑의 남순강화(1992년 1월 18일~2월 21일)를 거쳐 1993년 11월 11~14일에 행해진 제14기 3중전회는 사회주의 시장경제 체제를 구축한다고 결정했으며, 사회주의를 견지하며 시장경제를 추진하는 국가 전략이 공식 확인되었다.

시진핑은 「설명」에서 제11기 3중전회 이래로 35년에 이르는 개혁을 되돌아본 다음, 남순강화에서 나온 덩샤오핑의 말을 인용했다.

1992년 덩샤오핑 동지는 남방 담화에서 이렇게 이야기한다. "사회주의를 견지하지 않으면, 개혁개방을 진행하지 않으면, 경제를 발전시키지 않으면, 인민의 생활을 개선하지 않으면, 우리는 죽음의 길로 들어서게 된다." 지금 돌이켜보면, 우리는 덩샤오핑 동지의 이 말이 품은 의미를 좀 더 깊이 이해할 수 있을 것이다. 우리도 이와 같이 주장한다. "사회주의만이 중국을 구할 수가 있다. 개혁개방을 진행함으로써 중국은 발전하며, 사회주의와 마르크스주의도 발전하는 것이다"라고.

시진핑은 개혁을 내세워 견지해나갈 의사를 분명히 했다.

흔들림 없는 공산당의 일당지배

「중공중앙이 전면적 개혁을 심화하는 데 있어 몇 가지의 중대 문제에 관한 결정」(이하 「결정」)이 세상에 선보이기 전, 3중전회 폐막 시점에 공표된「코뮤니케」(중국어로 「공보(公報)」)에서 키워드 사용 횟수를 조사해보았다.[3] 흥미롭게도 '개혁'이 59회로 압도적인 1위였다. 순서대로 보면 '제도'가 44회, '심화'가 30회, '사회주의'가 28회, '인민'이 23회, '시장'이 22회, '민주'가 12회 순서로 이어졌다. 1회밖에 제기되지 않았던 키워드는 '헌법', '법률', '인권' 세 가지였다.

국제사회가 시진핑 집권 공산당의 개혁 방침에 주목하는 와중에, 개혁의 방향성과 진심을 예측하는 데 중요한 3중전회 「코뮤니케」를 통해 '개혁'이라는 키워드가 빈번하게 사용된 사실은 긍정적으로 파악해도 될 것이다. 이어 '사회주의를 견지하는 것에서부터 개혁은 실행될 수 있다'는 것이 공산당의 본심이며 논리인 것 또한 사실이다. 전자가 충분조건이고 후자가 필요조건이며, 당 지도부에게도 양자는 표리일체의 관계에 있다.

「공보」나 「결정」에서도 마르크스-레닌주의, 마오쩌둥 사상, 덩샤오핑 이론, 3개 대표 중요 사상, 과학적 발전관이라는 이데올로기와 사상 서두에서 거론된다. 이런 종류의 공식 문서에서는 반드시라고 할 만큼 "중국의 특색 있는 사회주의"가 대전제로 언급된다. 세계화와 정보화 시대를 살아가는 것은 중국인도 예외가 아니다. 오히려 이와 같은 시대적 영향을 세계에서 가장 직접적으로 받는 나라가 격동의 전환기를 지나고 있는 중국 사회이며, 또한 그곳에서 살고 있는 중국인들이라는 것을, 후진타오·원자바오 시대를 중국에서 보낸 필자는 느낄 수 있었다. 그러나 이렇듯 사회가 변하고 있음에도 중국공산당은 여전히 변하지 않고 있다. 무산계급, 위대한 혁명, 사회주의라는 이데올로기를 당당하게 내세운다.

필자가 실제 경험한 바도 있지만, 이제까지 중국의 전문가나 기업가, 학생과 교류해오면서 사회주의가 위대하다거나 우수한 체제라는 이데올로기를 진심으로 설파해온 사람은 전무하다고 할 수 있다. 오히려 모두 "겉으로는 사회주의라 말하지만, 실제로는 수요에 따라 경제를 발전시키고 현대화 과정을 진행한 것이다. 슬로건은 상관없다. 무시해도 된다"는 실제주의적 주장을 자신만만하게 설파하는 듯했다.

필자도 베이징 대학 국제관계학원의 필수 과목으로 마오쩌둥 사상과 덩샤오핑 이론을 들었고, 전 학부 공통 필수 과목으로 마르크스-레닌주의를 수강했지만, 초·중·고교 시절부터 이데올로기나 정치 수업을 받아온 중국인 학생들은 "넌더리가 난다"고 불평불만을 터뜨리고 있었으며, 진지하게 강의를 듣는 학생은 극히 일부에 불과했다.

슬로건은 그렇다 쳐도, 이데올로기에 넌더리가 났다면 그것을 드높여 내세울 필요가 있는가? 중국 자신도 국제사회의 일원인 현재, 이런 이데올로기를 내세워 중국이 잃는 것 또한 적지 않다. 특히 서방 사회 사람들은 중국이 사회주의를 내세우는 한, 진정한 의미에서 중국을 신뢰하며 중국과 명운을 함께하려고 하지 않을 것이다.

필자가 이렇게 지적하자, 당 간부부터 정책이나 여론에 영향력이 있는 지식인, 베이징 대학이나 칭화 대학의 엘리트까지 "중국에는 중국의 사정이 있다. 그것을 내세우는 체제적 필요성이 있다. 어쩔 수 없다"며 체념하는 모습이다. 일본인을 포함해, 개혁개방을 진행하는 중국을 긍정적으로 인식할 수는 있어도 사회주의를 내거는 중국을 진심으로 받아들이기란 솔직히 말해 어렵다. 중국공산당의 지도자가 발신하는 신호는 항상 중의적이며 모순을 내포한다.

당의 지도자가 "중국의 특색 있는 사회주의"라는 문구를 내걸 때마다 필자의 머릿속에서는 '중국공산당에 의한 일당지배'로 번역된다. 후자를 견지하기 위한 사상적 배경, 혹은 이론 공작으로서 전자가 필요하다는 것이 당 지도부의 논리다. 이를 할 수 없으면 중국 사회가 공산당의 일당지배 아래 굴러갈 대의명분이 없어진다는 것이다. "중국공산당은 어쨌든 명분이 없으면 행동할 수 없다"는 미야모토 유지 전 주중 대사의 지적은 상당히 시사적이다.[4]

필자의 경험상 "중국이 경제적으로 발전해 사람들이 물질적으로 풍요로워지는 가운데 서구 국가나 일본, 한국, 타이완, 싱가포르처럼 현대화의 길을 선택하더라도 공산당의 일당지배가 필요하다고 생각하는가?"라는 질문에 대해 공산당원이나 체제에 매달려 있는 실업가나 지식인을 비롯한 많은 중국인들은 '예스'라고 대답하곤 한다.

"지금 다당제로 전환해 정치를 둘러싼 이해관계나 가치체계가 다원화하면 중국 사회는 혼란해지고, 불안정해지며, 발전은 역으로 지체되고 만다." 이러한 주장을 하는 중국인은 적지 않다.

중국의 특색 있는 사회주의에는 관심이 없지만, 공산당의 일당지배를 받아들이는 중국인이 무수히 많은 것은 여전한 현실이다. 그리고 그들이 표리 일체의 관계에 있기 때문에 인민들은 중국의 특색 있는 사회주의를 실질적으로 받아들여 '당분간은 이대로도 좋다'라고 인식한다. 거기에는 좋다와 나쁘다, 옳다와 옳지 않다의 척도로는 결코 측정할 수 없는 중국 정치의 현실이 가로놓여 있는 것이다.

이 장에서는 개혁이 애초의 생각처럼 진행되지 않았다고 평가받는 후진타오·원자바오 시대의 유산을 해소하고 힘찬 개혁을 진행하기 위해 시진핑·리커창 정권이 분주하게 움직이는 모습을 3중전회, 4중전회, 양회 등에서 생산된 공식 문서, 성명, 결정 사항 등을 참조해 검증한다.

3중전회의「공보」와「결정」이 미치는 영향

3중전회는 경제 개혁 의제를 논하는 회의이며, '정치 개혁을 얼마나 진행하는가'는 의제의 중심이 아니라고 할 수 있다. 한편 (특히 중국에서는) 정치와 경제가 끊으려야 끊어낼 수 없는 관계다.

「공보」와「결정」을 참조해 3중전회에서 집중적으로 토의된 주제를 살펴본다. 「결정」은 중국어로 약 2만 자, 총 16개 항으로 이루어져 있다. 「설명」에 의하면, 「결정」은 2013년 4월 이래 공산당 정치국이 당 내외 관계자들로부터 청취 작업을 하며 연구와 토론을 거듭해 작성한 것이라고 한다.

① 개혁을 심화하기 위한 중대 의의와 지도사상

② 기본적 경제제도를 견지·발전시키는 것

③ 현대 시장 시스템의 구축을 재촉할 것

④ 정부 기능의 전환을 서두를 것

⑤ 재정·세제 개혁을 심화할 것

⑥ 도시·농촌의 일체화 발전 메커니즘을 건전화할 것

⑦ 개방적인 경제 시스템을 구축할 것

⑧ 사회주의 민주정치제도를 강화할 것

⑨ 법치 중국을 건설할 것

⑩ 권력을 제약·감독하는 시스템을 강화할 것

⑪ 문화를 발전시킬 메커니즘을 창조할 것

⑫ 사회사업의 혁신을 진행할 것

⑬ 사회 거버넌스 시스템을 쇄신할 것

⑭ 생태문명제도 건설을 서두를 것

⑮ 국방과 군대개혁을 심화할 것

⑯ 개혁을 심화하기 위한 당의 리더십을 강화할 것

시진핑·리커창 시대에 앞으로의 정권 운영에 영향을 미칠 수 있는 요소를 몇 가지를 골라 구체적인 내용을 살펴본다.

우선, 경제 개혁의 핵심 문제로 "정부와 시장의 관계를 조정해 자원배치 과정에서 시장이 결정적 역할을 맡을 것"이 명기되었다. 이제까지는 '기초적인' 역할로만 규정되었지만, '결정적인'으로 격상해 명기한 것은 의미가 크다. 경제에 대한 정치의 간섭을 가능한 한 제한하고, 시장에서 기업이나 개인의 가능성이나 창조성을 최대한 살릴 것이라는 접근법은 중국 경제가 지속 가능한 발전을 추구해나가는 데 핵심 중 하나라는 점은 의심할 여지가 없다.

매사추세츠 공과대학의 대런 애서모글루(Daron Acemoglu) 교수와 하버드 대학의 제임스 로빈슨(James Robinson) 교수는 세계적 베스트셀러가 된 『국가는 왜 실패하는가(Why Nations Fail)』에서 중국공산당이 주도하는 기존의 성장 모델로는 중국 경제의 지속 가능한 발전이 실현되지 않는다고 지적했다.

중국은 이제까지 외국을 따라잡기 위해서 외국의 기술을 수입해 외자에 의존하는 제조업으로 성장을 계속해왔다. 이 모델은 조금 더 계속될 수 있을 것이다. 그러나 한편으로 이 모델은 특히 중국이 중(中)소득국 수준에 가까워지는 과정에서 종말에 이를 것이다. 아마 중국공산당과 나날이 강력해지는 경제 엘리트들은 앞으로 수십 년간 권력이나 통제력을 강화하려 할 것이다. 하지만 역사나 지금까지의 이론이 증명하듯, 이러한 중국적 상황에서는 창조적 파괴나 진정한 혁신의 실현이 불가능하다. 경제성장 속도는 천천히 하락해갈 것이다.[5]

다음으로, "2020년까지 중요한 분야와 중요한 부분의 개혁에서 '결정적인 성과'를 올리는 것"이라는 로드맵이 명시되었다. 구체적으로 무엇을 어떻게 어디까지 개혁할지는 제시되지 않았다. 하지만 '2020'이라는 숫자를 제시한 것으로 미루어, 당 지도부가 당 안팎에서 논의되는 개혁 어젠다에 대해 어떤 순간에 결말을 지으려 한다는 점을 짐작할 수 있다.

2020년은 공산당 창립 100주년의 전년도에 해당한다. 당 지도부는 이를 계기로 더욱 탄력받아 2021년을 성대하게 축하하고 싶은 것이다. 중화민족의 위대한 부흥이라고 정의된 '중국의 꿈'을 내세우는 시진핑이 총서기, 국가주석, 군사위원회 주석의 수장이 된 이후부터는 '두 번째의 100년 목표'의 실현을 향해 분투한다는 이야기가 이따금 들려오기 시작했다. 그는 「설명」에서 이를 명확히 언급하고 있다.

두 번째 100년 목표란, 중국공산당 설립 100주년을 맞이하는 2021년까지 GDP와 국민소득을 2010년의 배로 증대하는 소강사회를 실현하는 것, 그리고 중화인민공화국 창립 100주년을 맞이하는 21세기 중반까지 부강하고 민주적이며 문명개화적인 사회주의 현대 국가를 실현하는 것이다. 이는 중국공산당이 창립된 1921년과 중화인민공화국이 건국된 1949년의 100주년을 전후한 상징적인 해를 겨냥해 목표를 제시한 것이다.

외부에서 보면 중국공산당이 제시한 것은 평소와 다름없는 공허한 슬로건이며, 실질적 의미가 없다고 무시할 수 있다. 그러나 당 지도부는 정치적으로 상징적인 시기에 정책 목표를 뚜렷이 제기한 것이다. 이는 중국 정치를 분석하는 데 중요한 척도가 된다.

특히 시진핑은 '중국의 꿈'에서도 드러나듯이, 시간 축을 길게 잡아 큰 비전을 공개적으로 언급하는 데 망설임이 없는 것 같다. 이는 시진핑의 성격이자 개성이며, 전임자인 후진타오와 다른 지도자상을 보여준다.

다음은 3중전회에서 시진핑이 주장하는 개혁안을 구체적으로 들어보자.

- 재정과 세입을 둘러싼 중앙과 지방의 책임과 권한을 재검토하는 개혁
- 농민에게 더 권한을 주는 개혁
- 양친 중 어느 한쪽이 외동일 경우 둘째 아이 출산을 허가하는 개혁
- 투자에 관한 규제 완화, 자유무역구 설립, 내륙부의 시장 개방을 촉진하는 개혁
- 도시화 과정 중에 호적 제한을 철폐하는 개혁

- 국유자산 관리 메커니즘의 개혁
- 수입 격차를 시정하기 위한 개혁
- 금리·환율 자유화를 포함한 금융정책 개혁
- 농촌을 포함한 토지 사용에 시장 체제를 도입하는 개혁
- 정부가 아닌 시장에 의한 가격 형성을 촉구하는 개혁
- 인사 부정과 부패 단속을 더욱 철저히 하는 개혁

이 정책들이 어디까지 실현될지는 시진핑의 정치 리더십, 그리고 경제 수장인 리커창 총리의 개혁 리더십과 수완에 달려 있을 것이다.

중국 내에서도 많은 논란을 일으킨 것은 '국가안전위원회'와 '전면심화개혁영도소조'의 설치가 결정된 사실이다. 국가안전위원회는 국가안전 전략 메커니즘의 쇄신을, 전면심화개혁영도소조는 서로 다른 분야의 경제정책을 조정하면서 종합적으로는 개혁을 추진하는 기능으로 알려졌다.

이 같은 새로운 조직이 설치된 것은, 전임자인 후진타오에 비해 당에 의한 하향식 리더십을 고집하는 시진핑의 통치 스타일을 드러내는 것으로 보인다. 전국을 통할하는 공산당 조직이 처음으로 총서기 리더십 아래 단결해 통솔력을 강화하고, 효율적인 정책 결정을 통해 강력한 개혁을 추진할 것이라는 자신감이 스며 나온 조치다.

지금부터 「공보」와 「결정」을 통해 이 책의 핵심 주제인 중국 민주화 연구라는 관점에서 필자가 긍정적으로 느낀 점과 부정적으로 느낀 점을 검토해보겠다.

이 두 문건의 긍정적 측면은, 사법의 개혁이나 헌법의 중요성을 지적하는 중요한 문구가 명기된 점이다. 과거 20년간 나온 3중전회 「공보」를 다시 읽어보면 사법개혁에 관한 체계적 언급이 없었다는 사실을 알 수 있다. 그러던 것이 2013년도 3중전회에서 처음으로 '법치 중국'이라는 말이 사용되었다. "사법체제 개혁을 심화하지 않으면 안 된다", "헌법과 법률의 권위를 지

키지 않으면 안 된다"는 그간의 지적이 결실을 본 것이다.

그러나 이 사실만으로는 중국이 진정한 법치국가로 간다고 볼 수 없다. 워싱턴에서 '중국은 법치국가가 될 것인가'라는 주제로 열린 학술회의에서도 거의 모든 미국 전문가들이 작금의 시진핑 정권이 추구하는 것은 "법의 지배(Rule of Law)"가 아닌 "법에 의한 지배(Rule by Law)"라고 분석한다. 즉, 서방국가에서처럼 법률이 국가통치의 근간을 이루며 정부의 행동이 헌법으로 엄격히 견제되는 '법의 지배'가 아니다. 어디까지나 지배계급인 당과 정부가 법률을 정책적 도구로 이용해 사회와 민중에 대한 지배를 강화하는, '법에 의한 지배'에 지나지 않는다는 의미다. 그러나 법치주의의 중요성과 절박성을 숙고·실천하는 흐름이 설사 표면적이었다 해도, 명백해지고 있다는 점은 긍정적 현상이라고 할 수 있다.

이에 대한 부정적 측면은 「공보」나 「결정」을 통해 국유기업, 국유경제, 공적 부문의 지배적 위치가 좀 더 강조되었다는 점이다.

개인 부문과 민간 기업도 중국 경제를 지탱한다고 보고 지지·지원한다는 점이 명기되어 있지만, 이는 어디까지나 보조적 역할에 지나지 않으며, '공유제'가 중국 경제의 주체적 지위를 맡는 것이 강조된다. 중국의 공적 부문은 석유나 석탄 등의 에너지, 통신, 금융, 교육 등 모든 분야에 미친다. 하지만 이러한 전략적 분야에서 민간 자본이나 민간 기업이 주체가 되는 현상은 좀처럼 찾아볼 수 없다.

한편 개혁개방 이후 중국 경제와 사회의 발전을 지탱하며 힘을 발휘해온 부문은 국유기업보다 민간 기업이라는 논고도 있다. 미국을 대표하는 중국 경제 전문가인 니컬러스 라디(Nicholas Lardy)·피터슨(Peterson) 국제경제연구소 선임연구원은 저서 『마오쩌둥을 넘어서는 시장(Market Over Mao)』에서 '민진국퇴(民進國退: 민이 주도하고, 국가가 후원하는 형태)'를 주장한다. 관측통들과 정반대의 주장을 한 것이다.

1970년대 후반에 시작된 경제 개혁에 의해 중국 경제는 국가 지배형에서 시장 우세형으로 변천해갔다. 민간 기업이 경제성장의 주요 주체가 되었으며, 고용을 창출하는 핵심 동력으로서 중국이 글로벌 트렌더로 발전하는 데 주된 공헌자가 되어간다.[6]

「결정」에는 "사회주의민주주의 제도의 강화"라는 문구가 있다. 여기에는 ① 정세에 상응하는 인민대표대회 제도를 개선해갈 것, ② 협상민주의 제도적 발전을 광범위하고 중층적으로 추진할 것, ③ 기층 수준에서 민주주의를 강화할 것 등 세 가지가 제기되었다. 그러나 필자의 견해로는 어느 쪽이건 형식적이다. 이를 계기로 마을 단위의 선거에 조금이나마 투명성과 공평성이 갖춰지더라도 성, 자치구, 직할시, 혹은 중앙정부 수준으로까지 민주적 자양분이 제도적으로 첨가될 일은 없다고 본다.

3중전회에서 거론된 '시장화'나 '법치' 같은 요소는 중국 사회가 나아가려는 방향성에 확실한 영향을 미칠 것이다. 2015년 들어 중국 경제의 성장률이 과거 지난 6년 중 최저 수준에 머물렀다. 상반기는 7.0% 증가를 기록했다. 제조업이나 건설업의 쇠퇴와 아울러, 베이징의 정부가 국가의 성장 모델을 재구축하기 위해 시행착오를 거듭하는 상황이라면 하락세는 두드러질 것이다.[7]

후진타오 시대로부터의 탈피

2013년 12월 30일 중앙정치국이 정례회의를 열었다. 3중전회에서 발표된 '전면심화개혁영도소조'(이하 '소조')의 조장은 시진핑 총서기가 맡는 것으로 결정되었다.

3중전회 종료 이후부터 정치국 회의가 열릴 때까지 약 50일간 중국 내에서는 누가 책임자가 되는지를 둘러싸고 격렬한 토론이 일었다. "경제 개혁을 진행하기 위해서는 리커창 외에 적임자는 없다", "시장화·자유화를 철저히 해야 한다면, 리버럴한 리커창일 것이다", "결국은 시진핑이 되는 것 아닌가? 그의 성격으로 미루어 리커창에게 양보할 리가 없다", "이익집단이라는 벽을 돌파해 개혁을 실행하기 위해서는 리커창으로는 약하다. 시진핑밖에 없다" 등 다양한 추측이 나돌았다.

결과적으로는 시진핑이 조장을 겸하게 되었다. 3중전회 공식 문서 초안을 잡는 기초 그룹의 좌장도 시진핑이 맡았다. 주로 경제 개혁을 논의하는 3중전회의에서 리커창에 비해 단연 존재감과 발언력을 과시하던 시진핑의 모습과 표정을 통해 소조의 조장도 시진핑으로 결정될 것이라 예측되었다.

'소조'의 역할은 다음과 같이 정의된다.

조장은 개혁 총설계의 책임을 지고, 전체의 진도를 감시·감독하며, 총괄과 협조 메커니즘으로 실천한다. 경제체제, 정치체제, 문화체제, 사회체제, 생태체제, 당 제도 개혁 등에 관한 중대한 원칙·방침·방안의 연구 및 확정을 주요 임무로 삼는다. 전국적으로 중대한 개혁의 중심부로서 전체적 국면을 장기적 시점에서 바라보며 지역이나 부문에 걸친 개혁 방안을 총괄·협조한다. 중앙의 중대한 정책의 조직적 실천을 지도·감독·추진한다.

소조의 임무란, 정확히 개혁 그 자체다.

1980년 5월 개혁개방 정책이 시작될 무렵, 국무원은 '국무원 체제 개혁 판공실'을 설치해 개혁 전반을 기획·운영하는 최고위 기구로서 위치·기능하도록 했다. 1982년에는 '국가경제체제 개혁위원회'로 명칭을 변경해 당시 국무원 총리가 주임을 겸임했다. 1980~1990년대에 걸쳐 동 위원회는 개혁의 중추 역할을 맡아 개혁의 '정층설계(頂層設計: 하향식 정책 설계)'[8]를 맡는 조직으로 기능했다.

2003년 3월, 동 위원회는 역사적 사명을 마치고 '국가발전계획위원회'와 합병해 현재의 '국가발전개혁위원회'로 개편되었다. 국가발전개혁위원회는 경제 개혁의 총괄을 비롯해 관리·기획·감독을 종합적으로 맡는 조직이다. 베이징 대학 시절에 정치나 정책에 관심을 둔 동급생들이 장래에 국가발전개혁위원회에서 일하게 되면 만만세라고 말했던 것을 기억한다.

다만 후진타오 시대를 거치며 국가발전개혁위원회에 쏟아지는 비난은 해마다 강도를 더해갔다. 후진타오 시대에 정치는커녕 경제 분야 개혁조차 전혀 진척되지 않았기 때문이다. 개혁을 담당하는 국가발전개혁위원회라는 조직 자체의 개혁을 요구하는 목소리가 공산당 내외나 시장·여론에서 터져 나왔으며, 이름만 남았다고 비판하는 보도조차 나왔다. 후진타오 시대에서처럼 국가발전개혁위원회에 맡겨두면 개혁 작업이 전혀 진척되지 않을 것이라는 비난 여론 속에서 시진핑 시대로 계승된 것이다.

그리고 탄생한 것이 소조이다. 국가발전개혁위원회 경제연구소의 창슈쩌(常修澤) 연구원은 리버럴 성향의 일간지 ≪신경보≫와의 인터뷰에서 소조의 위상을 다음과 같이 말한다.

국가발전개혁위원회는 어디까지나 정부 수준, 즉 국무원의 한 조직에 지나지 않았다. 소조는 당 중앙에 설립된 조직이며, 수준이 좀 더 높고, 협조할 수 있는 범위도 넓다. 그리고 무엇보다 권위가 있다. 재정부, 국무원 국유자산관리감독위원회, 중국인민은행 등 경제정책에 관한 20개 이상의 정부 부처 및 중앙정법위원회 등의 당 중앙기구도 총괄할 수 있는 권한이 있다. 말하자면, 개혁의 총지휘부에 해당한다. 개혁의 체계성·전체성·협동성을 확보할 수 있다는 것이다.[9]

앞서 서술한 바와 같이 소조의 개혁 목표는 경제뿐만 아니라 정치, 사회, 문화, 생태 등 다섯 분야에 걸쳐 있다. 어느 분야와도 밀접하게 연결되어 있어 정치적 리더십 없이는 운영할 수 없다는 점을 알 수 있다. 공산당 내외의 이익집단이나 기득권층을 돌파하는 데 강력한 정치적 리더십이 반드시 필요하다는 주장이 최근 중국 여론에서 광범하게 분출되어왔다. 그 임무를 소조가 맡아야 한다는 차원에서, 조장을 경제 이론에 정통한 리커창 총리가 아닌 홍2대 출신으로서 반부패 투쟁을 통해 권력 기반을 강화해온 장본인 시진핑 총서기가 맡는 것은 '필연적'이라는 평가가 주류인 듯하다.

실제로 리커창이 내건 구조개혁이나 도시화 건설은 정치적 권위 수준의 지원이 없으면 도저히 달성할 수 없는 범주에 있다. 그런 의미에서 시진핑이 이끄는 소조가 강력한 리더십을 통해 종적인 행정체계나 이익집단을 돌파·조정함으로써 리커창이 경제정책을 실행하기 쉬운 환경으로 만들어갈 수 있다면, 개혁은 한결 수월하게 진행될 것이다.

한편 소조가 정치 개혁에까지 파고들지가 문제다. 문서상으로는 소조의 임무에 정치 개혁이 포함되어 있다. 시진핑이 실제로 어떤 타이밍에 '정치 개혁'이라는 말을 전면에 내걸고 행동으로 옮길지 현 단계에서는 분명하지 않다. 정치 개혁은 경제 영역의 리커창이 아닌, 정치 영역의 시진핑이 마주한 임무다. 그런 의미에서도 시진핑이 소조 조장에 취임했다는 사실은 이론적으로 '옳다'고 볼 수 있다.

창슈쩌는 ≪신경보≫와의 인터뷰에서 "'오체일체(五体一体)' 개혁 중에서 정치체제 개혁의 난이도가 가장 높다"고 주장한다. 정권 운영이 초기에서 중기로 넘어가는 가운데 개혁과 단호한 실행에 주력하는 시진핑은 언제 어떤 장면에서 정치 개혁의 네 글자를 입 밖에 낼 것인가? 입 밖에 냈을 때 그 문언이 무엇을 의미하는지, 언급하지 않을 경우 정치 개혁이 실질적으로 진행될 것인지를 포함해 그의 일거수일투족에서 눈을 뗄 수 없다.

지방의 개혁으로 발생하는 갈등

중국이 2014년 춘절을 맞이했을 때 필자는 서구, 일본, 중국 본토나 홍콩, 타이완, 싱가포르 등의 전문가들과 '시진핑의 개혁을 어떻게 보는가'를 놓고 토론을 거듭하고 있었다.

"시진핑은 후진타오보다도 기대할 수 있다", "진심으로 개혁을 하려 한다", "시진핑은 임기 내 개혁이 진행되지 않으면 중국이 좋지 않은 방향으로 흘러간다는 것을 이해하고 있다. 조국을 구하기 위해 몸을 내던질 각오가 되어 있다" 등 긍정적 견해를 내는 전문가들이 많은 점이 인상적이었다. 또 시장 관계자나 기업인들도 3중전회에서 "자원배치 과정에서 시장이 결정적 역할을 한다"는 것을 공식 문서에 명기한 사실에 대해 긍정적으로 평가했다. 후진타오·원자바오 시대에 실질적인 구조개혁이 진행되지 않은 것의 되풀이라는 견해도 나올 수 있다. 하지만 시진핑·리커창 정권 초기의 능력에 대해, 중국 내나 국제사회에서는 외교 정책으로 방공식별권을 설정하는 등의 대외 팽창적 움직임에 우려하기도 했지만, 내정 면에서는 나쁘지 않은 평가가 주류였다.

이 같은 평가가 확산된 하나의 요인이 소조의 존재였다. 특히 핵심은 소조가 결코 중앙에 안주하지 않았다는 점이다. 시진핑은 리더십을 갖고 강력한 개혁을 추진한다는 차원에서 이런 메커니즘을 지방 개혁에도 응용하기 위해 전국 각지에 지시를 내렸다. 충칭시, 산시성, 광시좡족자치구 등에 전면심화개혁영도소조가 설치되어, 해당 지역의 수장, 즉 당 서기가 조장을 겸하도록 한 것이다. 여기에도 시진핑 정권의 색채가 반영되어 있다. "정치 분야의 정상이 지휘를 맡아야 개혁이 착실히 실행된다"(공산당 관계자)는 말은 태자당 네트워크에 공유되는 하나의 이데올로기다.

개혁을 진행하기 위해서는 모든 기득권이나 이익집단에 의해 초래되는 폐해를 돌파해야 한다. 사회주의 시장경제라는 '모순적인 정치·경제체제'를 운영하는 과정에서 쌓인 폐해를 없애려면 권위주의적이라는 비판이 일더라도 상부 실력자의 한마디가 필요하다. 권위주의적인 정층설계 없이 개혁 추진은 어렵다는 것이 시진핑의 현상 인식이다.

1980년대 이래 개혁개방의 선구자로 중국 경제를 이끌어온 광둥성에도 소조의 영향력은 미치고 있다.

광둥성 서기를 맡고 있는 인사는 포스트 시진핑 후보에도 이름을 올린 후춘화 정치국 위원(1963년생)이다. '리틀 후(Little Hu)'로도 불린 적이 있을 만큼 후진타오 전 국가주석과 가깝다. 친족 관계는 없다. 리커창 국무원 총리, 왕양 부총리 등과 함께 공산주의청년단 출신의 정치 엘리트다.[10]

후진타오가 티베트자치구에서 공산당위원회 서기를 맡은 1988~1992년에 후춘화는 이 지역 공산주의청년단 간부로서 후진타오를 지지했다. 그 후 티베트자치구 공산당위원회 상무부서기, 공청단중앙서기처 제1서기, 허베이성 부서기 겸 성장, 네이멍구자치구 공산당위원회 서기를 거쳐 현직에 이르렀다. 공산당 내 권력투쟁에도 깊숙이 관련된 만큼, 그가 지휘하는 광둥성의 개혁은 크게 주목받고 있다. 약점 잡히는 듯한 상황이 발생할 경우 경력에 흠집이 생길 것이 분명하기 때문이다.

충칭시 서기이자 정치국 위원으로서 중앙정치국 상무위원 진입까지 노렸던 보시라이가 추락한 '사건'의 여파는 중난하이 정치판에서 아직도 사그라지지 않았다. 앞으로 정치국 상무위원 진입을 목표로 하는 후춘화나, 제6세대에서 그의 라이벌이라는 쑨정차이(孫政才) 충칭시 서기 겸 정치국 위원(1963년생, 2017년 실각 _옮긴이)과 같은 정치가들에게 보시라이 사건은 일종의 트라우마가 되고 있다.

2014년 1월 11일 오전, 광둥성 공산당위원회는 제11기 제3차 회의 2회 전체회의를 열었다. '광둥성판 소조를 통해 어떻게 개혁을 심화하는가'의 담화를 후춘화가 직접 발표했다.

그는 "개혁개방은 광둥의 발전에서 뿌리와 혼과 같은 존재다"라며, ① 개혁의 방향성을 견지할 것, ② 문제점을 드러내 개혁을 심화하기 위한 정확한 돌파구를 찾아낼 것, ③ 체제 메커니즘을 부단히 건전화할 것 등 세 가지를 방침으로 내세웠다. 그와 동시에 광둥성의 '4대 우세'로 ① 상업적 환경, ② 신산업 발전, ③ 개방형 경제, ④ 산업 경쟁력이라는 네 가지 새로운 우위성을 창출해갈 준비를 해야 한다고 강조했다.

베이징에서 가장 멀리 떨어진 지역에 위치한 경제 대성(大省)은, 정치적으로도 미묘한 위치를 차지하고 있다. 광둥성에는 자유 성향 지식인 대 보수적인 공산당이라는 구조가 일상적으로 표면화한다. ≪남방주말≫, ≪남방도시보≫, ≪21세기 경제보도(21世紀經濟報道)≫ 등 자유주의 색채로 중국 미디어계에서 발언권과 영향력을 지닌 매체도 적지 않다. 또 그러한 언론매체에 힘입어 촌민들이 당국의 횡포에 이의를 제기하는 항의 활동이 이따금 연출되는 곳이다.

2011년 산웨이시 우칸촌에서는 당 간부의 토지 거래 부정에 대한 항의가 벌어졌고, 대규모의 시위도 일어나 촌 간부가 경질되었다. 이듬해 2월, 우칸촌에서는 촌민대표(촌민위원회 위원) 109명을 뽑는 선거가 실시됐다. 또 3월에는 유권자 8000여 명이 참여해 촌민위원회(기층조직) 간부 일곱 명을 뽑는 선거가 실시되었다.[11] 그런데 항의 운동을 선도한 주민들의 지도자가 촌장으로 선출되었다.

2013년 1월에는 일본에서도 화제가 된 '≪남방주말≫ 신년 사설 바꿔치기 사건'이 일어났다. 광저우시에 거점을 두었으며 대학생이나 지식인에게 인기 있는 리버럴 주간신문지 ≪남방주말≫의 신년 사설이 관할 관서인 광둥성 선전부에 의해 바꿔치기를 당한 것이다. 이에 공권력이 보도기관에 부당하게 개입했다며 신문사 직원과 광저우 시민 등이 반발·항의한 사건이다.[12]

이 사설을 집필한 사람은 이 신문 평론가인 다이즈융(戴志勇)이었다. 필자가 ≪남방주말≫에 칼럼을 기고하고 있을 때 편집 책임을 맡았던 사람이다. 사건이 일어난 지 약 2개월이 지났을 때, 다이즈융이 "이것이 나의 작품입니다"라며 보내준 '누더기 원고'에는 다음과 같이 쓰여 있었다. 제목은 '중국의 꿈, 헌정의 꿈'이다.

> 중국인일지라도 자유인이어야 한다. 중국의 꿈이란 헌정의 꿈이어야 한다. 헌정 밑에서 국가는 처음으로 강성을 유지할 수가 있다. 헌정 아래에서 인민은 처음으로 강대해질 수 있다. 헌정의 꿈을 실현함으로써 대외적으로 국권을 지키며 국가의 자유를 지킬 수 있다. 대내적으로는 민권을 지키고, 인민의 자유를 지킬 수 있다. 그리고 국가의 자유란 최종적으로 인민의 자유로 자리 잡아야 한다.

사건 발생 한 달 전에 광둥성 서기로 갓 부임한 후춘화는 다이즈융이 쓴 「중국의 꿈, 헌정의 꿈」을 읽었을까? 읽었더라면 감상이 어땠을까?

필자가 복수의 공산당 관계자로부터 들은 바로는, 후춘화는 광둥성 선전부가 보도기관에 지나치게 개입·간섭하는 데 불만을 드러냈다. "후 서기는 억압이 너무 강해지면 당연히 현장의 반발을 초래할 것이며, 이는 결과적으로 당의 통치력을 약체화한다고 말하고 있었다"(광둥성 정부 간부).

2017년 제19차 당대회에서 정치국 상무위원에 진입해 라이벌 쑨정차이보다 상위 당 서열을 노리는 후춘화에게, 광둥성 서기를 맡은 향후 2~3년은 승부처가 될 것이다. 광둥의 경제성장과 개혁을 추진하는 가운데, 자유주의를 신봉하는 언론매체나 지식인들의 압력을 견뎌내며, 성 각지에서 수시로 표면화하는 정치 리스크에도 대처해야 한다. 공산당 통치의 네 개 축으로 제2장에서 제시된 '안정', '성장', '공정', '인권'을 동시에 균형감 있게 조정하고, 시장이나 여론의 끝없는 권익 욕구를 만족시킬 수 없다면 '광둥인'은 납득하지 않는다.

'관리를 양산하는 지역'이라 불리는 장쑤성 출신[13]의 중견 관료가 이에 대해 언급한 것이 생각난다.

모두 주역이 되고 싶어 하는 광둥에서의 통치는 전원이 조연이어도 된다는 상하이에 비해 몇 배나 어렵다. 비즈니스 현장에서도 샐러리맨으로 만족해하는 상하이인과, 개별 기업의 머리가 되고 싶어 하는 광둥인의 상업문화는 완전히 다르다.

시진핑이 시작하는 여섯 가지 개혁

2014년 1월 22일 오후, 시진핑 조장은 '전면심화개혁영도소조 제1차 회의'를 주최해 중요 담화를 발표하며, 리커창·류윈산·장가오리 세 명이 부조장을 겸한다고 공표했다. 정치국 상무위원 일곱 명 중 네 명이 개혁소조의 중역을 맡는 진용은 당 지도부가 얼마나 이 개혁 프로젝트를 중시하며 매달리고 있는지를 설명해준다. 회의에는 이 넷을 포함한 13명의 정치국 위원이 참여했다. 당 조직이나 국무원의 지도자들이 참여해 공산당 최고 수준의 의사결정 프로세스를 연출했다고 말할 수 있다.

이 회의에서 소조가 구체적인 임무를 획정하는 가운데 규칙, 방침, 사무규정 등을 결정한 것 외에도 소조 산하에 여섯 개 부서를 설치했다.

① 경제체제와 생태문명체제 개혁 부문
② 민주법제 영역 개혁 부문
③ 문화체제 개혁 부문
④ 사회체제 개혁 부문
⑤ 당 건설제도 개혁 부문
⑥ 기율검사체제 개혁 부문

③에 대해서는 특별히 설명할 만한 점이 없고, 나머지에 관해 상세히 설명한다.

①은 3중전회에서 논의된 경제 구조개혁과, 최근의 중국 여론에서 더욱 심각하게 거론되며 해외 이민 붐을 가속시키는 원인인 환경문제, 대기오염, 생태계의 악화 등을 다룬다. 오늘날 중국에서 '경제성장과 환경보전은 동전의 앞과 뒤'라는 인식은 보편화되고 있다. 당 지도부는 "여러분이 생활하는 환경을 아름답고 깨끗하게 지키려면 경제성장만을 맹목적으로 추구할 수는 없습니다"라면서 경제침체 이유를 정당화하는 기회로 삼으려 시도한다.

②, ⑤, ⑥은 모두 정치와 관련된 분야다. 시진핑이 소조의 조장을 맡는 대의명분이 반영되어 있다.

⑥은 실질적으로 반부패 투쟁과 동의어로, 왕치산이 맡고 있다. 또 ②와 ⑤에 관해서는 현 단계에서 무엇을 어디까지 진행해야 하는지 확실치 않고, 향후 전망도 불투명하다. 그러므로 서방의 정치 관측통들이 중국에 대해 희망적으로 기대하는 자유민주주의의 도래를 의미하지 않음은 확실하다.

필자의 추측으로는, 서방 같은 자유민주주의가 아직 시기상조라 해도 "지금 이대로는 거버넌스가 통할 수 없다"는 위기감이 시진핑과 그 주변을 휩싸고 있는 듯하다. 서방의 자유민주주의를 수입하기만 하면 중국에 거버넌스가 먹혀들 것인가라는 문제도 정리되지 않았다. 정치체제, 통치기법, 거버넌스 시스템 등 표현은 다종다양하다. 어쨌든 '이대로는 광대하고 복잡한 중국을 제대로 통치할 수 없다'는 위기감이다.

앞에서 거론한 대런 애서모글루와 제임스 로빈슨은 지속 가능한 경제·사회 건설과 공산당이 실행하는 정치 개혁의 관계를 다음과 같이 설명한다.

경제성장이 한계에 이르기 전에 정치제도를 포용적으로 개방할 수 있다면 경제성장의 하락세는 피할 수 있다. 그러나 중국의 정치제도가 포괄적으로 개방되는 방향으로 전환한다고 예측할 수 있는 근거를 거의 찾을 수 없다. 그러한 정치 개혁이 자연스럽게, 또는 대가 없이 발생한다고 생각할 수 없다.[14]

시진핑은 정권 초기 단계에서, 세 개 방향으로 정치 개혁에 착수하려는 듯이 보인다.

첫째, 반부패 투쟁을 통해 당·정부·군의 청렴함과 단결력을 향상시켜 인민, 특히 무산계급인 공농계층에게 깨끗한 통치 집단으로서 존재를 과시하는 것이다. 이 자체를 정치 개혁 부문으로 직접 분류할 수는 없다. 그뿐 아니라 반부패 투쟁이 진행된다는 것은 정치 개혁이 지체됨을 의미한다. 그러나 공산당 지도부는 '현재의 거버넌스를 유지하면서 피통치계급과 신뢰 관계를 이어줄 접근법'이 체제 개혁 자체는 아닐지라도 정치 개혁의 범주에 들어간다고 생각한다.

둘째, 정치 리더십의 강화를 통해 방대한 공산당 조직에서 개혁이 좌초되는 것을 막고, 효과적 진행을 촉진하는 것이다. 소조는 바로 이 점을 담당한다. 제5장에서 소개한 대로 시진핑을 포함한 노홍위병들은 '공산당의 권력과 위상이 강화되고서야 비로소 개혁은 힘차게 실행된다'는 인식을 품고 있다.

셋째, 전국 각지의 당 조직에 가능한 한 법치를 확산함으로써 공산당의 중추를 위협하지 않는, 즉 정치의 안정을 뒤집지 않는 안건에 한해 정치가 사법에 간섭하지 않는 시스템을 구축하는 것이다. 이를 위해 중견 혹은 말단 관료들의 권력 남용과 부정 인사, 부패 행위를 사전에 방지하고, 감시·감독을 강화해야만 한다.

마지막으로, ④의 '사회체제 개혁'이다. 제3장에서도 다뤘지만 '공정'을 중시하는 움직임이 드디어 당 지도부에서도 구체화되는 듯하다. 현 단계에서는 정치 개혁의 근본적인 추진을 기대할 수 없다. 국가와 인민이 사회를 통해 의사소통을 꾀하고, 제도나 규칙에 의거해 투명성·공평성이 보장되는 환경 아래에서 문제를 해결해나가는 길 말고는 진정한 의미에서 근대화를 실현하는 길은 없다. 그러나 네 개 축을 고려해볼 때 사회체제 개혁은 '공정'에 합치하므로, 시진핑·리커창 정권의 당 지도부가 가장 중시해야 할 분야다.

앞에서 나온 조지프 퓨스미스 보스턴 대학 교수도 중국공산당이 사회를 중시하는 점에 주목한다.

실제로 2010년 말 후진타오 (당시)총서기는 정치국의 집단학습회의에서 "새로운 시대에 새로운 사람들 사이의 모순을 어떻게 완화해갈 것인가"라는 문제를 제기해, 그중 "사회 관리를 강화해 쇄신한다"라는 표현을 사용했다.[15]

한편 사회의 중시가 정치 개혁을 가져오기는커녕 역으로 정치 개혁을 뒤처지게 하는 위험성도 지적했다.

새로이 사회 관리의 강화를 통해 군중 폭동 사건 등에 대한 당 지도부의 관심도 높아지겠지만, 동시에 이것이 단기적으로는 정치 개혁과는 다른 차원의 방식으로 사회의 안정을 유지하려는 현상을 보여준다.

총서기 취임 이후 약 1년은 짧은 시간으로 보인다. 개혁을 전면적으로 이끌어내기 위해 구체적으로 진용을 갖춰 행동하기 시작한 시진핑이 자신의 머리로 생각하고, 주변과 상담하며, 이해관계를 조정해 정책으로 결정하고, 그것을 집단적으로 실행하기까지의 시간이다.

현재의 권위주의적인 스타일은 강제적이라고 받아들여지기 쉽고, 적도 만들기 쉽다. 그러나 정치 리더십은 후진타오 전 정권보다 도드라진 것이 아닌가 하고 필자는 파악한다.

중국에 법치주의를 뿌리내리게 할 수 있는가

3중전회가 끝난 지 1년이 지났을 무렵, 베이징은 또다시 정치의 계절을 맞이하고 있었다.

2014년 10월 20~23일에 중국공산당 제18기 중앙위원회 제4차 전체회의(4중전회)가 개최되었다. 3중전회와 마찬가지로 공산당 지도부에는 정권 운영이나 개혁 과제를 토의하는 중요한 회의다.

공산당 내에서 정치사상과 이론 정립을 담당하는 한 담당관은 4중전회의 역사적 의미를 다음과 같이 전했다.

역사적으로 볼 때 중앙위원회 전체회의는 국가의 방향을 결정짓는 안건 심의를 진행하며, 국가 방침을 국내외로 전파하는 중대한 기회다. 이번 4중전회도 마찬가지다. 핵심적인 의제를 논의한다.

이 담당관이 2014년도 4중전회에서 언급한 핵심 의제는 '의법치국', 즉 '법의 지배'와 유사한 법치주의 강화다. 4중전회 개최 전야에 대해 중국의 언론매체는 "중앙위원회 전체회의 역사상 의법치국의 문제를 집중적으로 토의하는 것은 처음 있는 일이다"라는 논조로 4중전회를 선전 중이었다. 여론 또한 그런대로 고조되어 있었다.

개혁개방 이후[16] 이루어진 4중전회의 핵심 의제를 돌이켜보면 대부분 경제문제(이하 '경제')와 당의 건설(이하 '당건')에 관한 것이었다. 제11기 4중전회부터 등장한 의제를 열거해보자.[17]

- 1979년 제11기 4중전회: 농촌의 발전(경제)
- 1985년 제12기 4중전회: 제7차 5개년 계획에 관한 제안(경제)
- 1994년 제14기 4중전회: 당의 건설(당건)
- 1999년 제15기 4중전회: 국유기업 개혁(경제)
- 2004년 제16기 4중전회: 당의 집정 능력(당건)
- 2009년 제17기 4중전회: 새로운 정세하에서의 당의 건설(당건)

이처럼 과거 4중전회에서는 '경제'와 '당건'이 각각 3회씩 심의되었다. 이 두 가지에 더해 중앙위전체회의 역사상 처음으로 '법치'가 집중 토의된다는 사실에 입각해 당의 선전 부문이나 언론매체에서 역사적 의미를 부여했다.

그런데 여기에 제13기 4중전회가 포함되어 있지 않은 것을 눈치챘는가?

1989년 6월 23~24일 개최된 제13기 4중전회에서는, 공산당의 명운을 좌우하고 전 세계를 뒤흔든 톈안먼 사건의 총괄이 이루어졌다. 회의는 민주화를 추구한 학생들에게 동정적 태도를 보인 자오쯔양에 대해 다음과 같이 총괄해 자오쯔양의 중앙위원회 총서기, 정치국 상무위원, 중앙군사위원회 제1부주석 직함을 말소했다.

자오쯔양 동지는 당과 국가가 존망 위기에 빠지는 상황에서 동란을 지지하고 당을 분열시키는 잘못을 범했다. 동란의 형성과 발전에 대해 면할 수 없는 책임이 있다. 잘못된 선례를 남긴 후유증은 지극히 심각하다(보고자는 리펑).

총서기 직위는 장쩌민에게 '승계'되었다. '인사조정', 즉 총서기를 비롯한 지도부가 대폭 교체된 시기인 1989년 6월 말 톈안먼 사건 전후에 베이징에서 개최된 제13기 4중전회는 특별한 정치적 의미가 있다.

제13기 4중전회는 의제뿐 아니라 개최 시기도 특기할 만하다. 그간 4중전회가 개최된 시기는 통상 9월이었지만, 1989년만 6월이었다. 상례와 다른 경우로는 2014년과 1989년을 들 수 있다. 주제도 시기도 예년과 달랐다. 2014년 4중전회의 의제는 앞서 서술한 대로 '의법치국'이었으며, 개최 시기는 10월이었다. 의법치국 논의는 개혁개방 이후 현대사에서 처음 있는 일이다.

1989년과 2014년. 25년을 사이에 두고 있지만, 양자 간에는 중국 정치의 행방을 예측하는 데 지극히 중요한 공통점을 찾아낼 수 있다. 앞에서 말한 '인사조정'이다.

당 기관지 ≪인민일보≫의 보도에 따르면 2014년 4중전회의 임무는 다섯

가지였다.[18]

① 중공중앙정치국이 중앙위원회에 일일 상황을 보고한다.
② 의법치국의 전면적 추진에 관한 중대 문제를 연구한다.
③ 「중공중앙의 의법치국의 전면적 추진에 관한 몇 가지 중대한 문제의 결정」을
   심의한다.
④ 부분적인 인사조정을 실행한다.
⑤ 공보를 발표해 국내외에 회의 상황을 설명한다.

≪인민일보≫의 기사인 만큼 공산당 지도부의 입장·인식을 상당 정도 대변하는 것으로 보이지만, 다섯 개 임무 가운데 중시해야 할 핵심이 '의법치국'과 '인사조정' 두 가지라는 점은 명백했다.

4중전회 주최자는 중앙위원회이기 때문에 우선은 중앙위원회 인사가 초점이다. 시진핑이 총서기에 취임한 제18차 당대회 이후 낙마한 중앙위원(총 205명)인 장제민(蔣潔敏)과 리둥성(李東生), 중앙위원 후보위원(총 171명) 리춘청(李春城), 왕융춘(王永春), 완칭량(萬慶良) 등 총 일곱 명의 중앙위원 직위가 말소되었다. 이어 중앙위원 후보위원 중 서열 1위와 2위인 국가통계국 국장 마젠탕(馬建堂)과 국가종교사무국장 왕쭤안(王作安)이 중앙위원으로 승진했다.

가장 주목받은 안건은, 지금껏 손댈 수 없었던 중국공산당의 성역인 정치국 상무위원까지 올랐지만, 불명예 퇴진한 저우융캉의 처우에 대한 것이었다. 그의 처우 문제는 중국공산당 내의 권력 관계와 권력 구조와 관련해 중대한 조치로 받아들여졌다.

중공중앙이 "저우융캉의 중대한 규율 위반에 즈음해 중앙기율검사위원회에 의한 입건·심사할 것을 결정했다"고 공표한 것이 2014년 7월 29일이다. 특기할 만한 사실은 4중전회의 개최 시기와 의법치국을 집중 토의하겠다고 공표한 것도 7월 29일이었다는 점이다. 당 중앙이 저우융캉 낙마와 4중전회

의 개최를 같은 날짜에 공표한 것은 우연이었는지, 아니면 어떠한 의도가 있었는지는 알 길이 없다.

우연인지 아닌지는 그다지 중요하지 않다. 근본적으로 중요한 것은 중앙위원회 전체회의 사상 처음으로 핵심 의제로 떠오른 의법치국이라는 문구가 저우융캉 낙마와 4중전회의 연결고리라는 점이다. 좀 더 덧붙이자면, 당 지도부가 어떻게든 양자를 이으려 시도하고 있었다는 점이다.

앞 장에서 집중적으로 다뤘지만, 현재 당 지도부가 반부패 투쟁을 추진하는 데 있어 어디까지가 진심이었는지, 역대 정치국 상무위원 경력자가 다수인 당 원로들은 어디까지 지지하는가는 분명치 않다. 계속해서 정세를 관찰하지 않으면 안 된다. 그러나 반부패 투쟁의 슬로건 "범도 파리도 함께 친다"에서 드러나듯, 지위나 직무에 관계없이 직을 더럽히면 예외 없이 실각시킨다는 점은 분명하다. 그리고 그러한 프로세스의 제도화, 즉 법치의 제도적 구축을 계획하고 있을 가능성이 있다.

중국 내에서도 '제도성 반부(制度性反腐: 운동이 아닌 제도에 입각해 부패 박멸을 진행하는 것)'를 외치는 목소리가 당내 관리나 지식인, 그리고 당·정부로부터 도출될 제도 설계에 관심을 둔 기업가들 사이에서도 고조되고 있다. 정치국 상무위원 경력자가 낙마한다는, 중화인민공화국 사상 처음 벌어진 사건을 발단 삼아 제도성 반부를, 그리고 프랜시스 후쿠야마가 지적한 대로 중국 역사상 한 번도 실현된 적이 없었던 '법의 지배'라는 제도적 기반을 얼마만큼 어디까지 구축할 수 있을 것인가? 시진핑이 이끄는 현재 중국공산당의 진심과 방향성을 예측하는 데 4중전회가 중요한 포인트로 떠오른 것은 분명하다.

2014년 8월 시진핑과 가까운 태자당의 관계자가, 필자에게 4중전회 상황을 설명해주었다.

4중전회에서 법치를 어디까지 파고들어 논의할 수 있을지가 시진핑을 판단하는 데 시금석이 될 것이다. 법치란 공산당 내 많은 기득권익자들에게 메스를 가하는 것이다. 이를 꺼리는 보수적인 당원은 헤아릴 수 없을 만큼 많다. 저우융캉이라는 거물을 거꾸러뜨린 이후, 당연히 모든 당내 권력의 이해관계 조정을 이행해야만 한다. 거기에는 시간도 과정도 요구된다. 그렇기 때문에 당 중앙이 4중전회 개최일을 10월 하순이라는, 예외적으로 늦은 시기에 설정한 것이다.[19]

이 코멘트를 한 인물에 따르면, 4중전회에서 법치가 어디까지 논의되는지에 따라 시진핑의 권력 기반이 어디까지 공고해졌는지 판단할 수 있다는 것이다. 그리고 이렇게도 말했다.

"시진핑은 저우융캉을 실각시켜 발생하는 정치적 리스크를 어디까지 제어할 수 있는지에 대해 스스로 어느 정도는 판단할 수 있을 것이다."

'당의 영도'라는 현실

4중전회를 거친 이후 시진핑의 권력 기반은 어떻게 변했는가?

우선 4중전회는 예정대로 법치를 주제 삼아 집중 토의한 회의로서, 폐막 다음 날인 10월 24일에 「공보」가, 5일 후인 10월 28일에 「결정」이 공표된 사실로 미루어 시진핑이 당내 이해관계를 표면적으로는 안정적으로 통제하는 국면임을 알 수 있다. 공산당 내에서 이론 공작을 담당하는 간부가 필자에게 말했듯이, "당내 결속이나 단결이 불안정하고 반대 세력이 팽창해 총서기에게 거대한 압력을 가하는 듯한 상태에 빠지면 「공보」나 「결정」이 적절한 시기에 공표되지 않을 수 있다는 점도 생각해볼 수 있다. 이 공식 문서들은 자연스럽게 세상에 나오는 산물이 아니다. 당내 권력 관계와 이해관계를 극복해야 드디어 완성되어 공적인 자리에 나올 수 있는 것"이기 때문이다.

「결정」의 작성 과정을 되돌아보자.

4중전회 공식 문서인「결정」의 기초위원회는 중앙정치국의 검토 회의를 거쳐 2014년 1월에 설치되었다. 위원장은 시진핑 총서기, 부위원장은 장더장(張德江) 전국인민대표대회 상무위원장과 왕치산 중앙기율검사위원회 서기가 맡았다. 왕치산이「결정」의 초안을 작성하는 데 직접 관여했다는 사실은, 시진핑의 뇌리에 법치와 반부패 운동이 정치적으로 이어져 있다는 것을 설명한다.

기초위원회는 10개월을 들여「결정」을 작성했다. 총 8개조의 실무 팀이 14개 성과 직할시에 파견되어 조사·연구를 진행했다. 군인, 기업가, 학자, 일반 대중 등 광범위한 분야 관계자들의 의견을 청취하고, 마지막으로 공산당 원로들의 의견을 취합해 글의 초안을 만들어냈다.

이 과정에서도 정치국 상무위원회에서 세 차례, 정치국에서 두 차례의 특별회의를 열었다. "기초 작업 과정에서 온갖 반대에 직면했다. 특히 상의를 위해 원로들을 방문해 그들이 고개를 끄덕이게 하는 것은 정말로 힘들었다"고「결정」의 기초 작업에 관여한 공산당 관계자는 전했다.

그러한 분투 끝에 작성된「결정」을 심의·채택하는 자리가 4중전회였지만, 심의와 채택 자체는 신임투표적인 절차에 지나지 않는다. "회의가 시작되기 전에 모든 이해 조정이나 사전 교섭은 종료되었다"(동 관계자). 기초 작업 이후에「결정」내용이 실제 회의에서 뒤집히거나 부결되는 일도 관례상 없다. 내용 이상으로「결정」에서 중요한 사실은, 그것이 공산당 최고 의사 결정기관인 정치국의 지도 아래 시진핑을 위원장으로 하는 기초위원회가 장시간에 걸쳐 온갖 장애를 극복하며 짜낸 프로세스 그 자체라는 점이다.

「결정」이 회의 종료 후 일주일 안에 '무사히' 공표된 사실로 미루어 시진핑에 의한, 법치를 과제로 인식한다는 정치 목표는 기본적으로 달성되었다고 말할 수 있다.

4중전회에서 집중적으로 토의된 '법치'는, 역사상 한 번도 인류 보편적 의미에서 법의 지배라는 제도적 기반을 육성한 적이 없는 문명을 근현대적 의미의 법치국가로 발전시킬 수 있을까?

필자는 시장화와 자유화를 방향으로 삼은 착실한 경제 개혁이 어디까지 진행될지, 그리고 언론·보도의 자유나 민주적 선거를 제도적으로 보장하는 정치 개혁에 착수할지의 문제에 생각이 미칠 때 우선 사법개혁을 통한 사법 독립의 실행이 전제조건이라고 생각한다. 이 조건이 채워지지 않으면 경제 개혁도 어중간한 상태가 되어 정치 개혁은 꿈속의 꿈에 불과할 것이다. 이런 의미에서 법치를 둘러싼 정책이나 동향에 주목하는 것은, 중국공산당 정치의 행방을 추적하는 것으로 이어지기 때문에 중요하다.

법치를 둘러싼 현상은 결코 낙관적이지 않다. 4중전회를 통해 중국이 법치국가에 가까워졌다는 결론을 이끌어내기는 어렵다. 그 근거는 「공보」에서 반복적으로 나오는 '당의 영도'라는 문구에 있다.

덩샤오핑이 사회주의 시장경제와 개혁개방을 추진하는 과정에서 중요한 역사적 의미가 있었던 제11기 3중전회(1978년 12월) 이래로, 중앙위원회 전체회의의 역대 「공보」를 읽어보면 '당의 영도'라는 문구가 10번 이상 나온 적이 없다는 점을 알 수 있다. 2013년 3중전회에서도 다섯 차례 거론하는 데 그쳤다. 그런데도 2014년 4중전회 「공보」에서는 13번이나 발견됐다.

「공보」에는 "당의 영도는 중국의 특색 있는 사회주의에서 가장 본질적인 특징이다"라는 문구가 기재되어 있다. '당의 영도'가 자주 나온 사실과 이 문구는 무엇을 의미하는가? 이는 시진핑이 이 시점에서 법치를 4중전회 의제로 잡은 근본적인 이유가 공산당의 지위와 권위를 강화하는 데 있다는 것을 의미한다.

게다가 「결정」은 중국의 특색 있는 사회주의 법치를 추진하는 과정에서 견지하지 않으면 안 되는 다섯 가지 원칙을 강조한다. ① 중국공산당의 영도, ② 인민의 주체적 지위, ③ 법률 앞에서는 모두가 평등, ④ 법치와 덕치의 결합, ⑤ 중국 국정에서 출발하는 것 등 다섯 가지다.[20]

당의 영도는, 중국의 특색 있는 사회주의에서 가장 본질적인 특징이며, 사회주의 법치에서 가장 근본적인 보장이다. …… 중화 법률 문화의 진수를 토대로 해외 법치의 유익한 경험은 참고하지만, 외국의 법치 이념이나 모델을 모방하는 것은 절대로 하지 않는다.

「결정」에 기재된 이 문구들로 미루어볼 때, 시진핑은 어디까지나 공산당의 지위와 권위를 강화하기 위한 정치적 도구로 법치를 꺼내고 있는 것이다. 삼권분립에 입각한 사법의 독립이나 권력에서 헌법의 견제와 균형 기능을 제도화하는 데 관심을 보이는 것은 아니라고 판단할 수 있다.

앞에서 말한 대런 애서모글루와 제임스 로빈슨은 중국공산당이 중국의 경제·사회 발전에 미치는 영향에 관한 저서에서 다음과 같이 서술하고 있다.

중국의 경제제도는 소비에트연방 시대와 비교하면 확실히 더 포용적이고 개방되어 있지만, 정치제도는 여전히 폐쇄적이다. 중국에서 공산당의 권력은 절대적이며 관료 시스템 전체, 해방군, 언론매체, 거대한 경제자원을 지배한다. 중국 인민은 정치 과정에서 한정된 정치적 자유와 참여밖에 인정받지 못한다.[21]

누구도 시진핑의 지배에서 벗어날 수 없다

2015년 3월 3~15일 베이징에서 양회가 개최되었다. 2014년과 마찬가지로 다섯 가지 보고 중에서 정치 개혁이 제기된 것은 없었고, 회의를 통해 구체적으로 논의되는 일도 없었다. 그뿐만 아니라 당의 중앙선전부는 언론매체가 정치 개혁을 언급하지 않도록 굳게 금지하고, 언론매체 쪽도 두말할 것 없이 자제하고 있었다.

필자는 매년 양회 계절에 중국 언론매체에 평론을 기고해왔지만, 2015년에는 비교적 자유로운 논의를 기대한다는 차원에서 정치 개혁에 관한 문제 제기를 하겠다고 데스크에게 말했더니 그는 어이없어 하면서 거절했다. 납득하지 못하겠다며 이유를 묻자, 그는 정말 미안하다는 듯이 답했다.

지금 정권의 지도자들은 '정치 개혁'이라는 네 글자가 공적으로 논의되는 것을 싫어한다. 현 정권이 들어서고부터 정치 개혁을 다룬 적은 한 번도 없었다. 앞으로 어떻게 될지 모르겠지만, 적어도 양회라는 정치의 계절에 제기하는 일은 없을 것이다.

여기서 시계의 바늘을 조금만 되돌려보자.

실제 정책으로서 어디까지 진행되었는지는 일단 제쳐두고, 후진타오 시대에는 양회 무대에서 정치 개혁이 제기되었다. 2008년 정부 활동보고에서 당시 원자바오 총리는 다음과 같이 주장했다.

정치체제 개혁이 실행되지 않으면 경제체제 개혁도 현대화 건설도 성공시킬 수 없다. …… 민중의 다섯 가지 권리를 보장해야만 한다. 즉, 선거권, 지정권(알 권리), 참여권(정치에 참가할 권리), 표현권(표현할 권리), 감독권(권력을 감시할 권리)이다.[22]

원자바오에게 최후의 정치 활동보고가 된 2013년 양회에서도 다음과 같이 주장했다.

우리는 더욱더 큰 정치적 용기와 지혜로 개혁개방을 추진해야만 한다. …… 우리나라 개혁은 가장 중요한 시기에 진입해 있다. 사상을 해방하고 전면적으로 경제체제 개혁을 심화해야 한다. 계속해서 적극적이며 온당하게 정치체제 개혁을 추진해야 한다. 문화체제 개혁을 심화하고, 사회체제 개혁의 추진을 가속화하며, 생태문

명제도 건설을 강화하지 않으면 안 된다. 개혁을 부단히 심화해가는 것이다.[23]

공산당의 지도자가 정치체제 개혁을 언급하기는 해도, 행동하지 않는 것과 정치체제 개혁에 관여하지는 않지만 행동하는 것 중에 어느 쪽이 좋으냐고 물어보면 틀림없이 후자일 것이다. 물론 예측하고 상정한 다음 이뤄지는 것이 많은 현실 사회에서 공산당 지도부가 정치체제 개혁 착수를 공언한 다음에 실제 행동으로 옮기는 것이 최선이다. 시진핑이 2015년도 기준으로 아직 7년이나 남은 임기 동안 어떠한 정치 개혁에 착수할지는 분명치 않다. 제5장에서 다루었듯이, 개혁파 아버지의 뒤를 이은 시진핑은 정치 분야 개혁도 시야에 두고 일상 업무에 임한다고 필자는 생각한다.

중국 문제 전문가들이 빈번히 정책 논의를 주고받는 워싱턴에서도 시진핑을 개혁파로 보는 연구자가 많다. 예를 들어 메릴랜드 대학 중국연구소의 너트 앨런 주임(아메리칸 만다린 소사이어티 이사장을 맡고 있다)은 유창한 중국어로 "시진핑은 개혁파라고 본다. 현재의 압박은 권력을 굳건히 하기 위한 동작이며, 시진핑이 국가를 잘못된 방향으로 유도한다고는 생각하지 않는다. 중국공산당의 집단지도체제는 기능하고 있다"고 말했다.[24]

당 지도부가 정치 개혁을 언급하지 않는다고 해서 "시진핑은 정치 개혁에 흥미가 없고, 착수할 생각도 없다"고 단언하는 것은 경솔하다. 정권 초기 단계에서 구태여 제기하지는 않으며, 논의를 허용하지 않는 것은 적절한 시기에 대담히 진행하기 위해서일 가능성도 있기 때문이다. 시진핑이 진심으로 정치 개혁을 행할 기회를 엿보고 있다면 당내 보수파의 역습을 경계하며 정치 개혁을 가슴속에 숨겨둔 채 비장의 카드로 품고 있을 수 있다.

경제 수장이던 원자바오가 반복해 정치체제 개혁을 언급했지만 결과적으로는 개혁이 이행되지 않았던 전 정권의 전철을 밟지 않으려는 것일지도 모른다.

2015년 양회를 통해 다시 한번 명확해진 것은 시진핑의 존재감이다. 정치적으로는 리버럴한 입장을 유지해온 리커창이 정부 활동보고에서 정치체제 개혁을 언급하지 않은 것은 전임 원자바오와 비교해 보수적이기 때문이 아니다. 현 단계에서 시진핑의 입장과 방식을 고려하기 때문이라고 해석할 수 있다. 경제 담당 수장이라는 인식을 명확하게 지닌 사람으로서 "관할 밖 정치는 쉽게 언급하지 않는다"(공산당 관계자)는 자세와도 무관하지 않을 것이다.

애초 양회는 전국인민대표대회와 중국인민정치협상회의로 진행되고 있으며, 회의 진행을 선도하는 사람은 각각의 수장인 장더장 상무위원장과 위정성 주석이다. 이 두 사람이 가장 바빠야 하는 회의에서는 두 사람뿐 아니라 정부 활동보고와 마지막 날 기자회견이라는 중임을 담당하는 국무원 총리도 바쁘다.

총서기, 국가주석, 중앙군사위원회 주석인 시진핑은 다른 정치회의와 비교해 특정한 임무를 맡지 않는 양회 기간에 한결 여유로울 수 있을 것이다. 그럼에도 양회에서 가장 눈에 띄게 영향력을 발휘했다.

2015년 양회를 통해 추론할 수 있는 것은 (정치 개혁) 금기 정권에서 시진핑이라는 존재가 압도적인 힘을 자랑한다는 사실이다. 정치 분야를 포함한 개혁이 진행될지 여부는 시진핑의 양어깨에 달려 있다. 그리고 모든 권력을 손에 쥔 시진핑에게 모든 것이 맡겨진 현실은 양날의 칼이기도 하다. 이 남자, 혹은 그를 둘러싼 환경에 예측할 수 없는 어떤 사태가 일어날 경우 모든 것이 무너져버릴 수 있는 정치적 리스크를 내포하기 때문이다.

≪아사히신문(朝日新聞)≫ 국제보도부 미네무라 겐지(峯村健司) 베이징 특파원은 저서 『13억분의 1의 남자(十三億分の一の男)』에서 "내가 상정하는 최대의 리스크는 '너무 강대해진 시진핑'이다"[25]라고 주장하며 "시진핑의 파워가 강력해지는 현상은 당을 안정시키는 작용을 하겠지만, 한편으로는 당 전체 활력을 억눌러 당 자체의 약체화로 이어지는 것은 아닌가"[26]라고 설명했다.

이런 현상을 간과한다면 앞으로 일어날 수 있는 중국 사정이나 문제를 객관적으로 이해하기 어려울 것이다. 시진핑의 일거수일투족을 점점 더 주시할 수밖에 없다.

　양회 개회 기간에 양회 운영에 관여한 당 간부가 필자에 전한 말은 다음
과 같다.[27]

　중화인민공화국 안에서 중국공산당의 지배를 피할 수 있는 장소 따위는 없다. 그
　와 동시에, 중국공산당원 중 시진핑의 지배를 피할 수 있는 자 따위는 없다.

제**10**장

애국심과
내셔널리즘

2014년 7월 말, 필자는 싱가포르에 있었다.

고층 빌딩이 즐비하고 교통 등 인프라는 편리하며, 녹색이 곳곳에 보였다. 새로운 건축물이나 지하철 노선이 건설되면서 더욱더 발전해가는 이미지였다. 법률이나 규칙에 따라 질서나 안정이 유지되어 선진국풍의 분위기였다. 인구는 약 550만 명이며, 1인당 GDP는 5만 달러가 넘는다. 세제 면의 비교 우위에 따라 최근에는 서구 등의 부유층이 이주했으며, 젊은 일본인 기업가도 벤처기업을 시작하기 위해 싱가포르로 몰려오고 있다. 투자, 취업, 유학, 관광 등 다양한 동기로 방문하는 중국인을 곳곳에서 보았다. 싱가포르 중심부에 위치한 차이나타운은 귀에 익숙한 베이징어로 넘쳐났다.

한편 수년 전까지 보였던 길가의 조그만 먹을 곳이나 토산품 가게 대부분이 자취를 감췄다. 땅값이 너무 상승해 작은 가게는 꾸려나갈 수 없게 된 것이다. 한 현지인은 싱가포르의 미래에 대해 "물가는 점점 더 올라가고, 우리의 생활은 어려워지고 있다. 장소도 없어지고 있다. 앞으로 무엇을, 어디로 확장하려 한다는 것인가"라며 미래를 어둡게 내다보았다.

싱가포르는 영어, 중국어, 말레이어, 타밀어를 공용어로 인정하고 있다. 다양성을 유지하며 발전해온 도시국가는, 2015년에 50세가 되었다. '건국의 아버지' 고 리콴유 초대 총리(2015년 3월 23일 사망)는 어떤 생각으로 그때를 맞이하고 싶었을까.

싱가포르는 개발독재라는 권위주의적 체제 아래 정치적으로는 사실상 일당독재이며, 그 안에서 경제적 번영을 계속해왔다. 사회주의 시장경제를 내거는 중국에서 '싱가포르 모델'로 불리며, 중국공산당은 지도부에서 중견 관료에 이르기까지 그 모델을 크게 참고한다.

2010년 11월 국가부주석이던 시진핑은 싱가포르 방문 당시 리콴유를 예방해, 중국과 싱가포르의 관계를 다음과 같은 관점에서 풀이했다.

싱가포르는 장기간 중국의 개혁개방과 근대화 건설에 관여하며 지지해주셨다. 싱가포르가 많은 분야에서 달성한 성공 사례는 중국의 개혁개방이 직면한 난제를 해결하는 과정에서 유익한 시사나 교훈을 주셨다. 덩샤오핑 동지는 살아 계신 동안 몇 번이나 "중국은 싱가포르로부터 배워야 한다"고 말씀하셨다.[1]

1991년 설립된 싱가포르 유수의 국립대학인 난양 이공대학에는 지금까지 1만 명 이상의 중국공산당 관료가 연수 방문해 싱가포르 모델의 통치 양상을 배우고 있다. 난양 이공대학은 '해외 당교'(공산당 관료의 육성 기관인 '중앙당교'에서 따온 칭호)라 불릴 정도다.

2011년 5월 시진핑은 약 반년 만에 방중한 리콴유와 다시 만나 베이징 인민대회당에서 회담하며 다음과 같이 성과를 강조했다.

근래에 중국과 싱가포르의 관계는 점점 더 진전하고 있다. 양국 지도자의 왕래는 빈번하며, 상호 이해와 우호 관계가 깊어지고 있다. 특히 인재 협력 분야의 성과가 눈부시다. 개혁개방 이래 수만 명의 중국 각급 관료가 싱가포르를 방문해 시찰하거나 공부하고 있다. 양국 관계는 중국의 근대화 건설에서 중요한 역할을 해왔다.[2]

이 장에서는 중국공산당이 싱가포르 모델을 채용해 자국의 정치체제나 통치 방식을 연착륙시키는 과정에서 나타나는 한계를 검증해본다. 중화인민공화국이 싱가포르 모델에서 배워야 할 진정한 교훈은 사실 다른 데 있다는 현실을 지적할 것이다.

계속 확산되는 관료들의 불만

2012년 1월에 싱가포르 국립대학 리콴유 공공정책대학원을 방문해 학생들과 교류할 기회가 있었다. 중국공산당 관료들이 유학을 와서 배우고 있는 대학원이었다.

20대의 상무부(일본의 경제산업부) 관료는 "싱가포르 모델이 참고가 되는가?"라는 질문에 "국가의 크기도 다르고 비교성의 의미에서는 신중해져야 하지만, 싱가포르의 경험은 참고가 된다. 특히 정부의 거버넌스 능력이 두드러진다"고 회답했다.[3] 싱가포르 총리 관저에서 일하는 젊은 여성이 옆에서 이야기를 듣고 있었다. 이 관료는 그 여성을 보며 "우리도 그녀만큼 많은 보수를 받을 수 있다면 꽤나 편하게 일할 수 있을 텐데"라며 농담조로 자신의 처우를 빗대어 말했다.

관리의 부패 방지 차원에서 싱가포르 정부가 관리들에게 높은 보수를 지급하는 것은 유명한 이야기다. 필자와 친분이 있는 싱가포르 정부 관리들은 자신들의 대우에 만족해하거나 긍정하는 듯 보인다. "이런 보수를 받으면 부패할 생각이 들지 않는다. 공사를 혼동할 필요도 없다"라고 싱가포르 통상산업성의 젊은 관료는 말한다.

중국에서는 '정부 관리는 적은 월급으로 일해야 한다'는 전통적 관념이 여전히 뿌리 깊다. 실제로 대학 졸업 후 성청(省廳)에 들어간 관리의 초임은 3000~5000위안(약 50~80만 원) 수준이다. 국장급이 되어도 8000위안(약 130만 원) 정도다. 베이징이나 워싱턴의 친분 있는 외무 관료 중에는 "재외공관 근무를 나갔을 때 재산을 따로 모을 수밖에 없다"고 푸념하는 사람도 있었다.

관리의 복리후생은 일반 국민이나 민간 부문에 비해 우대받으며, 중국에서 관의 사회적 지위는 여전히 높다고 할 수 있다. 그러나 이전과 달리 집이 무상으로 제공되지는 않는다. 시장경제가 진척되어가는 과정에서 관리들은 어느 정도의 생활비가 필요한 것이 사실이다(그러나 현실은 녹록지 않다는 것).

'부패는 문화'라는 봉건시대의 관념이 아직도 만연한 중국에서는 '적은 월급을 감내하고 안정적인 지위를 견고히 하면서, 적당히 부정을 저지르고 검은돈으로 사복(私腹)을 채운다'는 생각으로 관리나 군인이 된 사람도 많다. 필자와 같은 세대의 지인이나 대학 시절 동급생들도 '부패를 저지르지 않을 바에야 관리 따위를 할 필요는 없다'는 생각으로 공무원이 된 사람도 적지 않다. 부패조차 저지를 수 없는 관직은 가치가 없다고 말하는 듯했다.

이 같은 의미에서 보면 시진핑 총서기가 취임 이래 대대적으로 전개하는 반부패 투쟁과 '사치금지령'이 중국 전역 관리들의 동기부여를 뿌리째 뒤흔들고 있는 셈이다. 중앙과 지방을 불문하고 비밀스럽게 정부 관료를 접대했던 레스토랑이 텅 비기도 했다. 사람이나 돈의 흐름을 철저히 추적하는 반부패 당국(중앙기율검사위원회)으로부터 '부정부패' 판결이 내려지는 것을 두려워하는 관리들을 종종 발견하곤 했다.

2015년 1월, 중앙정부는 공무원의 월급을 300위안 올린다고 발표했다. 2006년 이래 처음 있는 일이다. 그해 6월부터 실시되었는데, 애초 적은 급여에 이 정도의 돈이 더해졌다고 긍정적으로 생각할 관리는 많지 않을 것이다. 반부패 투쟁의 부작용으로 관리를 얕보는 사회적 분위기가 확산되는 현

상이 목격되는 한, 중국이 싱가포르 모델을 흉내 내기는 어려울 것 같다.[4]

2015년 1월 반부패 투쟁이 당, 정부, 국유기업 등에서 광범위하게 전개되는 상황에서 시진핑은 인민해방군 내 한 회의에서 "앞으로 군관의 수입은 주로 급여에 의지할 수밖에 없다. 다른 이른바 검은돈이 있어서는 안 된다. 불법으로 얻는 소득 등은 당치도 않다. 그러한 상황이 발각될 경우 철저하게 추궁해 처벌할 것이다"라고 촉구했다. 군 계급의 매매나 군사 관련 사업, 결탁에 의한 부당 수입 등으로 매직이나 부패에 걸려들기 쉬운 군부를 위협한 것이다.[5]

베이징시 교외의 한 정부 기관에서 일하는 당의 중견 간부는 다음과 같이 전했다.

접대받는 것도, 접대하는 것도 할 수 없다. 목적이나 그 이유를 철저히 조사받기 때문이다. 우리에게 접대가 없는 업무 따위는 있을 수 없다. 식사를 같이 하고 담배나 술을 함께하면서 프로젝트가 처음 만들어지는 것이다. 우리의 급여나 지위에 적절하지 않은 행동을 하면 바로 메스가 가해진다. 그러나 월급 5000위안으로 무엇을 할 수 있는가? 무엇을 살 수 있다는 말인가?[6]

이 관리는 갖고 있던 집 세 채를 모두 팔았다고 한다. 어느 것이나 엔화로 2000만 엔 이상(2015년 현재 약 2억 원)의 물건이었다. 월급이 6만 5000엔인 그에게 2000만 엔 이상 나가는 부동산이 세 개나 있는 것은 어떻게 생각해도 부자연스럽다. 단호한 처분으로 반부패 당국으로부터 '부정'으로 판명되면 이후 국가 관료로서의 이력을 망치는 것은 불 보듯 뻔하다.

싱가포르 모델

2014년 벽두에 중국을 대표하는 저널리스트 후수리(胡舒立)가 싱가포르 리셴룽(李顯龍) 총리를 직접 취재했다.[7]

후수리가 "싱가포르는 반부패 정책과 청렴결백하고 효율적인 공무원 제도로 눈부신 업적을 거두어왔다. 중국도 현재 반부패 투쟁을 진행 중이다. 중국이 다음 단계로 나아가는 과정에서 싱가포르의 경험으로부터 배워야 하는 것은 무엇인가?"라고 묻자, 리셴룽 총리는 "중국과 싱가포르는 국가의 규모가 다르다"고 쓴웃음을 지으면서 양국을 비교하는 것에 의문을 제기하면서 다음과 같이 답변했다.

> 우리 싱가포르가 힘을 쏟아 임해온 것은 엄격한 법체계와 투명성 있는 시스템 구축이다. 정부에 대한 책임 메커니즘이나 견제와 균형 기능이 필수적이다. 정부 관료가 부패로 적발될 경우, 아무리 고위 관리여도 법률에 따라 조사받고 처벌된다. 동시에 우리는 정부 관리에게 합리적인 보수와 상응하는 지위를 제공하는 것으로 보상한다. 요컨대 엄격한 법률이나 규칙 아래 합리적인 보수를 제공하고 높은 책임을 관리에게 요구하는 것이다.

필자가 보는 한, 리셴룽 총리의 이러한 설명은 실제로 싱가포르 정부가 국가를 통치하는 과정에서 실천하는 정책을 반영하는 것이다. 현재 중국 정치의 정세를 고려하는 데 시사하는 바가 매우 크다. 리셴룽 총리의 코멘트와 함께 양국이 관리를 대우하는 양상이 판이하게 다르다는 점에 비추어볼 때, 싱가포르와 중국의 반부패 투쟁은 세 가지 측면에서 다른 양상을 보이고 있다.

첫째, 싱가포르 정부는 관리의 부패 방지 정책에 따른 반작용을 해소할 대책으로 고액의 보수를 제공하는 인센티브 메커니즘을 구축하고 있다. 그에 비해 중국 정부는 어디까지나 "관리는 청렴결백해야 한다"는 정치적 도덕론에 입각해 관리의 부패를 억누르려 한다.

둘째, 싱가포르 정부가 법체계에 따라서 제도적으로 일관되게 인사 부정과 부패에 대한 벌칙을 정하는 데 비해, 중국은 법률이나 제도가 아닌 해당지도자의 성격이나 편향에 따른 인위적인 정치운동의 색채가 짙다. 따라서 부패 방지가 시스템으로 기능하지 않고 권력투쟁의 연장선에서 다뤄지기때문에 불안정하며 지속 가능성이 결여된다.

셋째, 싱가포르에서는 원칙적으로 모든 공무원에게 공평하게 벌칙이 가해지지만,[8] 중국에서는 어느 계급의 어느 관리를 낙마시키는지에 해당 지도자에 대한 호불호나 당내 권력 관계, 원로의 의향 등이 강하게 작용한다.

앞서 서술한 대로, 문화대혁명 시대에 맹위를 떨친 '4인방'을 모방해, 2012~2014년 후진타오-시진핑 정권 교체기에 낙마한 보시라이, 쉬차이허우, 저우융캉, 링지화(후진타오 계열) 네 명의 거물 정치인을 '신4인방'으로 칭하는 견해도 있다. 거물 정치인의 부패를 밝혀내 공개 처형하는 프로세스를 법치주의의 진보라고 평하거나 반부패 투쟁의 제도화로 보는 견해도 있는 듯하지만, "중국의 반부패 투쟁은 어디까지나 권력투쟁 그 자체이며, 법치주의와는 전혀 연관이 없다". 국영 신화통신에서 시사 문제를 담당하는 베이징 거주 기자의 말이다. 필자도 그렇게 느낀다. 시진핑 취임 이래로 담화나 행보를 바라보면서 반부패 투쟁이라는 산물은 지극히 정치적이고, 제도적 시스템이 아니라 권력투쟁에 입각하며, 법치의 확립이라기보다는 인치의 횡행이라는 측면이 강하다는 것이다.

리셴룽 총리의 부친인 고 리콴유는 저서에서 앞으로 50년간 중국은 계획경제로부터 시장경제로, 농촌 기반으로부터 도시 기반으로, 엄격하게 통제된 공산주의 사회로부터 개방적인 시민사회로 전환할 필요가 있다고 주장했다. 그리고 중국의 지도자에 대해 다음과 같이 제언했다.

국민의 좀 더 많은 정치 참여를 허용하고, 국민 생활에 직접적으로 영향을 주는 압력을 완화하며, 경제침체기에 들어서는 사회를 불안정화할 가능성이 있는 요인을 사전에 조율·차단해야 한다.[9]

이같이 제언한 싱가포르 '건국의 아버지'는 중국이 미래로 나아가는 데 최대의 치명적인 문제는 "부패다"라고 단언한다.

중국에서 부패는 정치 문화와 결탁하고 있어 경제 개혁을 이룬다 해도 근절하기 어렵다. 성 수준, 시 수준, 중앙정부 수준 등을 불문하고 많은 공산당의 간부나 정부 관료가 부패와 무관하게 초연할 수는 없다. 좀 더 심각한 것은 법률을 집행하는 관리 또는 공안이나 재판관 등도 부패에 연루되어 있다는 점이다. 이 문제의 근본적 원인은 문화대혁명 시대에 일반적인 도덕규범이 파괴된 데서 비롯된다. 그리고 1978년에 시작된 덩샤오핑의 개혁개방 정책은 관리들이 부정이나 부패에 물들 기회를 좀 더 많이 부여했다.[10]

리콴유는 이 저서에서 중국의 지도자가 법체계를 정비해 적절한 제도를 설치하길 바라고 있다. 또 유교를 재차 장려해 도덕규범을 확산하려는 중국 지도부의 최근 현상에 대해 견해를 피력하고 있다. 이와 함께 "그러나 정부 관리가 비현실적으로 낮은 보수밖에 받지 못하는 상황에서 그들의 장려나 조치는 효과를 얻지 못할 것이다. 설사 사형이나 무기징역 같은 강력한 처벌을 아무리 강화해도 그럴 수밖에 없다"고 지적하며, 최근 중국공산당 지도부의 반부패 투쟁에 대해 근본적인 질문을 던진다.

리콴유의 이 글은 지금으로부터 10년도 더 전에 집필된 것이지만, 현재의 중국, 그리고 시진핑이 이끄는 공산당 지도부가 대대적으로 전개하고 있는 반부패 투쟁의 문제점을 정확히 꿰뚫는다.

싱가포르와 중국의 반부패 정책을 세 가지 방향에서 비교해보았지만, 중국에서 당대의 정세나 권력투쟁의 결과로 이어지는 반부패 정책은 제도나 시스템을 통해 기능하는 것이 아니라, 권력투쟁이나 지도자의 성격 등 인위적 측면만 작용한다는 점이 부각되었을 뿐이다. "정부에 대한 인민의 신뢰를 회복해 공산당의 권력 기반과 위상을 재구축한다"는 대의명분이 엄명히 존재하는 것은 부정할 수 없다. 한편 권력투쟁이 시진핑 개인에 대한 도전으로 인식되면서, 비선거적인 방법으로 자신의 정통성을 확립하려는 지금의 '대인민투쟁'에는 중국공산당 전체의 존망이 걸려 있다. 분명 시진핑은 자신의 권력과 공산당의 위상을 중첩해 보고 있을 것이다. 아울러 양자를 정비례 관계로 인식하고 있을 것이다.

후진타오 시대와 비교해볼 때, 공산당의 정통성 자체가 흔들리는 포스트 '안정', '성장' 시대를 안정적으로 관리하는 방안으로서 관리의 부정이나 부패를 철저히 단속하는 것은 필요한 응급조치라고 필자도 생각한다. 그러나 장기간 지속되는 단속은 국내 정세를 불안정하게 만든다는 딜레마를 안고 있다.

시진핑·리커창 정권이 가열차게 도전하는 개혁이라는 과제를 고려할 때 우려되는 것은 무사안일주의다. 이는 역사적으로 '부패는 문화'라는 중국의 정치적 상황에서, 그리고 '부정을 저지를 수 없으면 관리가 되는 것은 의미가 없다'고 생각하는 중국 관료층에 가차 없이 메스를 가함으로써 초래되는 문제다. "인민에게 봉사하는 관리이니 도덕적으로 행동하는 것은 당연하다. 급여는 올리지 않는다. 참아라. 부적절한 언동이 발각될 경우 철저히 추궁한다." 지금 부닥치는 현실을 살아가는 중국의 관리들은 시진핑으로부터 그와 같은 '최후통첩'을 받고 있는 것이다. 일종의 공포정치이며, 이는 무사안일주의를 초래하게 된다. 관리들이 시진핑이라는 남자를 두려워하며, "무엇을 해도 탄로 난다. 탄로 날 경우 메스가 가해져 여생을 묘지에서 보내게 된다"(앞에서 나온 베이징시 화이러우(懷柔)구 중견 간부)는 상황에서는 정부 관료도 정부 기능도 작동하지 않고, 개혁 사업은 진척되지 않을 것이다.

관리와 정부, 개혁이 기능하지 않다는 불안 요소를 시진핑·리커창 정권은 하나의 정치적 리스크로 간주할 수밖에 없을 것이다. 경제 경착륙, 사회 불안, 권력 붕괴가 여전히 우려되고 있다. 지속 가능한 발전을 실현하기 위해 구조개혁이 시급한 상황에서 이 같은 리스크의 강도는 더욱 심화될 것으로 보인다. 그런데도 현재 국가 건설에 정부 기관이 여전히 주도적인 역할을 하는 상황에서 정부 관리의 의욕과 집행력은 북돋워야 하고 상실되어서는 안 된다.

시진핑은 리콴유를 '존경하는 장자(長者)'라고 부르며,[11] 과거에도 정치가로서의 직무나 국가통치자로서의 가르침을 요청해왔다. 예전부터 시진핑을 아는 공산당 관계자들에 따르면, 시진핑이 현시대 정치가로서 가장 존경하던 사람은 리콴유라고 한다.[12] 정치적 자유를 허락하지 않으며, 체제 안팎을 불문하고 대항 세력을 철저히 다잡아 그 존재조차 허용하지 않는다. '권위주의적이고, 목적을 달성하기 위해서라면 수단을 가리지 않는다'는 점에서 시진핑과 리콴유는 서로 비슷한 측면이 있다고 필자는 생각한다.

리콴유는 90세 생일을 목전에 둔 2013년 8월에 『리콴유의 눈으로 본 세계(One Man's View of the World)』[13]를 출판했다.

이 책에서 2007년 11월 중국 방문 당시, 처음 만난 시진핑의 인상을 다음과 같이 적고 있다.

시진핑은 흉금이나 시야가 넓고, 문제의 본질을 판별하는 능력이 뛰어나다. 게다가 그 재능을 과시하려 하지도 않는다. 묵직한 인상이 있다. 그는 과거에 많은 어려움과 시련에 맞서 한 발짝 한 발짝 분투했다. 푸념을 내뱉지 않는 남자다. 나는 시진핑을 넬슨 만델라(Nelson Mandela)급의 인물이라고 본다.[14]

시진핑은 존경하는 리콴유의 찬사를 어떻게 받아들이고, 자신의 국정 집행 과정에 어떻게 살리려 하는가? 리콴유는 중국이 장래 민주화할 가능성에 대해 의미심장한 견해를 피력했다.

5000년 역사에서 중국인은 중앙이 강대해질 때 국가의 안전을 확보했다. 중앙이 취약해지면 혼란과 동란을 가져온다고 생각해왔다. 모든 중국인이 이 점을 이해하고 있다. 이는 중국인에게 근본 원칙과 같은 것이다. 일부 서방 사람들은 중국이 서방 전통에 입각한 민주국가가 되기를 바라는 듯하지만, 그러한 상황은 일어나지 않는다. 중국은 13억에 달하는 인구를 품은 거대한 국가다. 그 문화와 역사는 서방과 다르다. 중국에는 중국의 방식이 있는 것이다.[15]

애국주의가 열쇠인가

2014년 7월 말, 싱가포르의 거리를 걸을 때 어디를 가도 빨간색과 흰색으로 어우러진 싱가포르 국기를 볼 수 있었다. 길가의 점포나 나무에 작은 국기가 걸려 있거나, 바람에 날려 땅바닥에 나뒹굴고 있었다.

"우리 국민, 우리 조국(Our People, Our Home)", "국가를 강하게, 해피 버스데이 싱가포르(Powering Nation, Happy Birthday Singapore)"와 같은 슬로건이 적힌 거대한 현수막도 곳곳에 내걸렸다. 정부가 의도적으로 내건 국기와, 국민이 자발적으로 내건 국기가 모두 있었던 것 같다.

독립기념일엔 이 정도가 아니다. 국기의 수가 더 늘어난다. 리센룽 총리가 나와 이 주변에서 행진하고 연설하면서 싱가포르가 얼마나 훌륭한 국가인지 철저히 강조한다. 마치 공산주의 국가와 같다.

금융기관에서 일하는 지인이, 너무나도 많은 국기에 정신이 팔린 필자에게 이렇게 말했다. 그가 거론한 8월 9일 독립기념일까지 아직 2주 이상 남아 있을 때 한 말이다. 길을 가는 행인들 중 국기의 존재에 신경 쓰는 사람은 없었다. 거기에 걸려 있는 것이 당연하다고 말하는 듯했다.

폭풍처럼 시야에 덮쳐오는 국기의 홍수를 올려다보며 필자는 국가 건설의 관점에서 싱가포르공화국과 중화인민공화국을 비교하고 있었다.

정치는 좌우간 다잡는다. 위협이 될 것 같은 야당의 존재는 인정하지 않는다. 자신이 존재나 정통성을 뒤엎는 듯한 언동을 취하는 지식인이나 활동가는 구속시켜 감옥에 가둬놓는다. 경제는 가능한 한 개방하며, 경쟁력을 높이기 위해 정부가 솔선해 설계한다. 정부가 지도력을 발휘하면서 시장의 활력을 살리려고 노력한다.

중국공산당 지도층은 이러한 싱가포르의 발전 형태를 장래에 추구할 하나의 국가 건설 모델로 간주하며 참조해왔다.

중국에게 싱가포르의 경험과 교훈 중 참조할 수 있는 부분과 그럴 수 없는 부분, 그렇게 생각하고 있어도 실효성이 떨어지는 부분, 채용하고 싶어도 당분간 할 수 없는 부분이 있다. 예를 들어 법치주의라는 제도에 따라 부패 방지에 착수하거나, 공무원이 부정과 부패에 물들지 않도록 급여 메커니즘을 근본적으로 재검토하는 조치 등은 실현 가능성이 떨어진다고 생각한다.

오랜 세월 중국공산당 정치의 중추인 중난하이를 취재해온 중견 중국인 기자는 중국과 싱가포르를 다음과 같이 비교했다.

싱가포르를 인프라 건설이나 도시 설계와 같은 기술적 측면에서 참고할 수는 있어도, 국가 건설이나 제도 설계와 같이 거시적 측면에서는 중국과 비교하기 어렵다. '국가의 규모가 다르다'와 같은 흔한 이유 때문만이 아니다. 중국을 통치해온 지도자들의 정치의식이나 권력에 대한 기본적인 자세는 싱가포르 지도자들과 너무나도 다르다. 삼권분립이나 의회정치 등 서구발 정치 이론을 받아들여서는 안 된다고 공언하는 중국의 국가지도자가 서방의 제도나 가치관의 영향을 강하게 받은 싱가포르 모델을 채용할 리가 없다.[16]

필자도 서방의 정치제도를 '나쁜 길(邪路)'[17]로 규정하는 중국공산당 지도자가 싱가포르 모델을 모방할 자세를 갖추었다고 생각하지 않는다. 오히려 최근 중국 내의 보수적인 정치가들이나 논객들이 개발독재에 입각한 차이나 모델의 정통성을 선전·선동하는 과정에서, "정치는 통제하고 경제는 개방하는 싱가포르 모델은 저렇게 성공하고 있지 않은가"라고 하며 싱가포르 모델 그 자체를 이용해온 측면이 없지 않다. 좀 심하다 싶은 '애국파' 논객은 싱가포르를 들먹이며 "심지어 우리와 같은 선조인 중국인에 의한 통치다"라고 덧붙이는 것을 잊지 않는다.

한편 앞에서 말한 베테랑 기자를 포함해 리버럴파의 논객은 싱가포르 모델에 대해 냉정한 평가를 내렸다. 비교 자체가 무리라고 볼 뿐 아니라, 정치적으로는 여전히 부자유스러운 싱가포르 체제 그 자체에 의문을 제기한다. 그렇다면 중국은 싱가포르로부터 무엇을 배워야 하는가?

지금부터는 국가 건설이나 통치 방식 같은 거버넌스 차원에서 벗어나 내셔널리즘 측면에서 검증해보겠다. 필자가 건국기념일 직전 싱가포르 도로 한 모퉁이에서 목격한 '많은 국기'에 드러나 있듯, 애국주의 혹은 국가나 민족의 발전과 변화에 필수적으로 수반되는 내셔널리즘 관점에서 싱가포르공화국과 중화인민공화국에서 살아가는 사람들의 잠재의식과 현상 인식을 각각 검증한다. 이를 통해 수천 년의 유구한 역사를 거쳐 현재 역사적인 발전 도상에 있는 중국이라는 '민족국가'가 미래를 향해가는 과정에서 필연적인 조건을 살펴볼 것이다.

중화민족이라는 '상상의 공동체'

국민이란 이미지로 마음에 그리는 '상상의 정치 공동체(imagined political community)'이다. 그래서 국민은 당연히 한정되며, 주권적인 것(최고의 의사결정 주체)으로 상상된다.[18]

중국 윈난성 쿤밍(昆明)시에서 태어난 미국인 정치학자 베네딕트 앤더슨(Benedict Anderson) 코넬 대학 명예교수는 저서 『상상의 공동체(Imagined Communities)』에서 다음과 같이 말한다.

내셔널리즘 연구를 개척해온 앤더슨은 국민이 ① 한정된 것, ② 주관적인 것, ③ 하나의 공동체로 '상상'되는 것이라고 결론짓는다. "왜냐하면 국민 중에는 가령 현실에서 불평등과 착취가 있겠지만, 국민은 항상 수평적인 깊은 동지애로 마음속에 그려지기 때문이다."[19]

필자는 베이징에 유학할 당시인 2003년에 처음으로 『상상의 공동체』를 일독했지만, 10년 이상 세월이 흐른 지금, 같은 베이징에서 다시 읽어보니 좀 더 깊은 맛이 느껴진다. 베이징을 뒤덮는 공기를 여실히 날카롭게 수식하는 것처럼 해석할 수 있기 때문이다.

제4장에서 다룬 '중국의 꿈'은 중국이라는 거대 국가를 통치하기 위한 일종의 정치사상 차원의 산물이다. 말하자면 '상상의 공동체'이다. '중화민족의 위대한 부흥'에서 '중화민족'이란 중화인민공화국이 설립된 1949년 이후에 '객관적으로 존재해온 국민'을 가리키는 것이 아니라, 오늘을 살아가는 중국인이 자신의 역사를 되돌아보며 느끼는, '주관적으로 상상하는 민족'을 가리킨다는 것이다.

1949년 설립된 중화인민공화국 정부가 인정하는 56개 민족(한족이 90% 이상)에 '중화민족'이라는 개념은 포함되어 있지 않고, 존재하지도 않는다. 어디까지나 인위적으로 만들어진 개념이며, 앤더슨의 말을 빌리자면 한정적·주관적으로 '상상'된 하나의 공동체다. 존재하지 않지만 상상된 중화민족이라는 내셔널리즘이, 복잡하기 짝이 없는 주권국가 중국의 통치자 시진핑이 내세우는 정치사상의 핵심으로 자리한다는 역사적 사실은 주변을 곤혹스럽게 한다.

아마코 사토시(天兒慧) 와세다 대학 교수는 중화민족이라는 개념의 역사성에 대해 다음과 같이 평한다.

'중화민족'이라는 말은 예로부터 존재한 말은 아니다. 서구 열강들의 침략을 받은 이후, 전통적인 왕조 체제에서 탈피해 근대국가의 건설을 희구한 청 말기 개혁 지도자 량치차오(梁啓超)가 청 왕조 판도 내의 사람들을 하나의 국민으로 묶으려는 의도에서 만들어낸 조어다. 그런 의미에서 '중화민족'은 근대국가를 목표로 하며, 국내에서 뿔뿔이 흩어진 종족 간 대립(군벌 난립)과, 대외적으로 침략받을 수밖에 없는 민족적 위기를 배경으로 한 것이다.[20]

곤혹감을 완화하는 차원에서 또 하나의 학설을 소개한다. 내셔널리즘 연구에서 앤더슨 교수와 쌍벽을 이루는 사회인류학자 어니스트 겔너(Ernest Gellner) 교수는 "내셔널리즘은 국민 자의식의 각성이 아니다. 내셔널리즘은 본디부터 존재하지 않은 곳에서 국민을 발명하는 것이다"[21]라고 정의한다.

중화민족이라는 "본디부터 존재하지 않은 곳에서 발명된 국민"을 내셔널리즘의 발전 과정이라는 관점에서 파악한다면, 최근의 중국 통치자(공산당 조직)와 피통치자(중국 인민)와의 관계성이 선명히 떠오른다. 겔너 교수가 주장하는 두 개의 명제를 통해 중국공산당 조직과 내셔널리즘의 관계성은 명백해질 것으로 생각된다.

① 내셔널리즘이란, 일차적 정의로는 정치적 단위와 민족적 단위가 일치해야 한다고 주장하는 하나의 정치 원리다.[22]
② 내셔널리즘이란 문화와 정치체(體)를 일치시키는, 문화에 자신의 정치적 지붕, 즉 하나의 문화에 하나의 지붕만을 제공하려고 노력하는 것이다.[23]

겔너의 주장을 필자 나름대로 해석하면 ①에서 '정치적 단위'란 중화인민공화국정부, 즉 중국공산당 조직(중국에서는 당이 국가 위에 덮어 씌워진 현상)에 해당하며, '민족적 단위'란 중화민족에 해당한다. 또 ②에서는 '문화'가 중화민족이며, '정치체'가 중화인민공화국이고, '하나의 지붕'이 중국공산당 조직

및 이 조직 지도부가 내세우는 정치적 원리(예를 들면 시진핑의 중국의 꿈)를 가리킨다.

내셔널리즘을 둘러싼 앤더슨과 겔너 두 교수의 주장을 참고하며 "중화민족의 위대한 부흥"(= 중국의 꿈)이라는 명제를 생각해보자.

이 장에서는 중화민족을 "본래부터 존재하지 않은 곳에서 발명된 국민"이라 정의한다. 그렇다면 '부흥'이란 무엇을 의미하는가. '부흥'은 '과거의 특정 시간으로 되돌아간다'는 의미가 내포되어 있다.

어느 시기까지 되돌아가는가? 이 핵심적인 중요한 물음에 관해 시진핑과 전임자인 후진타오를 포함한 중국공산당 지도부들 사이에도 정설은 존재하지 않는다는 것이 필자의 견해다. 오히려 의도적으로 얼버무린다 해도 과언이 아니다. '수천 년' 역사의 발전 과정에서 어느 시기로 되돌아가는가라는 장대한 물음에, 약 8700만 명의 공산당원 전원이 동의하는 회답 따위는 나올 수 없다.

한(漢)이나 당(唐)과 같은, 중화민족을 꽃피운 시대를 주장하는 사람이 있는가 하면, 이런 주장에 대해 '비현실적이다'라고 낙인찍는 사람도 적지 않다. 적어도 중화민족이 서방 열강에 의해 식민지화(혹은 반식민지화)되기 이전의 시기(예를 들어 1840년 발발한 아편전쟁)까지 거슬러 올라가지 않으면 안 된다는 점은, 공산당 지도부가 피통치자, 즉 발명된 국민에게 주권적으로 계속 설파하는 것이 틀림없다. 통치자의 설득 작업에 의해 국민이 '비자각적'으로 각성되는 과정이야말로 작금의 최근의 내셔널리즘이라고 해석할 수 있다.

애초에 중국 내셔널리즘의 맹아는 19세기 말부터 20세기 초엽에 '반식민지' 상태에 있던 중국이 제국주의 지배로부터 민족의 독립과 민족적 통일을 추구하는 과정에서 배태되었다. 이러한 내셔널리즘의 형성 과정에서 특히 중요한 역할을 한 것이 일본의 군사 침략이다. 일본의 침략이 중국 민중의 위기의식을 환기시켜 당시 중화민국이라는 국민국가의 응집력을 높인 것이다. 여기에 중국 내셔널리즘은 외부 압력에 맞서 중국 내 민중을 집결시키는 동시에, 국가 독립이라는 목표의 구심력이 되었다.[24]

중국 내셔널리즘의 근간을 이루는 것이 공산당 지도부가 통치의 근간으로 도입해 도처에서 강조하는 '세기의 굴욕'이라는 산물이다. 일본을 포함한 서구 열강에 공격당한 굴욕의 역사야말로 "굴욕의 역사에 이별을 고하기 위해서는 중화민족이 한 덩어리가 되어 발전할 수밖에 없다"면서 불러낸 정치적 원리와 다르지 않다. 다시 말해 공산당 지도부가 스스로 만들어낸 '국민'(= 중화민족)을 각성하기 위해 이용해온 '정치적 원리'이며, 주변 각국이 자주 목격하는 대로 중국 인민의 '반일 감정'을 불러일으키는 기저에 깔린 내셔널리즘이다.

베네딕트 앤더슨, 어니스트 겔너와 함께 내셔널리즘 연구로 유명한 '런던 정경대학의 앤서니 스미스(Anthony Smith) 명예교수는 내셔널리즘을 "한 인간 집단이 자치·통일·정체성을 획득·유지하기 위해 '네이션(nation)'을 구성하고 있지만, 장래 구성 가능성이 있는 한 집단 성원의 일부에 의한 이데올로기 운동"[25]이라 정의하고, 내셔널 아이덴티티와 내셔널리즘의 기본 기능에 대해 ① 자손을 통해 망각을 극복하는 것, ② 황금시대 호소를 통해 집단적 존엄을 회복하는 것, ③ 공동체 내에서 생존자와 사망자 또는 전사자를 연결하는 상징·의식·식전으로 동포애를 실현하는 것을 총괄한다. 그리고 이 세 가지 이유로 내셔널리즘은 기본적으로 시대의 변천을 통해 지속성·다양성·탄력성을 띠며 기능하고 있다.[26]

바로 중국공산당이 최근 들어 정치와 경제, 내정과 외교의 틈새에서 몰두해온 내셔널리즘의 기능화이다. 과거 굴욕의 역사를 정치적으로 극대화해 국민의 단결력이나 국가에 대한 충성심을 분기하고, 거기서부터 중화민족이라는 본래 존재하지 않는 국민을 만들어냈다. 그러한 민족의 위대한 부흥을 이룩하는 것이야말로 황금기로 가는 지름길이며, 민족이 집단적으로 존엄을 회복하는 길로 이어진다는 수사(修辭)다. 이를 공산당 지도자는 스스로가 만들어낸 국민에게 반복적으로 설파해온 것이다.

애국심과 내셔널리즘의 분리

여기서 제기되는 문제는 중국공산당 지도부가 내셔널리즘이라는 정치적 원리에 입각한 통치를 언제까지 그리고 어디까지 지속할 수가 있는가 하는 점이다.

내셔널리즘이란 양날의 칼 같은 것이다. 통치자의 지배력을 강화하는 기능도 하지만 역으로 내셔널리즘이 지나치게 강조된 나머지, 체제 그 자체를 위협하는 불안 요소가 되는 경우도 있다.

중국에서는 가끔 내셔널리즘을 '민족주의'라는 한자로 표기할 때가 있다. 중국의 정치 평론가이며, 당 기관지 ≪인민일보≫의 칼럼니스트를 역임한 마리청(馬立誠)은 다음과 같이 논한다.

> 민족주의는 양날의 검이다. 사상적 화합제로서 단결이나 합치와 같은 기능을 발휘하고, 민족의 정당한 권익을 외적으로부터 지키는 경우가 있는 반면, 코카인처럼 작용해 흡입한 자를 미치게 하고, 국가의 분열이나 전란·퇴화를 초래할 수도 있다.[27]

중국의 리버럴파 지식인 중 쉬지린(許紀霖) 화둥 사범대학 교수가 "최근 10년간 중국에서는 민족주의가 맹위를 떨치고 있다. 반서방·반계몽에서 비롯되어, 국가 숭배로까지 발전하는 정치적 보수주의가 횡행한다"[28]라고 했으며, 쯔중쥔(資中筠) 중국사회과학원 미국연구소 전 소장은 "현재 국가주의 혹은 극단적인 민족주의는 지극히 심각하다. 국가주의를 위해 국민의 복지를 희생하는 것에 둔감하거나, 국가주의에 만족하는 듯한 허영심이 만연하고 있다. 이 상황이 더욱 극단화하면 파시즘을 초래할 두려움조차 있다"[29]며 우려를 나타낸다.

일본이나 서구에 대한 (중국인) 내셔널리즘이 지나친 나머지 정부가 외국에 대해 "저자세다"라고 '국민'이 인정하는 경우, 그러한 국민에 의해 비판이나 불만의 표적으로 변한 국가나 정치체제가 하극상적으로 전복될 수 있다. 이런 경우가 바로, 과도한 내셔널리즘으로 인한 체제 붕괴 시나리오일 것이다. 중국의 역사를 되돌아보면, 현실성이 떨어지는 얘기는 아니다. 실제로 필자가 전해 들은 바에 따르면, 중국 정부 내에서 정책 결정에 종사하는 관리들 대부분이 인터넷상에 극단적·감정적·배타적으로 만연한 내셔널리즘을 정책의 저해 요인으로 보며, '위협'적이라고 느끼고 있었다.[30]

필자는 중국의 이런 현상을, 내셔널리즘에 의해 통치가 임계점에 다다른 것으로 파악하고 있다. 동시에 내셔널리즘을 대신할 '무언가'가 필요하다고 느끼는 정도가 이전보다 높아졌다. 이를 염두에 두면서 필자가 싱가포르에서 생각한 것이 국가상(像)의 문제다.

앞서 서술한 것처럼, 싱가포르공화국은 국가 건설의 의미에서는 하나의 독특한 성공 사례이며, 어떤 의미에서는 롤모델이라고 할 수 있을 것이다. 그 근간을 형성하는 것이 애국심이다.

싱가포르는 인프라가 잘 갖춰져 있다. 치안이나 통화는 안정되어 있으며, 국민소득이나 생활수준도 높다. 당연히 '싱가포르 시민'이라는 신분은 어디를 가도 편하다. 전 세계의 주목을 받으며 많은 인재나 돈을 불러들이는 국가다.

국민이 현상에 만족해 그 지위를 자랑스럽게 생각하는 순수한 감정 또는 자세를 필자는 애국심이라고 정의한다. 싱가포르에서도 국민의 불만을 부채질하는 물가 상승이나 격차 확대는 장래의 불안 요소가 되겠지만, 시민들이

시민권을 포기하고 타국으로 귀화하려는 동기를 가져다줄 정도는 아니다.[31]

정치적 자유의 결핍이라는 요소가 싱가포르의 장래 국가 건설에 어떠한 영향을 미치는지에 관해서는 신중한 고찰이 필요하다. 그러나 적어도 현 단계에서 싱가포르 국민은 (정치적 자유 문제에) 그다지 신경 쓰지 않는 듯 보인다. 국가 건설이 성공하고 있어 너그러이 봐주고 있는 것일지도 모른다. 또 청렴한 정부가 국민이 정부를 납득하는 하나의 요인으로 작용한다는 점도 중요하다고 본다.

제도 설계에 토대를 둔 국가 건설이 성공하고 있기 때문에 발명된 국민은 '조국'을 사랑하고, 동포라는 존재에 연민을 느끼며, 싱가포르 시민이라는 것을 자랑스럽게 생각하는, 즉 애국적이다. 그리고 전 세계에서 시민이 되고 싶어 하는 '타국민'이 몰려온다. 그 대표격이 중국인이라니 참으로 아이러니하다. 그리고 싱가포르에 귀화한 중국인은 싱가포르 시민이라는 현실에 만족해 '애국적'으로 행동한다.

싱가포르 정부는 공용어를 4개로 인정한다. 이는 자국 내에서 생활하는 민족의 다양성을 중시하며, 개개 민족의 편협하고 배타적인 '내셔널리즘'을 억제하는 대신 국민으로서 애국주의를 부각시킨다는 의미에서 지극히 중요한 정책이라고 생각한다.

필자는 2014년 5월 방문한 스위스연방에서도, 싱가포르와 마찬가지의 '장치'를 감지했다. 스위스연방 정부는 싱가포르처럼 네 개 공용어(독일어, 불어, 이탈리아어, 로만슈어)를 통용하도록 했다. 필자가 교류한 한 지방정부의 수장이 들려준 '다름'에 대한 설명이 뇌리에 남아 있다.

연방정부가 4개의 공용어를 제정한 데는 이유가 있다. 우리나라는 유럽연합(EU)에 가입하지 않았다. 어떤 의미에서 고립되어 있다. 국가 건설에서 나름 성공했기에 EU 국가로부터는 '무책임하다'고 비판받거나 미움받기 십상이다. 그러한 상황에서 우려되는 것은 스위스 국민 사이에서 안티 유럽이라는 '내셔널리즘'이 만연하는 것이다. 그렇게 되면 우리나라는 더더욱 고립된다. 자칫하면 유럽 전체를 적으로 돌리는 형국이 되며, 전쟁으로 발전해버릴지도 모른다. 그렇기 때문에 공용어를 4개로 제정하고, 스위스연방 내에 거주하는 다양한 민족에게 각각의 언어를 기반으로 한 자치를 허용하고 있다. 내셔널리즘을 억제한다는 큰 목적이 있기 때문이다.[32]

국가 건설을 성공시켜 애국주의를 추구하면서도, 국가 내부에서 민족의 다양성을 제도적으로 존중하며 내셔널리즘을 억제하는 것이다. 애국심과 내셔널리즘의 분리야말로 싱가포르공화국과 스위스연방이라는 두 개의 주권국이 공유하며 육성해온 제도적 내부 조치다. 이것이 중화인민공화국이 제도 설계를 통해 추구해나가야 하는 경지라고 필자는 생각한다.

중화인민공화국의 지도자들은 애국심과 내셔널리즘은 본래 동의하게 다룰 수 없는, 다른 산물임을 충분히 알면서도 양자를 강제적으로 일치시키는 정치를 해왔다. 유아독존이라는 정치적 원리를 채용하고, 중국공산당이 유일하게 옳은 지붕이며, 중화민족이 옳은 국민이라는 정치를 이행해온 것이다.

중국은 국가의 덩치가 커지면서 국제사회에서 영향력이나 책임이 증대하는 한편, 국내 정치·경제·사회 수준의 개혁은 더디다. 빈부의 격차, 민족문제, 환경오염, 사회보장, 교육, 의료, 호적 등의 불공정성, 언론 탄압, 정부의 부패, 대외 관계 …… 문제가 산더미다. 그러나 진정한 문제는 이 문제들이 체제 붕괴로 이어질 것을 걱정하는 '국민'들이 '조국'을 포기하고 타국으로 이주하는 현상이다. 필자는 이를 '공동화(空洞化) 리스크'라 부른다. 중국이 장기적으로 발전해가는 데 필수적인 전략적 자원(특히 인재 자원)이 해외로 이주하면서 나라 가운데가 휑하게 비어버리는 현상에서 초래되는 리스크다.

노동자, 유학생, 부유층 중 이민자의 행렬이 증가하는 추세에 제동이 걸릴 조짐은 찾아볼 수 없다. 몇 개의 데이터를 보자.

중국의 부유층 가운데 70%가 이미 해외로 이민을 갔거나 현재 이민을 신청 중이다.[33] 지난 23년간 중국인 이민자 수는 약 1000만 명에 이르며, 매년 128%의 비율로 급증하고 있다. 2011년까지 2조 8000억 위안(2011년 중국 내 총생산의 3% 수준)의 자산이 해외로 옮겨졌다. 2012년을 기준으로 중국인의 주요 이민국인 미국, 캐나다, 오스트리아, 뉴질랜드에서 영주권을 획득한 중국인은 각각 9만 1784명, 3만 3018명, 2만 9547명, 7723명이었다.[34] 2013년 미국 당국이 발행한 투자 이민 비자 중에서 중국인은 4분의 3 이상을 차지한다.

중국 시장과 언론계에는 최근 '이민 적자'라는 말이 유행하고 있다. 중국으로 이주하는 외국인에 비해 외국으로 이주하는 중국인이 단연 많고, 이는 중국의 발전에 '적자' 요인이 되고 있다는 것이다. 중국 글로벌리제이션 연구센터의 왕야오웨(王耀耀) 주임에 따르면, 2013년 중국의 이민 적자는 849만 4000명에 달했다고 한다.[35]

공산당 간부들조차 배우자와 자녀를 이주시키고 자산을 해외로 옮기는 현상을 비롯해, 통치자·피통치자를 포함해 발명된 국민들이 '상상의 공동체'를 얼마나 신용하지 않고 있는지 쉽게 엿볼 수 있다. 그러한 중화인민공화국이 미래로 나아가는 데 싱가포르공화국이나 스위스연방의 경험이 시사하는 바가 크다. 국가 건설에 성공해 애국심을 추구하면서도, 국가 내부에서는 민족적 다양성을 제도적으로 존중해 내셔널리즘을 억제하는 것이다. 그 전제로서 제도적으로 확립·활성화해야만 하는 것이 '애국심과 내셔널리즘의 분리'라는 내적 조치다.

이 장을 마치기 전에, 앤서니 스미스 교수의 '내셔널리즘과 민주화'에 관한 고찰을 살펴보고자 한다. 스미스 교수는 다음과 같은 문제를 제기한다.

내셔널리즘은 전제적인 체제를 개혁하거나, 민주화하는 많은 사례에 직접 연결되지 않을지 모른다. 그러나 내셔널리즘은 개혁과 민주화로 향하는 데 부수적 동기가 되는 사례도 많고, 시달려온 민중 자존심의 원천이 될 수도 있다. 더욱이 그

것은 '민주화'나 '문명화'에 참가하거나 다시 참가하는 경우에 인정될 수 있는 양식과 같은 것이다. 내셔널리즘은 오늘날 여전히 정치적 단결의 유일한 비전이자 원리다. 민중의 동의를 모으고 열광을 끄집어내는 힘이기도 하다.[36]

이러한 논리는 중국의 내셔널리즘과 민주화의 관계에 얼마나 적용할 것인가?

이 장에서 논의해왔듯이, 중국에서 내셔널리즘은 유일 통치자인 중국공산당이 일당지배를 견지하면서 중국이라는 민족국가를 통일·통합하고자 만들어낸 중화민족에 대해 국민이 충성을 맹세하며 긍지를 품어 성립되는 인공적 산물이다. 그리고 거기에는 '굴욕'이라는 두 글자가 지극히 중요한 역사적 근거로 자리 잡고 있어 서방국가, 특히 일본에 대해 배타적·정서적·공격적이기 쉽다.

'애국주의'[37]의 최대 목적은 공산당이 국가 운영을 맡는 것에 긍정하도록 이론을 무장시키는 데 있다. 이런 의미에서 중국의 '애국주의'는 공산당 통치의 존속을 명제로 하는 '애당주의'라고도 할 수 있다.[38]

내셔널리즘은 중국공산당이 국가 운영을 맡는 것을 긍정하지 않으면 안 된다. 극단적으로 표현하면 정치, 경제, 외교, 군사, 사회 등의 분야를 불문하고 중국공산당의 정책에 갈채를 보내는 것과, 그에 반해 비판하거나 그 존재를 부정하거나 중국공산당이라는 행위자 외의 대안을 제언하는 국가나 기업·개인과 같은 행위자를 단호히 적으로 간주하는 것이 중국판 내셔널리스트(민족주의자)의 논리다. 그리고 필자에게는 이것이 논리적 귀결에 머무르지 않고, 실제적 상황으로 전개되는 것으로 비친다.

즉, 중국의 내셔널리즘 혹은 내셔널리스트는 공산당이 자신의 의사와 결단으로 민주화를 추진하는 경우에 한해 민주화의 지지자가 될 것이다. 스미스 교수가 말하듯, 중국의 내셔널리스트들은 민중의 동의를 모으고 열광을 끄집어내 중국공산당이 제기하는 민주화 정책을 '정서적으로' 지원할 것이다.

반복되는 이야기이지만, 그 전제는 중국공산당 스스로의 의사와 결단에 따른 경우로 한정된다. 가령 민주화 과정이 공산당 이외, 예를 들어 공산당과 대립하는 외국 세력이나 국내 리버럴 세력에 의해 진행되는 국면에 직면하고, 공산당의 지도자가 그들에게 비판적 견해를 표시할 경우, 민족주의자들은 주저 없이 민주화를 탄압할 것이다.

제3부
외압

제11장

홍콩의
'보통선거' 논란

2014년 2월 26일 오전, 홍콩의 유력 일간지 ≪명보(明報)≫의 류진투(劉進
圖) 전 편집장이 자신의 승용차에서 내리는 순간 정체불명의 2인조 괴한에
게 흉기로 피습당해 중상을 입은 채 병원으로 옮겨졌다.

류진투는 2014년 1월 편집장에서 돌연 경질되었다. 이는 신문사 편집부
나 홍콩 사회에 상당한 파문을 일으켰다. "홍콩이 소중히 지켜온 언론 자유
에 대한 침범 행위다"라면서 홍콩 사회의 대중의 분노가 일었고, 홍콩의 정
치·사회 관련 지식인들은 사건 발생에 대해 근본적으로 논의하기에 이르렀
다. 이 중에는 그의 편집 방침이 중국공산당이나 '친중 노선'을 취해온 렁춘
잉(梁振英) 행정장관이 이끄는 홍콩 정부에 비판적이었던 점에 비추어, 이를
좋게 보지 않는 세력이 결탁해 압력을 가함으로써 그를 편집장 자리에서 내
쫓았다는 견해도 있다.[1]

2012년 7월부터 홍콩의 수장을 맡아온 렁춘잉은 중국의 후진타오 전 국
가주석, 시진핑 현 국가주석과도 '우호적' 관계를 구축해왔다. 1997년 홍콩

반환 이래, 중국과 홍콩의 관계는 나날이 '긴밀'해지고 있다. 특히 쇼핑(유명 브랜드에 붙는 관세가 중국에 비해 훨씬 낮다), 출산(홍콩에서 출산한 아이는 자동적으로 홍콩 영주권을 취득할 수 있다), 유학과 직장(홍콩의 교육 시스템은 중국보다 선진적이며, 유학과 직장 생활을 합쳐 7년간 거주할 경우 영주권을 신청할 수 있다) 등을 목적으로 '남하'하는 중국인과 그들의 기세는 대단했다. 2013년 기준으로 인구 700만 명인 홍콩에 총 5430만 명이 방문했다. 이 중 중국인의 비율은 75%에 이른다.[2]

필자도 홍콩을 방문한 적이 몇 번 있는데, 쇼핑몰은 항상 중국인으로 넘쳐났다. 홍콩에서 나고 자란 택시 운전사들은 "보통어(베이징어에 가까운 표준어)를 못하면 중국인을 상대로 장사가 안 된다"고 한탄하며, 보통어 라디오 방송을 들으며 필사적으로 '어학' 훈련에 매달리던 장면이 인상적이었다.

그중에는 매너를 지키지 않거나 무의식중에 질서를 어지럽히는 중국인 관광객도 있다. 산부인과 병동에는 중국인 임산부가 잇따라 입원하는 바람에 홍콩 시민이 정상적으로 출산할 수 있는 병상이 부족해지는 사태가 발생하고 있다는 뉴스도 들린다. 또 금융업을 비롯해 지위나 보수가 높은 자리 대부분을 중국인에게 빼앗기고 있다. 그들과 경쟁해야만 하는 홍콩의 젊은 이들은 복잡한 심경과 초조감을 품은 채 '조국'과 어울리고 있는 듯 보인다. 중국인민대학 학부를 졸업하고 런던 정경대학에서 석사 과정을 마친 중국인 여성(금융 전공)의 전언이다. 이 중국 여성이 일하는 외국계 금융회사는 매년 신입사원 두 명을 채용하는데, 최근 몇 년간 채용된 사람들은 모두 중국인이며, 현지 출신 홍콩인은 밀려나고 있다는 것이다.

이 중국인 여성은 홍콩에서 느끼는 중국인과 홍콩인의 관계를 이렇게 설명했다. "나는 광동 출신으로 광둥어도 말할 수 있기에 홍콩인과도 그럭저럭 마음이 맞지만, 직장에서 대륙 출신과 홍콩 출신이 사이가 좋다거나 화기애애한 관계는 아니다."

자본이나 시장에서도 그렇지만, 인재나 노동력 공급 측면에서 볼 때 중국 세력이 홍콩 경제에서 차지하는 중요성(비중)은 해가 다르게 점점 높아지고 있다. 홍콩인을 둘러싼 생활환경이 이처럼 변화하면서 현지 출신 홍콩인들은 점점 더 중국에 대한 경계심을 높이거나, 중국인에 대한 혐오감을 강하게 품는 것 같다. "중국인 관광객이나 임부의 출산 신청 등에 상한을 마련해야 한다"라는 주장이 점차 홍콩 사회에서 확산하고 있다.

류진투가 습격당하기 사흘 전인 2월 23일, 홍콩기자협회가 언론 보도의 자유를 촉구하는 시위와 행진을 주도했다. 협회는 6000명 이상의 홍콩 시민이 참가했다고 발표했다. 중화인민공화국에 의한 1국 2체제의 틀 속에서 보장되는 보도의 자유 침해 현상에 반발해 '노(No)'라는 카드를 내보인 것이다.

이런 분위기 속에서 류진투의 경질이 있었다. 그가 습격당한 사건을 통해 홍콩의 언론 자유, 언론인의 안전, 사법의 독립, 시민사회의 성숙도, 그리고 좀 더 궁극적으로는 중국과 어떻게 어울려야 하는가라는 문제가 재차 부각되고 있다.

중국과의 교류가 깊어지면서 언론 자유라는 쾌적한 환경이 침식될 수 있다는 부정적 시각이 점증하는 한편, 중국과의 왕래나 교역이 홍콩에 물질적 풍요로움을 가져다주는 최근 상황은 부정할 수 없다. 특히 중국인 관광객이 홍콩에 갖다 뿌리는 엄청난 관광 수입의 충격은 어마어마하다. 여기서 생기는 고용의 기회도 있을 것이다(물론 고용의 기회를 빼앗기기도 한다).

중국과 홍콩의 관계를 일시적 혹은 일면으로만 묘사하는 것은 적절하지 않다고 본다. '중국의 부상은 반환 후 홍콩을 어떻게 바꾸는가'라는 측면이 주목받고 있지만, 다면적 혹은 입체적 관점에서 '홍콩은 중국 민주화에 어떠한 영향을 미치는가'라는 역방향의 문제에도 주목할 필요가 있다.

이 장에서는 중국과의 경제 관계가 긴밀해지는 홍콩의 정치 분야에 초점을 맞춘다. 2017년 홍콩 최초의 '보통선거' 실시 여부를 둘러싸고 중국과 홍콩의 관계는 거칠어졌고, 반중 데모가 확산되면서 더욱 험악해졌다. 중국의 부상과 함께 홍콩의 지정학적 리스크가 분명히 드러나는 중이다. 홍콩 민주화 문제의 본질은 중국 민주화 문제이며, 중국공산당에 의해 가부가 결정된다 해도 과언이 아니다.

중국공산당 주도의 보통선거에 대한 반발

복잡한 심경과 미묘한 거리감으로 중국과 어쩔 수 없이 어울려야 하는 홍콩이 중국에 흡수·동화될까 두려워 방어 일변도로 행동하는 것이 아니라, '중국의 시장화, 자유화, 민주화를 촉진하기 위해 무엇을 할 수 있는지, 무엇을 해야 하는지'를 주체적으로 생각하고 행동하는 것이 홍콩과 중국 쌍방에 유익하다고 필자는 생각한다. 정치체제가 다른 중국에 동화되는 것을 회피하기 위해 홍콩 사회가 언론의 자유나 사법의 독립이라는 신성한 제도나 규칙을 끝까지 지켜나가며 몸부림치는 과정 그 자체가 중국의 민주화 문제에 일정한 영향을 줄 수 있기 때문이다.

시위·집회나 편집장 경질과 같은 뉴스는 언론을 통제하는 중국 내에서도 서구 언론매체의 중국어판이나 인터넷을 통해 접할 수 있다. 중국의 남방에서 이런 사태가 발생하고 있다는 공기 정도는 중국인도 느낄 것이다. 그리고 매년 수많은 중국인이 홍콩을 방문한다. 홍콩에서 전개되는 대중(對中) 여론이나 사회 분위기를 어떠한 형태로든 접할 수 있기에 최소한 '홍콩 사회는 중국과 어울리는 방법을 둘러싸고 몸부림치며, 중국의 정치체제나 국가 정책에 비판적이다'라는 현상 그 자체는 알기 쉬울 것이다.

홍콩으로 향하는 중국인 중에는 언론·출판·보도의 자유가 상대적으로 보장된 홍콩이라는 공간에서 서적과 신문을 훑어보거나, 현지 지식인과 교류하는 것 등을 진짜 목적으로 하는 이들도 있다. "거기서 처음으로 진실을 안다"는 표현은 너무 과장된 것이다. 중국 내에서도 수면 아래에는 온갖 정보가 돌고 토론이 이루어지기 때문이다. 그러나 홍콩에서는 중국에서 말하지 않는 공산당 비판이나 정치를 둘러싼 논의를 접함으로써 적어도 중국 체제나 국정을 좀 더 다각적으로 상대화해 바라볼 기회를 가질 수 있을 것이다.

특히 중국이라는 국가의 미래를 짊어진 젊은이들이 중국보다 앞선 시민 사회를 구축한 홍콩의 거리를 걸으며 선진성을 실제로 체감할 수 있다면, 중국이 근대화를 이루어가는 길에 유익하다고 필자는 생각한다. 중국 인민이 비교적 가깝고 물리적으로도 받아들이기 쉬운 홍콩의 관점을 통해 '중국이 진정한 의미에서 지속 가능한 발전을 이루려면 무엇이 필요한가'라는 문제에 접근하는 과정은, 단기적으로 변화를 만들어낸다고 볼 수는 없지만 밑바닥의 원동력은 될 수 있을 것이다.

필자가 특히 주목하는 점은 홍콩으로 몰려가는 중국인 엘리트의 동향이다. 그 모습은 세 가지로 분류할 수 있다. ① 대학 학부 단계부터 홍콩에서 배우는 부류, ② 중국의 대학을 졸업한 뒤 홍콩의 대학원에 진학하는 부류, ③ 해외에서 학부나 대학원을 졸업한 부류 등인데, 이들은 시장 경쟁적으로 홍콩에서 일을 시작한다.

홍콩 영주권 취득 여부와는 별개로, 그들은 홍콩이라는 장소에서 조국을 관찰하며 사업이나 언론 공간을 통해 중국 시장과 맞대고 일한다. 필자도 그들과 교제해왔지만, 문제의식이 높은 젊은이일수록 "언젠가는 중국에 돌아가 중국의 개혁을 촉구하는 일에 종사하고 싶다. 지금은 그것을 위한 준비 기간" 정도로 현상을 받아들이며 미래를 주시한다.

조국의 장래를 응시하는 엘리트들이 홍콩에서 일하며 '잠복'하는 가운데 무엇을 보고 생각하며 어떠한 행동을 취할지 주목된다. 장기적으로는 중국의 민주화 문제를 고려할 경우 그들은 잠재성을 지닌 계층이다.

중국의 역사를 되돌아보면 혁명은 때때로 남쪽에서부터 흥기해왔다. 필자는 홍콩의 거리를 걸으면서도 중국인의 표정이나 몸짓에 눈길을 주며 '역사는 어떠한 형태로 반복되는가' 하는 상상에 잠기곤 한다.

1997년 홍콩이 영국에서 중국으로 반환되었다. 그로부터 50년간, 즉

2047년까지 중국 정부는 홍콩특별행정구에 고도의 자치권을 부여하며, 중국과는 다른 정치제도의 유지를 법적으로 인정한다.[3]

2012년 7월 1일, 홍콩 반환 15주년 기념식이 홍콩에서 개최되었다.

후진타오 국가주석(당시)이 식전에 참석해 중요 담화를 발표하며 다음과 같이 주장했다.

중앙정부가 '1국 2제도'와 '항인치항(港人治港: 홍콩인에 의한 홍콩 통치)'이라는 고도의 자치를 인정한 방침은 추호도 흔들림이 없다. 홍콩특별행정구 행정장관이나 정부가 법에 따라 시행하는 것을 지지하는 정책은 조금도 동요하지 않는다. 홍콩 각계의 사람들과 함께 홍콩의 장기적 번영과 안정을 실현하려는 의사는 조금도 동요하지 않는다.

이는 시진핑·리커창 정권에도 계승되고 있다.

2007년 12월 29일에 열린 전국인민대표대회는 "2017년 홍콩행정장관을 보통선거로 선출하는 것"을 승인했다. 지금까지는 한정된 조직이나 단체의 대표로 구성된 선거위원회가 행정장관을 선출해왔으며, 선출된 사람을 중국 국무원이 임명하는 절차를 밟아왔다. 보통선거는 민주주의 정치를 추구하는 홍콩이 진정한 의미에서 '항인항치'를 실현하는 데 중요한 전환점이 될 것이다. 최근 들어 홍콩 지식인들 사이에서는 "중국공산당이 인정한 사람밖에 입후보할 수 없는 것은 아닌가"라며 중국 정부의 선거 간섭을 비판하는 목소리가 높아지고 있었다.

실제로 중국 정부가 '홍콩 민주'에 간섭하는 데 대항하고자 2012년 무렵부터 홍콩 지식인과 민주 활동가들 사이에 '잔중(占中)'이라는 항의 운동이 계획되고 있었다. 홍콩으로서는 사활이 걸린 중요한 시기인 2017년에 대비해 홍콩의 중심 지대인 센트럴 부근을 민주화 요구 시위대로 완전히 채워 홍콩 시민의 결의를 보여줌으로써, 홍콩 행정 당국이나 뒤에서 홍콩을 조종하는 중국 정부에 정치적 압력을 가하려는 작전이었다. 이 가운데는 "2014년 7월에 감행한다"는 정보도 있었다.

홍콩 출신 작가로, 현재는 베이징에 거주하는 천관중(陳冠中)은 다음과 같이 분석했다.

> 이 계획이 정말로 실행된다면, 홍콩은 혼돈에 빠져 이제까지 경제적 번영을 공유해온 중국과 홍콩의 관계가 단절될지도 모른다. 이를 피하기 위해서도 중국 정부는 2017년 '보통선거'에 간섭하면 안 되며, 선거의 공정한 실행을 지켜봐야 한다.[4]

중국공산당 공안부는 이 '센트럴 점령(中環占領) 계획'을 일찍이 알아채고 경계했다. 그리고 사전에 이를 저지하기 위한 준비와 대책을 실행했다.[5]

2017년 제19차 공산당대회가 개최되는 정치의 계절에 중국은 긴장의 소용돌이에 휩싸인다. 이 책에서도 검증해왔듯이, 시진핑 총서기가 정치 분야에서 대담한 개혁을 실행한다면 정권 2기 때일 가능성이 크다. 2017년은 그 첫해에 해당한다. 그런 시기에 홍콩행정장관을 뽑는 보통선거가 실시될지 주목된다. 이를 둘러싸고 발생하는 일련의 동향은 홍콩의 민주화라는 단·중기적 과제에 머무르지 않는다. 좀 더 크게는 중국의 민주화라는 중·장기적 난제를 전망할 수 있는, 정치적으로 중요한 시기다. 그렇기에 공산당 공안부는 계엄과 같은 태세를 유지하기 위해 분주한 것이다.

'반중' 시위는 중국에 무엇을 가져왔는가

2014년 9월 18일 이후부터 중국의 국경일(10월 1일)까지 홍콩의 중심부에서 '반중' 시위가 이어졌다. 시위를 유발한 직접적 계기는 약 한 달 전인 8월 31일 베이징 전국인민대표대회(전인대) 상무위원회의 발표였다. 오는 2017년 홍콩 정부의 행정장관을 뽑는 보통선거 개혁에 관한 법안은 다음과 같다.

업계와 각계의 단체 등에서 뽑힌 1200명으로 구성된 지명위원회가 두세 명의 후보자를 선출하고, 그 후보자에 대해 홍콩 시민이 1인 1표에 의거해 투표할 것.

이것이 전인대가 결정한 '2017년 홍콩 보통선거'의 기본 틀이었다. 이에 홍콩인들은 '반중적인' 인물을 후보자 목록에서 배제하려는 법안이라며 반발했다. 당연히 홍콩의 민주 세력은 "그것은 거짓의 민주주의다"라고 반대했다. 31일 밤, 전인대의 결정에 반발하는 민주파 지도자들은 행정장관 관저 앞 공원에서 시위를 벌였으며 약 3000명이 참가했다. 다음 날인 9월 1일에 전인대 상무위원회 리페이(李飛) 부비서장이 홍콩에서 설명회를 열었지만, 여기에도 홍콩의 민주파 의원 약 20명이 베이징의 결정에 대해 항의 활동을 전개했다.

"진정한 민주 선거(베이징 정부의 정치적 간섭을 받지 않고 홍콩 시민 스스로 후보자를 뽑는 선거)가 실행되지 않을 경우, 잔중 계획을 실행으로 옮긴다"라고 공언한 홍콩의 민주파는 '8·31 결정' 직후, 1년 이상 준비해온 잔중 계획을 실행에 옮기기 위한 작업에 본격적으로 착수했다. 그리고 2014년 국경절을 전후한 시기에 반중 시위가 발생한 것이다.

홍콩의 민주파 리더들은, ① 렁춘잉 행정장관의 사임, ② '8·1 결정'의 철회를 베이징과 홍콩 정부에 요구했다. 잔중은 금융 중심부인 센트럴이나 정부가 있는 애드미럴티(金鐘)를 비롯해, 번화가인 코즈웨이베이(銅鑼灣)나 왕자오(旺角)에도 확산됐다. 잔중에 반대하는 그룹이 시위대와 충돌한 왕자오에서 토산물 가게를 운영하는 상인에 따르면, 국경절에 중국 관광객이 30% 정도 줄었고, 질서의 실종으로 소비자의 구매욕도 감소했다. 소란 중에 부상자도 나왔다. 도로가 봉쇄되거나 공공 교통기관 일부는 문을 닫았고, 은행 지점이나 소매점은 셔터를 내리는 등 홍콩 경제와 사회에 악영향을 미쳤다.

9월 29일 홍콩 주식시장의 종가는 3개월간 하락세를 이어갔다. 다음 날 30일에는 전일 대비 1.3% 하락했고, 9월 말 기준으로 전월 대비 7.3% 떨어졌다.

"사태를 수습하는 방향으로 진행하고 있지만, 이번 잔중으로 홍콩의 정치 리스크는 확실히 표면화되었다. 경제나 시장에의 영향은 피할 수 없을 것이다." 홍콩에 거주하는 외국인 투자자는 이렇게 분석했다. 홍콩의 지정학적 위험은 높아지고 있다.

홍콩 경찰은 시위를 진압하기 위해 최루가스를 사용했다. 9월 29일에는 기자회견을 열어 "질서를 지키기 위해 총 87발의 최루탄을 사용했다"고 발표했다. 이는 민주파나 시위대뿐만 아니라 "베이징의 결정에 반대하지만, 홍콩의 안정이나 번영에 악영향을 줄 수 있는 잔중 계획에도 반대" 입장을 취해온 중도파 시민들이 잔중 지지파로 돌아서도록 만들었다.

침묵하려는 경향의 중도파 시민층이 가장 두꺼운 층을 형성하며, 이들은 현재 홍콩이 처한 현상, 즉 정치·경제·사회의 딜레마를 체념하려는 것처럼 보인다. 홍콩인이나 홍콩에 거주하는 외국인 대부분은 "홍콩 당국의 최대 실패는 최루가스를 사용한 것이다. 애초에 발단이 된 행정장관 선거 절차에 대한 반발은 이에 비하면 별것 아니다"라는 반응을 보였다. 앞서 나온 일본인 금융 관계자가 필자에게 전한 말이다.

국경절 직후인 10월 3일, 잔중이 "비교적 오랜 시간 이어질 것이다"라며 우려를 나타낸 렁춘잉의 홍콩 정부는 시위대가 주변을 둘러싸며 계속 농성 중인 정부 청사를 폐쇄할 것이라고 발표했다. 다음 날 4일, 렁춘잉은 비디오 연설에서 "6일(월요일)까지 시위대가 정부 청사의 봉쇄를 풀지 않을 경우, 시위대의 강제해산도 불사한다"는 방침을 밝혔다. 이에 6일 시위대는 정부 본부 청사 포위를 일부 해제했고 정부 직원이 출근했다.

그러나 정부 당국과의 대화를 요구하는 민주파는 전면 해제를 거부하고 애드미럴티 주변에 집결해 농성을 계속했다. 정부가 시위대에 어떻게 퇴거를 명할 것인가? 그에 대해 민주파는 어떠한 대응을 보일 것인가? 건설적인 대화가 마련될 것인가? 마련되지 않는다면 양자 간에 어떠한 마찰 혹은 충돌이 촉발될 것인가? 이러한 부분들에 이목이 집중되었다.

예를 들어 1997년 반환 이래로 홍콩 중심부에 주둔지를 건설 중인 중국인민해방군이 출동하는 사태에 이를 경우, 제2의 톈안먼 사건으로 발전할 위험성도 배제할 수 없다. 홍콩의 잔중을 주도하는 그룹은 대학생들이었는데, 이들은 베이징 톈안먼 사건 현장을 이끌었던 대학생들을 연상시켰다. 그중에는 최근 들어 홍콩 교육 시스템에 도입된 '애국 교육'에 반발하는 고등학생도 섞여 있었다. 홍콩 반환 후에 태어나고 자란 젊은이, 다시 말해 영국 식민지 시대와 반환 후 시대를 비교할 만한 척도가 없는 세대가 잔중 운동을 이끌고 있었다.

이미 "어느 시대에도 젊은이는 폭주하기 쉽기 때문에"(공산당 관계자)라는, 보편적인 상식으로 설명할 수 없는 상황이 일어나고 있었다. 중국에서 저명한 저널리스트이며, 홍콩 피닉스 티비(Phoenix TV)의 전 평론가 차오징싱(曹景行)은 정세를 다음과 같이 해석한다.

중국의 개혁개방 정책이 심화되면서 홍콩이나 타이완의 국제경쟁력은 급속히 떨어지고 있다. 주변부로 내쫓긴 이 나라들의 젊은 층은 점점 더 곤혹스러워하며 정신을 차리지 못하고 있다. 이제껏 유지해온 사회체제가 새로운 사회 모순을 해결할 수 없게 된 것이다. 타이완의 반(反)서비스무역협정도, 홍콩의 보통선거를 둘러싼 논쟁도 축적된 사회 모순의 폭발점일 뿐이다. 정세가 진행되어 그런대로 수습한다 해도, 반중의 결과는 자신들에게 상처를 입혀 점점 더 주변부로 내쫓겨나 활로를 찾을 수 없게 될 뿐이다.[6]

잔중과 반잔중의 대립, 시위대와 홍콩 마피아의 충돌 등이 이어지는 가운데, 홍콩 사회에서 여론이나 계층을 둘러싼 분열상이 표면화되는 것은 어쩔 수 없는 현상인 듯했다.

중국공산당은 사태 전개를 주시하며 도처에서 국내외를 향해 단호한 입장을 내보인다. 당 관계자의 공식 발언을 몇 가지 소개한다.

1국 2체제 방침과 '기본법'을 관철해 홍콩과 마카오의 장기적 번영과 안정을 유지한다(시진핑).[7]

중앙정부는 홍콩에서 일어나는, 법치나 사회의 안정을 위협하는 어떤 행위도 단연코 반대한다. 홍콩 정부가 법에 따라 적절한 조치를 취할 것을 굳게 믿으며 지지한다. 우리는 관련 국가의 표명을 허용하고 있다. 홍콩은 중국의 홍콩이며, 홍콩은 중국의 특별행정구다. 홍콩 사정은 순전히 중국의 내정이다. 관련 국가에는 신중한 언동을 요구하는 동시에, 홍콩 내정에 대한 어떠한 형식의 간섭, 그리고 잔중 등 위법행위에 대한 지지나 잘못된 신호의 전달을 거부한다(외교부 보도관).[8]

중국 정부는 이미 매우 확실하고 단호하게 입장을 표명했다. 홍콩은 중국의 내정이며, 각국은 중국의 주권을 존중해야 한다. 이는 국제 관계의 기본원칙이다. 어떠한 국가와 사회를 막론하고 법치를 무시하거나 공공질서를 파괴하는 위법행위는 용인할 수 없다. 미국이나 홍콩처럼 말이다. 홍콩 정부는 법에 따라 적절한 조치를 취할 능력이 있다고 믿는다[외교부장 왕이(王毅)].[9]

당 기관지 ≪인민일보≫는 평론에서 중국 내 학자들의 견해를 인용해 "잔중은 홍콩에 다대한 경제적 손실을 입히고 있다. 만약 이 상황이 계속되면 홍콩의 국제 이미지는 현저히 상처를 입어, 홍콩 경제성장의 활력에도 상처를 입힐 것이다"라고 주장했다.[10] 당시 중국 매체에서는 "잔중 후유증으로 홍콩 경제가 입은 손실액은 3500억 홍콩달러에 달한다"라는 홍콩 주재 이코노미스트의 구체적인 분석이 나돌고 있었다. 한 공산당 선전부 관계자는

≪인민일보≫를 포함한 언론을 통해 홍콩 민주파나 시위대 그리고 반중 시위 대처에 급급한 홍콩 당국에 압력을 가해 "홍콩에서 벌어지는 잔중이라는 행위가 국가의 안정이나 번영에 얼마만큼 피해를 초래하는지 중국 인민에게 알릴 목적이 있다"고 전했다.

중국공산당 당국이 가장 경계한 것은, 국내 상황에 불만이 있는 본토의 대학생들이 홍콩 대학생들과 화학반응을 일으키듯 연결되어 항의 시위가 중국 본토에까지 확대되는 사태였다.

특히 65회 국경절을 맞이하는 이 시점에 중국의 통일과 안정이 남쪽으로부터 위협받는 일이 있어서는 안 된다. 총력을 기울여 불안 요소를 제거하지 않으면 안된다(공산당 공안부 간부).

2014년 국경절 기간에 중국 정부가 자국민의 홍콩 비자 신청을 제한하거나 인터넷 감시·검열 기능을 강화해 잔중과 접하는 단어나 논평을 의도적으로 삭제한 조치 또한 남(홍콩)의 영향이 본토에 어떠한 형태로든 파급되는 것을 우려하고 있었음을 말해준다.

결과적으로 홍콩의 잔중 시위가 중국 본토에 파급되는 일은 없었다. 그러나 2017년 보통선거 실시를 앞둔 홍콩이라는 요소가 중국공산당이 추구하는 정치적 안정을 위협하는 존재로 계속 남아 있는 점은 의심할 여지가 없다.

보통선거를 둘러싼 공방 이외에 관심을 불러일으키는 또 하나는, 자유민주주의라는 가치관을 옹호하며 중국에도 민주화를 촉구해온 서방국가가 홍콩의 정세를 어떻게 인식하고 대응하느냐는 것이다.

아니나 다를까, 미국과 영국 두 정부는 홍콩 정세에 중대한 관심을 보이며 공식 성명을 발표했다.

9월 30일, 영국의 닉 클레그(Nick Clegg) 부총리는 다음과 같이 주장했다.

홍콩 사람들이 보통선거를 통해 2017년 행정장관을 결정하는 진정한 선택지를 갖는 것이 중요하다. 이런 우리의 입장을 거듭 표명하며, 중국 정부로부터 재차 확인하기 위해 중국 주재 영국 대사를 통해 긴급 면회를 요청했다.

미국 정부도 백악관 명의로 다음과 같이 발표해 중국 정부를 견제했다.

미국은 홍콩의 '기본법'에 의거한 보통선거와 홍콩 시민의 소원을 지지한다. 우리는 열린사회, 고도의 자치, 법의 지배에 의거한 통치가 홍콩의 안정과 번영에 반드시 필요하다고 믿는다. 이것이야말로 홍콩이 세계적인 도시로 성공해온 이유이기 때문이다. 우리는 계속해서 베이징에 대해 우리의 입장을 호소해나갈 생각이다.

미·영 매체의 기자들도 홍콩에 주재하며 홍콩 민주파나 학생들이 추구하는 진정한 민주주의를 국제 여론에 발신하고 있었다. 홍콩 사회의 모순이나 민주파와 시위대의 방법론이나 정당성 문제는 일단 접어두고, "2017년 홍콩에 대한 정치적 간섭이 없는, 공정하고 투명한 보통선거가 행해져야 한다. 그것이 바로 진정한 민주주의이기 때문이다"라는 서방의 자유민주주의적 가치관의 입장에서 촉구했다.

그러나 이 같은 서방국가들이나 매체들의 외압은 베이징 정부의 의사나 입장 변경을 유도해낼 만큼의 위력을 발휘하지 못했다. 영국은 오랫동안 통치해온 지역 사람들의 절절한 호소에 귀 기울인다는 입장에서, 미국은 자유민주주의 가치를 전 세계로 보급한다는 지상 명제의 입장에서 각각 서방 저널리즘적인 보도를 방편 삼아 형식적으로는 베이징 정부를 견제한다. 하지만 그 이상의 노골적인 비판은 의도적으로 피한 것이 분명했다. 정치·경제·외교 분야 등에서 중국과 안정적 관계를 유지하지 않으면 안 되는 미·영 정부는 가치관보다 국익이라는 관점에서 2017년과 그 이후의 홍콩 정세를 관찰하고 대처하려는 자세를 보였다.

실제로 최근 영·미 정부를 비롯한 국제사회에서 확산되는 대중 여론은 중국공산당의 의사나 입장 변경을 촉구하기에는 다소 거리가 먼 상황이다. 베이징 정부가 경시하는 이유 중 하나는 외압이 약하기 때문이다. 이러한 상황이 계속되는 한 베이징 정부는 홍콩의 상황이 어떻게 진행되고 마무리되어도 '8·31 결정'을 바꿀 것 같지 않다. "홍콩 시민이 아무리 오래 항의를 계속해도, 경제나 사회에 끼치는 피해가 막심해도, 홍콩 정부의 기능이 마비되어도, 렁춘잉이 행정장관을 사임해도 베이징의 결정을 뒤엎을 일은 없다"(중국공산당 관계자).

이 대목에서 중국 민주화 연구라는 관점으로 최근의 홍콩 정세를 판단해 보려 한다.

홍콩 사회 내부의 모순이나 분열에 관한 논란은 일단 제쳐놓겠다. 홍콩 시민이 진정한 민주주의를 실현하기 위해 몸을 던져 베이징 정부나 홍콩 정부를 향해 자신의 의사를 행동으로 보였다는 사실은, 단기적으로 홍콩에 경제적·사회적 손실이나 타격이 생겼다 해도 장기적으로 '중국의 정치 개혁을 촉진한다'는 21세기 큰 과제의 중요한 역사에서 한 페이지를 장식한 것은 분명하다. 앞에서 나온 천관중은 "잔중이 일어난 이후부터, 홍콩 시민이 민주주의를 추구하며 싸운 현장을 기록으로 남기기 위해 많은 책이나 사진, 다큐멘터리가 만들어진다"라고 말한다.[11]

홍콩이 진정한 민주주의를 실현하는 최선의 지름길은 베이징 정부가 ① 공정한 선거, ② 사법의 독립, ③ 언론·보도의 자유를 제도적으로 보장하는 민주화를 실현하기 위해 중국 내 정치 개혁을 하향식으로 진행하는 것이다. 중국이 민주화되면 홍콩의 민주화 문제는 필연적으로 해결될 수 있다. 베이징 정부가 정치 개혁과 민주화에 소극적이기 때문에 잔중 항의 시위활동이 발발한 것이다.

필자가 보기에, 베이징 정부는 2014년 8월 31일 발표에서 "홍콩 시민이

뽑은 입후보자들에 대해 홍콩 시민이 1인 1표에 기반을 두고 투표하는 것을 승인한다. 중앙정부는 홍콩 정부와 뒤에서 연대하며 홍콩 보통선거의 원활한 진행을 지원해나갈 것이다"와 같은 종류의 「결정」을 발표했어야 한다고 생각한다.

그 이유는 세 가지다.

첫째, 이 「결정」으로 홍콩의 민주파가 잔중을 강행하는 명분이 없어질 것이다. 잔중에 동반되는 홍콩 안정이나 번영에 미치는 악영향, 국제 이미지와 신용도의 하락(이는 중국의 국제적 신용도 하락을 의미한다)이 발생할 일은 없다고 보기 때문이다.

둘째, 이 「결정」을 통해 베이징 정부는 '홍콩에 반중·반공적인 정권이 생길 가능성이 있다'는 위험을 안고 가야 한다. 특히 중국에는 정치적·지정학적 위험 요소가 될 것이다. 그러나 홍콩 반환 후에 중국과의 관계가 밀접해지면서 홍콩 경제가 풍요로워진 것도 확실하다. "지극히 실리적으로 움직이는 홍콩인이 베이징을 정면에서 적대하는 반중 정치가를 지도자로 뽑으리라고는 도저히 생각할 수 없다"(홍콩 주재 중국인 은행 관계자)고 말할 수 있다.

셋째, 이 「결정」을 계기로 정치 개혁에 긍정적이라는 점, 정치 개혁을 유연하게 추진해나가기 위해 준비한다는 점, 홍콩의 공정한 보통선거를 승인해 대국으로서 국제적·도의적 책임을 다할 의사가 있다는 점 등을 국내외에 보여줄 수가 있다.

중국이 결국 일당독재체제에서는 경제건설이나 사회 운영을 포함해 조만간 어딘가에서 막다른 골목에 다다를 수 있는 통치 리스크를 안아야 한다는 생각에 미친다면, (반환 후인 만큼) 어느 정도 통제하기 쉬운 홍콩을 시초 또는 계기로 삼아 자신의 정치적 선택에 위세를 떨치며 '퇴로'를 마련한다면 잃을 것은 아무것도 없다. 다시 말해, 우선 홍콩에서 정치 개혁과 민주화를 진행해 그 과정이나 결과를 참조하고 나서 중국 본토의 장래 정치 개혁 시나리오를 만들어간다는 의미에서, 홍콩에서의 준비 기간이나 완충 지대를 마련할 수 있다.

수면 아래에서 충돌하는 중국공산당과 홍콩

12월 11일, 홍콩에서 약 75일간 계속된 잔중이 일단 종료되었다. 11~15일에 홍콩 정부는 바리케이드를 치우고 시위대를 강제해산 했다. 경찰의 움직임을 사전에 알아채고 이미 물러난 시위대도 있었으며, 최후까지 농성을 계속하면서 경찰에 연행되기를 바란 학생 지도자도 있었다. 홍콩 경찰은 11일 밤까지 시위 참가자 209명을 공무집행방해 등의 혐의로 체포했다.

아울러 11일 베이징에서 열린 정례 기자회견에서 중국 외교부 훙레이(洪磊) 대변인은 "점거는 전적으로 불법적인 활동이다. 홍콩 정부는 법에 의거해 대처하고, 홍콩 사회의 안정과 질서를 회복할 완전한 권리를 가지고 있다"며, 잔중 시위 시작 이래로 중국의 지도자나 정부 대변인들이 일관되게 주장해온 대로 조용히 말했다.

필자 주변에서는 경제 분야 인사들을 중심으로 잔중을 '평화적'으로 종결시킨 중국 정부의 대처에 일정한 평가를 내리는 견해도 적지 않다.

중국은 어른 같은 대응을 했다. 겉으로는 안 나오고, 어디까지나 방관자로서 입장을 유지했다. 중국인민해방군이나 무장경찰도 출동하지 않았고, 톈안먼 사건과 같은 유혈 사태에 이르지 않은 것은 평가할 수 있다(뉴욕 주재 미국 투자가).

홍콩의 민주파들은 0에서 10까지 요구하고 있다. 후보자를 뽑는 단계에서 중국의 의향이 반영되겠지만, 애초 홍콩은 중국의 영토다. 적어도 1인 1표를 실현하는 문제는 0에서 10으로 가는 큰 비약을 의미한다. 홍콩 민주파들은 이를 자신의 손으로 부수려 한다(홍콩 주재 일본인 금융 관계자).

평화적인 마무리. 중국 정부가 바라서라기보다는 그것밖에 할 수 없어서 그렇게 했을 것이다. 홍콩은 베이징이 아니다. 2014년 상황은 1989년과 크게 다르다. 언론의 자유나 사법의 독립이 제도적으로 보장되는 홍콩 사회에서 일어난 항의 시위는 차원이 다르다. 아무것도 보장되지 않으면서 공산당의 생각과 정치권력이 모두를 능가하는 베이징의 방식대로 처리할 수는 없는 일이다. 개혁개방 정책이 시작되고 얼마 지나지 않은 1989년 당시에 비하면 중국은 지금 세계 제2의 경제 대국이 되어 있다. 오늘날 사람·사물·돈·정보의 흐름을 둘러싼 중국과 국제사회의 유대 관계는 전례가 없을 정도로 깊어졌다. 홍콩 시민들의 민주화 요구 시위를 무력으로 진압하는 일 따위는 할 수 없었던 것이다.

만일 홍콩이라는 국제금융의 중심지에서 인민해방군의 무력 진압이 발발해 학생들이 피를 흘리는 듯한 장면이 서방 언론매체를 통해 전 세계로 전파된다면, 국제사회에서 중국의 신용은 땅에 떨어질 것이다. 아울러 서방 정부는 중국에 정치적·경제적·사회적 제재를 행사할 것이다. 또 중국 시장에서 사업을 벌여온 해외 기업 대부분은 철수할 것이다. 그 결과, 사람·사물·돈·정보의 흐름이 중단되고, 중국이 '고립'되는 것은 필연적 사실일 것이다. 그렇기에 중국 정부는 어디까지나 방관자 입장을 유지하며, 되도록 겉으로 나오지 않고, 홍콩 경찰에게 잔중의 현장 처리를 맡긴 것이다. 중국 정부 스스로 전면에 나설 경우 중국에 대한 홍콩 시민의 거부 반응이나 반발심을 자극할 것이며, 더욱 심각한 사태에 빠질 것으로 예상했기 때문이다.

물론 표면에 나서지 않는다는 것이 잔중 시위에 어떠한 대처도 하지 않는다는 뜻은 아니다.

앞에서 말한 바와 같이, 중국 공안부는 늦어도 2013년 여름부터 가까운 장래에 홍콩에서 잔중 항의 시위가 발발할 것으로 상정하고 대처 방안을 마련해왔다. 구체적으로는 공안부에서 홍콩 문제를 총괄하는 관료들이 홍콩에 상주하는 가운데, 베이징과 밀접하게 의사소통을 유지하며 홍콩 경찰을 뒤에서 지휘하고 있었다. 잔중 발생 기간에 홍콩 경찰이 항의 시위 현장에서 취한 조치나 대처 행동 요령은 기본적으로 중국 공안부의 지휘나 의향에 따른 것으로 보아도 무방하다.[12]

지금 돌이켜보면, 공산당 지도부가 잔중에 대처하는 전략은 크게 두 가지로 대별된다.

하나는, 공안부 간부가 말하듯이 인민해방군의 무력 진압을 회피하기 위해서라면 장기전도 불사하며, 현장은 홍콩 경찰에 일임하고 중국 당국은 되도록 전면에 나서지 않는다는 전략이다. 공산당 지도부는 잔중이 톈안먼 사건의 재판(再版)이 되는 정치적 리스크를 피할 수 없기 때문이다. 이 전략에 기본을 둔 데는 "홍콩 여론의 동향으로 미루어볼 때, 장기화될수록 사태 수습에는 유리하다"(공안부 간부)는 판단이 배경에 깔려 있다.

필자가 앞에서 거론한 홍콩 주민들과의 대화에 따르면 대부분의 홍콩 시민은 "민주적인 보통선거를 인정하지 않는 베이징 정부의 방식에 반대하지만, 홍콩의 번영과 안정을 파괴할 수도 있는 잔중 항의 시위에도 반대한다"는 모순된 현상 인식을 갖고 있었다. 그렇게 침묵하는 대다수의 목소리나 모습은 시위 현장이나 신문 지면에 좀처럼 드러나지 않는다.

그러나 잔중 발생 당초, 홍콩 경찰이 시위대에 최루가스를 사용한 것 때문에 이제껏 침묵을 유지해온 많은 시민들이 항의 시위를 이어가는 민주파 학생들을 지지하기 시작했다. 그러나 홍콩 시민의 일상생활이나 기업가들의 상업 활동에 직접적으로 영향을 주는 대로나 번화가에서의 농성이 장기화되면서 잔중에 대해 침묵하는 대다수 시민의 태도는 '불쌍하다'라는 '동정'에서 '좀 작작해라'라는 '혐오'로 변화되어갔다.

홍콩 중원(中文) 대학이 11월 16일에 발표한 여론조사에 따르면 잔중 시위를 '지지하지 않는다'라고 대답한 사람이 43.5%(전월 대비 8% 증가), '지지한다'라고 대답한 사람이 33.9%(전월 대비 3.9% 감소)였다. 또 '시위대는 전면 철수해야 한다'라는 답이 67.4%, '철수해서는 안 된다'라는 대답이 13.9%였다.[13]

홍콩 시민 대다수가 시위대를 동정한 기간이 지난 후 시위대가 농성을 계속해 그들 활동에 대한 혐오감이 퍼지기 시작할 즈음, 즉 일정 시간이 경과할 무렵 홍콩 경찰이 강제해산과 철거를 단행해, 결과적으로 평화롭게 마무리한다는 방식이 중국 공안부가 애초부터 구사한 시위 진압 시나리오였다.

민주파나 학생 단체 대표들도 중국 측이 그린 시나리오를 익히 알고 있었다. '성공할 리가 없다', '중국 정부의 타협은 있을 수 없다', '인민해방군이 출동하는 것은 있을 수 없다'는 등으로 예상하고 있었던 것이다. 잔중 항의 시위의 최대 특징은 '성공할 리 없는 항의 시위'를 국가의 미래를 짊어진 젊은 세대가 자신의 생각으로 실천한 데 있다.

그들이 이번의 항의 시위를 통해 얻고자 한 성과는 다른 데 있었다. '항의에 의해 중국 정부가 타협하고, 홍콩은 민주 선거를 손에 넣는다' 등의 성과가 결코 아니었다. 그것은 바로 '성공적인 실패 이야기'였다. 홍콩이 중국에 반환되는 과정에서 중국과 홍콩, 중국과 영국, 영국과 홍콩 간에 다양한 역사적 교섭이나 정해진 규칙이 있었지만, 이에 관계없이 '우리 세대는 어쨌든 공정하고 민주적인 보통선거를 요구한다'는 의사와 각오를 행동으로 보이고 싶었던 것이다. 그러한 행동이 장래 역사의 추세에 어떤 영향을 미칠지 생각하며 매일매일 시위에 나선 학생도 적지 않았을 것이다.

잔중 항의 시위를 이끈 홍콩 대학생 W의 이야기를 들었다.[14]

가토   당신들은 2017년 실시 예정인 보통선거는 받아들일 수 없다고 한다. 한편
       중국 정부가 절대로 타협하지 않는다는 것도 알고 있다. 그렇다면 어떠한
       보통선거도 실시되지 않고 현상이 유지되는 것을 받아들일 수 있는가?

W   아니, 받아들일 수 없다. 우리는 민주적인 선거를 추구해간다.

가토   그러나 중국 정부는 용인하지 않는다. 어떻게 할 것인가?

W   그렇기 때문에 우리는 항의하고 있다.

가토   비록 후보자는 한정되어 있지만, 선거가 없는 상황에서 1인 1표의 보통선

거로 이행되는 것을 진보라고 생각하지 않는가?

W   이것이야말로 중국 정부가 의도한 바다. 홍콩이 더욱 중국화하는 첫걸음이 된다.

가토   좌우간 중국 정부의 지배하에 놓인 것이 마음에 들지 않는다는 뜻인가?

W   중국의 독재정치가 홍콩까지 침식하는 것을 걱정하고 있다. 홍콩을 지배하는 주체가 영국이었다면, 나는 민주적인 보통선거가 없는 상황을 받아들였을 것이다.

필자는 '영국의 식민지 시대에 돌아가고 싶은가?', '그러나 1993년에 태어난 당신은 식민지 시대를 알지 못한다. 어째서 그 시기가 좋은 사회이자 풍부한 사회라고 할 수 있을까?'라고는 묻지 않았다. 이제까지 교류해온 많은 홍콩 신세대가 W와 같은 감각으로 현실을 대한다는 것은 알고 있기 때문이다.

'중국은 독재정치이고 영국은 민주정치인데, 후자 쪽이 좋은 제도이고 올바른 가치관이다'라는 관념 외에, 역시 중국이라는 거대한 파도가 그들의 생존에 깊이 영향을 미치는 것으로 생각된다. 이 장 서두에서 서술했듯이, 중국에서 남하해오는 관광객, 노동자, 유학생 등의 규모와 속도는 이제 홍콩 사회와 홍콩인이 상대할 수 있는 성질의 것은 아니다. 근면하고 우수하며, 무엇보다도 무서울 정도의 헝그리 정신과 집단 경쟁력을 지닌 중국의 동 세대를 앞에 두고, 살아남는다는 관점에서 볼 때 홍콩 신세대가 압력을 느끼지 않을 수가 없었던 것이다.

직장, 강의실, 도로 등 다양한 장소에서 느끼는 중국인의 위력과 박력에 대한 저항이 '반중', '혐중'과 같은 이데올로기로 변해, 결과적으로 '영국에 지배되는 쪽이 낫다'는 생각에 이르는 것이다. 이렇게 볼 때 이미 민주화한 타이완이 중국과 어떠한 거리감을 안고 교류하는가라는 문제와 공통점이 있다. 하지만 역시 가장 중요한 것은 중국 정치 개혁의 향방에 있다.

중국이 민주화를 포함한 정치 개혁을 향해 얼마나 방향을 잡을 수 있는지는 홍콩인이나 타이완인(양자의 경우는 다르지만)의 '대중관(對中觀)'[15] 형성에 가장 큰 영향을 줄 것이다. 그들은 중국의 부상이 가져올 경제적 과실보다 중국이라는 정치적으로 이질적인 존재가 초래할 불투명함 쪽에 더 관심을 기울일 것이다. 이러한 미래의 불투명함이 원인이 되어 중국에 대한 저항감이나 혐오감을 증식시키는 상황이라면 더욱더 그러하다.

공산당 지도부의 두 번째 잔중 대처 전략을 검증해보려 한다.

중국 정부는 홍콩 현장에 대해 가능한 한 방관자 입장을 유지했지만, 외국 정부에 대해서는 철저히 강경한 태도를 보였다. 중국 정부가 말하는, '외부 세력'의 어떠한 간섭도 간과하지 않았다.

시진핑은 홍콩 정세에 대한 미국의 간섭을 일축했다.

나는 회의 중 오바마 대통령에게 전했다. 홍콩에서 발생하는 잔중은 위법 사건이다. 우리는 홍콩 정부가 법에 따라 처리하고, 홍콩 사회의 안정과 홍콩 시민의 인신·재산을 보호하는 것을 단연코 지지한다. 홍콩 업무는 순수하게 중국의 내정이며, 외국은 어떠한 형식의 간섭도 하면 안 된다.[16]

12월 1일에 영국 하원 외교위원회가 보통선거에 관한 여론이나 진척 상황을 조사하기 위해 홍콩 방문을 계획했지만, 중국 정부는 이 또한 거부했다. 같은 날, 중국 외교부의 화춘잉(華春瑩) 대변인은 "누구의 입국을 허가하고 누구의 입국을 거부할지는 중국의 주권이다"라며 영국 측의 요구를 일축했다.

12월 7일에는 중국의 류샤오밍(劉曉明) 주영 대사가 영국의 ≪선데이 디스패치(Sunday Dispatch)≫에 기고해 "영국 의회가 홍콩에 대해 '조사'하는 것은 중국에 대한 내정간섭이며, 잔중 분자를 활기차게 할 뿐이다. 백해무익이다"라고 하면서, 심지어 "홍콩의 보통선거는 영국과 관계가 없다. 중국의 내정이다. 중·영 공동성명도 '보통선거'를 언급해서는 안 된다"며 영국을 강력히 견제했다.

중국 입장에서 미국이나 영국과의 관계를 포함한 외교 문제는 "기본적으로 통제 가능하다는 것이 당 지도부의 인식이다"(중국 외교 관계자)라는 것이다. 그렇기 때문에 미·영에 대해서도 강경 자세를 유지하고 있다. 한편 앞서 말한 바와 같이 홍콩에서 일어나는 것, 일어날 수도 있는 것에 관해 제어 불능에 빠질 위험성이 있으므로 어디까지나 방관주의를 견지했다. 공산당 지도부는 잔중 항의 시위 대책에 이중 기준을 두고 있었던 것이다.

도의적으로 선이냐 악이냐, 가치관으로 옳은가 옳지 않은가 하는 판단 기준을 모두 배제했다. 이어 스스로의 국력과 상황에 근거해 냉철한 전략을 수립한 중국 정부와 미·영·일을 포함한 국제사회는 앞으로 어떻게 교류해 가야 하는가? "나날이 영향력을 확대하는 중국과 양호한 정치적·외교적·경제적·사회적 관계를 구축하는 것은 사활이 걸린 이익이다"라며 중국과 어울리는 법을 생각하는 한편, "홍콩 시민의 인권이나 정당한 정치적 욕구가 제도적으로 보장되는 것은 인간에 대한 최소한의 보장 수단이나 마찬가지다"라는 인류 보편의 자세도 고려해야 하지 않을까?

왜 보통선거 법안은 부결되었는가

2015년 6월 18일, 전인대가 2014년 8월 31일 결정한 보통선거 개혁 법안이 홍콩 입법의회에서 채택되었다. 결과는 부결이었다. 70명의 의원 중 28명이 반대표를 던져 가결에 필요한 3분의 2에 미치지 못했다. 또 '친중파'라 불리는 의원 대부분이 표결 도중 자리를 뜨는 바람에 찬성은 8표에 그쳤다.

이에 따라 2017년 홍콩 행정장관 선출은 1200명의 선거위원만이 투표권을 지닌 현행 제도로 실시된다. 아울러 1인 1표의 보통선거로 홍콩 행정장관을 선출하는 제도는 빨라도 2022년으로 미뤄질 전망이다. 2022년은 시진핑이 총서기직에서 물러나는 공산당 제20차 당대회가 열리는 해이기도 하다.

'거짓의 민주주의'가 실천되는 것을 미연에 막은 민주파 의원을 대표하는 량자제(梁家傑, Alan Leong) 의원은 "홍콩인은 초심을 잊지 않는다는 것을 중국 정부에 보여줄 수 있었다. 오늘은 민주화운동의 끝이 아닌 새로운 시작의 날이 된다"고 기자들에게 말했다. 한편 홍콩 의회에서 법안을 통과시키는 정치공작에 실패한 렁춘잉은 실망의 목소리를 냈다.

> 홍콩 시민 대부분은 2017년 보통선거를 바라고 있으며, 법안에 찬성하고 있었다. 결과적으로 법안이 백지로 돌아가 홍콩의 민주주의가 좌절한 것에 대해 나를 포함한 홍콩 정부, 그리고 광범한 홍콩 시민이 매우 실망하고 있다

중국 당국은 강한 언사로 홍콩 민주파 의원에 대한 분개를 드러냈다.

> 소수의 의원이 사리에 맞지 않게 보통선거 법안을 부결시켜 홍콩 민주주의의 진전을 저해했다. 행정장관을 보통선거로 뽑을 중요한 기회를 놓친 것에 대해 그들은 역사적인 책임을 지지 않으면 안 된다(국무원 홍콩마카오사무판공실 대변인).

2015년 6월 18일을 기점으로 홍콩의 정세를 둘러싼 동향이 일단락되어 새로운 국면에 돌입했다.

'거짓 민주주의'에 '노(No)'를 표시하며 중국공산당이 준비한 보통선거 법안의 틀 속에서 민주정치가 형성되는 것을 일단 회피했다는 점에서, (얼마만큼의 관리나 시민이 진심으로 찬성하거나 반대하는지는 제쳐두고) 홍콩은 베이징 중앙정부에 '민주의 힘'을 보여주었다고 말할 수 있다. 중국공산당 지도부가 작성한 '중국의 특색 있는' 보통선거 개혁 법안은 중국 반환 이후 약 18년이 지난 홍콩의 시민사회조차 납득시킬 수 없었다. 이 사실이 의미하는 바는 크다. 자국의 주권이 미치는 범위 안에 백전연마의 중국공산당조차 마음대

로 옮길 수 없는 사물이 있다는 것이다.

그렇다면 중국공산당은 앞으로 어떻게 나올까?

이 문제와 관련해, 법안 부결 직후 전인대 상무위원회 대변인의 다음과 같은 논평은 베이징 당국의 향후 행보를 대변한다.

이번에 홍콩 정부가 법률에 의거해 제출한 보통선거 법안은 입법의회에서 가결되지 않았다. 하지만 전인대 상무위원회의 결정으로 확정된 보통선거 제도의 방향성과 법적 원칙은, 행정장관의 보통선거를 추진하는 과정 속에서 철두철미하게 집행되어야 할 것이다. 장래에 행정장관 보통선거는 여전히 우리가 결정한 법안을 헌법 제도적 근거로 삼아야 할 것이다. 그 법적 효력에 어떠한 의심을 품어서도 안 된다.[17]

어지간한 일[18]이 일어나지 않는 한, 중국공산당이 '8·31 결정'에 의거한 법안과 관련해 타협하는 일은 없다는 것이다. 국무원에서 홍콩 문제를 담당하는 간부는, 부결의 결과에 대해 필자에게 다음과 같이 말했다.

부결은 우리 당에 심한 타격이 된다. 홍콩의 정세는 긴장 국면이 계속 이어질 것이다. 한편 근본적으로 말해, 우리 당은 홍콩의 보통선거를 서둘러야만 한다. 서두르지 않아야 할 이유가 없는 것도 확실하다. 이런 결과는 사전에 예측할 수 있었다.[19]

이후의 전망을 생각해보겠다.

부결이라는 결과를 두고 단순히 좋다, 나쁘다로 평가할 수는 없다. 하지만 이를 통해 베이징과 홍콩 간의 정세는 한층 더 복잡해지며, 불투명함은 증대될 것이다. 잔중으로 대표되는 대규모 항의 시위는 일단 진정될 것이다.

그러나 베이징과 홍콩의 정치적인 밀고 당기기가 홍콩 경제·사회의 동향에 어떠한 구조적 영향을 줄지 주시해야 한다. 홍콩 민주화의 열쇠를 지닌 주체가 중국공산당이라는 사실도 다시 한번 주지해야 할 것이다. 베이징의 정세가 어떻게 움직일지에 따라 홍콩의 정세도 상당히 영향을 받을 것이기 때문이다.

법안 부결의 결과에 대해 앞에서 얘기한 W에게 이야기를 들었다.[20]

가토   결과를 어떻게 보는가?

W   최악의 상황은 피했다고 생각한다.

가토   홍콩의 민주주의를 둘러싼 앞날은 밝을 것 같은가?

W   낙관할 수 없다. 부결되어 베이징 측이 타협해온다고는 생각하지 않는다. 그렇다고 지금의 방식으로 행정장관이 계속 뽑히는 것은 받아들일 수 없다. 많은 홍콩인의 현실을 생각하면 '잔중'의 반복은 현실적이지 않다. 이 제부터 다음 수를 진지하게 고민해야만 한다. 방법이 없으면 우리의 패배니 말이다.

제12장

타이완과
중국인

2014년 11월 29일, 타이완의 22개 현과 시장과 지방의원을 뽑는 통일지
방선거 투·개표가 실시되었다. 투표율은 약 68%였으며, 2016년 1월에 실시
될 총통선거를 예측할 전초전으로 여겨졌다.

투표 결과를 보면 시장 자리는 국민당이 15석에서 6석으로 줄었고, 민진
당은 6석에서 13석으로 약진했다. 가장 중요한 6개 직할시 시장 선거에서는
국민당이 타이베이(臺北)시, 타오위안(桃園)시, 타이중(臺中)시에서 각각 시장
직위를 잃었다. 이에 따라 민진당은 4직할시, 국민당은 1직할시, 무소속은
1직할시의 시장을 차지하는 지방 정치 구조가 되었다.

여기서 주목해야 하는 것은 역시 타이베이시장 선거이다.

타이베이시는 1998년 이래로 16년간 국민당이 시장 자리를 차지해왔다.
국민당의 가장 큰 지지층이며, 기반 중 기반이었다. 국민당이 이 선거에서
내세운 후보는 여당인 국민당의 롄잔(連戰) 명예주석의 장남 롄성원(連勝文)
이었다. 최대 야당인 민진당이 타이베이시장 후보로 옹립한 사람은 실질적

으로 무소속인 의사 출신의 정치 신인 커원저(柯文哲)였다.

결과는 득표율 57.1% 대 40.8%로 커원저가 압승했다. 선거 전 여론조사 등에서 이미 예상한 대로였다. 특히 젊은 층의 투표 참여가 두드러졌고, 20대 유권자들 가운데 약 80%가 커원저를 지지했다.

이 같은 원인과 배경에 대해, 홍콩에서 발행되는 잡지 ≪호외(号外)≫의 편집장이자 중국 언론 시장에서도 정치 문제나 중국과 타이완에 관한 글을 써온 타이완의 정치평론가 장톄즈(張鐵志)는 세 가지 관점에서 분석했다.[1]

① 렌성원의 '부 2대'와 '관 2대'라는 배경(출신이 유복하고 정치가 2세라는 점)은 타이완 민주화 도정에서 최대 결함 중 하나인 '금권정치'를 노출하고 있다. 타이완 선거에는 막대한 자금이 들어가지만, 정치 헌금을 둘러싼 적절한 규제는 결여되어 있다. 타이완 사회는 민주화 후에 오히려 불평등이 두드러져 정치적 불평등과 경제적 불평등이 심화되고 있다. 커원저도 사회적 불평등 요소를 해결할 대안을 제시하지 못했지만, 그의 선거운동은 서민적이었고 타이완 선거 역사에서 보기 드물게 대기업의 영향을 받지 않았다. 타이완 금권정치의 폐단을 억제한 것이다. 4월 타이완에서 '태양화학생운동'이 발생한 주된 원인 중 하나는 타이완의 금권 민주에 의해 생긴 민주 공동(空洞)화와 사회 불평등이었다. 타이완 젊은 세대의 가치관에 큰 변화가 생기고 있으며, 렌성원과 커원저는 각기 다른 가치관을 대표한다.

② 후보자 간 정책 토론을 보면, 렌성원이 '경제경쟁력'을 반복해 설파하고 국가 경제력과 행정력을 강조한 반면, 커원저는 주로 '개방 정부, 전민 참여'를 내걸었다. 태양화학생운동의 사회적 맥락 중 하나는 젊은 세대가 '물질주의'에서 '포스트물질주의'로 전환된다는 점이다. 경제성장보다는 환경보호, 정의·공정, 사회참여와 같은 분야에 관심을 보이는 것이다.

③ 젊은 세대는 국민당파나 민진당파나 등의 간판을 점점 더 포기하는 정치적 경향을 띠게 되었다. 물론 그들에게도 정치적 입장은 있지만, 양당 대립으로 이

해하기에는 무리가 있다. 이는 범세계적인 추세이기도 하다. 많은 민주국가에서 유권자의 정당 쏠림과 충성도가 낮아지고 있다.

장톄즈는 이처럼 롄성원을 구시대, 커원저를 신시대 젊은이의 가치관에 부합한 후보자로 비교했다. 타이완 신임시장으로 당선된 직후, 커원저는 기자회견에서 '6개상신(相信: 6개의 믿는 것)'을 발표했다.[2]

① 정치를 믿는 것은 양심을 되찾는 것
② 정부를 해방하고, 전민의 참가를 촉구하며, 투명성 있는 정치 이념을 믿는 것
③ 인간은 꿈이 있기에 위대하다고 믿는 것
④ 대중의 지혜는 개인의 지혜를 초월한다고 믿는 것
⑤ 선택할 수 있는 한, 플러스와 진보의 방향성을 견지해야 한다고 믿는 것
⑥ 이들을 믿음으로써 타이베이의 변화를 믿는 것

장톄즈가 지적하듯이, 커원저는 사회 불평등이나 금권정치에 불만을 품은 젊은이나 일반 대중에게 사랑받기 쉬운 서민적 접근법을 보이는 듯하다. 또한 포스트모던이나 시민사회를 의식한 정치적 주장으로 들린다. 선거 캠페인에서 90% 이상의 시간과 에너지를 인터넷에 할애했다는 커원저는 서민 출신의 자신을 "정치 풋내기"라 칭하며, "타이베이시장 업무에 착수해서도 서민의 목소리에 귀를 기울이고 싶다"고 피력했다.

2014년 통일지방선거 결과는 필연적으로 2016년 벽두에 실시되는 총통선거에 영향을 미칠 것이다. 대패한 국민당의 마잉주(馬英九) 정권도 인사나 정책을 포함한 국정 운영에 제약을 받을 수밖에 없다.

11월 29일 저녁, 장이화(江宜樺) 행정원장(총리 상당)이 사의를 표명했다. 12월 3일에는 마잉주 총통이 대패의 책임을 지고 국민당 주석에서 사임했다. 국민당에 비해 중국과 거리를 두는 입장의 민진당이 2016년 총통선거에

서 승리해 여당에 복귀할 경우 중·대 관계와 대(對)중 교류는 어떠한 전개를 보여줄 것인가?

2010년 6월 마잉주 총통이 경제정책의 핵심으로 내세운 '양안경제협력기조협정(Economic Cooperation Framework Agreement: ECFA)이 중·대 간에 체결되었다. 하지만 국민당 시대에 체결된 경제와 무역 분야의 정부 간 협정은 민진당 정권이 들어설 경우 어떻게 유지·실천될 것인가? 중·대 관계에서 정부 간 교류의 정체 또는 좌절이 경제, 인문, 관광 등 민간 교류에 미치는 영향을 무시할 수는 없다.

이 장에서는 2014년 타이완 지방통일선거를 사례로 들어, 이에 근거해 중국·타이완 교류의 역사와 현황에 초점을 맞춘다. 이어 '중화계'로서는 처음 자유민주주의 가치관을 제도적으로 정착시킨 타이완이 중국 민주화에 어떠한 영향을 미칠지 문제를 검토해보려 한다.

민주화를 둘러싼 타이완과 중국의 공방

무소속으로 출마해 민진당의 지지를 받은 커원저는 11월 29일 기자회견에서 중국과 타이완의 관계에 관한 질문에 다음과 같이 답했다.

> 내가 타이베이 시장이 된 후에도 양안 도시 간 협력은 이제까지의 빈도와 심도를 유지하며 계속 진행해갈 것이다. 좀 더 많은 시민이 양안 도시 교류에서 과실을 얻을 수 있도록 모델을 탐색할 것이다. 나는 과거에 18회 방중했지만, 19회째의 방중도 이상할 것 없다.[3]

중국의 시진핑 정권은 2014년 타이완 통일지방선거 결과를 어느 정도 예측했을 것이다. 약 1년 후 타이완에서 민진당 정권이 탄생할 것이라 예상하고 2014년 6월 중국의 타이완 담당 각료급 고관으로는 처음 타이완을 방문한 장즈쥔(張志軍) 국무원 타이완사무판공실 주임이 민진당 정치가들과 관계자들을 두루 만났다. 그가 타이완 방문 기간에 회담한 인사 가운데 차기 총통 후보로 거론되는 두 사람, 국민당의 주리룬(朱立倫) 신베이시장과 민진당 간부 천쥐(陳菊) 가오슝 시장은 이번 선거에서 각각 승리했다.

중국 국무원 타이완사무판공실의 마샤오광(馬曉光) 대변인은 타이완의 통일지방선거에 대해 다음과 같은 논평에 그쳤다.

우리는 이번 선거 결과를 익히 알고 있다. 양안의 동포는 양안 관계가 이뤄온 귀중한 성과를 정확히 응시하고, 양안 관계의 평화와 발전을 함께 지키며 계속 추진해나가길 바란다.

중국 언론매체 또한 대안(對岸)의 선거 결과가 중국이 바란 것이 아니었던 탓인지, 위화감을 느껴질 만큼 소극적인 보도 양태를 보이며 '국민당 참패'를 전하는 데 그쳤다.

주리룬 시장은 12월 12일 자신의 페이스북을 통해 "2016년 총통선거에 입후보하지 않는다. 앞으로 4년간(2018년 말까지 신베이시장으로서 임기)을 완수하고 싶다"라고 밝혔다.[4]

2015년 1월 17일, 주리룬은 사임한 마잉주의 뒤를 이어 당내 선거를 거쳐 국민당 주석에 취임했다. 같은 날 저녁 중국공산당의 시진핑 총서기는 주리룬 주석에게 축전을 보내 "최근 국공 양당과 양안 쌍방은 손을 잡고 평화적 발전이라는 양호한 관계를 구축해왔다. 양안의 동포는 많은 이익을 얻고 있다. 장래의 관계 발전을 크게 기대한다"라고 전했다.

주리룬 주석은 당일 답을 보냈는데, "양당이 양안 관계를 발전시켜가는 데 좀 더 교류를 확대하고 원원하면서 영속적인 평화와 번영을 촉진해나가길 바란다"라고 말했다.[5] 2015년 5월 시진핑은 중국을 방문한 주리룬을 베이징의 인민대회당에서 맞아들여 '국공 주석 회담'을 열었다.

어쨌든 2014년 타이완 통일지방선거 결과와 관련해, 2022년까지 총서기직을 맡는 공산당의 시진핑은 대(對)타이완 관계 정책 연구에 지금까지 이상으로 진지하게 임할 것으로 보인다. '2016년 총통선거에서 국민당이 패배했을 때를 대비해'라는 단기적·표면적 대책을 넘어 타이완 사회에서 나날이 증가하는, 새로운 가치관을 지닌 젊은 층에 의한 현실 인식이나 경제활동 참가 방법, 그리고 그것들이 타이완의 경제사회와 민주정치에 어떠한 영향을 주고, 또 대내외를 포함한 정책에 어떠한 결과를 가져올지를 분석하는 것이다. 이처럼 상정 가능한 문제들의 배경·원인·구조를 철저히 분석한 다음, 대타이완 정책을 그려나갈 것이다. 내정·외교 쌍방에서 '타이완과 어떻게 교류할 것인가', '임기 내에 어디까지 움직이고, 어디서부터 다음 총서기에 위임해야 하는가'와 같은 현실적 과제를 메워나갈 것이다.[6]

중국과의 교류에 긴밀히 관여해온 타이완의 옌젠파(顏建發) 전 민진당 중국사업부 주임은 베이징 정부의 향후 행보를 다음과 같이 분석한다.

베이징은 국민당의 통일 진영이나 전선이 붕괴하는 것을 저지하는 동시에, 민진당이 타이완 독립으로 기울지 않도록 방파제를 구축하려 할 것이다. 베이징은 '하한선'을 더 명확히 주장하겠지만, 구체적인 정책과 대처 방안에서 이제까지보다 더 실리적·우호적으로 타이완과 접촉하려 할 것이다. 베이징은 민진당이 또다시 여당이 될 것을 예상하고 사전 준비나 대책을 마련하며 리스크를 최소한으로 억제하려고 할 것이다. 비록 민진당이 여당이 된다 해도 종래의 규칙과 분위기 속에서 양안 관계를 유지하도록 타이완 측에 힘을 쓸 것이다.[7]

베이징 정부는 독자적인 정치적 균형감으로 국민당·민진당 쌍방과 개별적으로 교류하는 가운데 경제 행위자로서 타이완보다 거대하지만, 경제와 무역 서비스 등의 협력 분야에서 전략적 양보를 해나갈 것이다. 아울러 '무력에 의한 통일'이나 '타이완을 해방한다' 등의 자극적 언사를 공식적으로 사용하지 않는 대신, 민진당에 대해서도 '타이완 독립'을 저지하는 정치적 거래를 수면 아래에서 전개해갈 것이 분명하다.[8] 중국의 '하한선'이란 타이완이 독립을 선언하지 않는 것이며, 경제 협력이나 민간 교류와 같은 영역에서 중국은 양보에 인색하지 않을 것이라는 입장을 견지할 것이다.

경제 협력을 배경으로 서로 다가가, 정치적 양보를 이끌어낸다. 바꿔 말하자면 "물질 면의 제공은 아끼지 않는 대신, 정치적인 하한선은 지키도록" 상대에게 촉구하며 상대를 포섭하는 전술은 중국공산당의 특기다. 중국 내 경제나 지식 엘리트는 물론이고, 홍콩, 마카오, 타이완, 동남아시아, 아프리카, 라틴아메리카의 신흥국과 도상국, 그리고 유럽이나 일본을 비롯한 선진국 등 모든 대상이 '포섭 전술'의 대상이다.

그렇다면 타이완이 지키는 하한선은 무엇일까. 말할 것도 없이, 자유민주주 가치관에 입각한 정치체제의 견지를 전제로 중국과 교류하는 것이다. 중국 경제가 얼마나 장대하고 위압적이든, 중국 시장이 얼마나 광대하고 매력적이든, 중국 정치가 얼마나 강대하고 전략적이든 간에 피와 땀을 통해 실현해온 자유민주주의만큼은 놓쳐서는 안 된다. 이는 타이완인들의 공통된 의견임이 틀림없다. 국립 타이완 대학 주원한(朱雲漢) 정치학 교수는 '중·대 관계와 민주주의'에 관해 다음과 같이 논한다.

소프트파워로서 민주주의의 힘을 최대화하는 것이 타이완의 장기적 이익을 지키기 위한, 현실적으로 적절하고 최선인, 그리고 아마도 유일한 전략이다. 그로써 중국과 타이완 간 하드파워가 해마다 불균형해져도, 장래 양안 관계의 방향성을 그려가는 데 타이완의 운신 폭을 넓혀줄 것이다. 동시에 이 전략은 타이완이 동아시아라는 지역, 그리고 세계 무대에서 중요하고 건설적인 역할을 맡도록 하는 데 이바지할 것이다. 만일 이 결정적 기회를 잃어버린다면 타이완은 점점 더 취약하고, 중요하지 않은, 주변적 존재로 전락하는 위험을 피할 수 없을 것이다.[9]

민간 수준의 교류가 진행되는 중·대 관계

2011년 5월 필자는 타이완에서 『애국노(愛國奴)』(大塊文化出版社)라는 책을 냈다.

'애국노(愛國奴)'는 "비밀리에 나라를 팔아먹는 사람들"이라고 정의했다. 나라를 팔고 있음을 인지하는데도 실제로 팔고 있는 '매국노'에 비해 '애국노'란 사회에서 무자각적으로 만연해간다는 의미로, 성가시며 성질이 고약하다는 의미를 담고 있다. 작금의 중국 사례를 들어, 편협하고 배타적인 내셔널리즘이 국가나 사회로부터 이성을 빼앗아가는 현상의 위험성을 지적한 것이다.

당시에 필자는 타이완을 처음 방문했다. 『애국노』 출간 기념행사에 참석하는 것이 목적이었지만, 그와 관련해 이어진 좌담회에는 현지의 영향력 있는 정치가, 사회 활동가, 평론가, 학자가 참여했다.

여기에는 1980년대부터 1990년대에 걸쳐 타이완의 민주화를 촉구하는 학생운동(타이완에서는 통칭 '학운(學運)'이라 불린다)을 이끈 리더 격 인사들이 다수 보였다. 예를 들어 민진당의 천수이볜(陳水扁) 전 타이베이시장이 중화민국 총통을 역임하던 당시, 그의 측근으로서 타이완 사상 최연소 정무관이 된 뤄원자(羅文嘉) 타이베이시 전 대변인이나, 현 민진당 입법위원도 적극적으로 논의에 참여했다.

국가와 민족의 관계, 사회와 시민의 관계 등의 관점에서 '국가가 건전하게 발전하려면 국민은 어떻게 행동해야 하는가?'라는 보편적 주제를 논의했다. 이 자리에서 뤄원자는 "자유나 민주주의는 우리 자신의 행동으로 이겨야 차지할 수 있는 것이다. 타이완에도 '애국노'는 많다. 진정한 애국자를 키우지 않으면 타이완의 미래는 위험하다"고 주장했다.

사실 '애국노'는 애초 중국 본토에서 출판할 예정이었다. 일·중 관계에서 중국이 우여곡절을 겪으며 개혁개방 정책을 추진해가는 와중에 내셔널리즘이나 애국주의 같은 현상에 대한 문제의식이 이 책을 쓰는 계기가 되었기 때문이다.

그렇지만 결과적으로 출판에 이르지 못했다. 중국 본토에서 오랫동안 이어져 왔고, 2008년 베이징 올림픽 전후를 계기로 더욱 강화된 언론 통제 속에서 출판에 대한 통제는 특히 엄격하다. 신문 기사나 텔레비전 방송과 비교해 "후세에 남기 때문에 영향력이 크다"(중국에서 뉴스나 출판, 라디오나 텔레비전을 감시·검열하는 행정기관의 국가신문출판광전총국 간부)는 것 때문이다. 이 간부로부터 "가토 씨가 진지하게 이 책을 써낸 것을 잘 알고 있으며, 경의를 표하고 싶다. 다만, 내용이 어쨌든 '애국노'는 너무 민감한 제목이다. 이 제목으로는 출판이 불가능하다[10]"는 말이 돌아왔다. 현재의 중국 체제하에서는 정치적 허용 범위를 넘어선다는 판단이 내려진 것이다.

교섭 중이던 베이징의 출판사가 "제목을 변경하면 출판할 가능성은 있다"고 알려왔지만, 정중히 거절했다. 배타적인 애국주의가 만연하는 중국의 일반 여론에 대해 '애국노(愛國奴)'라는 메시지를 대담히 제기하지 않으면 효과적이지 않다고 생각했기 때문이다.

반 정도 포기하고 있던 차에, 예전부터 알고 지내던 홍콩 출신 작가가 타이완 출판을 추천했다. "타이완에서 출판하면 홍콩에서도 정상적으로 발매되고, 홍콩을 방문하는 중국인의 눈에도 띌 것이다. 중국 대륙의 언론 시장에 어떤 영향을 주는 것이 가능해진다." 필자는 타이완 출판사와 교섭해 출판할 수 있었다.

그 후 홍콩을 방문했을 때 서점에는 『애국노』가 진열되어 있었다. 홍콩을 방문한 많은 중국인이 책을 손에 들었고, 메일로 감상을 전해준 독자도 있었다. 학생들 중에는 조국의 내셔널리즘이나 젊은이의 현상 인식을 둘러싸고 문제의식을 제기하는 사람도 있었다. 좌절을 맛본 『애국노』의 출판 과정을 통해 홍콩 또는 타이완 출간이라는, 같은 중화권 내에서 에둘러 출판하는 방법을 체득한 것은 필자에게 큰 수확이었다.

앞 장에서도 언급한 관점이지만, 타이완을 찾는 중국 본토인이 많아지는 현상은 중국 민주화 과정에서 장기적으로는 긍정적이다. 중국에서는 공산 당 일당 지배의 정치가 계속되고 있는 가운데, 타이완이라는 같은 중화권에 서 자유·민주·법치·인권 같은 보편적 가치에 접하는 중국인이 증가할수록 상향식으로, 또 장기적 관점에서 중국 민주화 추진의 토양이 조성되어간다 고 전망할 수 있기 때문이다.

여기서 어디까지나 "전망할 수 있다"는 표현에 머무른 데는 이유가 있다. 근래에 중국이 경제적·군사적으로 부상하면서 미국발 리먼 쇼크나 유럽발 셧다운 등을 목격한 중국인이 서방의 자유민주주의의 이상 상태나 생명력 에 대해 의문을 제기하는 가운데 국가자본주의, 다시 말해 개발독재 모델인 차이나 모델을 정당화하는 경향이 중국 내 여론에서 두드러지게 나타나기 때문이다.

중국 정치나 중국과 타이완의 관계를 연구하는 타이완중앙연구원 사회학 연구소의 우제민(吳介民) 부연구원은 다음과 같이 말하며 중국과 타이완 교 류의 과정상 경향을 분석한다.

현재 타이완의 민주정치는 역사적 변화의 교차점에 있다. 타이완의 민주주의의 활력은 다이내믹한 시민사회와 다원경합적인 민간 파워에서 나온다. 현재 나타 나는 양안 관계의 진전은 타이완의 민주주의에 새로운 도전을 던져주고 있다. 중 국의 부상이야말로 결정적으로 중요하게 작용한다.[11]

마잉주 정권이 들어서면서(2008년 5월 이래) 민간 수준의 중국과 타이완 간 진전이 활성화되고, 사람·사물·돈·정보 교류의 급증에 동반해 타이완 사회 에서 중국의 존재감이 나날이 강해지고 있다. 2010년 9월에는 마잉주가 경 제정책의 핵심으로 내건 '양안경제협력기조협정'이 발효되어(민진당 등의 야 당은 반대), 중국과 타이완의 경제 교류는 더욱 긴밀하게 이루어지고 있다.

필자가 처음 타이완을 방문한 2011년 이래로 2012년과 2013년에 타이완을 방문하면, 거리마다 중국인 관광객과 마주쳤다. 타이완의 대학들에는 베이징 대학 등 본토의 주요 대학에서 '교환 유학'을 오는 다수의 학생이 있었으며, 학술 심포지엄에는 중국 학자가 참여하고 있었다. 아시아·태평양 지역에서뿐 아니라 전 세계적으로 중국의 존재감이 높아지는 상황에서 타이완도 역사적·정치적 이유로 중국과의 교류를 마냥 거부할 수 없는 상황이 전개되고 있다.

일·중 전쟁 후 국공내전을 거쳐 장제스(蔣介石)가 이끄는 국민당은 타이완으로 쫓겨났다. 그 후 마오쩌둥이 이끄는 공산당이 중국 본토에서 중화인민공화국을 창건(1949년)한 이래, 중화인민공화국이 중국 본토를, 중화민국이 타이완을 각각 통치하면서 '주권'을 주장하는 분단적 국면이 계속되어왔다. 일본은 1972년에 중화민국과 단교하고, 중화인민공화국과 국교를 맺었다.

제2차 세계대전 후 냉전하에서 중국과 타이완 간 교류는 한정적 수준에 그쳤다. 타이완에는 원주민인 '본성인(本省人)'과 국민당이 중국 대륙에서 타이완으로 쫓겨날 때 이주해온 '외성인(外省人)'이 공존한다. 외성인은 조상이 중국 본토에 있으며, 친척이 본토에 살고 있기 때문에 '귀향' 형태로 중국에 도항할 수 있었다.

1980년대 들어 중국이 개혁개방 정책을 추진하자 타이완 상인들이 적극적으로 본토 비즈니스를 전개하면서 중국과 타이완 간에 민간 수준의 경제·무역 교류를 촉진해갔다. 타이완에서 중국으로 가는 흐름에 비해, 중국에서 타이완으로 오는 인적 흐름은 한정되어 있었다. 하지만 최근 들어 두드러진 변화가 일어나고 있다. 통계에 따르면 마잉주의 총통 취임 전년도인 2007년에 중국을 방문한 타이완인은 462만 7881명이었던 데 비해, 타이완을 방문한 중국인은 32만 169명에 지나지 않았다. 이것이 5년 후인 2012년에는 245만 명으로 급증한 것이다.[12]

'타이완 내셔널리즘'

필자가 논문을 통해 지적했듯이, 타이완에서 중국의 존재감이 높아지는 가운데 새로운 알력도 발생하고 있다.

2014년 3월 18일, 타이완의 대학생들이 또다시 '학운'을 일으켰다. 사건의 발단은 타이완 입법원의 강행 처리 행위였다. 3월 17일 타이완 입법원의 한 위원회가 2013년 중국과 타이완 정부 간에 조인한 '서비스무역협정'(서비스업 무역의 자유화를 촉진하기 위한 협정) 심의를 갑자기 중단한 채, 본회의에서 강행 처리를 시도했기 때문이다. 이에 반발한 대학생들이 입법원을 점거했고, 3월 30일에는 약 50만 명이 항의 시위에 참가해 마잉주 정권을 비판했다. 4월 10일 왕진핑(王金平) 입법원 위원장이 학생 측과 협의해 "법률에 따른 심의가 종료될 때까지 어떠한 형태로도 입법원 처리를 진행하지 않는다"고 발표했다. 학생들은 점거를 중단하고 사태는 일단 진정되었다.

'태양화학운(太陽花學運)'이라 불리는 일련의 항의 시위의 배경에는, 서비스 업종에서 중국과의 교류가 자유화될 경우 중국 기업과의 무한 경쟁에 노출되는 타이완 기업이나 취업자가 궁지에 내몰릴 것이며, 결국 '타이완이 중국에 집어삼켜질지도 모른다'는 타이완 시민들의 위기감이 확산되고 있었다.

이 같은 위기감은 경제적 측면에 그치지 않는다. 태양화학운에 참가한 타이완 대학생들은 '민주주의를 지키기 위해'라는 대의명분을 내걸고 입법원 점거를 실행했다. 필자와 같은 세대로 대학생운동을 지원하는 과거 학운 멤버 중 한 명은, "타이완의 민주주의가 짓밟히는 형태로 진행되는 중국과의 교류 협정을 인정할 수 없다. 그런 짓을 하면 타이완은 끝이다"라며 사태 전개에 분개했다. 그는 동료들과 함께 학운 후배인 대학생들을 응원하는 데 분주했다. 타이완인 대부분이 '중국과의 교류가 깊어지고 거리가 너무 가까워지면 타이완의 자유민주주의나 법치주의는 침식되어버린다'는 현상 인식을 갖고 있다.

'민주주의를 지키기 위해'라는 집념의 배후에는, 특히 중국과의 교류가 깊어지면서 성장한 '타이완인'이라는 정체성을 강하게 품은 젊은 세대의 '타이완 내셔널리즘'이 영향을 미치며 자리하고 있다고 생각한다.

타이완 중앙연구원 왕홍룬(汪宏倫) 부연구원은 '타이완 민족주의'라는 관점에서 다음과 같이 해석했다.

타이완 내셔널리즘은 '족군(族群)민족주의'의 범주에 가까운 특색을 띤다. 타이완인과 중국인을 '다른 민족'으로 파악하며, 이 때문에 다른 국가여야 한다고 주장한다. 1990년대 이후 타이완 내셔널리즘은 중화인민공화국을 타자로 인식하고 중국에 억압된 '현실적 슬픔'과 '역사적 슬픔'을 결합시켜 스스로의 감정을 형성하는 하나의 프로세스다. 그중에는 혐중과 반중 같은 감정도 더없이 잘 보인다. 한편 타이완인의 현실적 슬픔으로 인한 '국격수구(國格需求) 감정'(국가로서의 지위를 추구하는 감정)이, 역사적 슬픔 위에 형성된 타이완 내셔널리즘과 반드시 일치하지는 않는다. 국격수구가 요구하는 것은 타이완이 하나의 정치 공동체로서 국제사회에서 동등하게 다뤄지는 것이며, 이는 족군민족주의와 다른 '시민민족주의'의 원형에 가깝다.[13]

또 앞서 나온 우제민은 논문에서 다음과 같이 논했다.

중국 요인이 가지는 부정적인 측면은, 타이완 경제사회의 발전을 촉진하는 상상 공간을 좁게 만들고 있다. 국공 플랫폼(국민당과 공산당이 연대를 강화하는 메커니즘)은 타이완 민주주의의 근간을 침식하고 있다.[14]

필자 생각으로는 1980년대 후반에서 1990년대 전반은 타이완 민주화 프로세스에서 결정적으로 중요한 시기였다. 1980년대 후반부터 1990년대 전반에 걸쳐 대학생이던 세대(현재 40대), 1996년 첫 총통선거 실시로 국민당

주석 리덩후이(李登輝)가 총통에 선출되면서 타이완이 민주화에 성공한 시기에 대학 생활을 보낸 세대(현재 30대), 중국과의 관계가 급속히 깊어지는 과정에서 대학생이 된 세대(현재 20대)는 세대를 넘어 민주주의를 구축·사수하고 성숙시켜야 한다는 깊은 유대와 의지로 이어져 있다. 시대를 막론하고 젊은 세대, 특히 대학생들은 민주주의를 추구하고 그 신념을 관철하려 한다. 실제로 총통부나 입법원과 같은 국가기관들이 학생들의 기백과 주장에 타협하고 있다. 그들은 타이완 정치의 정책 결정 과정에 직접적으로 참여하는 셈이다.

감정적인 표현이 되겠지만, 필자는 같은 아시아인으로서 타이완 젊은이들의 신념과 행동력을 자랑스럽게 생각한다. 그와 동시에, 일본인의 한 사람으로서 자국의 정치발전에 무엇이 필요하고 국민은 무엇을 해야 하는지 생각한다. 적어도, 투표권이 있는 유권자 지위에 만족할 경우 정치는 작동하지 않는다는 사실을 타이완 대학생들을 통해 깨닫게 된다.

이미 민주화를 성취했음에도 만족할 줄 모르는 정신으로 학운을 계속하며 자유민주주의 제도와 가치관을 사수하려는 타이완 대학생들을 바라보면서, 이제까지 비교적 근거리로 교류해온 중국의 대학생들은 민주화의 과정을 추진하는 활력이 현저하게 부족하다는 것을 느낀다.

중국의 대학생에게도 1989년 후야오방 전 총서기의 사망을 계기로 민주화를 촉구하며 분기한 역사가 있다. 그 결과, 덩샤오핑이 이끄는 공산당 지도부의 무력 진압이라는 톈안먼 사건을 경계로 중국의 민주화 과정은 좌절되었다. 톈안먼 사건은 공산당에게 금기가 되어 있으며, 대학생에게는 트라우마로 남아 있다. 민주화를 촉구하며 일어서서 권력에 맞서는 것은 인생을 망쳐버리겠다는 의미다. 그런 생생한 기억이 현재를 살아가는 중국 대학생들의 뇌리에 배어 있는 것이다.

앞에서 서술했듯이, 필자는 학생 시절을 보낸 베이징 대학에서 민주화를 추구하며 일어나 자신의 말과 행동으로 공산당이라는 권력에 맞서려 한 학생을 한 명도 보지 못했다. 모두들 정치운동에 참가하면 자신의 이력이 와해될까 봐 두려워하고 있었다. 그들은 골드만삭스 증권 또는 매킨지앤드컴퍼니 같은 외국 기업에 취직하거나 하버드, 프린스턴, 예일, 스탠퍼드 같은 미국의 유명 대학에 유학 가길 바라며 이민을 계획하고 있었다. 한시라도 빨리 온갖 수단을 동원해 '이 나라에서 탈출하고 싶다'고 생각하는 듯 보였다.

중국의 팽창적 부상을 '민주주의에 대한 도전'으로 인식하고 몸을 내던져 자유민주주의나 법치에 대한 침식을 저지하려는 타이완의 대학생과, 톈안먼 사건이 트라우마가 되어 민주화운동에 거리를 둘 뿐 아니라 서구를 비롯한 자유민주주의 국가로 '탈출'하려는 중국의 대학생. 민주화의 관점에서 양측의 대학생들과 의사소통하는 과정에서 타이완 대학생으로부터 느낀 것이 신념이라면, 중국 대학생으로부터 느낀 것은 체념이었다. 타이완 해협을 끼고 양자를 둘러싼 정치 환경은 상당히 다르다. 그리고 오늘날 중국과 타이완 쌍방에서 민주화를 둘러싼 역사의 성쇠를, 당사자로서 움직여온 대학생들의 정치적 환경에 대한 입장은 대조적이다.

중국이 타이완 같은 사회가 되는 것이 바람직하다. 그 역은 비극이다. 타이완에 간 적이 있는 중국인은 모두 그렇게 생각할 것이다(베이징 대학 학생).

타이완의 민주주의는 오락화되고 있다. 정치가는 권력투쟁을 위해 뛰고, 젊은이는 정치에 무관심해져 간다. 이대로라면 타이완의 정치는 쇠퇴한다(타이완 대학 학생).

중국과 타이완을 대표하는 베이징 대학과 타이완 대학의 학생이 다른 장소에서 각각 이렇게 말했다.[15] "민주주의를 부단히 진화시키려는 자세, 타이완은 그것을 중국에 계속 보일 필요가 있다"(타이완 대학 학생). "같은 중국인이 타이완에서 민주화를 실현한 역사적 사실을 우리는 잊어서는 안 된다"(베이징 대학 학생).

필자가 일본인, 즉 제3자이기 때문에 이러한 코멘트를 달 수 있을 것이다. 그러나 머지않은 장래에 중국과 타이완의 젊은 세대가 직접 마주 보며 이런 의견을 주고받을 날이 올지도 모른다. 사적인 장소에서는 이미 일어나고 있다.

자신들에 대해 비판적이고, 상대에 대해서도 겸허한 자세를 무너뜨리지 않는다. 중국과 타이완의 젊은이들 사이에서 그와 같은 상호 교류가 자연스럽게 전개될 때 정치, 경제, 문화 등 모든 분야에서 양안 교류는 꽃을 피울 것이다.

중국인과 민주화는 공존한다

여기까지 중국과 타이완 간의 민간 교류가 깊어지는 현실이나 대중 관계를 둘러싼 타이완의 정치적 갈등, 민주주의에 대한 중국과 타이완 젊은이들의 대칭적인 자세와 의식을 묘사했다. 이제부터는 타이완이라는 전혀 다른 체제가 해협을 사이에 두고 마주한 중국의 민주화에 어떤 영향을 미치는지 탐색하려 한다. 이에 앞서 베이징 대학 학생과 타이완 대학 학생의 앞선 발언을 검토해본다.

"중국이 타이완 같은 사회가 되는 것이 바람직하다. 그 역은 비극이다. 타이완에 간 적이 있는 중국인은 모두 그렇게 생각할 것이다"(베이징 대학 학생)를 생각해보자.

2013년 타이완을 방문한 외국인은 약 800만 명에 달해 역대 최고를 기록했지만, 국적별로는 중국인이 275만 명으로 제일 많았다.

최근 필자가 홍콩과 타이완을 방문하며 현지인과 대화를 통해 관찰해온 바에 따르면, 홍콩으로 들어오는 중국인 관광객의 주된 목적이 ① 쇼핑, ② 취학, ③ 노동, ④ 출산, ⑤ 이민이라는 실리적인 것인 데 비해, 타이완을 찾는 중국인 관광객의 주된 목적은 ① 호기심(국공내전 이후 분단적 국면이 계속되는 와중에 알 수 없었던 미지의 세계인 타이완을 체감하는 것), ② 향수(중국에서는 정치운동 등의 이유로 잃어버린 중화문명의 진수가 타이완에는 남아 있다는 것), ③ 탐구심(같은 중국인이면서 자유민주주의 체제로 이행한 타이완 사회의 성숙도와 제도의 선진성을 이해하는 것) 세 가지라고 생각한다.

그리고 타이완의 질서 있는 도시 구조, 유교를 상징하는 듯한 인간과 자연의 공생에 접한 중국인 대부분(특히 중국의 정치체제나 전통문명의 상실에 불만을 품은 지식인이나 문화인들)이 "타이완은 훌륭하다. 타이완이야말로 중화문명의 이상이다"라고 감탄한다.[16] 한편 "드디어 중국인이 타이완으로 도항할 수 있게 되어 타이완에 대해 감동하는 데 지나지 않는다. 특히 리버럴파 지식분자는 타이완을 너무 치켜세운다. 그새 질린다"(유럽 언론매체의 중국 지국에서 일하는 중국인 여성)는 의견도 이따금 들린다.

특히 리버럴 성향의 지식인이나 문화인은 타이완 사회의 언론·보도의 자유가 제도적으로 보장된 체제를 동경한다. 타이완에서 서적을 출판하는 중국 지식인도 늘고 있다. 중국에서는 출판할 수 없을 듯한 정치적으로 아슬아슬한 내용일 경우, 우선 타이완에서 출판한 뒤 홍콩에서 발행하고, 홍콩을 방문하는 중국인의 눈에 띄어 결과적으로 중국에 흘러 들어가는 것을 목표로 한다. 타이완을 통해 중국의 언론 시장이나 가치체계에 영향을 주려는 시도가 수면 아래에서 진행되는 것이다.

인류 사회의 진화가 도달하는 끝이 전통문명에 대한 존중, 자연과의 공생, 그리고 독재정치를 극복한 자유민주주의라고 가정한다면, 베이징 대학 학생이 주장하듯이 중국과 타이완이 같은 사회로 진화하는 것이 바람직하고(국가의 규모나 인구, 지정학적 상황이 다르기 때문에 일률적으로 비교할 수는 없지만), 역으로 타이완이 중국과 같은 사회로 변화되는 것은 비극이라는 견해는 타당하다고 생각한다. 실제로 타이완을 찾는 중국인 대부분이 "우리 사회도 장래에 이렇게 되면 된다"며 자신들의 미래상을 타이완 사회와 겹쳐보는 듯했다. 타이완을 체감하고 거기에 중국의 미래상을 중첩시키는 중국인이 해마다 증가할 경우, 중국 민주화에 주는 충격을 주목할 필요가 있을 것이다.

여기서 주목되는 것은 "민주주의를 부단히 진화시키려는 자세로, 타이완은 이를 중국에 계속 보일 필요가 있다"(타이완대 학생)는 주장이다.

타이완에서는 1980년대 후반부터 1990년 전반에 걸쳐 극적으로 전개된 학운도 원동력이 되어, 1996년 처음으로 총통 직접선거가 실시되었다. 타이완의 눈부신 경제발전과 함께, 1980년대 장징궈(蔣經國)와 리덩후이는 타이완 사회의 경제·사회구조 변화에 대응하며 서서히 정치를 개방하는 방향으로 진행해갔다.[17] 민주주의의 기초를 ① 공정한 선거, ② 사법의 독립, ③ 언론·보도의 자유로 정의할 때 지금 타이완에서는 모든 것이 제도적으로 보장되어 있다. 타이완은 민주정치를 실현하고 있는 것이다.[18]

한편 민주정치가 후퇴하지 않는다는 보장은 어디에도 없다. 일국의 정치가 민주에서 독재로 후퇴한 역사적 사례는 존재한다.

미국의 국제정치학자 새뮤얼 헌팅턴은 1974~1990년대 민주화의 파도를 논한『제3의 물결(The Third Wave)』에서 민주화는 한 번 달성했다고 영속되는 것이 아니라고 했다.

민주주의는 견딜 수 있는 것인가? 새로운 시스템은 통합되는가, 아니면 붕괴하는가? 제1과 제2의 파도로 민주화한 20개 국가의 정치체제가 권위주의적 정부로 되돌아가고 있다. 1970년대와 1980년대에 민주화한 30개 국가 중 얼마만큼의 국가가 구체제로 되돌아가버릴 것인가. 이미 두 개 사례가 1980년대 아프리카 대륙에서 발생했다. 1984년의 나이지리아와 1989년의 수단이다. 이들은 특이한 사례인가, 아니면 더 많은 민주정부가 붕괴될 징조인가.[19]

관민일체로 부단한 노력을 지속하고 제도적·실질적으로 수준 향상에 힘쓰지 않으면, 민주주의 체제가 (가령 군부에 의해) 전복되어 독재정권으로 몰락해버릴 가능성도 있는 것이다.

이러한 맥락에서, 2014년 3월 타이완 입법원의 위원회가 2013년 중국과 타이완 간에 조인된 서비스무역협정 심의를 돌연 중단하고 본회의 강행 처리를 시도한 데 대해, 타이완 대학생들은 '3·18 태양화학운'을 일으켜 입법원을 점거하고 강행 처리를 저지하려 했다. 그 배경에는 '국민당의 마잉주 총통이 아무리 중국과 타이완의 경협 관계를 중시한다 해도, 법치주의에 의거한 절차를 일탈한 형태로 진행되어서는 안 된다. 이는 민주주의의 붕괴를 의미하기 때문이다'라는 위기감이 깔려 있었다. 입법원을 점거한 학생들은 '타이완 민주주의를 사수하기 위한 행동'이라는 의식을 견지하고 있었다. 타이완에서는 친중파로 자주 비판받기도 했던 마잉주 총통이 아무리 중국과의 경협 강화를 정권의 목표로 내걸어도, 중요성이 정통성을 능가할 수는 없다.

필자가 중국 본토에서 각계의 사람들과 어울리며 경험한 바에 따르면, 중국에서는 중요성이 정통성을 압도하는 경우가 많다. 헌법·제도·계약에 의한 규칙이나 지표보다는 당료들의 주관적 원망(願望)이나 문제의식에 따라 일이 정해지고 진행되는 경향이 있다는 것이다.

예를 들어, 중화인민공화국 '헌법'은 언론의 자유를 보장한다.[20] 하지만 통치자인 중국공산당은 자신의 정치적 관점이나 통치상 필요에 따라 국민의 언론·보도·출판·집회·결사와 같은 정치적 자유를 탄압하는 정책을 지속한다. 이제 세계 제2의 경제 대국이 된 중국을 각국 정부나 기업가들이 중요시하는 것은 당연하다. 그러나 중국의 부상 혹은 대중 관계의 중요성에만 눈을 돌려 국제사회가 키워온 제도나 규범과 같은 정통성에 등을 돌리는 경우가 있어서는 안 된다. 중국 자체의 제도 기반이나 가치체계가 열등해질 뿐 아니라, 세계 제2의 경제 대국이라는 책임 있는 이해관계자로서 세계 정치·경제 시스템에 관여하려는 중국을 위해서도 좋지 않기 때문이다.

마잉주 정권이 강력히 추진하려는 중국과의 서비스 협정과, 여기에 저항하려는 학생운동도 이런 맥락에서 이해·해석되어야 한다. 타이완 대학생들이 중국의 팽창적 부상, 그리고 중국과의 경제적 연결고리를 중요시하는 마잉주 정권에 대해 정통성이라는 각도에서 '노(No)'를 내던진 사실은 의의가 깊다. 타이완뿐 아니라 일본이나 미국, 유럽 그리고 현재 중국이 인프라·기술·자본을 국가 전략적으로 대량 수출하려는 동남아시아, 아프리카 대륙, 아랍·중동 국가들에서도 시사하는 바가 많다는 점에서 참조해야 할 것이다.

동시에 타이완의 존재는 중국 민주화를 촉진하는 방법론의 차원에서 중요해지고 있다. "타이완의 민주주의는 오락화되고 있다. 정치가는 권력투쟁을 위해 뛰고, 젊은이는 정치에 무관심해져 간다. 이대로라면 타이완의 정치는 쇠퇴한다"(타이완 대학 학생)는 주장에 귀 기울여야 하는 이유다.

인구 2300만 명의 타이완 스스로 자유·인권·법치·민주를 존중하는 정치를 제도적·실질적으로 확립할 필요가 있다. 국민의 정치 참여, 시민사회의 충실, 철저한 삼권분립 같은 요소도 부수되어야 한다. 필자도 과거에 네 번이나 타이완을 방문했을 때, 타이완 대학 학생이 한탄한 것처럼 많은 지식인이 타이완의 민주주의가 정체해가는 추세를 '오락화'와 '무관심'으로 치부하며 우려하던 모습을 기억한다.

타이완이 민주화 수준을 향상시킬수록 중국 민주화에 건전한 외압이 된다. 또 자유민주주의라는 정통성을 중국의 부상이라는 중요성으로부터 지키는 내력이 될 수 있다. 가령 중국이 민주화로 나아간다면, 그 과정은 많든 적든 타이완의 영향을 받을 것이 틀림없다. 그리고 중국이 변혁되는 과정에서 타이완의 영향은 정치적·사회적으로 달성하는 역할에 머무르지 않을 것이다. 더 중요한 것은 타이완이 중국인 사회에서 처음, 그리고 유일하게 민주화를 실현했다는 사실(史實)이다.[21]

여기서 "같은 중국인이 타이완에서 민주화를 실현한 역사적 사실을 우리는 잊어서는 안 된다"라는 베이징 대학 학생의 주장을 검토해보려 한다.

중국 사회에 깊이 관여하는 일본인 기업가들로부터 "중국인과 민주화는 물과 기름의 관계다"라는 이야기를 들은 적이 있다. 중국인과 민주화는 양립할 수 없으며, 중국인이 민주화를 실현하는 것은 무리라는 의미로 들렸다. 그렇지만 타이완을 통해 '중국인과 민주화'의 관계를 생각해보면, 이 전제 또한 반드시 타당한 것으로 받아들일 수는 없다.

앞에서 거론한 것처럼 1949년 국공내전에 패배한 장제스는 타이완으로 도피했다. 그 이후 중화인민공화국이 중국을, 중화민국이 타이완을 통치해 양자가 각각 주권을 주장하는 분단적 국면이 현재에까지 이르고 있다. 재인식할 것은 같은 '중국인', 즉 중화민국이 통치하는 타이완에서 서구식 자유민주주의가 실현된 역사적 경위다. 이 사실로 미루어, 적어도 "중국인과 민주화는 물과 기름의 관계"라는 문화인류학적인 해석은 설득력이 부족하다는 것이다.

앞에 나왔던 주원한은, 같은 중국인이 통치하는 타이완에서 민주화를 이룩한 사실이 중국 민주화에 미칠 영향의 중요성을 주장한다.

타이완의 정치적·경제적·사회적 요인은 중국이 민주화해가는 과정에서 가능성이 풍부한 강력한 촉매제 역할을 할 것이다. 타이완의 침투력은 경제의 근대화, 사회의 다양화, 정치의 민주화를 둘러싼 경험뿐 아니라 '중국인'이라는 존재감 그 자체를 통해 찾아낼 수 있다. 타이완인은 일상생활에서 '중국인'의 사회적 관습을 유지하고 키워왔다. 식사 습관, 심신의 건강에 대한 개념, 인생관, 생과 사, 운명, 자연과의 공생, 또는 가족을 기본단위로 한 윤리관 등이 그렇다. 타이완인이 모델이 되어 달성한 근대화의 역사를 경시해서는 안 되지만, 언어적·문화적으로 중국과 공유해온 전통이 타이완인의 생활양식을 보편적이며 중요하게 만든 것 또한 사실이다. 타이완의 현대성과 전통성이 결합되어 활력 있고 지속적으로 진화하는 사회를 형성해온 것이다.[22]

가령 '중국인은 민주화하지 않는다'라는 가설을 세웠다면 '중국인과 민주화'의 관점이 아니라 다른 관점에서 이 가설을 검증해야 한다. 예를 들면 냉전 구조가 붕괴하는 전후 시기에 사회주의 이데올로기가 남긴 후유증, 1921년에 창설된 중국공산당의 역사 또는 구조, 1949년에 건국된 중화인민공화국 정치체제의 변천, 면적, 인구, 지리, 국제 관계 등의 다른 각도에서 입증되지 않으면 안 된다는 것이다.

베이징 대학 학생이 '이 역사적 사실을 잊어서는 안 된다'고 주장하듯이, 조건만 갖춰지면 중국인도 민주화를 이룰 소양이 구비되어 있다는 것이 이론상으로 성립된다.

타이완은 중국의 민주화를 촉진할 수 있는가

2014년 3월 태양화학운에서도 볼 수 있었지만, '중국과 교류하는 과정에서 타이완의 법치주의나 민주주의가 침식되는 것은 아닌가', '마잉주 정권은 중국과의 관계를 너무 중시해 법치나 민주 같은 규칙·절차를 경시하는 것은 아닌가'라는 타이완 유권자들의 위기감이, 2014년 11월 통일지방선거에서 국민당의 참패에 짙게 반영되었다.

필자가 평소 의견을 교환해온 타이완의 20~30대 지식인들은, 홍콩의 젊은 세대가 잔중 활동을 전개한 상황을 감안한 듯, 통일지방선거 결과에 대해 "타이완은 승리했다. 민주주의는 승리했다. 이 결과가 선거라는 민주 시스템을 통해 타이완인이 낸 답이다"라고 주장했다. 그중에는 홍콩을 방문해 항의 시위에 직접 참가하는 사람도 있었다. 이들은 10월과 11월에 걸쳐 타이완과 홍콩 양쪽의 유권자이자 타이완인이라는 긍지를 내걸었다. '타이완 고립'을 선동하는 것이 아니라, 중국과 타이완 관계 또는 양안 교류의 안정과 번영을 외치며 대화를 통해 상호 이해를 촉구하려는 사람들이다. 이것이 그들의 주장이었다.[23]

마지막으로 2014년 타이완 통일지방선거 과정과 결과가 중국 민주화에

던질 수 있는 세 가지 의미를 제시한다.

우선, 타이완의 상황과 홍콩의 상황은 근본적으로 다르다는 점이 중요하다.

홍콩 시민들이 2017년에 실시될 가능성이 있었던 '보통선거'에서 자신들의 의사가 반영된 공정한 민주 선거를 획득하고자 베이징 중앙정부와 그 지배하의 홍콩 정부에 맞서 매일 싸웠던 것과 비교해볼 때, 독립된 정치체제가 있고 민주주의 시스템이 작동하는 타이완 시민들이 마주한 권력자는 타이완 정부다.

홍콩의 보통선거가 얼마나 공정한 절차로 실시되는가 하는 문제는, 11장에서 검증했듯이 중국 민주화가 얼마나 진전될 수 있는지를 재는 척도로서 직접적 지침이 된다. 한편 타이완에서 이미 실현되고 있는 민주 선거와 중국 민주화 사이에는 직접적 상관성을 찾아볼 수 없다.

중국이 민주화될 경우, 타이완 측에서 교류 방식을 근본적으로 바꾸리라는 것은 필연적 사실이다. 하지만 중국으로서는 같은 중화계인 타이완의 민주 시스템에 대해 "훌륭하다. 우리도 민주화할 수 있도록 노력하겠다" 혹은 "타이완의 정치체제에서 배워야 한다"고 하지는 않을 것이다. 당정 관계자로부터 "타이완 정치에서 배워라. 동포에게 배워라"라는 구호가 겉으로는 거의 나오지 않을 것이다.[24]

타이완의 민주주의에 기반을 둔 통일지방선거와 중국 민주화는 직접적 관계가 없다. 이것이 첫 번째다.

한편 앞서 서술한 대로, 타이완 통일지방선거와 중국의 관계는 밀접하다.

타이완의 젊은 세대를 중심으로 "중국과 어울리는 방식을 정해야 하지 않을까", "중국과 어울리는 과정에서 법치나 민주의 틀을 확실히 정해야 하지 않을까"와 같이 시민으로서의 욕구를 호소한다. 중국과의 교제 방식에서 법치·자유·민주주의 같은 규칙이나 가치관을 지키며 시민사회의 기능을 구사하고, 자신의 정부를 철저히 감시하며, 자각과 긍지를 품고 노력하는 과정 자체가 중국이 민주화를 추구하는 데 절실하다고 하겠다. 타이완이 중국과 교류하는 와중에 정치체제나 규칙과 가치관 등이 중국에 흡수되는, 즉 타이완이 '중국화'되어가는 과정에서 중국공산당의 비민주주의적인 정치체제가 확대되어 자기 정당화의 사태를 초래할 가능성을 예방할 수 있기 때문이다. 그런 의미에서 같은 중화계에 속하는 사회로서 민주화 실현의 역사가 있는 타이완, 그리고 거기서 살아가는 사람들의 역할은 크다.

미국의 칼럼니스트 파리드 자카리아(Fareed Zakaria)는 소련이 붕괴 이전에 정치 개혁에 착수해 경제의 근대화를 실현하려 한 경우와 대비시키면서 중국 민주화의 미래에 대해 다음과 같은 전망을 내보였다.

> 중국은 경제 개혁을 진행하고 있다. 그리고 매우 느리지만, 법률이나 행정개혁도 진행하는 것 같다. 그러나 민주화에 관해서는 개혁의 흔적이 거의 보이지 않는다. …… 중국은 여전히 공산당이 통치하는 닫힌 사회다. 하지만 특히 경제와 법률 같은 분야에서는 서서히 자유화가 진행되고 있다. 가령 경제의 발전과 중산계급의 성장이 민주화 추진의 열쇠가 된다면, 중국은 올바른 방향으로 나아갈 수 있을 것이다. …… 중국이 현재의 길을 지속·발전시키며 법의 지배나 부르주아지를 구축하는 과정에서 정치를 자유화할 수 있다면, 이는 진정한 민주화를 향한 중요한 변신이 될 것이다.[25]

서방 민주주의 국가들이 중국의 장래 체제 변화와 관련해 어떤 희망적 관측을 품을지, 또 어떠한 이성적 분석을 세울지를 차치하고, 중국 사회가 법의 지배, 민주적 정치, 기본적 인권, 시민의 자유 같은 요소를 제도적으로 보장하는 정치체제를 추구해가는 것은 장기적으로 큰 이익이 될 것이다. 거기서 살아가는 사람들의 근본적 이익, 그리고 중국이라는 문명, 나아가 인류 사회와 문명의 장기적 이익에 이바지할 것이다.

타이완인이 법치·자유·민주주의를 지키기 위해 분투하는 과정이 중국 민주화에 필요한 요소라는 의미다. 이것이 두 번째 이유다.

2014년 지방통일선거에서 국민당이 참패한 이후부터 타이완의 정치, 경제, 사회, 언론과 같은 공간에서는 대·중 관계를 더욱 경계하거나 중국 측의 대타이완 정책, 정치체제, 사회구조, 경제 모델 등을 비판하는 현상이 증가할 것이다. 정부 간 교류나 민간 교류를 진행하는 과정에서 중국과 중국인에 대한 비판적·강경적 목소리도 높아질지 모른다. 2016년 1월 총통선거에서 민진당이 승리해 여당으로 복귀하면 그러한 경향과 가능성은 더욱 깊어질 것이다.

그중 주시해야 하는 한 가지 불확정 요소는 중국의 내셔널리즘이다. 타이완에서 대중 비판적이고, 경계하는 여론이 고양된다면 중국 내의 대타이완 여론이 악화되는 것은 물론이고, 대타이완 내셔널리즘도 상응해 고양될 것이다. 중국 대중의 여론이 감정적으로 강경하게 바뀌면 타이완의 정치체제나 경제 모델, 사회구조를 비판하는 여론도 폭주한다. 타이완인의 능력이나 소양을 멸시하는 목소리가 젊은이들 사이에 퍼질지도 모른다.

이러한 사태가 홍콩에서는 이미 발생하고 있다. 필자 주변이나 인터넷상에도 "홍콩인은 경쟁력이 부족하다", "홍콩은 타이완에서 유입되는 노동자가 없으면 지속될 수 없다"라고 주장하는 젊은이가 베이징 대학이나 칭화 대학을 졸업한 지적 엘리트를 포함해 적지 않다. 타이완에 대해 협애하며 배타적으로 높아지는 중국 인민들의 내셔널리즘은, 결과적으로 중국 스스로의 비민주적 정치체제나 개발독재형 경제 모델을 정당화할 것이다. 바꿔 말하면, 중국의 민주화를 후퇴시키는 '마력'을 갖게 될 것이다.

중국에서 대타이완 내셔널리즘의 고양은 중국 민주화에 부정적으로 작용할 것이다. 이렇게 세 번째 의미를 제시하고, 이 장을 마친다.

제13장

중국인
유학생

2010년 가을 무렵, 베이징 대학에서 '회상(會商)'이라는 제도가 실시되었다. 일본어에서 '회상'이란 '회합해 상담하는 것'을 의미하며, 중국어에서도 기본적으로 같은 의미다. 학업에 괴로워하거나, 경제적으로 어렵거나, 정신적으로 약해져 있거나, 일을 찾지 못해 침울해하는 등의 문제를 안고 있는 학생들에 대해, 대학 교직원들이 회합을 제의해 얼굴을 맞대고 상담을 해보는 것이다. 학급 지도 혹은 심리 카운슬링과 같은데, 학생들이 안심하고 면학에 몰두할 수 있는 환경을 만들기 위해 궁리한 방안 같았다.

베이징 대학 학생들 사이에서 한 가지 논란이 벌어졌다. 대학 당국이 접촉하는 대상에 '사상이 치우친 학생'이 포함된 것이다. 여기에 많은 재학생들이 분노를 드러냈다. '사상이 치우친 학생 = 문제 있는 학생'이라 정의하는 방식에 불만의 목소리를 낸 것이다. 베이징 대학이 역사적으로 소중히 간직해온 자유나 민주주의 같은 전통에 반하기 때문이다.

중화민국 초대 교육총장을 역임한 차이위안페이(蔡元培)가 1917년 베이징 대학 학장에 취임하면서 대학의 교육 방침으로 정한 것은 '사상의 자유와 겸용병포(兼用竝包)'로, 모든 것을 포용·포괄한다는 의미다. 차이위안페이는 동서고금의 모든 사상과 학파를 베이징 대학에 도입해, 평등한 토대 위에 자유롭게 경쟁시키려 한 것이다.[1]

'회상'의 파도는, 베이징대 국제관계학부에서 수학 중인 필자의 후배들에게도 미쳤다.

서방의 가치관이나 정치제도를 신봉해 수업 중 교내외에서 "중국도 서방을 따라 자유민주주의를 받아들여야 한다"고 주장하는 학생이 학내의 이단아, 다시 말해 위험 분자로서 회상제도의 '중점 대상'이 되었다. 서방의 자유나 민주주의를 진지하게 배우고 중국의 발전에 어떻게 활용할지 모색하는 것은, 곧 서방의 가치관이나 이데올로기에 세뇌되고 있다는 뜻이라는 것이 공산당 지배하에 있는 대학 당국의 판단이었다. 그 결과, 재학생이나 졸업생을 비롯해 베이징 대학 관계자 대부분이 "회상제도가 캠퍼스 내 사상이나 언론의 자유를 위협하는 존재가 되는 것은 아닌가"라는 우려를 드러냈다.

이 장에서는 시진핑 정권 아래 중국의 대학 캠퍼스에서 사상·이데올로기 통제가 강화되는 중국 내 상황을 분석한다. 이어 미국 대학에서 수학하는 중국인 유학생이 미국의 자유민주주의 가치관을 어떻게 느끼고, 장래 진로에서 어떻게 활용하고 싶어 하는지를 그들과의 인터뷰를 통해 부각시켜보고자 한다. 나아가, 중국인 유학생이 '조국'의 민주화를 촉구하는 건전한 외압이 될 수 있는지의 문제까지 고려할 것이다.

강화되는 사상·언론 통제

회상이 실시된 지 4년 이상 지났다. 그사이 정권은 후진타오 시대에서 시진핑 시대로 바뀌었다. 그러나 2015년 들어 중국의 대학을 뒤덮고 있는 한 사태는 회상제도였다.

2015년 1월 19일 중공중앙판공청과 국무원판공청이 「새로운 정세하에서 대학 선전사상 공작을 한층 강화·개선하는 것에 관한 의견」(이하 「의견」[2])이라는 공식 문서를 발표했다. 양 청은 각각 당과 정부의 실무 핵심 기관이며, 중앙과 지방, 관민을 불문하고 당정 산하에 있는 각종 기관의 업무에 절대적 영향력을 미치는 것이 보통이다.

「의견」은 다음과 같이 강조한다.

> 이데올로기 공작은 당과 국가에게 지극히 중요한 공작이며, 대학은 이데올로기 공작의 최전선이다. 대학은 마르크스주의를 학습·연구·선전하며, 사회주의 핵심 가치관을 키우고 내세우는 의무를 맡고 있다. 중화민족의 위대한 부흥이라는 중국의 꿈을 실현하기 위한 인재 육성과 지적 자원을 제공하는 중요한 임무를 맡고 있는 것이다.[3]

이 문단에 따라 「의견」은 중국 여론에 상당 정도를 넘어 절대적인 영향력을 발휘하게 된다. 이것이 시진핑 담화에 근거하기 때문이다.

2013년 8월 19일 중공중앙은 베이징에서 전국선전사상공작회의를 개최했다. 이를 그 후 '8·19 담화'라고 부른다. 중요 담화를 발표한 시진핑은 "경제건설은 당의 중심적인 공작이지만, 이데올로기 공작은 당의 지극히 중요한 공작이다"라고 했다.[4] 실제로 2012년 11월 시진핑이 공산당 총서기에 취임한 이래로 정치·경제·사회 분야 통제가 강화되고 있으며, 선전선동이나 이데올로기 공작의 혁신이라는 형태도 중시되고 있다.[5]

중국공산당은 문화대혁명 이후 덩샤오핑이 정치 무대에 복귀해 권력을 장악하는 과정에서 당의 중심 공작을 계급투쟁에서 경제건설로 전환했다. 이러한 방침 전환이 그 후의 개혁개방이나 경제성장을 촉진한 것은 의심할 여지가 없다. 시진핑은 당의 중심적 공작인 경제건설과 병렬하는 형태로,

이데올로기 공작이 "지극히 중요하다"고 제기한 것이다.

또 '8·19 담화'에서뿐 아니라 「의견」에서도 "중화민족의 위대한 부흥이라는 중국의 꿈을 실현시키기 위해서"라며, 시진핑 총서기 취임 이래 고도의 지도적 사상도 언급했다. 그 외 "당이 대학의 선전사상 교육을 지도하는 것", "인터넷상 안전관리를 강화하는 것", "중국의 특색 있는 사회주의 이론 체계를 교재나 사람을 통해 철저히 교육할 것" 등 사상·언론 통제를 「의견」에서 노골적으로 드러냈다.

이는 2010년 베이징 대학에서 실시한 회상제도의 업그레이드판이라고도 할 수 있다. 중국공산당이 신봉하는 사상이나 이데올로기만 유일하게 옳은 것이며, 자유민주주의를 비롯한 서방의 가치관이나 정치제도가 교실이나 기숙사를 포함한 대학 캠퍼스에 보급되는 일이 있어서는 안 된다. 그러한 공산당 지도부의 의사를 노골적으로 체현하는 것이 「의견」이다.

상하이시 정부의 관계자는 「의견」이 세상에 나온 타이밍이 민주적인 보통 선거를 추구하는 항의 시위로 흔들리는 홍콩 정세와 무관치 않다고 전했다.

홍콩 정세가 공산당 지도부를 자극해 경계심을 높여주었다. 홍콩에서 민주화를 추구하는 항의 시위를 촉발한 것은 학생이지만, 그 배후에는 홍콩 현상에 불만을 품은 민주파 교수진의 후원이 있었다. 중국 본토의 대학에서 마찬가지 사태가 연쇄적으로 일어나는 것을 막으려면 우선 교수진에 대한 통제를 강화하고, 단결을 굳히지 않으면 안 된다고 지도부는 확신하고 있다.[6]

「의견」으로 민주화는 후퇴했다

시진핑 담화를 답습한 「의견」이 세상에 나온 후, 중국 내에는 「의견」에 아첨하는 현상이 집단적으로 벌어졌다.

「의견」을 둘러싼 키워드는 '대학'과 '선전'이다. 실제로 이 두 분야를 이끌어가는 기관은 국무원(정부) 직속 교육부와 당 직속 중앙선전부이다. 「의견」 발표 다음 날인 1월 20일 오전, 중앙선전부는 즉시 회의를 소집하고 「의견」의 정신에 관한 조직 내 학습을 이행했다. 그로부터 이틀 후인 22일 오전, 중앙선전부는 구체적으로 어떠한 정책을 내세우며 교육부를 비롯한 타 기관과 어떻게 협조해나갈지 논의했다.

대학이나 여론을 크게 끌어안는 형태로 시진핑에게 아첨을 떤 사람은, 교육부장 위안구이런(袁貴仁)이었다. 위안구이런은 2월 2일 교육부 산하 매체 ≪중국교육보(中国教育报)≫에 본인 서명이 들어간 논문을 기고했다. 제목은 "젊은 교원과 학생은 적대 세력이 침투·분화를 꾀하는 중점 그룹이다"이며, 다음과 같이 주장한다.

근래에 일부 국가는 중국의 발전을 자신의 제도 모델이나 가치관에 대한 도전으로 간주해, 중국 내에 자신의 제도나 가치관을 침투시키거나 중국 내 사상이나 이데올로기를 분열시키려 한다. 그 수단은 은폐적이고 다양하며, 선진 사상의 진지인 대학에 대한 관리를 한층 어렵게 하고 있다.

게다가 다음과 같이 말하며, 서방의 제도나 가치관에 적대적인 자세를 보였다.[7]

서방의 잘못된 관점이 포함된 교재를 우리나라 대학에 받아들여서는 결코 안 된다. 마르크스주의가 지도사상인 교재 체계를 만들어야 한다. 대학 내 보고회, 심포지엄, 좌담회 등에 대한 관리를 강화하고, 잘못된 언론에 전파 채널을 부여해서는 결코 안 된다.

바로 시진핑이 갖가지 행사에서 강조해온 내용이다. 대학뿐 아니라 언론

매체나 싱크탱크, 군대 또는 기업 등에 소속된 약 8799만 명을 당원으로 둔 중국공산당의 지배가 미치는 모든 조직·개인에 대해, 중국에서 유일하게 올바른 이데올로기의 원천은 마르크스-레닌주의와 중국의 특색 있는 사회주의이며, 이에 대립하는 사상이나 가치관은 잘못된 이데올로기라고 강조했다.

필자는 이데올로기·사상 통제가 구체적으로 강화되어가는 일련의 흐름을 미국의 수도 워싱턴에서 관찰하고 있었다. 미국 또한 이러한 현상에 주목하며 대중 관계와 교류의 관점에서 우려했다.

2015년 4월 2일, 워싱턴 소재 싱크탱크인 윌슨센터의 키신저 미중관계연구소는 '서방의 가치관은 중국에게 위협을 주는가?(Do Western Values Threaten China?)'라는 주제 아래 심포지엄을 개최했다.[8] 패널들의 토론은 이 주제에 시원한 답을 내놓지 못했고, 그 대신 시진핑 정권의 현상에 초점이 맞춰졌다. 그러나 행사장에서 배포된 한 장짜리 안내 자료에 적힌 다음과 같은 구절은 미국의 정책 관계자나 지식인의 현황 인식을 보여주는 듯했다.

이데올로기가 미·중 관계의 중요한 요소로 돌아왔다. 시진핑 정권 아래 중국 정부는 '서방의 가치관'의 영향을 경계한다. 이런 경계심은 인터넷이나 전통 언론 매체, 문화나 엔터테인먼트, 그리고 대학, 싱크탱크, NGO 등의 정책에도 직접적으로 반영되어 있다. 현 단계에서 반부패 투쟁만큼 드러나지는 않지만 이데올로기 캠페인은 계속 진행 중이며, 미·중 관계의 분위기에도 영향을 미치고 있다.

앞에 나온 위안구이런의 논문 중에, 필자가 가장 주목한 부분은 "우리나라 대학은 당 중앙의 강력한 지도 아래 개혁과 발전을 촉진하는 한편, 이데올로기 공작에도 임해 25년간 안정을 유지해왔다"라는 부분이었다.

25년간이라는 숫자가 암시하는 것은 26년 전 일어난 톈안먼 사건이다. 이 사건이 중국공산당과 정치 개혁을 어떻게 연결 짓고 있는지는 제7장에서 논의했다. 시진핑 담화에 이어 교육부와 선전부 쌍방이 조직적으로 뒷받침한

「의견」은, 적어도 26년 전과 같은 사건이 일어나지 않도록 하기 위한 공식 문서라고 풀이할 수 있다. 위안구이런이 논문을 발표하고 나서부터 각 대학의 수장인 공산당위원회 서기들이 일제히 「의견」을 옹호하는 목소리를 내기 시작한 것을 그 증거로 들 수 있다.

베이징 대학의 주산루(朱善路) 서기는 "교수나 학생들에게 무엇이 옳고 그른지 시시비비를 가르쳐야 한다"고 했으며, 칭화 대학의 천쉬(陳旭) 서기는 "대학은 자신의 직무에 충실한 선전 핵심 부대를 육성해야 한다"고 말했다. 중국인민대학의 진눠(靳諾) 서기는 "각종 동아리에는 이데올로기적인 소음이나 잡음이 보인다"는 주장을 당 기관지 등에 발표하면서 「의견」에 대한 충성을 맹세했다. 당과 정부, 대학 당국에서 「의견」에 반대를 외치거나 반론을 암시하는 등의 현상은 나타나지 않았다. "반대 같은 것을 할 수 있을 리 없다. 「의견」에 반대하는 것은 시진핑 주석을 적으로 돌리는 일과 같다" (베이징 대학 관계자)는 것이다.

「의견」을 둘러싼 이 같은 상황 전개가 중국 정치나 민주화 동향에 어떠한 영향을 줄 수 있을까? 필자는 이에 대한 의미를 세 가지로 정리할 필요가 있다고 본다.

첫째, 각 정부 부처나 대학이 「의견」에 대해 지나칠 정도로 아양을 떠는 상황은, 곧 시진핑의 권력 기반이 그만큼 강고해진 현상을 입증한다는 것이다. 반부패 투쟁이나 전면심화개혁영도소조 등을 통해 시진핑 정권의 권력 기반이 한 발짝씩 강고해지는 과정을 이미 검증해왔지만, 「의견」과 이를 둘러싼 정치·여론의 동향도 같은 방향성을 보이는 것이다.

둘째, 시진핑 본인을 비롯한 공산당 지도부가 서방의 정치제도나 가치관에 대해 두려움을 품고 있다는 점이다. 서구 사상이 중국 내에서, 특히 지식이나 사상을 형성해가는 데 중요한 역할을 맡고 있는 대학에 '침투'해 국내 사상 통일을 '분화'시킬까 봐 두려워한다는 것이다. 「의견」이나 위안구이런의 논문 등은 특히 '인터넷 시대'라는 점을 강조한다. 중국 내 인터넷 유저는

6억 명 이상인데, 이와 같은 인터넷 보급이 당 지도부의 언론 통제를 어렵게 한다. 하지만 시진핑 시대에 인터넷 통제는 명백히 강화되고 있다. 2015년 상반기부터는 구글을 전혀 사용할 수 없게 되었으며, 언론·보도 공간에 대한 통제가 점점 심해지는 것은 앞에서 설명한 대로다.

셋째, 26년 전과 같이 대학에서 시작되는, 아래로부터의 민주화 추진 캠페인이 일어날 가능성은 단기적으로 볼 때 거의 제로에 가깝다는 것이다. 당과 정부, 대학 당국의 교수·학생에 대한 사상·언론 통제가 강화될 뿐 아니라 교수·학생도 여전히 톈안먼 사건의 트라우마에 갇혀 있다. 시진핑이 경계하는 적대 세력이 침투해 분화 세력과 '결탁'해 학내외에 서방의 가치관을 보급하려 할 경우 감옥행을 각오해야 한다는 것을, 그들은 체득하고 있다.

이 세 가지를 통해 「의견」을 둘러싼 상황을 감안하면, 적어도 중국 민주화의 길은 멀어졌다고 할 수밖에 없다. 그와 동시에, 필자가 강력히 지적해 두고 싶은 점이 있다. 국가의 미래를 짊어진 젊은 세대의 선봉에 있는 대학생들을 둘러싼 정치 환경의 정체와 악화다.

개혁개방이라는 불가피한 흐름이 진행되면서 중국 대학은 영어 교육이나 국제 교류를 유례가 없을 정도로 중시한다. 서구나 일본을 비롯해 각국 대학과의 공동 프로젝트가 늘어나고 있음에도,[9] 이데올로기 공작이 강화되면서 학문이나 언론의 자유는 정치적으로 침식되고 있다.

장기적인 관점에서 중국의 지속 가능한 발전을 고려하면 인재 육성은 가장 중요한 부분이다. 그러나 시진핑 체제하의 학교교육 환경은 시대의 요구를 반영한다고 할 수 없다. 중국의 미래를 짊어진 인재를 육성시킬 좋은 환경을 중국의 대학이 제공하지 못한다는 점은, 잠재적인 '차이나 리스크'라고 할 수 있다.

프랜시스 후쿠야마는 경제의 지속적 발전이라는 관점에서 최근 중국 교육 시스템에 의문을 제기했다.

중국의 현행 교육 시스템이 폭넓은 분야에서 경제적 생산성을 향상해나가기 위한 역량을 갖춘 인재를 계속 제공할 수 있는지는 불투명하다. 좀 더 깊은 문제는 개인의 자유가 결여된 상황에서 혁신이 지속적으로 달성될 수 있느냐는 것이다.[10]

유학을 가서도 공산당을 무시할 수 없다

2014년 6월 4일 필자는 하버드 대학 캠퍼스 내 스타벅스에서 광둥성 정부의 중견 간부 D 씨와 대화하고 있었다. 일·중 관계나 중국의 경제·사회문제 등을 털어놓고 이야기를 주고받았는데, 시기가 시기인 만큼 화제는 자연스럽게 '톈안먼 사건 25주년'에 이르렀다.

공산당 관계자일지라도 일대일로 사적인 장소에서 만날 경우,[11] 중국에서는 정치적 금기 사항인 톈안먼 사건에 대해 토론할 수도 있다(복수일 경우, 상호 감시라는 관점에서 이 사건의 언급을 꺼리는 중국인이 많다).

나는 여기 하버드 대학에서 수학 중인 중국인 유학생의 문제의식이나 가치관에 관심을 두고 있다. 중국인으로서 자유민주주의를 구가하는 환경에서 배운 그들이 장래 중국의 발전에 어떻게 참여할 것인가? 특히 정치 개혁을 어떻게 촉구할 것인가? 좀 더 구체적으로 말하자면, 미국에서 배운 자유민주주의 개념을 어떤 식으로 조국에 가지고 돌아가는가. 당신은 무언가 생각하는 바가 있는가?

내 질문을 가만히 듣고 있던 D 씨는 잠시 침묵을 유지하고 있다가 거침없이 말하기 시작했다.

가토 씨의 시점은 독특하지만, 꽤나 현실성이 없을지도 모른다. 하버드에 오는 사람들은 모두 어떠한 형태로든 중국 국내와 강한 연결고리가 있다. 중국 경제가 발전해가는 와중에 모두들 장래 중국 시장에서 돈을 벌고 싶다고 생각한다. 중국에서 돈을 벌기 위한 철칙은, 공산당을 적으로 돌리지 않는 것이다. 섣불리 민주화를 호소하거나 공산당 정권을 전복하려는 언동을 취하면 중국에서는 두 번 다시 제대로 일할 수 없게 될 것이다.

D 씨가 말하는 대로다. 공산당으로부터 정치적으로 '노(No)'의 낙인이 찍힌 사람은 당국의 감시를 받거나 경우에 따라서는 구속된다. 공개된 장소에서는 제대로 활동할 수도 없게 된다. D 씨는 말을 이었다.

정치에 관여한다면 더욱 그렇다. 부모나 친척이 간부 또는 대학 교수, 대기업의 간부일 경우 그 자손은 반드시 정치적으로 보수적인 언동을 취하고, 생각을 겉으로 쉽게 드러내지 않는다. 미국이기 때문에 언동에 신중해지고, 결코 문제를 일으키지 않을 것이다. 누가 보고 있는지도 모른다. 우리 당은 하버드 대학에서 배우고 있는 학생을 거의 예외 없이 체크하고 있으니 말이다.[12]

필자가 하버드 대학에 체류한 2년 동안 목격한 중국인 유학생의 행동을 뒷받침하는 코멘트였다. 특히 공공정책대학원에 있는 케네디스쿨에서 수학하는 중국인 유학생은 일·중 관계나 일·미 관계, 중국의 정치·경제 등이 화제에 오르면, 철저히 조국의 국익을 옹호하는 발언을 하는 경우가 대부분이다. 더구나 같은 공간에 복수의 중국인 학생이 있을 경우, 중국 정부의 입장과 정면으로 대립하는 주장이나 중국 정치체제의 정통성을 부정하는 발언은 결코 하지 않는다. 명백히 공산주의 일당독재를 선전하거나 그 우위성을 선전하지도 않는다. "중국에는 문제가 있다. 개선이나 노력이 필요하다"고까지는 말하지만, 공산당 일당독재나 사회주의 시장경제체제를 대신하는 선택지를 제시하지는 않는다.

중국인 유학생 기숙사에서 내부 회식에 참가했을 때, 일·중 관계가 화제로 떠올랐다. 중국인 다섯 명, 일본인 세 명, 한국인 한 명, 서구의 학생 세 명이 있었다. 하지만 역사나 영토의 문제에 관해서는 중국인 학생이 일치단결해 일본을 비판했다.

"중국은 영토 정책에서 자제하는 편이며, 확장주의는 중국의 전통이 아니다"라고 주장했다. 그중 한 명은 비교적 유연하게 이성이나 대화를 촉구하는 자세를 철저히 했지만, 다섯 명의 학생은 똘똘 뭉쳐 찰떡궁합 같은 호흡을 보이며 역할 분담하고 있었다. 기본적으로는 모두 자국의 입장에서 주장하고 옹호했지만, 특정한 한 명이 대화를 이끌어가도록 양보하는 형식이었다. 회식 분위기와 중국의 이미지를 떨어뜨리지 않으려고 소프트한 장면을 연출하고 싶었을 것이다.

필자의 경험상 그들이 사전 협의를 하고, 누구에게 그 역할을 맡길지 결정하는 경우는 많지 않다. 대부분은 현장 상황에 맞춰 정해진다. 화제가 정치 문제일 때 중국인이 그것을 읽는 민감성은 두드러지며 보편적이다. 이 자리에서는 무엇을 이야기해야 하며, 무엇을 접하면 안 되고, 접할 경우 어떠한 각도에서 어느 정도로 논지를 구성해 어떤 근거를 어떻게 보이는지 등 전원이 순식간에 자신들의 원칙에 따라 판단하는 것이다. 일본인이 누구에게 어떤 말을 듣지 않아도, 누군가에게 배운 적이 없어도 공간에서 자연스럽게 분위기나 공기를 읽는 것과 유사하다.

필자가 하버드의 중국인 유학생들이 서로 수를 읽고 만들어내는 '공기' 이야기를 D 씨에게 전하자, 자신의 경력을 되돌아보는 듯이 말했다.

일본은 사회 대국, 중국은 정치 대국이다. 서로 수를 읽는 공기의 성질이 다르다. 중국인은 정치와 잘 어울려가야만 하는 운명에 놓여 있다. 중국 내에서도 해외에서도 마찬가지다. 그만큼 중국인이 밖으로 나가는 시대다. 밖에서 정치적으로 '부정확'한 언동을 취했다고 본국에 알려지면, 그 사람의 이력은 끝이다. 오늘은 2014년 6월 6일, 6·4의 25주년이다. 이런 날에도 하버드에서 대대적으로 추도대

회나 집회 시위를 솔선하려는 중국인 학생은 없다. 내부의 작은 모임이 있는 정
도다.

하버드 대학생의 조국관

　D 씨의 이야기를 들으며 필자는 대학·대학원 시절을 보낸 베이징 대학의
캠퍼스를 회상했다. 2009년 6월 4일, 베이징 대학 캠퍼스에서 톈안먼 사건
을 추도하거나 어떤 모임을 여는 등의 학생은 전무했다. 물론 하버드 대학
쪽이 베이징 대학보다 민주적이고, 정치적으로 자유로운 언동이 제도적으
로 보장된다는 것은 말할 나위 없다. 하버드 대학 강의실에서는 권력 비판
이 허용되며, 학문의 독립과 자유도 확보되어 있다. 캠퍼스에서 집회나 시
위를 조직하는 일도 제한이 없다. 페이스북이나 유튜브에도 접속할 수 있
다. 구글의 접속이 차단되지도 않는다.
　중국이 안에서 몸집을 키워 밖으로 확장할 때, 하버드 대학의 '차이나 임
팩트'와 '차이니즈 임팩트'는 갈수록 무시무시함을 더하고 있다.
　5월 29일 필자는 하버드 대학의 졸업식 현장을 방문했다. 몇 미터 간격으
로 중국인이 있었고, 본토에서 온 양친이나 친척과 함께 사진을 찍고 있었
다. 졸업생 명부에도 중국계 이름이 죽 늘어서 있다. 우수상을 수여한 학생
도 중국계가 실로 많았다.
　케네디스쿨에는 공산당 관리가 연수차 수학 중이었고, 그중에는 고위 관
료도 있었다. 공산당 간부와 하버드 대학에서 수학하는 중국인 유학생은 밀
접하게 연결되어 있다. 대학에서 '차이나 나이트'라는 이벤트나 중국 관련
토론회·세미나를 개최할 경우, 당 간부가 중국인 학생의 고문이 되어 지도
를 행하는 식이다.
　케네디스쿨에서 배우는 한 중국인 유학생은 말한다.

"졸업 후 본국에 돌아갔을 때 진로를 생각하면, 하버드 대학이라는 장소에서 정부 고관과 교분 관계를 형성하는 것이 유익하다고 모두 생각한다."

공산당 고관의 '지도'를 받는 상황에서 학생들이 비판적·독립적으로 본국의 사정을 말하는 일 따위는 할 수 없다. 그뿐 아니라 중국(주로 정부와 대학, 그리고 자금원이 되는 기업)과의 관계가 나날이 긴밀해지는 가운데, 중국 연구에 종사하는 백인 교수조차 중국공산당이 싫어할 발언은 하지 않거나, 톈안먼 사건이나 티베트 문제 등 공산당이 싫어하는 주제에 대한 발언을 삼가는 것이 지금의 현상이다.

하버드 대학의 학부생이자 경제학을 전공 중인 E 씨는 하버드 대학 중국인 학생회의 간부를 맡아 하버드 차이나 포럼의 운영에 관여하고 있었다. 졸업 후 중국에서 벤처기업을 차리고 싶다는 E 씨는 하버드 대학과 중국 본토 간 유대 관계의 농도를 지적한다.[13]

매일같이 중국의 당 간부나 기업가, 학자가 하버드 대학을 방문하고 있다. 우리는 그들을 만나 교류하고, 장래를 고려한 인맥을 만드는 것이다. 중국은 눈부신 발전을 이루고 있으며, 앞으로 중국 시장을 무시한 진로는 생각할 수 없다. 내 주변의 대부분의 중국인과 같은 생각을 한다. 하버드 대학에서 수학하며 중국에서 영향력 있는 사람들과 관계를 만들 수 있는 것은 행운이며, 소중히 하고 싶다고 생각한다.

필자가 계속해서 "유대가 깊어지면 공산당 체제에 비판적이기 어려워진다. 실제로 하버드 대학을 방문하는 기업가나 학자는 체제 속에서도 영향력이 있다. 좋지 않은 말이지만, 체제에 집어 먹히는 꼴이니까 말이다"라고 하자, 고개를 갸웃거리며 반론해왔다.

어째서 체제에 비판적일 필요가 있는가. 공산당은 열심히 하고 분발하고 있지 않은가. 잘 어울리면 되지 않을까. 우리 같은 젊은 세대가 체제를 아무리 비판한다 한들 공산당 체제는 무너지지 않는다. 반체제 인사가 되어 일생을 망칠 정도일 것 같으면 정치에는 관여하지 않는 것이 현명하다.

필자가 이제까지 전해 들은 중국 출신 하버드 대학 학부생 대부분이 이러한 대중관을 지닌 듯하다. 그 특징을 세 가지로 정리해볼 수 있다. ① 하버드 대학에 있는 동안 본국, 특히 고위 관료나 저명한 기업가·연구자와 유대를 강화한다. ② 공산당과는 균형감을 갖고 잘 어울리되 비판은 피한다. ③ 정치와는 의식적으로 거리를 두며, 중국의 정치체제나 이데올로기에 가능한 한 관여하지 않을 것을 명심한다. 이 세 가지다. 장차 중국에 돌아가, 문제가 많지만 기회도 넘치는 거대한 시장에서 일하기를 바라는 엘리트들이다. 이들에게는 이 세 가지 주안점을 염두에 두고 조국과 어울려가는 것이 가장 실리적이며, 이는 '로 리스크 하이 리턴(Low Risk High Return)'의 사고방식인 듯하다.

중국인 학생의 대중관(對中觀)에는 또 한 가지 유형이 있다. 졸업 후 유럽이나 홍콩에서 취업한 뒤 가능한 한 빨리 귀화해 중국 국적에서 벗어난다는 접근법이다.

2014년 5월에 하버드 대학 학부를 졸업한 K 씨는 졸업 후 홍콩에 있는 미국계 투자은행에서 일하고 있다. 홍콩의 영주권과 유럽 국적을 취득해 세계적으로 활약 중이라고 한다.

나는 중국에서 태어나 자랐습니다. 물론 고향에 대한 감정이 있고, 할 수 있다면 중국에서 일해보고 싶다는 마음도 있습니다. 그러나 저 나라에는 법이 없어요. 무슨 일이 있어도, 아무것도 나를 지켜주지 않아요. 무서워서 돌아갈 수 없습니다.[14]

조국의 체제(사법의 독립이나 언론의 자유가 제도적으로 보장되지 않은 점)나 환경(음식이나 물의 안전, 사회복지, 대기오염 등이 심각하다는 점)에 절망해, 타국에 귀화하거나 외국에서 일자리를 얻는 것 등에 필사적인 경우다. 이런 유형의 중국인은 매우 많다. 2009년 카우프만재단 스폰서가 실시한 조사에 따르면, 미국 대학을 졸업한 중국인 유학생의 17%가 "미국에 남는 것은 어렵다"고 답한 반면, 34%는 문화적 충격이나 대기오염 등의 이유로 "중국에 돌아가는 것은 어렵다"라고 답했다.[15]

2013년 가을, 친한 여성 저널리스트와 베이징에서 나눈 담소가 생각났다. 밤 11시가 되었지만, 그녀는 심각한 표정으로 심정을 토로해왔다.

주변은 모두 이민 준비로 바쁘다. 나도 마찬가지다. 저널리즘을 통해 중국을 바꾸겠다는 뜻을 품은 동지는 많다. 모두 권력의 압력을 견디며 열심히 한다. 하지만 정부의 압력은 나날이 강해질 뿐이다. 절망 속에서 신념을 포기해서라도 어쩔 수 없이 조국을 떠나려 하고 있다. 생활이 걸려 있으니까.[16]

시진핑 정권에서도 사회 전체에 대한 공산당의 통제는 약해지기는커녕 점점 강화되고 있다. 통제가 강화되는 와중에 이민 조건을 갖춘 사람부터 이민을 시도한다. 필자 주변의 유럽에 유학하는 중국인 대부분이 이민을 염두에 두고 출국하곤 했다.

이들은 하버드 대학이라는 공간에서 수학하는 엘리트 집단이며, 모두 중국에서 어떤 일이 일어나는지 관심을 기울이고 있으며, 개혁개방을 긍정적으로 받아들여 앞으로 여기에 종사하고 싶다는 학생도 적지 않다.

학문의 자유와 독립이 보장된 환경에서 수학하고, 미국 땅에서 자유나 민주주의 공기를 느끼며 생활하는 중국인이 늘어나는 것보다 좋은 일은 없다. 가령 중국이 장차 민주화할 경우, 그들이 '중국식 민주주의'를 지탱하며 민주주의의 잠재력이 될 수 있기 때문이다.

그러나 앞서 서술한 대로 하버드 대학이 중국 본토와 유대가 너무 짙어서인지, 학생들은 본토 또는 공산당과의 관계를 비정상적일 정도로 배려하는 언동을 취하는 경향이 있다. 정치적으로는 보수적인 입장을 취하는 것이 보통이다. 필자가 "당신들이 앞으로 어떻게 행동하는지가 중국의 민주화 과정에 크게 관계될 것이라고 생각하지 않는가? 이를 위해 무언가 하고 싶다는 생각은 없는가?"라고 질문해도 "아, 내게는 조금, 너무 큰 이야기다"라고 얼버무린다. 아니면 "중국은 큰 나라이니까 차분히 개혁을 진행해갈 필요가 있다"라고 ≪인민일보≫의 평론원처럼 말하는가 하면, "중국과 미국은 다르다. 서방의 민주주의가 중국에 적용된다고 할 수 없다. 중국은 중국의 독자적인 길을 나아가야 한다고 생각한다"라며 마치 시진핑 국가주석의 대변인처럼 말하기도 한다.

그들은 중국의 국력이 향상되어 국제적 영향력이 확대되는 시대에 하버드 대학을 찾았다. 그들은 미국의 문제, 즉 적자로 인한 정부 폐쇄, 인프라의 지체, 교육·의료 문제, 격차의 확대 등을 실감하며 자유민주주의의 본고장에서 아메리칸드림도 만능 약이 아니라는 '진실'을 목격했다. 이 과정에서 중국의 체제나 정부의 통치력을 확신하며 차이나 모델의 정통성을 찾아내려는 학생도 적지 않다. 도미 이전과 비교해 오히려 중국 체제에 긍정적으로 돌아서서, 다시 말해 리버럴파에서 보수파가 되어 귀국하는 학생도 있다.

그것이 미국을 향한 대항심인지, 중국인 본래의 내셔널리즘이 지닌 힘인지, 중국공산당의 유도에 감쪽같이 속아 넘어간 것인지는 모르겠지만, 다양한 이유가 복잡하게 얽힌 것이 확실하다. 한 가지 덧붙인다면, 적어도 오늘날 하버드 대학에서 중국 민주화를 촉구할 잠재력이 생산되는 국면을 찾아내기 어렵다는 점이다. 캠퍼스에서 수학 중인 중국인 유학생들과 2년간 대화해온 나날을 기억해내며, 그렇게 생각했다.

오히려 하버드 대학이 중국공산당의 체제나 통치에 정통성을 부여해주는 자리가 되어가는 듯한 느낌을 지울 수 없다. 엘리트가 모여 전략을 말하고, 권위주의나 관료주의가 만연한 하버드 대학이기 때문에 도리어 중국인 학생을 쉽게 받아들일 수 있는지도 모른다. 중국공산당과 하버드 대학이, 어떤 의미에서는 비슷비슷한 것일지도 모른다.

2015년 3월 16일, 시진핑 국가주석은 양회가 개회된 직후 바쁜 일정에도 베이징의 인민대회당에서 하버드 대학의 드루 길핀 파우스트(Drew Gilpin Faust) 총장을 맞이했다. 두 사람은 중국과 하버드 대학 간 교류가 거두어온 성과를 평가하며, 계속 미·중 관계의 발전에 공헌하고 싶다는 의사를 공유했다. 회담 다음 날, 파우스트 학장은 시진핑의 모교인 칭화 대학에서 강연을 했다.

2015년 9월 시진핑이 미국을 공식 방문할 때 하버드 대학에서 강연할 것인지 주목된다.[17]

중국인 유학생은 민주화를 촉진하는가

"나날이 모든 분야에서 깊어지는 미·중 교류가 중국의 민주화를 촉진할 가능성에 대해 어떻게 생각하는가?"

2014년 4월 미국 캘리포니아주 팰로앨토에 위치한 스탠퍼드 대학에서 프랜시스 후쿠야마에게 물었다. 온화하고 싹싹한 후쿠야마가 표정이 약간 굳었다.

"별로 낙관하고 있지 않지만 ……."

후쿠야마의 다음 말을 기다렸다.

20년 전 미국에 유학 온 중국 학생은 자유민주주의를 포함해 미국의 제도나 가치관을 신봉해 빠져들었다. 그러나 시대는 변했다. 현재 중국의 발전을 배경으로 조국의 체제나 발전 모델에 자신감을 높이는 것 같다.[18]

필자는 20년 전과 현재 사이에서 미국 내 중국인 유학생의 미국관과 조국관을 비교할 방법을 아직 찾지 못했다. 그러나 후쿠야마가 말하려는 것은 이해할 수 있었다. 2012년 8월 미국에 온 이래로, 중국인 학생과 대화할 때 마찬가지 느낌을 품어왔기 때문이다.

후쿠야마의 견해에 귀를 기울이며, 필자는 앞에서 거론한 E 씨와의 대화를 떠올렸다. 미국에 들어오는 대규모 중국인 유학생에게 자유민주주의 사회를 형성하는 제도나 가치관의 훌륭함을 피부로 느끼게 함으로써, 조국에 돌아간 이후 그것을 중국 내에 선전·전파·보급하게 한다는 접근법으로 미국이 중국 민주화를 상향식으로 촉진하는 것은 이제 어려워진다는 말인가?

2015년 2월 19일 중국이 춘절을 맞이한 날, 미 워싱턴에 있는 존스홉킨스 대학 고등국제문제연구대학원에서 미·중 교육 관계를 주제로 패널 토론이 열렸다.[19] 존스홉킨스 대학 차이나프로그램의 주임인 데이비드 램프턴 교수가 진행을 맡았다.

"중국 학생의 미국 유학은 이제 거대 산업이 되었다. 이에 비해 미국인 학생의 대중 유학은 앞으로 어떠한 추세를 보일 것인가?"

오랜 시간 미·중 교류에 관여해온 램프턴 교수는 미·중 교육 교류에 대해 "우수한 감수성을 지녔다"고 평했다. 이 같은 미·중 간 교육 분야의 교류는 오늘날 무엇이 어떠한 상황에 놓여 있는가? 그리고 미·중 사이에 복잡하게 심화되는 인적 교류는 중국의 민주화 과정에 이바지할 수 있는가? 중국 난징 대학과 상호 학위 교환 프로그램이 있는 고등국제문제연구대학원의 현장에서 이 주제를 풀이하려 한다.

미국에서 수학하는 중국인 유학생의 유형이 극적으로 변화 중이다. 이제까지보다 많아지고, 젊어지고 있다. 연간 약 27만 명의 중국인 학생이 미국의 대학과 대학원에 입학한다. 한편 중국 소재 대학에 가는 미국인 유학생은 그 10분의 1밖에 안 된다. 심지어 학생 대부분은 수주에서 수개월에 이르는 어학연수가 대부분이다. 한 학기 또는 1년을 체류하는 학생은 매우 적고, 학위를 취득하는 학생은 더 적다.

패널리스트 중 한 명인 난징 고등국제문제연구대학원차이나의 마델린 로스 부주임은 데이터를 인용해 미·중 유학생 교류의 비대칭성을 보여주었다. 미국 ≪뉴욕 타임스≫의 보도에 따르면, 2013년부터 2014년에 걸쳐 미국의 대학은 88만 6052명의 외국인 유학생을 입학시켰지만(전년 대비 8% 증가), 중국인 학생이 유학생 수 증가율의 60%를 차지한다. "미국의 대학에서 배우는 외국인 유학생 셋 중 하나가 중국 여권이 있다고 생각하면 된다."[20]
필자도 중국과 미국 쌍방의 대학에서 이와 같은 비대칭성을 목격해왔다. 미국 대학에서 중국인 유학생의 존재감이 뚜렷해진 것을 느낀다. 하버드 대학과 존스홉킨스 대학을 불문하고 캠퍼스 내 곳곳에서 중국인 유학생이 눈에 띄고, 강의실에서도 존재감을 발휘할 정도의 규모와 세력을 자랑한다. 패널리스트 중 한 명으로 교육 전문지 ≪크로니클 오브 하이어 에듀케이션 (The Chronicle of Higher Education)≫의 카린 피셔(Karin Fischer) 기자는 다음과 같이 감탄했다.

엄청난 기세로 늘어나는 중국인 학생의 규모는, 교실이나 수업의 구조를 바꾸어 버리고 있다. 경제학 전공 수업을 듣는 학생 대부분이 중국인 학생이라는 점도 눈에 띈다. 엄청난 수이고, 심지어 모두 젊다.

베이징 대학 국제관계학원의 후배로 현재 조지워싱턴 대학에서 석사 과정을 밟고 있는 재학 중인 Z 씨는 필자에게 다음과 같이 전하며 수줍어했다.

인원수가 많은 것도 있겠지만, 중국에서 오는 학생은 미국 현지나 타국의 학생과 비교해 뭐라 해도 단연 젊다. 한 교수로부터 "당신은 내가 가르쳐온 학생 중에서

최연소다"라는 말을 들었다.[21]

위싱턴 도심의 찻집에서 만난 그는 마오쩌둥의 고향인 후난성 출신이며 올해 21세다.

문제는 그들이 날마다 생활 속에서 접하는 미국 사회의 자유나 민주주의를 어떻게 인식하고, 거기서부터 조국의 미래를 어떻게 상상하는지에 있을 것이다.

위싱턴에 체류하는 동안 필자는 버지니아주 조지메이슨 대학에 재학 중인 중국인 유학생들과 좌담회를 할 기회가 있었다.[22] 그들은 중국 대학(쑤저우 대학, 충칭 대학, 허난 대학, 중국전파대학, 서남교통대학, 산둥 대학, 베이징 언어대학, 화교대학)의 학생들로, 4년 중 2년을 중국에서 공부하고 2년을 조지메이슨 대학에서 수학하면 졸업과 동시에 두 개 학위를 취득할 수 있다.

그들은 모두 입을 모아 다음과 같이 말했다.

4년간 학위 두 개를 취득하는 것이 목표는 아니다. 미국의 학사 학위가 있으면
미국 대학원 진학이 유리해진다. 미국 대학원에 진학하기 위한 단계로서 현재의
과정을 밟고 있다.

그들의 말투에서, 중국 내에서 격화되는 경쟁을 이겨내기 위해 항상 각 방면으로 안테나를 뻗어 강하게 이겨내지 않으면 안 된다는 마음가짐이 우러나오고 있었다.

그들은 중국 사회가 앞으로 어떠한 방향으로 발전해나갈지의 문제에 관심을 두고 있었다. 이는 스스로의 진로나 생활과 직결되기 때문일 것이다.

산둥 대학에서 금융학을 전공하는 여학생은 초등학교 시절 양친의 직무 관계로 1년간 캘리포니아에 살았던 적이 있다고 했다. 그때의 기억과 경험을 토대로 이후의 진로를 밝혔다.

대학을 졸업하면 수년간은 미국에서 일하며 생활하고 싶다. 그 후에는 귀국하게 될 것 같다. 미국에서 우리는 2등 국민으로밖에 대우받지 못하고, 귀속 의식도 지닐 수 없으며, 고독에 시달릴 것이다. 정체성 위기에도 빠질 듯하다. 직업의 기회는 중국 국내에도 많기는 하다.

이 학생에게 "중국은 장래 미국과 같은 민주주의 체제로 이행할 것이라 생각하는가?"라고 묻자, 딱 부러지게 "없다고 생각한다"는 답이 돌아왔다. 그녀에 따르면 이유는 대체로 두 가지다.

하나는 역사적으로 민주주의를 실행한 적이 없는 중국의 정치가 이제 와서 그 체제로 이행한다고 생각하기란 어렵다는 것, 또 하나는 현재 중국의 문제를 해결한다는 관점에서 공산당 일당지배보다 적합한 체제가 있다고 보기 어렵다는 것이었다.

다른 학생들에게도 "중국은 미국 같은 자유민주주의 체제로 이행해야 하는지 어떤지" 질문을 던져보았다.

그들은 대체로 미국의 자유민주주의나 법치주의, 그리고 대학 내 학술이나 언론의 자유를 '훌륭하다'고 느낀다. 미국이 세계 유일의 초대국으로 군림하며 전 세계의 우수한 인재를 흡수할 수 있는 근본적 이유를 미국의 제도나 가치관에서 찾는다.

물론 모든 국가에는 결점이 있고, 자유도 민주주의도 상대적인 것이다. 미국에도 여러 결점이 있다. 예를 들어 법 앞에서 모두가 평등하다고 말하지만, 자신의 권익이 침범받는다고 모든 시민이 변호사를 고용할 수 있는 것은 아니다. 이 사회의 자유주의나 기회균등은 항상 격차를 동시에 수반하는 것이 분명하다(산둥 대학 회계학 전공 남학생).

어느 한 사람도 "중국도 미국을 따라 자유나 민주주의를 추구해야 한다"

고 주장하지 않은 것은 의외였다.

미국의 자유나 민주주의는 젊은이를 유혹하기 쉽지만, 그리고 경의를 표하지만, 우리는 명석한 두뇌가 없으면 안 된다고 생각한다. 미국의 민주 시스템을 중국에 이식하는 것은 현실적이지 않다. 역사가 짧고 건국 때부터 자유나 민주주의를 추구해온 미국과, 장구한 역사와 유구한 봉건시대를 보낸 중국은 논의의 토대가 완전히 다르다. 우리는 우리 길을 나아가면 되는 것이다(서남교통대학 국제관계 전공 여학생).

"'우리 길'이란 어떠한 길인가?"라고 그 여학생에게 물었다.

중국공산당의 일당지배 체제에 의문을 품은 학생은 있다. 과두정치라고 야유하는 목소리도 있다. 그러나 적어도 지금은 기존 체제가 중국의 국정에 가장 적합하다는 현상, 그리고 우리가 발전하는 데 가장 효율적인 정치체제라는 사실을 인정하지 않을 수 없다. 공산당 지도체제를 견지하는 것은 중국 각 분야의 문제를 해결하기 위한 기초다. 예를 들어 경제정책을 보아도, 정부의 강력한 지도 아래 실시되는 미시적인 통제는 성장과 개혁 모두에 필수불가결하다.

이들의 견해는 필자가 미국에서 만난 중국인 유학생의 미국관·조국관 가운데 '온화'한 유형에 속한다. 그중에는 (특히 하버드 대학생의 경우) 미국에 대한 경쟁심이나 대항 의식부터, 미국 사회가 포용하는 제도나 가치관에 최소한의 이해나 경의를 보이지 않고 민족주의적 관점에서 중국의 특수성이나 공산당 체제의 우월함을 밀어붙이려는 학생까지 있었다.

이제까지 서술해왔듯이 '긴 안목으로 중국 사회에 민주주의를 침투시킨다'는 관점에서 볼 때 미국에서 수학한 중국인 유학생의 역할은 크다고 생각한다. 그런 의미에서 좌담회에 나온 중국전파대학의 남학생(경제학 전공, 쓰촨성 출신)이 거론한 견해는 지극히 중요하다고 생각된다.

우리처럼 해외에서 교육받은 경험이 있는 학생은, 중국의 장래에서 가장 중요한 역할을 맡고 있다. 아이들의 유학 비용을 부담할 수 있는 가정은, 중국 내에서는 적어도 중산계급이다. 중국 사회의 계층 간 유동성이 하락하는 추세에서 이런 아이는 어릴 적부터 재력, 물력, 인맥과 같은 많은 자원을 향유해왔으며, 정치에서든 경제에서든 장차 지배계급으로 올라갈 가능성이 높다고 할 수 있다. 유학 경험자는 중국의 정치 환경에서 중요한 역할을 담당할 가능성이 높을 것이다. 유학이 가능한 가정의 아이는 국내에서도 양호한 교육을 받으며, 중국의 전통문화도 이해하고 있다. 그와 동시에, 해외 학습이나 생활 경험이 있어 서방의 선진적인 사상에 대해서도 개방적이고 포용적인 경우가 많다. 이런 인재가 사회의 중추 세력으로 올라가는 과정에서 중국 경제의 개혁이나 민주정치의 발전에 미칠 잠재적 영향력은 거대하다고 생각한다.

필자도 이에 공감한다. 자녀를 미국으로 유학 보낼 수 있는 가정은 애초에 중산계급 이상이며, 사회적으로도 나름대로 상위 지위를 자랑한다. 그러한 가정의 자손이 미국에서 자유나 민주주의 같은 가치관이나 법의 지배와 같은 규칙·제도의 중요성을 체득한 후 앞으로 중국 사회에서 역할을 담당해 나가는 것은, 중국 민주화라는 발전 방향을 밑에서부터 지탱하는 움직임으로 작용할 것이다.

물론 유학 경험자가 서방의 제도나 가치관을 얼마나 깊게 이해하며 신봉하는지와, 귀국 후에 그 힘을 어디까지 행동으로 실천할 수 있는지는 별개의 문제다. 그런 의미에서, 이미 언급했듯이 중국 내의 정치적·이데올로기적 통제가 강화되는 현상은 유학 경험자에게 그 힘을 발휘하기 어렵게 만들 것이라고 지적하지 않을 수 없다.

애국화하는 학생과 미·중 교류의 한계

무대를 고등국제문제연구대학원의 패널 간 토론으로 되돌려본다.

"최근 미국 유학을 마치고 좀 더 '애국적'인 마음으로 귀국하는 중국인 유학생이 늘고 있는 느낌이다. 여러분은 어떻게 생각하는가?"

중국 광둥성 출신의 고등국제문제연구대학원 졸업생으로, 현재는 타이완 신문 ≪월드 저널(World Journal)≫의 워싱턴 지국에서 일하는 펑 자오인 기자가 이렇게 문제를 제기했다. 젊은이가 조국을 뛰쳐나가 이국의 풍치나 제도를 접하고, 상호 비교를 통해 모국의 장단점을 객관화할 수 있는 것은 동서고금을 막론하고 같을 것이다. 정도의 차이는 있어도, 조국을 뛰쳐나가 처음으로 '애국적'인 사람이 된다고도 볼 수 있다.

조지메이슨 대학 좌담회에 참가한 화교대학의 여학생(금융학 전공, 광둥성 출신)은, 미국에 오기 전과 온 이후의 조국관에 명백히 변화가 생겼다고 심경을 말했다.

내가 태어나고 자란 광둥성에는 반공적·반정부적 언론이 많아 실제로 나도 정부에 대해 좋게 생각하지 않았다. 다만, 미국에 와서 현지 학생들과 교류하면서 애국적으로 바뀌어 정부의 행동을 지지하게 되었다.

왜 그런 변화가 생겼는지 묻자, "잘 모르겠지만, 어쨌든 애국적이 되었다. 미국이라는 비교 대상을 접했기 때문일까"라고만 코멘트했다.

펑 자오인 기자가 언급한 '애국적'이란, 미국에서 배운 경험을 살려 조국의 좋은 점이든 나쁜 점이든 독립적 사고에 따라 솔직히 지적함으로써 진정한 의미에서 국가·사회의 장기적이고 건전한 발전을 위해 헌신한다는 잠재의식이 아니다. '애국적'이란, 미국을 향한 대항심이나 라이벌 의식은 물론, 중국공산당의 체제를 정당화하기 위해 이론을 무장하며, 다른 의견을 가진 지식인이나 그 체제에 비판적인 사람들에 대해 공격적·집단적으로 설득공작을 강행하는 사람들의 경향을 가리키는 것이 명백했다.

그 후 펑 자오인 기자에게 또 다른 이야기를 들어보았다.[23]

"왜 그때 '중국인 유학생의 애국화' 이야기를 제기했는가? 당신의 일상적인 취재나, 고등국제문제연구대학원 동급생의 언동을 통해 그렇게 느끼는 것인가?"

펑 자오인 기자는 대답한다.

그 역시 미국에 와서, 언론매체나 강의실에 중국에 대한 부정적 정보나 견해가 만연한 것에 기인한다고 생각한다. 중국인 학생은 그러한 분위기에 감정적으로 대응하며, 이는 자기방어가 되어버린다. 결과적으로 당이나 정부를 옹호하는 언동을 눈에 띄게 하게 된다.

필자가 "애국심이라기보다는 내셔널리즘이다"라고 지적하자, 그는 "나도 그렇게 생각한다. 결코 건전한 감정이 아니다"라고 답했다.

2015년 벽두에 그는 단기 체류를 위해 도미한 중국 고등학생을 취재할 기회가 있었다고 한다. 그 학생은 메릴랜드주의 시골에 체류했지만, 학생의 말을 듣고 조국의 미래에 안도감을 느꼈다고 한다. 다음은 그의 말이다.

그 고교생이 애플사의 아이폰을 사용하자 홈스테이의 주인이 "중국인도 아이폰을 쓰는구나"라고 반응했다고 한다. 당시 상황을 되돌아본 그 학생은 나에게 "중국도 미국처럼 강하고 풍요로워졌다. 바둑이나 장기 등으로 중국의 문화를 판단하면 곤란하다. 시대는 변했다"라고 자신만만하게 말했다. 물질적인 면에 너무 집착해서 중국의 전통문화를 내던지는 듯한 태도에 위화감을 느꼈다.

미국에 와서 애국적으로 변해 귀국하는 젊은이들이 미국에서 키운 애국심을 이후의 일이나 생활에서 살리는가 보면, 그렇지도 않다고 한다.

중국 젊은이는, 특히 타이완의 젊은이와 비교해 사회의 주인공이라는 의식이 낮다. 역시 톈안먼 사건이 하나의 원인일 것이다. 그 사건으로 인해 젊은이는 위축되어 있다. 당국의 방식에 반대 의견을 내세우는 행동을 하면 제압된다고 생각한다. 나머지는, 현재의 중국인은 어쨌든 풍요로운 물질의 시대를 살아가고 있다. 사회가 어떻게 발전할지보다는 집과 자가용 같은 재산에 집중하고 있다.

대학원을 졸업한 지 곧 1년이 되는 고등국제문제연구대학원 시절 중국인 동급생은, 두세 명을 제외하고 대부분 귀국해 현재는 은행이나 회계사무소 등에서 일한다. 그녀 자신은 저널리스트로서 중국의 거대한 언론 시장에서 일하고 싶어 한다.

앞에서 나온 마델린 로스 고등국제문제연구대학원차이나 부주임은 미·중 교류가 중국 사회의 발전에 미치는 영향에 대해 비관적 견해를 보인다.

서방에서 교육받은 학자가 중국에서 급증하고 있다. 중국의 주요 대학에서 요직에 오른 학자는 7~8할이 미국에서 어떠한 형태로든 교육이나 연수를 받은 경험자들이다. 그러나 이런 사람들이 중국의 대학에서 일하는 가운데 미국에서 접한 학문의 자유나 독립성을 보급하고자 솔선해 움직이느냐 하면, 그렇지는 않다. 중국의 모든 대학은 교육부라는 행정기관의 지배하에 있으며, 커리큘럼을 포함해 하향식으로 정해진다.

미국 브루킹스연구소 중국센터의 리청(李成) 주임의 연구에 따르면, 외국인이 미국에 거주하면서 자유민주주의적인 아이디어나 가치관을 자연스럽게 받아들인다는 민주적 신화는 이제 옛말이 되었다. 이와는 대조적으로, 중국에서 잘 팔리는 민족주의 관련 서적 대부분은 해외에서 공부한 사람들

이 저술하고 있다.[24]

앞에서 얘기한 대로, 중국 내 대학의 이데올로기 공작과 사상 통제는 강화되고 있다. 패널리스트 중 한 명이며, 외교관으로 중국에서 근무한 경험이 있는 윌슨센터 키신저 미·중 관계연구소의 로버트 달리(Robert Daly) 소장은 "시진핑이 착수하려는 접근 방식에는 네 가지가 있다. 반부패, 경제 개혁, 법치 개혁, 이데올로기 공작 강화다"라고 주장한다. 이런 상황에서 미국 유학 경험자가 솔선해 중국의 대학에서 자유나 민주주의 같은 가치관을 보급한다는 시나리오는 현실적이지 않다.

이에 대해 패널리스트들은 모두 비관적으로 보았다. 로버트 달리는 "미·중 교육 교류가 중국의 정치체제를 바꾸는 일은 없을 것이다. 그 교류는 중국 정치체제의 영향을 직접적으로 받는다"라고 견해를 밝혔다.

존스홉킨스 대학과 난징 대학의 협력 프로그램을 진행하는 마델린 로스 부주임에 따르면, 미네소타 대학이나 듀크 대학이 정열적으로 중국 내 아카데믹센터를 설립했거나 추진 중이지만 그 수는 한정되어 있다. 주로 리크루팅(구인, 신입사원 모집)이나 네트워킹 등 장래 비즈니스를 내다본 플랫폼 사업이며, 심지어 중국 대학이 제시한 규칙이나 틀 속에서 활동한다는 것이다.

미국에서 오는 유학생도 한정적일 뿐 아니라, 대부분은 중국어를 배우다가 수주 또는 수개월 이내에 귀국해버리는 것이 일반적인 현상이다. 필자도 베이징 대학의 캠퍼스에서 미국 학자 또는 학생이 자유민주주의를 보급하려고 활동하는 장면을 목격한 적이 없다.

미·중 대학 간 교류가 중국의 교육 현장을 보다 민주적인 공간으로 촉진하거나 자유민주주의 같은 가치관을 중국의 젊은 세대, 특히 대학생에게 이식하는 기폭제가 될 것이라는 시나리오는, 적어도 현 단계에서는 비현실적이며 어렵다고 볼 수 있다. 시진핑 체제하의 중국에서 국가의 미래를 짊어진 젊은이를 둘러싼 교육 환경이나 언론 공간이 개선될 여지는 작다고 생각한다.

다음 장에서는 21세기 벽두에 존 케리(John Kerry) 미 국무장관이 "오늘날의 세계에서 가장 중요한 관계"[25]라고 수식한 미·중 관계가 중국의 민주화를 재촉할 것인지, 바꿔 말해 미국이라는 초대국의 존재가 중국의 민주화를 추진할 외압이 될 수 있는지 검증한다.

제14장

초대국,
미국의 의도

2014년 11월, 시진핑 국가주석은 아시아태평양경제협력회의(APEC) 주최에 전력을 다하고 있었다.

대기오염을 조장하는 공장을 수도권에서 미리 철거해 인공적으로 푸른 하늘을 연출했다. 아시아태평양자유무역지대 구상, 아시아인프라투자은행, 실크로드 기금 등 '팬아시아퍼시픽(Pan Asia-Pacific)'을 방불케 하는, 아시아·태평양 지역에서 주도권을 쥐려는 전략을 차례차례 내세우며 각국 정상에게 공명을 요구했다.

시진핑은 각국 정상과 적극적으로 외교를 전개했다. 일본과 중국에서뿐 아니라 국제사회에서도 화제를 모은 아베 신조 총리와 회담을 갖기로 했다. 한국의 박근혜 대통령과는 한중 자유무역협정(FTA)를 실질적으로 타결시켰다. 러시아의 푸틴 대통령과도 단독으로 만나 중·러 우호 협력을 확인했다. 오바마와의 회담에서는 지구온난화 가스 저감 대책, 미·중 인적 교류에서 비자 기준 완화, 경제 교류 관련 투자협정 촉진, 군사정책 교류에서 협력 강화 등을 논의했다.

중국 매체가 '주장(主場) 외교'라고 표현한, 자국 개최의 APEC 비공식정상회담을 통해 필자가 가장 충격을 받은 것은 11월 11일 저녁부터 12일 오전에 걸쳐, 약 10시간 동안 이어진 시진핑·오바마 회담이었다. 2013년 6월 미국 캘리포니아주 서니랜드에서 이루어진 비공식 회담에 시진핑·오바마 두 사람이 약 8시간을 함께했지만, 이번에는 그 이상의 접촉이었다.

"이번에 당신의 스케줄은 빽빽하다. 공식적인 회담과 담소할 수 있는 만남 양쪽을 준비해드렸다." 시진핑은 오바마에게 이렇게 말했다.[1]

중국 민주화 연구라는 관점에서 봤을 때, 베이징에서 시진핑과 오바마 두 지도자가 주고받는 말에는 중국 정치의 미래를 예측할 수 있는 시진핑의 사고방식과 가치체계를 이해할 중요한 단서가 담겨 있었다.

11월 11일 오후 6시 30분, 중국공산당 권력의 중추 중난하이의 잉타이(瀛臺)에서 시진핑과 오바마 두 정상이 회동해 산보했다. 두 사람은 미 서니랜드의 푸른 잔디 위에서 산보할 때처럼 양국의 통역 두 명만 동행하도록 했다. 주변은 이미 어둡다. 두 사람은 검은 롱코트를 몸에 걸치고 있다.

시진핑이 잉타이의 역사를 설명하기 시작한다.

잉타이는 명(明) 대에 건설되었다. 청(淸) 대에서는 황제가 문서를 읽고 이해하며 비준하거나, 손님을 초대하는 장소였다. 피서지이기도 하다. 강희제는 여기서 내란을 어떻게 다스릴지, 타이완을 어떻게 되찾을지 같은 국가 전략을 연구했다. 그 후 광서제 시대가 되어 국가는 쇠퇴했다. 무술정변 실패 후 서태후는 여기에 유폐되었다.

차분히 듣고 있던 오바마는 이렇게 답했다.

미·중의 역사는 그 점에서 닮아 있다. 개혁이 장애를 만나는 것은 불변의 법칙이다. 우리는 용기를 짜내야 한다.

시진핑은 오바마 쪽을 보며 힘을 주었다.

오늘날 중국 인민의 이상과 목표를 이해하려면 근대 이래 중국의 역사를 알아야만 한다.

산보와 저녁 식사, 이후의 휴식을 포함해 오후 9시 15분에 회담을 종료할 예정이었지만, 결국 오후 11시가 넘도록 담소를 나눈 끝에 겨우 헤어졌다.

오바마 대통령이 "아직 질문하고 싶은 것이 있다"고 요청하면, 그에 대해 시진핑 주석이 "하시오"라고 받아들이는 장면이 여러 번 있었다. 그 결과 회담은 예정된 시간 이상으로 늘어났다.

그날 밤 중난하이에서 회담을 밀착 취재한 중국공산당 기관지의 기자는 이렇게 회고한다. 회담에는 다음과 같은 이야기도 오갔는데, 먼저 시진핑의 말이다.

중국 문명은 고대 이래 '대일통(大一統)'을 중시해왔다. 중국이 통일을 유지하는 국면에는 국가가 강하게 안정되어 있었고, 인민은 안심하고 행복한 생활을 누릴 수 있었다. 역으로, 국가가 혼란하고 분열하면 인민은 비참하게 재난을 뒤집어썼다. 우리는 주권을 중시한다. 역사상 외부의 침략이 몇 번이고 닥쳤기 때문이다.

오바마는 다음과 같이 말했다.

중국 인민이 왜 국가 통일과 안정을 이토록 중시하는지 지금까지보다 더 이해할

수 있다. 미국은 중국의 개혁개방을 지지한다. 봉쇄하거나 둘러싸거나 할 의도
는 없다. 미국의 이익에 부합하지 않기 때문이다. 미국은 중국 측과 솔직히 의논
하며 상호 이해를 증진하고, 교훈이나 경험을 서로 이해함으로써 차이나 마찰을
관리하며, 오해나 오판을 회피하고 싶다. 중국은 미국의 파트너다.

헤어질 때 오바마는 시진핑에게 "오늘 밤, 나는 인생에서 가장 온전하게,
그리고 깊게 중국공산당의 역사와 집정 이념, 그리고 당신의 사상을 이해하
게 되었다"고 말했다. 둘은 악수를 나누고, 오바마는 차에 탔다. 시진핑은
차가 보이지 않을 때까지 그 자리에 서서 손을 흔들며 배웅했다.

필자는 시진핑이 역사서의 애독자이며, 역사상 황제들이 어떻게 권력 기
반을 굳혀, 어떠한 성쇠의 과정을 더듬어왔는지 꼼꼼히 연구한다는 것을 공
산당 관계자들에게서 듣고 있었다. 그런 만큼 자신의 일자리이기도 한 중난
하이에 오바마를 초대해, 심지어 역사상 황제가 굴욕을 맛본 상징적 장소인
잉타이에서 '중국사 강의'를 시현한 것은 인상적이었다. 시진핑이 선인들의
영광과 굴욕을 양어깨에 짊어지고, 그것들을 내정이나 외교 석상에서 실천
해가는 지도자라는 현실을 다시금 통감하게 되었다.

이 장에서는 서두의 시진핑·오바마의 중난하이 회담을 주제로, 시진핑이
'신형 대국 관계'라고 이름 붙인 작금의 미·중 관계가 중국의 민주화를 촉진
할 가능성에 대해 ≪뉴욕 타임스≫ 문제'나 '홍콩 문제' 등을 고려해 분석할
것이다. 또 필자가 미국에 와서 풀지 못한 한 가지 의문, 즉 "미국은 진심으
로 중국의 민주화를 바라는가"에도 시각을 넓히며 중국공산당과 미국 전략
의 관계를 풀이하고 싶다.

시진핑이 오바마에게 밝힌 민주관

시진핑이 오바마와 직접적으로 주고받은 대화 속에는 '시진핑의 민주관'을 이해하는 데 중요한 말이 담겨 있다. 두 사람의 이야기가 정치체제에 이르자 시진핑은 거리낌 없이 확실하게 자신의 생각을 오바마에게 전한다.

민주주의에 대한 우리 생각은 '1인 1표'에 한하지 않는다. 우리가 민의를 추구하는 마음은 서방국가에 비해서도 손색이 없을 뿐 아니라, 그보다 많을 것이다. 서방의 정당은 때때로 특정 계급이나 분야를 대표하지만, 우리는 인민 전체를 대표하지 않으면 안 된다. 그렇기 때문에 우리에게는 광범위한 민주적 협상의 과정이 필요한 것이다.

시진핑은 개혁 그 자체에는 강한 구애와 전략이 있는 것처럼 보이지만, 서방의 자유민주주의에 대해서는 시종 회의적이다. 덧붙이자면, 거절하는 자세를 견지하고 있다.

시 주석은 서방식 제도가 역사적으로 복잡한 중국을 통치하지 못한다는 사고방식이 강하다. 중국을 통치하는 데 가장 중요한 것은, 공산당의 위상을 높여 인민이 공산당을 신임한 터 위에 힘차게 개혁을 진행하는 것이라고 생각한다(공산당 관계자).

서방 민주주의의 '대변자'이기도 한 오바마 대통령과 '편하게 담소할 수 있는 자리'에서 흘린 시진핑의 말은 그의 정치관을 이해하는 데 참고 자료가 된다. "시진핑이라는 인물을 얼마나 해부할 수 있는가? 작금의 중국 정치를 이해하는 데 가장 중요한 점이다." 중국의 리버럴 신문 ≪남방주말≫의 샤오수(笑蜀) 전 평론가는 이렇게 말했다.[2]

다음 날인 12일, 시진핑과 오바마 두 정상은 장소를 인민대회당으로 옮겨 회담을 진행했다. 시진핑이 말하는 '공식적인 회담'이다. 중국을 공식 방문한 오바마를 공산당 지도부는 열렬히 환영했다. 정치국 상무위원 일곱 명 전원이 오바마와 만나 담소·교류하는 모습에서 중국 측이 회담을 얼마나 중시했는지 읽을 수 있었다.

필자가 주목한 것은 회담 이후 인민대회당에서 두 정상이 관례적으로 연공동 기자회견이다. 회견은 시진핑·오바마 두 정상이 각각 브리핑을 하고, 그 후 미·중 매체의 질문을 하나씩 받고(≪뉴욕 타임스≫와 ≪차이나 데일리(China Daily, 中国日报)≫) 종료했다.[3]

오바마는 브리핑에서 중국공산당 정치에 외압을 가하는 듯한 말을 꺼냈다.

나는 시 주석에게 모든 인간이 갖는 기본적 인권을 보호하는 것은, 미국이 중국과의 관계를 계속 구축하는 데 중요한 요소라는 사실을 다시 한번 말했다. 우리는 의미 있는 의견 교환을 했으며, 시 주석도 나에게 중국이 인권 문제에 전진하고 있다는 뜻을 전해왔다. 나는 모든 인간이 본래부터 지니는 언론의 자유를 존중하는 일이 얼마나 중요한지 묘사했다. 뉴욕, 파리, 홍콩을 포함해 모든 지역에서 생활하는 사람들을 포함해서 말이다. …… 우리는 티베트가 중화인민공화국의 일부임을 인식해 독립은 지지하지 않는다. 한편 중국 정부가 티베트 사람들이 오랜 세월 간직해온 문화나 종교, 언어나 아이덴티티를 보호하기 위해 한층 더 노력하기를 촉구하는 바이다.

오바마가 브리핑을 마치자 ≪뉴욕 타임스≫의 마크 랜들러(Mark Landler) 기자가 질문을 시작했다. 질문에서 내가 주목한 것은 두 가지였다. ① 중국에는 '홍콩에서 발생한 항의 시위의 배후는 미국이다'와 같은 반미적 언론이 있는데 어떻게 생각하는가? ② ≪뉴욕 타임스≫를 포함해 미국의 언론매체에서 일하는 기자들이 중국 당국으로부터 비자 발급을 거부당하고 있다. 이번에 합의한 미·중 비자 완화 협정으로 중국에서 일하는 기자들의 처우도 개선되는가? 이 두 가지다. 전자는 오바마에게, 후자는 시진핑에게 한 질문이다.

홍콩 문제는 시 주석과의 회담에서도 화제가 되었다. 미국은 홍콩에서 일어나는 시위에 관여하지 않았음을 확실히 전했다. 이들의 문제는 홍콩과 중국 사람들이 정해야 하는 일이다. 한편으로 미국이 중시하는 외교, 그리고 가치관이라는 관점에서 국민의 언론 자유, 그리고 홍콩에서 투명성과 공정함을 갖춘, 현지인들의 의견을 반영할 수 있는 선거가 실시되어야 한다는 점은 앞으로도 주장해나갈 것이라는 입장 또한 시 주석에게 전했다.

오바마는 이같이 답변했다. 비자 문제에 관해서는 "미·중 간에 비자 발급을 둘러싸고 엇갈리는 부분이 있을 것이다"라고만 언급해, 옆에 서 있는 시진핑을 자극할 발언을 의도적으로 삼간 듯하다.

중국의 당 기관 영자지 ≪차이나 데일리≫ 기자로부터의 질문, 즉 "중국은 국제 정세에서 자신의 역할과 입지를 어떻게 파악하고 있는가?"에 대해서 시진핑은 이제까지 보여준 입장을 반복하며 적당히 응대해 랜들러 기자가 제기한 질문을 무시한 채 그대로 기자회견이 종료될 것으로 예상했으나, 시진핑은 의견을 말하기 시작했다.[4]

인권 문제에 관해서는 다음과 같이 언급했다.

우리는 임무를 달성했다고 생각하지 않는다. 개선해야 하는 여지가 아직 있다. 중국은 평등하며 서로에게 존중하는 기초 위에, 인권 문제를 둘러싸고 미국과 대화할 준비가 되어 있다.

또 홍콩 문제에 관해서는 다음과 같이 말했다.

오바마 대통령에게도 전했지만, 홍콩에서 일어나는 잔중(占中)은 위법행위다. 우리는 홍콩특별행정구 정부가 법률에 따라 사태에 대처하며, 홍콩 사회의 안정과 홍콩 시민의 생활 및 권리의 유지를 지지한다. 홍콩 문제는 중국의 내정이며, 어떠한 국가도 간섭해서는 안 된다.[5]

그리고 미·중 정상 공동 기자회견을 총괄하는 차원에서 시진핑은 비자 문제에 대해 다음과 같이 입장을 밝혔다.

중국은 시민의 언론 자유와 기본적 권리, 법률에 의거한 외국 언론매체의 권익을 중시한다. 언론매체는 중국의 법률과 규정에 따라야 한다. 도로에서 차가 고장난 경우, 하차해서 어디에 문제가 있는지 봐야 하지 않은가? 문제의 발생에는 반드시 원인이 있다. 중국에는 이러한 속어가 있다. "문제는 일으킨 인간에 의해 해결되어야 한다(解鈴還須繫鈴人)."

필자는 이것이 시진핑의 성격을 드러낸 답변이라고 느꼈다. '원인은 당신들에게 있는 것이다. 비자를 발급해주길 바란다면 방식을 다시 생각하고, 자세를 바로 해서, 다시 하라'는 의미다.

시진핑이라는 남자는 공산당의 권력과 위상을 위협하려 드는 패거리에 대해서는 자국민이든 외국인이든 용서하지 않는 경향이 뚜렷한 듯하다. 이를 위협할 가능성이 있는 서방의 민주주의나 저널리스트를 겉으로는 온후하게 대하지만, 실제로는 단호한 태도로 거부해갈 것임이 분명하다. 역으로, 중국의 존엄이나 국익을 중시하고 적극적으로 대화를 추구하는 상대에 대해서는 열렬히 환영하며 최상급으로 접대할 것이다. 중난하이의 집무실에서 오바마 대통령에게 그랬듯이 말이다.

시진핑이 마지막으로 인용한 속어는 "문제는 일으킨 인간에 의해 해결되어야 한다"는 뜻이며, 이 속어의 기원이 된 이야기는 명 대로 거슬러 올라간다. 여기에도 그의 '역사를 좋아하는 모습'이 나타나 있다. 그가 자신의 정치나 정책의 근거를 역사에서 구하는 경향이 있음을 뒷받침하는 것이라 할 수 있다.

2014년 11월, 약 10시간에 걸친 시진핑과 오바마 두 정상 간 접촉을 토대로 '중국이 민주화할지 어떨지'라는 물음에 대한 함의를 세 가지로 추출한다면 다음과 같다.

① 오바마가 이끄는 미국 정부가 중국에 '민주적 외압'을 가하기는 어렵다.
② 시진핑은 밖으로부터 강요되는 어떤 형태의 정치 개혁이든 거부하는 경향이 있다.
③ 시진핑이 그리는 정치 개혁은 서방의 민주주의와는 다른 성질의 것이다.

시진핑과 오바마 두 정상의 주도로 미·중 관계가 운영되는 2016년 말까지는 미국 측이 압력을 가하면 중국의 민주화가 촉진될 것이라는 시나리오는 현실성이 없을 것이다. 동시에, 오바마가 미국 대통령직에서 퇴임해도 (웬만한 사고가 일어나지 않는 한) 중국의 시진핑은 계속해서 국가주석, 총서기, 중앙군사위원회 주석의 세 가지 역할을 짊어질 것이다. 외압을 꺼리는 시진핑에 대해 외교 정책의 일환으로 민주화를 촉구한다는 것은 실현 가능성이 거의 없다. 중국에 상당히 강경하거나 민주화 그 자체를 미국 외교 정책의 기축으로 받아들이는 대통령이 탄생하지 않는 한, 그 가능성은 희박할 것이다.

'뉴욕 타임스' 문제

중국에 대해 비판적인 보도 자세를 견지하면서 공산당 지도부의 권력투쟁이나 부패 구조의 진상을 폭로하는 기사를 계속 게재하는 방식을 통해 백전연마(百戰鍊磨)의 중국공산당을 향해 계속 싸움을 거는 대표 격으로 미국의 ≪뉴욕 타임스≫가 있다.

이 신문은 공산당에 대한 외압에서 최선봉을 달리는 것처럼 보인다. 그와 동시에 그들이 공산당의 압력에 어디까지 굴하지 않고 벼랑 끝에서 버틸 수가 있을지의 문제는 중국 민주화의 미래를 점치는 데 필수적인 하나의 바로미터가 된다고 필자는 생각한다.[6]

이렇게 생각하는 이유는 최근 들어 점점 더 심각해지는, "중국에 '노(No)'를 말할 수 없는 세계"라는 현시대적 배경이 존재한다. 중국은 국내적으로 정치, 경제, 사회, 환경, 에너지, 제도, 시스템, 가치관 등 모든 분야에서 많은 문제를 안고 있다. 그런 문제투성이의 중국에 대해 국제사회, 특히 서방 선진국이 건전한 외압을 가하는 것은 국제사회의 건전한 질서를 유지하는 데 필수적 요건일 것이다.

중국이 국제 규칙이나 매너를 지키지 않았다면 '노'라고 지적해야 한다. 중국이 영해를 침범하거나 국제법을 위반하면 '노'를 말해야 한다. 그러나 중국에 그렇게 말하는 것이 점점 어려워지고 있다. 중국에 '노'를 말하기 위한 전략과 카드가 없는 탓이다. 이 사태야말로 작금의 국제사회가 안고 있는 최대의 차이나 리스크라는 점을 염두에 두어야 할 것이다.[7]

그렇기 때문에 필자는 중국공산당에 아무리 시달려도 계속 싸움을 걸고 있는, 미국의 한 민간 기업 ≪뉴욕 타임스≫의 존재와 역할은 크다고 생각한다.

2012년 10월 시진핑의 총서기 취임이 결정된 공산당 제18차 대회가 베이징에서 개최되기 직전, ≪뉴욕 타임스≫의 웹 사이트(영어판, 중국어판 포함)는 중국 내에서 접속 불능 상태가 되었다. 정치적 입장이 다르다는 이유로 중국 당국이 차단한 것이다.

중국 당국을 분개시킨 것은 원자바오 총리(당시)의 가족 비리를 폭로한 기사였다.[8] 이 기사는 원자바오가 국무원 부총리에 취임한 1998년 이래로 총 27억 달러 상당의 자산을 축적했다는 조사 결과를 다룬 것이다. 이 기사의 집필자인 데이비드 바보자(David Barboza) 기자는 이듬해 4월 미 저널리즘에서 최고의 영예인 퓰리처상(제97회)을 수상했다. 2003년부터 ≪뉴욕 타임스≫ 베이징 지국장을 맡았으며, 현재는 뉴욕 본부의 국제보도 데스크를 맡고 있는 조지프 칸(Joseph Kahn)에 따르면, 바보자 기자는 18개월의 조사·취재를 거쳐 기사를 작성했다고 한다. 이 기사가 게재되기 10일 전에 주미 대사를 역임한 장예쑤이(張業遂) 현 외교부 부부장이 뉴욕까지 와서 "그러한 기사를 공개하는 것은 '레드라인'을 넘어버리는 행위로, 중국에 대한 적대 행위가 된다"고 경고하는 등 압력을 가해왔다고 한다.

칸은 당시 상황을 돌이키며 말했다.

수주 뒤에 제18차 당대회가 개최되는 시기에 맞춰, 지도부와 관련된 이 같은 폭로 기사가 나가는 것에 대해 상대방은 당황하고 있었다. 중국의 정치 관련 의제에도 영향을 미치기 때문에 게재하지 말라는 입장을 전해왔다. 우리 ≪뉴욕 타임스≫의 입장과는 인식상 중대한 차이가 존재한다고 느꼈다. 어쨌든 우리는 정치 프로세스에 영향을 주고 싶다는 생각 아래 매일매일의 일에 몰두하고 있었으니 말이다.[9]

바보자 기자의 특새기사가 나가는 순간 신문사 웹 사이트가 차단되자 ≪뉴욕 타임스≫ 베이징 지국은 환성에 휩싸였다고 한다.[10] "우리가 올바른 일을 했다는 증명 이외에 아무것도 아니었기 때문이다"(뉴욕 타임스 베이징 지국 스태프)

이 스태프는 지적한다.

물론, 이전부터 중국 당국은 우리 회사의 보도 스타일에 불만을 품고 있었다. 언제든지 우리 사이트를 차단할 준비는 되어 있었다고 생각한다. 데이비드의 틈새 기사는 계기에 지나지 않는다. 이렇게 되는 것은 다만 시간문제였을지도 모른다.

기묘하게도, 바보자 기자의 기사가 게재될 당시 ≪뉴욕 타임스≫ 중국 지국은 보도 감시와 비자 발행을 저지하던 중국 외교부 옆 빌딩에 들어가 있었다(베이징시 자오양구). 지국장이 중국 외교부 보도국에 접속 차단을 풀어달라며 요청하고 호소했지만, 거의 효과가 없었다고 한다.[11]

그러나 오바마가 직접 시진핑에게 촉구할 경우 상황이 바뀔지도 모른다. ≪뉴욕 타임스≫는 중국 시장에서의 자사의 운명을 오바마와 시진핑의 서니랜드 회담에 걸고 있었다. 2013년 6월 1일 ≪뉴욕 타임스≫ 관계자로부터 중국 시장에서의 현실에 관해 이야기를 들을 수 있었다.

우리 웹 사이트가 중국 내에서 접속이 차단된 지 오래되었다. 일주일 후 서니랜드에서 열리는 미·중 비공식 회담에서 오바마가 시진핑에게 직접 요청하도록 우리 회사도 백악관에 요청을 넣어보았다. 어디까지 효과가 있을지는 뚜껑을 열어 보지 않으면 알 수 없다.[12]

일주일 뒤 오바마 대통령은 국가주석에 취임한 직후의 시진핑 주석을 캘리포니아주 서니랜드로 초대해, 7일과 8일 이틀간 약 8시간에 걸쳐 미·중 비공식 정상회담을 진행했다.

'≪뉴욕 타임스≫ 문제'는 논의 대상이 되었는가? 되었다면 두 사람 사이에 어떠한 대화가 오갔는가? 이에 대한 사정의 전말은 현재까지 밝혀지지 않고 있다. 그 후 필자도 서니랜드를 방문했는데, 오바마와 시진핑의 회담 모습이 회담장 도처에 소개되어 있었다. 이 시설에서 알게 된 관계자에 따르면 "중국에서 오는 관광객이 나날이 늘어나고 있다. 중국인 관광도 짜여 있다. 시진핑 주석의 방문이 계기가 되었다"는 것이다. 이 시설은 앞으로 중국인 관광객이 쇄도할 것에 대비해 미국 대학에 있는 중국인 유학생들을 인턴십으로 받아들이고 있었다.[13]

서니랜드 회담 이후 2년의 시간이 흘렀다.

앞에 서술한 바와 같이, 2014년 11월 베이징에서 진행된 미·중 정상회담 및 공동 기자회견에서도 '≪뉴욕 타임스≫ 문제'는 화제에 올랐다. 그러나 이 회담을 통해 기자의 비자 발급 금지 문제, 웹 사이트 접속 차단 문제는 해결 기미가 보이지 않았다. 오바마 대통령이 미·중 양국에서 두 차례나 시진핑 주석과 향후 중점 사항을 논의했을 텐데도 말이다. 초대국 미국 정상에 의한 설득 또는 호소마저, 시진핑이라는 지도자는 들어주지 않고 중국공산당이라는 체제는 받아들이지 않는다는 것인가?

결과적으로 오바마 진영은 ≪뉴욕 타임스≫ '구출'에 실패했다.

≪뉴욕 타임스≫는 미국 기업이다. 아무리 권력을 감시하는 입장의 언론사이며, 정부와 긴장관계에 있다고 해도, 이 신문이 미국의 합법적인 기업이라면 미국 정부는 자기 나라 회사의 해외에서의 합법적 권익을 지키기 위해 적극적으로 대처할 책무가 있다. 자국 기업의 정당한 권익이나 욕구가 위협받는다면 상대국에 호소해 문제 해결을 도모해나갈 임무가 있다.

심지어 ≪뉴욕 타임스≫는 어느 쪽인가 하면, (≪워싱턴 포스트(The Washington Post)≫ 등에 비해) 오바마 대통령이 이끄는 민주당 정책을 지지하는 입장에 있다. 덧붙여, 이 신문이 중국에서 위협받는 권익은 분명 보도의 자유라는, 미국이 건국 이래로 보호·신장해온 핵심 이념과 가치관이자 기반이기도 하다.

그러나 미국 기업이고 민주당파이며, 민주주의의 근간을 이루는 보도 자유를 기본으로 한 ≪뉴욕 타임스≫가 궁지에 몰려 있음에도, 서니랜드 회담부터 중난하이 회담까지 오바마는 이 신문을 구하지 않았다. 일부러 구출하지 않은 것인지, 손을 다 써보았는데도 구출할 수 없었는지에 관해서는 분명치 않다. 필자가 접할 수 있는 보도나 정보만으로는 판단할 수 없다.

워싱턴에서 때때로 중국에 유약한 태도를 보인다고 야유받는 오바마 정권이지만, ① 중국을 필요 이상으로 자극하는 것은 좋은 계책이 아니라는 입장에서 경제 무역이나 지역 협력 등 다른 문제와의 균형까지 고려해 '≪뉴욕 타임스≫ 문제'를 전략적으로 방치할 가능성은 충분히 있다. 물론 ② 오바마 정권이 최대한의 정치적 노력을 투입했음에도 시진핑이 이끄는 중국공산당에 통하지 않았을 가능성도 있을 것이다. ③ 오바마 진영이 이끄는 대중 정책의 축이 이 둘의 중간점에 위치했을 가능성도 상정할 수 있다.

①~③은 미국의 대중 전략이라는 관점에서 어느 것이든 심각한 문제를 내포한다. ①은 그 문제를 방치한 것을 의미하며, 초대국 미국의 '나태'를 나타낸다. ②는 미·중의 국력이 상대적으로 접근하는 과정에서 발생하는 현상이며, 힘으로 중국을 설득할 수 없는 상황이라면 미국의 '쇠퇴'를 드러내는 것이다. ③은 '이렇게 하고 싶다'라는 의사와 '이렇게 할 수 있다'라는 힘의 관계가 불균형인 상태, 즉 보유해온 국력을 무엇에 대해 어떻게 행사하는가라는 정책 결정에 이를 수 없는 상황임을 의미하며, 이는 미국의 '당혹감'을 보여준다.

이 구조는 2014년 국제사회를 뒤흔든 홍콩의 상황에서도 여실히 나타나고 있다.

2014년 9월 말, 홍콩에서는 중앙정부에 대해 공평한 보통선거를 요구하는 잔중 시위가 대대적으로 벌어졌다. 시간 축에서 보면 중국의 국력이나 국제적 영향력이 상대적으로 향상되는 시기다. 내정이나 외교 등 모든 문제에서 좀 더 강경한 자세로 팽창하는 경향이 두드러졌다. 한편 공간 축으로 보면 홍콩의 제도는 중국 대륙과 다르며, 적어도 제도적으로는 보도·언론의 자유나 사법의 독립이 보장되어 있다. 앞에서 서술한 대로 보도비자를 발급받지 못하는 ≪뉴욕 타임스≫ 기자 중에는 '홍콩발'로 기사를 전하는 언론인도 있다.[14]

불투명하게 부상하는 이질적인 중국과 마주치며 어울려가는 데, 홍콩이라는 장소는 전략적으로 중요한 의미가 있다. 특히 아직까지 초강대국으로 군림하는 미국에는 더 말할 것도 없다. 베이징보다 홍콩에 접근하는 편이 영향력을 행사하기 쉽다. 그리고 홍콩에 영향력을 침투시킬 수 있다면 베이징을 움직이게 하는 계기를 찾아낼 수 있을지 모른다. 중국 민주화 연구라는 관점에서 본다면 홍콩은 중국 본토의 민주화를 포함한 정치 개혁을 촉구하는, 적어도 첫걸음이 될 수 있다는 의미다.

2014년 11월 베이징에서 진행된 미·중 정상회담 직후 공동 기자회견 현장으로 이야기를 되돌려보자.

≪뉴욕 타임스≫의 랜들러 기자는 비자 발급 제한 문제 외에도 홍콩 정세에 대해 질문했다. 미·중 두 정상의 답변은 앞에서 서술한 대로이지만, 자제하는 듯한 오바마 대통령과 공세적인 시진핑 주석이라는 구도는 명백했다.

홍콩 문제가 내정인 것은 사실이다. 거기서 문제되는 것은 보통선거라는 민주주의의 근간에 관한 주제다. 심지어 홍콩은 오바마도 '회귀'를 주장하는 아시아·태평양 지역의 국제금융센터이며 경제의 중추이기도 하다. 게다가 홍콩 보통선거 문제는 중국공산당이 정치 개혁이나 민주주의를 어떻게 받아들일지에 대해 미국이 판단할 수 있는 바로미터와 같다. 가령 그 판단이 미국이 생각하는 것과 밑바닥부터 다를 경우 어떠한 형태로든 영향력을 행사할 절호의 소재이기도 하다.

결과적으로 미국은 홍콩 보통선거를 둘러싼 대응을 계기로 삼아 홍콩의 민주화를 재촉하고자 본격적으로 움직이지 않았다(수면 아래에서는 시위에 드는 비용을 제공했을지도 모르지만). 다시 말해 홍콩이라는 전략적 완충지대를 통해 베이징에 정치 개혁을 촉구하지 않았다는 뜻이다. 하지 않았는지 할 수 없었는지는 불명확하다. 이 또한 필자가 얻을 수 있는 정보만으로는 판단할 수 없다. 다만 한 가지 말할 수 있는 점은 '≪뉴욕 타임스≫ 문제'와 마찬가지로 홍콩 문제도 나태·쇠퇴·당혹이라는, 대중국 전략 이행 과정에서 부각되는 '미국의 불편한 진실'이 가로놓여 있다는 것이다. 이는 미·중 관계의 현안 중 하나인 인권 문제다. 이는 특히 중국의 핵심적 이익을 의미하는 티베트 문제에서도 드러난다.

2015년 2월 5일, 미국의 종교 관계자들이 참여하는 연례적인 회합이 워싱턴에서 열렸다. 여기에는 티베트의 달라이 라마 14세(Dalai Lama XIV)가 참석하고 있었다. 연설 중에 오바마 대통령은 달라이 라마 14세를 '친구'라고 칭하며 그의 활동과 공헌을 칭송했다. 회합의 화제는 오바마 대통령과 달라이 라마 14세가 어떻게 대면할지에 집중되었다. 결과적으로 양자가 마주 보며 말을 나누지는 않았다. 이런 상황은 미국이 오바마와 달라이 라마의 회담에 완강히 반대하는 중국 정부를 고려했다는 점을 명시적으로 증명하는 것이었다.

이 회합 직전에 필자는 워싱턴의 중국 대사관 직원에게 오바마 대통령과 달라이 라마 14세가 시간을 함께 보내는 일에 대해 어떻게 생각하는지 물었다.

이 직원은 조용히 입을 열었다.

"그러한 회합이 행해지는 것은 잘 알고 있다. 그러나 오바마가 달라이 라마와 만나는 일은 없다."[15]

미국은 중국의 민주화를 바라지 않는가

"우리가 절대 용서할 수 없는 것은 중국에서 벌이를 하면서 중국에 상처를 입히는 일이다."

2014년 9월 10일 중국 톈진시에서 개최된 하계 다보스 포럼에 참석한 루웨이(魯煒) 국가인터넷정보판공실 주임은 외국 IT 기업의 중국 시장 상황, 특히 중국 정부의 '독점금지법' 관련 조사에 대해 모두 발언을 마치며 이렇게 언급했다.

루웨이와 함께 발언한 사람은 미 퀄컴사의 CEO 폴 제이컵스(Paul Jacobs)였다. 제이컵스가 자사에 대한 중국 정부의 '독점금지법' 조사나 거액의 벌금 부과를 불평한 것과 관련해 루웨이가 "중국 정부의 인터넷상 관리는 '하한선 관리'[중국어로 '디셴 관리']이다"라고 주장하며 견제한 것이다.

하한선 관리란 "중국의 국가이익과 소비자의 이익을 지키는 모든 기업이 중국 시장에 들어오는 것을 환영한다"는 의미라고 한다. 루웨이가 2013년도 퀄컴의 영업이익 248.7억 달러 가운데 중국 시장에서 벌어들인 수입이 123억 위안(49%)에 달한다는 사실을 인용하며 모두발언을 한 것이다.

하한선 관리는 최근 들어 시작된 것이 아니다. 중국공산당 정치에서는 수시로 도처에서 눈에 띄는 보편적 현상이며, 내정과 외교의 쌍방향 전략을 상징한다. 내정에서는 공산당의 지배나 이데올로기에 근본부터 의문을 제기하는 지식인에 대한 감시·구속·봉쇄 등을 들 수 있다. 외교에서는 중국의 국익, 특히 핵심적 이익을 존중하지 않는 외국 지도자와의 면담을 거부하거나 철저히 비판하는 것 등을 들 수 있다. 요컨대 중국공산당이 내세우는 이익이나 체면을 구기는 패거리에 대해서는 철저히 비판하며, 몰아세우고, 배척한다는 일관된 논리다. 중국 민주화라는 문제를 고찰해가는 데도 이 논리는 대전제가 된다.

2015년 3월, 필자는 워싱턴에서 중국 정부를 대표해 미·중 사이버 보안 교섭에 참여해온 중견 관리와 이야기를 나눌 기회가 있었다. 미·중의 사이버 보안 문제는 상호 불신 구조의 배경과 해석이 주요 주제였지만, 이야기가 중국 시장 내 미국 IT 기업의 활동 상황에 이르자 이제까지 냉정하고 침착하게 논리를 전개하던 그가 감정적으로 격화되어 미국 기업에 대해 불만을 털어놓았다.

그의 주장은 다음의 네 가지로 요약할 수 있다.

① 중국에서 큰돈을 벌고 있는데 중국에 비우호적인 언동을 취하는 것은 용서할 수 없다. 애플, IBM, 마이크로소프트 등 미국 기업은 중국 시장에서 압도적인 점유율과 영향력을 자랑해왔다. 중국 정부는 외국 시장에서라면 몰라도 중국 시장에서 이 미국 기업들이 정보과학 분야에서 지배자적 위치에 있다는 데 경계심을 표시하며 대응 조치를 취해왔다.

② 지메일을 비롯한 구글의 기능을 중국 내에서 전혀 사용할 수 없게 되었다. 우리 일반 중국인의 생활에도 불편함이 생겨난다. 중국 정부는 구글에 심사나 검열을 통해 "검색하면 안 되는 키워드를 차단할 것"을 요구해왔다. 구글은 결과적으로 중국 정부의 요구를 받아들이지 않았다. 심지어 중국 시장에서 철수할 당시, 중국 정부가 차단을 요구한 키워드를 모두 공개해 중국 정부에 망신을 주었다. 중국 정부는 구글을 용서하지 않을 것이다.

③ 중국 정부는 미·중 사이버 보안 교섭 과정, 혹은 정부나 기업 수준의 정보전에서 스스로를 '약자'로 인식한다. 미국의 압력이나 경계심은 중국 정부의 전략이나 정책을 더욱 보수적으로 변화시키고 있다. 정보공개나 언론의 자유와 관련해서도 미국의 압력이 강해지면 강해질수록 중국 정부의 정책은 점점 더 보수적으로 바뀌고 있다. 결과적으로 중국 인민의 자유로운 인터넷 접속이나 외국 기업의 중국 시장 내 상업 활동을 방해한다.

④ 중국 정부는 자국의 내정에 외부 세력이 '간섭'하는 것을 꺼리는 조직이다. 그러한 세력을 '적대적'이라고 간주한다. 외부 적대 세력에 의해 중국의 자유나 민주주의가 '강요된다'는 상황을 받아들이지 않는다. 단호히 반대하고 대항할 것이다. 그리고 많은 중국 인민이 그러한 외국의 적대 세력과 싸우는 중국공산당을 자랑스럽게 생각하며 지지한다는 내셔널리즘적 구조가 가로놓여 있다.

어느 것이나 흥미로운 지적이지만, 필자는 특히 세 번째 지적에 주목해, 그 관리에게 문제를 제기했다.

정부든 기업이든 미국이 중국에 압력을 가하면 가할수록 중국 정부는 보수화·강경화되어 결과적으로 미국이 바라지 않는 반자유적이고 반민주적인 언론·정보·시장 공간이 넓어진다는 의미다. 미국은 자신의 목을 스스로 조르고 있다고 생각하는가?

그는 답했다.

그러한 해석도 가능하다. 그러나 미국이 중국과 타협하는 일은 없다. 우리도 공허한 원망(願望)은 품지 않는다.

필자는 문제를 제기하고 그의 답변을 들으면서, 2012년 8월 도미 이후부터 미국의 중국 전문가들과 토론하는 와중에 계속 머리 한구석에 남아 있는 의문이 솟아오르는 것을 느꼈다.

'미국은 정말로 중국의 민주화를 바라고 있는가?'

필자가 수학한 베이징 대학 국제관계학원에서는 미·중 관계 연구나 교류가 활발하다. 이 분야에 종사하는 연구자들은 중국공산당 체제하의 대학 기관에서 출셋길을 걷는 것처럼 보였다. 동시에 연구자들은 미국이 중국에 대해 '화평연변'을 꾀한다고 주장했다. 이는 서방 세계가 사회주의 국가의 체제 변화를 유도하는 전략을 가리킨다.

필자가 재학하던 기간에, 원장을 역임한 왕지쓰(王緝思) 교수는 "중국은 자국의 국내 정치에 대한 미국의 정치적 침투를 우려한다"고 지적했다.[16] 사적인 공간에서 "아니, 미국은 거기까지 생각하지 않고 있으며, 거기까지 미칠 힘도 없다"고 중얼거리는 연구자도 있었다. 하지만 이를 강의실이나 공적인 자리에서는 그렇게 주장하지 않는다. "미국이 중국에 대해 화평연변을 꾀하는 것은 아니다"라고 주장하는 것은 정치적으로 금기라는 생각도 들었다. 중국에서 대미 관계를 연구하는 중국 학자들이 '미국은 중국에 대해 화평연변을 꾀한다'는 견해를 견지하는 것이 정치적으로 옳다고 말하는 것을 듣고서, 필자는 학생 시절에 나름대로 충격을 받았다.

조금 전의 의문으로 되돌아가자.

'화평연변'의 의미에서 본다면, 주체는 미국이며 객체는 중국이다. 루웨이의 발언에서도 드러나듯이 공산당에는 일정한 흐름이 있다. 즉, 퀄컴이나 마이크로소프트, IBM, 애플, 그리고 2010년에 '철수'한 구글을 포함해, 정치적으로 민감한 IT 산업의 주요 기업은 모두 백악관이나 정부와 한패가 되어 중국에 '화평연변'을 행하려 한다고 생각하는 경향이 있다. 여기에는 관민일체로 미국에 대항한다는 잠재의식도 작용한다고 본다.

> 무엇보다, 아무리 미국이 중국에 압력을 가해 내부로부터 민주화를 촉진하려 해도 시진핑은 그런 움직임을 거들떠보지도 않을 것이다. 라이벌인 미국의 외압으로 중국의 정치체제에 변화가 생긴다면 그의 체면은 완전히 구겨진다. 미·중 관계라는 도구로 중국 민주화를 촉진한다는 발상은, 적어도 시진핑이 통치하는 시대에는 있을 수 없는 일이다(공산당 중앙간부).[17]

한편으로 정작 미국 측은 애초에 중국이 민주화되는 것을 바라고 있는가?

앞서 서술한 것처럼, 미국 정부의 정책이나 기업의 움직임은 결과적으로 중국공산당을 지금까지 이상으로 반자유적이고 반민주적인 것으로 몰아세우는 것으로 보인다. 물론 이 상황만을 근거 삼아 "미국은 중국의 반자유화·반민주화를 바라고 있다"는 결론을 끌어내기에는 경솔할 수 있다. 아직 과정 중에 있으며, 최종적으로 중국의 민주화를 추진하는 도중에 반동이 생기거나, 우여곡절을 겪거나 하는 경우를 상정할 수 있기 때문이다.

워싱턴을 방문 중인 중국 정부계 싱크탱크이자, 미국 연구에 관여하는 젊은 연구자 두 명에게 내가 품은 의문을 던져보았다.[18]

미국의 전략가들은 냉철하고 무정하다. 겉으로는 중국에 자유나 민주화를 추구하지만, 실제로 중국에 민주주의가 뿌리내릴 것이라고는 생각하지 않으며, 그것을 바라지도 않는다. 미국은 중국의 민주화를 봉쇄할 것이다(중국 대미 외교 연구자).

중국이 스스로 서구적인 민주화 노선으로 이행한다고 말하면 중단시킬 수는 없겠지만, 그러한 진전은 없을 것이라고 미국은 생각한다. 자기들이 민주주의 국가이고, 중국은 그렇게 되지 않기를 계속 바라고 있다(중국 경제외교 연구자).

만약 중국이 민주화할 경우, 미국은 중국과 가치관이나 규칙을 공유할 수 있어 대화가 수월해질 것이다. 미국 기업도 그 혜택을 받는다는 점은 분명한 사실이다. 구글은 중국 시장 복귀를 노릴 것이고, ≪뉴욕 타임스≫도 중국 본토에서 차단된 상태를 벗어나게 될 것이다. 중국 시장에 대한 본격적 진출이라는 의미에서 미국 경제는 중국을 대상으로 하면서 틀림없이 윤택해질 것이다.

또 서방 국제정치학계에 "민주주의 국가끼리는 전쟁하지 않는다"는 하나의 학설이 있듯이, 중국이 어떠한 형태의 민주화로 방향을 잡는다면 미국은 중국과 전쟁을 치르는 데 드는 천문학적 비용이나 생명의 위험을 감수하지 않아도 될 것이다.

덧붙여, 글로벌 거버넌스의 관점에서 보면 비민주적인 행위자를 신뢰하지 않는 미국은 민주국가가 아닌 중국을 신뢰하면서 공산당 정부와 공동으로 국제질서를 구축하고 운영하는 데 공동으로 보조를 맞추기 어렵다고 생각할 것이다. 클린턴 정권에서 국무부 차관보를 지낸 중국 문제 전문가인 캘리포니아 대학 샌디에이고 캠퍼스의 수전 셔크(Susan Shirk) 교수는, 저서에서 분명하게 지적한다.

일부의 낙관적인 중국인은, 미국과 중국의 관계가 동맹국인 미국과 영국의 관계처럼 긴밀해질 날이 올 것이라 믿는 듯하다. 중국이 아시아를 이끌고, 미국이 세계를 선도하면 된다고 생각하는 것일지도 모른다. 그렇지만 중국이 공산국가인 한 미국이 중국과 완전히 조화로운 관계를 구축하는 정경을 상상하기란 어렵다.[19]

한편 미국의 국익을 장기적 관점에서 때때로 제로섬 게임으로 파악하는 전략가들은, 꼭 이점의 유무라는 측면에서 중국 민주화 문제를 보고 있지는 않은 듯하다.

2013년 봄 하버드 대학에서 한 국제 관계 전문가가 필자에게 "톈안먼 사건의 최대 수익자는 미국이다"라고 피력한 적이 있다.

그 사건이 일어났기 때문에 중국은 국제사회에서 비난을 받았다. 미국은 역으로 체제적·가치관적 우위성을 확립할 수 있었다. 중국이 톈안먼 사건을 청산할 경우 그것은 중국이 인권을 중시하는 방향으로 움직이기 시작했으며, 자유민주주의에 이해를 표시하는 것을 의미한다. 그렇게 되면 미국의 우위는 흔들리고, 심지어 미국은 공산중국이라는 가상의 적국을 잃게 된다.

제7장에서 톈안먼 사건의 청산은 중국 민주화에서 반드시 필요한 통과점이 될 것이라는 논지를 폈다. 중국공산당이 부정적 유산이자 암흑의 역사인 톈안먼 사건과 정면으로 마주하지 않으면서, 중국의 국가 이미지는 26년에 걸쳐 훼손되어왔다. 역으로, 인권 옹호라는 관점에서 그러한 중국공산당 체제에 '노(No)'를 내리치는 미국의 체제적·가치관적 우위성이 높아진 점은 사실이다. 무엇보다, 미국 정치에서 가상 적국의 존재는 어느 시대에도 빠질 수 없는 것이다. 만들어내서라도 존재하도록 하지 않으면 곤란하다.

이 전문가의 발언을 들은 이래, 2년간 필자는 보스턴이나 워싱턴에서 미국의 중국 문제 전문가를 만날 때마다 토론 마지막에서 "그런데, 미국은 정말로 중국의 민주화를 바라는가? 사실은 중국이 민주화되면 미국의 우위성이 흔들리므로 중국의 민주화를 봉쇄하려는 것은 아닌가?"라는 질문을 던지려고 노력한다.

흥미롭게도, 피질문자의 반응은 대개 일치한다.[20] 우선은 쓴웃음을 짓고, 명쾌한 회답을 피한다. 그러고선 "그 문제는 묻지 말아달라"는 거부반응을 보인다. 2015년 3월, 워싱턴에 체류 중일 때 필자는 미국을 대표하는 중국 문제 전문가인 조지워싱턴 대학의 데이비드 샴보(David Shambaugh) 교수에게 이 질문을 던져보았으나, "죄송하지만, 그 질문에는 답하지 않겠다"고 일축해버렸다.[21]

중국공산당 체제하에서 일하는 연구자에게 "미국은 중국에 대해 '화평연변'을 꾀한다"고 주장하지 않는 것이 금기라면, 미국의 자유민주주의 아래에서 일하는 연구자에게는 "미국은 중국의 민주화를 봉쇄하고자 꾀한다"고 주장하는 것 또한 금기일지 모른다. 적어도 필자는 중국과 미국 쌍방의 연구자들이 각각의 금기에 직면했을 때 슬쩍 비치는 어색한 표정에서 같은 부류의 공기를 감지했다.

앞에서 언급한 하버드 대학 교수 외의 사람들에게도 아직 명확한 회답을 얻지 못했다. 따라서 현 단계에서 필자에게는 "미국이 중국의 민주화를 봉쇄하려 한다"고 주장할 충분한 근거가 없다. 그러나 동시에, 이제까지의 취재와 논의를 통해 볼 때 미국이 이 주장에 대해 "현실성을 동반한 가설이다"라고 인식하는 것은 분명하다.

문화체제 개혁과 미국의 관계

2011년 10월, 시진핑 정권이 탄생하기 약 1년 1개월 전에 필자는 베이징에 있었다.

'당위발양(黨威發揚)'을 목적으로 한 국가 대사가 폐막한 이후, 이제까지 당위발양의 근거가 되어온 경제성장에도 어두운 면이 보이기 시작했다. 또 여론의 관심이 1년 후 발족하는 신체제 인사에게 집중해 있는 상황에서 중국공산당 제17기 중앙위원회 6차 전체회의가 개최되었다. 그 회의에서 집중적으로 토의된 것은 정치도 경제도 아닌 문화였다.

2007년 제17차 당대회 이래로 중국공산당이 처음으로 문화를 중심 주제로 올린 중앙위원회 회의였다. 공산당이 중앙위원회 전체회의에서 문화를 집중 토의한 것은 1996년 제14기 6중전회가 사상·도덕과 문화 건설을 주제로 한 이래 처음이었다.[22]

"문화체제 개혁을 심화해 사회주의 문화의 큰 발전과 큰 번영을 추진한다."

회의의 표어였던 이 슬로건을 본 순간, 이루 말할 수 없는 위화감을 느끼지 않을 수 없었다. 그 이유는 두 가지다.

하나는 '문화에 체제 따위가 있는가'라는 점, 바꿔 말해 '문화라는 분야가 체제화되어야 할까'라는 의문이다. 필자가 이해하기로는 공산당 지배하의 중국에서 '체제'라는 두 글자와 관련해 언급될 경우, 그 분야에서 때때로 통제가 강화된다. 위로부터의 통제가 강해진다는 뜻이다.

또 하나는 '문화와 사회주의가 상관이 있는가'라는 점, 바꿔 말해 '문화의 발전이나 번영을 애초부터 사회주의냐 비사회주의냐로 나눌 필요가 있는가' 하는 의문이다. '사회주의 문화'를 언급하는 관점에서는 논의 대상이 정치색이 강한 이데올로기 문제로 변해버리는 것은 필지의 사실이다. '우리는 자본주의가 아닌 사회주의라는 체제를 굳게 지키는 국가다'라는 이데올로기적 대립 구조를 암암리에 주입시켜 문화 속에 밀어붙이기 때문이다. 그렇지 않다면 사회주의 문화 등을 애초에 말할 필요가 없다. 본래 국가도, 주권도, 피부색도, 체제도, 지리도, 시대도 상관없이 훌륭한 것은 훌륭하다. 감동은 국경을 넘는다. 그것이 문화의 본질일 것이다.

제17기 6중전회 개최 중에 필자는 주중 이스라엘 대사관의 참사관과 교류할 기회가 있었다. 중국어를 유창하게 하는 이 외교관도 '문화체제 개혁'이라는 말에 의문을 품고 있었다.

> 가토 씨, 두 가지 문제를 당신과 논의하고 싶다. 우선 "문화체제 개혁을 심화한다"는 것으로 미루어 중국공산당은 틀림없이 중국 사회·문화 분야에 통제를 강화할 것이다. 그런 와중에 중국의 정치는 어디로 향할지, 다음으로 공산당이 말하는 "사회주의 문화의 큰 발전과 큰 번영"이 본질적으로 문화대혁명과 어떠한 차이가 있는지의 문제다.[23]

중국 여론이 한층 더 통제 속에 놓여 있고, 보도나 출판 분야에서도 통제가 강화되어 정치 개혁이 막힐 것이라는 점은 불안 요소다. 그러나 문화대혁명이 만연한 1960~1970년대와 지금은 시대나 정세가 다르다. 중국도 국제사회의 일원으로 보조를 맞추는 와중에 중국 사회가 문혁으로 되돌아갈 가능성은 낮다. 필자는 이와 같이 답했다.

그도 중국이 문혁 시대로 되돌아가는 것은 생각하기 어렵다고 본다. 하지만 한편으로 정치의 자유, 문화의 혁신, 언론의 자유, 지식경제의 자립 같은 분야에서 위로부터 간섭해 강제한다는 면에서 의미를 같다고 했다. 즉, "사회주의 문화의 큰 발전과 큰 번영"이 내포한 요소는 본질적으로 문혁과 다르지 않다는 주장을 반복하고 있었다. '큰 발전, 큰 번영'이라는 선동적 표현은 확실히 '대혁명'을 방불케 하며, 양자에 본질적으로 별 차이가 없다는 견해에 필자도 동의했다.

중앙위원회 회의가 개최되기 약 3개월 전인 7월 1일, 중국공산당 창설 90주년 기념식전에서 후진타오 총서기(당시)는 문화에 대해 언급했다.

> 문화체제 개혁, 공공 문화 서비스 체계 구축, 문화사업 산업의 발전을 가속시켜야 한다. 중화문화를 세계로 진출시켜 중국의 국제적 지위에 필적하는 문화의 소

프트파워를 육성하고, 중화문화의 국제 영향력을 향상시켜야 한다.[24]

이 문장은 공산당 지도부의 본심으로 생각된다. 세계 제2의 경제 대국으로서 중국은 국제사회에서 더욱 영향력을 발휘하고 있지만, 세계를 깜짝 놀라게 하는 소프트파워를 지녔다고는 말할 수 없다. 미국의 할리우드에 필적하는 영화 제작, 중국에서 크게 인기를 끄는 일본 드라마 수준을 웃도는 중국 드라마, 국제 여론에 영향을 미치는 언론매체나 출판사, 페이스북이나 애플에 도전하는 IT 관련 기술혁신, 일본의 전기자동차 브랜드에 필적하는 제조업, 이탈리아·프랑스·스위스 같은 유럽 국가의 브랜드 제품 등. 이 중 어느 것도 중국은 가지고 있지 않다.

이 외국 브랜드들이 제조 부분을 위탁해온 '세계의 공장'으로서의 시대가 지나버렸다고도 하는데, 그다음 단계는 무엇인가? 거기서 나아가기 위한 준비는 되어 있는가? 당과 정부의 통제를 비교적 덜 받는 알리바바나 텐센트 등 인터넷 민간 기업이 어느 정도 국제적으로 주목을 받고 있지만, 시가총액에서 세계기업과 겨룰 수 있는 것은 중국공산당의 의사대로 움직이는 국유기업뿐이라는 점이 현실이다.

왜 중국은 이 같은 상황에서 탈피할 수 없는가? 그 원인은 공산당 자체에 있다고 생각한다. 문화의 소프트파워를 강화하며 중화문화를 꽃피우고 싶다고 공개적으로 주장하지만, 위로부터의 억압을 완화하기는커녕 해마다 강화하고 있다. 기업 분야라는 면에서 짚어보면, 여전히 당과 정부가 국유기업을 우대하는 구조에는 변함이 없다. 민간 기업과 중소기업은 정치적·행정적 굴레에서 악전고투하고 있으며, 아주 소액의 융자를 받는 것조차 어려운 상황이 계속되고 있다.

문화 분야에서는 보도·출판·영화·교육산업 등에 대한 통제가 해마다 강화되고 있다. 앞서 서술한 회의를 통해 문화산업을 중시하며 투자를 강화한다고 주장하지만, 그것은 '우리 의사에 부합하는 프로젝트를 중시하고 투자

한다'라는 조건부로 허용된다. 결과적으로, 공산당의 입장이나 의사를 반영하는 기업은 발전하며, 자신의 의사대로 행동하는 기업은 뒤처진다.

공교롭게도 공산당이라는 정부가 '문화'를 중시하면 할수록 중국의 문화나 브랜드는 시들어간다는 구조가 완강히 가로막고 있는 것이다. 이러한 현상에 대해 하버드 대학의 조지프 나이(Joseph Nye) 교수(전 국무부 차관보)는 경고를 보낸다.

중국 정부는 스스로 소프트파워의 주된 담당자라는 잘못된 생각을 품고 있다. 오늘날의 세계는 정보가 넘쳐나므로, 주의를 끄는 정보가 중요하다. 그리고 주의력은 신용에 의존한다. 정부의 프로파간다가 신용을 충족시키는 경우는 거의 없다.[25]

한편 중국 정부는 나이 교수가 주장하는 "소프트파워는 개인이나 민간 기업, 그리고 시민사회로부터 태어난다"는 데 생각이 미치지 못했고, 앞장서서 고대문화 등을 국제적으로 선전하는 스타일에 집착해왔다.[26]

여기서 한 가지 짚고 가야 할 문제가 있다. 중국의 민간이나 사회에 중화문화를 꽃피우는 데 역할을 담당할 만큼, 인재가 객관적으로 존재하는지의 문제다.

중국의 언론매체나 출판계의 젊은 세대와 어울려온 한 사람으로서 확실히 말하고 싶다. "인재는 얼마든지 있다. 하지만 그들의 싹은 '체제'에 의해 모조리 잘리고 있다."

필자가 가장 마음 아파하는 것이 편집자들의 일상적인 업무 형태다. 공산당 당국의 검열과 감시 아래에서 일할 수밖에 없는 그들은 대부분의 시간과 에너지를 '무엇을 할 수 있는지'가 아닌 '무엇을 하면 안 되는지'에 소비한다. 기사나 작품을 다듬는 일이 아니라, 어디를 삭제하지 않으면 안 되는지에 신경을 쓰는 것이다.

말할 것도 없이, 삭제의 기준은 공산당의 의사와 입장이다. 터무니없는 경쟁 환경에서 자란, 우수하고 근면하며 국제적 시야나 사회적 책임감도 갖춘 인재가 그런 잡무에 휘둘리고 있다. 이후 창조하는 것으로부터 차츰 거리를 두고, 급기야는 창조하는 일 자체를 포기해버린다. 그리고 1~2년간 보도나 출판에 종사한 문화인이 국유기업(석유나 통신 등)의 홍보 담당관으로 전직하는 경향이 강해진다. "열심히는 해왔지만, 이 이상 언론매체에서 나 자신의 존재 가치를 찾아내기란 무리다. 공산당이 통제의 손길을 늦추는 일은 없을 것이다. 내게도 가정이 있다"(≪신경보≫의 전 편집자, 현 국유 에너지 기업 홍보관).[27]

공산당이 문화체제 개혁을 심화하면서 득을 보는 행위자는 누구일까? 공산당은 그에 따라 민간 사회의 도전을 물리치며, 자신의 권력과 위신을 강화했다고 '주관적'으로 생각하고 있을 것이다.[28]

그럼 '객관적'으로 승자가 되는 것은 누구일까?

실제 마음으로는 '중국이 민주화되지 않았으면 한다'는 '현실성을 동반한 가설'을 세운 미국이라는 것이 현 단계에서 필자의 견해다. 중국의 문화인들과 어울려온 경험으로부터 그렇게 확신한다.

가령 그들이 중국공산당의 검열이나 감시를 받지 않고, 자유로운 환경에서 창작에 몰두할 수 있다면 미국의 할리우드 영화나 일본의 아침 드라마에 필적하는 영상 작품, 시공을 넘나드는 영향력이 있는 출판물, 국제 여론에서 발언권을 지닌 언론매체 몇 개가 탄생할 것이 틀림없다.

그와 같은 무서울 정도의 잠재력을 가진 경쟁 상대를 중국공산당 스스로 봉쇄하고 있는 것이므로 미국의 전략가들은 기쁘지 않을 리가 없다.

미국 전략가들의 속마음은, 나이 교수가 ≪뉴욕 타임스≫에 기고한 논고에서 주장하는 "중국만이 중국을 봉쇄할 수 있다(Only China can contain China)"

에 적나라하게 묘사되어 있다. 요컨대 '미국은 냉전시대에 소련을 봉쇄하려 했듯이 중국을 봉쇄하려 하면 안 되고, 그럴 필요도 없다. 우리가 봉쇄하지 않아도 중국이 붕괴할 때는 멋대로 붕괴한다'는 의미다.[29]

통제하고 가두는 데는 비용과 리스크가 동반된다. 냉전시대 소련에 필적하는, 오늘날의 가상적국인 중국이 자신의 목을 스스로 가두고 있는 것이다. 미국으로서는 협력할 수 있는 분야에서 협력하고 그 안에서 미국의 이익을 추구해가는 스타일이 가장 효과적이며, 가성비가 높다는 것이다. "중국을 가두는 것이 아닌, 중국과 협력하는 과정에서야말로 미국의 힘이 극대화될 것이다"(조지프 나이).

미국의 세기는 끝났는가

2013년 9월 10일, 필자는 하버드 대학 캠퍼스에서 나이 교수의 강연을 들었다. 주제는 '중국과 일본에 대한 미국의 전략'이었다. 강연회장에는 많은 일본인과 중국인이 몰렸다. 강연 중에 나이는 자신이 이름 붙인 '소프트파워'에 대해 말하기 시작했다.

"나는 중국 관료로부터 소프트파워를 강화하기 위해 어떻게 하면 되는지 이따금 질문받는다. 나의 대답은 지극이 단순하다. '릴랙스(relax)'다."[30]

중국공산당에 '릴랙스'의 추구는 '정치적 통제를 풀어라'라고 말하는 것과 같다. 말은 쉽지만 공산당에서는 판단하기 가장 어려운 문제다. 자신의 공권력을 민간 사회에 넘겨준다는 의미이기 때문이다. 필자는 미국 전략가 특유의 얄궂음이 가득한 나이의 표정이나 몸짓을 바라보며, 그가 입으로는 '릴랙스'라고 말하면서 마음속으로는 '중국공산당이 통제를 풀 리 없다'는 희망적 관측을 품는다고 느꼈다. 그리고 이 논리가 '그렇기에 미국은 쇠퇴하지 않는다'라는, 미국의 전략가들이 공유하는 견해로 수렴하는 것처럼 보인다.

전략가들은 중국의 '비민주적 부상'이 미국에 주는 위협은 한정적이기 때문에 과잉 반응할 필요가 없고, 또 미국이 중국에 추월당할 가능성은 낮다고 보는 듯하다. 한편 중국의 '비민주적 대두'가 불투명한 것도 사실이다. 그러한 중국이 국제사회에서 '폭주'하지 못하도록 저지하려면 미국이 유일무이한 역할을 다하는 것은 불가결하다고 생각하는 듯하다. '미국이라는 초강대국의 존재는 더욱더 중요해지고 있다'는 느낌은 미국의 전략가들을 점점 더 '애국적'으로 만드는 것처럼 보인다.

몇 가지 견해를 소개한다.

중국의 글로벌한 존재감과 평판은 혼합되고 있다. 미국처럼 글로벌한 초강대국이 되려면 아직도 먼 길을 가야만 한다. 글로벌한 초대국이란 종합적인 국력과 경제, 문화, 외교, 안전보장, 거버넌스 등 다양한 영역에서 글로벌한 영향력이 있는 국가를 가리킨다. 장기적으로 볼 때 중국이 앞으로 영향력을 획득할지는 모르지만, 현 단계에서는 국지적 세력에 머무른다(데이비드 샴보, 조지워싱턴 대학 교수).[31]

앞으로 십수 년간 미국에 맡겨진 중요한 도전과 조급히 해결되어야 하는 지정학적 임무는, 미국 스스로 재활성화해 서방 사회에서 좀 더 크고 결정적인 역할을 맡는 동시에, 동쪽 사회에서 균형자의 역할을 다하는 것이다. 그 목적은 중국의 글로벌한 부상에 건설적으로 대응하고, 또 글로벌한 카오스 상태를 피하기 위함이다(즈비그뉴 브레진스키(Zbigniew Brzezinski), 존스홉킨스 대학 교수, 전 국가 안보 담당 대통령 보좌관).[32]

오늘날 도전은 중대하다. 중국의 부상은 가장 뚜렷한 도전을 우리에게 던지고 있다. 하지만 그들은 미국이 냉전시대에 직면했던 문제만큼 중대한 것은 아니다. 작금의 세계 질서를 유지하기 위해서는 미국의 한결같은 리더십과 책임이 요구된다. 오늘날 우리에게는 선택지가 있다는 점을 잊으면 안 된다(로버트 케이건

(Robert Kagan), 브루킹스 연구소 선임연구원].[33]

나이는 2015년 1월에 출판한 저서 『미국의 세기는 끝났는가(Is the American Century Over)』의 제목과 동일한 물음에, 명확히 '노(No)'라고 답한다.

1941년에 나이는 ≪타임(Time)≫과 ≪라이프(Life)≫의 창간자 헨리 루스(Henry Luce)가 ≪라이프≫(2월 17일)에 '미국의 세기(The American Century)'를 제창한 역사를 상기시키며, "2014년이 되어서도 미국의 세기는 끝나지 않을 것이고, 중국이 미국을 제치는 일도 없다"고 단언했다. 그와 동시에, 미국 외 행위자의 부상이나 미국 내부의 경쟁력 약화로 미국이 타국과 함께 공공재를 관리하는 프로세스가 어려워지면서 1941년부터 이제까지의 역사와 다른 양상을 나타내겠지만, 미국의 세기는 끝나지 않는다고 언급했다.[34]

미국의 세기는 쉽게 끝나지 않는다. 다만 "현실성을 동반한 가설", 즉 '중국이 민주화하지 않는 한'이라는 전제조건을 달면 가능하다.

중국의 민주화를 거부하는 공산당과 중국의 민주화를 바라지 않는 미국의 전략가 즉 중국공산당과 미국 전략가가 이해를 공유하며, 운명이라는 하나의 실로 양자가 이어진다고 보는 것은 과잉 반응인가? 중국이 민주화를 향해 한 발짝 내디딜 때, 미국 전략가들이 쥔 양 주먹에는 식은땀이 찰 것이다.

제15장

반일과
중국 민주화

우리 당은 일본과의 관계를 둘러싼 역사교육을 재검토해야 한다. 그렇지 않으면
통치에 불편한 상황이 발생할 것이다. 실제로 항일전쟁을 어떻게 글로 엮어낼지
문제는 당 상층부에서 진지하게 논의해왔다.[1]

2010년 춘절에 중국 광둥성에서 구정을 보내며 송구영신하던 필자는, 중
앙과 지방 공산당 체제에서 핵심부를 두루 담당했던 전 정치국 위원과 마주
하고 있었다. 대화의 흐름이 자연스럽게 일·중 관계에 이르러 필자가 중국
의 역사교육에서 일본의 존재에 관해 질문하자, 그는 심각한 표정으로 이렇
게 주장했다.

'불편한 상황'이란 무엇을 가리키는가? 다양한 해석이 있을 테고, 시대나
환경의 변화에 따라 그 상황도 변해갈 것이다. 적어도 말할 수 있는 것은, 중
화인민공화국의 '제1당'으로서 국가 전역에 군림해온 중국공산당이 '일본을
어떻게 평가해 인민에게 전할 것인가'의 문제는 역사교육이나 대외 관계의
범주를 넘어 스스로의 생명선(통치 정당성)에까지 영향을 미칠 수 있는 문제

라는 뜻일 것이다.

2005년과 2012년에 중국 각지에서 도미노처럼 발생한 '반일 데모'는 그 배후에 복잡하게 존재하는 공산당 내 권력투쟁이나 당내 관계를 둘러싼 이해관계에서 기인한 측면도 없지 않았다. 하지만 치안 관리나 사회질서를 포함해, 중국공산당의 정책 결정에서 중요한 기조 중 하나인 '안정'을 위협하는 불안정한 요소였던 것도 분명하다. 반일 시위를 계기로 사회가 불안해질 경우, 일본뿐 아니라 유럽을 포함한 해외 투자나 기업가들이 손을 뺄 위험도 존재한다. 그런 의미에서 일본과의 관계가 당 지도부에는 때때로 생명선을 둘러싼 논의로 발전하는 것은 자연스러운 일이며, 또 필연성이 있다.

중국 사람들에게 항일전쟁은 공산당이 국민당을 타이완으로 쫓아내고, 마오쩌둥이 중화인민공화국 건국을 선언하는 역사적 과정에서 중요한 위치를 차지한다. 그뿐만 아니라, 공산당이 중화인민공화국 제1당으로 계속 존재하기 위한 정통성의 근거로 인식되어왔다. 역사의 진실이야 어떠하든, 중국공산당은 인민에게 그런 '역사적 사실'을 계속 주입해왔다.

> 특히 중국에서는 일·중 양국의 역사가가 인정하듯이, 일본의 군사적 침략에 저항한 '항일전쟁'이 국가 통일의 중요한 계기였으며, 중국 내 내셔널리즘의 원점으로 인정되었다. 이처럼 중국 정부와 공산당이 '항일전쟁 승리'를 이끈 것은 공산당의 지도라는 역사적 해석에 의거해 당의 정통성을 담보한다. 이른바 '항일전쟁'의 역사 인식은 통치 체제의 초석이며, 이런 의미에서 역사와 관련된 문제는 중국 정치의 근간과 밀접하게 연결되어 있다(게이오기주쿠 대학 동아시아 연구소, 현대중국연구센터 연구원 에토 나오코).[2]

중국에서 살아가는 사람들에게 중국공산당의 정통성을 둘러싸고 성립된 과정이나 논리에 정면으로 이의를 제기하거나, 대체 요소를 거론하는 일은 정치적 금기로 간주된다.

중국공산당이 교육하는 이른바 애국 교육이란 '항일전쟁에서 일본을 타도하고 국공내전에서 승리해 신중국 건국을 실현한 공산당은 얼마나 위대한가'라는 것이다. 이처럼 공산당 스스로 만들어낸 정치적 이데올로기를 인민에게 '교육'시키며, 당의 정통성을 강화하기 위해 사용되어온 것이 '애국 교육'이다. 일본에서는 때때로 '반일 교육'이라 불리며 논쟁의 대상이 되어왔다.

1989년에 일어난 톈안먼 사건은, 국가의 미래를 짊어진 젊은이들의 민주화 요구를 무력으로 진압한 당시 최고 권력자 덩샤오핑이 '애국 교육 강화의 필요성과 절박성'을 통감하도록 했다. 개혁개방의 총설계사라고까지 불리는 덩샤오핑의 보수적인 본모습을 생생히 드러낸다.

덩샤오핑의 뜻을 이어받은 장쩌민은 예측대로 애국 교육을 강화했다. 여기에는 가치관이나 사상 체계가 형성되지 않은 아이들을 베이징이나 난징을 비롯한 항일전쟁기념관에 사회과 견학을 보내는 정치적 임무도 포함되어 있었다. 실제로 필자가 과거에 이런 기념관들을 방문했을 때, 반드시라고 해도 될 만큼 학교 선생님과 동행한 아이들의 모습을 보았다. 그들은 잔학한 영상을 앞에 두고 갑자기 눈물을 흘리고 있었다. 그리고 그 눈물은 주위 또는 사회, 그리고 여론의 공감을 불러와 점차 대일 여론이 되어가는 것이다.

필자에게 중국 사람들의 '반일 감정'은 늘 언론 활동을 수반하고 있었다. 이 일을 계속하는 한 어쩌면 평생 마주칠 수밖에 없는 문제일 것이라 각오하고 있다. 필자에게 반일은 관찰의 대상이 아닌 교류의 대상이며, 때로는 명운이나 생명까지 위협하는 존재가 될 수 있다.

그러나 이제까지는 실제적 체험으로서 동태적으로만 마주해온, 중국인 속에 내재된 반일이라는 불씨에 정태적으로 마주할 필요도 있다. 중국 민주화라는 문제를 제대로 직시하기 위한 거울이 되는 것이다.

이 장에서는 필자가 중국에서 체험한 반일 시위 현장을 되돌아보며, 반일과 민주화의 관계를 몇 가지 시나리오를 통해 풀어갈 것이다. 이어 중국공산당이 자신의 정통성을 담보하기 위해 일본을 어떻게 판단하는지, 나아가 중국의 건전한 민주화를 재촉하는 데 일본과 일본인이 건전한 외압으로 작용하려면 무엇을 해야 하는지 검토해본다.

민주화로 반일은 완화되는가

과거, 현재, 미래라는 시간 축을 고려하며 중국 사회에서 반일과 민주화의 상관성을 검증해갈 때 우선 말하고 싶은 점은, 양자의 직접적인 상호 의존 관계를 찾아내기가 쉽지 않다는 것이다.

상정할 만한 가설 여덟 가지를 들어본다.

① 반일이 약해지면 민주화가 촉진된다.
② 반일이 강해지면 민주화가 멀어진다.
③ 반일이 약해지면 민주화가 멀어진다.
④ 반일이 강해지면 민주화가 촉진된다.
⑤ 민주화하면 반일이 약해진다.
⑥ 민주화하지 않으면 반일은 강해진다.
⑦ 민주화하면 반일은 강해진다.
⑧ 민주화하지 않으면 반일은 약해진다.

이런 가설이 복잡하기 짝이 없는 현실을 지나치게 단순화한다는 지적도 나올 수 있다. 현실성이 결여되었을 뿐 아니라 중국을 관찰·분석해나가는 데 필요한 시각으로부터 멀어지게 할 위험성도 있다.

"중국이 민주화하면 중국인의 반일 감정과 반일 행위가 완화되는가?"

이는 중국 문제 전문가나 중국 시장에서 활동하는 사업가들과의 대화 속에 자주 올라오는 화제다. 필자의 경험상 '완화된다'고 단언하는 사람은 아직 만난 적이 없다. 그만큼 복잡하고, 온갖 변수를 품은 주제이기 때문이다.

장기적으로는 중국이 민주화되는 쪽이 반일 여론을 좀 더 유연하게 만들 것이다. 사법이 독립하고 언론·보도의 자유가 제도적으로 보장된 환경 아래에서 자유롭고 활발한 논의가 싹트고, 서서히 건전한 언론 시장이 형성되면 대일 여론도 좀 더 다양성과 탄력성을 동반할 것이라는 의미다. 따라서 중국이 민주화 도상에서 서서히 변천해가는 것은, 일본의 대중 관계나 교류·협력의 관점에서 긍정적이며 환영받아야 한다고 필자는 생각한다.

과거 10년 동안 중국의 대일 여론이 자주 '반일 일변도'로 기우는 상황 아래 일본인으로서 언론에 기고하는 일은 힘들 뿐만 아니라, 강렬한 압박 속에 몸이 깎여나가는 느낌이었다. 중국에 조금만 더 언론의 자유가 있었다면 적어도 다양한 언론 환경 속에서 건설적인 논의를 촉구할 수 있을 텐데 하고 고민하며 계속 발버둥 치던 나날이었다. 그러한 나날은 앞으로도 계속될 것이다.

실제로 사적 장소에서는 "일본과의 관계를 소중히 하기 위해, 중국 정부는 역사 문제를 고집하지 말고 경제나 인문 교류를 솔선해 진행해야 한다. 중국 인민도 일본의 대중 ODA(정부개발원조)를 제대로 알고 평가해야 한다"고 전하는 중국의 지식인이나 기업가, 젊은이가 많다. 그러나 그들은 공산당 당국, 그리고 공산당으로부터 애국 교육을 받았으며 국수주의적으로 변하기 쉬운 일반 대중의 정치적 압력과 사회적 제재를 두려워한 나머지, 본심을 입 밖에 내려 하지 않는다. 전략적으로 입을 다물고 잠자코 있는 것이다. 단 한 번의 대일 언설로 인생을 망쳐버리면 안 된다고 생각하는 것이다.

필자 생각으로는 적어도 단기적으로는 '민주화로 반일이 완화된다'고 단언할 수 없는 이유가 세 가지 있다.

첫째, 사회주의 체제하에서도 초상업주의가 만연한 최근의 중국 여론을 감안하면, 시장이 자유롭고 열린 공간이 되었을 때 오히려 그것이 역으로 중국인의 잠들어 있던 반일 감정을 깨어나게 할 것이라는 우려 때문이다.

초상업주의는 언론매체도 침식하고 있다. 필자가 중국의 언론매체 관계자와 어울려온 경험에 비추어볼 때, 편집자나 특집 담당자의 뇌리에는, '일·중 관계가 악화되는 가운데 일본 특집은 팔린다'는 고정관념이 배어 있다. 특히 '일본 우경화', '군국주의 부활', '야스쿠니 문제', '역사를 반성하지 않는 일본인'과 같은 자극적인 제목에 독자나 시청자는 반사적으로 달려든다.

그중에서도 자국 사회의 국정이나 제도에 불만을 터뜨리며 제대로 직업을 찾지 못하고 나날이 짜증을 내는 젊은이, 특히 네티즌들은 '매 맞는 일본'을 곁눈으로 흘겨보고 코웃음 치며 기뻐하는 것 같다. 짜증의 원인은 일본이 아니라 조국의 정부·체제·사회라는 기본적 배경을 망각해버릴 만큼 감각이 마비되어 있다. 언론매체 관계자와 이런 성마른 젊은이들 사이의 공통점은 '일본이라면 아무리 때려도, 욕을 퍼부어도 괜찮다'라는 잠재의식이다. 중국공산당이 '항일전쟁에 승리해 천하를 쟁취했다'는 건국 논리를 정통성의 근거로 두는 한, 매체나 대중 여론의 이러한 도식적인 생각과 도피는 사라지지 않을 것이다.

여기서 주목되는 것은, 반일이 어느 정도 억제된다는 점이다. 민중의 지나친 반일 감정이나 반일 운동을 경계하는 공산당 당국이 정치적으로 통제하기 때문에, 반일이 일정 정도 억제되는 측면이 있다는 것이다. 가령 공산당 지도부가 폭주하는 민중에 대한 통제를 해제할 경우, 근래에 우리가 목격해온 반일 시위의 규모나 정도는 경감될까, 아니면 오히려 악화될까? 뚜껑을 열어보지 않으면 알 수 없다. 하지만 후자의 가능성을 부정할 근거는 없다.

둘째, 한국의 경우가 뇌리를 스친다.

중국과 마찬가지로, 일본을 역사상 '침략자'로 판단하는 한국은 독재정권의 통치에 이별을 고하고 민주화의 과정을 걸어갔다. 경제성장을 추구하며 선진국의 대열에 끼기 위해 관민일체로 현대화의 길을 모색했다.

그러나 국민의 생활수준이 향상하고 사회가 제도적으로 성숙해져 정치 수준의 자유도 차차 보장되어왔음에도, 한국 정부·사회·국민 차원의 반일은 오히려 증폭되었다. 민주주의 사회여도 견제와 균형의 메커니즘이 유효하게 작동하지 않는다는 점은, 현재 한국의 대일 여론을 감안하면 명백해진다.

물론 현재 한국은 민주사회이며, 학문·언론·종교 등의 자유는 제도적·실질적으로 그 원칙이 보장된다.[3] 따라서 예를 들어 지식인이나 실업가가 (상업적 고려나 여론과의 관계성은 별도로) 반일을 자기 정당화의 도구로 남용하는 부류를 비판하거나 견제하는 것이 한정적으로 허용된다. 정치의 자유가 근본적으로 결여되어 있는 중국과 비교할 수 없다.

다만 한국이 민주화의 길을 걷기 시작했지만, 민중이나 이익집단이 통치자 측의 정책이나 의사에 관계없이 각각의 이익이나 입장에서 일본에 시비를 걸기 시작하면, 적어도 단기적으로는 수습할 수 없는 상황이 생길 가능성을 경시할 수 없다. 가령 중국이 민주화할 경우 한국과 비슷한, 어쩌면 통제가 어려운 국면이 나타날 가능성도 있다.

셋째, 역사상 다른 시대의 사례를 보지 않더라도 최근 일본과 중국의 국력은 서로 근접하고 있으며, 정치·군사·경제·외교·사회 다섯 가지 분야에서 양국 관계는 잠깐 동안 긴장과 균형을 계속할 것으로 상정된다.

특히 2020년은 하나의 이정표가 될 것이다. 2020년 올림픽을 주최하는 도쿄, 그리고 도쿄를 수도로 둔 일본은 어떤 비전을 세워 자국의 경제·사회를 어떤 지위로 끌어올릴 것인가라는 도전에 마주하는 전략기에 접어들고 있다.

시진핑·리커창 정권은 "2020년에 몇 가지 중요한 분야에서 결정적인 성과를 올린다"라고 목표를 정하고 있다. 시진핑 정치에서 중국공산당 창립 100주년의 전년도에 해당하는 2020년을, 스스로의 정통성을 내외에 과시할 절호의 표적으로 삼아 대단한 준비를 진행할 것이다.

일본과 중국 모두 '2020'이라는 목표를 향해 국가적 자세를 관민일체로 끌고 나갈 것이 분명하다. 그 자체는 좋고 나쁨의 이분법적 구분이 필요 없다. 개인적 견해로는 일·중이 좋은 의미에서 서로 경쟁해 동아시아라는 지역의 역동성을 자극하고자 서로 땀을 흘리는 일은 환영받아야 한다고 생각한다. "일·중 관계의 균형을 유지하기 위해서는 서로 존경할 수 있는 것을 지녀야 하며, 그러려면 일본 스스로 좀 더 훌륭해지고 강해지지 않으면 안 된다"(미야모토 유지 전 주중 대사).[4]

다만 우려되는 것은, 역시 도량이 좁고 배타적인 내셔널리즘이다. 내외의 환경이 빠르게 변화하는 전환기에 경제 정세를 둘러싼 불확정 요소와 사회 구조를 둘러싼 불안·불투명성의 만연은 국민을 정서 불안에 빠지기 쉽게 한다. 무작위적인 내셔널리즘이 증폭되는 환경이 조성되어가는 것이다. 정치가는 그에 호응하듯이, 대외 강경적인 동시에 대내 영합적으로 흐른다. 이것이 일본과 중국 양국에서 연동해 동시에 발생하면, 사태는 점점 심각해져 악순환이 거듭된다.[5]

근래에 유형화되는 이 같은 현상이 딱히 중국 사회 특유의 것도 아니다. 일본 사회의 대중 여론에서도 발견되는 것이다. 최근의 일·중 관계 유지를 곤란하게 만드는 내셔널리즘의 존재는 상호 유착적인 산물이다. 돌발적인 사건, 즉 중국 어선 충돌 사건과 일본 총리의 야스쿠니 신사 참배 등을 계기로 어느 한 국가에서 고조되는 반일 혹은 반중 내셔널리즘은 마구 파급될 것이다. 불경기를 구실로 대중화·산업화하는 언론매체의 보도를 통해 상대국 사회에 무작위로 파급효과를 일으킨다. 그리고 양국에 부정적으로 유착한 포용력 없는 내셔널리즘은 '정서의 악순환'을 조성한다. 그러한 구조가 지금 일·중 관계의 밑바닥에 흐르는 것이다.

다만 한 가지 말할 수 있는 것은 어느 체제가 옳다, 어느 국정이 우세하다, 어느 사회가 선진적이다 등의 가치판단을 초월해야 한다는 점이다. 일·중의 상호 노력이 진행되면 그때부터 일·중 관계를 곤란에 빠뜨리는 내셔널리즘이라는 난제는 점진적으로 해소된다. 그렇지 않으면 정부 관료가 만든 외교 정책은 이성을 잃은 채 '일·중 상호 유착형 배타적 내셔널리즘' 전략으로 비화할 것이다.

앞에서 나온 앤서니 스미스 교수는 1991년에 출판한 책『국가의 정체성 (National Identity)』에서 다음과 같이 문제를 제기하고 있다.

> 편재성·침투성·복잡성을 겸비한 내셔널 아이덴티티와 내셔널리즘은, 우리가 세 번째 천년왕국에 가까워지는 지금도 여전히 강력하고 폭발하기 쉬운 세력을 지구적 규모로 유지하고 있다. 그러나 이는 지구적 규모로 진행되는 상호 의존적 흐름에 저항할 수 있을 만큼 강력할까? 가까운 미래에 '내셔널리즘이 다른 어떤 것으로 대체된다'는 점은 예측할 수 없는 것일까?[6]

이 물음에 스미스는 명확한 답을 제시한다.

> 국가(혹은 국민)가 넘을 수 있다든지, 민족주의가 다른 어떤 것으로 대체될 가능성은 현재로서는 분명 지극히 적다. 그 가능성을 생각해볼 때, 오늘날 기능하는 경제적·정치적·문화적 힘에 강력한 국가 초월적 임팩트가 있지 않는 한 그럴 것이다. 다양한 지구적 규모의 상호 의존이 다양하게 형성되고 있다는 반론이 나올 수 있지만, 그것만으로는 아직 불충분하다.[7]

일·중 간에 깊어지는 상호 의존 관계는 협애한 내셔널리즘의 억제를 촉진할 것인가? 상호가 서로 의존하므로 일본인이나 중국인이라는 국가적 정체성을 넘어 사이좋게 지내면 된다는 견해가 이따금 들리지만, 동아시아적 상황으로 미루어볼 때 그렇게 단순하게 진행되지는 않을 것이다.

스미스의 다음 견해는 시사하는 바가 적지 않다.

"문화의 교류는 국민 문화와 국가 정체성을 강하게 재생시킬 가능성이 있다."[8]

내셔널리즘 시대를 살아가는 상황에서 대외적으로 국익을 추구하지 않을 경우, 외교에는 과거 어느 때보다 어려움이 닥쳐올 것이다. 바로 정치, 언론 매체, 국민감정이 상호작용을 해 일·중 관계를 속박하는 국면이다. 전통적인 외교는 점점 더 미력해지고 있다. 지금껏 그것은 밀실 속에서 전개되어 외부의 간섭을 받는 일이 별로 없었다. 그러나 상황은 변했으며 정치가, 언론매체, 일반 시민 등이 외교 절차에 관여하게 되었다. 외교의 공개화·정치화·대중화 시대가 도래한 것이다.[9]

그러한 상황에서 외교 절차가 민의와 감정에 휩쓸려 단순히 국민적 이벤트가 되는 것은, 밀실화하는 것과 마찬가지로 위험하다. 21세기라는 불확실한 시대를 살아가는 우리에게 세계화라는 거친 파도에 도전하는 자세뿐만 아니라, 민주주의가 근원적으로 내포하는 무서움에 경계심을 갖는 것은 당연하다고 필자는 생각한다.

일본인에게는 아시아 최초로 근대화를 달성한 선구자로서 도처에서 스스로를 훈계하고, 중국의 민주화를 자신의 문제로 인식하며, 또 그것을 촉구하기 위해 '건전한 외압'으로 행동하는 자각과 용감함이 요구된다. 또 중국인에게는 근대 이후 우여곡절을 겪으면서도 민주화의 길을 모색하고 실현해온 일본의 경험을 배우려는 자세가 요구된다. 또 자국이 정치 개혁에 도전하는지 여부에 따라 동아시아의 미래가 크게 좌우된다는 자각과 겸허함이 요구된다.

금세기에 동아시아의 평화가 계속 담보될지 어떨지는 세계 제2, 제3의 경제 대국으로서 지역의 번영을 선도해야만 하는 중국과 일본 양 정부와 국민의 긍지에 달려 있다.

반일과 중국공산당의 정통성

지금까지 민주화가 반일을 완화하지 못한 이유를 ① 체제와 국정, ② 한국의 사례, ③ 일·중 관계와 내셔널리즘이라는 세 측면에서 검증했다. 이를 토대로 지금부터는 이 책에서 몇 번이나 논의한 '중국공산당의 정통성은 어디서부터 오는가, 그리고 어디로 향하는가'라는 관점에서 반일이 지닌 영향력을 고찰할 것이다. 현재 중국공산당의 정통성이 어떻게 성립되는지를 정리하면서 일본이라는, 즉 중국의 대외 요인이 공산당 정권에 미치는 중요성의 변화도 검토할 것이다.

"반일 → 반당·반정부 → 중국공산당 일당독재체제의 붕괴 → 민주화."

이 같은 논리로 반일과 민주화의 상관성을 상정한 적이 있는가? 필자는 이를 향후 발생할 수 있는 하나의 시나리오로 인식하고 있다. 이를 구체적으로 설명해보겠다.

우선 ① 일·중 관계와 교류에서 어떠한 돌발 사건(영토·역사·음식의 안전, 기업 문제 등)을 계기로 중국 각지에서 폭력적인 반일 시위가 발발해, ② 공산당은 상대가 일본이므로 정색하고 시위를 '진압'할 순 없지만, 사회의 안정과 질서유지라는 관점에서 경비를 강화하고 시위대의 움직임을 감시·억제하려 한다. 그러나 ③ '애국무죄 반일무죄'(애국과 반일을 위해서라면 어떤 일을 해도 죄가 되지 않는다는 슬로건)를 주장하는 폭도들은 '애국적 행위'를 저지하려는 정부 당국을 향해 분노를 터뜨리기 시작한다.

그 결과, ④ 반일이 어느새 반당·반정부로 바뀌어 공산당 당국은 '일본에 유약하다'며 폭도들의 공격을 받는다. 그리고 ⑤ 6억 명 이상의 인터넷 사용자, 12억 명이 넘는 휴대전화 이용자에 의해 '지금이야말로 미운 당과 정부를 타도하자'라는 반정부 투쟁이 전국적으로 번져, ⑥ 중국 사회가 아나키(무정부 상태)와 카오스(무질서 상태)에 빠져 공산당 정권의 통치에 금이 가기 시작해 각지에서 반란자가 잇달아 나오기 시작한다.

그리고 ⑦ 공산당 일당지배 체제가 실질적으로 '붕괴'하면서 통제라는 속박에서 해방된 매체나 지식인이 '지금이야말로 백가쟁명(百家爭鳴)'이라는 듯 신문, 잡지, 라디오, 텔레비전, 인터넷 등 다양한 경로를 통해 자유자재로 전

송해, 언론·보도의 자유가 되돌아갈 수 없는 상황까지 진행·침투한다. ⑧ 결과적으로, 다른 이해관계와 가치관을 지닌 복수의 세력이 서로 경쟁하면서 군웅할거(群雄割據)적인 정치 시스템이 형성된다. 그와 동시에 중앙집권 체제의 통치가 어려워져 지방분권이 진행될 뿐 아니라, (지방에 따라 사정은 다르지만) 지방의 수장은 지방에서 뽑는 '인민선거'가 실현된다.

이는 어디까지나 필자의 머릿속에서 그리는 가상의 시나리오이며, 이것이 어떠한 현실성을 띠고 있다 해도 ①~⑧이 흐르듯 전개된다고는 생각하기 어렵다. 이 시나리오의 계기를 반일로, 결말을 민주화라는 개념으로 정의하는 데 대해서도 비판적이어야 한다.

①~⑧을 개별적으로 파악해보면 ①과 ②는 '반일', ③과 ④는 '반당·반정부', ⑤와 ⑥은 '붕괴', ⑦과 ⑧은 '민주화'로 구분할 수 있다. ①~④, 즉 반일이 발발해 반당·반정부로 이어지는 시나리오는, 필자가 실제로 체험하고 중국 내에서 목격해온 사실적인 사례다.

①~②의 '반일'은 많은 일본 국민이 실제로 체험하거나 혹은 적어도 영상을 통해 그 현장을 본 적이 있을 것이다. 2005년에는 일본의 UN 상임이사국 진입, 고이즈미 준이치로(小泉純一郎) 전 총리의 야스쿠니 신사 참배, 일본의 일부 기업과 일부 교과서의 유대 등을 계기로 베이징, 선양, 상하이 등에서 대규모 반일 시위가 발발했다. 또 2010년에는 규모 면에서 2005년만큼은 아니지만 중국 어선 충돌 사건을 둘러싸고 일어난 일·중 공방에 자극받아 허난성 정저우(鄭州)나 쓰촨성 청두(成都) 등에서 반일 시위가 발발했다. 그리고 일·중 국교정상화 40주년을 맞이한 2012년 당시 최대 규모의 반일 시위가 전국 각지에서 발발했던 것이 기억에 새롭다. 센카쿠 제도를 둘러싼 일련의 사건이 그 직접적 계기였다. 9월 11일에 일본 정부가 센카쿠 제도의 국유화를 내각 회의에서 결정한 데 대해 중국 정부가 맹렬히 반발했고, 이를 계기로 전국 각지에서 발발한 반일 시위를 중국 정부가 묵인했다고 생각된다. 물론 각 지방에 따라 사정이나 배경이 다르기 때문에 모든 운동을 '반일

시위' 하나로 묶을 수는 없다. 그러나 3년간의 사례에서 볼 때 ①(반일 시위)을 둘러싼 어떤 경우도 ②(경비 강화, 시위 감시·억제)를 동반하고 있었다.

2005년 4월 9일 오전 8시, 필자는 베이징 대학의 남문에서 10분 정도 거리에 있는 중관춘(中關村) 하이룽다샤(海龍大廈) 앞에 서 있었다. 아침부터 여러 대의 경찰 차량이 멈춰 있었다. 경찰 관계자와 일본에 항의하기 위한 집회·시위를 조직한 이들과 지도자들이 서로 은밀히 연락을 주고받는 중이었다.

사전에 베이징 대학 공산당위원회에서 일하며 시위 대책에 관여하던 동급생으로부터 들은 이야기로는, 하이룽다샤 광장에서 집회를 연 뒤 중관춘 일대를 시위행진을 해, 오전 중에 행사를 마칠 예정이었다. 여기에는 반일 시위 자체는 허가·허용되지만, 사회 안정이나 질서를 흐트러뜨리는 도를 넘은 행위는 허용하지 않는다는 공안 당국의 명확한 의사가 작용하고 있었다.

필자는 일본인임을 숨기면서 시위행진 속에 섞여 그들과 함께 걸었다. 주변에는 일본이나 유럽의 보도 관계자들의 모습도 보였는데, 시위대 속에 잠입해 있었다. 하이뎬차오(海淀橋)로부터 100미터 정도 남하한 곳에 있는 요시노야(吉野家: 우동을 주 메뉴로 하는 일본의 대형 식당 프랜차이즈_옮긴이) 앞을 지나갈 때였다. 시위대는 멈춰 서서 "일본 제품 보이콧(日貨排斥)"을 외쳤고, 개중에는 가게를 향해 페트병이나 쓰레기를 던지는 사람도 있었다.

시위대는 베이징 북쪽 쓰환루(四環路)의 하이뎬차오를 빠져나가, 이허위안(頤和園) 방향으로 북상해갔다. 베이징 대학의 캠퍼스가 있는 구역에 당도해 얼굴을 들자, 기숙사에 몸을 숨긴 베이징 대학 학생이 기숙사 베란다에서 시위대의 모습을 내려다보고 있었다. 시위에 관여해 인생 경력을 망치고 싶진 않지만, 정치나 외교에는 관심이 굉장히 많은 엘리트들의 심경을 드러내는 것 같았다.

시위대가 베이징 대학 서문의 차량 전용 입구에 다다랐을 즈음, 대학 안에서 일본 자동차를 운전하는 젊은 여성이 나왔다.

"야, 일본 자동차를 운전하는 매국노가 있다!"

시위대 중 한 명이 외치자 대여섯 명의 젊은 남성이 그 차를 둘러싸고 앞 창과 옆의 창문을 치기 시작했다. 구경꾼들은 실실 웃으며 그 상황을 즐기고 있었다. 차 안에 있는 여성은 머리를 감싸 안고 웅크렸다.

좀 위험하다고 느꼈는지 경찰 관계자 두세 명이 폭도화한 젊은이들을 강제로 제지하기 시작했다. 딱히 '왜 문제인가'를 설명하지도 않고, 말없이 차에서 떼어내려 했다.

젊은이도 무언으로 저항한다. 잠시 동안 양자가 밀고 당기기를 반복하자, 여성은 가까스로 엑셀을 밟아 조용히 이허위안 쪽으로 빠져나갔다.

공간 전체가 긴장감에 휩싸인 가운데, 폭도화한 젊은이들 이외의 사람들이 "대사관이다!"라고 말했다. 그러자 시위 참가자들은 "그래, 대사관으로 가자!", "가자! 가자!"라고 외쳤으며, 시위대는 예정된 경로를 크게 연장해 20킬로미터 이상 떨어진 베이징의 일본 대사관을 향해 몰려가기 시작했다. 현장에 도착한 시위대가 일본 대사관을 향해 달걀이나 페트병, 돌이나 캔, 페인트 등을 던지는 광경은 텔레비전으로 방송되었다.

필자가 간단하게나마 되돌아본 베이징의 반일 시위 현장에서 목격한 장면에서, ①과 ②가 계기가 되어 ③과 ④를 일으킬 가능성과 위험을 내포한 배경이 부상하고 있다는 것을 엿볼 수 있다. ③의 경우, 일본 자동차를 운전하던 여성은 시위대와 같은 중국인이다. 그런데도 일본 자동차를 운전한다는 이유만으로 애국무죄를 내세워 공격한다. '내란'의 색을 띠고 있는 것이다. 그리고 당국이 말리러 들어가자 폭도들은 '이봐 이봐, 일본과 일본인이 얼마나 비열하고 악질적인 생물인지를 우리에게 교육한 것은 당신들 정부 잖아. 그 미운 일본을 대신 혼내주려는 우리에게 위해를 가하는 것은 무슨 짓이냐'는 논리로 당과 정부에 반발하는 것이다.

중국공산당의 통치 아래에 있는 지금의 중국에서 이 논리는 설득력이 있다. 애국 교육이라는 이름하에 '일본이 중국인에게 얼마나 나쁜 짓을 했는 가'라는 '역사적 사실'을 인민들에게 주입한 것은, 다름 아닌 중국공산당이기 때문이다.

다음은 ④(일본에게 유약하다고 공산당이 인민으로부터 공격을 받는다)에 대한 설명이다. 만주사변 발발의 계기가 된 유조호 사건 79주년을 맞이한 2010년 9월 18일, 베이징 일본 대사관이나 상하이 일본 총영사관 주변에는 중국 어선 충돌 사건을 둘러싸고 일본 정부의 처리에 항의하는 시위가 벌어졌다.

2005년의 교훈도 있어 중국 당국은 '예측할 수 없는 사태'에 대비해 엄중한 경비를 발령했다. 필자는 해외에 있었기에 현장 상황은 간접 정보로밖에 알 수 없었다. 현장에 있었던 관계자에 따르면, 같은 날 오전에 베이징의 일본 대사관을 집합지로 삼아 항의 활동을 벌인 시위대의 일부는 그로부터 약 2킬로미터 떨어진 중국 외교부로 향했다고 한다.

시위대가 차오양구에 있는 외교부 부근에서 어떠한 말을 외치고, 무엇을 호소하며, 그 후 어떻게 해산했는지는 확실하지 않다. 다만 일본에 대해 소극적으로 저자세를 보이는 외교 당국에 '한 방 먹여주자'고 생각하는 패거리가 있었다고 해도 이상하지 않다. 실제로 중국 여론에서 외교부는 이따금 '매국부'라는 욕을 먹는다. 그 대부분은 대일 외교의 차원에서 이야기된다. 반일이 반당·반정부의 계기가 될 가능성을 보여준 하나의 사례라고 할 수 있다.

반일(①, ②), 반당·반정부(③, ④)에 이어 붕괴(⑤, ⑥)라는 사태가 적어도 이제까지 발생하지 않은 것은(혹은 발생하지 않은 것처럼 보이는 것은), 중국공산당이 일련의 시위나 집회를 무정부 상태와 무질서 상태 회피의 관점에서 단속하는 데 어느 정도 '성공'해왔기 때문이다. 그러나 앞으로도 반드시 성공할 것이라고 예단할 수는 없다. '불씨는 항상, 어디에든 숨어 있다'는 현실 인식을 지녀야 하는 상황이라는 것은 변함이 없다.

필자도 ①~⑧이 흘러가듯 현실화되어, 결과적으로 반일이 민주화를 재촉할 가능성은 높지 않다고 본다. 오히려 반일은 공산당의 성패를 가르는 중요도 면에서 점진적으로 약해져갈 것이다. 반일은 중화인민공화국 건국 당시 공산당 정통성의 성립 과정에서 주된 근거였으나, 상황이 점차 바뀌어 지금 반일의 임팩트는 과거에 절대적이었던 데 비해 상대화되었기 때문이다.

항일에 근거한 건국 논리가 약해지는 이유

지금부터 중국공산당의 정통성이 어떻게 성립되었는지, 근거는 어디서부터 오는지 문제를 다시 한번 정리하려 한다.

필자가 이제까지 공산당 관계자나 국내외 전문가들과 논의해온 바에 따르면, 현 단계에서 공산당 정통성을 지탱하는 주요 근거는 세 가지로 집약할 수 있다. ① 마르크스-레닌주의, 사회주의, 마오쩌둥 사상과 같은 이데올로기, ② '일본을 쓰러뜨리고 내전에서 승리해 건국했다'는 항일 승리에 근거한 건국 논리, ③ 경제성장이다.

① 과 관련해 중국인, 더 말하자면 8700여만 명 공산당원 대부분이 마르크스-레닌주의나 사회주의 같은 이데올로기 또는 정치체제를 이론이나 사상으로 신뢰하는지를 보면, 그렇지 않다고 필자는 생각한다. '믿고 있으니 존재한다'는 논리가 현실 사회에서 통용된다면, '안 믿으면 와해한다'는 전개가 논리적으로 성립된다. 그러나 이러한 이데올로기는 실제로 계속 존재한다.

이는 공산당대회에서도 항상 내세워진다. 당·정부·군의 중요한 공식 문서에는 많든 적든 이데올로기적 색채가 가미된다. 국제화와 정보화의 진행으로 점점 더 많은 중국인이 이데올로기 그 자체를 믿지 않게 되었지만, 중국공산당은 마르크스-레닌주의나 마오쩌둥 사상처럼 건국 당시부터 지녀온 이데올로기에서 당의 정통성을 확보하려 한다. 중국공산당이 이러한 이데올로기를 사상 배경으로 삼아 세계에서 가장 큰 정당을 조직해, 사회 전체를 뒤덮는 스모그처럼 군림하며 통치하고 있기 때문이다.

역으로, 중화인민공화국 건국(1949년)에서 문화대혁명(1966~1976년)을 거처, 덩샤오핑이 1970년대 후반부터 1980년대, 그리고 톈안먼 사건(1989년)을 끼고 1990년대를 향해 개혁개방 정책을 진행해가는 과정에서 정통성을 획득한 세 번째 이유, 즉 경제성장의 비중은 높아졌다.

"중국공산당이 항일전쟁을 통해 정통성을 추구하는 시대는 끝났다. 지금은 경제성장이야말로 정통성의 주요한 근거다"[10](중국 리버럴지 경제 기자).

톈안먼 사건 이후 덩샤오핑은 애국 교육 강화를 철저히 하고자 했다. 그리고 3대째 지도자인 장쩌민은 덩샤오핑의 전통을 이어받았다. 애국 교육의 핵심이 '반일 교육'인 측면은 부정할 수 없다. 즉, 개혁개방 정책이 진행되어가는 와중에도 공산당은 그 정통성을 담보·강화하기 위해 도처에서 ②, 즉 항일에서 건국의 논리를 찾아냈다는 것이다.

> 그것들은, '공산당의 지도하에 전 민중이 항일전쟁에 나서 싸우고 승리해 국가를 건설했다'는 '승리' 인식에 의해 통치자로서 공산당을 정통화하는 것이다. 역사적 성과로 인민 정서에 호소하는 논법이다.[11]

항일을 '항일(抗日)'로서 널리 알려(喧傳) 왔을 뿐만 아니라, ③의 경제성장을 추구하는 과정에서 발생한 격차나 부패 등 국내 문제의 소재나 근원을 감추기 위해 ②, 즉 항일에 의거한 건국 논리가 도처에서 '남용'되어온 사실은 경시할 수 없다. ②와 ③은 앞으로도 상호작용해 중국 사회의 안정성이나 성숙도를 흔들어갈 것이다.

그렇지만 전체적으로 보면, 경제성장의 비중이 높아지면서 항일에 근거한 건국 논리의 비중이 약해져가는 추세는 어쩔 수 없다고 필자는 생각한다. 그 이유로 세 가지가 있다.

첫째, 중국의 대외 정책을 둘러싼 현재 국내 환경이다. 현재 중국인의 내셔널리즘이 '항전'하는 대상은 일본만이 아니다.[12] 사실 경제(무역)나 인권을 포함해 마찰을 일으키기 쉬운 미국이나 유럽, 영토 문제로 불꽃을 튀기고 있는 남중국해 국가가 있다. 국가사회주의와 지정학적 이익 차원에서 미묘한 갈등 관계를 이루는 북한, 역사 문제나 민족성의 의미에서 상호 불신이 뿌리 깊은 한국, 국가 통일 사업에서 핵심적 이익이 걸린 타이완에 대해서도 배타적이고 협애한 내셔널리즘이 대두하는 상황이다.

2008년 4월, 프랑스 슈퍼마켓 까르푸가 티베트 독립을 지지한다는 소문이 중국에 퍼지자 베이징을 포함한 몇 개 도시의 까르푸 점포 앞에서 항의 시위나 불매운동이 벌어졌다. 같은 시기 3월, 티베트에서 발생한 동란을 둘러싸고 CNN의 보도가 날조되었다는 소문이 돌자 중국 내에 '반CNN' 여론이 퍼졌고, '안티 CNN(ANTI-CNN)' 웹 사이트까지 만들어졌다.[13]

이런 시간을 거치면서 중국인의 의식은 '자연스럽게' '반불(反佛)'이나 '반미'로 기울어가는 듯하다. 필자도 그러한 공기를 베이징에서 느꼈다. 요컨대 ③의 경제성장 속에서 쌓인 불만이나 울분을 풀어낼 상대가 있다면 누구든 좋다는 상황, 바꿔 말해 분풀이 대상이 필요하다는 것이다. '일본은 특별하지만, 꼭 일본이어야 할 필요는 없다'는 중국의 여론 환경이, 복잡해져가는 중국의 대외 환경 속에서 만들어지고 있다. "중국인의 내셔널리즘을 분출하는 대상으로 일본은 결코 특별하지 않다"[장샤오퉁(張曉通), 우한 대학 정치공공관리학원 부교수].[14]

둘째, 일본과의 경제 관계를 들 수 있다.

1970년대 후반부터 1980년대에 걸쳐 일본이 ODA 또는 직접투자를 통해 중국의 개혁개방 정책을 지원하거나, 톈안먼 사건 후 서방국가 최초로 경제 제재를 해제한 시절에 비하면 중국의 대외 경제에서 일본의 존재감이나 중요성이 약해지는 추세를 부정할 수 없다. 그런데도 2012년의 중국 상무부 통계에 따르면 중국에게 일본은 미국에 이어 두 번째 무역 상대국이다(일본 3294억 달러, 미국 4847억 달러). 일본의 대중 직접투자 총액은 73.8억 달러로 국가별 1위이고, 외국인 투자 전체에서 6.6%를 차지했다(2위는 싱가포르로 65.4억 달러). 또한 중국에 진출한 일본 기업의 수는 2만 2790개(2011년 말 기준)로 국가별 1위다(2위는 미국으로 2만 855개). 이는 중국에 진출한 외국 기업 중 7.9%를 차지한다.

일본무역진흥기구(JETRO)의 2014년 2월 18일 통계에 따르면, 2013년 일·중 무역 총액은 전년 대비 6.5% 감소한 3119억 9518만 달러로 2년 연속 감소했다.[15] 이 기구가 2015년 2월 19일 발표한 통계에 의하면, 2014년 일·중 무역의 총액은 3436억 8209만 달러로 전년 대비 0.2% 증가했다.[16] 중국의 경제성장에서 일본은 여전히 중요한 존재다. 무역·소비·고용(일본 기업은 1000만 명 이상을 고용 중이라고 한다) 분야에서 아직 중국 사회의 건전한 발전을 지탱·촉진하는 행위자라는 데 변함이 없다고 말할 수 있다.

2011년 3월 14일 미국의 모건 스탠리는 「일본은 중국 경제에서 얼마나 중요한가?(How Important Is Japan to the Chinese Economy?)」라는 연구 보고를 발표했다.[17] 이 보고서에서 "일본은 중국에 중요한 무역 파트너이며, 외국 직접투자의 원천이다"라고 확인되었다. 이 보고서가 발표된 직후, 중국의 리버럴 성향 대중매체 《재신망(財新网)》이 무역, 상품, 투자, 원조의 네 항목에 대해 '중국 경제에서 일본의 중요성'을 덧붙여 중점 기사로 보도했다.[18] 경제와 무역 관계에 더해, 중국에서 일본 문화에 흥미·관심이 있거나 진로·취직의 관점에서 일본어를 배우는 학생이 전국 곳곳에 있다. 중국 소비자의 일본 상품·서비스에 대한 신용도는 타국에 비해서도 높다.

셋째, 그렇기 때문에 중국 정부는 ③의 경제성장, 그리고 대외 경제 관계와 투자환경 유지의 관점에서 반일 시위를 관리해나갈 것이다. 지금껏 필요 이상으로 과장된 ②, 즉 항일에 근거한 건국의 논리를 상대화하기 위해 반일 시위의 대규모 비화나 연쇄적 발발을 저지하는 단속을 강화해갈 것으로 상정된다.

이는 단순히 일본과의 경제 관계가 여전히 중요하다는 것에만 머무르지 않는다. 지금은 중국인의 불만이나 울분의 분풀이 대상이 서구나 주변 국가로 다원화되어가는 국면을 보인다. 일본의 기업이 폭동 또는 제재의 대상이 되는 장면을 목격한 서구나 신흥국의 외국 기업은 '내일은 우리인가'라는 우려를 당연히 안고 있을 것이다. 이는 '진출할 곳이자 투자할 곳으로서 중국 시장·사회는 타당한가'라는 신뢰 문제에 직접적인 영향을 미친다는 의미다.

이상의 이유로, 중국공산당의 정통성을 지탱하는 ②의 비중은 상대적으로 약해지고 ③의 비중은 상대적으로 높아지면서, 반일의 임팩트는 우여곡절을 겪으며 점진적으로 줄어든다는 것이 현 단계에서 필자의 견해다.

반일을 넘어 그 끝에 있는 것

애당초 '반일' → '반당·반정부' → '붕괴'의 흐름에 따른 민주화는 중국이나 중국과 교류하는 일본 등 국제사회가 환영해야 할 과정인가? 중국이 건전한 과정을 거쳐 민주화의 길을 모색하려면 일본은 어떻게 행동하고 어디에 위치해야 하는가?

중국에 건전한 민주화 과정이란 어떻게 진행되어야 하는가? 이는 표면적으로 대외적 문제(어디까지나 외국이라는 의미)이지만, 근원적으로는 중국공산당의 정통성과 깊이 관련된 문제다. 다시 말해, 반일로부터의 붕괴라는 가설이 성립할 가능성도 있다는 뜻의 '일본 요인(Japan factor)'는 어떠한 역할을 수행해야 하는가? 지금부터 그 문제를 생각해보고 싶다.

2014년 3월, 중국은 1년에 한 번씩 정례적으로 돌아오는 정치의 계절을 맞이한다. 양회가 그것이다.

인민대표로 회의에 참가하는 인사나 언론매체의 관심은 주로 정치·경제·민생 문제와 같은 내정에 집중되어 있으며, 외교 문제에는 좀처럼 초점을 맞추기 어려운 것이 상례였다.

그런 와중에도 2014년은 미로 속에 있던 일·중 관계에 내외의 주목이 집중되었다. 3월 5일 리커창 총리는 '정부 활동보고'에서 "제2차 세계대전에서 승리한 성과와 전후 국제 질서를 지켜야만 한다. 역사의 흐름을 역행하는 것은 결코 용서할 수 없다"라고 은근히 일본을 비판했다. 또 3월 8일에는 많은 일본인에게 익숙한 왕이 외교부장(전 주일 대사)이 기자회견을 열었다. 일·중 관계에 관한 질문과 답변도 있었지만, 필자가 보기에 가장 통렬히 일본을 견제·비판한 언급은 다음의 세 가지였다.

역사와 영토와 같은 원칙적 문제에서 타협의 여지는 없다.

2014년은 1914년이 아니고, 1984년도 아니다. 제1차 세계대전 이전의 독일을 예로 들어 인용한다면, 제2차 세계대전 후의 독일을 본받아야 한다.

과거를 청산함으로써 처음으로 교착상태에서 빠져나와 미래를 열 수 있다. 평화의 길을 견지해 처음으로 이웃 국가나 세계의 신뢰를 얻을 수 있는 것이다.

어느 문구를 보더라도, 최근 일·중 관계가 긴장·교착화하는 원인인 영토나 역사 문제와 관련해 중국 측은 타협의 여지가 없다는 강경한 자세를 보인 것이다. 또 아베 신조 총리의 야스쿠니 신사 참배나, 아베 총리가 최근 다보스포럼에서 현재의 일·중 관계를 제1차 세계대전 이전의 영·독 관계에 비유해 표현한 것 등을 강렬히 비판한 것이다.

리커창이나 왕이의 일본 비판은 유럽 언론매체에도 광범위하게 보도되었는데, 이것이야말로 중국 지도부의 노림수였다. 필자에게는 외국 언론매체가 일제히 주목하는 양회를 이용해 국제 여론에 일본의 문제를 호소함으로써 대일본 포위망 구축을 꾀하는 것처럼 보였다.

양회가 개최될 때 '보고'나 각료급 기자회견에서는 외교가 우선적으로 다루어지지 않는다. 이렇게까지 분명하게 특정 외국을 비판한 사례는 필자가 아는 한 처음 있는 경우다. 당 지도부가 대일 관계를 이렇게까지 심각하게 우려한다는 것이겠지만, 뒤집어 생각하면 다른 저의도 있는 듯하다. 중국공산당이 대일 관계를 내정의 일부, 다시 말해 '공산당 지배를 전복시킬 정도의 위력이 있는 유일한 대외 관계'로 인식하기 때문에 대일 관계를 처리하기 위해 양회에서 노골적으로 내정의 플랫폼을 이용했다는 것이다.

리커창과 왕이의 대일 비판이나 견제는 2015년 양회에서도 이어졌다. 왕이는 역사 인식 문제로 일본을 견제했다.

70년 전 일본은 전쟁에서 패배했다. 70년이 지난 지금 일본은 양심적 역사 인식을 지녀야 한다는 싸움에서 지면 안 된다. 역사의 부담을 계속 짊어질지 과거와 결별할지는 최종적으로 일본 스스로가 선택해야만 한다.

리커창은 일·중 관계가 개선되지 않는 원인으로 일본 국가지도자의 역사 인식을 들며 견제했다.

중·일 관계는 확실히 어려운 상황에 처해 있다. 그 근본적 원인은 역시 그 전쟁, 역사에 대한 인식에 있다. 올바른 역사관을 지니고, 역사를 귀감으로 삼아 미래로 향해야 한다. 국가지도자는 선조가 창조한 업적을 계승할 뿐만 아니라 선인 (先人)이 범한 죄에 대해서도 역사적으로 책임을 져야 한다.

반일에서 붕괴에 이르는 필자의 시나리오를, 공산당 지도부가 지금까지 이상으로 우려한다는 증좌다. 모든 기회를 이용해 일본, 특히 아베 총리를 견제함으로써 피통치자인 인민들에게 '공산당은 일본에 대해 저자세다'라는 비난을 사지 않으면서도 반당·반정부가 만연하지 않도록 위기관리를 철저히 하는 것이다.[19] 그중에서도 현 외교부장 왕이는, 이력으로 볼 때 친일파로 간주되기 쉬운 입장에 있었다. 이 때문에 의식적으로 일본에 대해 강경하게 도전하는 것이다. 그렇지 않으면 국내의 대일 강경파나 대중 여론에 의해 '매국노다'로 규탄받을 수 있다.

반일이 반당·반정부의 불길로 번지지 않도록 하려면 공산당 지도부는 절묘한 손놀림과 신중한 위기관리가 필요할 것이다. 예를 들어, 반일 시위가 중국 전역에서 발발해 통제에 실패하면, 폭력을 동반하고 있으므로 위법적인 단계로 발전한다. 이는 대일 관계를 훼손할 뿐 아니라 국제사회 전체에서 중국의 이미지와 신용도에 악영향을 미칠 것이다. 한편 통제가 지나치면 반대로 애국무죄를 주장하는 폭도들이 반대로 덤벼들 상황이 되어버린다. 그리고 한 번이라도 반당·반정부의 여론이 확산되고, 그것이 실제 행동으로 옮겨져 공산당 정권을 습격하는 사태라도 빚어질 경우, 공산당으로서는 손을 쓸 수 없게 될 것이다. 반일을 계기로 톈안먼 광장에서 군부와 인민이 서로 대치해 유혈 사태를 초래하는 상황도 부인할 수 없을 것이다.

통치력 약화를 우려하는 당 지도부를 좀 더 대일 강경파로 만드는 데는 이러한 배경이 있다. 대일 강경책이 지나칠 경우, 일단 공산당 체제의 무력화는 저지할 수 있을지 모르지만, 발본적인 해결로는 이어지지 않을 것이다. 그뿐만 아니라, 애국무죄가 허용되어 중국 사회에 연쇄적 폭력 사태가 만연할 것이다. 소득 격차나 환경오염 등 온갖 사회문제에 시달리는 인민들이 반일을 계기 삼아 폭력을 통해 권리를 주장하는 구조가 되어버릴지도 모른다. 폭력이 무작위로 정당화되는 사회로 변질될 경우, 중국은 책임 있는 대국으로서 세계 경제를 이끌고 갈 수 없을 것이다.

중국 경제와 세계 경제의 유대는 점점 더 긴밀해지고 있다. 그런 와중에 톈안먼 사건과 같은 사태가 또다시 발생한다면, 유럽 국가들은 중국에 제재를 가하는 정도로 끝나지 않을 것이다. 선진국뿐만 아니라, 현재 중국이 실크로드 경제권 구상이나 아시아인프라투자은행 등을 통해 관계를 강화하고 있는 신흥국과 도상국도 차이나 리스크의 관점에서 중국과의 관계를 재고할 것이다.

한편으로 일본의 일부 여론이나 항간에서 돌고 있는 '중국 꼴좋다' 이 한 마디로 끝낼 수 없을 만큼 현상이 복잡해질 것이다.

2012년 세계의 무역 총액에서 차지하는 각국의 점유율을 보면, 미국 3.9조 달러(10.7%), 중국 3.8조 달러(10.5%), 독일 2.6조 달러(7.2%), 일본 1.7조 달러(4.7%)로 되어 있다.[20] 또 세계 경제에서 차지하는 중국의 GDP 비율은 2002년 4.4%, 2007년 6.3%, 2012년 11.5%로 지속적으로 확대되고 있다. 게다가 세계 경제성장률에 대한 주요국의 기여도를 1998년부터 5년마다 평균 해보면, 2008~2012년에는 세계 전체 성장률에서 중국이 3분의 1 이상 기여했다. 미국의 기여도는 작아지는 한편, 중국의 기여도가 서서히 커지는 추세를 보인다.[21]

세계 경제에서 존재감이 이토록 커지고 있는 중국 시장·자본에 대한 '제재'나 '포기'는 어려워지는 추세다. 1989년 당시와 비교할 수 없을 만큼 중국은 커졌으며 복잡해지고 있다. 즉, '공산중국과는 잘 지내지 않으면 안 된다' 이 한마디로 끝나지 않는 경향이 점점 더 심화되고 있다.

'제2의 톈안먼 사건'이 발생하면, 적어도 유럽 국가나 신흥국으로부터 '외교 상대이자 투자처로서 괜찮은가'라는 신용상의 문제가 생겨날 것이다. 글로벌리제이션이라는 시대적 추세 속에서 고도의 경제성장을 실현해온 중국의 개혁개방 정책은 좌절해버릴지도 모른다. 그리고 내정이 꼬이거나 막힐수록 내셔널리즘이 증폭되어 대외적으로 강경해진다. 국제사회에서 고립되는 가운데 문민통제(civilian control)가 작동하지 않게 되면 중국의 군부가 폭주할 수도 있다. 이어 무력을 통해 국내외 안전보장 문제를 '해결'하는 자세로 나온다면 아시아·태평양 지역의 평화와 번영 그 자체가 위협받는 위험에 빠질 것이다.

반일은 '반일' 그 자체로 끝나지 않는다. 반일은 중국 사회의 명운, 중국 인민의 명운, 중국과 교류하는 일본이 장래에 직면할 생존 환경까지 좌우해버릴 정도로 파괴력을 내포한다는 것이다.

중국공산당은 이러한 인식과 각오로 일본과의 관계를 구축해갈 필요가 있다. 동시에 우리 일본도 이런 자각을 가지면서 중국과 어울려갈 필요가 있다.

"반일은 일·중 상호 공통의 적이다."

이 같은 최저한의 인식을 공유하며, 양국 사회가 관민을 불문하고 상호적 의사소통과 신뢰 조성을 추구해가지 않으면 안 된다. 중국공산당 통치의 건전화는 하향식 민주화 정책의 재촉 가능성을 강화할 것이고, 그 과정에서 건전한 대일 여론이나 대외 정책 환경이 조성되는 것이다.

이것이야말로 필자가 이 장에서 가장 호소하고 싶었던 반일과 민주화의 관계다.

'중국공산당 통치의 건전화'는 대일 관계만으로 해결될 문제는 아니다. 이 책에서도 '안정', '성장', '공정', '인권'이라는 네 개 축을 뼈대로 고찰해왔듯이, 포스트 '안정·성장' 시대에 돌입한 시대에 정권을 맡은 시진핑·리커창 두 지도자는 사이가 틀어지지 않으면서 사회의 '공정' 부분을 개선·해결하기 위한 구조개혁을 철저히 진행해야 할 것이다. 임기 중에 정치 개혁에도 착수하고, 나아가 '인권' 문제도 해소해야 한다. 또 정치 개혁 착수라는 차원에는, 이미 지적한 대로 가까운 미래에 공산당 정권이 재구축되는 인사 구성과 권력 관계를 감안하면 2022년까지의 시진핑 시대가 최대·최후의 기회라고 필자는 생각한다.

시진핑이 반부패 투쟁의 결실로 강화한 권력 기반을 권위주의적 리더십이 아닌 정치적 리더십으로 활용해, 개혁을 진행하면서 통치 능력을 건전화함으로써 상향식 정치 개혁이 이루어진다면 얘기는 달라진다. 바꾸어 말하면, 때때로 폭력을 동반하는 '붕괴형 민주화'가 아닌 공산당 스스로가 하향식으로 정치 개혁을 진행하는 것이, 결과적으로는 이제까지의 어떤 시대보다 건전하고 지속 가능한 대일 관계 구축으로 이어질 것이다.

이어 중국의 개혁개방이 진행되는 와중에 통치 능력을 건전화한 중국공산당이 하향식 정치 개혁을 추진하는 과정은 세 가지, 즉 ① 정부가 여론에 영합하는 경우 없이 애국무죄를 결코 용서하지 않는 것, ② 대일 경제와 투자 환경이 법의 지배 아래에서 양호하게 유지될 것, ③ 언론매체나 학자 등의 지식인이 자유롭게 진심으로 논의할 수 있는 것을 상정할 수 있다. 이를 토대로 대일 관계를 구축해갈 기초가 세워지면, 중국과 일본 쌍방의 다양한 국익을 보호·촉진하는 역사적 돌파구가 될 것이다.

일본은 무엇을 할 수 있는가

중국공산당이 개혁개방, 특히 구조개혁을 통해 통치력을 건전화하는 정치 개혁 과정을 촉진시키기 위해 '외압으로서 일본'이 할 수 있는 일은 없을까? 쓸데없이 반일을 부채질해 중국공산당의 통치력을 약화시켜 중국 사회를 무력화하는 것은 결코 일본의 국익에 부합하지 않는다. 중국의 정치·경제·사회는 물론, 동아시아 지역의 평화와 번영에도 도움이 되지 않는다. 체제·시장·여론의 세 관점에서 일본이 할 수 있는 일과 일본인으로서 행해야 할 대중 전략을 제기하며, 이 장을 마치려 한다.

① 체제
일본 정부는 중국과 대화할 때 영토를 포함한 원칙적인 문제에는 결코 타협하지 않아야 한다. 국제법에 따른 평화적 접근법과 해결법을 견지함으로써 중국에 '규칙을 지키는 것이 지역의 평화와 번영으로 이어진다'는 점을 스스로 보여줘야 한다. 동시에 시비를 걸지 않아도 되는 다툼은 절대로 하지 말아야 한다. 특히 중국이 현 체제나 국정, 체면을 유지하기 위해 폭력적인 반발이나 항의를 행사할 수밖에 없는 분야에서는 가능한 한 외교적으로 수면 아래에서 조용히 처리해야 한다. 대중 여론이나 내셔널리즘을 끌어넣은 정치적 논쟁으로 비화하면 안 된다는 뜻이다. 역사 인식을 둘러싼 문제가 여기에 해당할 것이다.

② 시장

일본 기업은 이제까지 중국의 경제발전, 개혁개방, 사회의 진보·안정에 상당한 공헌을 해왔다. 그 역사적 사실에 자신감과 긍지를 품고, 앞으로도 계속 중국 시장에서 노동자와 소비자와 진지하게 마주하며 중국의 지속 가능한 발전에 필요한 인재를 육성해야 한다. 중국에서는 특히 이 책에서도 제기한 사회의 '공정' 부분 개혁이 지체되고 있다. 현재 가장 괴로워하며 진정한 약자의 입장에 몰려 있는 중산계급에 관한 것이다. 고용, 상품, 서비스, 복지, 교육, 음식의 안전 같은 분야에서는 안전망의 토대가 되어야 한다는 것이다. 아울러 비즈니스로 제공하는 기발한 역량을 발휘할 수 능력을 가진 것은 일본 기업뿐이라고 필자는 확신한다.

③ 여론

미국 보스턴에서 만난 일·중 관계 연구의 권위자에게서 이런 내용을 전달받았다.

마오쩌둥이 "싸움은 이제 끝났습니까"라고 말했다고 하듯이, 진심을 감추고 어금니에 뭔가가 낀 듯한 말투, 즉 뻐딱한 태도를 보이면 결국 잘되지 않을 것이라고 생각한다.[22]

필자는 이 말의 진의를 '일·중 쌍방의 지식인 또는 젊은이가 상대국과 자국의 대중 여론이나 인간관계를 염려하는 데 정신이 팔려 방어적 태도만 보인다면 진정한 상호 이해는 영원히 실현될 수 없다'라고 이해했다. 이해하는 데 이해하지 못한 척하거나, 아는데 모르는 척하거나, 말해야 한다고 생각하는데 말하지 않거나 …… 결코 진심을 입에 담지 않고, 자신의 좁은 사고에 틀어박힌다는 것이다. 내향·하향의 소극적인 여론 환경에서는 일·중이 정책 또는 비즈니스를 통해 건전한 승부를 전개해나가는 데 꼭 필요한 지적 인프라가 갖추어지지 않을 것이다.

외교관으로서 오랜 기간 중국에 천착해온 고하라 마사히로(小原雅博) 상하이 영사는 저서 『차이나 딜레마(チャイナ·ジレンマ)』에서 이렇게 말한다.

중국 문제는 일본의 평화와 번영을 좌우한다. 중국의 실상에 다가가 그 배후에 숨어 있는 여러 요소의 역할이나 그들의 상호작용을 밝힌 다음, 중국의 바람직한 변화를 위해 무엇을 할 수 있는지, 무엇을 해야 하는지를 논하는 냉정한 지적 노력이 요구된다.[23]

지금이야말로, 지식인들의 용기와 행동이 요구되고 있다.

중국 인민은
바뀌는가

2015년 4월 28일 아베 신조 총리가 미국 워싱턴을 방문해 버락 오바마 대통령과 미일 정상회담을 진행할 무렵, 필자는 백악관 근처 찻집에서 중국인민해방군 관계자와 만나고 있었다.

중국의 군사 전략 수립에 결정하는 그 군인에게 일본의 젊은 외교관이 필자에게 제기한 '세기의 치욕'이라는 관점을 설명하며 물었다.

'백 년 치욕'을 극복하지 않는 한 중국은 앞으로 나아갈 수 없는 것 아닌가? 시진핑 총서기가 중요 사상으로 내세우는 '중국의 꿈'도 공허해 보인다. 어떻게 생각하는가?

그는 조금 생각하고 나서 천천히 입을 열었다.

당신이 말하는 것은 옳다. 나도 백 년 치욕이 건전하게 인식된다고는 생각하지 않으며, 거기서 중국의 꿈으로 연결 짓는 것도 약간 억지이다. 하지만 그렇게 할 수밖에 없다는 것에 우리 당의 한계가 있는지도 모른다. 정통성의 문제는 앞으로 심각해질 것이라고 생각한다.[1]

필자가 지금까지 중국 사람들과 교류하며 논의해온 가운데, 중국의 민주화에 비교적 긍정적인 태도를 보인 쪽은 의외로 인민해방군의 관계자들이었다. 앞서 제4장에서 나온 류밍푸 대교(大校)도 국내의 민주정치에 관해서는 중국이 미국에게 배워야 한다고 말했다. 공개적으로 거론되는 일은 없지만, 그 이유는 어느 정도 명백하다고 생각한다. 즉, 인민해방군이 중국공산당의 군대이기 때문이다. 즉, 소속이 '국가'가 아닌 '당'이라는 의미다. 당의 군으로 있는 한, 해방군이 자기 의사로 출동하는 것은 원칙적으로 있을 수 없다. 특히 시진핑 시대에 들어서는 군에 대한 당의 지배력이 강화되는 경향이 있다.

지금 만나고 있는 눈앞의 군인에게도 물어보았다.

"중국은 민주화한다고 생각하는가? 시진핑 총서기는 그것을 향해 방향을 꺾는다고 보는가?"

그는 미간을 조금 찌푸리며, 망설임 없이 입을 열었다.

시 총서기는 공산당의 통치를 계속하기 위해 정치 개혁에 나설 수 있도록 연구하며, 시기를 가늠하고 있다. 하지만 그것이 여기 미국에서 실천되는 민주주의일 가능성은 낮다. 중국에는 애초부터 인민의 투표로 뽑힌 통치자가 나라를 다스리는 풍토가 존재하지 않는다. 지도자들의 사고 회로에도 없다. 그리고 인민도 그것을 바라지 않는다.

필자는 그의 말이 끝나기를 기다렸다가, 질문을 이어갔다.

444

그렇다면 당신이나 당신 동료들은 공산당 일당지배에 의거하지 않는 정치를 바라고 있다. 설령 그것이 민주주의는 아니더라도, 공산당이 과도한 권력을 행사하지 않는 정치를 바라고 있다.

그는 히죽 웃었다. 그리고 더 이상 입을 열지 않았다. 그 지적이 정곡이었을까, 아니면 외국인인 필자에게 거기까지 말하는 것은 내키지 않았을까? 그로부터 1분도 채 지나지 않아 우리는 자리에서 일어나 오른손으로 악수하고 헤어졌다. 떠나려는 순간에, 그는 나와 눈을 마주치려고도 하지 않았다.

'내정'으로 본 민주화

총 3부 15장에 이르는 논의와 검증을 거친 지금, 이 장에서는 중국 민주화를 둘러싸고 생각하는 바를 새로 정리해 결론을 맺고자 한다.

'제1부 내정'에서는 중국공산당, 정통성, 네 가지 축, 중국의 꿈과 백 년 치욕, 시진핑의 정치관이라는 다섯 가지 주제를 통해 중국 민주화 문제에 몰두했다. 중국공산당 정치의 최대 목적은 '공산당 일당지배의 견지'에 있다는 것은 검증했다. 이어 '노홍위병 세대'에 해당하는 지도자 시진핑은 특히 공산당에 대한 충성심이 강하고, '공산당이 확고한 권력과 위상을 유지해가지 않으면 당도 나라도 멸망한다'는 생각을 지녔다고 지적했다.

미국의 정치학자 프랜시스 후쿠야마의 학설이자, 현대 정치 시스템을 형성하는 3요소인 '강한 정부', '법치', '정통성'을 참조하면서 중국공산당이 정통성을 어떻게 담보해왔는지, 앞으로 담보해갈지 검증했다. 선거를 통해 통치자를 뽑는 역사와 체제의 경험이 없는 중국은 다른 방법으로 '중국의 특색 있는' 정통성을 찾아야 한다. 여기서 필자가 지적한 것은 '안정', '성장', '공정', '인권'이라는 네 가지 축이다. 중국공산당의 지도자들은 이 네 가지 요소와 관련된 정책에 우선순위를 매겨 통치해왔다. 후진타오에서 시진핑으로 정권이 이동하는 과정에서 '안정'과 '성장'에 의존해온 통치로는 정통성을 가질 수 없고, '인권'은 더욱 뒷전으로 밀려 있다. 그렇기 때문에 '공정'을 중시할 필요가 있다.

중국공산당이 지닌 정통성과 후쿠야마도 지적한 민주주의 국가의 정통성은 그 성질이 다를 것이다. 2015년 6월 9일 홍콩의 펑글로벌연구소(Fung Global Institute) 중국 담당 부소장이자 홍콩 대학 명예교수인 샤오겅(肖耿) 경제학 박사가 존스홉킨스 대학 고등국제문제연구대학원에서 강연할 당시 "중국 공산당이 성공을 거두어온, 별로 거론되지 않은 세 가지 원동력"을 설명했다.

첫째는 경쟁이다. 이는 단순히 개인 간 경쟁만이 아니다. 정부 부문 간 경쟁, 지방 간 경쟁, 기업 간 경쟁, 모든 차원의 격렬한 경쟁이 중국을 여기까지 성장시켰다. 둘째는 정통성이다. 중국에게 정통성이란 통제를 뜻한다. 예를 들어 관료나 국유기업은 부패한다. 공산당은 이를 통제하고 저지해야 한다. 당이 부패를 통제할 수 있으면 그것이 바로 정통성이 되는 것이다. 셋째는 공공재의 제공, 여기서는 특히 인프라를 들 수 있다. 공산당은 사람들 생활에 필요한 공공서비스를 부단히 제공해왔다.

그는 이렇게도 설명했다.

정통성은 나날이 높아지고 있다. 현재 중국의 사람들은 선택할 수 있다. 그리고 국민이 선택할 수 있는 프로세스야말로 민주주의를 의미한다.

샤오겅은 자신이 위원으로 있는 국제금융 포럼(IFF: 베이징에 있는 싱크탱크)에서 발표한 보고서 「교차로에 선 중국 경제(The Chinese economy at a crossroads)」를 발표하기 위해 워싱턴을 방문했는데, 보고서에는 저우샤오촨

(周小川) 중국인민은행 총재, 러우지웨이(樓繼偉) 재정부장, 가오후청(高虎城) 상무부장 같은 각료급 인터뷰가 죽 이어진다. 필자가 여기서 말하고 싶은 것은 샤오징이 언급한, 중국공산당의 중국을 통치해온 세 가지 원동력이다. 그중 하나인 정통성이라는 개념에 대한 정의나 해석은 공산당 지도부의 현상 인식과 사고방식을 상당 정도 '대표'한다는 사실이다. 필자가 이제까지 들어온 중국공산당 관계자의 언급을 비교해보건대, 그들은 비슷한 시각으로 중국식 정통성과 민주주의를 해석했다.

2013년 3월 17일 국가주석에 취임한 직후 시진핑은 제12기 전국인민대표대회 제1차 회의 석상에서 담화를 발표하며, 다음과 같이 밝혔다.

> 중국의 꿈을 실현하기 위해서는 중국이 독자적인 길을 걸어야 한다. 그것은 중국의 특색 있는 사회주의의 길이다. 이 길을 걷는 것은 쉬운 일이 아니다. 그것은 개혁개방 30년 이상의 위대한 실천 속에서 걸어온 것이다. 중화인민공화국 창립 60주년 이상의 지속적인 탐색 속에서 걸어온 것이다. 근대 이래로 170년 이상 중화민족의 발전을 깊이 총괄하면서 걸어온 것이다. …… 중화민족이 5000년 이상 유구한 문명을 계승하는 가운데 걸어온 것이다. 여기에는 깊숙한 역사적 연원과 넓은 현실적 기초가 있다.[2]

시진핑의 담화에도 나타나듯이, 중국의 독자적인 길을 걸어 실현하는 것을 목표로 하는 중국의 꿈, 즉 중화민족의 위대한 부흥은 신중국의 설립 또는 개혁개방의 실천이라는 틀을 훨씬 넘어 근대와 고대까지 거슬러 올라가는 강렬한 이데올로기로, 시진핑의 사고방식에 배어 있다고 할 수 있다. 그렇기 때문에 시진핑 주도의 중국공산당이 서방국가·문명에서 발전해온 민주주의를 '모방할' 가능성은 제로에 가깝다. 설령 중국이 정치 개혁 그리고 민주화로 방향을 잡았다 해도 그것은 '중국의 특색 있는'이라는 전제가 붙는다.

이것이 '내정'이라는 시각으로 본 필자의 현 단계에서의 판단이다.

'개혁'으로 본 민주화

'제2부 개혁'에서는 덩샤오핑에서 시진핑, 톈안먼 사건과 정치 개혁, 반부패 투쟁, 시진핑·리커창 정권의 개혁, 내셔널리즘이라는 다섯 가지 주제를 통해 중국 민주화 문제를 검토했다.

2012년 11월에 총서기에 취임한 이후부터 시진핑은 반부패 투쟁을 전개함으로써 자신의 권력 기반을 군건히 하고자 부심해왔다. 덧붙여, 시진핑에게 권력이 지나치게 집중되는 것은 통치 리스크로 비화할 것이며, 그의 존재야말로 현재 중국공산당 정치의 최대 리스크라고 필자는 논했다.

한편 반부패 투쟁으로 군건해진 권력이 개혁의 촉진에 응용된다면, 이는 긍정적 현상이라 할 수 있다. 시진핑은 '전면심화개혁영도소조'라는 하향식 실행 팀을 만들어 스스로 조장에 취임함으로써 역동적인 개혁을 진행하려 한다. 2013년 가을에 열린 3중전회에서는 '시장'이, 2014년 가을의 4중전회에서는 '법치'가 각각 강조되었다. 과연 이 두 가지를 키워드로 시진핑·리커창 정권은 제도 설계에 입각한 구조개혁을 진행해갈 수 있을까? 그리고 그 과정은 '공정' 분야를 두텁게 하는 데 기여할 것인가? 이 문제는 "중국의 특색 있는" 정통성을 담보해가는 데도 중요한 포인트가 될 것이다.

정통성과 개혁의 관점에서 이 책은 시진핑 시대를 "포스트 '안정·성장' 시대"로 정의했다. 시진핑·리커창 정권이 개혁을 실행함으로써 정통성을 확보해 공산당은 연착륙한다. 바꿔 말해 미국의 저명한 중국 문제 전문가인 데이비드 샴보 조지워싱턴 대학 교수가 2015년 3월 미국 ≪월스트리트 저널≫에 실은 평론에서 지적한 '중국의 붕괴'[3]를 회피할 수 있을 것인가?

전 호주 총리이자 현재는 하버드 대학 케네디스쿨 선임연구원으로서 미·중 관계를 연구하며 글을 기고하는 케빈 러드(Kevin Rudd)는 샴보의 견해에 대해 반박을 표명한다.

중국이 직면한 많은 어려운 정책적 도전들 중에서 하나라도 실책한다면 중국 정부의 경제 개혁 프로젝트는 궤도를 벗어나버릴 것이다. 1978년 이래로 중국의 정치 엘리트는 매우 고명한 실전 경험을 축적해왔다. 따라서 나는 샴보의 중국붕괴론에 명확히 반박한다. 미국의 대중국 정책으로 보아 중국 경제는 정체하고 있고, 종래의 정치·경제적 마찰이 계속되면 중국 정치의 붕괴를 가져올 것이라는 등 애매한 가설을 세우는 것은 현명하지 않다.[4]

일본의 외교관이며, 주중 대사를 역임한 미야모토 유지도 중국공산당의 적응 능력에 대해 다음과 같이 말한다.

통틀어서 중국공산당의 적응 능력은 높다. (주변 각국에서) 이것이 중국이 안고 있는 문제구나 하고 깨우쳐 알아냈을 때, 이미 중국공산당은 해결책까지 생각하고 있다. 이것이 1980년대 초부터 중국을 관찰해온 내가 피부로 느낀 점이다. 문제점을 파악해 분석하고, 대응책을 생각해 그것을 실행하는 힘은 상당하다.[5]

이 책에서도 검증했듯이 톈안먼 사건 발발 후 소련 붕괴와 냉전 해체라는 '동지의 상실'도 겹쳐서인지 국제 여론에 중국붕괴론이 퍼졌다. 프랜시스 후쿠야마가 '역사의 종말'을 주장한 것이 대표적이다. 그러나 중국은 붕괴하지 않았다. 그렇기는커녕 세계 정치·경제 시스템 속에서 더 강고한 영향력을 행사하는 것처럼 보인다. 적어도 중국공산당, 그리고 거기서 일하는 정치 엘리트들의 문제 해결 능력이나 적응 능력을 경시하면 안 된다는 것을 역사가 어느 정도 증명하고 있다.

이 책의 관심은 경제와 사회 차원에서뿐 아니라 정치 분야 개혁에 시진핑이 발을 내디딜 것인지 아닐지에 있다. 제2부에서는 시진핑이 경제체제 개혁에 머무른 덩샤오핑을 넘어서야만 한다는 점, 개혁파인 시중쉰을 아버지로 둔 그가 정치 분야를 포함한 개혁을 단행할 의사가 있으며, 총서기 취임

후 정치 개혁을 염두에 두고 반부패 투쟁이나 구조개혁에 도전하고 있다고 주장했다.

시진핑은 정치 개혁에 나설 의사와 조건을 갖추고 있다. '붕괴'를 초래하지 않고 위로부터의 정치 개혁을 진행한다면, 시진핑 시대가 최대이자 최후의 기회일 수 있다.

이것이 '개혁'이라는 시각으로 본 필자의 현 단계에서의 판단이다.

'외압'으로 본 민주화

'제3부 외압'에서는, 홍콩, 타이완, 중국인 유학생, 미·중 관계, 반일이라는 다섯 가지 주제로 중국 민주화를 마주 보았다. 이 다섯 행위자들은 중국공산당에 대해 밖에서 외압을 가할 수 있는 존재다. 바꿔 말하면, 중국공산당에 긍정적인 위기의식을 안겨줄 가능성이 있다는 의미다.

제3부의 검증 작업을 마친 지금, 각각의 플레이어는 각각의 작용이 있기 때문에 '외압'을 일괄적으로 상정할 수 없다는 점에 더해, 시기나 정세에 따라 외압의 공헌 여부와 기대 여부도 변할 것이라는 생각에 이르렀다. 이를 총괄해 시진핑 정권에 초점을 맞춘다는 것을 전제로 외압이 중국 민주화에 '공헌'할 수 있느냐라는 관점에서 '기대할 수 있는 행위자'와 '기대할 수 없는 행위자'로 나누어 상세히 살펴보겠다.

우선, 외압으로서 기대할 수 없는 플레이어는 홍콩, 중국 유학생, 미·중 관계다.

홍콩에서는 2014년 8월 31일에 베이징의 전국인민대표대회 상무위원회가 결정 사항으로 발표한 2017년 홍콩 행정장관 보통선거 법안을 둘러싸고, 대규모의 '반중' 시위가 2014년의 하반기에 일어났다. 홍콩의 학생 단체나 민주파는 중국공산당에 압력을 넣어 타협을 이끌어내려 했지만 이루어지지 않았다. 2015년 6월 18일 이 법안이 홍콩 의회에서 부결되었기 때문에 1인 1표의 보통선거는 빨라도 2022년에나 가능하다. 그간 홍콩의 민주파가 베이징의 결정에 아무리 반발해도, 공산당 지도부가 홍콩 문제에서 정치적으로 타협할 여지는 영(0)에 한없이 가깝다고 생각된다. 중국과의 경제 관계가 깊어질수록 이러한 경향은 강해질 것이다. 홍콩의 민주화 프로세스는 앞이 보이지 않는 미궁에 빠져들고 만 것처럼 보인다.

또 중국인 유학생은 미국에서 자유나 민주주의 같은 가치관을 접하고 이에 동의하지만, 중국도 미국과 같은 길을 걸어야 한다는 사고에 이르지 않는 듯하다. 미국에 대한 경쟁심도 있어서인지, 미국 유학을 통해 더욱 애국적이 되어 중국은 중국의 길을 걸으면서 미국에 도전장을 내밀어야 한다고 생각하는 엘리트도 많이 보이기 때문이다.

그리고 미·중 관계의 경우 현재 미국의 대중 전략·정책에는 나태나 쇠퇴, 당혹이라는 '불편한 사실'이 가로놓여 있어 미국이 중국의 민주화를 촉진하는 역할을 맡을 수 있는 상황이 아니다. 그와 동시에, 현실을 동반한 가설의 영역일 뿐이지만 '미국은 중국의 민주화를 바라지 않는 것은 아닌가', 좀 더 심도 있게 말하면 '미국은 중국의 민주화를 봉쇄하려는 것이 아닌가' 하는 다소 과감한 문제의식이 있다는 점을 논했다.

특히 중국인 유학생과 미·중 관계가 중국 민주화에 어떤 영향을 미치는지 생각할 때, 존스홉킨스 대학 고등국제문제연구대학원에서 박사 학위를 취득한 미·중 관계의 전문가이자 중국사회과학원 미국연구소 연구원 저우치(周琪)의 견해가 그 심층을 반영하는 듯 보인다.

미국의 길을 따르는 중국 민주화의 진전은 미·중 관계에 극적인 개선을 가져올 것이다. 중국이 미국식 민주주의를 채용하면 미국은 중국의 위협을 그렇게까지 강하게 느끼지 않게 될지도 모른다. 그리고 미국인은, 민주주의 동지는 전쟁을 하지 않는다고 주장한다면 더욱 그렇다. 그러나 중국의 문화적·정치적 전통은 미국과 크게 다르며, 중국이 미국식 민주주의로 이행한다는 결과는 상상 안에서 밖에 존재하지 않는다. 어떠한 경우든 미·중 관계가 발전해가려면 미국은 자신들의 상상 속에서 중국을 판단하는 일을 그만두고, 역사는 중국의 국내 정치를 불가피하게 미국화한다는 예측을 버릴 필요가 있다.[6]

한편 타이완과 반일은 외압으로 유효하게 기능할 가능성을 내포한다고 생각한다.

타이완과 관련해서는, 같은 중화계로서 민주화를 실현한다는 역사적 사실이 중요하다.[7] 말할 것도 없이, 인구 2300만 명의 타이완과 13억 명인 중국을 비교할 수 있는가라는 문제는 따라다닐 것이다. "2300만 명이 사는 작은 섬이라 민주주의 통치가 가능했을 뿐이다"라고 주장하는 중국의 정부 관계자나 유식자를 만난 적도 있다. 비교에는 신중해야 한다고 생각하지만, 타이완이 민주화했다는 사실은 적어도 '중국인과 민주화는 물과 기름의 관계'라는 전제를 전복시키는 것이다. 동시에, 중국과 타이완 간 인문·민간·경제에서의 쌍방향 교류가 깊어져 많은 중국인이 타이완에서 민주주의를 피부로 느낄 수 있는 현상은, 중국 민주화를 촉진하는 데 유익하다고 생각한다.

또 반일에 대해 생각하면, 중국공산당의 정통성을 형성하는 근거로서 반일·항일의 비중은 상대적으로 저하되고 있다. 한편 반일을 계기로 사회가 무력화되어 결과적으로 중국공산당의 통치에 금이 갈 가능성은 여전히 만연해 있다. 그러기에 중국공산당은 의식적으로 반일의 경향을 완만히 하려는 것이다.

일본은 중국의 이웃이자 지역 대국이며, 아시아에서 가장 빨리 현대화의 길을 걸은 선진국이다. 또한 중국의 성쇠에 역사적·경제적으로 깊게 관계해왔다. 그런 일본이 기업 활동 등을 통해, 중국에서 확대된다고 여겨지는 중산계급들을 지탱해 자발적으로 그 받침대를 구축함으로써 그들이 '책임 있는 시민'으로서 역할을 다할 수 있도록 촉구하는 것, 그리고 그들이 건전한 정치의식과 권리 욕구를 중국의 통치자에게 요구해갈 토대를 만드는 것은, 곧 중국공산당에게 긍정적인 압력을 주어 중국 민주화를 촉구하는 하나의 발판이 되는 것은 아닐까.

중국공산당이 민주화의 필요성과 절박성을 안게 함으로써 실질적으로 중국 민주화를 촉구한다고 할 때 그 열쇠는 일본해(동해 _옮긴이)에 있다.

이것이 '외압'의 시각으로 본 필자의 현 단계에서의 판단이다.

중국 인민 스스로의 변화가 필수적이다

이 장에서 마지막으로, 우리 일본인이 중국의 중산계급을 구하고 육성하는 접근법을 통해 중국 민주화를 촉구하는 전략과 관련해 한 가지 시각을 들고 싶다. 바로 '인민'의 시각이다.

필자가 중국 민주화 연구를 마주하는 데 사용한 '내정', '개혁', '외압'이라는 세 가지 시각은 어느 것이나 다 중요하다. 한편 필자는 '최후의 최후는 중국 인민이 하기 나름이다'라는 사고를 씻어낼 수가 없었다. 법치나 민주가 중국에 뿌리내리지 않는 원인은 결코 통치자의 나태에만 있지 않다. 피통치자의 나태도 하나의 원인이며, 때로는 그것이야말로 심각한 원인이 되지 않을까.

중국에는 "어떠한 인민이 있는가로, 어떠한 정부가 태어날지 결정된다(有什麼樣的人民, 就有什麼樣的政府)"라는 말이 있다. '정부는 인민이 요구하는 대로 움직인다'라고 의역할 수 있다. 바꾸어 말하면 '인민이 요구하지 않으면 정부는 움직이지 않는다'는 뜻이다.

중국 민주화 문제를 생각하는 데 통치자(정부)와 피통치자(인민)의 관계성은 더없이 중요하다고 생각한다. 인민이 어디까지 권리 의식을 높일 수 있는지, 시민으로서 마땅한 권익을 정부에 요구해갈 것인지가 중국 민주화 문제의 행선지를 좌우한다고 해도 과언이 아니다.

2015년 6월 9일 사상 최대 규모로 신규 주식을 공개해 뉴욕증권거래소에 상장된 알리바바 그룹의 창업자 마윈은 미국 뉴욕 경제클럽에 초대되었을 때 1200명의 비즈니스 엘리트 앞에서 다음과 같이 말했다.

우리는 앞으로의 10년 동안 중국의 중산계급이 약 5억 명에 도달할 것이라고 생각한다. 그들의 고품질 상품과 서비스에 대한 요구는 놀라울 정도로 강대하다. 나는 중국의 현재 상황이 그들의 고품질 상품·서비스에 대한 요구를 만족시킬 수 없다고 생각한다.[8]

마윈이 지적하는 요구의 대상에 과연 정치 차원의 상품이나 서비스도 포함될까? 중산계급들은 공정한 선거, 사법의 독립, 언론·보도의 자유와 같은 정치 상품·서비스를 추구해갈 것인가? 만약 추구한다면 요구하는 시기나 정밀도, 방법이 세련될수록 정부는 더는 견디지 못하고 인민들의 권익이나 욕구를 만족시키기 위해 다가서게 될지도 모른다.

중국이 민주화하려면 인민 스스로 요구를 호소하는 행동이 필수적이다. 황제를 언제까지나 어하고 방치한다면, 또 그 근본적 원인 중 하나가 인민 자신들의 혼 속에 깊숙이 자리하고 있다는 것을 그들이 자각하지 않는 한, 중화민족이나 그것을 뒤덮는 중화문명에 민주화 따위는 영원히 오지 않는다. 필자는 그렇게 생각한다.

맺음말

  2015년 6월 23일, 현재 시각은 오전 8시 30분을 조금 지난 시점이다. 필자는 매사추세츠주 애비뷰가에 있는 존스홉킨스 대학 고등국제문제연구대학원(SAIS) 도서관이 문을 열자마자 입장해 8층의 평소 앉는 자리에 앉았다. 대학은 이미 여름방학에 들어가 많은 학생이 자리를 비웠다. 시험 기간의 떠들썩함과 긴장이 거짓말이었던 것처럼, 주위를 둘러봐도 아무도 없다. 도서관의 모습은 평상시와 대조적이지만, 여기에 앉으면 평소의 기분을 되찾을 수 있다. 필자는 이런 순간이 좋다.

  오늘은 이번 학기에 고등국제문제연구대학원을 방문하는 마지막 날이다. 그리고 『중국 민주화 연구』의 '맺음말'을 쓰는 날이기도 하다.

  지금, 중국에서 지낸 9년 반과 미국에서 보낸 2년 10개월의 나날을 회상하고 있다. 중국이라는 나라를 방문해 만난 사람들에 대한 것, 필자가 본 것, 고민하고 생각한 것, 중국에서 지낼 때 의식하게 된 미국에 무엇을 하려고 왔는지 곰곰이 되새겨본다. 그리고 한 명의 일본인으로서 필자의 마음속에 중국과 미국이 어떻게 이어져 있는지 다시금 묻는다.

  『중국 민주화 연구』는 12년 전 베이징 수도국제공항 제2터미널에 내려선 순간부터 워싱턴의 고등국제문제연구대학원 도서관에서 원고를 쓰고 있는 바로 이 순간까지 품어온 필자의 문제의식이나 호기심, 의문에서 비롯된 것이다. 거기에는 다양하고 어중간한 것들로 가득 차 있다.

  '책을 시작하며'에서도 서술했듯이, 이 책의 원고는 모두 미국에서 집필했다. 미국에 왔기에 쓸 수 있었다는 독선적인 자의식이 있었기 때문이다. 중국에서의 견문이나 경험을 정리하고, 미국을 통해 중국과 관계하는 다양한 전문가들의 견해를 청취하며 중국 민주화 연구에 대한 마음가짐과 틀을 만들어갔다.

총 3부 15장이라는 이 책의 구성은 필자 나름대로 깊이 생각한 결과로, 현 단계에서 내린 구상이다. 여기에는 필자 자신의 체험을 토대로 묘사한 장면, 인용한 문헌이나 견해, 거기서 이끌어낸 논점이나 주장을 가득 담았다. 어떠한 장면을 묘사하고, 어떠한 문헌을 인용하며, 어떠한 주장을 전개해야 중국 민주화 연구라는 주제를 생생하고 깊게 그리고 단단히 마주할 수 있는지, 모든 것을 반신반의했다.

아직 모르는 것 투성이다. 집필하는 과정에서 옳다고 믿어온 시점이 현실에서는 뒤집어지거나, 틀렸다고 생각한 시각이 현실에서는 들어맞거나 한 적이 몇 번이나 반복되었다. 그때마다 좌절한 나머지 중국 민주화 연구를 쓸 수 없다고 겁을 먹기도 했다.

이 책을 마무리하는 지금도 '썼다'라고 생각하지 않는다. 중국 민주화를 둘러싼 정세는 항상 변화하고 있으며, 무엇보다도 필자 스스로 아직 미숙하다. 그런 의미에서 중국이 역사의 과도기에 있으며, 발전도상에 있는 상황에서 세상을 향해 던진 중국 민주화 연구는 '아직 목적지에 도착하지 않았다'고 표현하는 것이 옳다고 생각한다.

필자는 중국이 어떠한 형태로든 민주화에 이를 데까지 중국 민주화 연구를 계속할 생각이다. 연때가 맞아 중국을 만났고, 중국에 흥미를 느꼈다. 중국 민주화 문제는 중국이라는 국가와 거기서 지내는 사람들의 운명을 좌우한다. 중국의 민주화는 중국에 국한되는 것이 아니라, 일본을 포함한 아시아와 세계 전체의 앞날에 영향을 미치는 주제이기도 하다. 이 주제에 인생을 걸고 부딪쳐갈 생각이다.

이 책은 이러한 필자의 각오를 관철하기 위한 출발점이라고 생각한다.

집필 과정에서 다양한 분들에게 신세를 지고, 또 지도를 받았다. 중국 유학을 준비하는 동안, 중국에서 지내는 동안, 중국에서 미국으로 향하는 동안, 미국에서 지내는 동안 조국 일본에서 필자를 지지해주신 분들, 또 필자의 취재를 받아주시거나 원고에 대해 조언을 해주신 분들 등 많은 사람의 지원과 협력이 있었기에 완성할 수 있었다. 지면 관계상 한 명 한 명의 이름을 들 수는 없지만, 이 자리를 빌려 진심으로 감사의 말씀을 드린다.

그중에서도 세 분에게 감사의 마음을 전하고 싶다.

우선 주간 다이아몬드 편집부의 가타다에 야스오(片田江康男) 씨다. 이 책을 집필할 계기와 토대가 된 '중국 민주화 연구' 연재란을 '다이아몬드 온라인'에 할애해주었다. 가타다에 씨가 없었으면 연재는커녕 이 책이 세상에 나오는 일도 없었을 것이다. 그는 보스턴이나 워싱턴까지 발길을 옮겨 필자를 격려해주었다. 가타다에 씨, 진심으로 감사합니다. 약속대로 연재물 '중국 민주화 연구'는 중국이 민주화할 때까지 계속할 것입니다.

다음으로 다이아몬드 온라인 편집부의 오비 다쿠야(小尾拓也) 씨다. 가타다에 씨가 주간 다이아몬드 편집부로 이동한 후부터 '중국 민주화 연구'의 편집을 담당해주는 분이 오비 씨다. 솔직히 처음에는 담당 편집자가 바뀌는 것에 불안감도 있었지만, 오비 씨의 친절하고 정확한 지도와 항상 따뜻하게 지켜봐 주는 인품 덕분에 필자가 매번 안심하고 전격적으로 집필에 몰두할 수 있었다. 오비 씨, 계속해서 지도와 편달을 부탁드립니다.

마지막으로 ≪하버드 비즈니스 리뷰(Harvard Business Review)≫ 편집부의 무라타 야스아키(村田康明) 씨다. 그는 '중국 민주화 연구' 연재가 시작되었을 때부터 지켜봐 주고 있지만, 책을 집필한다고 결정했을 때 흔쾌히 편집을 맡아주었다. 무라타 씨의 일 처리는 꼼꼼하고 신중해, 항상 "이것은 가토 씨가 쓰는 책이에요"라고 격려해주며 필자의 미흡함을 받아주었다. 무라타 씨는 필자와 같은 또래로 스스럼없이, 그러나 긴장감을 가지고 협의에 응해주었다. 무라타 씨, 앞으로도 '그렇다면, 당신이 해라!'의 정신으로 절차탁마(切磋

琢磨)해갑시다.

　미국에 온 이후 3년간 중국 민주화 문제의 관찰자로서 이 책을 집필해왔
다. 그리고 지금, 미국 땅에 이별을 고할 때가 왔다. 지금부터 잠시 휴식을
취하고, 다시 한번 베이징 땅으로 향할 것이다. 처음으로 그 땅을 밟았던 열
여덟 살의 마음가짐으로.

　중국 민주화 문제의 연구 당사자로서.

2015년 6월 23일

고등국제문제연구대학원 도서관 8층 한 모퉁이에서

가토 요시카즈

주

서론: 중국 민주화 연구란 중국공산당 연구다

1 Joseph Schumpeter, *Capitalism, Socialism and Democracy*(George Allen and Unwin, 1943), p.269.

2 Robert A. Dahl, *Dilemmas of Pluralist Democracy*(Yale University Press, 1982), p.11.

3 ≪光明日報≫, 2013.5.27. "如何理解中国式民主?"

4 Philippe C. Schmitter and Terry Lynn Karl, "What Democracy Is … and Is Not," in Larry Diamond and Marc F. Plattner(eds.), *DEMOCRACY*(The Johns Hopkins University Press, 2009), p.4

5 丸山眞男, 『日本の思想(岩波書店, 1961), p.173

6 吳偉, 「鄧小平 '党和國家領導制度改革'的談話」, *The New York Times*(Chinese), 2014.1.21.

7 李克强, 「今年中国経済能够完成目標」, *Financial Times*(Chinese), 2014.9.10.

8 Graham Evans and Jeffrey Newnham, *The Penguin Dictionary of International Relations*(Penguin Books, 1998), p.119.

9 菱田雅晴, 「中国共産党−危機の深刻化か, 基盤の再鋳造か?」, 毛里和子・園田茂人 編, 『中國問題』(東京大學出版社, 2012), p.7.

제1부 내정

제1장 중국공산당

1 "習近平: 在慶祝中華人民共和国六十五周年招待会上発表談話", ≪新華通訊≫, 2014年 9月 30日. 이 담화에서 시진핑 총서기는 '미래를 향하기 위한 8가지의 견지'를 제기했고, 다음 날 중국 언론매체가 이를 중점적으로 선전했다. 8가지의 견지란 ① 인민과 운명을 함께할 것, ② 스스로의 길을 나아갈 것, ③ '발전'이라는 제1의 임무를 확실히 해낼 것, ④ 개혁과 개선을 철저히 할 것, ⑤ 평화적인 발전의 길을 나아갈 것, ⑥ 중국공산당을 단단하게 건설할 것, ⑦ 겸허하고 신중해야 하며, 오만하거나 초조해하지 않을 것, ⑧ '단결'의 깃발을 높이 들 것을 가리킨다.

2 2014년 말 중앙조직부 통계에 따르면 공산당원의 수는 8779만 3000명으로 전년도보다 1.3% 증가했다.

3 "약(約)"이라고 언급한 이유는 시진핑이 중앙위원회에서 총서기에 취임한 이래 진행 중인 반부패 투쟁 정책에 따라 중앙위원과 중앙위원 후보 중에도 부패 스캔들로 실각하는 이들이 잇따르고 있어 인원 구성에 변동이 있기 때문이다.

4 リチャード・マクレガー, 『中国共産党』, 小谷まさ代 譯(草思社, 2011), pp.38~39.

5 전국인민대표대회 공식 사이트(http://www.npc.gov.cn/) 참조.

6 加藤嘉一, "我所理解的全国人民代表大会制度", ≪大公網≫, 2014年 3月 5日.

7 2014년 3월 14일 ≪봉황망(鳳凰網)≫ 뉴스 부문이 공개 정보를 바탕으로 정리한 통계표 '투표 시각(投票時刻)' 참조.

8 중국인민정치협상회의 전국위원회 공식 사이트(http://www.cppcc.gov.cn/) 참조.

9 정협 위원 중에는 베이징 대학 국제관계학원의 자칭궈(賈慶國) 원장, CCTV 저명 캐스터 바이옌송(白巖松), 전 마카오 입법회 주석 차오치전(曹其眞) 등의 저명인이 있다. 스포츠계에서는 육상 선수 류샹(劉翔), 농구 선수 야오밍(姚明) 등도 대표에 이름을 올렸다.

10 2014년 3월 14일 ≪봉황망(凤凰网)≫ 뉴스 부문이 공개 정보를 바탕으로 정리한 통계표 '투표 시각(投票時刻)' 참조.

11 「중국공산당장정(中国共产党章程)」(2012년 11월 개정판) 총강에서 발췌했다.

12 2013년 10월 19일, 필자는 모교인 베이징 대학의 제10회 국제문화제에 유학생 오비(OB)로 참석했다. 개막식에서 인사한 주산루(朱善璐) 베이징 대학 공산당위원회 서기(중국의 대학에서는 공산당위원회 서기가 서열 1위이고, 학장은 서열 2위인 경우가 대부분이다)는 "베이징 대학은 2048년, 즉 창립 150주년을 맞이할 무렵에 세계 제일의 대학이 되는 것을 목표로 한다. 이를 통해 이듬해인 2049년, 즉 건국100주년이라는 조국의 기념할 만한 해에 공헌하는 것이다"라고 드높이 선언했다.

13 중화인민공화국 성립 65주년 기념식 담화에서 시진핑은 다음과 같이 말했다. "우리는 우리의 길을 견지해야만 한다. 방향성은 진로를 결정한다. 진로는 명운을 결정한다. 우리의 독자적인 길이란 중국의 특색 있는 사회주의의 길이다. 이 길은 중국공산당이 중국 인민을 끌어당기고, 헤아릴 수 없을 만큼 많은 곤란과 고뇌, 거대한 대가를 치르며 개척한 것이다. 실천에 의해 중국 국정과 부합하고 시대의 발전 요구에 적합한 옳은 길로 증명된 것이다. 우리는 중국의 특색 있는 사회주의 아래 진로 자부심, 이론 자부심, 제도 자부심을 부단히 강화해 중국의 특색 있는 사회주의 진로의 폭과 가능성을 넓혀갈 필요가 있다." ≪新華通訊≫, 2014年 9月 30日.

14 2014년 12월 28일부터 베이징 지하철의 요금이 올랐다. 6킬로미터 이내는 3위안, 6~12킬로미터는 4위안, 12~22킬로미터는 5위안, 22~32킬로미터는 6위안, 그 이상은 20킬로미터당 1위안의 요금 체계로 바뀌었다.

15 2003~2013년의 10년간 중국소비자물가지수(CPI)는 2009년을 제외하면 점점 오르고 있다. 베이징 올림픽이 열린 2008년 전후 인플레이션이 우려되었다. 중국 정부는 인플레이션과 물가 상승에 시달리는 국민들의 불만을 잠재우기 위해 금융긴축 등의 방법을 쓰고 있었다.

16 2012년 8월 후진타오·원자바오 두 수뇌가 정치국 상무위원에서 은퇴하는 제18차 당대회가 개최되기 3개월여 전, 당과 정부의 경제 브레인에 포함된 학자가 베이징에서 필자에게 전했다.

17 園田茂人, 「社会的安定: 『中国的特徴を持つ』格差社会の誕生?」, 毛里和子·園田茂人 編, 『中国問題』(東京大学出版社, 2012), p.47.

18 정부 싱크탱크 중국사회과학원 사회학연구소에 설치된 '당대중국 사회구조변천 연구팀'(팀장 루쉐윈)의 연구 결과에 따르면, 중국 사회에서 2000년도 이전에 이미 중산층의 대두라는 추세가 나타났지만, 2000년 이후에 이 경향은 두드러졌다. 2001년 전국 조사에서 중산계급은 약 15%였으나, 2010년에 23%까지 늘어났다. 중국사회과학원이 2012년 2월 9일 발표한 백서는 "2020년에 중국의 중산계급은 약 40%에 달한다"고 예측한다. 더구나 중산계급의 정의에 관해서는 중국에서도 논쟁이 분분하다. 정확한 분석은 곤란한 상황이지만, 2005년 1월 국가통계국 도시조사총대종합처의 청쉐빈(程學斌) 처장은 "6만 위안부터 50만 위안까지가 우리나라 중산계급 가정의 평균 연수입이다"라고 공언했다.

19 2009년 8월 중국사회과학원 명예교수 학부위원 루쉐윈 교수가 국영 ≪신화통신≫의 취재에 응했다. ≪新華通訊≫, 2009年 8月 17日. http://news.xinhuanet.com/politics/2009-08/17/content_ 11894452.htm

20 베이징대 중국사회과학조사센터가 2014년 7월 공표한 통계에 따르면 소득분배의 불평등 정도를 나타내는 지니계수가 0.73에 달한다(0~1 사이에서 1에 가까워질수록 소득 격차가 크다).

21 2013년 5월 27일 중국 국가통계국이 공표한 「2012년 중국농민공조사관측보고(二〇一二年中国农民工调查观测报告)」에 의하면, 2012년 말 현재 농공민의 총수는 2억 6000만 명 이상이고, 평균 월수입은 2290위안(전년도 대비 241위안 증가)이다. 2014년 3월 5일 전국인민대표대회(전인대)에서 정부 활동보고를 한 리커창 국무원 총리는 "과거 35년간 중국의 도시화 비율은 18%에서 53% 이상으로 올랐으나, "신재성시, 각재농촌(身在城市, 脚在農村: 도시에서 생활하지만 몸은 농촌에 남겨져 구속되고 있다)"의 2억 6000만 명 농공민들은 도시화 흐름에 적응하지 못하고 도시 주민으로서 공공서비스를 누리지 못한다"면서 최근 농민공 처지의 문제점을 지적했다.

22 약 2억 6000만 명 농민공의 2005년 월평균 월수입은 861위안이었지만, 2015년에는 2864위안이 되었다. 10년 사이에 3.3배 올랐다. Gabriel Wildau, "China migration: At the turning point," *Financial Times*, May 4, 2015.

23 '공인'이란 일본의 공장노동자로 블루컬러를 가리킨다.

24 논픽션 작가 단로미(譚璐美)는 저서 『중국공산당을 만든 13인(中国共産党を作った13人)』(新潮社, 2010)의 머리말에서 중국공산당 창설 당시 역사에서 '수수께끼'가 많은 최대 원인에 대해 "제1차 전국대표대회 참가자 중 한 명인 마오쩌둥이 신격화되었기 때문에, 과거의 역사에서 정치적 판단이 우선되어 마오쩌둥 영광의 증표로서 재구축된 '이야기'가 완성되어버린 것에 있다"고 언급했다.

25 서방과 일본의 대중매체와 대중 여론에서 자주 회자되는 '붕괴' 시나리오도 이러한 사태를 전제로 한다고 판단된다.

26 '건전한 민주화'란 루쉐윈이 지적한 것처럼 정치적·경제적·문화적 '중산계급'의 폭이 두꺼워지는 과정에서 이 계급이 통치계급인 중국공산당에 건전한 압력을 가해, 결과적으로 중국공산당 스스로 하향식 제도 개혁을 추진함으로써 경제의 현대화뿐 아니라 정치의 민주화가 실현되는 상황을 가리킨다. 공산당 개혁을 촉구한다는 차원에서 볼 때, 중국 내 '내압' 이외에 바깥 세계가 촉구하는 '외압'이 있지만, 이에 관해서는 제3부에서 집중적으로 기술할 것이다.

27 2005년 10월에 국무원 신문판공실이 발표한 백서 『중국 민주정치 건설(中国民主政治建设)』에서 발췌했다.

28 ≪新華通訊≫, "中国式'商量': 打造民主新范式", 2014年 9月 23日. http://news.xinhuanet.com/politics/2014-09/23/c_1112597547.htm

29 2014년 9월 21일 중국인민정치협상회의 창립 65주년 기념대회에서 발표한 중요 담화 가운데 시진핑이 지적했다.

30 2014년 9월 22일 중국인민정치협상회의 창립 65주년 이론 심포지엄에서 위정성이 지적했다.

31 2013년 10월 중국공산당 이론 담당 간부가 베이징에서 필자와 대화를 나눌 때 주장한 것이다.

32 2013년 8월 중국인민해방군의 한 간부가 베이징에서 필자에게 현물을 보여주며 증언했다. 이 간부에 따르면 "중국인민해방군 내 번역부대는 그야말로 정예 집단. 번역 작업은 신속하고 적확하며, 내부용이기 때문에 일체의 삭제도 없다. 민감한 내용이 대거 삭제되는 공개 출판과는 차원이 다르다"고 전했다.

33 2013년 8월 중국인민해방군의 간부가 베이징에서 필자에게 말했다.

34 Joseph Fewsmith, *The Logic and Limits of Political Reform in China* (Cambridge University Press, 2013), p.7.

35 『중화인민공화국헌법』(2004년 3월 개정판) 서문에서 인용했다.

36 ≪新華通訊≫ 新華社資料庫, 「多党合作与政治協商制度」.

37 "민주당파는 중화인민공화국이 건국되기 전에 이미 존재했으며, 정치적으로 공산당 영도를 옹호해왔다. 이는 민주당파가 공산당과의 장기적 합작과 공동 투쟁(일제와 장제스 정권에 공동 저항 _옮긴이)을 이행하는

과정에서 결단한 역사적 선택이다." ≪新華通訊≫ 新華社資料庫, 「多党合作与政治協商制度」.

38 필자가 대학과 대학원 시절을 보낸 베이징 대학의 국제관계학원 원장 자칭궈(전공 분야는 미·중 관계, 중국 외교)는 민주당파 출신의 11~12기 정치협상회의 상무위원(2008년 3월~2015년 현재)으로, 공산당 대외 정책 분야에서 발언권이 있다.

39 '전국인민정치협상회의 위원', '전국인민대표대회 대표', '국무원 정부특별수당 수급 전문가' 등의 정치적 지위나 권위가 대표적인 사례다.

40 鈴木隆, 『中国共産党の支配と権力』(慶應義塾大学出版会, 2014), p.4.

41 2012년 9월 당시 필자가 하버드 대학 케네디스쿨에서 강연한 왕젠린과 교류할 당시 제기한 중국의 정치개혁에 대해 왕젠린이 묘사한 말이다. 전국 각지에서 호텔이나 영화관을 건설해온 그는 지방정부 관리와의 교류가 많은 것 같았다. 하지만 "나는 한 번도 그들에게 밥을 사준 적이 없다. 왜 내가 사야만 하는가. 그들이 내게 부탁하는 것이니 그들이 사는 것이 당연하다"며 약간 고압적인 태도로 주장한 것이 인상적이었다.

42 鈴木隆, 『中国共産党の支配と権力』(慶應義塾大学出版会, 2012), p.348.

43 이런 상황은 중국에만 해당되지 않는다. 일본이나 미국을 비롯한 각 주권국가에는 때로 외국인이 받아들이기 어려운 독자적인 개별 사정이 존재한다. 필자는 일본인을 포함한 외국인이 중국이라는 정체 모를 거인을 너무 '특별시'해 오히려 중국에서 일어나는 사실이나 본질은 보지 못하는 자기모순을 우려한다.

44 보통선거의 실시 가능성은 차치하고, 지방 수준인지 국가 수준인지, 국가수준이라면 중앙위원까지인지, 아니면 정치국 위원까지 뽑는 것인지, 그리고 프로세스가 간접선거인지 직접선거인지, 국민 전체 투표인지 국민대표에 의한 선발 투표 방식인지 등 다양한 방법론이 예상된다. 필자가 아는 한, 이런 논의는 중국공산당 내부에서 치열하게 전개되고 있다.

제2장 공산당의 정통성

1 2014년 4월 필자는 미국 스탠퍼드 대학에 있는 프랜시스 후쿠야마의 연구실을 방문해, 중국 문제와 미·중 관계, 특히 중국 민주화 문제에 관한 논의를 진행했다.

2 Francis Fukuyama, *The End of History and the Last Man* (Free Press, 1992).

3 2015년 4월 23일 오후, 중국공산당에서 시진핑 다음으로 영향력을 자랑한다는 중앙기율검사위원회 서기이자 정치국 상무위원(서열 6위)인 왕치산(王岐山)이 중난하이에서 프랜시스 후쿠야마를 만났다. 두 사람은 법치를 포함한 중국 정치의 현상과 전망에 대해 의견을 교환했다.

4 Ezra F. Vogel, *Deng Xiao ping and the transformation of China* (Harvard University Press, 2011).

5 Vogel, *Deng Xiao ping and the transformation of China*, p.713.

6 Vogel, 같은 책.

7 『역사의 종말』 출간 이후 25년이 지난 2014년 6월, 후쿠야마는 미국 ≪월스트리트 저널≫에 「민주주의는 지금도 '역사의 종말'(At the 'End of History' Still Stands Democracy)」이라는 글을 기고해 "톈안먼 사건과 베를린 장벽 붕괴로부터 25년이 지난 지금도, 자유민주주의에 진정한 적은 없다"고 주장했다. 후쿠야마는 "나의 『역사의 종말』의 가설은 틀렸을까? 틀리지 않았더라도 대폭 수정이 필요한가? 나의 기본적인 생각은 지금도 본질적으로는 옳다고 생각한다. 그러나 1989년이라는 격동의 시대 속에서 확실하게 인식하지 못한 정치 움직임의 본질에 관해 이 25년 동안 많은 부분을 이해한 것도 사실이다. 큰 역사의 조류를 보는 데 중요한 점은 단기적인 사건에 너무 구애받지 않는 것이다. 안정된 정치 시스템의 특징은 장기적으로 지

속 가능하다는 점으로, 어떤 일정 기간에 성과를 낸 적이 없다"고 말하며 스스로의 기본적 입장이나 주장에는 변함이 없음을 밝혔다. Francis Fukuyama, "At the 'End of History' Still Stands Democracy," *The Wall Street Journal*, June 11, 2014.

8 특별행정구인 홍콩과 마카오를 포함하지 않는다는 의미로 '중국 대륙'이라는 표현을 사용했다. 출판 사업도 늘 공산당 당국의 규제 아래 행해지는 중국 대륙과, 기본적으로 언론·출판·결사 등의 자유가 보장되어 있는 홍콩과 마카오는 사정이나 배경이 크게 다르다.

9 2012년 5월에 중국 정치사상사를 연구하는 중국인 학자가 상하이에서 필자에게 말했다.

10 Francis Fukuyama, *The Origins of Political Order* (Farrar, Status and Giroux, 2011).

11 田方萌, "福山≪政治秩序的起源≫探尋歷史的開端", *The New York Times Chinese*, January 30, 2013. http://cn.nytimes.com/article/culture-arts/2013/01/30/cc30fukuyama/

12 サミュエル ハンチントン, 『文明の衝突』, 鈴木主税 譯(集英社, 1998).

13 2012년 11월에 중공중앙에서 이데올로기·이론 공작을 담당하는 간부가 필자에게 말했다.

14 Henry Kissinger, *On China* (Penguin Press, 2011)[한국판은 『헨리 키신저의 중국 이야기』(민음사, 2012)_옮긴이].

15 2012년 2월, 조 바이든 미국 부대통령의 초대에 응하는 형식으로 방미한 시진핑 국가부주석은 워싱턴에서 키신저 박사와 회견하며 미·중 관계에 대한 의견을 교환했다. ① 역사를 거울로, ② 높은 곳에 서서, ③ 상호를 신뢰하고, ④ 윈윈 관계를 만든다는 네 가지 주장으로 키신저의 공감을 얻었다. 이듬해 2013년 4월 24일, 국가주석이 된 시진핑은 베이징 인민대회당에서 키신저를 맞이해 키신저가 수십 년에 걸쳐 미·중 관계의 발전에 기여한 특수한 공헌을 치하하고 칭송했다.

16 2013년 3월에 중공중앙에서 출판·보도를 담당하는 관계자가 필자에게 증언했다.

17 『덩샤오핑 시대』를 출판한 후 중국공산당 관계자와 출판 관계자가 내게 증언한 것이다. 또, 저자인 에즈라 보걸 교수도 하버드 대학에서 필자에게 같은 코멘트를 했다. 그 후 이 책은 중국에서 베스트셀러가 되어, 2013년 4월 보걸 스스로 중국의 각 도시에 방문해 홍보를 겸한 강연회를 대대적으로 전개했다. 그 모습이 보도된 이후부터, 출판 당초 선전부에서 내려진 지령은 국지적인 효과밖에 낳지 않았다고 말할 수 있을 것이다.

18 2014년 11월 5일 오바마 대통령의 중국 방문 직전, 워싱턴 시내의 브루킹스 연구소에서 개최된 미·중 관계 심포지엄 '중국을 방문하는 오바마: 재균형을 유지하다(Obama in China: Preserving the Rebalance)'에서 기조 강연을 한 캐럴라인 앳킨슨(Caroline Atkinson) 대통령 부차관보 겸 백악관 국가안전보장 부고문(국제경제담당)은 "번영하는 중국이 미국에 이익이 되는 것임에는 의심의 여지가 없다. 우리는 중국과 함께 일할 것이다"라고 언명했다.

19 중국의 저널리스트로 2013년 9월부터 2014년 7월까지 하버드 대학 니먼 펠로를 맡은 양샤오(楊瀟)는 "중국의 관제 매체는 프랜시스 후쿠야마의 저서로 정치체제의 정통성을 뒷받침하려 한다"고 필자에게 말했다.

20 2014년 11월 9일 베이징에서 열린 아시아태평양경제협력회의(APEC) 정상회의에서 기조 강연을 한 시진핑 총서기는 중국 스스로 이니셔티브를 잡고, 아시아인프라투자은행과 실크로드 경제권의 건설을 추진해, 아시아태평양자유무역지대(FTAAP)의 공영을 만들어나가겠다고 강조했다.

21 2014년 9월, 『정치 질서의 기원』 하편에 해당하는 *Political Order and Political Decay* (Farrar, Status and Giroux, 2014)가 출판되었다.

22 Fukuyama, *The Origins of Political Order*, p.481.

23 Fukuyama, 같은 책, pp.19~21.

24 Fukuyama, *Political Order and Political Decay*, p.383.

25 Fukuyama, *The Origins of Political Order*, p.290.

26 전통이라기보다 '문화'로 표현하는 것이 적절할지도 모른다. "부패는 문화다"라는 중국의 속어로도 대표되듯이, 사람들이 문화에 정치적인 의미를 갖게끔 하는 경우가 가끔 있다.

27 필자의 개인적 견해로는, 강한 정부의 어원인 'state'는 일본인이 말하는 '쿠니(国)'에 가까운 뉘앙스다. '정부', '상부(조정)' 등의 의미도 포함된 것이다.

28 여기서 언급한 내용 대부분은 독자들이 이미 알고 있으며, 새삼스레 언급할 것이 없다. 그러나 정통성이 결여된 중국이라는 정치사회를 분석하는 데 우리가 당연하게 누리는 제도의 중요성을 되돌아보는 것도 일정한 의미가 있다고 생각했다.

29 宮本雄二, 『これから, 中国とどう付き合うか』(日本経済新聞出版社, 2011), p.34.

30 약 10년간 중국 사회를 살펴온 경험에 비추어볼 때, 중국 사람들이 사물의 시비나 좋고 나쁨을 판단할 때 맨 먼저 판단의 척도로 삼는 것은 법률이나 규칙이 아닌, 정치적 원칙에 반하는지 여부와 실행 가능성은 어느 정도 있는지 같은 경우임을 많이 느낀다. '해도 되는지 안 되는지'가 아닌, '할 수 있는지 없는지'가 판단 기준이라는 것이다. '법에 개의치 않는다'는 많은 중국 인민이 가지고 있는 정신은, 시대를 살아가기 위한 행동 규범이기도 하다. 경제가 발전해서, 사회가 진화했다고 해서 그리 간단하게 변하는 것은 아니라고 생각한다.

31 필자가 이제까지 의견 교환을 한 많은 중국인 연구자나 서방 연구자도 "법치주의를 동반하지 않는 민주화가 사회를 혼란에 빠뜨릴 위험성"을 지적하고 우려했다.

32 Fukuyama, *The Origins of Political Order*, p.483.

33 또한 후쿠야마는 『정치의 기원』에서 '나쁜 황제'의 예로 중국 역사상 유일한 여제인 측천무후(則天武后)와 명조의 제14대 황제 만력제(萬曆帝)를 들고 있다. Fukuyama, *The Origins of Political Order*, p.483.

34 한 사람의 중국 인민이 국가주석이나 정치국 상무위원 같은 최고위 관료까지 올라가는 과정은 일본의 대기업에서 일개 사원이 이사·사장·회장으로 올라가는, 혹은 가스미가세키에서 한 관리가 사무차관에 올라가는 과정에 가까울지도 모른다. 일본의 사장이나 차관은 민주적으로 선택되기보다는 오히려 사내 정치, 인간관계, 사내의 승진 문화, 권력투쟁 등 인치적 요인에 상당한 정도로 좌우된다. 중국공산당을 일본의 주식회사에 비유해 그 승진 시스템 등을 논하는 방법은 지금에서야 시작된 시도는 아니다.

35 峯村健司, 『十三億分の一の男』(小学館, 2015), p.261.

36 2014년 10월 29일, 프랜시스 후쿠야마는 당시 교편을 잡고 있던 존스홉킨스 대학 고등국제문제연구대학원(SAIS)에서 신간 출판 기념 강연을 했다. 질의응답에서 중국 정치에 관해 질문을 받았을 때 '나쁜 황제' 문제와 시진핑 정권의 관련에 대한 해설에서 한 말이다.

제3장 네 개의 축으로 본 공산당 정치

1 '반일 데모'만은 예외적으로 일어났다(2005년 4월). 여기에는 공산당에 의한 통치 속 정치의 맹점이 존재하지만, 상세한 분석은 제15장에서 한다.

2 중국교육재선(Chinese Education Online: www.eol.cn)의 통계에 따르면, 2001~2014년 중국 대학 졸업생은 다음과 같이 추산되며, 매년 급증하는 상황임을 알 수 있다. 114만 명(2001년), 145만 명(2002년), 212만 명(2003년), 280만 명(2004년), 338만 명(2005년), 413만 명(2006년), 495만 명(2007년), 559만 명(2008년),

611만 명(2009년), 631만 명(2010년), 660만 명(2011년), 680만 명(2012년), 699만 명(2013년), 727만 명(2014년).

3 2014년 5월 13일 중국사회과학원 문헌출판사에서 발행된 『중국교육남서(中国教育蓝书)』에 의하면, '취업이 가장 어려운 해'라 불린 2013년 대학 졸업생의 취업률은 71.9%로, 평균 월급은 3378위안이었다.

4 Yoshikazu Kato, "No Free Confidence in this world," *Financial Times Chinese*, March 6, 2009. http://www.ftchinese.com/story/001025081?page=1

5 중국 당국의 통계에 따르면 2014년 중국의 인터넷 사용자는 6억 명을 돌파했다.

6 내가 체험한 사례를 소개한다. 2012년 12월 20일 중국판 트위터 시나웨이보(新浪微博)에서 다음과 같이 글을 올렸다. "12월 19일 ≪인민일보≫가 '인터넷은 법외가 아니다'라는 기사를 게재했다. ≪인민일보≫는 '모든 사람에게 정확한 방법으로 표현을 요구하는 것은 비현실적이지만, 인민이 법치 의식을 가지고 스스로의 언동에 책임을 지니는 것은 필수적이다'라고 주장했다. '정확과 법치'는 신정권의 방향성을 명시한다. 외국에 사는 중국인 친구가 한숨을 쉬며 필자에게 말했다. '모든 안정은 불안정의 회오리 속에 있다. 모든 출구를 막으려 하면 최후에 망하는 것은 막은 당사자 본인이다'라고 투고했더니 그로부터 약 5시간이 지나 ≪인민일보≫ '시스템 관리인'으로부터 다음과 같은 통지가 도착해 있었다. '죄송합니다만, 당신의 글은 관리자에 의해 차단되었습니다. 이런 유의 코멘트는 대외 공개에 적합하지 않습니다.'"

7 필자의 경험으로 미루어, 2005년부터 제18차 당대회가 개최되어 후진타오가 총서기 자리를 시진핑에게 넘긴 2012년까지 언론 통제와 보도 규제가 나날이 강화되어왔다. 중국 문제, 일본 문제, 일·중 관계 등 어떤 테마를 다루든 간에 항상 감시 당국이나 감시 당국의 처벌을 두려워하는 매체의 편집자로부터 '자주 규제'가 요구되었다.

8 2014년 11월 장쑤성 공산당위원회 관계자가 미국 워싱턴에서 필자에게 증언했다.

9 공산당 당국이 외국인 전문가나 기업가에게 특정 주제와 관련한 코멘트를 요청하는 일은 일상다반사다. 당시 필자 외에도 서구 출신의 투자가나 기업가, 학자 등이 개별 회의에 참가해 각각의 의견을 발표했다. 이제까지 많은 관찰자가 "중국 국가주석만큼 어려운 자리는 없다"라는 취지의 발언을 해왔다. 그 어려움을 인식하고 있기 때문에 국가의 방향성을 정하는 과정에서 당 지도부가 외국인의 의견에 귀를 기울이는 전략과 습관을 견지해온 것이라 느끼고 있다.

10 2012년 2월, 중공중앙에서 이론 공작을 담당하는 중견 간부가 베이징에서 필자에게 증언했다.

11 고도 경제성장을 지속할 수 없게 된 상황에서 정부는 '뉴노멀(신상태)' 개념으로 성장 모델의 전환, 서비스업 확대, 이노베이션 능력 향상과 같은 것들의 중요성 등을 호소하고 있다.

12 Pooja Thakur, "China's Property Prices May Decline Up to 10%, SouFun Says," *Bloomberg*, Oct 29, 2014.

13 중국사회과학원이 집필·편집한 『2013년 사회남서(二〇一三年社会蓝书)』는 최근 중국에서 매년 수십만 건의 집단적 사건이 발생하고 있다며, "2013년 상황도 낙관적이지 않으며, 정부는 인터넷을 통해 사회의 모순과 대립적 구조를 완화함으로써 상황에 적합하고 탄력성 있는 사회 안정 유지 방법을 검토해야 한다"고 제언한다.

14 2012년 3월 중국 인민정부는 「미국 비정부기구 중국 내 자선활동 분석보고(米国NGO在華慈善活動分析報告)」라는 보고서를 발표했다. 이 리포트에 따르면 미국 NGO가 중국에 내는 기부금은 매년 2억 9000만 달러. 최대 목적지는 베이징이며, "약 1000개에 달하는 NGO 중 3%만이 합법"이라고 지적한다. 나머지는 '비합법', 즉 공산당의 원리·원칙에 입각하지 않고, 경계나 감시를 하지 않으면 안 되는 요주의 기관이라는 뜻일 것이다.

15 Amnesty International, 「天安門の空~現在の中国の人権を考える~」, Huffington Post, 2015年 5月 31日.

16 중국사회과학원에서 내부 회의가 개최되고 난 후, 평소 연락을 취해온 복수의 연구원과 갑자기 연락이 끊기는 상황이 발생했다. 연락이 닿은 한 연구원은 "그 회의의 영향은 그다지 대단하지 않다. 필자는 과거처럼 연구나 집필, 대외 교류를 행하고 있다. 물론 집필이나 발언에서는 조금 자중하지만"이라고 말했다.

17 중국공안은 "한 중앙 비밀 문건을 불법으로 훔쳐, 또 해외 매체에 누설했다"며 2014년 4월 14일에 70세의 중국 여성 저널리스트 가오위(高瑜)를 구속했다. 중앙 비밀 문건이란 '9호 문건'을 가리킨다. Human Rights Watch, "China: Release Veteran Journalist Gao Yu-State Secrets Trial Highlights Escalating Crackdown on Civil Society," November 19, 2014. http://www.hrw.org/news/2014/11/19/china-release-veteran-journalist-gao-yu

18 ≪명경월간(明鏡月刊)≫ 2013년 8월 호에 「통보」의 전문이 게재됐다. ≪뉴욕 타임스≫도 같은 문건을 독자적으로 입수해 "중국공산당 고위 관료와 가까운 4명의 취재원으로부터 문건의 신빙성을 확인했다"고 기사에서 표명했다. Christopher Buckley, "China's New Leadership Takes Hard Line in Secret Memo," *The New York Times*, August 20, 2013.

19 주 18과 같다.

20 중화인민공화국 국가안전법(초안, 제2회심의고), 전국인민대표대회 사이트(http://www.npc.gov.cn/) 참조.

21 2014년 하반기에 이데올로기·사상·선전 공작을 둘러싸고 시진핑과 류윈산 사이에 불협화음이 존재한다는 정보를 복수의 관계자로부터 전해 들었다.

22 陶景洲, "同学眼里的李克强", ≪Financial Times Chinese≫, 2012年 11月 27日. http://www.ftchinese.com/story/001047720?full=y

23 厉以寧·孟曉蘇·李源潮·李克强, 『走向繁栄的戦略選択』(経済日報出版社, 1991)에 리커창이 중국을 대표하는 경제학자 리이닝 교수의 지도 아래 완성한 박사 논문이 수록되어 있다.

24 2013년 3월 20일 이 실업가는 메일을 통해 필자에게 이렇게 알려왔다.

25 Julie Zhu, "China's Likonomics getting lots of likes and some dislikes, too," *Financial Times*, July 12, 2013.

26 2014년 10월 24일 선젠광이 ≪봉황망≫ 인터뷰에서 말했다.

27 2014년 8월 베이징에서 시진핑 국가주석을 오래 알고 지낸 태자당 관계자 중 한 명이 필자에게 전했다.

제4장 '중국의 꿈'과 '백 년 치욕'

1 "習近平: 承前啓後, 継往開来, 朝著中華民族偉大復興目標奮勇前進", ≪新華通訊≫, 2013年 11月 29日.

2 "李君如: 論中国夢如開革開放", ≪北京日報≫, 2013年 5月 27日.

3 "習近平: 在第十二届全国人民代表大会第一次會議上的談話", ≪新華通訊≫, 2013年 3月 17日.

4 청융화 대사는 2013년 4월 19일 일본 기자클럽 강연에서 시진핑의 '중국의 꿈'에 관해 "중화민족의 부흥을 실현하는 것이 중국 국민의 숙원이며 공통의 소원이다. 기본적인 내용은 풍부하고 강한 국가 만들기, 민족의 진흥, 인민의 행복으로 정리되어 있다"고 말했다.

5 John Lloyd, "Slowing economy won't alter Xi's 'China Dream'," *Reuters*, April 16, 2015.

6 류야저우는 중국인민해방군의 핵심 인사 중 한 명이다. 아내는 중화인민공화국 전 국가주석 리셴녠(李先念)의 딸 리샤오린(李小林) 중국 인민대외우호협회회장 겸 중국인민정치협상회의 상무위원이다.

7 劉亞洲,「中国夢, 米国夢: 比翼」, 劉明福 著,『中国夢: 中国的目標, 道路及自信力』(中国友誼出版公司, 2013).

8 劉明福,『中国夢』, pp.44~52, 133.

9 劉明福, 같은 책, pp.173, 212.

10 劉明福, 같은 책, pp.263~273.

11 劉明福, 같은 책, pp.292.

12 Hannah Beech, "How China See the World," *TIME*, June 17, 2013.

13 Kissinger, *On China*.

14 Henry Kissinger, "The China Challenge," *The Wall Street Journal*, May 14, 2011.

15 劉明福,「あとがき」,『中国夢』.

16 2012년 9월 류밍푸는『해방군은 왜 이길 수 있는가(解放軍為什)』라는 저서를 인민무경(人民武警)출판사에서 냈다.

17 2013년 7월, 리커창과 베이징 대학 법학부 동급생이자 현재는 변호사로 활동 중인 이가 베이징에서 필자에게 전했다.

18 2014년 말부터 2015년 3월 사이에 중공중앙에서 이론 공작을 담당하는 관료나 정부 소속 싱크탱크의 연구자, 복수의 당과 정부 관계자로부터 이 증언을 전달받았다.

19 2015년 양회 개최 기간에 공산당에서 이론 공작을 담당하는 간부가 필자에게 전했다.

20 "習近平在南京大虐殺死難者国家公祭儀式上的談話," ≪中国新聞網≫, 2013年 12月 13日.

21 예를 들어 2013년 8월 10일 베이징 차오양구(朝陽區)에 있는 단향가(單向街) 서점에서 "중국이 대두하기 위해 '백 년 치욕'을 희석시킬 필요가 있는가"라는 제목의 좌담회가 열려 중국의 저명한 지식인 마융(馬勇), 장밍(張鳴), 위스춘(余世存) 세 명이 참여했다.

22 Orville Schell and John Delury, *Wealth and Power*(Random House, 2013)[『野望の中国近現代史』, 古村治彦 譯(ビジネス社, 2014)].

23 Orville Schell and John Delury, "A Rising China Needs a New National Story," *The Wall Street Journal*, July 12, 2013.

24 "美媒: 中国崛起需淡化 '百年恥辱' 思維", ≪新華通訊≫, 2013年 7月 15日.

25 江藤名保子,『中国ナショナリズムのなかの日本』(勁草書房, 2014), pp.205~206.

26 天児慧,「はじめに」,『中華人民共和国史 新版』(岩波書店, 2013).

제5장 노홍위병과 시진핑의 정치관

1 필자가 하버드 대학을 거점으로 중국 정치와 미·중 관계를 연구하고 있었던 기간(2012년 9월부터 2014년 8월까지)에 중국의 역사학자 K 교수는, 정기적으로 하버드 대학을 방문해 연구나 집필에 부지런히 힘쓰고 있었다.

2 Hamah Beech, "The Power of ONE: Xi Jinping, China's strongest leader in years, aims to propel his nation to the top of the world order," *TIME*, November 17, 2014.

3 『中国共産党章程編集(一大~十六大)』(中共中央党校出版社, 2006), p.163에 의하면 "중국공산당은 중국 공인계급의 선봉대인 동시에, 중국 인민과 중화민족의 선봉대이며, 중국 특색 사회주의 사업에서 리더십의 핵심이며, 중국의 선진적인 사회생산력의 발전 요구, 중국의 선진적 문화의 전진 방향, 중국의 가장 광범한

인민의 근본적 이익을 대표한다"고 나온다.

4 주 3과 같다.

5 2012년 1월 필자는 런던 정경대학에서 열린 중국 발전 포럼에 출석했다. 포럼에서 중국을 대표하는 경제 학자 중 한 명인 쉬샤오옌(許小年) 중국유럽국제공상학원 경제학·금융학 교수는 기조 강연에서 중국 경제 가 직면한 문제를 지적하고 "따라서, 중국에는 정치 개혁이 필요하다"고 결론지으며 강연을 마쳤다. 어떠한 정치 개혁이 필요하고 중국공산당은 언제 무엇을 해야 하는지와 같은 실제적 영역과 관련해서는 언급하지 않았다.

6 王長江, 「中国共産党: 従革命党向執政等的転変」, 俞可平・李侃如 外 著, 『中国的政治発展』(社会科学文献出 版社, 2013), pp.69~89.

7 王長江, 「中国共産党: 従革命党向執政等的転変」, 『中国的政治発展』, pp.79~80.

8 王長江, 같은 글, 『中国的政治発展』, pp.80.

9 출판되는 책에서 기존 통치 방식을 대체하는 것에 대한 언급은 여전히 금기시된다.

10 "党的群衆路線教育実践活動", ≪新華通訊≫. http://www.xinhuanet.com/politics/qzlx/index.htm.

11 시진핑은 허베이성, 리커창은 광시좡족자치구, 장더장은 장쑤성, 위정성은 간쑤성, 류윈산은 저장성, 왕치 산은 헤이룽장성, 장가오리는 쓰촨성으로 역할 분담이 나뉘어 시찰이 행해졌다.

12 이 실업가는 엔젤 투자로 중국의 젊은 기업가를 지원하고 있다. 또 자신의 중국판 트위터 시나웨이보의 팔로워 수가 1000만을 넘는 등 큰 전파력을 갖는다.

13 Kato Yoshikazu, "Beijing before the 3rd Plenum," *The New York Times Chinese*, November 12, 2013.

14 시진핑 총서기는 2015년 5월 19~20일에 공산당의 지도력과 권력 기반을 한층 다지기 위해 중요한 정치 회의를 연이어 주최하고 담화를 발표했다. 19일에 열린 '전국국가안전기관총괄표창대회'에서는 중국의 국 가안전보장에 공헌한 당 간부를 대대적으로 표창해 당원이나 각 기관이 '국가안전'에 보다 헌신적인 충성을 바쳐야 한다고 요구했다. 그는 "국가안전기관은 국가의 주권·안전·이익을 사수해 중국 특색의 사회주의를 발전시키기 위한 특수한 파워다"라 하고, "이상과 신념을 확고히 하고 당에 절대적인 충성을 맹세하는 것은 당과 인민이 국가안전기관에 일관되게 요구하는 것이다. 새로운 역사적 조건 아래에서 계속 견지하고 강화 해나가야 한다"고 주장했다. 20일에 열린 '중앙통전공작회의'에서는 중국공산당 지배하의 정치제도, 공유 제 위주 경제제도, 지식인, 대중매체·여론, 경제계·재계, 해외의 중국인 유학생, 민족 문제, 종교 문제, 1국 2체제 문제 등을 열거하며, 공공중앙의 지도 아래에서 통일전선을 철저히 하도록 강조했다.

15 첸리췬 교수의 논고를 접한 것은, 당시 하버드 옌칭 연구소 객원연구원으로 있던 난징 대학 저널리즘 학부 저우하이옌(周海燕) 부교수와의 의견 교환이 계기였다. 이 자리를 빌려 저우하이옌 선생께 감사드린다.

16 銭理群, 「対老紅衛兵当政的担有憂」, 2011년 12月 1日. http://www.boxun.com/news/gb/pubvq/2012/ 01/201201100818.shml

17 2013년 3월에 한 태자당 관계자가 베이징에서 증언했다.

18 Hamah Beech, "The Power of ONE: Xi Jinping, China's strongest leader in years, aims to propel his nation to the top of the world order".

19 작금의 중국 정치·경제를 분석하는 데 어려운 점은 정치 좌향화가 얼마나 경제정책과 개혁 사업에 영향을 주었는지 등에 있다. 중국 여론 가운데 유행하는 '정좌경우'라는 말에도 드러나 있듯이, 정치의 좌향화(보수 화)와 경제의 우향화(리버럴화)가 공존하는 국면은 충분히 상정할 수 있다. 향후 국면이 이러한 방향으로 나 아간다고 보는 지식인도 적지 않다.

20 2012년 10월 미국 하버드 대학의 캠퍼스에서 증언했다.

21 錢理群, 「対老紅衛兵当政的担有憂」, 2011年 12月 1日.

22 2012년 10월 미국 하버드 대학의 캠퍼스에서 증언했다.

23 필자의 해석으로, 이 코멘트는 전 국가주석 후진타오를 암암리에 비판하고 있다.

24 마찬가지로 이 코멘트는 현 국가주석 시진핑에 암암리에 기대하는 것으로 해석했다.

25 錢理群, 「対老紅衛兵当政的担有憂」, 2011年 12月 1日.

제2부 개혁

제6장 덩샤오핑에서 시진핑으로

1 2013년 10월 16일 중국의 리버럴파 지식인이 베이징 시내 레스토랑에서 필자에게 말했다.

2 2014년 6월 18일 보도·출판에 관한 규제와 감시를 담당하는 국가신문출판총국이 "각 보도기관, 지방지국, 경영 부문, 편집부는 집중적으로 심사를 행하고, 진지하게 위법과 규칙 위반의 문제를 처리할 것. 기자가 업계나 자기 분야와 무관한 보도를 하거나, 회사의 동의를 얻지 않고 개인적 동기로 비판 보도를 전개하는 일을 금지시킬 것"이라는 지령을 발표했다. 중국 내에서 평론·출판 활동을 해온 필자의 경험상, 후진타오 시대에는 "기자의 비판 보도를 금지한다"는 지령을 여기까지 명확하게 공표하는 것은 생각할 수 없었다. 중국 공산당은 헌법으로 일단 '언론의 자유'를 보장하고 있다. 헌법이나 법률의 보장은 형식적이며, 그 대부분이 실제로 집행·적용되지 않는 것은 주지의 사실이지만, 적어도 공산당 스스로 헌법이나 법률과 정면으로 대립하는 듯한 지시나 코멘트를 내는 것은 삼간다. 그런 의미에서 이 '비판 보도 금지령'은 이례적이라 할 수 있고, 긴축책은 예상을 넘는 것이다.

3 「中国共産党第一八届中央委員会第四次全体会議公報」, ≪新華通訊≫, 2013年 11月 12日.

4 2014년 10월에 개최된 공산당 제18기 중앙위원회 제4회 전체회의(4중전회)에서 '의법치국'이 집중적으로 토의되었다. 중국 정부나 지식인, 시장 관계자 사이에서 '경제 개혁을 다룬 3중전회'와 '사법개혁을 다룬 4중전회'를 하나의 묶음으로 보는 경향도 있다.

5 2013년 10월, 1980년대 베이징 대학에서 리커창과 함께 일한 적 있는 전 동료(현 기업가)가 증언했다.

6 이 장에서 M 씨의 코멘트는 2013년 10월 20일 그와 필자가 대화한 내용에 근거한다.

7 2014년 4월 후더핑은 실질적으로 시진핑 총서기의 '특사'로서 임무를 맡아 방일해 아베 신조 총리와 스가 요시히데 내각 관방장관, 기시다 후미오 외상 등과 회담했다.

8 "胡德平: 周永康最支持重慶'打黒唱紅', 談話很恐怖", ≪China.com≫, 2014年 11月 13日. http://news.china.com/domestic/945/20141113/18956637.html

9 같은 글.

10 2011~2012년에 걸쳐 복수의 공산당 관계자가 "보시라이는 국무원 총리의 포지션을 노리고 있다. 충칭에서의 '타흑창홍'을 통해 민중의 지지를 모으는 방식을 포함해서 모든 것은 상무위 진입, 그리고 국무원 총리를 차지하기 위한 포석에 지나지 않는다"고 증언했다.

11 와세다 대학의 아마코 사토시 교수는 마오쩌둥의 혁명과 덩샤오핑의 개혁의 상이점을 다음과 같이 비교한다. "내셔널리즘 혁명은 내셔널리즘의 두 점을 있는 변이 기축이 된다. 마오쩌둥 혁명의 특징은 변혁의 대상인 전통사회에 대해서는 공격적이면서도, 혁명의 수법에는 전통적 수법을 쓴다는 것이며, 반발과 의존의 관계가 병존한다는 점이다. 국제적 영향에 대해서는 전체적으로 과민하게 반응해 자기주장적이다. 이에 비

해 덩샤오핑 개혁은 내셔널리즘과 근대화의 두 점을 잇는 변을 기축으로 해, 부강한 근대적 국민국가 건설을 대대적 목표로 걸었다. 그러기 위해 국제적 영향의 수용과 개방 노선을 내거는 것에서 보이듯이, 마오 시대와는 대조적으로 적극적이다. 다만 그것은 1989년 제2차 톈안먼 사건을 둘러싸고 '전면 서양화'에 강하게 반발했다. 열강, 즉 선진국의 개입에 과민하게 반응하는 점은 마오쩌둥 시대와 공통적이다." 天児慧,「はじめに」,『中華人民共和国史 新版』.

12 향후 중국 정치의 전개 과정에서 정치 개혁이 과감하게 실행되어 사법의 독립이나 언론의 자유가 정착되어 간다면, 7 대 3이라는 무형의 컨센서스도 '자연스럽게' 와해되어갈지 모른다. 사법의 보호를 받으며 자유를 손에 넣은 언론 시장에서 마오쩌둥에 대한 보다 엄격한 평가가 내려지는 일은 필연적일 것이라 추정된다.

13 필자는 중국의 역사가 마오쩌둥의 사망 이후부터 덩샤오핑의 개혁개방으로 향한 경위를 '우연적 필연'이라 부르고 있다.

14 David M. Lampton, *Following the Leader* (University of California Press, 2014), p.8.

15 天児慧,『中華人民共和国史 新版』, p.175.

16 2015년 6월 12일 공산당 지도부는 '천윈 동지 탄생 110주년(陳雲同志生誕百十周年)'을 대대적으로 축하했다. 좌담회 자리에서 중요 담화를 발표한 시진핑 총서기는 다음과 같이 천윈의 공적을 칭송했다. "우리가 천윈 동지를 기념할 때, 그가 강하게 품고 있던 당성(黨性: 당의 이익을 위해 당원이 갖는 충실한 마음과 행동)의 정신을 배우지 않으면 안 된다. 천윈 동지는 혁명의 이익은 모든 것보다 낫다고 생각했다. 엄격하게 당의 기율을 준수해 어떤 일이 있어도 당의 결의를 집행했다. 오늘 전면적으로 엄격하게 당을 다스려야 하는 새로운 상황하에서 모든 당원은 당성을 단련함으로써 기율 건설을 부단히 강화해야 한다. 당의 단결과 통일, 당 중앙의 권위를 단호하게 지키지 않으면 안 된다. 전 당원이 의사와 행동을 통일해 함께 전진하지 않으면 안 된다."

중국공산당 8대 원로 중 한 명으로 정치국 상무위원, 국무원 상무부총리, 중앙기율검사위원회 제1서기, 당 중앙고문위원회 주임 등의 요직을 역임한 천윈은 주로 경제정책에서 두각을 나타냈다. 공산당이 공작의 중점을 계급투쟁에서 경제건설로 전환하는 과정에서 덩샤오핑의 개혁개방을 지탱했다. 특히 두드러지는 점은, 덩샤오핑이 개혁개방이나 시장경제를 내거는 와중에 사회주의라는 정치체제와 이데올로기를 견지하지 않으면 안 되는 국면에서 천윈이 수차례 등장해 '보수'의 역할을 맡았다는 점일 것이다. 시진핑이 그러한 천윈을 '당성견강(黨性堅强)'의 관점에서 기념하는 것은 공산당의 지도와 권위의 강화를 내세우고 싶기 때문일 것이다. 또한 시진핑이 천윈이라는 인물을 끄집어내어 자신의 반부패 투쟁을 정당화함으로써 광범위한 당원에 압박(압력, 부담감)을 가하고 싶었던 것이라고 본다.

천윈 탄생 110주년과 대조적인 사례가 있다. 1987년 중앙기율검사위원회 서기직을 천윈으로부터 이어받은 차오스(喬石)의 사망(2015년 6월 14일, 향년 91세)에 대한 당 지도부의 태도다. 기율검사위원회 서기 외에도 중앙정법위원회 서기, 국무원 부총리, 전인대위원장, 정치국 상무위원 등을 역임한 그였지만, 톈안먼 사건 당시에는 '중립'의 입장을 유지했다. 그 후 '민주와 법제'를 호소하는 서적을 출판하는 등 '개혁파'로서의 입장을 가져갔다. 중국의 당 기관지는 차오스의 서거를 크게 보도했지만, 필자가 보기에 시진핑은 차오스를 애도하는 데 신중한 듯했다. 차오스가 톈안먼 사건에서 관철한 '중립'에도 나타나 있듯이, 그 정치적 입장이 비교적 현저하게 '우경향'이기 때문일 것이다.

6월 15일, 베이징의 리버럴 신문 《신경보》는 "사람들은 왜 차오스를 그리워하는가?(人們爲什麼懷念喬石?)"라는 사설을 게재해 "차오스는 시종 민주와 법치를 생각하고 있었다. 중국을 민주와 법치의 국가로 건설하는 것이 차오스의 꿈이었다. 사람들이 차오스를 그리워하는 것은 작금의 중국 사회가 민주와 법치를 추구하는 현상과 미래에 대한 기대를 반영하고 있기 때문이다"라고 주장했다. 이 사설은 인터넷 등을 통해 광범하게 전파되었다.

17 안타깝게도 공적인 자리에서는 이러한 견해를 피력할 수 없었다.

18 필자의 실제 경험에 따르면, 중국에서 공개적인 언론 활동은 일반화되어 있다. 정치, 경제, 사회를 포함한 대개의 문제는 표현을 바꾸어 언급하는 등 논의할 수 있었다. 그러나 톈안먼 사건만은 언급조차 허락되지 않는다. 그 과정에서 톈안먼 사건이야말로 공산당의 최대 금기 사항이라는 것을 알았다.

19 시진핑은 국민으로부터 "시다다(習大大, 시 아저씨)"라는 닉네임으로 불리며 친근하게 여겨진다. 시진핑에게 아첨하려는 대중매체도 솔선해서 시다다라는 호칭을 지면에 사용한다. 이 '시다다 현상'도 현재 공산당 지도부에 의한 군중노선의 일환, 즉 무산계급과 공농계급 여론과 영합하려는 정책이라고 생각한다.

20 『『新設計士』習近平』, ≪人民日報≫, 2014年 11月 13日.

21 2014년 8월에 공안 문제와 관련해 공산당 관계자가 베이징에서 필자에게 증언했다.

22 "習近平: 在紀念鄧小平同志誕辰一一〇周年座談会上的談話", ≪新華通訊≫, 2014年 8月 20日.

23 "習近平: 在紀念毛沢東同志誕辰一二〇周年座談会上的談話", ≪新華通訊≫, 2013年 12月 26日.

24 같은 글.

25 "習近平: 在紀念毛沢東同志誕辰一二〇周年座談会上的談話"

26 같은 글

27 Ezra F. Vogel, "Deng's China," *The New York Times*, November 7, 2012.

제7장 톈안먼 사건과 시진핑 시대

1 당국의 발표에 따르면 군인을 포함한 사망자가 319명, 부상자는 9000명이다. 일부 보도에서는 사망자가 2000명 전후라는 설도 있었다.

2 徐志宏·秦宜, 『鄧小平理論与三個代表重要思想概論』(中国人民大学出版社, 2004), p.285.

3 베이징 대학 공산주의청년단에서 일하는 동급생에게 확인한 결과, "베이징 올림픽을 계기로 산자오디(三角地)를 리모델링했다. 캠퍼스 경관을 개선한다는 이유였지만, 실제로는 학생들이 산자오디를 통해 자유주의 사상 등 이단적인 글을 발표하고 집회를 조직해 학생운동이 발기할까 봐 우려해온 공산당의 의도를 반영하는 조치였다"는 것이다.

4 자오쯔양 총서기(당시)는 1987년 제13차 당대회에서 "경제 개혁뿐만 아니라 정치 개혁에 대해서도 논의되었다. 사회주의적 민주주의를 어떻게 발전시켜나갈지의 맥락에서 거론된 것이다"라고 자신의 회상록에서 되돌아본 다음, 당시의 사회와 언론 환경을 다음과 같이 말한다. "당시의 정치 환경은 그다지 엄격하지 않아서 사상, 이론 연구, 문화, 예술과 같은 분야는 무엇이든 활기찬 분위기였다. 개혁개방 10년 동안 서양의 가치관이나 개념, 정치제도에 관한 지식이 유입되어 우리는 그 영향을 받았다. 더구나 소련에서 반체제파에 대한 정책은 글라스노스트로 변화 중이었다. 이 같은 움직임과 맞물려 중국 지식인, 젊은이, 젊은 노동자는 더욱더 민주화를 요구하게 되었다." 趙紫陽, 『趙紫陽 極秘回想録』, 河野純治 譯(光文社, 2010), pp.396~397.

5 2005년 4월 중국 전역을 덮친 '반일 데모'와 베이징 대학의 연관성에 대해서는, 필자가 현장 견문을 토대로 기고한 두 편의 기사가 있다. 加藤嘉一, "「北京大学日本人留学生会会長」が見た反日デモの"內側"", ≪週刊東洋經濟≫, 2005年 4月 30日, 5月 7日; 加藤嘉一, 「中国エリートの対日観」, *AREA*, 2005年 1月 3日.

6 필자는 시진핑 정권이 2022년까지라고 단정 지을 수 있는 충분한 근거는 없다고 생각한다. 필자가 2012년

8월 미국으로 건너간 이래, 중국 정치를 논의해온 연구자들 중에는 ≪남방주말≫의 전 평론가 샤오수(笑蜀)와 보스턴 대학의 교수 조지프 퓨스미스가 각각 보스턴(2014년 4월), 워싱턴(2015년 3월)에서 "전례나 규칙을 어기는 성향이 강한 시진핑은 2022년 이후에도 연임할 가능성이 있다. 적당한 후계자가 없는 상황이라면 더욱 그렇다"라는 견해를 보였다.

7   趙紫陽, 『趙紫陽 極秘回想錄』, pp.146~148.

8   2014년 6월에 광둥성 인민정부의 중견 간부가 하버드 대학 캠퍼스에서 필자에게 증언했다.

9   2013년 10월, 정치국 위원을 역임한 간부와 친족 관계인 어느 관계자가 베이징에서 필자에게 증언했다.

10 2013년 6월 7일 미국 캘리포니아주 서니랜드에서 이루어진 미·중 비공식 정상회담에서의 발언했다.

11 2014년 5월 21일 상하이에서 행해진 아시아상호협력신뢰양성회의에서의 발언했다.

12 2012년 3월에 당 중앙에서 이론 공작을 담당하는 관계자가 베이징에서 필자에게 증언했다.

13 2013년 6월 미국 서니랜드에서 이루어진 미·중 비공식 정상회담 후에 그 외교관이 증언했다.

14 시진핑이 신장위구르자치구를 시찰했을 당시, "각 민족·간부의 공동 단결·분투로 단결·조화·번영·부유·문명·진보, 그리고 마음 편히 일할 수 있는 사회주의의 신장을 건설하지 않으면 안 된다"고 강조했다. ≪新華通訊≫, 2014年 5月 1日.

15 2015년 1월 9일 브루킹스 연구소에서 개최된 중국 경제에 관한 심포지엄 '중국 경제의 재건: 과거, 현재, 그리고 미래(Chinese Economic Reform: Past, Present and Future)'에 참가했을 당시 현장에서 적은 메모를 근거로 한다.

16 Carnegie Endowment for International Peace, "What the Experts Think About the World". https://cargegieendowment.org/speciaprojects/YearInCrisis2014/index.cfm/fa=survey

17 2013년 2월에 중국 정부 관계자가 뉴욕 시내에서 증언했다.

18 상세 부분은 다음을 참조했으면 한다. 加藤嘉一, 「『新型大国関係』を持ちかける中国と様子見の米国―習近平が強める大国志向」, ≪日経ビジネスオンライン≫, 2014年 4月 10日.

19 상세한 내용은 加藤嘉一, 「全人代で再確認された"大国外交"の変化」, ≪日経ビジネスオンライン≫, 2015年 3月 12日 참조.

20 峯村健司, 『十三億分の一の男』, p.101.

21 당 기관지와 홍콩계 잡지 등에 있는 복수의 중국인 기자가 증언했다.

22 당시 국가부주석 겸 정치국 상무위원이던 시진핑도 그 판단과 결정에는 직접적으로 관여하고 있었다. 하지만 보시라이 전 충칭시 공산당위원회 서기의 '낙마' 자체는 시진핑의 총서기 취임 이전에 일어났다.

23 2015년 1월 9일 브루킹스 연구소에서 개최된 중국 경제 심포지엄 '중국 경제의 재건: 과거, 현재, 그리고 미래'에 패널로 참가한 친샤오가 발언한 내용이다.

24 2014년 11월 베이징에서 열린 일·중 정상회담에 대해 필자가 회담 전후 ≪일경비즈니스온라인(日経ビジネスオンライン)≫에 단기 연재한 칼럼을 참조하기 바란다. "만약 일·중 정상회담이 실현되지 않았다면(もし日中首脳会談が行われなかったとしたら)"(2014년 10월 16일), "중국 지도부는 일·중 정상회담의 실현을 어떻게 인식하고 있는가?(中国指導部は日中首脳会談の実現をどう捉えているのか?)"(2014년 10월 23일), "아베 신조, 시진핑 두 정상은 회담에서 무엇을 논의할 것인가?(安倍晋三・習近平両首脳は会談で何を話し合うのか?)"(2014년 10월 30일), "일·중 정상은 '서서 이야기'하는 정도가 적당하다(日中首脳は"立ち話"をするくらいがちょうどいい)"(2014년 11월 6일), "아베+시 회담은 정상회담이었는가?(安倍＋習会談は「首脳会談」だったのか?)"(2011년 11월 13일).

25 2015년 1월 중국 외교 관계자가 워싱턴에서 증언했다.

26 趙紫陽, 『趙紫陽 極秘回想録』, pp.382~383.

27 2014년 4월 베이징 대학 캠퍼스에서 베이징 대학의 교수진과 식사했을 당시에 나눈 대화의 일부다.

28 2013년 7월 우자샹이 홍콩 일간지 ≪명보≫에 말했다.

29 Andrew Jacobs, "Chian Futher Tightens Grip on the Internet," *The New York Times*, Jan 29, 2015.

30 鄭永年, "中國民主応是'開放的一党制'", ≪鳳凰網≫, 2015年 5月 19日.

31 2015년 3월 워싱턴에서 행한 인터뷰에서 조지프 퓨스미스 교수가 말했다.

32 2013년 8월 전 정치국 위원의 친족인 관계자가 베이징에서 필자에게 말했다.

33 상세한 내용은 加藤嘉一, "自らを光武帝に重ねる習近平総書記が目指すトップダウンの統治", ≪週刊ダイヤモンド≫, 2014年 5月 17日 참조.

34 '문경의 치'란 경제·사회 상황이 쇠퇴기에서 번영기로 향하는 전환기였던 전한(前漢)의 한 시절(기원전 180~기원전 141년)을 가리킨다. 그 시대의 통치자였던 문제(文帝)는 생산력 향상을 위한 농업정책이나 주변 민족과의 분쟁에서 이기기 위한 군사·외교 정책을 중시했다. 그와 동시에, 황제나 관료 조직에 철저한 검약과 검소한 생활을 요구했다. 류슈는 문제와 함께한 왕조의 기반을 굳힌 경제(景帝)의 후예로, 후한의 창시자에 해당한다. 전한 말기의 혼란에서 벗어나 왕조의 통일을 굳히기 위해 국민 생활의 안정이나 통치기구 개혁에 매진했다. '광무제(光武帝)'라고도 불린다.

제8장 반부패 투쟁

1 중국에서는 서기의 권력이 성장(省長)의 권력을 능가한다. 베이징 대학이나 칭화 대학을 포함한 대학 기관에서도 서기가 실질적인 서열 1위이며, 학장은 서열 2위다. 공산당이 정부나 대학 위에 올라가 지배하는 중국의 독자적인 정치제도·구조를 이야기하고 있다.

2 加藤嘉一, 「胡主席温厚的手」, 北京大國際合作部, 2008年 5月 6日.

3 Kato Yoshikazu, "Bo Xilai in my eyes," *The New York Times Chinese*, September 10, 2013.

4 Edward Wong, "In Trial Account, Chinese Ex-Official Strays From Script," *The New York Times*, Aug 29, 2013.

5 リチャード·マクレガー, 『中国共産党』, p.365.

6 リチャード·マクレガー, 같은 책, p.368.

7 加藤嘉一, "北京離重慶有多遠", ≪FT中文網≫, 2012年 5月 22日.

8 薄一波, "関于整党与党建設的若干問題", ≪紅旗≫, 1985년 10月 16日.

9 한편 M 씨를 포함한 공산당 관계자 중에는 왕치산이 연령상 퇴임을 맞이할 예정인 2017년 이후에도 어떠한 식으로든 계속할 가능성이 있다는 것, 그것이 시진핑 총서기의 의사에 따른 것임을 지적하는 목소리도 있다.

10 2013년 12월에 중공중앙의 관계자가 베이징에서 말했다.

11 상세한 내용은 http://www.ccdi.gov.cn/ 참조.

12 Ezra Feivel Vogel, 「中国に説教することは厳禁 日本は歴史問題の説明を尽くせ」, ≪ダイヤモンド·オンライン≫, 2013年 9月 18日.

13 "中央政治局招開会義 研究部署党風廉政建設和反腐工作", ≪新華通訊≫, 2013年 12月 30日.

14 중국 정부(국무원)에서 공안부의 지위는 다른 정부 기관보다 높다. 예를 들어 공안부장은 국무원 내 일개 부

서장과 급이 다르다. 또한 외교부에서 외교부장은 어디까지나 외교부장이며, 외교 담당의 국무위원은 외교부장보다 서열이 높은 사람이 맡는다. 필자가 공안부 간부로부터 직접 들은 바에 따르면 국무원에서 열리는 상무회의에는 각 성청의 모든 부부장(차관급) 이상이 출석해야 하는 규칙이 있지만, 공안부만은 사장(국장급)이 출석해도 된다.

15 社会科学院調査,「社科院調研: 七八.七%受訪者認為反腐效果明顕」, 2014年 1月 1日(中央規律検査委員会 公式サイト).

16 加藤嘉一, ""周永康落馬"は中国をどこへ導くか?", ≪日経ビジネスオンライン≫, 2014年 8月 7日.

17 劉源, "逮徐才厚谷俊山是習近平主席決定並督弁的", ≪鳳凰網≫, 2015年 3月 13日.

18 劉源, "努力向人民交出優異答卷", ≪述是≫, 2015年 6月 15日.

19 峯村健司,『十三億分の一の男』, pp.247~251.

20 "軍隊反腐継続進行, 武警館員首上榜", ≪環球時報≫, 2015年 6月 16日.

21 위위안야오가 낙마한 시점에, 제18차 당대회 이래로 낙마한 중앙위원회 위원은 네 명이며 위원 후보는 11명이다. 시진핑 총서기 취임 이후 중앙위원회에서 낙마자가 속출했다.

22 リチャード・マクレガー,『中国共産党』, pp.404~405.

23 "'新聞連播' 報道", CCTV, 2015年 5月 10日.

24 2015년 6월 11일 국영 ≪신화통신≫이 배포한 기사에 따르면 저우융캉이 그 후에 친족으로부터 받은 수뢰 금액은 약 1억 3000위안, 직권을 남용해 부하에게 명함으로써 친족 경영을 원조한 수뢰 금액은 약 21억 3000위안에 이른다. 또 자신의 사무실에서 절밀문서 5통과 기밀문서 1통을 그 내용을 알면 안 되는 인물이자 저우융캉 일가의 패밀리 비즈니스(특히 쓰촨성과 석유 관련)에 깊게 관여한 차오융정(曹永正)에게 건넸다.

25 2015년 6월 14일, 공산당에서 공안을 담당하는 간부가 필자에게 증언했다.

26 峯村健司,『十三億分の一の男』, 4章에 상세히 나와 있다.

27 社会科学院報告, "2015年 反腐力度会進一步加大", ≪中国新聞網≫, 2015年 3月 18日.

28 "Who wants to be a mandarin?" *The Economist*, June 6, 2015.

29 中央紀律検査委員會,「'天網'行動重挙出撃全球通緝百名逃亡人員」, 2015年 4月 22日.

30 중공 산시성(山西省) 규율검사위원회, 산시성 감찰청 공식 사이트(http://www.sxdi.gov.cn/) 참조.

31 2015년 1월 6일 새해 벽두에 중국사회과학원 상하이 분원이 간부를 조정하기 위해 회의를 열었다. 주즈위안(朱志遠)이 원장에 취임함으로써 그때까지 원장을 맡고 있었던 장쩌민 전 국가주석의 친자 장몐헝(江綿恒)(1951년생)은 '연령상 이유'로 면직되었다. 총서기, 총리 경력자의 친족이라는 관점에서 반부패 투쟁의 타깃으로는 장몐헝 이외에 전력 분야의 파벌을 이끌어온 리펑 전 총리의 친딸 리샤오린[친형은 산시성의 리샤오펑(李小鵬)] 등의 동향이 주목된다.

32 공산당의 인사 내막이나 권력투쟁에 정통한 M 씨는 "시진핑은 장쩌민, 리펑, 원자바오 등을 낙마시키지는 않는다"라고 말했다.

33 宮本雄二,『これから, 中国とどう付き合うか』(日本経済新聞出版社, 2011), pp.40~41.

제9장 후진타오 시대의 마이너스적인 유산을 청산하다

1 「결정」은 3중전회 후에 발표된 공식 문서이며, 공산당 지도부가 향후 행하는 개혁의 구체적 항목이나 내용을 이해할 수 있는 중요한 문서다.

2 중국의 개혁개방 정책에서 제11기 3중전회가 얼마나 중요하고 결정적 역할을 담당했는지에 대해서는 베이징 대학 학부생 시절에 공부한 온갖 텍스트를 반복해서 보았다.

3 "中国共産党第十八届中央委员会第三次全体会議公報", ≪新華通訊≫, 2013年 11月 12日.

4 宮本雄二, 『これから、中国とどう付き合うか』, p.39.

5 Daron Acemoglu and James A. Robinson, *Why Nations Fail* (Crown Publishers, 2012), p.442.

6 Nicholas R. Lardy, *Markets Over Mao* (Peterson Institute for International Economics Press, 2014), p.2.

7 Gabriel Wildau and Tom Mitchel, "Chinese economy slows again as Beijing seeks new path to growth," *Financial Times*, April16, 2015.

8 제12차 5개년 계획(2011~2015년) 중 처음으로 당 중앙이 제기한 '정층설계'와 관련해, 공산당 중앙의 이론 공작에 발언권을 지닌 정부계 학자의 리뷰를 정리한다. 중국인민정치협상회의 위원이며 중앙사회주의학원 예샤오원(葉小文) 당 조직 서기는 "정층설계는 작금의 중국 경제사회가 전환할 필요성과 필연성으로 결정지어져 있다. 새로운 개혁의 길을 탐색하는 와중에 생긴 것이다"라고 말했다. 또 전국인민대표대회 대표이자 중국사회과학원 마르크스주의연구소의 청언푸(程恩富) 원장은 "중국은 과거 경제체제 개혁을 초월해, 혁신적인 개혁의 전략과 설계가 필요하다"고 서술한다. "'頂層設計' 何以成為中国政治新名詞", ≪新華時政≫, 2012年 6月 26日.

9 常修澤, "中国全面深化改革領導小組8問", ≪新京報≫, 2013年 11月 14日.

10 The Economist. "Little Hu and the mining of the grasslands", July 14, 2012.

11 桑原健, "中国, 不正糾弾の村で村長選挙 『土地取り戻す』", ≪日本経済新聞≫, 2012年 3月 3日.

12 加藤嘉一, "「南方週末事件で明らかになった党のガバナンス力」", ≪日経プレミアプラス≫, Vol.6(2013年 3月).

13 장쑤성 출신 공산당 고위 간부로는 장쩌민 전 총서기, 저우융캉 전 정치국 상무위원, 리위안차오(李源潮) 현 국가부주석 등이 있다. 후진타오 전 총서기도 이력에는 안후이성 출신이라고 되어 있지만, 실제로는 장쑤성 타이저우(泰州)시 출신인 것은 공공연한 사실이다. 2015년 4월 "후진타오 동지는 우리 모교를 대표하는 졸업생이며 장쑤성의 자랑입니다"라고, 국제기구에서 일하는 장쑤성 타이저우 중학교 선배가 워싱턴 시내에서 필자에게 전했다.

14 주 5와 같다.

15 Joseph Fewsmith, *The Logic and Limits of Political Reform in China* (Cambridge University Press, 2013), p.177.

16 개혁개방이 시작된 시기에 관해서는 논란의 여지가 있다. 개혁개방 정책에 착수하는 데 상징적 의미를 지닌 제11기 중앙위원회 제3차 전체회의가 1978년 12월에 개최되었기 때문에 1978년을 기점으로 하는 견해가 있는 한편, 개혁개방 정책이 덩샤오핑의 리더십 아래 본격적으로 실행된 것은 1980년대이기 때문에 그 기점을 1980년대 이후로 보는 견해도 있다.

17 "人民日報上的歷届四中全会", ≪人民網≫, 2014年 10月 20日.

18 "教你看四中会議", ≪人民日報≫, 2014年 10月 19日.

19 2014년 8월에 정치국 위원을 역임했던 사람을 친족으로 둔 당 관계자가 베이징에서 필자에게 전했다.

20 "中共十八届四中全会決定全文", ≪新華通訊≫, 2014年 10月 29日.

21 Daron Acemoglu and James A. Robinson, *Why Nations Fail* (Crown Publishers, 2012), p.440.

22 温家宝, "2008年政府工作报告", ≪新華通訊≫, 2008年 3月 19日.

23 温家宝, "2013年政府工作报告", ≪新華通訊≫, 2013年 3月 18日.

24 2015년 4월 너트 앨런이 워싱턴에 있는 브루킹스 연구소의 카페에서 필자에게 말했다.

25 峯村健司, 『十三億分の一の男』, p.303.

26 峯村健司, 같은 책, p.307.

27 2015년 양회 개최 기간에 양회 진행에 관여한 당 간부가 텍스트 송신을 통해 필자에게 전했다.

제10장 애국심과 내셔널리즘

1 "国家副主席習近平会見新加坡内閣資政李光耀", ≪新華通訊≫, 2010年 11月 14日.

2 "習近平会見新加坡前総理李光耀", ≪新華通訊≫, 2011年 5月 23日.

3 2012년 1월 필자는 싱가포르 국립대학에 소속된 지인을 통해 알게 된 중국 상무부의 젊은 관료로부터 '중국은 싱가포르에서 무엇을 배워야 하는가'에 관한 이야기를 들었다.

4 "Who wants to be a mandarin?," The Economist, June 6, 2015.

5 2015년 1월 18일 시진핑 중앙군사위원회 주석이 중국인민해방군 내의 중요 회의에서 밝혔다.

6 2014년 8월 베이징 시가지에서 북동부 방향으로 한 시간 남짓 거리에 있는 구 인민정부의 중견 간부가 화이러우현 내 레스토랑에서 필자에게 전했다.

7 ≪신세기(新世紀)≫의 2014년 2월 17일판 인터뷰 기사 참조. 후수리가 편집장을 맡는 ≪재신망≫ 미디어의 온라인판에는 영상도 있다(http://video.caixin.com/2014-05-27/100682883.html).

8 여기서 원칙으로 표현한 것은 싱가포르에서도 리콴유·리셴룽 부자를 비롯한 리씨 일가는 예외적인 특권 계급에 놓여 있기 때문이다. 실제로 복수의 싱가포르 언론매체 관계자에 따르면 "정부 비판은 문제없지만, 리씨 일가나 리셴룽 총리 개인에 대한 비판은 금기"라는 것이다.

9 Kuan Yew Lee, From Third World To First (Harper Collins Publishers, 2000), pp.726~727.

10 같은 책, p.728.

11 2010년 시진핑이 리콴유를 예방(表敬)했을 당시, "당신은 중국 인민의 오랜 친구이며, 우리가 존경하는 장자입니다"라고 말을 건넸다.

12 2011년 5월 23일, 당시 국가부주석이었던 시진핑은 중국을 방문 중인 리콴유를 베이징의 인민대회당에서 맞아들여 회담했다.

13 Kuan Yew Lee, One Man's View of the World (Straits Times Press, 2013).

14 "李光耀談習近平: '曼德拉一級的人物'", ≪參考消息≫, 2013年 8月 27日.

15 Kuan Yew Lee, One Man's View of the World.

16 2014년 8월 국영 ≪신화통신≫의 편집위원을 맡고 있는 정치 담당 중견 기자가 베이징에서 말했다.

17 2012년 12월 31일 공산당 총서기에 취임한 직후 시진핑은 제18기 중앙정치국 제2회 집단학습회의에서 다음과 같이 말했다. "개혁개방이란 깊은 혁명이다. 올바른 방향성을 견지하고, 그 방향을 향해 나아가야 한다. 우리나라의 개혁개방이 성공해온 것은 당의 기본 노선을 당과 국가의 생명선으로 해왔기 때문이다. 경제건설을 핵심에 놓고 '4항기본원칙'과 개혁개방을 추가함으로써 중국의 특색 있는 사회주의의 위대한 실천 과정에 통합해왔기 때문이다. 우리는 폐쇄적·경직적 '노로(老路)'로도 나아가지 않으며, 본래의 길에서 떨어진 '사로(邪路)'로도 나아가지 않았다." 中共中央文献研究室, 「習近平关于全面深化改革論述摘編」, 2014年 7月.

18 "베네딕트·안더슨", 『想像の共同体』, 白石さや·白石隆 譯(NTT出版, 1997), p.24.

19 같은 글, pp.24~26.

20 天児慧,「はじめに」,『中華人民共和国史 新版』.

21 Ernest Gellner, *Thought and Change* (Weidenfeld and Nicholson,1964),p.169.

22 "アーネスト ゲルナー",『民族とナショナリズム』, 加藤節 監譯(岩波書店, 2000), p.1.

23 같은 글, pp.73~74.

24 江藤名保子,『中国ナショナリズムのなかの日本』, p.6.

25 アントニー・D. スミス,『ナショナリズムの生命力』, 高柳先男 譯(晶文社, 1998), p.185.

26 アントニー・D. スミス, 같은 책, p.275에서 요약했다.

27 馬立誠,『当代中国八種社会思潮』(社会科学文献出版社, 2012), pp.134~135.

28 쉬지린이 ≪독서(读书)≫(2010년 8月)에서 주장했다.

29 쯔중쥔이 ≪경제 감찰(经济监察)≫(2010.7.5)에서 주장했다.

30 Yoshikazu Kato, "The Impact of 'Net-Nationalism' on China's diplomacy toward Japan." Peking University Master Thesis, 2010.

31 2012년 10월 미국 하버드 대학에서 고촉통(吳作棟) 전 싱가포르 총리와 중국 문제를 둘러싸고 토론할 기회가 있었다. "현재 싱가포르에서 최대의 문제는 무엇입니까?"라는 질문에 그는 "격차가 확대되는 것이다"라고 답했다.

32 2014년 5월, 스위스 북동부에 위치한 산가렌에서 열린 심포지엄에 참가했다. 동석한 한 명의 수장과 의견을 교환할 때 필자에게 말해준 것이다.

33 중국은행 민간 센터가 작성한 『2011년 중국사인재부관리백서(二〇一一年中国私人財富管理白书)』가 중국 18개 도시에서 개인 자산이 1000만 위안(약 16억 9000만 원 _옮긴이) 이상인 부유층을 대상으로 설문 조사를 진행했다.

34 중국 글로벌리제이션 연구센터(Center for China & Globalization: CCG)의 조사 결과 참조(http://www.ccg.org.cn/).

35 "中国過去23移民近千万人", ≪第一財經日報≫, 2014年 1月 22日.

36 アントニー・D. スミス,『ナショナリズムの生命力』, p.298.

37 여기서 에토가 말하는 '애국주의'는 이 장에서 인용한 '내셔널리즘'과 동의어다. 에토는 저서 『중국 내셔널리즘 속의 일본』에서 애국주의에 관련된 개념으로 베네딕트 앤더슨 교수의 '공정 내셔널리즘'을 언급하며, 이는 국민 통합을 목적에 두고 정치적으로 도입된 내셔널리즘을 가리킨다고 소개한다. 그리고 애국주의야말로 앤더슨 교수가 말하는 공정 내셔널리즘의 중국 모델이었다고 언급한다. 江藤名保子,『中国ナショナリズムのなかの日本』, p.708.

38 江藤名保子,『中国ナショナリズムのなかの日本』, p.202.

제3부 외압

제11장 홍콩의 '보통선거' 논란

1 류진투를 습격한 법인은 아직 검거되지 않았고, 사건의 진상은 미결로 남아 있다. 홍콩의 자유파 지식인들은 필자에게 "중국의 공안과 홍콩의 마피아가 손잡고 류 씨를 덮쳤다"는 견해를 보이고 있었다. 한편 공안

부와 관계가 깊은 베이징의 공산당 관계자는 "범인이 발견되지 않고, 심지어 증거나 흔적도 남지 않은 사건에는 반드시 중국 공안부가 얽혀 있다"는 견해를 보였다.

2 필자 자신은 피닉스 티비의 방송, 명보출판사나 중화서국의 서적 출판, ≪아주주간(亞洲週刊)≫ 칼럼 집필, 홍콩 대학 강연 등을 통해 홍콩 언론 시장과 교류해왔다. 홍콩 땅을 방문할 때마다 그 압도적 규모와 기세를 자랑하는 중국인 현상을 목격한다.

3 1990년 4월 4일 제7기 전국인민대표대회 제3차 회의는 '중화인민공화국 홍콩특별행정구 기본법'(통상 '기본법')을 심의·채택했다(1997년 7월 1일 시행). '기본법'은 서장에서 "국가의 통일과 영토의 보전, 홍콩의 번영과 안정을 유지하기 위해 홍콩의 역사와 실정을 고려한 결과, 국가는 홍콩에 주권 회복 행사를 하고, 중화인민공화국 '헌법' 제31조에 의거해 홍콩특별행정구를 설립하기로 결정했다. '하나의 국가, 두 개의 체제' 방침에 의거해 홍콩에서는 사회주의 제도·정책을 실행하지 않는다. 국가의 홍콩에 대한 기본 방침과 정책은 중국 정부의 중·영 공동성명(1984년)에서 설명하고 있다"라고 규정했다. 또 제1장에서 "전국인민대표대회는 홍콩특별행정구에 '기본법'에 의거한 고도의 자치와 행정관리권, 입법권, 독립된 사법권과 재판권을 부여한다"(제2조), "홍콩특별행정구는 법률에 의거해 홍콩특별행정구 내의 주민과 다른 사람의 권리와 자유를 보장한다"(제4조), "홍콩특별행정구는 사회주의 제도·정책을 실행하지 않고, 원래의 자본주의 제도와 생활방식을 유지한다. 이 방침은 50년간 불변한다"(제5조)라고 명기되어 있다. 중화인민공화국 중앙인민정부 공식 사이트 참조(http://www.gov.cn/test/2005-07/29/content_18298.htm).

4 2014년 7월 29일 천관중이 베이징에서 말했다.

5 加藤嘉一, "2017年が中国·香港関係の節目になる"同化"に悩む香港は中国民主化をどう促すか", ≪ダイヤモンド·オンライン≫, 2014年 4月 8日(http://diamond.jp/articles/-/51269).

6 필자가 중국판 트위터 시나웨이보에 홍콩 정세에 관한 글을 올렸을 당시, 차오징싱이 코멘트했다(2014년 10월 2일).

7 2014년 9월 30일 밤 베이징의 인민대회당에서 개최된 건국 65주년 기념식에서 시진핑 국가주석이 언급했다.

8 2014년 9월 29일 정례 기자회견에서 화춘잉 외교부 대변인이 언급했다.

9 2014년 10월 1일 왕이 외교부장이 워싱턴에서 열린 존 케리 미 국무장관과의 회담에서 언급했다.

10 "香港'占中'衝擊各行業, 居民生活受干扰", ≪人民日報≫, 2014年 10月 3日.

11 2014년 12월 19일 천관중이 베이징에서 말했다.

12 2013년 여름부터 2014년 겨울에 걸쳐 필자가 중국 공안부에서 홍콩 문제를 총괄하는 간부와 직접 의사소통해 파악한 사실이다.

13 홍콩 중원 대학에 의한 제3회 조사. 11월 5~11일에 실시해 15세 이상 홍콩 주민 1030명의 답변을 얻었다.

14 2014년 12월 10~13일 필자는 이메일 등을 통해 홍콩 대학생들과 '잔중'을 둘러싸고 의견을 교환했다.

15 이번 잔중 항의 시위에는 학생 시절 타이완의 민주화 과정에 참가한 경험이 있는 타이완 지식인들이 참가했다. 그들은 "홍콩의 오늘은 타이완의 내일", "홍콩이 함락되면, 타이완도 위험하다"라는 슬로건을 내걸며 홍콩의 민주화를 요구하는 항의 시위를 지지했다. 같은 해 타이완에서 발생한 '태양화학생운동'에서도 볼 수 있듯이, 타이완 사회가 경제와 민간 수준에서 중국과의 교류 및 관계가 깊어지면서 타이완이 실질적으로 집어삼켜져, 타이완의 민주적인 정치체제까지도 '중국화'되어버리는 것은 아닌가 하는 우려가 타이완 지식인들 사이에서 확산하고 있다. 그런 의미에서 타이완인 입장에서 보면 홍콩에서 공정한 보통선거가 실시되는 것은 타이완인의 사회적 이익과도 관련되는 것이다. 실시되지 않을 경우 타이완 사회는 '타이완의 홍콩화'가 점점 더 현실화될 것이라는 위기감을 품을 것이다.

16 2014년 11월 12일 시진핑 국가주석이 베이징에서 열린 오바마 미 대통령과의 미·중 정상 공동 기자회견

에서 언급했다.

17 "香港特別区行政長官普選法案, 因少数議員阻扰未獲通過", ≪重慶晨報≫, 2015年 6月 19日.

18 필자가 거론한 '상당한 일'이란 다음의 세 가지 국면이다. ① 홍콩 사회가 단연코 베이징의 중앙정부에 반대·항의하고, 베이징 측이 타협하지 않으면 사태가 수습되지 않는 국면, ② 미국을 비롯한 서방국가가 홍콩에서 진정한 의미의 민주 선거를 보장하지 않을 경우 중국에 정치적·경제적 제재를 가해 고립시키는 국면, ③ 중국에서 정치적 동란이 발생해 공산당의 거버넌스가 통하지 않는 혼잡을 틈타 홍콩이 시민의 의사에 따라 행정장관을 뽑는 국면 등이다.

19 2015년 6월 19일 국무원에서 대홍콩 정책을 입안하는 당의 중견 간부가 말했다.

20 2015년 6월 20일 SNS를 통해 홍콩에 있는 W에게 들었다.

제12장 타이완과 중국인

1 張鐵志, "台北市長選擧是靑年世代的選択", ≪騰迅大家≫, 2014年 11月 20日(http://dajia.qq.com/blog/459303021614475).

2 "柯文哲当選台北市長 談両岸関係", ≪鳳凰網≫, 2014年 11月 29日(http://news.ifeng.com/a/20141129/42603934_0.shtml).

3 주 2와 같다.

4 下和成, "台湾·与党の朱氏『二〇一六年の総統選に出馬せず'", ≪日本経済新聞≫, 2014年 12月 12日.

5 "習近平電賀朱立倫当選国民党主席", ≪新華通訊≫, 2015年 1月 17日.

6 국립 타이완 대학 정치학부의 주원한 교수는 자신의 경험을 바탕으로 공산당과 국민당의 교류를 다음과 같이 해설했다. "중국공산당(CPC) 지도자들은 타이완 민주화의 역사, 특히 2000년 선거 이후 국민당의 패권적 지위의 붕괴 경위를 면밀히 관찰하고 있다. 사실 2000년 정권 교체 이후 중국공산당 직속의 중앙당교(the Central Party School: CPS)는 특별 연구 프로젝트를 진행했다. 이는 국민당이 지배하는 정치가 어떻게 시작되어 어떻게 쇠퇴해갔는지의 경위부터 중국공산당이 무엇을 배워야 하는지 조사하는 것이었다. 필자는 CPS가 주최한 중국개혁 포럼에 초대되어 부학장과 시니어 리서치 스태프 앞에서 타이완 정치 중 국민당 성쇠에 대해 프레젠테이션을 행했다." Yun-han Chu, "The Taiwan Factor," *Journal of Democracy*, 2012.

7 顔建発, "九合一選挙対台湾政局與両岸関係的影響", ≪両岸公平網≫, 2014年 12月 1日('구합일선거'는 2014년 11월의 통일지방선거를 가리킨다 _옮긴이).

8 2015년 1월 17일 시진핑 공산당 총서기는 주리룬 국민당 주석에게 보낸 축전에서 "양당이 민족 대업을 이루고, '92 컨센서스'를 견지해 '타이완 독립(臺獨)'에 반대하는 공통의 정치적 기초를 강화하지 않으면 안 된다"라고 타이완 측에 정치적 압력을 가했다. "習近平電賀朱立倫当選国民党主席", ≪新華通訊≫, 2015年 1月 17日.

9 Yun-han Chu. "The Taiwan Factor," *Journal of Democracy*, January, 2012.

10 2010년 봄에 베이징에서 『애국노』의 출판 준비를 할 때, 국가신문출판광전총국의 간부에게서 직접 전달받았다.

11 呉介民, 「文明的呼喚: 尋找両岸和平之路」, 『中国因素與両岸公民社会対話』(読書共和国, 2012), p.254.

12 2003년 중국 본토는 미국을 제치고 타이완에서 가장 중요한 무역 파트너가 되었다. 2010년 중국 본토를

방문한 타이완인은 600만 명에 달하고, 100만 명의 타이완인이 중국에 거주하며 취업하고 있다. 타이완 기업은 중국 본토 시장에서 1500억 달러 이상을 투자하고 있으며, 이익 확대를 위한 재투자에도 적극적이다. 게다가 중국, 타이완 간 비즈니스 프로젝트는 7만 건을 넘었고, "타이완 기업은 중국 시장 구석구석에까지 침투하고 있다". Yun-han Chu, "The Taiwan Factor."

13 汪宏倫, 「文明的呼喚: 尋找兩岸和平之路」, 『浅論兩岸国族問題中的情感結構』(読書共和国, 2012), pp.198~199.

14 呉介民, 「文明的呼喚: 尋找兩岸和平之路」, 『中国因素與兩岸公民社会対話』(読書共和国, 2012), p.266.

15 2012년 10월 베이징 대학 국제관계학원의 학부생과 국립 타이완 대학 정치학 학부생이 타이베이 시내에서 말했다.

16 중국 내에 또다시 유교 사상에 관심이 집중되면서 '복고'의 중요성까지 논의되는 와중에, 중국 정치체제에서 유교적 요소를 강조하는 학술적 시도가 생겨나고 있다. 예를 들면 인문학자 추펑(秋風)은 '유가헌정민생주의(儒家憲政民生主義)'를 주장한다. "유가헌정민생주의란 융합의 총합체다. 유가의 기본 가치체계는 헌정주의와 민생주의를 요구하며, 이 두 가지는 유가 사상이 기본적 가치관을 실현하기 위한 제도적 기반이다. 우리는 유가로 회귀해야 한다. 현재 우리가 생각해야 하는 문제는 '훌륭한 중국이란 어떠한 중국인가'에 있다. 나의 대답은 '선한 중국은 중국의 것이며, 중국은 유가의 것이다. 여기서 말하는 유가란, 문화도 교조도 아닌, 국가의 혼이다'"(秋風, "儒家憲政民生主義", ≪共認網≫, 2011年 8月. http://www.21ccom.net/articles/sxpl/sx/article_2011080142184.html).

17 Samuel P. Huntington, *The Third Wave* (University of Oklahoma Press, 1991). p.303.

18 말할 것도 없이, 일국의 통치 프로세스가 사실상 어디까지 민주적인가 하는 것은 별개의 문제다. 이는 타이완뿐만 아니라 일본이나 미국, 유럽 국가와 같은 선진국에서도 영속적인 과제다.

19 Samuel P. Huntington, *The Third Wave*, p.208.

20 중화인민공화국 '헌법' 제2장 '공민의 기본적 권리와 의무' 제35조에는 "중화인민공화국 공민은 언론·출판·집회·결사·데모의 자유가 있다"고 명기되어 있다.

21 Yun-han Chu, "The Taiwan Factor".

22 Yun-han Chu, 같은 글.

23 필자도 정기적으로 기고하는 타이완의 논단 중 '양안공평망(两岸公平网)'이 있다. 2010년 창설된 이 논단은 그 이름대로 "양안 삼지(중국, 타이완, 홍콩·마카오)의 커뮤니케이션과 상호 이해를 촉진하기 위한 공공 플랫폼" 구축을 목표로 한다. 창설자들은 개방·이성·포용 세 가지를 기본 정신으로 내건다. 타이완뿐 아니라 홍콩·마카오·중국 지식인들의 논고를 게재하는데, 양안 삼지의 상호 교류·이해를 촉진하기 위해 나날이 분주하게 움직이고 있다. 중국 민주화 문제는 일본의 향방이나 동아시아의 미래에도 영향을 미친다. 이러한 플랫폼에 일본인으로서 참가하는 것을 행운으로 생각한다. 계속해서 양안 삼지의 상호 교류가 중국 민주화에 어떠한 영향을 미치는지에 대해 당사자들 인식을 토대로 관여하고 싶다. 여기서 필자가 지적하고 싶은 것은, 타이완 내부에서 중국과의 지적 교류를 촉구하자 홍콩·마카오도 포섭해 좀 더 다각적이고 유연한 논의를 전개하자는 의견이 고조되는 현상이다. 이 플랫폼에는 국민당파와 민진당파 지식인도 관여하고 있다. 60세 전후의 세대와 30세 전후의 세대가 공동으로 논단 운영을 맡고 있다. 이 때문에 타이완 정치에도 일정 정도 영향력이 있으며, 사회적으로 중립성을 유지할 수 있는 대화의 무대라고 평가된다. 중국과의 관계에 대해 우선은 지식인 사이에서 정치제도의 보편성, 경제의 협력 가능성, 지역사회의 발전 방향성 같은 주제에 관한 기본적 합의를 추구하고, 이로부터 좀 더 광범위한 민중 분야로 언론 공간을 확대해가며, 정책 결정 과정에도 영향을 미치려는 타이완 지식인들의 시도는 주목할 만하다.

24 중국공산당이 정치체제 발전 모델로 진심으로 참고하는 것은 싱가포르 정도일 것이다. 복수의 중국공산당

관계자로부터 전해 들은 바에 따르면, 시진핑 총서기가 가장 친근감을 느끼는 국가지도자는 러시아의 블라디미르 푸틴 대통령이며, 가장 존경하는 국가지도자는 싱가포르의 고 리콴유 전 총리라고 한다.

25 Fareed Zakaria, *The Future Of Freedom* (W. W Norton & Company, 2003), pp.91~92.

제13장 중국인 유학생

1 中目威博, 『北京大学元総長 蔡元培』(里文出版, 1998), p.131.

2 '의견'이란 중국공산당의 용어로, 당 지도부가 산하 부서와 조직에 전달하는 정책의 제언, 통달, 지령 등을 가리킨다.

3 中共中央弁公廳・國務院辦公廳, "関于進一步加強改進新情勢下高校宣伝思想工作的意見", ≪新華通訊≫, 2015年 1月 19日.

4 "習近平: 努力把宣伝思想工作做得更好", ≪中国共産堂新聞網≫, 2013年 8月 21日(http://cpc.people.com.cn/n/2013/0821/c64094-22636876.html).

5 Anne-Marie Brady, "Xi Jinping's challenge is to be strong enough to loosen control," *Financial Times*, March 30, 2015.

6 2015년 2월 상하이시 정부의 중견 간부가 워싱턴에서 증언했다.

7 袁貴仁, "青年師生是敵対勢力進行浸透分化的重点人群", ≪中国新聞網≫, 2015年 2月 2日.

8 "Do Western Values Threaten China? The Motives and Methods of XiJinping's Ideology Campaign," featuring Anne-Marie Bradyand and Richard McGregor, moderated by Robert Daly, organized by The Kissinger Institute on China and the United States, Wilson Center, April 2,2015.

9 필자가 공부한 베이징 대학 국제관계학원과 푸단 대학 신문학원은 일본의 와세다 대학과 상호 학위 프로그램을 진행하고 있다. 베이징 대학 국제관계학원은 대학원 수준에서 일본의 도쿄 대학이나 영국의 런던 정경대학, 프랑스의 파리 정치학원 등과 상호 학위 프로그램을 갖추고 있다.

10 Fukuyama, *Political Order and Political Decay*, p.544.

11 시진핑 시대의 반부패 투쟁에도 드러나듯이, 중국은 내부 고발 사회다. 조금이라도 정치적 감각을 가진 사람이라면 공산당원이든 아니든 언제, 어디서, 누구에게, 어떠한 장면에서, 무엇을 말했는지 기억하고 있다. 그리고 그 사람을 비판하고 싶을 때 유효한 카드로 쓴다. 즉, 마땅한 기관에 고발하는 것이다. 정부, 대학, 기업을 불문하고 중국인의 민족성에 입각한 내부 고발 문화는 중국공산당의 권력투쟁을 좀 더 복잡한 산물로 만들어내고 있다.

12 2014년 상반기에 필자는 하버드 대학을 방문 중이던 광둥성 인민정부의 중견 간부 D 씨와 수차례 교류할 기회가 있었다. 중국공산당이라는 조직에서 승진을 목표로 일하는 것이 얼마나 혹독한 일인지를 강조한 그는 "최근의 중국 정치를 분석하는 데 가장 중요한 것은 시진핑 연구다. 시진핑이라는 인물을 이해하지 않고 작금의 중국 정치를 알 수 없다"고 반복해 주장했다.

13 2014년 2월 하버드 대학 식당에서 E 씨와 교류했다.

14 2014년 3월 하버드스퀘어에 있는 찻집에서 K 씨와 교류했다.

15 Evan Osnos, "What Did China's First Daughter Find in America?," *The New Yorker*, April 6, 2015.

16 2013년 11월 리버럴 성향의 중국인 여성 저널리스트가 베이징의 찻집에서 말했다.

17 加藤嘉一, "米中相互不信を解くカギはあるか?", ≪日経ビジネスオンライン≫, 2015年 3月 26日.

18 2014년 4월 스탠퍼드 대학을 방문해 프랜시스 후쿠야마를 인터뷰했다.

19 패널 토론의 주제는 '미·중 교육 교류와 장애물(US-China Educational Relations: Challenges Ahead)'이었다.

20 Karin Fischer, "Chinese Students Lead Foreign Surge at U. S. Colleges," *The New York Times*, November 30, 2014.

21 2015년 2월 워싱턴 시내의 찻집에서 Z 씨와 만났다.

22 2015년 1월부터 2월에 걸쳐 조지메이슨 대학의 일부 학생과 면담을 진행하거나 메일을 통해 전해 들었고, 3월 20일 필자가 버지니아주 조지메이슨 대학을 방문해 중국인 유학생 아홉 명과 약 3시간에 걸쳐 좌담회를 가졌다. 이 책을 빌려 좌담회에 협력해주신 대학 관계자, 그리고 적극적으로 논의에 참가해준 학생들에게 감사의 뜻을 전하고 싶다.

23 2015년 4월 초순, 워싱턴에 있는 존스홉킨스 대학 고등국제문제연구대학원 카페테리아에서 펑 자오인 기자에게서 전해 들었다.

24 Cheng Li, "Shaping China's Foreign Policy: The Paradoxical Role of Foreign Educated Returnees," *Asia Policy Number*, July 10, 2010,p.65~85.

25 2014년 11월 4일 베이징에서 개최된 아시아태평양경제협력회의(APEC)에 출석하기 위해 중국을 방문하기 직전, 워싱턴 시내 존스홉킨스 대학 고등국제문제연구대학원에서 강연한 존 케리 국무장관은 "미·중 관계는 오늘날의 세계에서 가장 중대한 관계이며, 21세기의 형태를 결정하는 작용을 할 것이다(The U.S.-China relationship is the most consequential in the world today, period, and it will do much to determine the shape of the 21st century)"라고 진술했다. Zachary Keck, "Kerry: US-China Ties 'Most Consequential in the World'," *The Diplomat*, November 5, 2014.

제14장 초대국, 미국의 의도

1 이 장에서 인용한 시진핑·오바마 두 지도자 간에 주고받은 말은, 같은 날 밤에 밀착 취재를 한 중국공산당 기관지 기자로부터 확인한 내용이다.

2 2014년 4월 하버드 대학을 방문한 샤오수가 캠퍼스에서 말했다.

3 백악관 공식 사이트(Remarks by President Obama and President Xi Jinping in Joint Press Conference) 참조.

4 이 기자회견에 관여한 중국 정부 관계자에 따르면, 시진핑은 사전에 준비된 원고를 참조하지 않고 즉석에서 랜들러 기자의 질문에 답했다고 한다.

5 미·중 정상회담 직후 11월 15일 홍콩의 항의 시위를 이끌어온 홍콩학생연맹의 지도자 세 명이 베이징에 있는 리커창 총리나 정부 관리들에게 직접 호소하기 위해 홍콩 공항에 도착했다. 사전 체크인을 마치고 드래곤에어 항공기에 탑승할 시간을 기다리고 있었는데, 탑승 직전에 항공회사 담당자로부터 중국 정부가 세 명의 입국 허가를 철회했기 때문에 탑승이 불가하다는 통지를 받았다.

6 필자는 《뉴욕 타임스》의 중국어판에서 칼럼니스트로 활동해왔지만, 《뉴욕 타임스》 기자나 편집자들이 가지고 있는 정보에 대한 탐욕스러움과 저널리즘을 추구하는 집념에는 항복했다. 예를 들어 완성한 칼럼의 초고에 편집자가 피드백하는 코멘트의 글자 수는, 때때로 애초 원고의 글자 수보다 많을 정도였다. 필자의 경험상 《뉴욕 타임스》에서 하나의 기사를 마무리하는 데 걸리는 시간이나 에너지는 지금껏 상대해온 어느 대중매체보다 많았다.

7　加藤嘉一, "中国に'No'と言えない世界", ≪日経ビジネスオンライン≫, 2014年 6月 26日.

8　David Barboza, "Billions in Hidden Riche for Family of Chinese Leader," *The New York Times*, October 26, 2012.

9　2014년 4월 23일 ≪뉴욕 타임스≫의 국제보도 데스크 조지프 칸은 필자가 당시 소속되어 있던 하버드 대학 아시아센터를 방문했다. '중국의 서방 미디어'라는 제목으로 강연한 후 대학 관계자들과 교류하는 과정에서 이를 언급했다.

10　2012년 10월 28일 ≪뉴욕 타임스≫ 베이징 지국의 스태프에게 연락을 취해 지국의 상황에 대해 의견을 교환하는 과정에서 확인했다.

11　주미 중국 대사관의 모 간부는 필자에게 영국 ≪파이낸셜 타임스≫를 예로 들며 "≪뉴욕 타임스≫에는 금도라는 것이 없다. 여기까지 나가버리면 우리 당도 체면이 깎여 물러서려야 물러설 수 없게 된다. 조금 더 솜씨 좋은 방식을 익혔으면 한다"고 말했다(2015년 2월, 워싱턴).

12　당시 보스턴에 있던 필자는 이메일을 통해 베이징에 있는 ≪뉴욕 타임스≫의 편집자와 이를 주고받았다.

13　2013년 12월에 필자는 미국 캘리포니아주의 서니랜드를 방문했다.

14　그중에는 오스트리아 출신으로 ≪뉴욕 타임스≫ 기자들 사이에서도 중국통이라 불리는 크리스 버클리(Chris Buckley) 기자가 있다.

15　필자가 워싱턴에서 알게 된 중국계 미국인 중에는 오바마 대통령의 '선거 고문'을 맡아온 인사가 있다. 중국계 미국인의 표를 묶는 것이 그의 임무다. 일종의 득표 로비스트다. 2010년 2월 18일, 오바마 대통령은 백악관에서 달라이 라마 14세와 회담했다. 격하게 항의하는 중국 정부를 향해 미국 정부는 "미·중 관계를 해치는 일이 아니다"라고 대응했다. 이 로비스트에 따르면, 당시 오바마가 달라이와 회담하기 직전 워싱턴의 중국 대사관과 미국 정부의 직접적인 왕래는 한정적이었다. "나를 포함한 중국계 미국인이 백악관과 중국 대사관 사이에 들어와, 중·미 관계의 손상을 줄이기 위해 의사소통에 노력했다"는 것이다.

16　Wang Jisi, *Debating China* (Oxford University Press, 2014), p.10.

17　2013년 여름 공산당 중앙에서 이론 공작을 담당하는 간부가 베이징에서 전언했다.

18　2015년 2월과 3월에 워싱턴 시내에서 두 명의 연구자로부터 이야기를 들었다.

19　Susan L. Shirk, *China* (Oxford University Press, 2007), p.269.

20　예외적으로 "미국은 민주적인 중국, 비민주적인 중국 쌍방에 대응할 수 있을 것이다"라며 다른 명확한 견해를 필자에게 보인 사람은, 동아시아 문제를 전문으로 연구하는 벤저민 셀프(Benjamin Self) 조지워싱턴 대학 겸임 교수였다(2015년 3월 워싱턴 시내에서 면담).

21　2015년 3월 6일에 데이비드 샴보 교수와 이메일을 통해 주고받았다. 이 답변을 받은 그날, 샴보 교수는 ≪월스트리트 저널≫에 글을 기고했다. "중국공산당 정치의 붕괴"를 예언해 미국이나 중국에서 광범한 반향을 일으켰다. David Shambaugh, "The Coming Chinese Crackup," *The Wall Street Journal*, March 6, 2015.

22　Kato Yoshikazu, "Should the Culture be politicized?," *Financial Times Chinese*, Oct 19, 2011.

23　2011년 10월 필자는 베이징에서 주중 이스라엘 대사관의 참사관과 교류할 기회가 있었다.

24　"胡錦濤在慶祝中國共産黨成立九十週年大會上的談話", ≪新華通訊≫, 2011年 7月 1日.

25　Joseph S. Nye Jr., *Is The American Century Over?* (Polity Press, 2015), p.61.

26　"Sun Tzu and the art of soft power," ≪The Economist≫, December 17, 2011.

27　2014년 12월 중순, 필자도 취재차 인터뷰를 해준 적이 있는 리버럴 일간지 ≪신경보≫의 전 편집자가 베이징에서 말했다.

28 중장기적으로는 국산 문화나 브랜드가 육성되지 않는다. 중국을 지속적으로 발전시킨다는 의미에서, 역으로 통치자가 목을 조르는 일이 될 것이기에 '주관적'이라고 했다.

29 Joseph S. Nye Jr., "Work With China, Don't Contain It," *The New York Times*, January 25, 2013.

30 加藤嘉一, "我在美国所発見的中国", ≪新週刊≫, 2013年 12月.

31 David Shambough, *China Goes Global* (Oxford University Press, 2013), p.10.

32 Zbigniew Brzezinski, *Strategic Vision* (2013), pp.184~185.

33 Robert Kagan, *The World America Made* (Vintage, 2013), pp.125~140.

34 Nye, Joseph S. Jr. "Is The American Century Over?" HarvardBelferCenter, March 12, 2015.

제15장 반일과 중국 민주화

1 2010년 구정에 국무원 부총리 겸 정치국 위원을 역임한 공산당원이 광둥성에서 말했다.

2 江藤名保子, 『中国ナショナリズムのなかの日本』, p.4.

3 여기서 말하는 '자유'란 상대적인 것을 가리킨다. 어떠한 주권국가에도 각자의 국정을 기반으로 한 자유와 부자유가 존재하는 것이 현대사회의 상례다.

4 宮本雄二, 『これから, 中国とどう付き合うか』, p18.

5 중국의 내셔널리즘에 관해 게이오기주쿠 동아시아연구소 현대중국연구센터의 에토 나오코 연구원의 고찰은 시사하는 바가 크다. "중국의 공정 내셔널리즘은 집권당인 공산당이 시대의 변화에 따라 자신의 정치적 평가를 달리하며 변화해왔다. 예를 들어 덩샤오핑은 부강을 위해 시장경제를 도입하는 과정에서 공산당이 사회주의의 계승자인 동시에 발전의 옹호자라는 새로운 애국주의 개념을 창출했다. 이에 대해 장쩌민은 톈안먼 사건을 계기로 공산당에 도전하는 주된 세력이 민중이라는 사실을 절감하고, 다시금 사회주의 이데올로기에 의한 공산당의 지도를 강조하며 국내 여론을 통제했다. 그리고 부유층과 중간층이 증가한 1990년대 말에는 신흥 세력의 지지를 바탕으로 폭넓게 중화민족을 이끌면서 중국의 대국화 실현을 공산당의 역할로 자임했다. 이 흐름을 이어받은 후진타오는 중화인민공화국의 건국뿐 아니라 대국 중국의 건설에 역점을 두고 당 지도의 이상적 자세를 제기했다. 즉, '애국주의'의 최대 목적은 공산당이 국가 운영을 맡는 것을 긍정하는 이념 무장에 있었다. 이런 의미에서 중국의 '애국주의'는 공산당 통치의 존속을 핵심으로 하는 '애당주의'라고도 할 수 있다"(江藤名保子, 『中国ナショナリズムのなかの日本』, p.202). 또한 에토는 이 책에 "중국의 '애국주의'를 공정 내셔널리즘의 한 유형으로 평가하고, 민중에 의한 자연 발생적인(밑에서부터의) 내셔널리즘과 구별한다"고 적었다(江藤名保子, 『中国ナショナリズムのなかの日本』, p.9).

6 アントニー・D. スミス, 『ナショナリズムの生命力』, p.246.

7 アントニー・D. スミス, 같은 책, pp.295~296.

8 アントニー・D. スミス, 같은 책, p.259.

9 Kato Yoshikazu, "Do We Still Need Diplomacy?," *Financial Times Chinese*, February 13, 2009.

10 2013년 10월 베이징 일각에서 열린 좌담회에서 중국 리버럴지의 경제 기자가 전언했다.

11 江藤名保子, 『中国ナショナリズムのなかの日本』, p.202.

12 Kato Yoshikazu, "The Impact of "Net-Nationalism" on China's diplomacy toward Japan," Peking University, June 2010.

13 2008년 창설 후 필자는 베이징의 '안티 CNN' 사무실에서 웹 사이트 작성자들과 교류한 적이 있다. 그들이

CNN과 미국을 향해서는 분노를 터뜨린 반면, 일본인인 나에게는 위화감을 느끼게 할 정도로 '우호적'이었던 점이 인상 깊었다.

14 2015년 6월 존스홉킨스 대학 고등국제문제연구대학원 객원연구원이던 장샤오퉁 우한 대학 정치공공관리학원 부교수가 워싱턴에서 말했다.

15 JETRO가 재무성 무역 통계(엔화 베이스로 수출은 확보량, 수입은 최신 수치)를 달러로 환산한 통계다.

16 JETRO가 재무성 무역 통계와 중국 세관 통계를 토대 삼아 일·중 무역을 쌍방 수입 베이스로 계산한 통계다.

17 Qing Wang, Ernest Ho and Steven Zhang, "How Important Is Japan to the Chinese Economy?" March 14, 2014.

18 于海荣·秦茜, "日本对中国经济有重要?", ≪财新網≫, 2011年 3月 18日.

19 2015년 양회에서도 일본, 특히 아베 신조 총리를 견제한 리커창 총리였지만, 한편으로는 2015년이라는 전후 70주년을 계기로 대일 관계의 개선 의사도 보이던 속내를 다음의 발언으로 엿볼 수 있다. "당시 일본의 군국주의자가 중국 인민에게 강제한 그 침략 전쟁은 우리에게 거대한 재난을 안겨주었다. 최종적으로 일본 국민도 피해자가 되었다. 올해라는 중요한 해는 중·일 관계에서 시련인 동시에 기회이기도 하다. 일본의 지도자가 역사를 일관되게 정면 응시함으로써 중·일 관계를 개선·발전시키는 새로운 계기가 탄생한다. 그렇게 되면 중·일 경제무역의 발전도 자연히 양호한 여건을 조성할 수 있게 된다." "李克强総理答中外記者問", ≪新華通訊≫, 2015年 3月 16日.

20 外務省中国·モンゴル第二課, 「中国経済情勢と日中経済関係」(2013).

21 内閣府, 「中国経済の将来と世界経済」, 『世界経済の潮流二○一三年』.

22 2014년 3월, 보스턴에서 함께할 기회가 있었던 일본의 한 학자가 전했다.

23 小原雅博, 『チャイナ·ジレンマ』(ディスカヴァー·トゥエンティワン, 2012), p.8.

결론: 중국 인민은 바뀌는가

1 워싱턴에서 만난 이 해방군 관계자와는 일·미·중 관계에 대해서도 논의했다. 군인은 '백 년 치욕'이라는 개념이 실은 일본, 특히 아베 신조의 마음속에도 존재한다고 주장했다. "백 년 치욕으로부터 중국의 꿈을 내거는 시진핑과, 지금 워싱턴에서 오바마를 만나는 아베는 같은 세계관을 품고 있다. 아베에게는 '70년의 치욕'이 없을까. 미국에 의해 원자폭탄이 떨어지고, 점령되었으며, 평화헌법도 국산이 아니다. 나는 헌법 개정을 포함한 일련의 움직임이, 아베가 미국에 지금껏 품어온 굴욕에서 온다고 본다. 중국의 부상에 대한 우려보다 미국 점령에의 굴욕이다. 아베가 벗어나려는 '전후 레짐'을 형성한 것도 중국이 아니라 미국이다. 개념을 제기하지는 않지만 아베도 '일본의 꿈'을 도처에서 말하고 있는 것이 아닌가. 굴욕이 발돋움으로 작용하는 것이다. 좋은 일이다. 나는 아베 신조라는 강인한 남자를 평가하고 있으며, 여기 미국에서 그의 조부가 미국과의 관계 때문에 맛보아온 무념과 수모를 갚았으면 하고 진심으로 생각한다. 아베는 일본에 절반의 주권밖에 없다는 것을 알고 있다. 미국에 대한 굴욕을 갚고 싶어 한다. 전후 레짐으로부터 탈피해 일본을 진정한 의미의 독립국가로 만들고 싶은 것이 아베가 바라는 점이라면 우리 당은 기꺼이 손을 빌려줄 것이다."

2 "習近平: 実現中国夢必須走中国道路", ≪中国新聞網≫, 2013年 3月 17日.

3 David Shambaugh, "The Coming Chinese Crackup," *The Wall Street Journal*, March 6, 2015. http://www.wsj.com/articles/the-coming-chinese-crack-up-1425659198.

4   Kevin Rudd, "U.S.-China 21-The Future of U.S-China Relations Under Xi Jinping," April 2015.
    http://belfercenter.ksg.harvard.edu/files/Summary%20Report%20US-China%2021.pdf.

5   宮本雄二,『これから, 中国とどう付き合うか』, p.40.

6   Zhou Qi and Andrew Nathan, "Political Systems, Rights, and Values," Nina Hachigian(ed.), *Debating China-the U.S.-China Relationship in ten conversations* (Oxford University Press, 2014), p.51.

7   Emily Rauhala, "She could lead the only Chinese democracy And that makes Beijing nervous," *Time*, June 18, 2015.

8   "馬雲: 这次徹底震撼了米国商界", ≪天下網商≫, 2015年 6月 10日. http://www.iwshang.com/

찾아보기

용어

| 지은이 |

가토 요시카즈(加藤嘉一)

1984년에 시즈오카현(静岡縣) 간나미정(函南町)에서 태어났다. 야마나시가쿠인 대학 부속고등학교를 졸업한 후, 2003년 베이징에 유학해 베이징 대학 국제관계학원에서 석사 과정을 수료했다. 베이징 대학 연구원, 푸단 대학 신문학원 강좌학자, 게이오기주쿠 대학 SFC 연구소 방문 연구원을 지냈다. 2012년 8월 미국으로 건너가 하버드 대학 연구원과 존스홉킨스 대학 고등국제문제연구대학원 객원 연구원을 거쳐, 현재 랴오닝 대학 국제관계학원 객원교수, 차하르학회 연구원으로 있다. 미국 ≪뉴욕타임스≫ 중국어판 칼럼니스트이기도 하다. 저서로는 『たった独りの外交録』, 『脱・中国論』, 『われ日本海の橋とならん』 등이 있다.

| 옮긴이 |

정승욱

정승욱은 현직 언론인이다. 국회, 청와대, 통일·외교·경제·사회 각 부처 등을 담당하고 기자와 데스크를 거치면서 국제정치를 연구해왔다. 4년 반 동안 도쿄 특파원으로 활동하며 일본의 진면목과 그 배경을 연구하면서 '일본, 중국 바로 보기'에 천착해왔다. 귀국 후에는 일본 경제의 강점과 배경을 정리하며 『일본은 절대로 침몰하지 않는다』(2016)를 썼다.

연세대학교 행정대학원에서 정치행정리더십을 전공하고, 1989년 세계일보에 입사했다. 저서로 『김정일 그 후』(2011), 『새로운 중국, 시진핑 거버넌스』(2013) 등이 있다.

붉은 황제의 민주주의

시진핑의 꿈과 중국식 사회주의의 본질

지은이 **가토 요시카즈** ㅣ 옮긴이 **정승욱** ㅣ 펴낸이 김종수 ㅣ 펴낸곳 한울엠플러스(주)
편집 최진희

초판 1쇄 인쇄 2018년 7월 20일 ㅣ 초판 1쇄 발행 2018년 7월 27일

주소 10881 경기도 파주시 광인사길 153 한울시소빌딩 3층
전화 031-955-0655 ㅣ 팩스 031-955-0656 ㅣ 홈페이지 www.hanulmplus.kr ㅣ 등록번호 제406-2015-000143호

Printed in Korea.
ISBN 978-89-460-6500-0 03340

* 책값은 겉표지에 표시되어 있습니다.